4+5
2 worksheets

W H D Rouse

Moderne deutsche Sprachlehre

Moderne deutsche Sprachlehre

F. Alan DuVal *Cornell College*

Louise Miller DuVal

Klaus A. Mueller *University of California, Berkeley*

Herbert F. Wiese *Coe College*

 **Random House** NEW YORK

987

Typography by Ernst Reichl

Acknowledgments

To our departmental colleagues who used this text for several years in multi-lithed form, we express our appreciation for their support and valuable suggestions. We are grateful for the constructive criticism of the manuscript by Dr. Erich Funke, Professor Emeritus, University of Iowa; Dr. Günter Niemz, Wöhler-Schule, Frankfurt; Reverend Karl Ungar, Frankfurt; Dr. and Mrs. Mihailo Mihailovic and Dr. Eric Kollman, Cornell College; and Mr. Hans Fischer, Zurich. To our bilingual typist, Mrs. Julian Bern, we extend our appreciation for her helpful suggestions. We are indebted to Miss Anne Dyer Murphy, Miss Peninah Blaustein, and Mr. Karel Sichrovsky of Random House for their capable editing.

We wish to thank Dr. Walter Leibrecht, President of Schiller College, Kleiningersheim, Germany, and his staff for their assistance in making situational photographs at that school. Photographs of Salzburg were provided by the Austrian State Tourist Department, Chicago, and those of West Germany were provided through the courtesy of the German Consulate General, Chicago; Internationes and the Presse- und Informationsamt, Bonn; the German Information Center and the German Tourist Information Office, New York.

We are appreciative of the permission granted by authors and publishers to include: "Der Deutsche," by Wolfgang Weyrauch, and "Zeitzeilen," by Peter Lehner (from Horst Bingel, ed., *Deutsche Lyrik Gedichte seit 1945*; Stuttgart: Deutsche Verlags-Anstalt); a condensed version of "Deutsches Turnfest," by Heinz Maegerlein (Frankfurt: *Scala International*, October 1963); an excerpt from *An Salzburg*, by Josef Weinheber (Salzburg: Otto Mueller Verlag); "Mackie Messer," from *Die Dreigroschenoper*, by Bertolt Brecht (Frankfurt: Suhrkamp Verlag); and an excerpt from *Beim Wort genommen*, by Karl Kraus (Munich: Kosel-Verlag).

Inhaltsverzeichnis

Dreizehnte Lektion (*Fortsetzung*)

Vierzehnte Lektion   232

Grammatisches Ziel: Der Genitiv

Fünfzehnte Lektion   251

Grammatisches Ziel: Pronomen als Attribute—dieser, jeder,
jener, mancher, solcher, welcher

Sechzehnte Lektion   269

Grammatische Ziele: Schwache Beugung des Adjektivs;
Steigerung des Adjektivs

Introduction

Moderne deutsche Sprachlehre is an audio-lingual text designed to teach the fundamental skills of (1) listening comprehension, (2) speaking, (3) reading, and (4) writing, in that order. But the time interval between the introduction of these skills may vary. In the *Einführende Beispiele* and in the *Übungen* speaking takes place immediately after listening, whereas reading may be withheld for several weeks or even longer if the teacher so desires. In the pilot groups that used this text during its development, however, reading usually followed speaking almost immediately, or at most, after two or three days. Writing, though, was not introduced until the student had acquired some familiarity with the first three skills of the language.

Theories of programmed learning have influenced the development of this text. The exercises are programmed so that the student will rarely make an error. Almost constant successes heighten motivation and learning efficiency. Since learning is effected in many small steps, systematic reinforcement must be provided. Thus exercises with constantly varying pattern sentences of gradually increasing complexity employ the target structures repeatedly, not only in the lesson introducing the new structures but also in subsequent lessons. In this way each lesson reinforces previously learned material. Further reinforcement takes place in the workbook; the structures introduced in one lesson of the text are reviewed in each of three subsequent workbook units.

Grammatical summaries describe the newly introduced structures in English and provide German examples. Since, however, the grammatical summaries do not appear until after the structures have been practiced and learned, they cannot delude the student into believing that the memorization of grammatical rules or descriptions will serve as a substitute for a thorough mastery of the structural features of the language.

Moderne deutsche Sprachlehre has been used successfully as an experimental text at Cornell College and at Coe College for several years. It was also used in a demonstration class at the Seminar for College Teachers of German held at Indiana

University in 1964.   In addition, it has been used in Germany by a native German teacher in teaching a small group of adult Americans.

During the test-teaching period *Moderne deutsche Sprachlehre* showed itself to be a flexible instrument which an experienced teacher could readily adapt to his own personality and methods.   We would like, however, to discuss briefly the various sections within each lesson of the book and to make a few suggestions concerning general procedure, pace, testing, homework, review, and the use of the language laboratory.

SPECIFIC SUGGESTIONS IN PROCEDURE

A. *Einführende Beispiele:* In the *Einführende Beispiele* the students hear the teacher use a new structure.   Although their books are closed, familiar vocabulary and the context enable them to perceive it.   Immediately after the students have perceived the new structure, they are required to reproduce it.   The utterances of the teacher have prepared the students to employ the new structural item success-fully.   Attentiveness is assured; the students listen very carefully to perceive the structure which they know they will reproduce immediately in choral responses. However, the new structure is not yet learned, for at this point the students are capable of using it only within the highly restricted situation of the perception sec-tion itself; but they have perceived it and will soon master it thoroughly in subse-quent exercises.   Occasionally the students will not make the appropriate response; the teacher should then repeat the sentences and the question which provide the cue to the response.   Rarely will the teacher find it necessary to provide the correct response.

Let us examine an actual example from the *Einführende Beispiele* of Lektion 6. Our immediate objective is to enable the students to perceive the fact that the Ger-man preposition *in* is sometimes followed by the accusative case and sometimes by the dative case, or at least that it can be followed by two different cases:

> The teacher says: *"Frau Neumann geht ins Haus."*
> Then he asks: *"Wohin geht sie?"*
> The students' answer is almost a repetition: *"Sie geht ins Haus."*

The second part of the exercise enables the students to perceive that *"ins Haus"* is not the only possibility:

> The teacher says: *"Frau Neumann ist jetzt im Haus."*
> Then he asks: *"Wo ist sie jetzt?"*
> Now the students answer: *"Sie ist jetzt im Haus."*

In giving this reply the students perceive that sometimes *ins Haus* is replaced by *im Haus*.   After further analogous examples they will deduce that *ins* accompanies verbs which denote a change of location, whereas *im* is used with verbs which do not denote a change of location.   Somewhat later this difference will be recognized as a matter of case. The active role which the students have played in perceiving this difference increases retention and appears to be superior to a discussion of grammatical rules as a point of departure.

The *Einführende Beispiele* are always introduced orally in class in order to demonstrate from the outset the primacy, reality, and substance of the spoken language. In the pilot groups the students always responded in chorus.

B. *Übungen:* The *Übungen*, like the *Einführende Beispiele*, use familiar vocabulary. Their goal is to start the students on the way toward mastery of the new structures that they have recently perceived. In this section, too, the students' ability to learn by analogy is exploited. By repeating carefully programmed pattern drills, the students constantly re-use the new structures, but always in slightly changing contexts. Prolonged practice of the new constructions is thereby carried on without boredom; learning efficiency is maintained at a high level.

Exercise 2 in the *Übungen* of Lektion 2 may serve as a concrete example:

The teacher gives the *Beispiel: "Inge Jensen"* (pause) *"Wo wohnt Inge Jensen?"*
The teacher then repeats the cue: *"Inge Jensen"*
The students respond: *"Wo wohnt Inge Jensen?"*

As the teacher varies the cue, the students produce different sentences, all of which show that the present-tense form of *wohnen* accompanying third person singular subjects is *wohnt*. Later drill sequences in the same lesson contain this structure in a number of variations:

The teacher cues the students: *"Er wohnt jetzt in Frankfurt. Wohnen Sie jetzt auch in Frankfurt?"*
The students respond: *"Ja, ich wohne jetzt auch in Frankfurt."*

The pattern utterances in the drills are purposely short. This enables the students to concentrate on and learn the new structures without being required to recall involved context material. The carefully ingrained linguistic habits developed by the *Übungen* minimize the possibility of errors in the students' responses.

C. *Fragen:* The *Fragen* offer the students an opportunity to give freer responses while using familiar vocabulary and structures. Because a variety of answers can be given, the *Fragen* are to be used only for individual responses. This change from choral to individual recitation provides a desirable variation in procedure. In several lessons the *Fragen* occur only after the *Weitere Übungen* and perform the same function as the *Weitere Fragen*.

D. *Dialog:* The *Dialog* contains some of the new words to be introduced in each lesson and utilizes the new structures perceived in the *Einführende Beispiele* and practiced in the *Übungen*. To demonstrate correct pronunciation and intonation, the *Dialog* was assigned for memorization in most of the pilot groups only after it had been introduced in class or in the language laboratory. The students listened to the entire *Dialog* being read by either the instructor or by the voices on the tape. Subsequently, the *Dialog* was reread with the students repeating individual phrases and sentences in the pauses until a satisfactory rendition was achieved. The *Dialog* was then assigned for memorization as homework or for work in the laboratory.

Fragen über den Dialog provide the first step in the variation of the dialogue material. Recitation of the *Dialog* or adaptations thereof in chorus or as a playlet can precede or follow the answering of the questions. After several dialogues have been carefully learned, students, with minimum effort, are able to form by analogy a large number of new combinations of words and phrases.

E. *Lesestück:* In the *Lesestück* more new vocabulary as well as further variations of the target structures of the lesson are introduced. Here the recently acquired structures, as well as those learned in previous lessons, appear in connected prose passages. The reading selections are carefully glossed to minimize time-wasting reference to the vocabulary in the back of the book. The materials in the later *Lesestücke* contain progressively more cultural information, since students are able at that stage to begin reading for content. As the students' listening comprehension and speaking ability increase, the vocabulary of the *Lesestücke* is likewise increased. In the later portions of the text the stress is gradually shifted from speaking to reading. The complexity of the grammatical structures is also increased to enable the student to proceed without undue difficulty to more advanced reading materials in subsequent courses.

F. *Weitere Übungen* and *Weitere Fragen:* The *Weitere Übungen* follow the general design of the *Übungen*. They include further drill on the structures previously introduced in the lesson, as well as review of structures learned in earlier lessons. They also contain new lexical items introduced in the *Dialog* and the *Lesestück*. Again the principle of extensive practice in constantly varying pattern sentences is employed. The programmed materials in the *Übungen* and *Weitere Übungen* include item substitutions, mutations, and transformations. The first drills are heavily cued, but the gradual withdrawal of cues in later drills leads to more demanding comprehension and response drills. In the type of exercise beginning with the instructions: "*Hören Sie zu und beantworten Sie dann die Fragen!*" the students must not only thoroughly understand a rather complicated speech utterance which they have heard only once, but they must also remember its content long enough to understand and answer several questions based on it. The *Weitere Fragen* concentrate on the content of the *Dialog* and the *Lesestück* and provide further drill in the structural objectives of the lesson.

G. *Sprechübungen:* The *Sprechübungen* are designed to stimulate carefully guided speech. The students are encouraged to produce and practice speech forms that they have learned at an earlier stage. The material in this section cues specific grammatical forms to a lesser extent than the *Übungen* and *Weitere Übungen*.

H. *Schriftliches:* This section provides further practice in writing the forms that have already been mastered orally. As in the *Sprechübungen*, the subject matter is restricted to lexical and structural items which the students can successfully employ. The *Schriftliches* contains no free composition; however, in several of the later lessons this section provides topics and material for occasional semi-controlled compositions.

I. *Verschiedenes:* The *Verschiedenes* provides stimulation and enrichment for the gifted or ambitious group; it may also be assigned to the entire class. The material in these sections was carefully chosen for its topical and structural relationship to the rest of the lesson.

J. *Phonologie:* The *Phonologie* section presents systematic drill in the sounds of the language. It supplements the phonology learned through imitation of the teacher and of the tapes.

K. *Zusätzliche Übungen:* Lektionen 16, 18, and 19 contain special drill sections designed for further reinforcement of the structural objectives in those lessons.

L. *Grammatik:* The grammatical summaries appear at the end of every third lesson through Lektion 21. Thereafter, each lesson has a grammatical section. The discussion of grammar is always subordinated to the actual use of structural principles. The *Grammatik* reinforces what has already been learned through practice. The mastery of grammar appears to be most effective if the grammatical rules are first deduced by the student and only later confirmed by grammatical summaries. It has been our practice not to assign any part of this section as homework nor to discuss it in the classroom, although outside of class we do answer individual students' questions about grammatical forms.

M. *Anhang:* This section includes a detailed explanation of grammatical principles and is a reference tool not intended as a teaching device.

N. *Wortschatz:* The German-English vocabulary lists all German words used in the text. The English-German vocabulary contains items required for the *Schriftliches, Sprechübungen,* and other drills employing English cues.

O. *Bilder:* The photographs and drawings are closely integrated with the text material. Some of the photographs were taken in Germany specifically for this text, while others have been selected from various sources to provide interest and stimuli for conversations within the framework of known lexical and structural items.

GENERAL SUGGESTIONS IN PROCEDURE

A. *Pace:* It is impossible to indicate precisely how fast a class should proceed with the text. Pace is affected by the general level of the students' ability as well as by the number of contact hours per week in the classroom and the language laboratory. However, the book is designed to provide material for a complete first year German course at the college level.

B. *Testing:* Tests are not furnished with this text. Each department or teacher should devise the type of test which most effectively evaluates objectives and procedures of the course. Two generalizations, however, might safely be made on the basis of our experience: (1) Short and frequent tests are more effective than longer tests given less frequently. (2) A combination of written and oral tests is desirable.

C. *Homework and Review:* Several parts of the text lend themselves particularly well to study at home. The *Dialog* can be readily memorized at home or in a flexible language laboratory. The *Lesestück, Sprechübungen,* and *Schriftliches* were designed to be used as homework assignments. The study of the *Grammatik* should

be the responsibility of the individual student.   Various parts of the *Übungen* and *Weitere Übungen* from lessons already studied may be drilled orally as review. *Einführende Beispiele* and *Fragen über den Dialog* from previous lessons make excellent review assignments.

D. *Use of the Language Laboratory:* The tapes prepared to accompany this text include the material for each lesson in the *Übungen* and *Dialog* and most of the *Fragen über den Dialog, Weitere Übungen,* and *Phonologie.*   Any or all of the taped materials can be assigned at the discretion of the teacher.   In the pilot groups of the course, some teachers used all of the taped material, while others used only portions of it; several teachers used the text without any scheduled use of the language laboratory, relying solely on individual library laboratory time.   The needs of the individual classes, the predilections of the teacher, and the availability of laboratory time should determine the use of the tapes.

E. *Workbook:* The workbook provides written drills and exercises for each lesson. Assignment of the various sections in the workbook lesson should be dictated by the instructional pace.   Since the emphasis throughout most of the course is on the spoken language, the written exercises in the workbook not only provide necessary writing practice but also enable both teacher and student to verify mastery of lexical and structural items.

Salzburg: Mozarts Geburtshaus

Moderne deutsche Sprachlehre

PERSONEN

STUDENTEN AM INSTITUT FÜR AUSLÄNDER

Robert Brown	Kalifornien (Die Vereinigten Staaten)
Anne Digby	England
Inge Jensen	Dänemark
Paul Jones	New York (Die Vereinigten Staaten)
Annette Moreau	Frankreich
Maria Olivetti	Italien
Juan Silva	Mexiko
Pedro Segovia	Spanien

ANDERE PERSONEN

Der Regierende Bürgermeister von Westberlin	Westberlin
Herr und Frau Neumann	Schwarzhausen (Bayern)
Anneliese Neumann	Schwarzhausen
Karl Neumann	Schwarzhausen
Herr Schoening	Westberlin
Herr Dr. Lüdeke	Schwarzhausen ursprünglich aus Königsberg
Professor Dr. Schönfeld	Schwarzhausen
Professor Dr. Hildebrand	Schwarzhausen
Frau Schmidt	Schwarzhausen
Frau Pohlmann	Schwarzhausen
Dr. Werner und Familie	Schwarzhausen
Polizisten, Bahnbeamte usw.	

Einführung: Lektion A

Grammatische Ziele:

    Pronomen—ich, Sie

    Präsens—erste Person Singular und Sie-Form

    Normale Wortstellung

    Wortstellung bei Fragen

Word order by question

EINFÜHRENDE BEISPIELE

1. Ich heiße (*instructor's name*).
    Sie heißen (*student's name*).
    Wie heißen Sie?
          Ich heiße _____.

2. Sie heißen _____.
    Wie heiße ich?
          Sie heißen _____.

3. Ja, ich heiße _____.
    Heiße ich _____?
          Ja, Sie heißen _____.

4. Heißen Sie _____?
          Ja, ich heiße _____.

5. Heiße ich Schmidt?
    Nein, ich heiße (*instructor's name*).
    Heiße ich Schmidt?
          Nein, Sie heißen _____.

ÜBUNGEN *exercises drill*

1. **Beispiel:**   *Schönfeld*   Ich heiße *Schönfeld.*
    a. Schönfeld   c. Paul Schmidt
    b. Schmidt   d. Ursula Schmidt
2. **Beispiel:**   *Jones*   Sie heißen *Jones.*
    a. Jones   c. Neustätter
    b. Schönfeld   d. Hermann Neustätter
3. **Beispiel:**   *Paul Schmidt*   Heißen Sie *Paul Schmidt?*
    a. Paul Schmidt   c. Anne Digby
    b. Neustätter   d. Brown
4. **Beispiel:**   *Ich heiße* Schmidt.   *Sie heißen* Schmidt.
    a. Ich heiße Schmidt.   d. Ich heiße Erich Fischer.
    b. Ich heiße Schönfeld.   e. Ich heiße Karl Neumann.
    c. Ich heiße Fischer.
5. **Beispiel:**   *Sie heißen* Neumann.   *Ich heiße* Neumann.
    a. Sie heißen Neumann.   d. Sie heißen Ursula Schmidt.
    b. Sie heißen Hans Schönfeld.   e. Sie heißen Neustätter.
    c. Sie heißen Paul Schmidt.
6. **Beispiel:**   **Heißen Sie Paul Schmidt?**   Ja, ich heiße Paul Schmidt.
    a. Heißen Sie Paul Schmidt?   d. Heißen Sie Robert Brown?
    b. Heißen Sie Erich Fischer?   e. Heißen Sie Schönfeld?
    c. Heißen Sie Anne Schmidt?   f. Heißen Sie Karl Neumann?
7. **Beispiele:**   **Heißen Sie Anne Schmidt?**   Nein, ich heiße (*student's name*).
       Heiße ich Neumann?   Nein, Sie heißen (*instructor's name*).
    a. Heißen Sie Anne Schmidt?   d. Heißen Sie Robert Brown?
    b. Heiße ich Neumann?   e. Heiße ich Friedrich Koch?
    c. Heißen Sie Karl Neumann?   f. Heißen Sie Schönfeld?

Einführung: Lektion B

lead in

Grammatische Ziele: *goals*
Pronomen—das, wer
Präsens—sein
Nicht

EINFÜHRENDE BEISPIELE *example*

1. Ich bin Herr (Frau, Fräulein) (*instructor's name*).
   Sie sind Herr (*student's name*).
   Sind Sie Herr _____?
        Ja, ich bin Herr _____.
   Bin ich Herr (Frau, Fräulein) _____?
        Ja, Sie sind Herr (Frau, Fräulein) _____.

2. Das ist Fräulein _____.
   Wer ist das?
        Das ist Fräulein _____.

3. Ich bin nicht Frau Schmidt.
   Sind Sie Frau Schmidt?
        Nein, ich bin nicht Frau Schmidt.

4. Sie sind nicht Frau Reichmann.
   Bin ich Frau Reichmann?
        Nein, Sie sind nicht Frau Reichmann.

5. Wer bin ich?
        Sie sind Herr (Frau, Fräulein) _____.

ÜBUNGEN

1. **Beispiel:**   *Robert Brown*   **Das ist** *Robert Brown.*
   a. Robert Brown
   b. Herr Schmidt
                                    c. Professor Schönfeld
                                    d. Erich Fischer

2. **Beispiel:**   *Frau Schmidt*   **Ist das** *Frau Schmidt?*
   a. Frau Schmidt
   b. Fräulein Müller
                                    c. Ursula Schmidt
                                    d. Frau Schönfeld

3. **Beispiel:**   *Herr Neustätter*   **Sind Sie** *Herr Neustätter?*
   a. Herr Neustätter
   b. Fräulein Jones
   c. Frau Schmidt
                                    d. Professor Hildebrand
                                    e. Frau Fischer

4. **Beispiel:**   *Fräulein Müller*   **Wer ist** *Fräulein Müller?*
   a. Fräulein Müller
   b. Professor Schönfeld
   c. Frau Schmidt
                                    d. Herr Brown
                                    e. das

5. **Beispiel:**   *Sie heißen*   **Sie heißen** Karl Brown.
   a. Sie heißen
   b. ich heiße
   c. ich bin
                                    d. wer ist (?)
                                    e. ist das (?)

6. **Beispiel:**   *Ich bin* Herr Koch.   **Sie sind** Herr Koch.
   a. Ich bin Herr Koch.
   b. Ich bin Herr Schmidt.
                                    c. Ich bin Professor Schönfeld.
                                    d. Ich bin Robert Brown.

7. **Beispiel:**   *Das ist* Herr Neumann.   *Ich bin* **Herr Neumann.**
   a. Das ist Herr Neumann.
   b. Das ist Fräulein Schmidt.
                                    c. Das ist Professor Schönfeld.
                                    d. Das ist Karl Neumann.

8. **Beispiel:**   **Sind Sie Professor Schönfeld?**   **Ja, ich bin Professor Schönfeld.**
   a. Sind Sie Professor Schönfeld?
   b. Sind Sie Frau Schmidt?
   c. Bin ich Herr Neustätter?
                                    d. Ist das Fräulein Müller?
                                    e. Heißen Sie Friedrich Koch?

9. **Beispiel:**   **Ist das Doktor Werner?**   **Nein, das ist nicht Doktor Werner.**
   a. Ist das Doktor Werner?
   b. Bin ich Professor Schönfeld?
   c. Sind Sie Fräulein Schmidt?
                                    d. Ist das Karl Neumann?
                                    e. Sind Sie Fräulein Müller?

FRAGEN

1. Wie heißen Sie?
2. Wie heiße ich?
3. Wer ist das?

4. Wer bin ich?
5. Wer sind Sie?

Einführung: Lektion C

Grammatische Ziele:
      Pronomen—er, sie (*she*), wir, sie (*they*)
      Präsens—Ergänzung von „heißen" und „sein"

EINFÜHRENDE BEISPIELE

1. Er heißt (*student's name*).
   Wie heißt er?
          Er heißt _____.

2. Wie heißt sie?
          Sie heißt _____.

3. Ich bin Amerikaner.
   Herr (*student's name*) ist auch Amerikaner.
   Herr _____ und ich sind Amerikaner.
   Wir sind Amerikaner.
   Was sind wir?
          Sie sind Amerikaner.
   Sind wir alle Amerikaner?
          Ja, wir sind alle Amerikaner.

4. Fräulein _____ ist ein Mädchen.
   Fräulein _____, Fräulein _____ und Fräulein _____ sind auch Mädchen.
   Was sind Sie? (*only women students answer*)
          Wir sind Mädchen.

5. Herr _____ ist ein Mann.
   Er ist ein Mann.
   Herr _____ und Herr _____ sind Männer.
   Was sind Sie? (*only male students answer*)
          Wir sind Männer.

6. Fräulein _____ ist Amerikanerin.
   Ist Fräulein _____ auch Amerikanerin?
                 Ja, Fräulein _____ ist auch Amerikanerin.

7. Ich bin Amerikaner.
   Herr Brown und Herr Jones sind auch Amerikaner.
   Was sind sie?
                 Sie sind Amerikaner.

ÜBUNGEN

1. **Beispiel:** *er heißt*   *Er heißt* auch Brown.
   - a. er heißt
   - b. Sie heißen
   - c. ich heiße
   - d. sie heißt
   - e. wer heißt (?)
   - f. heißen sie (?)

2. **Beispiel:** *Männer*   Wir sind *Männer*.
   - a. Männer
   - b. alle Mädchen
   - c. alle Männer
   - d. Anne Schmidt und Hans Neumann
   - e. Amerikaner
   - f. Amerikanerinnen

3. **Beispiel:** *wir sind*   *Wir sind* hier.
   - a. wir sind
   - b. ich bin
   - c. sie sind
   - d. Herr Brown ist
   - e. sind Sie alle (?)
   - f. ist sie (?)

4. **Beispiel:** *er ist*   *Er ist* nicht Paul Schmidt.
   - a. er ist
   - b. er heißt
   - c. Sie sind
   - d. ich bin
   - e. ist das (?)
   - f. heißt er (?)

5. **Beispiel:** *er*   *Er heißt* Schmidt.
   - a. er
   - b. ich
   - c. sie (*she*)
   - d. Sie
   - e. wer (?)
   - f. sie (*they*)

6. **Beispiel:** *wir*   *Wir sind* auch hier.
   - a. wir
   - b. Sie
   - c. ich
   - d. sie (*she*)
   - e. das
   - f. er
   - g. sie (*they*)

7. **Beispiel:** **Sind Sie Herr Brown?**   **Ja, ich bin Herr Brown.**
   - a. Sind Sie Herr Brown?
   - b. Heißt er Robert Brown?
   - c. Ist das Professor Schönfeld?
   - d. Ist das Fräulein Müller?
   - e. Sind wir alle hier?
   - f. Heißen Sie Hans Neumann?
   - g. Sind wir Amerikaner?
   - h. Ist der Professor hier?
   - i. Sind sie alle Amerikaner?

8. **Beispiel:** **Ist das Herr Neustätter?**   **Nein, das ist nicht Herr Neustätter.**
   - a. Ist das Herr Neustätter?
   - b. Sind Sie Professor Schönfeld?
   - c. Ist Fräulein Schmidt hier?
   - d. Sind Sie Frau Schmidt?
   - e. Sind wir alle Männer?
   - f. Heißt sie Ursula?
   - g. Sind wir alle Mädchen?
   - h. Sind Sie Amerikanerin?

FRAGEN

1. Wie heißen Sie?
2. Wer ist das?
3. Wer bin ich?
4. Was sind wir?
5. Wie heißt sie?

6. Sind Sie nicht Herr Neumann?
7. Ist Professor Schönfeld Amerikaner?
8. Ist das Mädchen Amerikanerin?
9. Wie heißt der Professor?
10. Wie heißt die Amerikanerin?

Erste Lektion

Grammatische Ziele:
 Präsens regelmäßiger Verben
 Bestimmter Artikel im Nominativ

EINFÜHRENDE BEISPIELE

1. Mein Name ist Schönfeld.   Ich komme aus Deutschland.
   Sie kommen aus Amerika.
   Kommen Sie aus Amerika?
       Ja, ich komme aus Amerika.

2. Fräulein Olivetti kommt aus Italien.
   Woher kommt sie?
       Sie kommt aus Italien.

3. Komme ich aus England?
       Nein, Sie kommen nicht aus England.

4. Herr Jones kommt aus Amerika.
   Woher kommt er?
       Er kommt aus Amerika.

5. Ich bin Professor.
   Herr Brown ist Student.
   Ist Herr Silva auch Student?
       Ja, Herr Silva ist auch Student.

6. Fräulein Olivetti ist Studentin.
   Was ist Fräulein Digby?
       Fräulein Digby ist Studentin.

7. Fräulein Digby kommt aus England.
   Wie heißt das Mädchen aus England?
       Das Mädchen aus England heißt Digby.

8. Die Herren kommen aus Amerika.
   Woher kommen sie?
       Sie kommen aus Amerika.

9. Wie heißt die Studentin aus England?
       Die Studentin aus England heißt Digby.

10. Und wie heißt der Student aus Amerika?
        Der Student aus Amerika heißt Jones.

ÜBUNGEN

1. **Beispiel:** *Schönfeld*   Ich heiße *Schönfeld*.
   a. Schönfeld   d. Paul Jones
   b. Schmidt   e. Silva
   c. Anne Schmidt
2. **Beispiel:** *Amerika*   Ich komme aus *Amerika*.
   a. Amerika   d. Hamburg
   b. Deutschland   e. London
   c. England
3. **Beispiel:** *Sie*   Woher kommen *Sie*?
   a. Sie   d. Herr Jones und Herr Brown
   b. die Männer   e. Anne und Paul
   c. Fräulein Olivetti und Herr Silva   f. sie (*they*)
4. **Beispiel:** *Herr Schönfeld*   Kommt *Herr Schönfeld* aus Deutschland?
   a. Herr Schönfeld   e. sie (*she*)
   b. das Mädchen   f. der Professor
   c. Fräulein Digby   g. er
   d. die Studentin
5. **Beispiele:** *wir*   *Wir sind* in Amerika.
              ich   *Ich bin* in Amerika.
   a. wir   e. der Professor
   b. ich   f. sie (*she*)
   c. Sie   g. die Familie
   d. Fräulein Olivetti   h. er
6. **Beispiel:** *ich*   *Ich heiße* Schmidt.
   a. ich   d. sie (*they*)
   b. wir   e. die Studentin
   c. der Mann   f. Sie
7. **Beispiel:** *er*   *Er kommt* aus Amerika.
   a. er   d. Sie
   b. Herr Brown   e. Herr Jones und Herr Brown
   c. sie (*they*)   f. ich

8. **Beispiel: Heißt er Schmidt?   Ja, er heißt Schmidt.**
   a. Heißt er Schmidt?
   b. Heißen Sie Paul Jones?
   c. Heißt die Studentin Digby?
   d. Heißt der Professor Schönfeld?
   e. Heißen die Herren Jones und Brown?

9. **Beispiel: Kommen Sie aus England?   Ja, ich komme aus England.**
   a. Kommen Sie aus England?
   b. Kommen Sie aus Amerika?
   c. Kommen Sie aus Rom?
   d. Kommen Sie aus Dänemark?
   e. Kommen Sie aus Spanien?

10. **Beispiel: Kommen Sie aus Dänemark?   Nein, ich komme nicht aus Dänemark.**
    a. Kommen Sie aus Dänemark?
    b. Kommen Sie aus Amerika?
    c. Kommen Sie aus New York?
    d. Kommen Sie aus London?
    e. Kommen Sie aus Paris?

11. **Beispiel: Woher kommt sie denn? (*Paris*)   Sie kommt aus Paris.**
    a. Woher kommt sie denn?   (Paris)
    b. Woher kommt er denn?   (Deutschland)
    c. Woher kommt Herr Brown?   (Amerika)
    d. Woher kommt der Professor?   (Berlin)
    e. Woher kommen Sie denn?   (Boston)
    f. Woher kommen sie?   (Frankfurt)

12. **Beispiel: Woher kommt *Herr Jones*? (*Amerika*)   *Er* kommt aus Amerika.**
    a. Woher kommt Herr Jones?   (Amerika)
    b. Woher kommt Fräulein Digby?   (London)
    c. Woher kommen die Herren?   (New York)
    d. Woher kommt Professor Schönfeld?   (Deutschland)
    e. Woher kommt die Studentin?   (Paris)

13. **Beispiel: Ich komme aus England.   Und Sie?   Ich komme auch aus England.**
    a. Ich komme aus England.   Und Sie?
    b. Er heißt Jones.   Und Sie?
    c. Sie kommen aus Italien.   Und Fräulein Olivetti?
    d. Der Student kommt aus Amerika.   Und Herr Brown?
    e. Ich bin Student.   Und Sie?

14. **Beispiel: *Maria Olivetti*   Ich bin *Maria Olivetti*.**
    a. Maria Olivetti
    b. Professor Schönfeld
    c. Student
    d. Professor
    e. Studentin

15. **Beispiel: *ich bin*   *Ich bin* auch Student.**
    a. ich bin
    b. Herr Jones ist
    c. wer ist (?)
    d. der Herr aus Amerika ist
    e. ist er (?)
    f. sind Sie (?)

FRAGEN

1. Wer ist das?
2. Wie heißen Sie?
3. Woher kommt sie?
4. Woher kommt der Professor?
5. Wie heißt der Student aus Amerika?
6. Wie heißen die Herren aus Amerika?
7. Ist Fräulein Jensen Studentin?
8. Ist Herr Schönfeld Professor?
9. Wer ist Student?
10. Woher kommen Sie denn?
11. Kommt Herr Brown aus Italien?
12. Kommen Sie aus Berlin?
13. Kommen sie alle aus Hamburg?
14. Wer sind die Studentinnen?

DIALOG: *lesen*
Die erste Unterrichtsstunde am Institut für Ausländer

JONES Guten Tag!
DIGBY Guten Tag!
JONES Mein Name ist Jones, Paul Jones. Und wie heißen Sie?
DIGBY Ich heiße Anne Digby.
JONES Sie kommen aus England, nicht wahr?
DIGBY Ja, ich komme aus London. Und Sie?
JONES Aus Amerika. Studieren Sie hier?
DIGBY Ja, und Sie doch auch? *lessons*
JONES Richtig. Der Unterricht hier am Institut ist sehr interessant, nicht wahr?
DIGBY Ja, sehr. Da kommt Professor Schönfeld. Jetzt beginnt der Unterricht.
  Also bis später, Herr Jones.
JONES Auf Wiedersehen, Fräulein Digby.

„Woher kommen Sie?"

The First Class at the Institute for Foreigners

JONES Hello!

DIGBY Hello!

JONES My name is Jones, Paul Jones. And what is your name?

DIGBY My name is Anne Digby.

JONES You're from England, aren't you?

DIGBY Yes, I'm from London. And you?

JONES From America. Are you a student here? [Are you studying here?]

DIGBY Yes, and you too?

JONES That's right. The instruction here at the Institute is very interesting, don't you think?

DIGBY Yes, very. Here comes Professor Schönfeld. Class will begin now. See you later, Mr. Jones.

JONES Goodbye, Miss Digby.

FRAGEN ÜBER DEN DIALOG

1. Wie heißt der Professor?
2. Wie heißt der Student aus Amerika?
3. Woher kommt Herr Jones?
4. Woher kommt Fräulein Digby?
5. Wie heißt die Studentin aus London?
6. Studiert Fräulein Digby am Institut?
7. Studiert Herr Jones auch am Institut?
8. Kommt Fräulein Digby aus Italien?
9. Kommt Herr Jones aus Spanien?
10. Wer ist Studentin?
11. Wer ist Professor?
12. Herr Jones kommt aus Amerika, nicht wahr?
13. Heißt der Professor Schönfeld?
14. Fräulein Digby studiert am Institut, nicht wahr?
15. Heißt der Student aus Amerika Schmidt?

Todtmoos, Dorf im Schwarzwald

LESESTÜCK: Das Institut für Ausländer

Herr Schönfeld kommt aus Deutschland. Er ist Professor. Fräulein Olivetti ist Studentin[1] und kommt aus Italien. Ein Herr aus Mexiko ist auch Student am Institut. Er heißt Juan Silva. Pedro Segovia kommt aus Spanien.

Professor Schönfeld sagt:[2] „Guten Morgen, meine Damen und Herren!"[3] Die Studenten antworten:[4] „Guten Morgen, Herr Professor!"

Professor Schönfeld fragt[5] Robert Brown: „Woher kommen Sie denn?"[6] Der Student aus Kalifornien antwortet: „Ich komme aus Amerika."

Dann[7] fragt er Fräulein Olivetti: „Kommen Sie aus Spanien oder[8] aus Italien?" „Ich komme aus Italien, aus Rom", antwortet sie.

[1] **die Studentin** girl student   [2] **Professor Schönfeld sagt** Professor Schönfeld says
[3] **Guten Morgen, meine Damen und Herren!** Good morning, ladies and gentlemen!
[4] **die Studenten antworten** the students answer
[5] **Professor Schönfeld fragt** Professor Schönfeld asks
[6] **Woher kommen Sie denn?** Where do you come from? (In questions, **denn** implies active interest and concern on the part of the person asking the question.)   [7] **dann** then   [8] **oder** or

„Wie heißen Sie, bitte?"[9] fragt der Professor.   Der Student aus New York antwortet: „Ich heiße Jones, Paul Jones."

Der Professor fragt auch die Studentin aus London, wie sie heißt.   Sie antwortet: „Mein Name ist Anne Digby."   „Und Sie wohnen in England,[10] nicht wahr?"[11] „Ja, richtig, ich wohne in London", antwortet sie.

Professor Schönfeld fragt: „Wie geht es Ihnen,[12] Herr Silva?"   „Danke, gut",[13] antwortet der Student aus Mexiko.   Dann fragt der Professor Fräulein Jensen: „Wie geht es Ihnen hier in Deutschland?"   „Danke, es geht mir sehr gut[14] in Deutschland", antwortet sie.

Dann fragt Professor Schönfeld: „Was sehen Sie hier im Zimmer?"[15]   Da niemand antwortet,[16] sagt er: „Hier sind viele Dinge.[17]   Das ist ein Bleistift,[18] das ist ein Buch,[19] und das da ist eine Uhr.[20]   Hier ist eine Tür,[21] da ist ein Fenster,[22] und dort ist auch ein Fenster."[23]

[9] **bitte** please   [10] **und Sie wohnen in England** and you live in England
[11] **Nicht wahr?** Don't you?   [12] **Wie geht es Ihnen?** How are you?   [13] **danke, gut** fine, thank you
[14] **es geht mir sehr gut** I am just fine (*i.e.* I'm getting along just fine)
[15] **Was sehen Sie hier im Zimmer?** What do you see here in the room?
[16] **da niemand antwortet** since no one answers   [17] **viele Dinge** many things   [18] **der Bleistift** pencil
[19] **das Buch** book   [20] **die Uhr** watch, clock   [21] **hier ist eine Tür** here is a door
[22] **da ist ein Fenster** there is a window   [23] **dort ist auch ein Fenster** over there is a window too

Neuleiningen: Dorf und
Burg an der Autobahn
bei Grünstadt

WEITERE ÜBUNGEN

1. Beispiel: *Guten Morgen.*   Er sagt: „*Guten Morgen.*"
   a. Guten Morgen.
   b. Guten Morgen, meine Damen und Herren.
   c. Ich heiße Silva.
   d. Das ist sehr gut.
   e. Das ist auch interessant.
   f. Sie kommt aus Rom.

2. Beispiel: *Woher kommen Sie?*   Sie fragt: „*Woher kommen Sie?*"
   a. Woher kommen Sie?
   b. Woher kommt er denn?
   c. Wer ist denn das?
   d. Sie kommen aus Amerika, nicht wahr?
   e. Wie heißt er?
   f. Wie heißt die Studentin aus Italien?

3. Beispiel: *Guten Tag.*   Dann sage ich: „*Guten Tag.*"
   a. Guten Tag.
   b. Guten Tag, meine Damen und Herren.
   c. Auf Wiedersehen, Herr Brown.
   d. Das ist nicht gut.
   e. Ich komme nicht aus Kanada.
   f. Ich bin Student.

4. Beispiel: *Ich heiße Digby.*   Dann antworte ich: „*Ich heiße Digby.*"
   a. Ich heiße Digby.
   b. Mein Name ist nicht Schmidt.
   c. Ich bin Studentin.
   d. Ich komme nicht aus Madrid.
   e. Er ist jetzt Student.
   f. Ich heiße nicht Schmidt.

5. Beispiel: *Ich komme aus Spanien.*   „*Ich komme aus Spanien*", antwortet er.
   a. Ich komme aus Spanien.
   b. Ich bin jetzt Student.
   c. Das ist nicht sehr gut.
   d. Das ist sehr interessant.
   e. Der Student aus Mexiko heißt Silva.
   f. Die Damen kommen aus Deutschland.

6. Beispiel: *Wie heißt er?*   Die Studenten fragen: „*Wie heißt er?*"
   a. Wie heißt er?
   b. Was sagt er?
   c. Wer ist denn das?
   d. Wie antwortet er?
   e. Ist er Student?
   f. Sind Sie auch Student?

7. Beispiel: *Das ist sehr interessant.*   Sie sagen dann: „*Das ist sehr interessant.*"
   a. Das ist sehr interessant.
   b. Guten Morgen, Herr Professor.
   c. Die Studenten da kommen aus Amerika.
   d. Die Studentin da kommt aus Norwegen.
   e. Die Herren heißen Silva und Segovia.
   f. Mein Name ist Jensen.

8. Beispiel: *der Professor*   Wie *heißt der Professor?*
   a. der Professor
   b. die Damen
   c. sie (*she*)
   d. die Herren aus Amerika
   e. die Studenten
   f. ich

9. Beispiel: *Sie*   *Sie antworten nicht.*
   a. Sie
   b. die Herren
   c. die Studenten
   d. sie (*they*)
   e. Fräulein Jensen und Herr Silva
   f. die Damen da

10. **Beispiel:** *der Student* **Der Student antwortet: „Guten Morgen."**

    a. der Student
    b. der Herr und die Dame
    c. die Studenten

    d. sie *(she)*
    e. Sie
    f. der Herr

11. **Beispiel:** *er* **Er antwortet** nicht.

    a. er
    b. sie *(they)*
    c. Professor Schönfeld

    d. ich
    e. die Herren
    f. wer (?)

12. **Beispiel:** *Fräulein Digby* **Jetzt** *sagt Fräulein Digby:* **„Guten Tag."**

    a. Fräulein Digby
    b. ich
    c. Sie

    d. die Herren
    e. er
    f. die Studentin aus Rom

13. **Beispiel:** **Sie sind Student, nicht wahr?** **Ja, ich bin Student.**

    a. Sie sind Student, nicht wahr?
    b. Sie heißen Schmidt, nicht wahr?
    c. Sie kommen aus Amerika, nicht wahr?
    d. Sie sind die Studentin aus Rom, nicht wahr?
    e. Sie sind hier Student, nicht wahr?
    f. Sie sind Studentin, nicht wahr?

14. **Beispiel:** **Die Studentin da kommt aus London. Und Sie?** **Ich komme auch aus London.**

    a. Die Studentin da kommt aus London. Und Sie?
    b. Er kommt aus New York. Und Sie?
    c. Ich bin Student. Und Sie?
    d. Die Studenten kommen aus Amerika. Und Sie?
    e. Die Damen da kommen aus Berlin. Und Sie?
    f. Ich bin Professor. Und Sie?

15. **Beispiel:** **Kommen Sie aus Berlin?** **Nein, ich komme nicht aus Berlin.**

    a. Kommen Sie aus Berlin?
    b. Kommt er aus Italien?
    c. Ist sie Studentin?
    d. Heißen Sie Brown?
    e. Heißen die Studenten Silva und Schmidt?
    f. Antwortet er?

WEITERE FRAGEN

1. Kommt er aus Boston oder New York?
2. Kommen Sie aus Paris oder Berlin?
3. Heißen Sie Schmidt oder Brown?
4. Sagt er guten Morgen oder guten Tag?
5. Kommen die Herren aus Amerika oder Dänemark?
6. Komme ich aus Berlin oder Hamburg?
7. Woher kommt der Professor?
8. Woher kommt Fräulein Digby?
9. Woher kommen Herr Jones und Herr Brown?
10. Was sagt Professor Schönfeld?
11. Wie antworten die Studenten?
12. Was fragt der Professor Fräulein Digby?
13. Wie antwortet sie?

14. Wie heißt der Student aus Spanien?
15. Was fragt Professor Schönfeld die Studentin aus Rom?
16. Ist Herr Jones Student?
17. Kommt Herr Jones aus London?
18. Fragt der Professor, woher er kommt?
19. Fragt Professor Schönfeld auch, wie er heißt?
20. Was sind Herr Silva und Herr Jones?
21. Ist der Unterricht interessant?
22. Wer kommt aus Italien?
23. Wer wohnt in Deutschland?
24. Wie heißt die Studentin aus Rom?

SPRECHÜBUNGEN

1. Initiate a conversation with the student next to you so as to include the following exchanges in German:
    a. greetings
    b. your names
    c. where both of you come from
    d. that you are both students
    e. that you are both studying German
    f. who your instructor is
    g. whether the instruction is interesting
    h. the name of a third student
    i. where another student comes from
    j. goodbye
2. In complete sentences, identify as many objects and persons in the room as possible.
3. Supply questions, in German, to which the following expressions would be appropriate responses:
    a. Ich komme aus New York.
    b. Der Professor kommt aus Berlin.
    c. Ja, er heißt Schönfeld.
    d. Ja, ich bin auch Student.
    e. Ja, sehr.
    f. Das ist ein Deutschbuch.

Zweite Lektion

2

Grammatische Ziele:
    Präsens von „haben" und anderen Verben
    Unbestimmter Artikel im Nominativ und Akkusativ
    Pluralform einiger Substantive

EINFÜHRENDE BEISPIELE

Anschauungsmaterial:
    zwei Bücher
    zwei Bleistifte
    eine Uhr

1. (*Instructor points at a student.*)
Sie und ich kommen aus Amerika.
Wir kommen alle aus Amerika.
Woher kommen wir?
    Wir kommen aus Amerika.

2. Wir wohnen alle hier im Lande.
Wo wohnen wir?
    Wir wohnen hier im Lande.

3. Professor Schönfeld wohnt in Schwarzhausen.
Wer wohnt in Schwarzhausen?
    Professor Schönfeld wohnt in Schwarzhausen.

4. Ich wohne in _____.
Sie wohnen auch in _____.
Wo wohnen Sie?
    Ich wohne in _____.

5. Hier ist ein Buch.
   Ich habe ein Buch.
   Sie haben auch ein Buch.
   Was habe ich?
               Sie haben ein Buch.
   Haben Sie auch ein Buch?
               Ja, ich habe auch ein Buch.

6. Das ist eine Uhr.
   Herr _____ hat auch eine Uhr.
   Was hat er?
               Er hat auch eine Uhr.

7. Ich habe einen Bleistift, und Sie haben auch einen Bleistift.
   Wir haben Bleistifte.
   Wer hat die Bleistifte?
               Wir haben die Bleistifte.

8. (*Instructor gives a pencil to a girl student.*)
   Fräulein _____ hat jetzt einen Bleistift in der Hand.
   Was hat sie in der Hand?
               Sie hat einen Bleistift in der Hand.

9. (*Instructor gives two books to a student.*)
   Herr _____ hat jetzt zwei Bücher.
   Was hat er?
               Er hat zwei Bücher.

ÜBUNGEN

1. **Beispiel:**   *Fräulein Jensen*   **Woher** *kommt Fräulein Jensen?*
   a. Fräulein Jensen   d. die Studenten
   b. er   e. die Männer
   c. wir
2. **Beispiel:**   *Inge Jensen*   **Wo** *wohnt Inge Jensen?*
   a. Inge Jensen   d. er
   b. Professor Schönfeld   e. das Mädchen
   c. sie (*she*)
3. **Beispiel:**   *Inge und Annette*   **Dort** *wohnen Inge und Annette.*
   a. Inge und Annette   d. wir
   b. Juan und Robert   e. sie (*they*)
   c. die Studenten

4. **Beispiel:** *einen Bleistift*   Ich habe *einen Bleistift* in der Hand.
   a. einen Bleistift
   b. zwei Bleistifte
   c. den Bleistift
   d. eine Uhr
   e. zwei Bücher

5. **Beispiel:** *Bücher*   Haben Sie *Bücher* in der Hand?
   a. Bücher
   b. die Uhr
   c. einen Bleistift
   d. den Bleistift
   e. das Buch

6. **Beispiel:** *eine Uhr*   Er hat auch *eine Uhr.*
   a. eine Uhr
   b. einen Bleistift
   c. ein Buch
   d. zwei Bleistifte
   e. zwei Uhren

7. **Beispiel:** *wir*   Was *haben wir* da?
   a. wir
   b. Sie
   c. ich
   d. der Professor
   e. er

8. **Beispiel:**   Ich wohne jetzt in Berlin.   Wohnen Sie   Ja, ich wohne jetzt
      jetzt auch in Berlin?   auch in Berlin.
   a. Ich wohne jetzt in Berlin.   Wohnen Sie jetzt auch in Berlin?
   b. Ich wohne jetzt in Stuttgart.   Wohnen Sie jetzt auch in Stuttgart?
   c. Ich wohne jetzt in Hamburg.   Wohnen Sie jetzt auch in Hamburg?
   d. Wir wohnen jetzt in Bremen.   Wohnen Sie jetzt auch in Bremen?
   e. Er wohnt jetzt in Frankfurt.   Wohnen Sie jetzt auch in Frankfurt?
   f. Der Student da wohnt jetzt in Heidelberg.   Wohnen Sie jetzt auch in Heidelberg?

9. **Beispiel:**   Ich habe ein Buch in der Hand.   Was haben   Ich habe auch ein
      Sie in der Hand?   Buch in der Hand.
   a. Ich habe ein Buch in der Hand.   Was haben Sie in der Hand?
   b. Ich habe einen Bleistift in der Hand.   Was haben Sie in der Hand?
   c. Wir haben Bücher in der Hand.   Was haben Sie in der Hand?
   d. Sie hat eine Uhr in der Hand.   Was haben Sie in der Hand?
   e. Der Student hat Bleistifte in der Hand.   Was haben Sie in der Hand?
   f. Die Studentin da hat auch einen Bleistift in der Hand. Was haben Sie in der Hand?

10. **Beispiel:**   Ich bin Student.   Ist Herr Fischer   Ja, Herr Fischer ist auch Student.
      auch Student?
   a. Ich bin Student.   Ist Herr Fischer auch Student?
   b. Er ist Student.   Sind Sie auch Student (Studentin)?
   c. Er ist Professor.   Ist Herr Schönfeld auch Professor?
   d. Wir sind Studenten.   Sind Sie auch Student (Studentin)?
   e. Maria Olivetti und Inge Jensen sind Studentinnen.   Sind Sie auch Studentin (Student)?

„Das verstehen Sie jetzt, nicht wahr?"

früh = spät

DIALOG: Lernen Sie allein?

BROWN   Guten Morgen, Fräulein Moreau.   Sie kommen sicher aus Frankreich, nicht wahr?

MOREAU   Richtig.   Aus Paris.   Und Sie?   Sind Sie Amerikaner?

BROWN   Jawohl.   Ich komme aus Kalifornien.   Ich habe meine Uhr vergessen. Wie spät ist es?

MOREAU   Es ist fünf Minuten vor neun.

BROWN   Wann haben wir heute Deutsch?

MOREAU   Um neun Uhr—wie immer.

BROWN   Vielen Dank.   Sie sprechen aber sehr gut Deutsch, Fräulein Moreau.   Wo haben Sie es denn gelernt?

MOREAU   Ich habe es in Paris auf der Schule gelernt.

BROWN   Ich lese alle Aufgaben, aber ich finde Deutsch sehr schwer.   Lernen Sie allein?

MOREAU   Fast immer.   Professor Schönfeld geht schon ins Klassenzimmer.   Jetzt beginnt der Unterricht.

BROWN   Schon?   Nach dem Unterricht sehen wir uns wieder, nicht wahr?

MOREAU   Bis später.

BROWN   Auf Wiedersehen. . . . Hoffentlich vergißt sie das nicht!

Do You Study by Yourself?

BROWN   Good morning, Miss Moreau.   You are [certainly] from France, aren't you?

MOREAU   That's right.   From Paris.   And you?   Are you an American?

BROWN   Yes, indeed.   I'm from California.   I forgot my watch.   What time is it?

MOREAU   It's five minutes to nine.

BROWN   When do we have German class today?

MOREAU   At nine o'clock—as always.

BROWN   Thank you.   You speak very good German, Miss Moreau.   Where did you learn it [anyway]?

MOREAU   I learned it at school in Paris.

BROWN   I read all the lessons, but German is hard for me.   Do you study alone?

MOREAU   Almost always.   Professor Schönfeld is going into the classroom already. Now the class will begin.

BROWN   Already?   After class we'll see each other again, won't we?

MOREAU   See you later.

BROWN   Goodbye. . . . I hope she doesn't forget!

FRAGEN ÜBER DEN DIALOG

1. Kommt Fräulein Moreau aus Dänemark oder aus Frankreich?
2. Woher kommt Robert Brown?
3. Beginnt der Unterricht um neun Uhr?
4. Wo hat Fräulein Moreau Deutsch gelernt?
5. Lernt Fräulein Moreau fast immer allein?
6. Findet Herr Brown Deutsch schwer?
7. Um wieviel Uhr (*at what time*) gehen Fräulein Moreau und Herr Brown ins Klassenzimmer?
8. Wann beginnt der Deutschunterricht?
9. Wer hat in Paris Deutsch gelernt?
10. Wer lernt fast immer allein?
11. Wer findet Deutsch schwer?
12. Wer fragt: „Wie spät ist es?"
13. Wer geht schon ins Klassenzimmer?
14. Um wieviel Uhr beginnt der Unterricht?

LESESTÜCK: Der Deutschunterricht

Fräulein Moreau und Herr Brown sprechen vor dem Unterricht miteinander.[1] Fräulein Moreau ist jung and scharmant,[2] aber sie lernt fast immer allein. Sie spricht gut Deutsch. Sie hat es in Paris auf der Schule gelernt. Herr Brown hat bis jetzt nur wenig Deutsch gelernt.[3] Herr Brown findet sie sehr nett.[4] Vielleicht[5] lernen sie heute abend[6] zusammen.[7] Sie haben eine lange Aufgabe[8] für morgen.[9]

Fräulein Moreau sagt: „Professor Schönfeld geht schon ins Klassenzimmer. Jetzt beginnt der Unterricht." Der Professor und alle Studenten gehen ins Klassenzimmer.

Professor Schönfeld sagt: „Guten Morgen, meine Damen und Herren!" Er fragt alle Studenten, wie sie heißen. Er fragt sie auch, woher sie kommen. Dann sagt er: „Hier haben wir viele Dinge. Das ist eine Tür und dort ist auch eine Tür. Hier haben wir zwei[10] Türen. ‚Türen' ist die Pluralform von ‚Tür'. Verstehen Sie das?"[11]

„Hier haben wir eine Landkarte von Deutschland,[12] und da ist ein Fenster. Das Klassenzimmer hat drei[13] Fenster. Dies ist die Wandtafel,[14] und hier habe ich ein Stück Kreide.[15] Ich schreibe[16] mit der Kreide an die Wandtafel. Schreiben Sie auch mit Kreide? Hier sind vier Bücher.[17] Wir lesen[18] die Bücher. Hier ist der Tisch,[19] und da ist ein Stuhl.[20] Wir haben hier viele Stühle, aber nur einen Tisch. ‚Stühle' ist natürlich[21] die Pluralform von ‚Stuhl'. Das verstehen Sie jetzt, nicht wahr?"

Die Studenten antworten: „Jawohl, Herr Professor. Wir verstehen das." Nur Herr Brown antwortet: „Nein, ich verstehe das nicht."

[1] **Fräulein Moreau und Herr Brown sprechen vor dem Unterricht miteinander** Miss Moreau and Mr. Brown are talking together before class begins   [2] **jung und scharmant** young and charming
[3] **Herr Brown hat bis jetzt nur wenig Deutsch gelernt** until now Mr. Brown has learned only a little German   [4] **Herr Brown findet sie sehr nett** Mr. Brown finds her very nice
[5] **vielleicht** perhaps   [6] **heute abend** this evening   [7] **zusammen** together
[8] **eine lange Aufgabe** a long assignment   [9] **für morgen** for tomorrow   [10] **zwei** two
[11] **Verstehen Sie das?** Do you understand that?
[12] **eine Landkarte von Deutschland** a map of Germany   [13] **drei** three
[14] **die Wandtafel** blackboard   [15] **ein Stück Kreide** a piece of chalk   [16] **ich schreibe** I am writing
[17] **vier Bücher** four books   [18] **wir lesen** we are reading   [19] **der Tisch** table   [20] **der Stuhl** chair
[21] **natürlich** of course

WEITERE ÜBUNGEN

1. **Beispiel:**   *er*   *Er* spricht gut Deutsch.
   a. er
   b. sie (*she*)
   c. Herr Brown
   d. der Professor
   e. die Studentin aus Paris
   f. wer (?)

2. **Beispiel:**   *wir*   *Wir* sprechen mit Fräulein Jensen.
   a. wir
   b. Sie
   c. die Herren aus Amerika
   d. sie (*they*)
   e. die zwei Herren
   f. die zwei Studenten

3. **Beispiel:**   *er spricht*   *Er spricht* nicht gut Deutsch.
   a. er spricht
   b. Herr Brown spricht
   c. wir sprechen
   d. Sie sprechen
   e. die Studentin spricht
   f. die zwei Studentinnen sprechen

4. **Beispiel:**   *ich*   *Ich spreche* heute mit Fräulein Digby.
   a. ich
   b. wir
   c. der Student
   d. die Herren
   e. die zwei Studenten
   f. sie (*they*)

5. **Beispiel:**   *er*   Versteht *er* das auch?
   a. er
   b. die Studentin
   c. sie (*she*)
   d. Fräulein Jensen
   e. der Professor
   f. der Herr

6. **Beispiel:**   *wenig Deutsch*   Ich verstehe *wenig Deutsch.*
   a. wenig Deutsch
   b. es
   c. das
   d. den Professor
   e. Inge nicht
   f. sie nicht

7. **Beispiel:**   *Bücher*   Wir haben viele *Bücher.*
   a. Bücher
   b. Fenster
   c. Stühle
   d. Klassenzimmer
   e. Studenten
   f. Tische

8. **Beispiel:**   *jetzt*   *Jetzt* gehen wir in das Klassenzimmer.
   a. jetzt
   b. um neun Uhr
   c. dann
   d. fünf Minuten vor neun
   e. um vier Uhr
   f. heute

9. **Beispiel:**   *Deutsch*   Ich spreche *Deutsch.*
   a. Deutsch
   b. gut Deutsch
   c. jetzt Deutsch
   d. wenig Deutsch
   e. mit Professor Schönfeld
   f. mit Fräulein Digby

10. **Beispiel:**   *jetzt*   Lernen Sie *jetzt?*
    a. jetzt
    b. allein
    c. mit Annette
    d. mit Robert Brown
    e. Deutsch
    f. immer allein

11. **Beispiel:**   Hier haben wir *ein Buch.*   Hier haben wir *viele Bücher.*
    a. Hier haben wir ein Buch.
    b. Hier haben wir einen Bleistift.
    c. Hier haben wir ein Fenster.
    d. Hier haben wir einen Tisch.
    e. Hier haben wir einen Stuhl.

Bayern: Schloß Neuschwanstein

12. **Beispiel:**   *Ich habe* **ein Buch in der Hand.**   *Er hat* **ein Buch in der Hand.**
 a. Ich habe ein Buch in der Hand. d. Ich habe eine Uhr.
 b. Ich habe jetzt Deutschunterricht. e. Hier habe ich eine Landkarte von
 c. Ich habe nur ein Buch.   Deutschland.

13. **Beispiele:**   *Ich habe* **viele Bücher.**   *Wir haben* **viele Bücher.**
     Der Herr hat **viele Bücher.**   *Die Herren haben* **viele Bücher.**
 a. Ich habe viele Bücher.   d. Der Herr aus Amerika hat viele Bücher.
 b. Der Herr hat viele Bücher. e. Sie hat viele Bücher.
 c. Der Student hat viele Bücher. f. Er hat viele Bücher.

14. **Beispiel:**   *Ich spreche* **Deutsch.**   *Wir sprechen* **Deutsch.**
 a. Ich spreche Deutsch.   j. Hier wohne ich.
 b. Ich habe einen Bleistift.   k. Ich schreibe mit Kreide.
 c. Ich gehe jetzt in das Klassenzimmer. l. Ich sage das auch.
 d. Ich studiere am Institut.   m. Ich antworte nicht.
 e. Ich heiße Schmidt.   n. „Wie geht es Ihnen?“ frage ich.
 f. Ich beginne es jetzt.   o. Ich lerne Deutsch.
 g. Ich verstehe das nicht.   p. Ich finde Deutsch nicht schwer.
 h. Ich lerne hier Deutsch.   q. Ich vergesse oft das Buch.
 i. Ich komme aus Amerika.

15. **Beispiel:**   *Er wohnt* **jetzt in Berlin.**   *Sie wohnen* **jetzt in Berlin.**
 a. Er wohnt jetzt in Berlin.   j. Heißt sie Olivetti?
 b. Er studiert am Institut.   k. Sie kommt aus Berlin.
 c. Er versteht das nicht.   l. Sie findet es nicht schwer.
 d. Er beginnt es jetzt.   m. Beginnt sie das auch?
 e. Vielleicht lernt er Deutsch. n. Er geht in das Klassenzimmer.
 f. Er sagt das nicht.   o. Antwortet er?
 g. Er fragt: „Was ist denn das?“ p. Sie versteht gut Deutsch.
 h. Lernt er heute allein?   q. Sie fragt: „Wie heißen Sie, bitte?“
 i. Er heißt Schmidt.

16. **Beispiel:**   **Wir vergessen das immer.   Und er?**   **Er vergißt das auch immer.**
 a. Wir vergessen das immer.   Und er?
 b. Ich vergesse es.   Und er?
 c. Sie vergessen das Buch.   Und der Professor?
 d. Die Studenten vergessen die Aufgabe.   Und Herr Brown?
 e. Herr Brown und Herr Jones vergessen die Bücher.   Und Fräulein Jensen?
 f. Sie vergißt den Bleistift.   Und der Student da?

FRAGEN

1. Kommt Fräulein Digby aus London oder aus New York?
2. Schreiben die Studenten mit Bleistift oder Kreide?
3. Schreibt Professor Schönfeld mit Bleistift oder Kreide an die Wandtafel?
4. Lernt Herr Brown oder Fräulein Moreau fast immer allein?
5. Spricht Herr Brown wenig Deutsch?
6. Hat Herr Brown eine Uhr oder ein Buch vergessen?
7. Ist das eine Landkarte von Italien oder Deutschland?
8. Findet Herr Brown Englisch oder Deutsch schwer?
9. Hat das Klassenzimmer zwei oder drei Fenster?
10. Ist Herr Segovia Professor oder Student?
11. Wer kommt aus Paris?
12. Wer spricht gut Deutsch?
13. Wer spricht nicht so gut Deutsch?
14. Wer hat ein wenig Deutsch gelernt?
15. Gehen alle Studenten um neun Uhr in das Klassenzimmer?
16. Wann beginnt der Unterricht?

17. Wann geht Herr Schönfeld in das Klassenzimmer?
18. Was hat der Professor in der Hand?
19. Hat das Klassenzimmer drei Türen?
20. Wer ist sehr nett?
21. Wer spricht mit Fräulein Moreau?
22. Wer hat eine Uhr vergessen?

SPRECHÜBUNGEN

1. In a conversation with the student next to you, inquire about the following:
   a. how he is
   b. what time it is
   c. when class begins
   d. whether he has difficulty with German
   e. how well he speaks German
   f. where the professor is
   g. whether he studies alone
   h. location of the classroom
   i. name of a girl student
   j. name of the professor
2. Make appropriate responses to the following questions and statements:
   a. Guten Tag, Herr _____. Wie geht es Ihnen?
   b. Mein Name ist _____. Wie heißen Sie?
   c. Ich bin Professor, und Sie?
   d. Herr _____ ist Student, und Sie?
   e. Ich habe meine Uhr vergessen. Wieviel Uhr ist es?
   f. Lernen Sie immer allein?
   g. Nach dem Unterricht sehen wir uns wieder, nicht wahr?
   h. Ich finde Deutsch schwer.
   i. Ich finde Englisch sehr schwer.
   j. Ich habe Deutsch in Amerika gelernt.
3. Make up statements in German concerning yourself:
   a. The first student will make one statement about himself.
   b. The second student will tell the same kind of information about himself and add one further statement.
   c. Each subsequent student will give similar information about himself and then provide one additional statement.

PHONOLOGIE

[handwritten annotation: vowel followed by double consonant or 2 of them is short — all others long.]

Imitate carefully the pronunciation of the following words:

Long a:	Name, Tag, haben, fragen
Short a:	Mann, Hans, Anne, Landkarte
Long e:	Amerika, wer; verstehen, Bremen, gehen, sehr, lesen
Short e:	Professor, Berlin, lernen, jetzt
Slurred e:	heißen, eine, wohnen, Zimmer, Studenten
Long ä:	Mädchen, Dänemark, später
Short ä:	Neustätter, Männer
Long i:	Sie, wie, hier, Ihnen, niemand
Short i:	ich, bin, sind, Schmidt, Studentin
Long o:	Robert, wohnen, also, schon
Short o:	kommen, doch, antworten, dort, hoffentlich
Long u:	Uhr, gut, Schule, Buch, Stuhl
Short u:	und, Stuttgart, um, Unterricht
Diphthong ei:	heißen, nein, mein, Bleistift
Diphthong au:	Paul, Frau, aus, auch
Diphthong eu, äu:	Neumann, neun, heute, Fräulein

Dritte Lektion

3

Grammatische Ziele:
Das Perfekt
Unregelmäßige Verben in der dritten Person Singular
Bestimmter Artikel im Akkusativ

EINFÜHRENDE BEISPIELE

Anschauungsmaterial:

einige Geldstücke oder Scheine
ein Buch

1. Wo ist der Bleistift?
   Der Bleistift ist nicht hier.
   Ich habe den Bleistift vergessen.
   Was habe ich vergessen?
   > Sie haben den Bleistift vergessen.
   Warum (*why*) ist der Bleistift nicht hier?
   > Sie haben den Bleistift vergessen.

2. Ich sehe heute Fräulein _____.
   Ich habe sie auch gestern (*yesterday*) gesehen.
   Haben Sie sie gestern gesehen?
   > Ja, ich habe sie gestern gesehen.

3. Der Professor spricht Deutsch.
   Sie verstehen den Professor.
   Sie haben den Professor auch gestern verstanden.
   Haben Sie den Professor verstanden?
   > Ja, ich habe den Professor verstanden.

4. Hier habe ich Geld.
    Ich habe das Geld gefunden.
    Was habe ich gefunden?
             Sie haben das Geld gefunden.

5. Ich trage (*carry*) einen Stuhl ins Klassenzimmer.
    Der Student trägt auch einen Stuhl ins Klassenzimmer.
    Was trägt er ins Klassenzimmer?
             Er trägt einen Stuhl ins Klassenzimmer.
    Was trage ich ins Klassenzimmer?
             Sie tragen einen Stuhl ins Klassenzimmer.

6. Ich lese ein Buch.
    Sie lesen auch ein Buch.
    Herr _____ liest die Aufgabe.
    Wer liest die Aufgabe?
             Herr _____ liest die Aufgabe.

7. Ich vergesse oft meine Aufgabe.
    Herr Brown vergißt den Unterricht.
    Was vergißt er?
             Er vergißt den Unterricht.

ÜBUNGEN

1. **Beispiel:** *es*   Sie haben *es* gefunden.
   - a. es
   - b. den Mann
   - c. Geld
   - d. ein Buch
   - e. den Bleistift
2. **Beispiel:** *das Buch*   Ich habe *das Buch* gefunden.
   - a. das Buch
   - b. einen Bleistift
   - c. zwei Bücher
   - d. Geld
   - e. ein Stück Kreide
3. **Beispiel:** *den Professor*   Er hat *den Professor* gesehen.
   - a. den Professor
   - b. mein Buch
   - c. die Studentin
   - d. es
   - e. die Frau
4. **Beispiel:** *den Mann*   Wir haben gestern *den Mann* gesehen.
   - a. den Mann
   - b. die Bücher
   - c. das Institut
   - d. die Herren aus Amerika
   - e. Fräulein Digby
5. **Beispiel:** *gesehen*   Ich habe es gestern *gesehen*.
   - a. gesehen
   - b. vergessen
   - c. gefunden
   - d. verstanden
   - e. getragen

6. **Beispiel:** *wir*   *Wir* haben das Geld vergessen.
     a. wir   d. alle Studenten
     b. Sie   e. viele Studenten
     c. die Studenten

7. **Beispiele:** *er*   *Er hat* das Buch im Klassenzimmer gefunden.
                   ich *Ich habe* das Buch im Klassenzimmer gefunden.
     a. er   d. sie (*she*)
     b. ich   e. Fräulein Olivetti
     c. Herr Jones

8. **Beispiel:** *Sie*   Gestern *haben Sie* das Buch gelesen.
     a. Sie   d. er
     b. wir   e. sie (*she*)
     c. ich

9. **Mustersatz:**

     Wir   *haben*   *die Uhr*   *gefunden.*
     a.   gefunden
     b.   vergessen
     c.   das Buch
     d.   den Unterricht
     e. ich
     f. er
     g. die Studenten

10. **Beispiel: Haben Sie die Uhr gefunden?   Ja, ich habe die Uhr gefunden.**
     a. Haben Sie die Uhr gefunden?
     b. Vergißt er das?
     c. Haben Sie das vergessen?
     d. Trägt er die Stühle ins Haus?
     e. Haben Sie Professor Schönfeld verstanden?
     f. Haben Sie es ins Klassenzimmer getragen?
     g. Spricht Fräulein Moreau gut Deutsch?
     h. Verstehen Sie die Lektion?

11. **Beispiel: Hat er es gefunden?   Nein, er hat es nicht gefunden.**
     a. Hat er es gefunden?
     b. Haben Sie die Uhr vergessen?
     c. Haben Sie den Mann verstanden?
     d. Haben Sie die Uhr getragen?*
     e. Hat er die Landkarte ins Klassenzimmer getragen?
     f. Haben Sie das Geld gefunden?
     g. Haben wir es gesehen?
     h. Spricht der Student gut Deutsch?

12. **Beispiel: Wo ist das Buch?   (*im Klassenzimmer*)   Das Buch ist im Klassen-**
                                                               zimmer.
     a. Wo ist das Buch?   (im Klassenzimmer)
     b. Was hat er in der Hand?   (eine Uhr)
     c. Was haben Sie vergessen?   (zwei Übungen)
     d. Was sagt Professor Schönfeld?   (guten Morgen)
     e. Was liest der Student?   (das Lesestück)
     f. Was findet Herr Brown schwer?   (Deutsch)
     g. Wo hat er die Landkarte gefunden?   (in der Schule)
     h. Was tragen Sie fast immer?   (eine Uhr)

* here **tragen** means *"to wear."*

13. **Beispiel: Ich *finde* das Geld.   Ich *habe* das Geld *gefunden*.**
    a. Ich finde das Geld.
    b. Ich spreche Deutsch.
    c. Ich sehe den Professor.

    d. Ich verstehe es.
    e. Ich vergesse mein Buch.

14. **Beispiel: Wir *verstehen* den Professor.   Wir *haben* den Professor *verstanden*.**
    a. Wir verstehen den Professor.
    b. Wir sehen es nicht.
    c. Wir vergessen das auch.

    d. Wir finden die Uhr.
    e. Wir tragen die Stühle ins Klassen-
    zimmer.

FRAGEN

1. Haben Sie gestern eine Uhr getragen?
2. Haben Sie die Bücher vergessen?
3. Wo haben Sie den Professor gesehen?
4. Woher kommt Herr Brown?
5. Hat das Klassenzimmer zwei Türen?
6. Wieviel (*how many*) Fenster hat das Klassenzimmer?
7. Was hat er im Klassenzimmer gefunden?
8. Wer spricht gut Deutsch?
9. Wer trägt jetzt eine Uhr?
10. Wieviel Uhr ist es jetzt?
11. Hat das Klassenzimmer viele Stühle?
12. Wieviel Bücher haben Sie?
13. Hat das Klassenzimmer einen Tisch oder viele Tische?
14. Wieviel Bleistifte hat sie in der Hand?
15. Was haben Sie vergessen?

DIALOG: Was haben Sie gestern gemacht?

SCHÖNFELD   Heute sprechen wir im Perfekt.
Fräulein Digby, was haben Sie gestern nach dem Unterricht gemacht?
DIGBY   Ich habe fleißig gearbeitet und alle Übungen geschrieben.
SCHÖNFELD   Sie haben heute die Aufgabe sehr gut gemacht.   Was haben Sie gestern abend gemacht?
DIGBY   Ich habe einen Film gesehen.
SCHÖNFELD   Wie heißt der Film?
DIGBY   Der Film heißt, „Die letzte Brücke".
SCHÖNFELD   Hat man im Film Deutsch gesprochen?
DIGBY   Ja, man hat Deutsch gesprochen, aber ich habe fast alles verstanden.
SCHÖNFELD   Sehr gut.

SCHÖNFELD   Und Herr Silva, was haben Sie um vier Uhr gemacht?
SILVA   Ich habe bis fünf Uhr geschlafen, dann habe ich die Aufgabe gelesen.
SCHÖNFELD   Haben Sie alles in der Aufgabe gelernt?
SILVA   Jawohl, Herr Professor, ich habe drei Seiten gelernt und sieben Übungen geschrieben.

„Wir haben im Kino einen Film gesehen."

What Did You Do Yesterday?

SCHÖNFELD   Today we are going to speak in the present perfect tense.
Miss Digby, what did you do yesterday after class?
DIGBY   I worked hard and wrote all the exercises.
SCHÖNFELD   You did the lesson very well today.   What did you do last night?
DIGBY   I saw a film.
SCHÖNFELD   What is the name of the film?
DIGBY   The film is called *The Last Bridge.*
SCHÖNFELD   Was German spoken in the film?
DIGBY   Yes, German was spoken, but I understood almost everything.
SCHÖNFELD   Fine.

SCHÖNFELD   And Mr. Silva, what did you do at four o'clock?
SILVA   I slept until five o'clock, then I read the lesson.
SCHÖNFELD   Did you learn everything in the lesson?
SILVA   Yes indeed, sir, I studied three pages and wrote out seven exercises.

FRAGEN ÜBER DEN DIALOG

1. Was hat Fräulein Digby gestern geschrieben?
2. Wer hat einen Film gesehen?
3. Wann hat sie den Film gesehen?
4. Wie hat der Film geheißen?
5. Was hat Fräulein Digby gut gemacht?
6. Wann hat sie die Aufgabe gelernt?
7. Hat man im Film Deutsch gesprochen?
8. Hat Fräulein Digby nach dem Unterricht geschlafen?
9. Wer hat fleißig gearbeitet?
10. Was hat Herr Silva gelesen?
11. Bis wann hat er geschlafen?
12. Wieviel Übungen hat Herr Silva geschrieben?
13. Hat Herr Silva den Film auch gesehen?
14. Wer hat bis fünf Uhr geschlafen?

LESESTÜCK: Was haben Sie gestern gemacht?

Diese Woche muß jeder Student einen Bericht vor der Klasse geben.[1]   Dies ist eine
gute Übung in der Sprache,[2] obwohl jeder Bericht nur ganz kurz ist.[3]   Gestern
morgen[4] haben Herr Brown und einige andere Studenten gesprochen.   Heute morgen gibt Fräulein Digby einen Bericht.[5]   Sie erzählt,[6] was sie gestern gemacht hat:

„Um acht Uhr habe ich zu Hause[7] gefrühstückt.[8]   Wie Sie schon wissen,[9] frühstückt man dort, wo man wohnt.[10]   Nach dem Frühstück[11] habe ich schnell einen
Brief geschrieben.[12]   Um neun Uhr hat der Deutschunterricht begonnen,[13] und um
zwölf haben wir Mittagspause gemacht.[14]   Zu Mittag habe ich im Gasthaus gegessen,[15] und dann habe ich zu Hause ein wenig geschlafen.   Von zwei bis vier Uhr habe
ich natürlich wieder Unterricht gehabt.[16]   Ich habe von vier bis sechs[17] fleißig gearbeitet, denn[18] der Professor hat uns für morgen sehr viel aufgegeben.[19]

Zu Abend[20] habe ich wieder im Gasthaus gegessen; das Wiener Schnitzel mit Bratkartoffeln hat sehr gut geschmeckt.[21]   Von sieben[22] bis neun haben wir im Palast-
Kino[23] einen Film gesehen.   Der Film heißt ‚Die letzte Brücke‘ und spielt in Jugoslawien.[24]   Zu Hause habe ich bis zehn[25] Uhr wieder gelernt.

Frau Pohlmann, meine Wirtin, ist sehr freundlich,[26] spricht abends mit mir[27] und
gibt mir oft gute Ratschläge für das Leben.[28]   Manchmal esse ich ein Stück Kuchen

---

[1] **diese Woche muß jeder Student einen Bericht vor der Klasse geben** this week each student has to
give a report before the class   [2] **in der Sprache** in the language
[3] **obwohl jeder Bericht nur ganz kurz ist** although each report is quite short
[4] **gestern morgen** yesterday morning
[5] **heute morgen gibt Fräulein Digby einen Bericht** this morning Miss Digby is giving a report
[6] **sie erzählt** she relates   [7] **zu Hause** at home
[8] **um acht Uhr habe ich gefrühstückt** I ate breakfast at eight o'clock
[9] **wie Sie schon wissen** as you already know
[10] **man frühstückt dort, wo man wohnt** one eats breakfast at the place where one resides
[11] **nach dem Frühstück** after breakfast
[12] **ich habe schnell einen Brief geschrieben** I quickly wrote a letter
[13] **der Deutschunterricht hat begonnen** German class began
[14] **um zwölf haben wir Mittagspause gemacht** at twelve we had noon recess
[15] **zu Mittag habe ich im Gasthaus gegessen** at noon I ate in the inn
[16] **von zwei bis vier Uhr habe ich natürlich wieder Unterricht gehabt** from two to four o'clock, of
course, I had class again   [17] **sechs** six
[18] **denn** for, because (Here **denn** is a conjunction. It should not be confused with the adverb **denn**
which occurs frequently in questions.)
[19] **der Professor hat uns für morgen sehr viel aufgegeben** the professor assigned us a great deal for
tomorrow   [20] **zu Abend** in the evening
[21] **das Wiener Schnitzel mit Bratkartoffeln hat sehr gut geschmeckt** the veal cutlet with fried
potatoes tasted very good   [22] **sieben** seven   [23] **im Palast-Kino** in the Palace Theater
[24] **der Film spielt in Jugoslawien** the film plays in Yugoslavia (i.e. the setting is in Yugoslavia)
[25] **zehn** ten
[26] **Frau Pohlmann, meine Wirtin, ist sehr freundlich** Mrs. Pohlmann, my landlady, is very friendly
[27] **meine Wirtin spricht abends mit mir** my landlady talks to me in the evening
[28] **meine Wirtin gibt mir oft gute Ratschläge für das Leben** my landlady often gives me good
advice about life

und trinke eine Tasse Kaffee.[29]   Gestern abend hat Frau Pohlmann Kaffee gemacht. Wir haben Kuchen gegessen, Kaffee getrunken[30] und über das Leben in Deutschland gesprochen.[31]   Sie hat mir auch bei dem Bericht geholfen.[32]   Um elf Uhr haben wir gute Nacht gesagt[33]—und dann, schnell zu Bett!"[34]

[29] **manchmal esse ich ein Stück Kuchen und trinke eine Tasse Kaffee** sometimes I eat a piece of cake and drink a cup of coffee   [30] **wir haben Kaffee getrunken** we drank coffee
[31] **wir haben über das Leben in Deutschland gesprochen** we talked about life in Germany
[32] **sie hat mir auch bei dem Bericht geholfen** she also helped me with the report
[33] **um elf Uhr haben wir gute Nacht gesagt** at eleven o'clock we said good night   [34] **zu Bett** to bed

„Zu Mittag habe ich im Gasthaus gegessen."

WEITERE ÜBUNGEN

1. **Beispiel:** *um acht Uhr*   Ich habe *um acht Uhr* gegessen.
   a. um acht Uhr
   b. um sieben Uhr
   c. um zwölf Uhr
   d. zu Mittag
   e. zu Abend

2. **Beispiele:** *sie* (*they*)   *Sie haben* schon gefrühstückt.
              er   *Er hat* schon gefrühstückt.
   a. sie (*they*)
   b. er
   c. wir
   d. die Studenten
   e. ich

3. **Beispiel:** *wir*   *Wir haben* heute Unterricht gehabt.
   a. wir
   b. Fräulein Digby
   c. ich
   d. alle Studenten
   e. man

4. **Beispiel:** *er*   *Er hat* den Film nicht gesehen.
   a. er
   b. sie (*they*)
   c. ich
   d. man
   e. wir

5. **Beispiel:** *gehabt*   Ich habe es nicht *gehabt*.
   a. gehabt
   b. gesehen
   c. getrunken
   d. gelesen
   e. verstanden
   f. gefunden

6. **Beispiel:** *gelesen*   Wir haben heute morgen *gelesen*.
   a. gelesen
   b. gearbeitet
   c. gegessen
   d. Briefe geschrieben
   e. ein wenig geschlafen
   f. viel gelernt
   g. fleißig gearbeitet
   h. den Professor verstanden

7. **Mustersatz:**

	Er	*hat* fleißig	*gelernt.*
a.			gelernt
b.			gearbeitet
c.			gelesen
d.			geschrieben
e.	wir		
f.	ich		
g.	man		
h.	Herr Jones		

8. **Beispiele:** Ich *frühstücke* um acht Uhr.   Ich *habe* um acht Uhr *gefrühstückt*.
              Wir *verstehen* es ganz gut.   Wir *haben* es ganz gut *verstanden*.
   a. Ich frühstücke um acht Uhr.
   b. Wir verstehen es ganz gut.
   c. Sie lesen die Aufgabe.
   d. Die Studenten essen im Gasthaus.
   e. Er arbeitet fleißig.
   f. Ich gebe Fräulein Moreau das Buch.
   g. Ich trinke eine Tasse Kaffee.
   h. Wir sehen einen Film.
   i. Ich sage gute Nacht.
   j. Der Student ißt (*eats*) im Gasthaus.
   k. Ich schlafe bis ein Uhr.
   l. Er gibt mir gute Ratschläge.
   m. Sie findet das Buch nicht.
   n. Ich lerne zu Hause.
   o. Der Professor spricht zu lange.

9. **Beispiel:**   *Er trägt* den Stuhl ins Zimmer.   *Ich trage* den Stuhl ins Zimmer.

    a. Er trägt den Stuhl ins Zimmer.   d. Er liest die Aufgabe.

    b. Er gibt immer gute Ratschläge.   e. Er ißt zu Mittag im Gasthaus.

    c. Er vergißt das Deutschbuch.

10. **Beispiel:**   *Ich gebe* Frau Pohlmann das Geld.   *Er gibt* Frau Pohlmann das Geld.

    a. Ich gebe Frau Pohlmann das Geld.   d. Ich trage die Stühle ins Klassenzimmer.

    b. Ich lese jetzt ein Buch.   e. Ich vergesse oft die Übungen.

    c. Ich esse zu Mittag im Gasthaus.

11. **Hören Sie zu und beantworten Sie dann die Fragen!**

    a. Fräulein Digby hat heute alle Übungen geschrieben.

        (1) Wer hat alle Übungen geschrieben?

        (2) Was hat Fräulein Digby geschrieben?

        (3) Wann hat sie alle Übungen geschrieben?

    b. Herr Brown ißt zu Mittag im Gasthaus.

        (1) Wo ißt er zu Mittag?

        (2) Wann ißt er im Gasthaus?

        (3) Hat er im Gasthaus gefrühstückt?

    c. Der Film hat in Jugoslawien gespielt.

        (1) Was hat in Jugoslawien gespielt?

        (2) Wo hat der Film gespielt?

        (3) Hat der Film in Italien oder in Jugoslawien gespielt?

    d. Die Studenten haben zu Abend im Gasthaus gegessen.

        (1) Wer hat im Gasthaus gegessen?

        (2) Wo haben die Studenten gegessen?

        (3) Wann haben sie im Gasthaus gegessen?

WEITERE FRAGEN

1. Wer ißt im Gasthaus?
2. Frühstückt man dort, wo man wohnt?
3. Wo ißt man zu Mittag?
4. Wer hat mit Frau Pohlmann Kaffee getrunken?
5. Wer hat bis fünf Uhr geschlafen?
6. Wer spricht oft mit Fräulein Digby?
7. Hat Fräulein Digby einen Bericht gegeben?
8. Um wieviel Uhr hat der Unterricht begonnen?
9. Haben die Studenten eine kurze oder eine lange Aufgabe gehabt?
10. Wie hat das Wiener Schnitzel geschmeckt?
11. Wie hat der Film geheißen?
12. Wer hat den Film gesehen?
13. Wo hat Fräulein Digby den Film gesehen?
14. Wer gibt heute morgen einen Bericht?
15. Was hat Fräulein Digby mit der Wirtin getrunken?
16. Was hat Fräulein Digby nach dem Frühstück geschrieben?

SPRECHÜBUNGEN

1. Elicit the following information from the student next to you:
   a. his name
   b. where he comes from
   c. whether he understood the instructor yesterday
   d. whether he saw a film yesterday
   e. at what time he ate yesterday evening

2. Exchange the following information with the student next to you:
   a. what was forgotten this morning
   b. where you and several others ate yesterday
   c. that you saw Miss Moreau this morning
   d. what time German class begins
   e. how many pages you have both read

3. Inform the instructor regarding the following:
   a. whether you studied the lesson
   b. what time you eat lunch
   c. how many exercises you wrote
   d. that you forgot a book
   e. that you drank a cup of coffee

Nürnberg: Burg

PHONOLOGIE

Imitate carefully the pronunciation of the following words:

Long ö: schön, hören, Schönfeld
Short ö: zwölf, öffnet, möchte, können, Dörfer, Wörter
Long ü: Tür, Bücher, Stühle, natürlich, Übung, Frühstück, für, über
Short ü: Müller, Stück, Brücke, fünf, Frühstück

GRAMMATIK

A. THE NOMINATIVE CASE OF PERSONAL PRONOUNS

The subject of a sentence or clause and the predicate nominative are in the nominative case.   The following personal pronouns are in the nominative case:

	SINGULAR		PLURAL	
FIRST PERSON	ich	*I*	wir	*we*
SECOND PERSON	Sie	*you*	Sie	*you*
THIRD PERSON	er	*he, it*		
	sie	*she, it*	sie	*they*
	es	*it*		

B. THE ACCUSATIVE CASE OF PERSONAL PRONOUNS

Direct objects are in the accusative case.   The following personal pronouns are in the accusative case:

	SINGULAR		PLURAL	
FIRST PERSON	mich	*me*	uns	*us*
SECOND PERSON	Sie	*you*	Sie	*you*
THIRD PERSON	ihn	*him, it*		
	sie	*her, it*	sie	*them*
	es	*it*		

C. NOUNS AND GENDER

In German each noun has a specific gender.   There are three genders: masculine, feminine and neuter.   It is necessary to learn the gender as an essential feature of every noun.   The definite article reflects the gender of the noun it precedes.   The nouns below, illustrating the three genders, are given in the nominative case:

MASCULINE	FEMININE	NEUTER
der Student	die Studentin	das Mädchen
der Mann	die Dame	das Buch
der Herr	die Tür	das Fenster
der Professor	die Uhr	das Institut
der Bleistift	die Hand	das Ding

MASCULINE	FEMININE	NEUTER
der Stuhl	die Familie	das Klassenzimmer
der Tisch	die Aufgabe	das Geld

D. PLURAL OF NOUNS

Since the plural form of nouns is more varied in German than in English, it is necessary to memorize each plural when you see it. You should note that all nouns in the plural take the same definite article regardless of gender.

SINGULAR	PLURAL
der Student	die Studenten
der Professor	die Professoren
der Bleistift	die Bleistifte
der Stuhl	die Stühle
der Tisch	die Tische
die Studentin	die Studentinnen
die Dame	die Damen
die Tür	die Türen
die Uhr	die Uhren
das Mädchen	die Mädchen
das Buch	die Bücher
das Fenster	die Fenster
das Institut	die Institute
das Ding	die Dinge

E. THE DEFINITE ARTICLE

You have observed the following forms of the definite article:

	SINGULAR			PLURAL
	MASCULINE	FEMININE	NEUTER	ALL GENDERS
NOMINATIVE	der	die	das	die
ACCUSATIVE	den	die	das	die

F. THE INDEFINITE ARTICLE

You have seen the following forms of the indefinite article:

	SINGULAR			PLURAL
	MASCULINE	FEMININE	NEUTER	
NOMINATIVE	ein	eine	ein	There is no plural of
ACCUSATIVE	einen	eine	ein	the indefinite article in German.

G. THE INFINITIVE

The infinitive consists of two parts, the stem and the ending. The ending is usually -en, but is occasionally -n only.

STEM		ENDING		INFINITIVE	
lern-	+	-en	=	lernen	*to learn, study*
trink-	+	-en	=	trinken	*to drink*
seh-	+	-en	=	sehen	*to see*
heiß-	+	-en	=	heißen	*to be named*
sei-	+	-n	=	sein	*to be*

H. REGULAR VERBS IN THE PRESENT TENSE

Forms of a verb are derived from the infinitive stem. In German—as in English—the subject of the sentence or clause determines the ending of the accompanying verb. The verb **lernen** follows the regular pattern for the conjugation of the present tense.

ich   lerne

er
sie   lernt
es

wir
Sie   lernen
sie

I. IRREGULAR FORMS OF THE THIRD PERSON SINGULAR IN THE PRESENT TENSE

If the infinitive stem ends in **-d** or **-t**, an **-e** is inserted between the stem and the **t**-ending of the third person singular verb form.

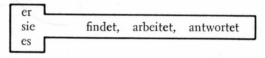

er
sie   findet,   arbeitet,   antwortet
es

A vowel change in the stem of the third person singular occurs in a number of verbs.

FIRST PERSON SINGULAR

ich   halte, trage, schlafe, spreche, vergesse, esse, gebe, lese, sehe

THIRD PERSON SINGULAR

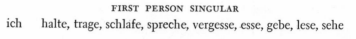

er
sie   hält, trägt, schläft, spricht, vergißt, ißt, gibt, liest, sieht
es

J. **SEIN** AND **HABEN** IN THE PRESENT TENSE

The conjugations of **sein** and **haben** in the present tense are irregular.

SEIN   *to be*

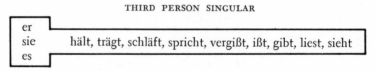

ich   bin

er
sie   ist
es

wir
Sie   sind
sie

HABEN   *to have*

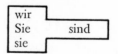

ich   habe

er
sie   hat
es

wir
Sie   haben
sie

K. THE PRESENT PERFECT TENSE

All verbs discussed so far are in the present tense. In addition to the present tense, however, you have seen several verbs in the present perfect (conversational past) tense. The most frequent use of this tense is in everyday conversation to express a past action. All the examples of the present perfect tense you have seen so far are formed with **haben** as the helping (auxiliary) verb plus the past participle of the main verb. The past participle of most verbs is formed by attaching the prefix **ge-** and the suffix **-t** or **-en** to the stem of the verb.

PREFIX		STEM		SUFFIX		PAST PARTICIPLE
ge-	+	-lern-	+	-t	=	gelernt
ge-	+	-seh-	+	-en	=	gesehen

Many verbs which form the past participle with **-en** also change the stem vowel.

INFINITIVE	PAST PARTICIPLE
finden	gefunden
schreiben	geschrieben
sprechen	gesprochen

The conjugation of the present perfect tense is:

ich   habe gesehen

er		wir	
sie	hat gesehen	Sie	haben gesehen
es		sie	

The helping verb is usually located before or just after the subject. The past participle is at the end of the clause or sentence. Observe the word order in the following sentences:

Ich **habe** fleißig **gearbeitet.**
Man **hat** im Film Deutsch **gesprochen.**
Heute **haben** wir Briefe **geschrieben.**
Gestern **habe** ich einen Film **gesehen.**
Haben Sie alles in der Aufgabe **gelernt?**
Was **haben** Sie gestern **gemacht?**
Wo **hat** er das **gefunden?**

L. SUMMARY OF VERB FORMS

INFINITIVE	PAST PARTICIPLE	IRREGULAR THIRD PERSON SINGULAR
antworten	geantwortet	antwortet
arbeiten	gearbeitet	arbeitet
erzählen	erzählt	
fragen	gefragt	
frühstücken	gefrühstückt	
haben	gehabt	hat
lernen	gelernt	
machen	gemacht.	
sagen	gesagt	
schmecken	geschmeckt	

INFINITIVE	PAST PARTICIPLE	IRREGULAR THIRD PERSON SINGULAR
spielen	gespielt	
studieren	studiert	
beginnen	begonnen	
essen	gegessen	ißt
finden	gefunden	findet
geben	gegeben	gibt
gehen*	*ist gegangen*	
halten	gehalten	hält
heißen	geheißen	
helfen	geholfen	hilft
kommen*	*ist gekommen*	
lesen	gelesen	liest
schlafen	geschlafen	schläft
schreiben	geschrieben	
sehen	gesehen	sieht
sein*	*ist gewesen*	ist
sprechen	gesprochen	spricht
tragen	getragen	trägt
trinken	getrunken	
vergessen	vergessen	vergißt
verstehen	verstanden	

M. PREFIXES

You will note in the list above two types of verbs which do not have the **ge-** prefix in the past participle.

    1. Verbs which have inseparable (unstressed) prefixes:
        beginnen, erzählen, vergessen, verstehen

    2. Verbs which end in **-ieren**:
        stud**ieren**

* The past participles of **gehen, kommen** and **sein** will be introduced in Lektion 17.

Vierte Lektion

4

Grammatische Ziele:
  Pronomen—Nominativ, Dativ und Akkusativ

EINFÜHRENDE BEISPIELE

Anschauungsmaterial:
  ein gelber Bleistift
  ein rotes Buch
  eine Postkarte
  ein Kugelschreiber

1. Das Buch ist rot.
    Ist es rot?
        Ja, es ist rot.

2. Der Bleistift ist gelb.
    Ist er gelb?
        Ja, er ist gelb.

3. Die Tür ist braun.
    Ist sie rot oder braun?
        Sie ist braun.

4. Hier ist ein Bleistift.
    Ich habe ihn in der Hand.
    Habe ich ihn in der Hand?
        Ja, Sie haben ihn in der Hand.

5. Da ist ein Student.
    Ich sehe ihn.
    Sehen Sie ihn auch?
        Ja, ich sehe ihn auch.

6. Hier habe ich eine Postkarte.   (*Instructor gives student a postcard.*)
    Herr _____ hat sie jetzt.
    Wer hat sie jetzt?
                Herr _____ hat sie jetzt.

7. Fräulein _____ hat ein Buch.
    Hat sie es in der Hand?
                Ja, sie hat es in der Hand.

8. Herr _____ hat zwei Bücher.
    Wer hat sie?
                Herr _____ hat sie.

9. Ich habe Fräulein _____ das Buch gegeben.
    Jetzt gebe ich ihr den Bleistift.
    Was gebe ich ihr?
                Sie geben ihr den Bleistift.

10. Ich schreibe Herrn* und Frau Schmidt einen Brief.
    Was schreibe ich ihnen?
                Sie schreiben ihnen einen Brief.

11. Herr Brown ist mein Freund (*friend*).
    Ich schreibe ihm eine Postkarte.
    Was schreibe ich ihm?
                Sie schreiben ihm eine Postkarte.

12. Herr _____, das ist ein Kugelschreiber.
    Geben Sie mir das Buch, und ich gebe Ihnen den Kugelschreiber.
    Hat er mir das Buch gegeben?
                Ja, er hat Ihnen das Buch gegeben.
    Was habe ich ihm gegeben?
                Sie haben ihm den Kugelschreiber gegeben.

13. Der Briefträger (*postman*) bringt uns morgens die Post.
    Was bringt er uns?
                Er bringt uns die Post.

* A few masculine nouns, sometimes referred to as "weak" masculines, have an unusual declension:

NOMINATIVE SINGULAR	Herr, Student
OTHER SINGULAR FORMS	Herrn, Studenten
PLURAL	Herren, Studenten

ÜBUNGEN

1. Beispiel: *Der Bleistift* ist gelb.   *Er* ist gelb.
   a. Der Bleistift ist gelb.
   b. Der Film ist kurz.
   c. Der Kaffee ist warm.
   d. Der Student arbeitet fleißig.
   e. Der Professor spricht gut Deutsch.
   f. Der Tisch ist nicht braun.

2. Beispiel: *Das Haus* ist gelb.   *Es* ist gelb.
   a. Das Haus ist gelb.
   b. Hier ist das Gasthaus.
   c. Das Institut ist in Schwarzhausen.
   d. Das Frühstück schmeckt gut.
   e. Das Fenster ist offen.
   f. Da ist das Buch.

3. Beispiel: *Die Wirtin* wohnt hier.   *Sie* wohnt hier.
   a. Die Wirtin wohnt hier.
   b. Frau Schmidt wohnt dort.
   c. Die Aufgabe ist leicht.
   d. Wo ist die Uhr?
   e. Die Mittagspause ist sehr kurz.
   f. Die Uhr geht richtig.

4. Beispiel: *Die Bücher* sind da.   *Sie* sind da.
   a. Die Bücher sind da.
   b. Die Studenten haben alles gelernt.
   c. Die Herren kommen aus Amerika.
   d. Die Männer arbeiten heute nicht.
   e. Die Bleistifte sind kurz.
   f. Wo wohnen die Studenten?

5. Beispiele: Hier ist *das Gasthaus.*   Hier ist *es.*
   　　　　　　Die Bücher sind nicht hier.   *Sie* sind nicht hier.
   a. Hier ist das Gasthaus.
   b. Die Bücher sind nicht hier.
   c. Der Professor spricht lange.
   d. Wo ist das Geld?
   e. Die Tasse ist gelb.
   f. Das Buch ist rot.
   g. Die Fenster sind offen.
   h. Der Unterricht ist leicht.
   i. Die Studenten haben das gefunden.
   j. Der Tisch ist braun.

6. Beispiel: Ich habe *den Studenten* gesehen.   Ich habe *ihn* gesehen.
   a. Ich habe den Studenten gesehen.
   b. Wir haben den Tisch gefunden.
   c. Sie haben den Kugelschreiber vergessen.
   d. Er hat den Film gesehen.
   e. Sie hat den Brief geschrieben.
   f. Ich habe den Kaffee nicht getrunken.

7. Beispiele: Ich lese *das Buch.*   Ich lese *es.*
   　　　　　　Er hat *die Uhr* gefunden.   Er hat *sie* gefunden.
   a. Ich lese das Buch.
   b. Er hat die Uhr gefunden.
   c. Ich verstehe die Frau nicht.
   d. Wir haben die Herren gesehen.
   e. Ich verstehe den Studenten nicht.
   f. Haben Sie die Bücher gefunden?
   g. Wir haben den Film gesehen.
   h. Wo hat er die Kreide gefunden?

8. Beispiel: Ist *das Buch* rot?   Ja, *es* ist rot.
   a. Ist das Buch rot?
   b. Ist der Bleistift gelb?
   c. Ist der Professor da?
   d. Sind die Stühle braun?
   e. Arbeitet Herr Jones fleißig?
   f. Studiert Fräulein Olivetti in Schwarzhausen?
   g. Sind die Bücher braun?
   h. Ist das Schulbuch grün?

9. Beispiel: Hat er *den Bleistift* gefunden?   Ja, er hat *ihn* gefunden.
   a. Hat er den Bleistift gefunden?
   b. Haben Sie die Uhr vergessen?
   c. Hat er die Bücher gelesen?
   d. Vergißt sie oft den Kugelschreiber?
   e. Haben Sie den Film gesehen?
   f. Haben Sie das Gasthaus gefunden?

10. Beispiel: Ist *der Tisch* braun?   Nein, *er* ist nicht braun.
    a. Ist der Tisch braun?   e. Arbeiten die Studenten fleißig?
    b. Ist die Wandtafel gelb?   f. Spricht die Wirtin gut Deutsch?
    c. Ist der Professor da?   g. Haben Sie den Brief gelesen?
    d. Sind die Türen braun?   h. Haben Sie das Haus gesehen?

11. Beispiel: *Ihnen*   Man hat *Ihnen* einen Brief geschrieben.
    a. Ihnen   d. ihr
    b. mir   e. ihnen (*them*)
    c. uns   f. ihm

12. Beispiel: *ihm*   Es geht *ihm* jetzt sehr gut.
    a. ihm   d. ihr
    b. Ihnen   e. uns
    c. mir   f. ihnen (*them*)

13. Beispiel: Ich schreibe *Herrn Brown* einen Brief.   Ich schreibe *ihm* einen Brief.
    a. Ich schreibe Herrn Brown einen Brief.
    b. Er gibt Fräulein Digby den Kugelschreiber.
    c. Der Briefträger bringt Herrn und Frau Schmidt die Post.
    d. Ich habe Herrn Jones eine Postkarte geschrieben.
    e. Die Eltern haben Fräulein Moreau einen Brief geschrieben.

14. Beispiel: Wie geht es *Herrn Schmidt?*   Es geht *ihm* gut, danke.
    a. Wie geht es Herrn Schmidt?   d. Wie geht es Frau Schmidt?
    b. Wie geht es Fräulein Olivetti?   e. Wie geht es Herrn Neumann?
    c. Wie geht es Paul und Robert?   f. Wie geht es Professor Schönfeld?

15. Beispiel: Was geben Sie mir?   (*das Geld*)   Ich gebe Ihnen das Geld.
    a. Was geben Sie mir?   (das Geld)
    b. Was schreiben Sie ihm?   (einen Brief)
    c. Was gibt Ihnen die Wirtin?   (gute Ratschläge)
    d. Was haben Sie mir geschrieben?   (zwei Karten)
    e. Was haben Sie von ihnen bekommen?   (Geld)
    f. Was bringt uns der Briefträger?   (die Post)

ziemlich ÷ etwas

DIALOG: Im Wohnzimmer

FRAU SCHMIDT, *die Wirtin*   Guten Abend, Fräulein Moreau!
MOREAU   Guten Abend, Frau Schmidt!
SCHMIDT   Wie geht es Ihnen?
MOREAU   Danke, es geht mir wirklich gut.
SCHMIDT   Nun, die erste Woche am Institut ist schon vorbei.   Finden Sie den Deutschunterricht schwer?
MOREAU   Im Gegenteil, bis jetzt ist er sehr leicht.

SCHMIDT   Hat Ihnen der Professor für morgen viel aufgegeben?
MOREAU   Ja, die Aufgabe ist etwas lang, aber ich lerne sie heute abend noch.
SCHMIDT   Kennen Sie schon viele Studenten am Institut?
MOREAU   Nicht viele, aber einen kenne ich schon ziemlich gut.
SCHMIDT (*mit Interesse*)   So?
MOREAU   Er kommt heute abend zu mir.
SCHMIDT   Wie heißt er denn?
MOREAU   Er heißt Robert Brown.   Er kommt aus Amerika, aber er ist sehr nett.

SCHMIDT   Haben Sie ihn vorher schon gekannt?
MOREAU   Nein, ich habe ihn erst vor einer Woche am Institut getroffen.
SCHMIDT   Spricht er gut Deutsch?
MOREAU   Noch nicht sehr gut, aber er spricht doch jeden Tag etwas besser.   Ich helfe ihm* nämlich bei den Übungen.
SCHMIDT   Sehr interessant! ... Es klingelt.   Das ist sicher Herr Brown.

* **Helfen** is one of a small group of verbs which take only dative objects.

besonders

In the Living Room

Mrs. Schmidt, *the landlady*   Good evening, Miss Moreau!

Moreau   Good evening, Mrs. Schmidt!

Schmidt   How are you?

Moreau   Thank you, I'm just fine.

Schmidt   Well, the first week at the Institute is already past.   Are you finding German class difficult?

Moreau   On the contrary, so far it is quite easy.

Schmidt   Did the professor assign you much for tomorrow?

Moreau   Yes, the assignment is rather long, but I'll study it yet tonight.

Schmidt   Do you already know many students at the Institute?

Moreau   Not many, but I know one rather well already.

Schmidt (*with interest*)   Is that so?

Moreau   He's coming to see me this evening.

Schmidt   Well, what's his name?

Moreau   His name is Robert Brown.   He's from America, but he's very nice.

Schmidt   Did you already know him before?

Moreau   No, I just met him a week ago at the Institute.

Schmidt   Does he speak German well?

Moreau   Not very well yet, but he does speak somewhat better every day.   I'm helping him with the exercises, you know.

Schmidt   Very interesting! . . . The doorbell is ringing.   That must be Mr. Brown.

FRAGEN ÜBER DEN DIALOG

1. Sagt Frau Schmidt guten Tag oder guten Abend?
2. Ist die erste Woche am Institut schon vorbei?
3. Ist der Deutschunterricht schwer?
4. Ist die Aufgabe für morgen lang oder kurz?
5. Kennt Fräulein Moreau schon viele Studenten am Institut?
6. Wer kommt heute abend?
7. Wer lernt heute abend mit Fräulein Moreau?
8. Wann lernen sie zusammen?
9. Was lernen sie zusammen?
10. Woher kommt Herr Brown?
11. Spricht er gut Deutsch?
12. Kennt Fräulein Moreau ihn schon lange?
13. Was ist jetzt vorbei?
14. Wie lange sind die Studenten schon am Institut?

In den bayrischen Alpen

LESESTÜCK: Was habe ich vergessen?

Der Unterricht ist für heute vorbei,[1] und Fräulein Moreau ist jetzt zu Hause.   Die Aufgabe für morgen ist nicht leicht, aber das Mädchen hat sie schon gelernt.   Sie hat einen Brief bekommen.[2]   Sie liest ihn langsam,[3] denn er ist von den Eltern,[4] und sie will natürlich wissen, wie es ihnen geht.[5]   Sie hat nämlich ein wenig Heimweh,[6] obwohl es ihr in Schwarzhausen sehr gut geht.[7]

Dann kommt Frau Schmidt ins Wohnzimmer.[8]   Die Wirtin spricht gewöhnlich[9] ziemlich schnell, aber Fräulein Moreau versteht sie fast immer.   Frau Schmidt fragt: „Was haben Sie heute in der Schule gelernt?   Haben Sie Ihre Aufgabe[10] gut gemacht?“

„Ja“, antwortet Fräulein Moreau, „ich habe sie gut gemacht.   Professor Schönfeld hat uns alle gefragt, wie wir heißen.   Dann hat er uns auch gefragt, woher wir kommen.   Natürlich weiß er[11] schon, wie wir heißen und woher wir kommen, aber wir müssen es ihm doch sagen,[12] denn wir müssen die Verben üben.[13]   Wir haben ihm auf alle Fragen ziemlich gut geantwortet.[14]   Herr Brown findet die Sprache schwer, aber für mich ist sie etwas leichter.[15]   Er besucht mich[16] heute abend um acht Uhr, und ich helfe ihm bei der Arbeit.[17]   Wir lernen die Deutschaufgabe für morgen zusammen.“

Schon fünf Minuten vor acht klingelt es.   Frau Schmidt trägt etwas in die Küche und kommt nicht wieder.[18]   Fräulein Moreau geht an die Tür und öffnet sie.[19]   Herr Brown kommt mit ihr[20] ins Wohnzimmer.

Herr Brown trägt ein Heft[21] und viele Bücher, aber was hat er vergessen? Selbstverständlich[22] sein Deutschbuch![23]   Die beiden setzen sich auf das Sofa[24] und lesen aus Fräulein Moreaus Buch.   Herr Brown liest langsam die Übungen, aber er lernt natürlich nicht viel.   Deutsch findet er noch immer recht schwer,[25] aber Fräulein Moreau findet er sehr interessant!

---

[1] **vorbei** past, over   [2] **sie hat einen Brief bekommen** she received a letter
[3] **sie liest ihn langsam** she reads it slowly   [4] **von den Eltern** from her parents
[5] **wie es ihnen geht** how they are   [6] **sie hat ein wenig Heimweh** she is a little homesick
[7] **es geht ihr gut** she is fine   [8] **ins Wohnzimmer** into the living room   [9] **gewöhnlich** usually
[10] **Ihre Aufgabe** your lesson   [11] **er weiß** he knows
[12] **wir müssen es ihm doch sagen** we have to tell him anyway
[13] **die Verben üben** to practice the verbs
[14] **wir haben ihm auf alle Fragen ziemlich gut geantwortet** we answered all his questions rather well
[15] **aber für mich ist sie etwas leichter** but it is somewhat easier for me
[16] **er besucht mich** he is going to visit me
[17] **ich helfe ihm bei der Arbeit** I am going to help him with his work
[18] **Frau Schmidt trägt etwas in die Küche und kommt nicht wieder** Mrs. Schmidt carries something into the kitchen and does not return
[19] **Fräulein Moreau geht an die Tür und öffnet sie** Miss Moreau goes to the door and opens it
[20] **mit ihr** with her   [21] **das Heft** notebook   [22] **selbstverständlich** naturally, of course
[23] **sein Deutschbuch** his German book
[24] **die beiden setzen sich auf das Sofa** the two sit down on the sofa
[25] **Deutsch findet er noch immer recht schwer** German continues to be difficult for him

Todtnau: Ein süddeutsches Dorf

WEITERE ÜBUNGEN

1. **Beispiel:** *lerne*   Ich *lerne* wenig Deutsch.
   - a. lerne
   - b. lese
   - c. verstehe
   - d. spreche
   - e. schreibe
2. **Beispiel:** *Deutsch*   Sie spricht *Deutsch.*
   - a. Deutsch
   - b. gut Deutsch
   - c. zu viel
   - d. nicht viel
   - e. heute abend mit Frau Schmidt
3. **Beispiel:** *die Aufgabe*   Er liest heute morgen *die Aufgabe.*
   - a. die Aufgabe
   - b. das Buch
   - c. die Übung
   - d. das Heft
   - e. den Brief

4. **Beispiel:**   *die Tassen*   Die Frau trägt *die Tassen* in die Küche.
   a. die Tassen
   b. den Stuhl
   c. einen Stuhl
   d. die Stühle
   e. sie (*them*)

5. **Beispiel:**   *mich*   Hat er *mich* gesehen?
   a. mich
   b. uns
   c. ihn
   d. den Professor
   e. es

6. **Beispiel:**   *Ich lese* es heute abend.   *Wir lesen* es heute abend.
   a. Ich lese es heute abend.
   b. Ich frühstücke heute morgen.
   c. Ich verstehe den Professor nicht.
   d. Ich spreche sehr gut Deutsch.
   e. Ich schreibe jetzt die Briefe.

7. **Beispiel:**   *Ich trage* es in die Küche.   *Er trägt* es in die Küche.
   a. Ich trage es in die Küche.
   b. Ich spreche gut Deutsch.
   c. Ich lese jetzt den Brief.
   d. Ich verstehe sie nicht.
   e. Ich finde es ziemlich leicht.

8. **Beispiel:**   *Der Herr* versteht mich nicht.   *Er* versteht mich nicht.
   a. Der Herr versteht mich nicht.
   b. Der Student spricht langsam.
   c. Die Studentin liest schnell.
   d. Das Buch ist nicht interessant.
   e. Die Aufgabe ist leicht.
   f. Hier ist die Tür.
   g. Der Bleistift ist nicht rot.
   h. Wo ist der Stuhl?

9. **Beispiel:**   Ich verstehe *die Frau* nicht.   Ich verstehe *sie* nicht.
   a. Ich verstehe die Frau nicht.
   b. Ich habe den Kugelschreiber gefunden.
   c. Er hat die Postkarte gelesen.
   d. Ich habe den Film gesehen.
   e. Sie hat das Buch gelesen.
   f. Haben Sie die Bücher gesehen?
   g. Wir verstehen den Professor.
   h. Ich kenne die Studenten.

10. **Beispiel:**   Verstehen Sie *die Frau*?   Ja, ich verstehe *sie*.
   a. Verstehen Sie die Frau?
   b. Kennen Sie den Professor?
   c. Besucht er Fräulein Moreau?
   d. Finden Sie die Sprache schwer?
   e. Liest er den Brief?
   f. Hat er die Briefe geschrieben?
   g. Öffnen Sie die Tür?
   h. Haben Sie den Tisch gefunden?

11. **Beispiel:**   Ist *das Buch* rot?   Nein, *es* ist nicht rot.
   a. Ist das Buch rot?
   b. Ist die Aufgabe schwer?
   c. Ist die Studentin fleißig?
   d. Ist die Sprache leicht?
   e. Ist das Lesestück interessant?
   f. Sind die Übungen leicht?
   g. Spricht der Herr langsam?
   h. Ist der Stuhl gelb?

12. **Beispiel:**   Geben Sie *Herrn Schmidt* das Buch!   Geben Sie *ihm* das Buch!
   a. Geben Sie Herrn Schmidt das Buch!
   b. Geben Sie Professor Schönfeld die Übungen!
   c. Bringen Sie der Dame eine Tasse Kaffee!
   d. Schreiben Sie den Eltern eine Karte!
   e. Helfen Sie Herrn Brown bei der Arbeit!
   f. Sagen Sie es Fräulein Jensen!

13. **Beispiel:**   Wie geht es *Herrn Brown*?   Es geht *ihm* sehr gut, danke.
   a. Wie geht es Herrn Brown?
   b. Wie geht es Frau Pohlmann?
   c. Wie geht es Herrn und Frau Schmidt?
   d. Wie geht es Fräulein Digby?
   e. Wie geht es Professor Schönfeld?
   f. Wie geht es den Eltern?

14. **Beispiel: Ist Fräulein Moreau fleißig?   Ja, Fräulein Moreau ist fleißig.**
   a. Ist Fräulein Moreau fleißig?
   b. Hat sie einen Brief von den Eltern bekommen?
   c. Hat sie ihn gelesen?
   d. Hat sie ihn langsam gelesen?
   e. Spricht die Wirtin schnell?
   f. Hat Fräulein Moreau die Aufgabe gut gemacht?
   g. Trägt Frau Schmidt etwas in die Küche?
   h. Hat es geklingelt?
   i. Geht Fräulein Moreau an die Tür?
   j. Hat Herr Brown sein Deutschbuch vergessen?

15. **Hören Sie zu und beantworten Sie dann die Fragen!**
   a. Herr Brown besucht die Studentin aus Paris.
      (1) Wer besucht die Studentin aus Paris?
      (2) Woher kommt die Studentin?
      (3) Besucht Herr Brown sie?
   b. Der Professor hat drei Bücher im Klassenzimmer vergessen.
      (1) Was hat er vergessen?
      (2) Wer hat die drei Bücher vergessen?
      (3) Wo hat er sie vergessen?
   c. Frau Schmidt geht in die Küche, aber Fräulein Moreau geht an die Tür.
      (1) Wer geht an die Tür?
      (2) Geht Frau Schmidt ins Wohnzimmer oder in die Küche?
      (3) Geht Fräulein Moreau an die Tür oder an das Fenster?
   d. Der Deutschunterricht beginnt heute morgen um neun Uhr.
      (1) Was beginnt um neun Uhr?
      (2) Um wieviel Uhr beginnt der Unterricht?
      (3) Ist der Deutschunterricht heute abend oder heute morgen?
   e. Sie liest jetzt einen Brief von den Eltern.
      (1) Was liest sie?
      (2) Wer hat den Brief geschrieben?
      (3) Hat sie ihn gestern gelesen?

FRAGEN

1. Ist Fräulein Moreau fleißig?
2. Wer hat die Aufgabe gut gelernt?
3. Wer kommt ins Wohnzimmer?
4. Spricht Frau Schmidt schnell oder langsam?
5. Geht Frau Schmidt oder Fräulein Moreau an die Tür?
6. Wer hat Heimweh?
7. Was hat Herr Brown vergessen?
8. Lernt er viel oder wenig?
9. Wer findet die Sprache schwer?
10. Findet Fräulein Moreau Robert Brown nett?
11. Was hat sie von den Eltern bekommen?
12. Weiß Herr Professor Schönfeld, wie alle Studenten heißen?

SPRECHÜBUNGEN

1. Elicit from the student next to you the following information:
    a. when class begins
    b. when class is over
    c. how well other students speak German
    d. the name of the instructor
    e. how much the other student learned today
    f. names of students whose acquaintance he has made
    g. whether he has received a letter from his parents
2. The student next to you will inform you that someone is coming to study with him this evening.   Elicit from him as much information as possible about his caller.
3. Student Dialogue I
    a. Good evening.
    b. Good evening, Mr. _____.
    a. Do you have the German book?
    b. No, I forgot it.
    a. Is it in the classroom?
    b. No, it is not there.
4. Student Dialogue II
    c. The doorbell is ringing.
    d. I'll go to the door.
    c. And I'll go to the kitchen.
    d. Oh, it's Miss _____.   Good morning.
    e. Good morning.   How are you?
    d. I'm fine.   And you?
    e. I'm fine too, thank you.
5. Student Dialogue III
    f. Have you studied the lesson for today?
    g. No, not yet.   We'll study it now, won't we?
    f. Yes.   Did you forget the German book?
    g. No, here it is.
    f. Good.   Shall we do the exercises now?
    g. Yes, and then we'll read the reading passage later.

PHONOLOGIE

b: bis, Buch, Brücke, braun, vorbei, haben, geben, arbeiten, über
p: Professor, Paris, Perfekt, paar, gibt, abfahren, gelb, halb
d: der, die, das, den, denn, Deutsch, danke
 t: Tag, tragen, Tür, Tisch, Bett, bitte, und, Land, Hand, Abend
g: gut, gehen, gestern, Geld, gelb, tragen, Aufgabe, gelesen
k: kommen, Klassenzimmer, Karte, Tag, Dialog, Heidelberg, Hamburg, trägt
s like English z: sehen, so, sagen, sein, sitzen, also, lesen, Reise
s: das, es, aus, bis, gestern, Gasthaus, erst, liest, fleißig, weiß, heißen, dreißig, müssen, Wasser, vergessen

Fünfte Lektion

5

Grammatische Ziele:
> Modalverben—können, müssen, mögen
> (möchten), wollen
> Wissen

EINFÜHRENDE BEISPIELE

Anschauungsmaterial:
> ein Bleistift
> ein Buch
> ein Brief

1. Das ist ein Bleistift.
   Ich weiß, was das ist.
   Wir wissen alle, was das ist.
   Wissen wir, was das ist?
   > Ja, wir wissen, was das ist.

   Wissen Sie, was das ist?
   > Ja, ich weiß, was das ist.

2. Hier ist ein Buch.
   Ich kann es lesen.
   Sie können es auch lesen.
   Können Sie es lesen?
   > Ja, ich kann es lesen.

   Kann ich es auch lesen?
   > Ja, Sie können es auch lesen.

3. Hier ist ein Buch.
   Herr _____ kann es lesen.
   Kann er das Buch lesen?
   > Ja, er kann das Buch lesen.

4. Das ist ein Brief.
   Ich kann ihn lesen.
   Sie können ihn auch lesen.
   Können wir ihn lesen?
   > Ja, wir können ihn lesen.

5. Dieser Student muß Deutsch lernen.
   Ich muß Deutsch lernen.
   Sie müssen auch Deutsch lernen.
   Was müssen Sie lernen?
   > Ich muß Deutsch lernen.

   Muß ich es lernen?
   > Ja, Sie müssen es lernen.

6. Es ist acht Uhr abends.
   Wir wollen ins Kino gehen, aber wir müssen lernen.
   Was wollen wir tun?
   > Wir wollen ins Kino gehen.

   Was müssen wir tun?
   > Wir müssen lernen.

7. Herr _____ ist schläfrig (*sleepy*).
   Er will zu Bett gehen, aber er muß noch arbeiten.
   Was will er tun?
   > Er will zu Bett gehen.

   Was muß er tun?
   > Er muß noch arbeiten.

8. Ich habe Durst. (*I am thirsty.*)
   Sie haben auch Durst.
   Ich möchte ein Glas Wasser trinken.
   Sie möchten auch ein Glas Wasser.
   Was möchten wir?
   > Wir möchten ein Glas Wasser.

ÜBUNGEN

1. Beispiel: *die Aufgabe*   Ich kann *die Aufgabe* lesen.
     a. die Aufgabe   d. den Brief
     b. das Buch   e. ihn
     c. die Übung

2. **Beispiel:** *alles*   Sie können *alles* verstehen.

   a. alles
   b. den Professor
   c. ihn
   d. mich
   e. den Mann

3. **Beispiel:** *er*   *Er* kann es lesen.

   a. er
   b. die Studentin
   c. ich
   d. der Student
   e. Fräulein Digby

4. **Beispiel:** *Sie*   *Sie* können schnell lesen.

   a. Sie
   b. wir
   c. die Studenten
   d. Fräulein Digby und Herr Silva
   e. die zwei Mädchen

5. **Beispiel:** *wir können*   *Wir können* es nicht finden.

   a. wir können
   b. er kann
   c. ich kann
   d. Sie können
   e. kann sie (?)

6. **Beispiel:** *will*   Er *will* die Aufgabe lernen.

   a. will
   b. kann
   c. muß
   d. möchte
   e. will

7. **Beispiel:** *lesen*   Wir wollen die Aufgabe *lesen.*

   a. lesen
   b. lernen
   c. schreiben
   d. an die Wandtafel schreiben
   e. gut machen

8. **Beispiel:** *Sie*   Müssen *Sie* den Brief schreiben?

   a. Sie
   b. wir
   c. die Eltern
   d. die Studenten
   e. sie (*they*)

9. **Beispiel:** *ich*   *Ich* muß die Verben üben.

   a. ich
   b. sie (*she*)
   c. er
   d. Fräulein Moreau
   e. man

10. **Beispiel:** *er*   *Er* möchte eine Tasse Kaffee trinken.

    a. er
    b. Frau Schmidt
    c. Herr Jones
    d. ich
    e. sie (*she*)

11. **Beispiel:** *eine Tasse Kaffee*   Möchten Sie *eine Tasse Kaffee?*

    a. eine Tasse Kaffee
    b. ein Glas Wasser
    c. ein Stück Kuchen
    d. ein Glas Milch
    e. das Buch lesen

12. **Beispiel:** *möchten*   Wir *möchten* das lesen.

    a. möchten
    b. müssen
    c. wollen
    d. können
    e. müssen

13. **Beispiel:** *Wir müssen* fleißig arbeiten.   *Sie müssen* fleißig arbeiten.

    a. Wir müssen fleißig arbeiten.
    b. Wir können das nicht verstehen.
    c. Wollen wir ihn jetzt besuchen?
    d. Wir wissen das schon.
    e. Wir können das schnell machen.
    f. Wir möchten den Film sehen, nicht wahr?

14. **Beispiel:**   *Ich muß das lesen.*   *Wir müssen das lesen.*
    a. Ich muß das lesen.   e. Ich kann die Tür öffnen.
    b. Ich kann es nicht verstehen.   f. Muß ich das machen?
    c. Ich möchte eine Tasse Kaffee.   g. Ich möchte den Film sehen.
    d. Ich will die Verben üben.   h. Jetzt will ich den Brief lesen.

15. **Beispiel:**   *Sie müssen fleißig lernen.*   *Er muß fleißig lernen.*
    a. Sie müssen fleißig lernen.
    b. Sie wollen fleißig arbeiten.
    c. Sie möchten eine Tasse Kaffee trinken, nicht wahr?
    d. Sie können viel lernen.

FRAGEN

1. Müssen Sie heute einen Brief schreiben?
2. Möchten Sie den Film sehen?
3. Muß er den Bericht lesen?
4. Wollen Sie heute abend im Restaurant essen?
5. Müssen wir das machen?
6. Kann er den Professor verstehen?
7. Möchten Sie eine Tasse Kaffee?
8. Weiß er, was das ist?
9. Wissen wir, wo das Haus ist?
10. Will Herr Brown allein arbeiten?
11. Muß ich die Übung schreiben?
12. Wollen die Studenten Deutsch lernen?

,,Möchten Sie eine
Tasse Kaffee? Ich habe
ihn sehr stark gemacht.''

DIALOG: Material für einen Bericht

Herr Jones wohnt bei der Familie Neumann.   Frau Neumann klopft an seine Tür,
denn es ist Zeit, daß er aufsteht.

NEUMANN   Herr Jones!   Sie müssen aufstehen!   Der Wecker hat geklingelt.

JONES (*verschlafen*)   Wieviel Uhr ist es denn?

NEUMANN   Halb acht, und Sie müssen um halb neun ins Institut.*

JONES   Danke sehr, Frau Neumann.

Eine halbe Stunde später sitzt Herr Jones mit Frau Neumann am Tisch.

NEUMANN   Sie sind noch schläfrig, nicht wahr?   Möchten Sie eine Tasse Kaffee?
   Ich habe ihn sehr stark gemacht.

JONES   Danke.   Au!   Heiß ist er auch!

NEUMANN   Sie müssen früher zu Bett gehen.   Zwei Uhr ist zu spät.

JONES   Woher wissen Sie, daß es zwei Uhr war?

NEUMANN   Oh, ich weiß es; ich habe Sie gehört.

JONES   Ach so! . . . Um Himmels willen!   Ich habe ganz vergessen, ich muß heute
   einen Bericht geben.

NEUMANN   Ist das die Aufgabe für den Deutschunterricht?

JONES   Jawohl.   Hm, worüber kann ich nur sprechen?

NEUMANN (*lacht*)   Nennen Sie doch Ihren Bericht: „Was ich gestern abend gemacht habe!"

* Notice the absence of **gehen**.   Verbs of motion are sometimes omitted after the various forms of
können, wollen, müssen and **möchten**.

Material for a Report

Mr. Jones resides in the home of the Neumann family.   Mrs. Neumann is knocking at his door because it is time for him to get up.

NEUMANN   Mr. Jones!   You have to get up!   The alarm has gone off.
JONES (*sleepily*)   What time is it?
NEUMANN   Seven-thirty, and you have to go to the Institute at eight-thirty.
JONES   Thank you very much, Mrs. Neumann.

Half an hour later Mr. Jones is sitting at the table with Mrs. Neumann.
NEUMANN   You're still sleepy, aren't you?   Would you like a cup of coffee?   I made it very strong.
JONES   Thank you.   Ouch!   It's hot too!
NEUMANN   You'll have to go to bed earlier.   Two o'clock is too late.
JONES   How do you know that it was two o'clock?
NEUMANN   Oh, I know; I heard you.
JONES   Oh, I see. . . . For heaven's sake!   I completely forgot—I have to give a report today.
NEUMANN   Is that the lesson for German class?
JONES   It certainly is.   Hm, I wonder what I can talk about?
NEUMANN (*laughs*)   Why don't you call your report, "What I Did Last Night!"

FRAGEN ÜBER DEN DIALOG
1. Wie heißt die Wirtin im Dialog?
2. Was hat geklingelt?
3. Um wieviel Uhr muß Herr Jones ins Institut?
4. Muß Herr Jones aufstehen?
5. Will er aufstehen?
6. Hat Frau Neumann Tee oder Kaffee gemacht?
7. Wie ist der Kaffee?
8. Ist er heiß oder kalt?
9. Wer muß heute einen Bericht geben?
10. Was hat Herr Jones vergessen?
11. Ist Herr Jones noch schläfrig?
12. Ist der Kaffee stark oder schwach?
13. Geht Herr Jones zu früh oder zu spät zu Bett?
14. Was muß er heute für den Deutschunterricht machen?

LESESTÜCK: Schwarzhausen und die Familie Neumann

Wie Sie schon wissen, ist das Institut für Ausländer[1] in Schwarzhausen. Auf den Straßen Schwarzhausens sieht man viele Ausländer.[2] Sie sind fast alle Studenten am Institut. Es sind Leute aus Frankreich, Spanien, Italien, Amerika, Mexiko, England und den skandinavischen Ländern da,[3] und man kann oft Sprachen wie Dänisch, Spanisch, Französisch und Englisch auf der Straße hören.[4] Einige Studenten kommen auch aus Afrika und Asien.[5]

Schwarzhausen, eine Kreisstadt,[6] hat ein Heimatmuseum,[7] ein Kurhotel,[8] einige Gasthäuser,[9] eine Barockkirche,[10] ein Kloster,[11] einen Marktplatz[12] und einige kleine Fabriken.[13] Oft besuchen Touristen Schwarzhausen, denn die Stadt und die umliegende Landschaft sind außerordentlich schön,[14] und viele Häuser sind alt und historisch.[15] Die Straßen sind auch alt, malerisch und schmal.[16]

Herr Jones wohnt bei der Familie Neumann.[17] Ihr Haus steht auf einem Berg an der Stadtgrenze,[18] und um das Haus liegt ein Blumengarten.[19] Im Garten sind nicht nur Blumen sondern auch Obstbäume.[20] Der Berg ist nicht hoch,[21] aber von dort aus[22] kann man einige Bauernhöfe, kleine Dörfer und in der Ferne die Alpen sehen.[23]

Herr Neumann hat eine Möbelfabrik,[24] und zwanzig Arbeiter sind bei ihm eingestellt.[25] Einige Arbeiter sind aus Italien, andere[26] aus Spanien und Griechenland,[27]

[1] **das Institut für Ausländer** Institute for Foreigners
[2] **auf den Straßen Schwarzhausens sieht man viele Ausländer** on the streets of Schwarzhausen one sees many foreigners
[3] **es sind Leute aus Frankreich und den skandinavischen Ländern da** there are people from France and the Scandinavian countries there
[4] **man kann oft Sprachen wie Dänisch und Französisch hören** one can often hear languages such as Danish and French
[5] **aus Afrika und Asien** from Africa and Asia   [6] **die Kreisstadt** county seat
[7] **das Heimatmuseum** regional or local museum   [8] **das Kurhotel** spa hotel
[9] **einige Gasthäuser** several inns   [10] **die Barockkirche** baroque church   [11] **das Kloster** monastery
[12] **der Marktplatz** market place   [13] **einige kleine Fabriken** several small factories
[14] **die Stadt und die umliegende Landschaft sind außerordentlich schön** the city and the surrounding landscape are especially beautiful
[15] **viele Häuser sind alt und historisch** many houses are old and historical
[16] **malerisch und schmal** picturesque and narrow
[17] **bei der Familie Neumann** in the home of the Neumann family
[18] **ihr Haus steht auf einem Berg an der Stadtgrenze** their house stands on a hill at the city limits
[19] **um das Haus liegt ein Blumengarten** around the house there is a flower garden
[20] **sondern auch Obstbäume** but also fruit trees (**Sondern** is used only after a negative statement.)
[21] **hoch** high   [22] **von dort aus** from there
[23] **man kann einige Bauernhöfe, kleine Dörfer und in der Ferne die Alpen sehen** one can see several farms, small villages and, in the distance, the Alps
[24] **die Möbelfabrik** furniture factory
[25] **zwanzig Arbeiter sind bei ihm eingestellt** twenty workers are employed there (**Bei ihm** does not mean "by him," but "at his place or establishment.")
[26] **andere** others   [27] **Griechenland** Greece

denn es gibt nicht genug Arbeiter[28] in Schwarzhausen für alle Fabriken.   Wie überall in Westdeutschland[29] müssen die Fabriken in Schwarzhausen Arbeiter aus dem
Ausland einstellen.[30]   Herr Neumann verkauft Möbel nicht nur in Deutschland sondern auch im Ausland.[31]

   Die Familie Neumann hat zwei Kinder.[32]   Karl, der Sohn, ist siebzehn Jahre alt
und geht in Schwarzhausen aufs Gymnasium.[33]   Das Gymnasium ist nur für Jungen.[34]   Anneliese, die Tochter, ist achtzehn Jahre alt.[35] Sie besucht eine Mädchen-

[28] **es gibt nicht genug Arbeiter** there are not enough workers
[29] **wie überall in Westdeutschland** just as everywhere in West Germany
[30] **die Fabriken müssen Arbeiter aus dem Ausland einstellen** the factories have to employ workers
from abroad
[31] **Herr Neumann verkauft Möbel nicht nur in Deutschland sondern auch im Ausland** Mr. Neumann
sells furniture not only in Germany but also abroad   [32] **Kinder** children
[33] **Karl, der Sohn, ist siebzehn Jahre alt und geht aufs Gymnasium** Carl, the son, is seventeen years
old and goes to the secondary school (The **Gymnasium** is a secondary school which pupils attend for
nine years.   The age range is generally from ten or eleven to nineteen or twenty.   It is, therefore,
roughly comparable to junior and senior high school as well as the first two years of college.   The
Gymnasium is the usual avenue leading to the university, which is highly specialized and is somewhat
similar to the graduate school of American universities.)
[34] **nur für Jungen** only for boys
[35] **die Tochter ist achtzehn Jahre alt** the daughter is eighteen years old

Schwarzhausen

schule[36] in Rosenheim und muß jeden Tag mit dem Zug zur Schule fahren.[37] Nur am Sonntag fährt sie nicht hin.[38] Schwarzhausen liegt neunzehn Kilometer von Rosenheim entfernt.[39]

Karl und Anneliese sprechen gern Englisch.[40] Die beiden lernen die Sprache auf der Schule. Anneliese spricht es schon besonders[41] gut, denn sie war einen Sommer lang in England.[42] Sie hören auch gern Jazzmusik[43] und wollen oft mit Herrn Jones über den Jazz in Amerika sprechen.[44] Einmal möchten sie gern die Vereinigten Staaten besuchen.[45]

[36] **sie besucht eine Mädchenschule** she attends a girls' school
[37] **sie muß jeden Tag mit dem Zug zur Schule fahren** she has to go to school by train every day
[38] **nur am Sonntag fährt sie nicht hin** only on Sundays does she not go there (**Hin** always suggests motion away from the speaker.)
[39] **Schwarzhausen liegt neunzehn Kilometer von Rosenheim entfernt** Schwarzhausen is nineteen kilometers from Rosenheim (1 kilometer = ⅝ mile)
[40] **Karl und Anneliese sprechen gern Englisch** Carl and Anneliese like to speak English
[41] **besonders** especially
[42] **sie war einen Sommer lang in England** she was in England an entire summer
[43] **sie hören gern Jazzmusik**   they like to listen to jazz music
[44] **sie wollen über den Jazz sprechen** they want to talk about jazz
[45] **einmal möchten sie gern die Vereinigten Staaten besuchen**   sometime they would like to visit the United States

WEITERE ÜBUNGEN

1. Beispiel: *essen*   Er will immer *essen.*
   a. essen
   b. schlafen
   c. lesen
   d. sprechen
   e. arbeiten

2. Beispiel: *er*   Er will alles wissen.
   a. er
   b. Herr Jones
   c. ich
   d. sie (*she*)
   e. ich

3. Beispiel: *wir*   *Wir können* die Alpen sehen.
   a. wir
   b. Sie
   c. die Leute
   d. die Touristen
   e. sie (*they*)

4. Beispiele: *Sie*   *Sie wollen* über Jazz sprechen.
   er   *Er will* über Jazz sprechen.
   a. Sie
   b. er
   c. die Kinder
   d. ich
   e. Anneliese

5. Beispiel: *wir*   *Wir können* hier viele Sprachen hören.
   a. wir
   b. ich
   c. die Leute auf der Straße
   d. die Studenten
   e. man

6. Beispiel: *ich*   *Ich muß* heute einen Bericht geben.
   a. ich
   b. Sie
   c. sie (*they*)
   d. wir
   e. er

7. Beispiel: *müssen*   *Müssen* Sie das machen?
   a. müssen
   b. wollen
   c. möchten
   d. können

8. Beispiel: *ich*   *Ich möchte* eine Tasse Kaffee trinken.
   a. ich
   b. er
   c. Frau Neumann
   d. wir
   e. sie (*they*)

9. Beispiel: *wo er ist*   Wissen Sie, *wo er ist?*
   a. wo er ist
   b. wo das Haus ist
   c. was das ist
   d. wer das ist
   e. woher sie kommt

10. Beispiel: *er*   Er weiß, wo das Restaurant ist.
    a. er
    b. die Wirtin
    c. Fräulein Moreau
    d. ich
    e. Herr Jones

11. Beispiele: *er*   Er weiß, was Jazz ist.
    wir   *Wir wissen,* was Jazz ist.
    a. er
    b. wir
    c. Sie
    d. Karl und Anneliese
    e. ich

12. Beispiele: *Ich möchte* ein Glas Wasser trinken.   *Wir möchten* ein Glas Wasser trinken.

    Ich kann es gut verstehen.   *Wir können* es gut verstehen.
 a. Ich möchte ein Glas Wasser trinken.   f. Ich möchte eine Tasse Kaffee.
 b. Ich kann es gut verstehen.   g. Ich muß fleißig lernen.
 c. Ich will die Alpen sehen.   h. Ich weiß, wo das ist.
 d. Ich muß in die Stadt gehen.   i. Ich kann ihn nicht verstehen.
 e. Ich will mit dem Zug fahren.

13. Beispiele: *Er fährt* mit dem Zug.   *Sie fahren* mit dem Zug.
    Sie sieht einen Film.   *Sie sehen* einen Film.
 a. Er fährt mit dem Zug.   e. Er trägt die Stühle in die Küche.
 b. Sie sieht einen Film.   f. Er liest die Aufgabe.
 c. Sie gibt mir ein Stück Kuchen.   g. Sie ißt heute im Gasthaus.
 d. Er spricht gut Deutsch.

14. Beispiel: *Wir sehen* heute den Film.   *Er sieht* heute den Film.
 a. Wir sehen heute den Film.   f. Wir haben fleißig gearbeitet.
 b. Wir geben ihr das Geld.   g. Wir können das nicht verstehen.
 c. Wir sprechen über die Arbeit.   h. Wir möchten ein Stück Kuchen.
 d. Wir fahren mit dem Zug.   i. Wir tragen es in die Küche.
 e. Wir sprechen gut Englisch.

15. Beispiel: Hier ist *das Kurhotel.*   Hier ist *es.*
 a. Hier ist das Kurhotel.   e. Ich verstehe den Professor nicht.
 b. Dort liegt der Bleistift.   f. Dort liegen die Alpen.
 c. Ich habe die Postkarte bekommen.   g. Er hat den Brief gefunden.
 d. Kennen Sie die Leute?   h. Ich habe die Bauernhöfe gesehen.

16. Beispiel: Liest er *das Buch?*   Ja, er liest *es.*
 a. Liest er das Buch?   e. Möchten Sie die Alpen sehen?
 b. Haben Sie den Professor verstanden?   f. Will er Deutsch lernen?
 c. Können Sie den Bericht verstehen?   g. Muß ich die Musik hören?
 d. Müssen Sie heute abend die Aufgabe   h. Haben Sie das Dorf besucht?
    schreiben?   i. Hat er den Brief gelesen?

17. Beispiel: **Lesen Sie viel?**   **Nein, ich lese nicht viel.**
 a. Lesen Sie viel?   e. Möchten Sie in die Alpen fahren?
 b. Wollen Sie ins Kino gehen?   f. Haben Sie alles gehört?
 c. Fährt er in die Stadt?   g. Ißt Herr Jones immer im Gasthaus?
 d. Wissen Sie, was das ist?   h. Liest sie viele Bücher?

WEITERE FRAGEN

1. Spricht Anneliese Neumann gut Englisch?
2. Wie oft fährt sie mit dem Zug?
3. Wer fährt nach Rosenheim?
4. Hat Schwarzhausen viele Kirchen?
5. Ist Schwarzhausen ein Dorf oder eine Stadt?
6. Wer besucht ein Gymnasium für Jungen?
7. Wo ist die Mädchenschule?
8. Wie weit liegt Schwarzhausen von Rosenheim entfernt?

9. Wer spricht oft mit Herrn Jones über Jazzmusik?
10. Wer kommt aus Afrika?
11. Woher kommen die Studenten am Institut?
12. Hat Herr Neumann eine Uhrenfabrik oder eine Möbelfabrik?
13. Steht das Haus, wo Herr Jones wohnt, auf einem Berg?
14. Was kann man von dem Haus aus sehen?

SPRECHÜBUNGEN

1. Supply questions to which the following statements might be responses:
   a. Nein, danke.   Heute abend muß ich nach Rosenheim fahren.
   b. Ja, ich habe ihn gut verstanden.
   c. Es ist schon acht Uhr.
   d. Er beginnt um neun Uhr.
   e. Nein, er hat eine Möbelfabrik.
   f. Ja, ich finde es ziemlich schwer.
   g. Ja, er ist von den Eltern.
   h. Nicht alle, aber ich kenne einen sehr gut.
2. Elicit information from the student next to you concerning the following:
   a. when he has to get up
   b. when he would like to get up
   c. when he has to eat breakfast
   d. whether he would like a cup of coffee
   e. how old he is
   f. whether he often travels by train
3. Supply the following information:
   a. that Schwarzhausen is a county seat
   b. that it has a market place, a baroque church and several factories
   c. that you live with the Neumann family
   d. that there are students here from Spain, Italy, France, Asia and Africa
4. Pretend that you are a new arrival in Schwarzhausen and that the student next to you is at the Institute.   Elicit the following information from him:
   a. what his name is
   b. when class begins
   c. whether the landlady is friendly
   d. where one eats breakfast
   e. where one can eat at noon
5. Give appropriate responses to the following statements:
   Beispiele: Ich gehe heute abend ins Kino.   Wie heißt der Film?
   Um wieviel Uhr?
   Haben Sie keine Aufgaben für
   morgen?
   Ich habe den Film schon gesehen.
   a. Viele Ausländer arbeiten in der Fabrik.
   b. Ich habe heute morgen einen Brief bekommen.
   c. Wir haben gestern abend im Gasthaus gegessen.
   d. Ich komme aus Schwarzhausen.
   e. Herrn Neumanns Haus steht auf einem Berg.

Ein Marktplatz

SCHRIFTLICHES

Use each of the following groups of words in one or two sentences. Change the form of the verb if necessary.

Beispiele: Kreisstadt, Schwarzhausen, Heimatmuseum, haben

Schwarzhausen, eine Kreisstadt, hat ein Heimatmuseum.
Schwarzhausen ist eine Kreisstadt und hat ein Heimatmuseum.

1. einige Gasthäuser, Schwarzhausen, ein Kloster
2. von dort aus, Alpen, sehen, man
3. aufs Institut, um halb neun, müssen
4. Herr Neumann, Möbel, im Ausland, verkaufen
5. wollen, das Gymnasium, ich, besuchen

PHONOLOGIE

Front *ch*: ich, nicht, leicht, durch, welcher, mancher, Mädchen, zwanzig, schläfrig, richtig, fleißig

Back *ch*: Buch, auch, machen, macht, doch, schwach, nachher

Sechste Lektion

6

Grammatische Ziele:
    Präposition „in" mit Dativ und Akkusativ
    Trennbare Verben
    Der Dativ als indirektes Objekt

EINFÜHRENDE BEISPIELE

1. Frau Neumann geht ins Haus.
  Wohin geht sie?
        Sie geht ins Haus.

2. Frau Neumann ist jetzt im Haus.
  Wo ist sie jetzt?
        Sie ist jetzt im Haus.

3. Frau Schmidt geht in die Küche.
  Wohin geht sie?
        Sie geht in die Küche.

4. Meine Wirtin arbeitet in der Küche.
  Wo arbeitet sie?
        Sie arbeitet in der Küche.

5. Ich fahre heute in die Stadt.
  Wohin fahre ich heute?
        Sie fahren heute in die Stadt.
  Fahre ich heute ins Dorf oder in die Stadt?
        Sie fahren heute in die Stadt.

6. Mein Freund wohnt in der Stadt.
    Wo wohnt er?
            Er wohnt in der Stadt.
    Wohnt er im Dorf oder in der Stadt?
            Er wohnt in der Stadt.

7. Die Studenten sitzen im Garten und trinken Kaffee.
    Was trinken sie im Garten?
            Sie trinken Kaffee im Garten.
    Wo sitzen die Studenten?
            Die Studenten sitzen im Garten.

8. Die Wirtin kommt in den Garten.
    Wer kommt in den Garten?
            Die Wirtin kommt in den Garten.
    Geht sie in den Garten oder ins Haus?
            Sie geht in den Garten.
    Geht sie in die Küche oder in den Garten?
            Sie geht in den Garten.

9. Herr Brown und ich stehen auf der Straße.
    Eine Dame geht vorbei.
    Wer geht vorbei?
            Eine Dame geht vorbei.

10. Die Dame ist Frau Neumann, meine Wirtin.
    Frau Neumann redet mich an.
    Sie sagt: „Guten Morgen, Herr Jones."
    Wer redet mich an?
            Frau Neumann redet Sie an.

11. Ein Wagen fährt langsam vorbei.
    Der Wagen ist ein Mercedes.
    Herr Brown sieht den Mercedes an.
    Was sieht er an?
            Er sieht den Mercedes an.

12. Ich fahre morgen nach Rosenheim.
    Der Zug kommt um acht Uhr in Rosenheim an.
    Wann kommt er an?
            Er kommt um acht Uhr an.

13. Mein Freund besucht mich oft.
Er kommt heute abend vorbei.
Wann kommt er vorbei?
   Er kommt heute abend vorbei.

14. Mein Freund muß heute abend vorbeikommen, denn ich bin heute morgen nicht zu Hause.
Wann muß er vorbeikommen?
   Er muß heute abend vorbeikommen.

15. Fräulein Moreau ist wieder zu Hause.
Die Wirtin gibt ihr einen Brief.
Was gibt die Wirtin der Studentin?
   Die Wirtin gibt der Studentin einen Brief.

16. Die Eltern haben Fräulein Moreau einen Brief geschrieben.
Wer hat ihr einen Brief geschrieben?
   Die Eltern haben ihr einen Brief geschrieben.

17. Herr Brown hat sein Buch vergessen.
Fräulein Moreau hat ein Buch.
Sie gibt ihm das Buch.
Was gibt sie ihm?
   Sie gibt ihm das Buch.

18. Herr Professor Schönfeld vergißt seinen Bleistift.
Ein Student gibt dem Professor einen Bleistift.
Wer gibt dem Professor einen Bleistift?
   Ein Student gibt dem Professor einen Bleistift.

19. Die Wirtin gibt den Studenten immer gute Ratschläge.
Wer gibt ihnen gute Ratschläge?
   Die Wirtin gibt ihnen gute Ratschläge.

20. Die Eltern haben mir einen Brief geschrieben.
In dem Brief habe ich einen Scheck gefunden.
Die Eltern haben mir Geld gegeben.
Geben Ihnen die Eltern auch Geld?
   Ja, die Eltern geben mir auch Geld.
Was haben mir die Eltern gegeben?
   Die Eltern haben Ihnen Geld gegeben.

ÜBUNGEN

1. **Beispiel:** *ins Haus*   Herr Professor Schönfeld geht *ins Haus.*
   a. ins Haus
   b. ins Institut
   c. ins Wohnzimmer
   d. ins Kino
   e. ins Klassenzimmer
   f. ins Dorf

2. **Beispiel:** *Klassenzimmer*   Wir gehen jetzt ins *Klassenzimmer.*
   a. Klassenzimmer
   b. Haus
   c. Dorf
   d. Wohnzimmer
   e. Institut
   f. Kino

3. **Beispiele:**   Fahren Sie ins Ausland?   Ja, ich fahre ins Ausland.
   Geht er jetzt ins Haus?   Ja, er geht jetzt ins Haus.
   a. Fahren Sie ins Ausland?
   b. Geht er jetzt ins Haus?
   c. Gehen Sie heute abend ins Kino?
   d. Fährt der Wirt ins Dorf?
   e. Gehen Sie ins Wohnzimmer?
   f. Gehen die Studenten morgen ins Institut?
   g. Kommt Frau Schmidt ins Zimmer?
   h. Gehen alle Studenten ins Gasthaus?

4. **Beispiel:**   Wohin gehen Sie?   (*Dorf*)   Ich gehe ins Dorf.
   a. Wohin gehen Sie?   (Dorf)
   b. Wohin geht die Studentin?   (Klassenzimmer)
   c. Wohin geht die Wirtin?   (Haus)
   d. Wohin gehen die Studenten?   (Kino)
   e. Wohin geht Frau Schmidt?   (Wohnzimmer)
   f. Wohin fährt der Student?   (Ausland)

5. **Beispiel:**   Ich *bin im* Wohnzimmer.   Ich *gehe ins* Wohnzimmer.
   a. Ich bin im Wohnzimmer.
   b. Ich bin im Dorf.
   c. Ich bin im Haus.
   d. Ich bin im Zimmer.
   e. Ich bin im Eßzimmer.

6. **Beispiel:** *in die Küche*   Karl geht jetzt *in die Küche.*
   a. in die Küche
   b. in die Stadt
   c. in die Kirche
   d. in die Schule
   e. in die Garage
   f. in die Fabrik

7. **Beispiele:**   Geht er jeden Tag in die Schule?   Ja, er geht jeden Tag in die Schule.
   Fahren Sie jetzt in die Stadt?   Ja, ich fahre jetzt in die Stadt.
   a. Geht er jeden Tag in die Schule?
   b. Fahren Sie jetzt in die Stadt?
   c. Gehen Sie am Sonntag in die Kirche?
   d. Geht Frau Schmidt in die Küche?
   e. Gehen die Arbeiter morgens in die Fabrik?

8. **Beispiel:**   Wohin gehen Sie heute?   (*Fabrik*)   Ich gehe heute in die Fabrik.
   a. Wohin gehen Sie heute?   (Fabrik)
   b. Wohin geht Anneliese Neumann?   (Schule)
   c. Wohin fahren die Studenten morgen?   (Stadt)
   d. Wohin gehen Sie am Sonntag?   (Kirche)
   e. Wohin fährt Herr Neumann?   (Stadt)

9. **Beispiel:**   Er *ist in der* Schule.   Er *geht in die* Schule.
   a. Er ist in der Schule.
   b. Er ist jetzt in der Stadt.
   c. Er ist heute in der Fabrik.
   d. Er ist um zehn Uhr in der Kirche.
   e. Er ist um neun Uhr in der Möbelfabrik.
   f. Er ist in der Küche.

10. Beispiele: *die Schule*   Ich gehe jetzt *in die Schule.*
   　　　　　　 das Dorf   Ich gehe jetzt *ins Dorf.*
   a. die Schule   f. die Stadt
   b. das Dorf   g. das Institut
   c. die Kirche   h. das Haus
   d. das Kino   i. die Küche
   e. die Fabrik   j. das Eßzimmer

11. Beispiele: *Stadt*   Wir möchten *in die Stadt* gehen.
   　　　　　　 Wohnzimmer   Wir möchten *ins Wohnzimmer* gehen.
   a. Stadt   f. Dorf
   b. Wohnzimmer   g. Fabrik
   c. Möbelfabrik   h. Schule
   d. Kino   i. Haus
   e. Institut   j. Gasthaus

12. Beispiele: Ich *bin* in *der* Kirche.   Ich *gehe* in *die* Kirche.
   　　　　　　 Ich *bin im* Dorf.   Ich *gehe ins* Dorf.
   a. Ich bin in der Kirche.   e. Ich bin jetzt im Wohnzimmer.
   b. Ich bin im Dorf.   f. Ich bin morgens in der Schule.
   c. Ich bin in der Stadt.   g. Ich bin in der Küche.
   d. Ich bin in der Fabrik.   h. Ich bin oft im Gasthaus.

13. Beispiel: er sitzt   (*Wohnzimmer*)   Er sitzt im Wohnzimmer.
   a. er sitzt   (Wohnzimmer)   d. er arbeitet   (Haus)
   b. er arbeitet   (Zimmer)   e. er wohnt   (Dorf)
   c. er ist   (Kino)

14. Beispiel: wir wohnen   (*Stadt*)   Wir wohnen in der Stadt.
   a. wir wohnen   (Stadt)   d. wir lernen   (Schule)
   b. wir sitzen   (Kirche)   e. wir essen   (Küche)
   c. wir arbeiten   (Fabrik)

15. Beispiele: *Schule*   Ich arbeite *in der Schule.*
   　　　　　　 Dorf   Ich arbeite *im Dorf.*
   a. Schule   e. Stadt
   b. Dorf   f. Küche
   c. Wohnzimmer   g. Fabrik
   d. Klassenzimmer   h. Zimmer

16. Beispiele: **Wohin geht er jeden Tag?**   (*Fabrik*)   **Er geht jeden Tag in die**
   　　　　　　　　　　　　　　　　　　　　　　　　　　　　　　　 Fabrik.
   　　　　　　 Wo wohnt er jetzt?   (*Dorf*)   **Er wohnt jetzt im Dorf.**
   a. Wohin geht er jeden Tag?   (Fabrik)
   b. Wo wohnt er jetzt?   (Dorf)
   c. Wohin geht er oft?   (Kino)
   d. Wohin fährt er morgen?   (Stadt)
   e. Wo sitzt er jetzt?   (Küche)
   f. Wo arbeitet er oft?   (Wohnzimmer)
   g. Wohin geht er am Sonntag?   (Kirche)
   h. Wohin fährt er heute?   (Dorf)
   i. Wo lernt er Englisch?   (Schule)
   j. Wo ist er jetzt?   (Haus)

17. Beispiel: *mir*   Sie gibt *mir* das Geld.
   a. mir   d. ihm
   b. uns   e. ihnen (*them*)
   c. Ihnen

18. Beispiel: *dem Mann*   Ich habe *dem Mann* einen Scheck gegeben.
   - a. dem Mann
   - b. der Frau
   - c. dem Mädchen
   - d. der Wirtin
   - e. dem Wirt
   - f. meinem Wirt

19. Beispiele: Ich habe *der Frau* einen Brief geschrieben.   Ich habe *ihr* einen Brief geschrieben.

   Ich habe *dem Mann* einen Brief geschrieben.   Ich habe *ihm* einen Brief geschrieben.
   - a. Ich habe der Frau einen Brief geschrieben.
   - b. Ich habe dem Mann einen Brief geschrieben.
   - c. Ich habe der Studentin einen Brief geschrieben.
   - d. Ich habe dem Amerikaner einen Brief geschrieben.
   - e. Ich habe den Leuten einen Brief geschrieben.
   - f. Ich habe den Studenten einen Brief geschrieben.

20. Beispiel: Wem (*to whom*) haben Sie das Geld gegeben? (*Mann*)   Ich habe dem Mann das Geld gegeben.
   - a. Wem haben Sie das Geld gegeben?   (Mann)
   - b. Wem haben Sie den Brief geschrieben?   (Frau)
   - c. Wem geben Sie den Scheck?   (Wirtin)
   - d. Wem möchten Sie einen Brief schreiben?   (Eltern)
   - e. Wem wollen Sie das Buch geben?   (Studentin)
   - f. Wem müssen Sie den Scheck geben?   (Wirt)

21. Beispiel: *die Dame*   Ich sehe *die Dame* an.
   - a. die Dame
   - b. den Wagen
   - c. den Mann
   - d. die Leute
   - e. ihn
   - f. sie (*her*)

22. Beispiele: *er*   *Er sieht* den Volkswagen an.
        wir   *Wir sehen* den Volkswagen an.
   - a. er
   - b. wir
   - c. die Wirtin
   - d. sie (*they*)
   - e. sie (*she*)
   - f. die Studenten

23. **Hören Sie zu und beantworten Sie dann die Fragen!**
   - a. Herr Brown will heute abend vorbeikommen.
     - (1) Wer will heute abend vorbeikommen?
     - (2) Wann will er vorbeikommen?
     - (3) Kommt er heute abend oder morgen vorbei?
   - b. Eine schöne Dame geht vorbei, und Herr Brown sieht sie an.
     - (1) Wer geht vorbei?
     - (2) Wen (*whom*) sieht Herr Brown an?
     - (3) Sieht sie Herrn Brown an?

FRAGEN

1. Gehen Sie heute abend ins Kino oder in die Schule?
2. Wohin geht der Professor jetzt?
3. Wem haben Sie einen Brief geschrieben?
4. Arbeitet das Mädchen im Dorf oder in der Stadt?

5. Essen wir heute abend im Gasthaus?
6. Wohin gehen Sie heute abend?
7. Wohin fährt Herr Neumann jeden Tag?
8. Geben Sie dem Mädchen das Buch?
9. Was möchten Sie mir geben?
10. Wo essen Sie gern?
11. Wer geht jeden Tag vorbei?
12. Wo wohnen Sie?
13. Kommen Sie heute abend vorbei?
14. Ist die Wirtin im Garten oder in der Küche?
15. Wieviel geben Sie der Wirtin für das Zimmer?
16. Haben Sie die Landkarte angesehen?

Eichstätt: Eine deutsche Kirche

Vom Gasthaus gehen
die Studenten ins Kino

Düren - Deutsch painter
Renaissance + Baroque

DIALOG: Im Gasthaus

Alle Studenten essen mittags und abends im Gasthaus „Zum Schwarzen Roß". An einem Tisch sitzen eines Abends Fräulein Moreau, Fräulein Jensen und Herr Brown. Sie warten schon lange auf den Kellner.

JENSEN   Es wird spät.

MOREAU   Ja, der Kellner geht immer an uns vorbei.

BROWN   Er ist sehr beschäftigt, denn es sind so viele Touristen heute abend im Gasthaus.

MOREAU   Hoffentlich kommen wir nach dem Essen noch rechtzeitig ins Kino.

JENSEN   Im „Palast" spielt ein Kriegsfilm.   Möchten Sie ihn sehen?

MOREAU   Ich sehe ungern Kriegsfilme.   Gehen wir lieber in den „Weltspiegel".

BROWN   Im „Weltspiegel" spielt ein Film aus Ägypten.

JENSEN   Eben kommt der Kellner.

KELLNER   Warten Sie schon lange?

JENSEN   Nicht zu lange, Herr Ober.

KELLNER   Es tut mir leid, daß . . .

JENSEN (*unterbricht ihn*)   Aber jetzt sind wir in Eile, denn um acht wollen wir ins Kino.

BROWN   Was empfehlen Sie, Herr Ober?   Sie bieten uns wirklich eine große Auswahl an.

KELLNER   Es gibt sehr guten Sauerbraten und Kartoffelklöße.

BROWN   Das esse ich immer gern.   Bringen Sie mir bitte Rotkohl dazu, aber vorher möchte ich gern eine Gemüsesuppe.

KELLNER   Und was bestellen die Damen?

MOREAU   Wir möchten dasselbe, bitte.

KELLNER   Und zum Nachtisch?

JENSEN   Bringen Sie uns bitte Vanilleeis und Kaffee.

malen — painter

At the Inn

All the students eat at noon and in the evening at the Black Horse Inn.   Miss Moreau, Miss Jensen and Mr. Brown are sitting one evening at a table.   They have already waited a long time for the waiter.

JENSEN   It's getting late.

MOREAU   Yes, the waiter keeps going past us.

BROWN   He's very busy, because there are so many tourists in the inn this evening.

MOREAU   I hope we'll still get to the movie on time after eating.

JENSEN   A war film is playing at the Palace.   Would you like to see it?

MOREAU   I don't like to see war films.   Let's go instead to the World Mirror.

BROWN   An Egyptian film is playing at the World Mirror.

JENSEN   Here comes the waiter now.

WAITER   Have you been waiting long?

JENSEN   Not too long, sir.*

WAITER   I'm sorry that . . .

JENSEN   (*interrupts him*)   But we are in a hurry now, because we want to go to the movie at eight.

BROWN   What do you recommend, sir?   You really offer us a large choice.

WAITER   We have** very good *Sauerbraten*† and potato dumplings.

BROWN   I always like to eat that.   Bring me some red cabbage with it, please; but first I would like to have some vegetable soup.

WAITER   And what will the ladies order?

MOREAU   We would like the same, please.

WAITER   And for dessert?

JENSEN   Please bring us some vanilla ice cream and coffee.

* There is no English equivalent for the expression, **Herr Ober,** which is a shortened form for **Herr Oberkellner,** or headwaiter.   One should always address not only the headwaiter but all waiters as **Herr Ober.**
** The meaning of **es gibt** is "there is" or "there are."
† **Sauerbraten** has no English equivalent.   It is beef marinated in wine and spices and then braised.

FRAGEN ÜBER DEN DIALOG

1. Wo sitzen die drei Studenten?
2. Wird es spät?
3. Wer geht an den Studenten vorbei?
4. Ist der Kellner sehr beschäftigt?
5. Wo essen viele Touristen?
6. Gehen die Studenten nach dem Essen ins Theater oder ins Kino?
7. Wo spielt ein Kriegsfilm?
8. Was sieht Fräulein Moreau ungern?
9. Was spielt im „Weltspiegel"?
10. Was fragt der Kellner?
11. Was gibt es heute abend?
12. Bestellt Herr Brown Kartoffelsuppe oder Gemüsesuppe?
13. Ist die Auswahl groß oder klein?
14. Was bestellen die Mädchen zum Nachtisch?
15. Wer ißt gern Sauerbraten und Kartoffelklöße?
16. Wohin gehen die Studenten nach dem Essen?

LESESTÜCK: Das Gasthaus in Deutschland

In den Dörfern und Städtchen Deutschlands[1] ist das Gasthaus oder Wirtshaus der Mittelpunkt des gesellschaftlichen Lebens.[2] Nach dem Abendessen[3] geht man gern ins Gasthaus. Dort findet man Freunde, Nachbarn und Arbeitskollegen.[4] Man bestellt ein Glas Bier oder Wein und spricht den ganzen Abend[5] über Politik, Frauen und das Defizit bei der Bundesbahn (Bundeseisenbahn).[6] Natürlich bleiben[7] die Frauen und Kinder zu Hause.

Viele Männer gehen jahraus, jahrein[8] ins Gasthaus. Man wird ein Stammgast, wenn man lange dasselbe Lokal besucht.[9] Stammgäste sitzen immer an demselben Tisch, spielen Karten und trinken langsam ihr Bier oder ihren Wein. Man nennt diesen Tisch einen Stammtisch,[10] und darauf[11] sieht man eine Karte mit dem Wort „Stammtisch".[12] Andere Gäste müssen sich einen anderen Tisch suchen.[13]

[1] **in den Dörfern und Städtchen Deutschlands** in the villages and small towns of Germany
[2] **der Mittelpunkt des gesellschaftlichen Lebens** the center of social life
[3] **nach dem Abendessen** after the evening meal
[4] **Nachbarn und Arbeitskollegen** neighbors and fellow workers
[5] **man spricht den ganzen Abend** they talk the whole evening
[6] **über Politik, Frauen und das Defizit bei der Bundesbahn (Bundeseisenbahn)** about politics, women and the Federal Railway deficit   [7] **bleiben** to stay, remain
[8] **jahraus, jahrein** year in, year out
[9] **man wird ein Stammgast, wenn man lange dasselbe Lokal besucht** one becomes a *Stammgast* if one goes to the same establishment for a long time
[10] **man nennt diesen Tisch einen Stammtisch** this table is called a *Stammtisch* (A **Stammtisch** is a table reserved for steady customers.)   [11] **darauf** on it
[12] **eine Karte mit dem Wort „Stammtisch"** a card with the word *Stammtisch*
[13] **andere Gäste müssen sich einen anderen Tisch suchen** other guests have to look for another table

„Gaststätte" ist das Sammelwort für Speisewirtschaften aller Art.[14]   Ein Lokal ist dasselbe wie eine Gaststätte.   Ein Wirtshaus ist gewöhnlich eine Bierwirtschaft.[15] In der Schenke (in Bayern oft: Schänke) und in der Kneipe[16] trinkt man meistens Getränke wie Bier und Wein.[17]   Das Gasthaus und das Restaurant sind Speisewirtschaften, aber oft ist das Restaurant etwas eleganter als das Gasthaus.[18]   Im Hotel und im Gasthof kann man nicht nur essen und trinken, sondern auch übernachten.[19]

Es gibt oft interessante und komische Namen[20] für Gaststätten: „Zum Wilden Mann", „Zum Brand", „Zum Blauen Affen", „Die Goldene Rose", „Die Bunte Kuh", „Die Bärenhöhle",[21] Gasthaus „Bach-Lenz" u.a.m.[22]   Der Wirt im Gasthaus „Bach-Lenz" heißt Lenz, und das Gasthaus steht an einem Bach.[23]

Im Vergleich zu manchen amerikanischen Wirtschaften[24] in den kleinen Dörfern bietet der deutsche Gastwirt dem Gast oft eine größere Auswahl von Gerichten an.[25] Der Ausländer sieht die Speisekarte an[26] und ist über die Auswahl und die Verschiedenheit der Gerichte erstaunt.[27]   Auch ist die Weinkarte oft erstaunlich groß und weist auf viele Weinsorten im Keller.[28]   „Der Blaue Affe" in München, zum Beispiel,[29] ist nur eine kleine Wirtschaft mit sechs oder sieben Tischen und hat nicht viele Gäste, aber man kann doch über fünfhundert Weinsorten auf der Weinkarte zählen.[30]

[14] **„Gaststätte" ist das Sammelwort für Speisewirtschaften aller Art** *Gaststätte* is a general term (collective noun) for eating establishments of all kinds   [15] **die Bierwirtschaft** beer tavern
[16] **die Schenke, die Schänke, die Kneipe** tavern
[17] **man trinkt meistens Getränke wie Bier und Wein** beverages such as beer and wine are generally consumed   [18] **etwas eleganter als das Gasthaus** somewhat more elegant than an inn
[19] **übernachten** to stay overnight   [20] **komische Namen** funny names
[21] **„Zum Wilden Mann", „Zum Brand", „Zum Blauen Affen", „Die Goldene Rose", „Die Bunte Kuh", „Die Bärenhöhle"** Wild Man Inn, Conflagration Inn, Blue Monkey Inn, The Golden Rose, The Many Colored Cow, The Bear's Den   [22] **u. a. m. = und andere mehr** and many others
[23] **an einem Bach** by a brook
[24] **im Vergleich zu manchen amerikanischen Wirtschaften** in comparison with many American eating places
[25] **der deutsche Gastwirt bietet dem Gast oft eine größere Auswahl von Gerichten an** the German innkeeper frequently offers the customer a greater selection of dishes
[26] **der Ausländer sieht die Speisekarte an** the foreigner looks at the menu
[27] **über die Auswahl und die Verschiedenheit der Gerichte erstaunt** surprised at the selection and the variety of dishes
[28] **die Weinkarte ist oft erstaunlich groß und weist auf viele Weinsorten im Keller** the wine list is often surprisingly large and indicates many kinds of wine in the cellar   [29] **zum Beispiel** for example
[30] **man kann doch über fünfhundert Weinsorten auf der Weinkarte zählen** on the wine list one can nevertheless count over five hundred kinds of wine

WEITERE ÜBUNGEN

1. **Beispiel:**   *ins Gasthaus*   **Wir gehen jetzt *ins Gasthaus*.**
   - a. ins Gasthaus
   - b. ins Kino
   - c. in die Stadt
   - d. ins Restaurant
   - e. in das Restaurant
   - f. in das Gasthaus

2. **Beispiel:**   *in der Stadt*   **Wir wohnen hier *in der Stadt*.**
   - a. in der Stadt
   - b. im Dorf
   - c. in dem Dorf
   - d. im Hotel
   - e. in dem Hotel
   - f. in dem Haus

3. **Beispiele:**   *er*   ***Er sieht* die Speisekarte an.**
           wir   ***Wir sehen* die Speisekarte an.**
   - a. er
   - b. wir
   - c. die Studenten
   - d. ich
   - e. die Gäste

4. **Beispiel:**   *oft*   **Der Mann geht *oft* vorbei.**
   - a. oft
   - b. heute morgen
   - c. mittags
   - d. an uns
   - e. am Haus
   - f. an der Schule

5. **Beispiel:**   **Ich gehe ins Gasthaus.**   ***Wir gehen* ins Gasthaus.**
   - a. Ich gehe ins Gasthaus.
   - b. Ich sehe die Speisekarte an.
   - c. Ich gehe am Institut vorbei.
   - d. Ich fahre heute morgen in die Stadt.
   - e. Ich habe die Speisekarte angesehen.
   - f. Ich gehe jetzt in den Garten.

6. **Beispiel:**   *der* Garten   **Er geht in *den* Garten.**
   - a. der Garten
   - b. der Park
   - c. der „Palast"
   - d. der Gasthof
   - e. der „Weltspiegel"

7. **Beispiel:**   *Gasthof*   **Wir gehen oft in den *Gasthof*.**
   - a. Gasthof
   - b. „Weltspiegel"
   - c. Park
   - d. Garten
   - e. „Palast"

8. **Beispiel:**   **Gehen Sie in den Gasthof?**   **Nein, ich gehe nicht in den Gasthof.**
   - a. Gehen Sie in den Gasthof?
   - b. Gehen Sie in den „Weltspiegel"?
   - c. Gehen Sie in den Garten?
   - d. Gehen Sie in den Park?

9. **Beispiel:**   **Wohin gehen Sie heute?   (*Park*)   Ich gehe heute in den Park.**
   - a. Wohin gehen Sie heute?   (Park)
   - b. Wohin geht er oft?   (Gasthof)
   - c. Wohin wollen Sie gehen?   („Palast")
   - d. Wohin möchte Herr Brown gehen?   (Kino)
   - e. Wohin fahren Sie morgen?   (Dorf)
   - f. Wohin geht die Wirtin?   (Garten)

10. **Beispiele:**   *Dorf*   **Ich möchte *ins Dorf* gehen.**
            Garten   **Ich möchte *in den Garten* gehen.**
    - a. Dorf
    - b. Garten
    - c. Gasthof
    - d. Kino
    - e. Kirche
    - f. Schule
    - g. Stadt
    - h. Park
    - i. Gasthaus
    - j. Hotel
    - k. Restaurant
    - l. „Weltspiegel"

11. **Beispiele:**   Ich *bin im* Gasthof.   Ich *gehe in den* Gasthof.
    Ich *bin im* Haus.   Ich *gehe ins* Haus.

a. Ich bin im Gasthof.   d. Ich bin in der Fabrik.
b. Ich bin im Haus.   e. Ich bin im Garten.
c. Ich bin im Wohnzimmer.   f. Ich bin im Hotel.

12. **Beispiele:**   Wo wohnen Sie?   (*Dorf*)   Ich wohne im Dorf.
    Wo essen Sie mittags?   (*Gasthof*)   Ich esse mittags im Gasthof.

a. Wo wohnen Sie?   (Dorf)
b. Wo essen Sie mittags?   (Gasthof)
c. Wo sind Sie jetzt?   (Garten)
d. Wo arbeiten Sie?   (Fabrik)
e. Wo haben Sie den Film gesehen?   („Palast")
f. Wo haben Sie das gelesen?   (Brief)

13. **Beispiel:** Wir gehen *ins* Gasthaus.   Wir gehen *in das* Gasthaus.

a. Wir gehen ins Gasthaus.   d. Sie kommt ins Zimmer.
b. Er fährt ins Dorf.   e. Ich gehe ins Hotel.
c. Ich gehe ins Wirtshaus.   f. Wir gehen ins Restaurant.

14. **Beispiel:**   Er sitzt *im* Garten.   Er sitzt *in dem* Garten.

a. Er sitzt im Garten.   d. Mein Freund arbeitet im Wirtshaus.
b. Wir wohnen im Hotel.   e. Frau Schmidt sitzt im Eßzimmer.
c. Er ist Kellner im Gasthaus.   f. Das Kind spielt im Garten.

15. **Beispiel:**   Wir essen in *dem* Hotel.   Wir essen in *einem* Hotel.

a. Wir essen in dem Hotel.
b. Er arbeitet in dem Zimmer.
c. Das Kind spielt in dem Park.
d. Mein Freund arbeitet in der Möbelfabrik.
e. Er ist Kellner in der Kneipe.
f. Ich wohne im Hotel.

16. **Beispiele:**   Wohin gehen Sie abends?   (*Gasthaus*)   Ich gehe abends in ein
    Gasthaus.
    Wohin geht er jetzt?   (*Fabrik*)   Er geht jetzt in eine Fabrik.

a. Wohin gehen Sie abends?   (Gasthaus)
b. Wohin geht er jetzt?   (Fabrik)
c. Wohin möchten Sie gehen?   (Gasthof)
d. Wo möchten Sie essen?   (Restaurant)
e. Wo arbeitet er?   (Uhrenfabrik)
f. Wohin geht der Professor?   (Klassenzimmer)

WEITERE FRAGEN

1. Spricht man im Wirtshaus über Politik?
2. Geben Sie ein Sammelwort für Speisewirtschaften!
3. Wo spricht man oft über Frauen?
4. Wer geht jahraus, jahrein ins Wirtshaus?
5. Was ist eine Kneipe?
6. Gibt es Bier in der Schenke?
7. Wie heißt der Wirt im Gasthaus „Bach-Lenz"?
8. Wo findet man Freunde und Arbeitskollegen?
9. Was ist „Der Blaue Affe"?

10. Ist eine Kneipe dasselbe wie eine Schenke?
11. Was bestellt man im Gasthaus?
12. Essen Sie gern Sauerbraten und Kartoffelklöße?
13. Wer bringt dem Gast die Speisekarte?
14. Nennen Sie einige Gasthäuser!

SPRECHÜBUNGEN

1. Tell in German where you would be and who might be speaking if you heard the following:
   a. Ja, ja, das Defizit bei der Eisenbahn ist zu groß.
   b. Ich möchte zum Nachtisch Vanilleeis und eine Tasse Kaffee.
   c. Herr Brown, Sie haben die Aufgabe für heute sehr gut gemacht.
   d. Sie sitzt im Wohnzimmer.
   e. Und was bestellt der Herr zu trinken?
2. Pretend that you are a waiter in a German restaurant and that the students sitting on either side of you are customers.   Initiate a conversation so that each of them orders a complete meal.   You may refer to the German menu on page 91.
3. Pretend that you are a landlord or landlady in Schwarzhausen and that the student next to you attends the Institute.   Elicit from him the following information:
   a. where he ate dinner
   b. what he ate for dinner
   c. whether he eats frequently at the inn
   d. whether you can get hamburger steak (*ein deutsches Beefsteak*) at the inn
   e. who the innkeeper is
4. Answer the questions beneath each picture.

a. Wohin geht Herr Neumann?   b. Wohin fährt Frau Schmidt?

c. Wo essen diese Leute?

d. Wohin gehen Fräulein Moreau und
Herr Brown?

e. Wohin geht die Dame?

f. Wo arbeitet die Hausfrau?

g. Wo lernen die Kinder die Aufgaben?

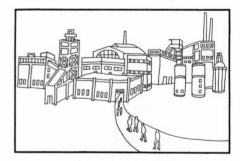

h. Wohin gehen die Arbeiter?

SCHRIFTLICHES

Construct sentences in which the following words are used:
1. Kino, rechtzeitig, kommen 2. Kriegsfilm, „Weltspiegel", spielen 3. möchte, vorher, Kartoffelsuppe 4. Kneipe, sitzen, am selben Tisch, Stammgäste 5. Fabrik, um neun Uhr, gehen, müssen

VERSCHIEDENES

Gasthaus Zum Schwarzen Roß

Schwarzhausen   TELEFON: *Fischbachau 850*

****

SPEISEKARTE

****

SUPPEN

Tagessuppe	DM –,70
Kraftbrühe mit Ei	–,70
Gulaschsuppe	1,50
Ochsenschwanzsuppe	1,50
Schildkrötensuppe	1,60
Gemüsesuppe	–,80
Hühnersuppe mit Reis	1,—

FERTIGE SPEISEN

Forelle blau mit zerl. Butter und Salzkartoffeln	4,50
Kasseler Rippchen mit Sauerkraut und Kartoffeln	3,80
Kalbfleisch mit Butterreis und Salat	4,90
Sauerbraten mit Kartoffelklößen und Rotkohl	4,20
Rehschlegel mit Nudeln und Preiselbeeren	5,80
Kalbskopf gebacken mit Kartoffeln und Salatplatte	3,—
Omelette mit Geflügelleber und Salat	4,80
Rumpsteak mit Spätzle und Salatplatte	5,—
Kalbshirn Wiener Art	4,50
Schweinebraten mit Kartoffelklößen und Salatplatte	3,20
Wiener Schnitzel mit Bratkartoffeln und Salatplatte	4,50

WÜRSTE

Schweinswürste, 2 Paar	1,30
Bratwürste, 2 Paar	1,30
Wiener Würste, 2 Paar	1,20
Weißwürste, 1 Paar	–,90

SALATE

Gurkensalat	–,80
Kartoffelsalat	–,50
Kopfsalat oder Endiviensalat	–,60
Tomatensalat	–,60
Selleriesalat	–,60

EIER- UND MEHLSPEISEN

Schinken mit Ei	1,30
Rühreier mit Schinken	1,50
Spiegeleier	,—90
Pfannkuchen -gefüllt	1,50
Speckpfannkuchen	1,60

Apfelkompott	–,80
Aprikosen	–,90
Pfirsiche	–,90
Mirabellen	–,90
Ananas mit Sahne	1,—

KUCHEN

Schwarzwälder Sahnetorte	1,10
Nußtorte	1,—
Pflaumenkuchen	–,85
Obstkuchen	–,85
Apfelkuchen	–,80

Eis	1,—

zuzüglich 10% Bedienung

Black Horse Inn

Schwarzhausen   TELEPHONE: *Fischbachau 850*

****
MENU
****

SOUPS

Soup of the day . . . . DM	−,70
Consomme with egg	−,70
Goulash soup	1,50
Oxtail soup	1,50
Turtle soup	1,60
Vegetable soup	−,80
Chicken soup with rice	1,—

READY TO SERVE

Blue trout with melted butter and boiled potatoes	4,50
Smoked pork chops with sauerkraut and potatoes	3,80
Veal with buttered rice and salad	4,90
Sauerbraten with potato dumplings and red cabbage	4,20
Leg of venison with noodles and cranberries	5,80
Baked calf's head with potatoes and salad plate	3,—
Omelet with chicken livers and salad	4,80
Rumpsteak with noodles and salad plate	5,—
Calf's brains Viennese style	4,50
Roast pork with potato dumplings and salad plate	3,20
Breaded veal cutlet with fried potatoes and salad plate	4,50

SAUSAGES

Pork sausages	1,30
Fried pork sausages	1,30
Wiener sausages	1,20
White sausages	−,90

SALADS

Cucumber salad	−,80
Potato salad	−,50
Head lettuce or endive salad	−,60
Tomato salad	−,60
Celery root salad	−,60

EGG DISHES AND DESSERTS

Ham and eggs	1,30
Scrambled eggs and ham	1,50
Fried eggs	−,90
Pancake with filling	1,50
Pancake with diced bacon	1,60
Stewed apples	−,80
Apricots	−,90
Peaches	−,90
Mirabelle plums	−,90
Pineapple with cream	1,—

CAKE

Black Forest cream torte	1,10
Nut torte	1,—
Plum cake	−,85
Fruit cake	−,85
Apple cake	−,80
Ice cream	1,—

Additional 10% for service

Ein altes Gasthaus

PHONOLOGIE

l: Fräulein, alle, Land, allein, fleißig, Klassenzimmer
r: Frau, rot, richtig, recht, Rheinwein, Beere, Wurst, Sauerbraten, Forelle,
     Herr, wer, der, Butter, Kinder, Häuser
ng: bringen, Finger, singen, lang, länger, anfangen

GRAMMATIK

A. PERSONAL PRONOUNS

You have now seen the personal pronouns in the nominative case (used for the subject and the predicate nominative) and the accusative case (used for the direct object). You have also seen pronouns in the dative case (used as the indirect object). The personal pronouns in the three cases are:

SINGULAR	NOMINATIVE	ACCUSATIVE	DATIVE
FIRST PERSON	ich	mich	mir
SECOND PERSON	Sie	Sie	Ihnen
THIRD PERSON	er	ihn	ihm
	sie	sie	ihr
	es	es	ihm
PLURAL			
FIRST PERSON	wir	uns	uns
SECOND PERSON	Sie	Sie	Ihnen
THIRD PERSON	sie	sie	ihnen

Er ist **Student.**
(*subject*)   (*predicate nominative*)

Das ist **er.**
(*subject*)   (*predicate nominative*)

Er kann **es** lesen.
(*subject*)   (*direct object*)

Die Wirtin gibt **ihm** gute Ratschläge.
(*indirect object*)

B. MODAL AUXILIARY VERBS

The modal auxiliary verbs are usually accompanied by the infinitive of another verb. They have a special conjugation in the present tense, with only one conjugational form for the first and third person singular, another for the second person and the plural. The verb **wissen** is not a modal, but has the same conjugation as the modals.

MÜSSEN   *to have to, must*

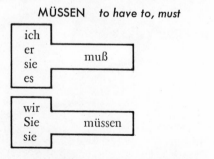

KÖNNEN   *to be able to, can*

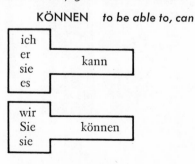

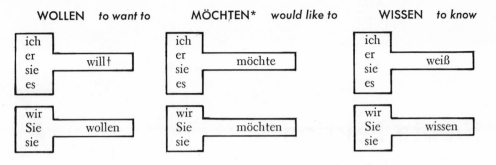

WOLLEN *to want to*	MÖCHTEN* *would like to*	WISSEN *to know*

C. THE DATIVE CASE

Indirect objects are in the dative case.   The articles in the dative case are:

	SINGULAR			PLURAL
	MASCULINE	FEMININE	NEUTER	ALL GENDERS
DEFINITE ARTICLE	dem	der	dem	den
INDEFINITE ARTICLE	einem	einer	einem	—

D. THE PREPOSITION **IN**

The object of the preposition **in** may be either dative or accusative.   The accusative case is required when the verb denotes motion toward a goal; otherwise the dative case is used.

MOTION (accusative)	NO MOTION (dative)
Sie **geht ins Haus.**	Sie **ist** jetzt **im Haus.**
Ich **fahre** heute **in die Stadt.**	Wir **wohnen in der Stadt.**

E. VERBS WITH SEPARABLE PREFIXES

A separable (stressed) prefix of a German verb is usually detached from the conjugated part of the verb and placed at the end of the clause.   In the formation of the past participle and the infinitive of such verbs, the prefix is attached.

Der Gastwirt **bietet** dem Gast eine große Auswahl von Gerichten **an.**
Ich kann ihm eine große Auswahl **anbieten.**
Er hat mir alles **angeboten.**
Ich **gehe** an ihm **vorbei.**
Kommen Sie bei uns **vorbei?**
Ich möchte heute abend bei Ihnen **vorbeikommen.**
Wir möchten die Landkarte **ansehen.**
Er hat den Brief **angesehen.**

---

* **Möchte** and **möchten,** unlike the other modal auxiliary verb forms given here, are in the past subjunctive; however, their usage is similar to the present indicative of the modal verbs.
† German **will** is in the present tense and is not the future auxiliary as "will" is in English.

Siebte Lektion

Grammatische Ziele:
    Possessivattribute im Nominativ, Dativ und Akkusativ

EINFÜHRENDE BEISPIELE

Anschauungsmaterial:
    ein Buch
    eine Uhr
    zwei Bleistifte
    ein Kugelschreiber

1. Hier ist ein Buch.
    Es ist mein Buch.
    Da ist Ihr Buch.
    Ist das mein Buch?
        Ja, das ist Ihr Buch.

2. Hier sitzt Herr _____.
    Das ist sein Buch.
    Ist das sein Buch?
        Ja, das ist sein Buch.

3. Herr _____, da ist Ihre Uhr.
    Hier ist meine Uhr.
    Ist das meine Uhr?
        Ja, das ist Ihre Uhr.

4. Hier ist mein Bleistift.
    Herr _____, das ist Ihr Bleistift.
    Ist das Ihr Bleistift?
        Ja, das ist mein Bleistift.
    Ist das mein Bleistift oder sein Bleistift?
        Das ist Ihr Bleistift.

5. Meine Bleistifte sind auf dem Tisch.
    Ich weiß nicht, wo Ihre Bleistifte sind.
    Wo sind meine Bleistifte?
            Ihre Bleistifte sind auf dem Tisch.

6. Ich habe einen Kugelschreiber.
    Ich gebe Fräulein _____ meinen Kugelschreiber.
    Wer hat jetzt meinen Kugelschreiber?
            Fräulein _____ hat jetzt Ihren Kugelschreiber.

7. Meine Frau und ich haben einen Wagen.
    Unser Wagen ist blau.
    Ist unser Wagen grün oder blau?
            Ihr Wagen ist blau.

8. Fräulein _____ hat ein Buch und eine Uhr.
    Sie hat auch einen Bleistift.
    Das ist ihr Buch, ihre Uhr und ihr Bleistift.
    Ist das mein Bleistift oder ihr Bleistift?
            Das ist ihr Bleistift.
    Ist das ihre Uhr?
            Ja, das ist ihre Uhr.

9. Herr und Frau Schmidt haben einen Sohn und eine Tochter.
    Ihre Tochter heißt Ursula.
    Wie heißt ihre Tochter?
            Ihre Tochter heißt Ursula.
    Ihr Sohn arbeitet fleißig.
    Wer arbeitet fleißig?
            Ihr Sohn arbeitet fleißig.

10. Das ist sein Bleistift.
    Wessen Bleistift ist das?
            Das ist sein Bleistift.

11. Hans Neumann fährt mit seinen Eltern nach München.
    Mit wem fährt er nach München?
            Er fährt mit seinen Eltern nach München.
    Fährt er mit seinem Vater nach München?
            Ja, er fährt mit seinem Vater nach München.
    Wohin fährt er mit seiner Mutter?
            Er fährt mit seiner Mutter nach München.

ÜBUNGEN

1. **Beispiel:**   *mein*   Das ist *mein* Buch.
   - a. mein
   - b. sein
   - c. unser
   - d. ihr (*her*)
   - e. ein

2. **Beispiel:**   *sein*   Hier ist *sein* Wagen.
   - a. sein
   - b. unser
   - c. ihr (*their*)
   - d. mein
   - e. Ihr

3. **Beispiel:**   *Ihre*   Wo ist denn *Ihre* Uhr?
   - a. Ihre
   - b. seine
   - c. ihre (*her*)
   - d. unsere
   - e. meine

4. **Beispiel:**   *Wagen*   Mein *Wagen* ist nicht da.
   - a. Wagen
   - b. Bleistift
   - c. Nachbar
   - d. Buch
   - e. Freund

5. **Beispiele:**   *Freund*   Wo ist *unser Freund?*
                     Aufgabe   Wo ist *unsere Aufgabe?*
   - a. Freund
   - b. Aufgabe
   - c. Wagen
   - d. Wirtin
   - e. Buch

6. **Beispiel:**   *meinen*   Ich habe *meinen* Bleistift gefunden.
   - a. meinen
   - b. einen
   - c. unseren
   - d. Ihren
   - e. seinen

7. **Beispiel:**   *unsere*   Haben Sie *unsere* Uhr gesehen?
   - a. unsere
   - b. meine
   - c. seine
   - d. ihre (*her*)
   - e. Ihre

8. **Beispiel:**   *meinen*   Ich finde *meinen* Wagen nicht.
   - a. meinen
   - b. unseren
   - c. ihren (*her*)
   - d. ihren (*their*)
   - e. seinen

9. **Beispiele:**   *Uhr*   *Seine Uhr* liegt auf dem Tisch.
                     Bleistift   *Sein Bleistift* liegt auf dem Tisch.
   - a. Uhr
   - b. Bleistift
   - c. Buch
   - d. Aufgabe
   - e. Geld

10. **Beispiel:**   *Kugelschreiber*   Ich kann *meinen Kugelschreiber* nicht finden.
   - a. Kugelschreiber
   - b. Buch
   - c. Freund
   - d. Wagen
   - e. Landkarte

11. **Beispiel:**   *Mutter*   Ich kenne *Ihre Mutter* nicht.
   - a. Mutter
   - b. Freund
   - c. Wirtin
   - d. Freundin
   - e. Professor

12. **Beispiel:**   *Ein* Wagen steht vor dem Haus.   *Sein* Wagen steht vor dem Haus.
   a. Ein Wagen steht vor dem Haus.   d. Eine Frau geht an uns vorbei.
   b. Ein Brief liegt auf dem Tisch.   e. Ein Kind spielt auf der Straße.
   c. Ein Hotel steht in der Blumenstraße.

13. **Beispiel:**   Ich habe *eine* Uhr gefunden.   Ich habe *meine* Uhr gefunden.
   a. Ich habe eine Uhr gefunden.
   b. Ich habe heute ein Buch gelesen.
   c. Ich schreibe jetzt eine Übung.
   d. Ich habe gestern einen Freund gesehen.
   e. Ich habe einen Stuhl in die Küche getragen.

14. **Beispiel:**   Wir haben *einen* Freund in Köln   Wir haben *unseren* Freund in
      besucht.   Köln besucht.
   a. Wir haben einen Freund in Köln besucht.
   b. Wir haben ein Hotel in der Gartenstraße gefunden.
   c. Wir haben einen Kellner im Gasthaus gefragt.
   d. Wir müssen heute abend in ein Hotel gehen.
   e. Wir wollen jetzt eine Aufgabe lesen.

15. **Beispiel:**   Ich habe gestern *einen* Brief bekommen.   Ich habe gestern *Ihren*
                                            Brief bekommen.
   a. Ich habe gestern einen Brief bekommen.
   b. Eine Frau geht eben ins Haus.
   c. Ein Kind spielt vor dem Haus.
   d. Wir haben am Sonntag einen Freund besucht.
   e. Er möchte heute abend eine Übung lesen.

16. **Beispiel:**   Haben Sie Ihr Buch gefunden?   Ja, ich habe mein Buch gefunden.
   a. Haben Sie Ihr Buch gefunden?
   b. Kennen Sie meinen Professor?
   c. Heißt seine Wirtin Schmidt?
   d. Verstehen Sie unsere Aufgabe für morgen?
   e. Ist das Ihr Wagen vor dem Haus?
   f. Hat er seinen Wagen gefahren (*driven*)?
   g. Haben Sie seinen Brief bekommen?
   h. Hat sie ihr Deutschbuch vergessen?
   i. Haben diese Gäste ihren Kaffee getrunken?
   j. Wissen Sie, wo unser Freund ist?

17. **Beispiel:**   Haben Sie meine Landkarte gesehen?   Nein, ich habe Ihre Land-
                                            karte nicht gesehen.
   a. Haben Sie meine Landkarte gesehen?
   b. Steht Ihr Haus in der Blumenstraße?
   c. Sind Ihre Nachbarn zu Hause?
   d. Kennen Sie unseren Professor?
   e. Hat er unseren Wagen gefunden?
   f. Wissen Sie, wie seine Wirtin heißt?
   g. Hat sie ihren Bleistift gefunden?

18. **Beispiel:**   Er vergißt *das* Buch.   Er vergißt *sein* Buch.
   a. Er vergißt das Buch.   d. Er vergißt den Brief.
   b. Er vergißt den Bleistift.   e. Er vergißt die Übungen.
   c. Er vergißt die Deutschaufgabe.   f. Er vergißt die Bücher.

19. Beispiel: Ich habe *den* Nachbar nicht verstanden.   Ich habe *unseren* Nachbar
nicht verstanden.

    a. Ich habe den Nachbar nicht verstanden.
    b. Ich habe die Wirtin nicht verstanden.
    c. Ich habe den Wirt nicht verstanden.
    d. Ich habe die Aufgabe nicht verstanden.
    e. Ich habe die Übungen nicht verstanden.
    f. Ich habe den Kellner nicht verstanden.

20. Beispiel: Was will er jetzt lesen?   (*seine Aufgabe*)   Er will jetzt seine Aufgabe lesen.

    a. Was will er jetzt lesen?   (seine Aufgabe)
    b. Was will sie jetzt lesen?   (ihre Aufgabe)
    c. Was wollen Sie jetzt lesen?   (mein Buch)
    d. Was wollen wir jetzt lesen?   (unsere Bücher)
    e. Was wollen die Studenten jetzt lesen?   (ihre Briefe)

21. Beispiele: Er fährt *den* Wagen.   Er fährt *seinen* Wagen.
             Ich fahre *den* Wagen.   Ich fahre *meinen* Wagen.

    a. Er fährt den Wagen.   d. Sie fährt den Wagen.
    b. Ich fahre den Wagen.   e. Der Student fährt den Wagen.
    c. Wir fahren den Wagen.

22. Beispiele: Er hat *den* Freund gesehen.   Er hat *seinen* Freund gesehen.
             Wir haben *die* Eltern gesehen.   Wir haben *unsere* Eltern gesehen.

    a. Er hat den Freund gesehen.   d. Ich habe die Nachbarin gesehen.
    b. Wir haben die Eltern gesehen.   e. Die Wirtin hat die Freundin gesehen.
    c. Sie hat den Brief gesehen.   f. Sie haben den Briefträger gesehen.

FRAGEN

    1. Was haben Sie eben gefunden?
    2. Was möchten Sie jetzt essen?
    3. Gehen Sie oft ins Gasthaus?
    4. Ist Ihre Wirtin nett?
    5. Lernen Sie gern Deutsch?
    6. Was haben Sie in der Hand?
    7. Haben Sie einen Brief oder eine Postkarte bekommen?
    8. Haben Sie meinen Volkswagen gesehen?
    9. Essen Sie gern Sauerbraten und Kartoffelklöße?
10. Kennen Sie meine Nachbarn?
11. Wessen Haus ist das?
12. Steht Ihr Wagen vor seinem Haus?
13. Was müssen Sie heute abend lesen?
14. Was lesen Sie gern?
15. Was haben Sie heute morgen geschrieben?
16. Wessen Postkarte ist das?

DIALOG: Was gibt es in München zu sehen?

JONES   Was haben Sie denn heute abend gemacht?

BROWN   Ich habe meine Deutschaufgabe gelernt.   Unsere Schularbeit wird wirklich schwer.

JONES   Ja, sie nimmt viel Zeit in Anspruch.   Haben Sie sie ganz allein gemacht?

BROWN   Nicht ganz allein . . . Meine Freundin hat mir ein bißchen geholfen.

JONES   Ihre Freundin??

BROWN   Ja, Annette Moreau.

JONES   Ach so!   Wie nett!   Sie ist Französin, nicht wahr?

BROWN   Ja, Pariserin.

JONES   Hm . . . Pariserinnen sind doch alle sehr scharmant.

BROWN   Das kann wohl sein.

JONES   Übrigens, ich fahre morgen nach München.   Möchten Sie mitkommen?

BROWN   Was gibt's* denn in München zu sehen?

JONES   Oh, das Deutsche Museum, die Frauenkirche, das Hofbräuhaus.   Pedro Segovia fährt auch mit, denn er will dort seinen Vetter besuchen.

BROWN   Wann kommen Sie zurück?   Samstag oder Sonntag?

JONES   Am Sonntag.

BROWN   Womit fahren Sie?   Mit dem Zug oder mit Ihrem Wagen?

JONES   Mit dem D-Zug.   Mein Wagen muß in die Reparatur.   Packen Sie Ihre Zahnbürste ein und kommen Sie doch mit!

BROWN   Danke, aber leider habe ich keine Zeit.   Fräulein Moreau . . . ich meine, ich muß dieses Wochenende mein Lehrbuch durcharbeiten.

* In colloquial speech es is often contracted.   An apostrophe indicates that a letter is omitted.

München:
Das Hofbräuhaus

What Is There to See in Munich?

JONES What did you do tonight?

BROWN I studied my German lesson. Our school work is really getting hard.

JONES Yes, it takes a lot of time. Did you do it all alone?

BROWN Not *all* alone... My girl friend helped me a little.

JONES Your girl friend??

BROWN Yes, Annette Moreau.

JONES Oh! How nice! She's French, isn't she?

BROWN Yes, Parisian.

JONES Hm... girls from Paris are all very charming.

BROWN That may well be.

JONES By the way, I'm going to Munich tomorrow. Would you like to come along?

BROWN What is there to see in Munich?

JONES Oh, the German Museum, the Church of Our Lady, the *Hofbräuhaus*. Pedro Segovia is going too, because he wants to visit his cousin there.

BROWN When are you coming back? Saturday or Sunday?

JONES On Sunday.

BROWN How are you going? By train or in your car?

JONES By express train. My car needs repairs. Pack your toothbrush and do come along!

BROWN Thanks, but unfortunately I have no time. Miss Moreau... I mean, *I* have to review my textbook this weekend.

FRAGEN ÜBER DEN DIALOG

1. Hat Herr Brown seine Deutschaufgabe gelernt?
2. Hat er sie gestern abend oder heute abend gelernt?
3. Hat er seine Schularbeit ganz allein gemacht?
4. Wer ist Pariserin?
5. Woher kommt Fräulein Moreau?
6. Was nimmt viel Zeit in Anspruch?
7. Was wird schwer?
8. Wer findet alle Pariserinnen sehr scharmant?
9. Wer fährt nach München?
10. Wann fährt Herr Jones zurück?
11. Wer fährt mit?
12. Fährt Herr Brown auch mit?
13. Fährt Herr Jones mit dem Zug oder mit seinem Wagen?
14. Was muß in die Reparatur?
15. Kommen Herr Segovia und Herr Jones am Samstag zurück?
16. Gibt es in München viel zu sehen?
17. Was kann man in München sehen?
18. Wo ist die Frauenkirche?

LESESTÜCK: Was machen Sie am Wochenende?

Fräulein Moreau sitzt allein im Wohnzimmer. Auf dem Kaffeetisch liegt ihr Deutschbuch, aber sie liest es nicht. Sie denkt an ihren Freund,[1] Robert Brown. Dann kommen Herr und Frau Schmidt ins Zimmer. Sie haben im „Weltspiegel" einen Film gesehen. Herr Schmidt muß früh aufstehen, denn er muß morgen um sieben Uhr in sein Geschäft[2] gehen. Er sagt: „Gute Nacht, schlafen Sie wohl!"[3] und geht zu Bett. Seine Frau bleibt im Wohnzimmer, denn sie will noch mit Fräulein Moreau sprechen.

Frau Schmidt ist sehr neugierig[4] und fragt: „Nun, wie gefällt Ihnen Herr Brown?[5] Ist er nett? Versteht er Deutsch? Arbeitet er fleißig? Ist er reich?[6] Hat er einen Cadillac? Hat er Sie gern?"[7]

Das Mädchen lacht über ihre freundliche Neugierde[8] und antwortet: „Ja, er ist nett; ich glaube,[9] er versteht schon ziemlich gut Deutsch. Er ist intelligent, und ich weiß, er arbeitet gern hier. Vielleicht ist er reich—vielleicht auch nicht. Ich habe ihn noch nicht gefragt. Wenigstens[10] hat er hier keinen Wagen. Hat er mich gern? Das weiß ich auch noch nicht...."

[1] **sie denkt an ihren Freund** she is thinking of her friend
[2] **das Geschäft** store, business establishment
[3] **Schlafen Sie wohl!** Sleep well!   [4] **neugierig** inquisitive
[5] **Nun, wie gefällt Ihnen Herr Brown?** Well, how do you like Mr. Brown?   [6] **reich** rich
[7] **Hat er Sie gern?** Does he like you?
[8] **das Mädchen lacht über ihre freundliche Neugierde** the girl laughs at her friendly curiosity
[9] **ich glaube** I believe   [10] **wenigstens** at least

„Sehen Sie Ihren Freund am Wochenende wieder?" will Frau Schmidt wissen.
„Nein, ich glaube nicht", antwortet Fräulein Moreau.   „Am Freitagnachmittag[11] will
ich nach Salzburg fahren.   Die Festspiele haben gestern dort angefangen."[12]

„Fahren Sie allein hin?" fragt die Frau.   „Nein, Inge Jensen fährt mit.   Am
Freitagabend[13] gehen wir in die Oper.[14]   Wir hören ‚Die Hochzeit des Figaro'.[15]   Wir
beide lieben Mozarts Musik.[16]   Am Samstag sehen wir uns die Stadt an,[17] denn wir
kennen sie nicht.   Wir wollen so viel wie möglich[18] sehen."

„Salzburg ist nicht nur schön, es ist auch eine Kunststadt",[19] unterbricht Frau
Schmidt.

„Das habe ich oft gehört", antwortet die Französin.   „Am Samstagabend gehen
wir ins Konzert,[20] und am Sonntagabend sehen wir ‚Jedermann', ein Drama von Hugo
von Hofmannsthal.[21]   Die Aufführung findet im Freien vor dem Dom statt."[22]

„Herrlich", bemerkt Frau Schmidt,[23] „und wann fahren Sie zurück?"

„Erst am Montagmorgen,[24] denn nächsten Montag[25] haben wir keinen Unterricht.
Erst am Dienstag[26] fängt unsere Arbeit wieder an."[27]

Sie reden noch lange zusammen,[28] aber schließlich werden sie beide müde.[29] Fräulein Moreau sagt zu ihrer Wirtin: „Gute Nacht, schlafen Sie wohl", gibt ihr die
Hand[30] und geht auf ihr Zimmer.[31]

---

[11] **am Freitagnachmittag** on Friday afternoon
[12] **die Festspiele haben angefangen** the festival plays began   [13] **am Freitagabend** on Friday evening
[14] **in die Oper** to the opera
[15] **„Die Hochzeit des Figaro"** *The Marriage of Figaro* (opera by Wolfgang Amadeus Mozart, 1756–
1791)   [16] **wir beide lieben Mozarts Musik** we both love Mozart's music
[17] **wir sehen uns die Stadt an** we are going to see the city (i.e. go sightseeing)
[18] **so viel wie möglich** as much as possible
[19] **die Kunststadt** city of art (i.e. city in which the arts are fostered)
[20] **ins Konzert** to the concert
[21] **„Jedermann", ein Drama von Hugo von Hofmannsthal** *Everyman*, a drama by Hugo von Hofmannsthal (1874–1929)
[22] **die Aufführung findet im Freien vor dem Dom statt** the performance takes place in the open in
front of the cathedral   [23] **„Herrlich", bemerkt Frau Schmidt** "Fine," observes Mrs. Schmidt
[24] **erst am Montagmorgen** not until Monday morning   [25] **nächsten Montag** next Monday
[26] **am Dienstag** on Tuesday   [27] **unsere Arbeit fängt an** our work begins
[28] **sie reden noch lange zusammen** they continue to talk for a long time
[29] **schließlich werden sie beide müde** finally they both become tired
[30] **Fräulein Moreau gibt ihr die Hand** Miss Moreau shakes hands with her (Handshaking is much
more prevalent in Germany than in the United States.   In many families each member shakes hands
with the others in the morning and before going to bed.)   [31] **auf ihr Zimmer** to her room

München: Im Hofbräuhaus-Garten

Weitere Übungen   105

*der geburtsport für
mozart – Salzburg.*

WEITERE ÜBUNGEN

1. **Beispiele:**   *Freund*   *Sein Freund* sitzt allein im Wohnzimmer.
   Wirtin   *Seine Wirtin* sitzt allein im Wohnzimmer.
   a. Freund   d. Mutter
   b. Wirtin   e. Gast
   c. Freundin

2. **Beispiel:**   *Wirtin*   Wir sehen morgen *unsere Wirtin.*
   a. Wirtin   d. Kellner
   b. Mutter   e. Freund
   c. Professor

3. **Beispiel:**   *Zug*   Er fährt heute mit dem *Zug.*
   a. Zug   d. D-Zug
   b. Wagen   e. Professor
   c. Freund

4. **Beispiel:** *Vater*   **Ich fahre heute mit meinem *Vater*.**
   a. Vater
   b. Freund
   c. Wagen
   d. Gast
   e. Wirt

5. **Beispiel:** *Frau*   **Er spricht mit seiner *Frau*.**
   a. Frau
   b. Mutter
   c. Wirtin
   d. Freundin
   e. Nachbarin

6. **Beispiel:** *Eltern*   **Ihre *Eltern* sind noch da.**
   a. Eltern
   b. Bücher
   c. Nachbarn
   d. Freunde
   e. Gäste

7. **Beispiel:** *Freunde*   **Heute haben wir Ihre *Freunde* gesehen.**
   a. Freunde
   b. Nachbarn
   c. Eltern
   d. Freundinnen
   e. Gäste

8. **Beispiel:** *Sein Buch liegt* **auf dem Tisch.**   *Seine Bücher liegen* **auf dem Tisch.**
   a. Sein Buch liegt auf dem Tisch.
   b. Sein Freund hat ihn besucht.
   c. Sein Haus steht in der Gartenstraße.
   d. Sein Gast bleibt zwei Tage hier.
   e. Seine Übung ist kurz.
   f. Sein Nachbar ist sehr freundlich.

9. **Beispiel:** **Ich habe *seinen Brief* gelesen.**   **Ich habe *seine Briefe* gelesen.**
   a. Ich habe seinen Brief gelesen.
   b. Sie hat ihr Buch gefunden.
   c. Ich muß meine Aufgabe schreiben.
   d. Er kennt meinen Freund.
   e. Wir haben unsere Übung schon gemacht.
   f. Sie hat unseren Brief gelesen.
   g. Wir haben seinen Freund besucht.

10. **Beispiel:** **Eben kommt *ein* Kellner.**   **Eben kommt *unser* Kellner.**
    a. Eben kommt ein Kellner.
    b. Ich habe einen Volkswagen gefahren.
    c. Er arbeitet in einem Geschäft.
    d. Hier ist ein Brief von zu Hause.
    e. Wir haben eine Übung für morgen geschrieben.
    f. Er hat bei einem Freund gewohnt.
    g. Sie hat gestern eine Postkarte bekommen.
    h. Ich habe eben mit einem Professor gesprochen.

11. **Beispiel:** **Wir haben *einen* Vetter besucht.**   **Wir haben *seinen* Vetter besucht.**
    a. Wir haben einen Vetter besucht.
    b. Ich fahre heute mit einem Freund nach Berlin.
    c. Er muß eine Aufgabe durcharbeiten.
    d. Er hat ein Bier getrunken.
    e. Ich arbeite in einer Fabrik.
    f. Wir wollen einen Freund besuchen.

12. **Beispiel:** **Sie haben *einen* Brief bekommen.**   **Sie haben *meinen* Brief bekommen.**
    a. Sie haben einen Brief bekommen.
    b. Er will in einer Möbelfabrik arbeiten.
    c. Ich gehe mit einem Freund ins Kino.
    d. Sie hat einen Freund aus München getroffen.
    e. Ein Bleistift liegt auf dem Tisch.
    f. Er weiß, wo ein Hotel zu finden ist.

13. **Beispiele:**   Sie hat *ein* Buch gefunden.   Sie hat *ihr* Buch gefunden.

   Ich habe *eine* Aufgabe geschrieben.   Ich habe *meine* Aufgabe geschrieben.

    a. Sie hat ein Buch gefunden.
    b. Ich habe eine Aufgabe geschrieben.
    c. Ich packe eine Zahnbürste ein und komme mit.
    d. Er hat einen Freund in München getroffen.
    e. Er wohnt auf einem Bauernhof.
    f. Wir warten auf einen Kellner.

14. **Beispiel:**   *am Samstag*   **Wir kommen *am Samstag* zurück.**

    a. am Samstag   d. am Wochenende
    b. am Sonntag   e. am Montagmorgen
    c. am Dienstagabend   f. am Freitag

15. **Beispiel:**   *am Montag*   **Am Montag fahre ich nach Hause.**

    a. am Montag   d. am Freitag
    b. am Montagmorgen   e. am Sonntagmorgen
    c. am Dienstagnachmittag

16. **Beispiel:**   *in die Stadt*   **Heute fährt er *in die Stadt*.**

    a. in die Stadt   d. mit dem D-Zug
    b. in das Dorf   e. mit meinem Wagen
    c. mit seinem Wagen

17. **Beispiel:**   **Verstehen Sie *den Kellner*?**   **Nein, ich verstehe *ihn* nicht.**

    a. Verstehen Sie den Kellner?
    b. Haben Sie die Studenten gehört?
    c. Hat er Herrn Professor Schönfeld verstanden?
    d. Haben Sie meinen Bleistift gefunden?
    e. Hat sie ihr Buch gelesen?
    f. Haben Sie seine Bücher gelesen?
    g. Haben Sie den Brief bekommen?
    h. Hat er meine Postkarte bekommen?

18. **Hören Sie zu und beantworten Sie dann die Fragen!**

    a. Er will um neun Uhr seine Arbeit beginnen.
        (1) Was will er beginnen?
        (2) Wann will er seine Arbeit beginnen?
        (3) Um wieviel Uhr will er sie beginnen?
    b. Das Mädchen ist wirklich scharmant und spricht auch gut Deutsch.
        (1) Wer ist scharmant?
        (2) Wie spricht sie Deutsch?
    c. Am Freitag fährt Herr Jones mit dem Zug nach München.
        (1) Womit fährt Herr Jones nach München?
        (2) Wann fährt er hin?
        (3) Wohin fährt er?
    d. Leider hat Herr Brown keine Zeit, denn er muß seine Deutschaufgabe durcharbeiten.
        (1) Was muß Herr Brown durcharbeiten?
        (2) Hat er viel Zeit?
    e. Am Samstagmorgen gehen wir ins Museum und am Abend in die Oper.
        (1) Wann gehen wir ins Museum?
        (2) Wohin gehen wir am Abend?
        (3) Wann gehen wir in die Oper?
        (4) Wohin gehen wir am Samstagmorgen?

WEITERE FRAGEN

1. Sitzt Fräulein Moreau in der Küche oder im Wohnzimmer?
2. Denkt sie an einen jungen Amerikaner?
3. Wer muß früh aufstehen?
4. Was fragt Frau Schmidt?

München: Die Frauenkirche

5. Wie findet Herr Brown Deutsch?
6. Wohin fährt Fräulein Moreau am Wochenende?
7. Wann kommt sie zurück?
8. Kennt sie schon die Stadt?
9. Wann haben die Studenten keinen Unterricht?
10. Wie heißt das Drama von Hugo von Hofmannsthal?
11. Wie heißt die Oper von Mozart?
12. Wann beginnt die Arbeit wieder?

SPRECHÜBUNGEN

1. Give appropriate responses to the following statements:
    a. Ich muß früh aufstehen.
    b. Wir fahren mit seinem Wagen hin.
    c. Kommen Sie doch mit!
    d. Ich finde alle Pariserinnen sehr scharmant.
    e. Alle Amerikaner sind reich und fahren einen Cadillac.
    f. Er hat einen Vetter in München.
    g. Ich verstehe alles im Deutschunterricht.
    h. Ich finde Deutsch sehr leicht.
2. Elicit the following information from the student next to you:
    a. that he saw a movie last night
    b. the name of the movie theater
    c. at what time he must get up tomorrow
    d. whether he drives a Cadillac
    e. whether he is going to the concert tonight
3. Inform the class of the following:
    a. what kind of city Salzburg is
    b. what *Everyman* is
    c. what composer you like
    d. that you would like to visit Salzburg
    e. what kind of churches Salzburg has
    f. what began yesterday in Salzburg
    g. where *Everyman* is performed
    h. that you want to see as much as possible in Salzburg
4. Student Dialogue I
    a. Would you like to go to the concert this evening?
    b. Yes, but unfortunately I have no time.
    a. Oh, perhaps we can go tomorrow evening.
    b. Fine.   I have to review my lesson this evening.
5. Student Dialogue II
    c. Are you going to Salzburg tomorrow?
    d. Yes.   Would you like to come along?
    c. I would like to but I can't.   I'm going with the Neumann family to Munich.
    d. When are you coming back?
    c. I don't know yet, perhaps on Sunday.

SCHRIFTLICHES

Construct sentences in which the following expressions are used:

1. „Weltspiegel", sehen, Filme   2. Eßzimmer, allein, sitzen   3. Wagen, wenigstens,
kein   4. am Wochenende, nach Salzburg   5. Aufführung, Dom, im Freien

VERSCHIEDENES

DIE JAHRESZEITEN

Frühling	Herbst
Sommer	Winter

DIE MONATE

Januar	Juli
Februar	August
März	September
April	Oktober
Mai	November
Juni	Dezember

DIE TAGE DER WOCHE

Sonntag	Donnerstag
Montag	Freitag
Dienstag	Samstag (auch Sonnabend)
Mittwoch	

Alle Jahreszeiten, Monate und Tage der Woche sind maskulin.

ANDERE ZEITSUBSTANTIVE

das Jahrhundert	der Tag
das Jahrzehnt	die Stunde
das Jahr	die Minute
der Monat	die Sekunde
die Woche	

PHONOLOGIE

sch: Schule, schon, schön, Schenke, Scheck, Schein, Tisch, verschieden, beschäftigt, Wirtschaft

st: Bleistift, Student, studieren, stark, bestellen, Stück, Frühstück, Stadt

st: Durst, fast, Gast, Gaststätte, liest, erst, Palast, weist, Herbst

sp: spät, später, sprechen, Speisekarte, Spanien, Sprache, spielen, gesprochen, Weltspiegel

Achte Lektion

8

Grammatische Ziele:
Kein
Zweitstellung des Verbs

EINFÜHRENDE BEISPIELE

1. Mein Buch ist zu Hause.
Es ist nicht hier.
Ich habe mein Buch vergessen.
Ich habe hier kein Buch.
Habe ich hier ein Buch?
> Nein, Sie haben hier kein Buch.

2. Am Montag haben wir Unterricht.
Am Sonntag gehen wir nicht zur Schule.
Am Sonntag haben wir keinen Unterricht.
Haben wir am Sonntag Unterricht?
> Nein, am Sonntag haben wir keinen Unterricht.

Wann haben wir keinen Unterricht?
> Am Sonntag haben wir keinen Unterricht.

3. Ist das ein Bleistift?
> Nein, das ist kein Bleistift.

4. Ist das eine Landkarte?
> Nein, das ist keine Landkarte.

5. Ist das eine Uhr?
> Nein, das ist keine Uhr.

6. Herr＿＿＿＿ hat keine Uhr.
    Wer hat keine Uhr?
        Herr＿＿＿＿ hat keine Uhr.

7. Um neun Uhr gehe ich in die Schule.
    Wann gehen Sie in die Schule?
        Um neun Uhr gehe ich auch in die Schule.

8. Morgen haben wir keinen Unterricht.
    Wann haben wir keinen Unterricht?
        Morgen haben wir keinen Unterricht.

9. Heute morgen habe ich mein Buch vergessen.
    Wann habe ich mein Buch vergessen?
        Heute morgen haben Sie Ihr Buch vergessen.

10. Jetzt verstehen Sie die Aufgabe, nicht wahr?
        Ja, jetzt verstehe ich die Aufgabe.

ÜBUNGEN

1. **Beispiel:** *kein*   **Ich habe *kein* Buch gefunden.**
    a. kein   d. kein
    b. mein   e. ihr (*her*)
    c. unser
2. **Beispiel:** *eine*   **Das ist *eine* Uhr.**
    a. eine   d. seine
    b. unsere   e. keine
    c. keine
3. **Beispiel:** *die*   **Ich habe *die* Aufgabe gelernt.**
    a. die   d. unsere
    b. keine   e. keine
    c. meine
4. **Beispiel:** *keinen*   **Dort habe ich *keinen* Wagen gesehen.**
    a. keinen   d. unseren
    b. einen   e. keinen
    c. Ihren
5. **Beispiel:** *kein*   **Am Sonntag ist *kein* Geschäft offen.**
    a. kein   d. kein
    b. sein   e. ihr (*her*)
    c. mein
6. **Beispiel:** *viele*   **Wir kennen *viele* Leute aus Berlin.**
    a. viele   d. einige
    b. die   e. keine
    c. keine

7. **Beispiel:** *Zeit*   Heute habe ich keine *Zeit.*

   a. Zeit
            d. Schularbeit
   b. Aufgabe
      e. Übung
   c. Arbeit

8. **Beispiel:** Ich habe *eine* Uhr.   Ich habe *keine* Uhr.

   a. Ich habe eine Uhr.
     f. Er hat einen Brief bekommen.
   b. Wir haben einen Wagen.
   g. Ich habe einen Tisch im Zimmer.
   c. Ich habe ein Buch gelesen.
   h. Ein Geschäft ist heute offen.
   d. Er hat eine Postkarte geschrieben.
   i. Das ist eine Kirche.
   e. Wir haben einen Freund besucht.
   j. Ich möchte einen Film sehen.

9. **Beispiel:** Er fährt *heute* nach München. (*heute*)   *Heute* fährt er nach München.

   a. Er fährt heute nach München. (heute)
   b. Wir haben morgen keine Aufgabe. (morgen)
   c. Ich gehe heute abend in die Oper. (heute abend)
   d. Meine Freunde haben gestern einen Film gesehen. (gestern)
   e. Er geht um acht Uhr nach Hause. (um acht Uhr)
   f. Wir fahren am Donnerstag nach Salzburg. (am Donnerstag)
   g. Es gibt heute mittag Wiener Schnitzel. (heute mittag)
   h. Wir fahren im April nach Deutschland. (im April)
   i. Ich gehe von jetzt an in die Schule. (von jetzt an)
   j. Er hat dann die Arbeit gemacht. (dann)

10. **Beispiel:** Gehen Sie *heute* ins Kino?   Ja, *heute* gehe ich ins Kino.

   a. Gehen Sie **heute** ins Kino?
   b. Verstehen Sie es **jetzt**?
   c. Fährt er **am Mittwoch** ab?
   d. Arbeitet Herr Neumann **am Samstag**?
   e. Fahren Sie **nächsten Sommer** nach Deutschland?
   f. Hat er **gestern** das Drama gesehen?

11. **Beispiel:** Geht er *heute* ins Kino?   Nein, *heute* geht er nicht ins Kino.

   a. Geht er **heute** ins Kino?
   b. Fahren die Eltern **am Donnerstag** ab?
   c. Haben Sie **gestern** das Drama gesehen?
   d. Essen Sie **zu Abend** im Gasthaus?
   e. Haben Sie **gestern** einen Brief geschrieben?
   f. Arbeitet Herr Neumann **am Sonntag**?

12. **Beispiele:** *Uhr* Das ist *keine* Uhr.
               Stuhl   Das ist *kein* Stuhl.

   a. Uhr
             g. Drama
   b. Stuhl
           h. Hotel
   c. Mann
           i. Übung
   d. Wagen
         j. Gaststätte
   e. Gasthaus
       k. Kirche
   f. Schularbeit
      l. Musik

13. **Beispiel:** Wir haben hier *keinen* Stuhl.   Wir haben hier *keine* Stühle.

   a. Wir haben hier keinen Stuhl.
   b. Er hat kein Gasthaus gesehen.
   c. Ich habe heute keinen Brief bekommen.
   d. Diese Woche habe ich keinen Film gesehen.
   e. Das Klassenzimmer hat keine Landkarte von Deutschland.
   f. Wir haben keine Gaststätte im Dorf gefunden.

14. Beispiel: Hat er *eine* Landkarte in der Hand?   Nein, er hat *keine* Landkarte
                                                             in der Hand.

    a. Hat er eine Landkarte in der Hand?
    b. Hat der Student ein Zimmer gefunden?
    c. Haben wir eine Aufgabe für morgen?
    d. Hat sie eine Oper gehört?
    e. Haben Sie ein Museum besucht?
    f. Ist das eine Landkarte?
    g. Hat er einen Sohn?
    h. Ist das eine Kirche?
    i. Haben die zwei Studenten ein Drama gesehen?
    j. Ist das ein D-Zug?

FRAGEN

1. Möchten Sie heute abend einen Film sehen?
2. Wollen Sie morgen arbeiten?
3. Haben Sie gestern den Eltern einen Brief geschrieben?
4. Haben die Studenten alles verstanden?
5. Wie viele Söhne hat Ihre Wirtin?
6. Haben Sie heute Ihren Freund besucht?
7. Wieviel Uhr ist es jetzt?
8. Wieviel Geld können Sie mir geben?
9. Wann haben Sie das Drama gesehen?
10. Haben wir am Sonntag Unterricht?
11. Haben Sie heute abend Unterricht?
12. Möchten Sie jetzt eine Tasse Kaffee bestellen?

DIALOG: Auf dem Bahnhof

BEAMTER AM FAHRKARTENSCHALTER   Wohin bitte?

JONES   Ich möchte eine Fahrkarte nach München lösen, zweiter Klasse, hin und zurück.

BEAMTER   Mit Zuschlag?

JONES   Was ist das?

BEAMTER   Ohne Zuschlag darf man nur mit dem Personenzug und dem Eilzug fahren, aber mit keinem anderen Zug.

JONES   Dann geben Sie mir bitte eine Zuschlagskarte.

BEAMTER   Und Sie?

SEGOVIA   Das gleiche, bitte.

BEAMTER   Hier sind Ihre Fahrkarten.   In zehn Minuten kommt der Zug auf Gleis acht an.

SEGOVIA   Wo ist die Sperre zum Bahnsteig?

BEAMTER   Dort drüben.

SEGOVIA   Danke sehr.

BEAMTER   Bitte sehr.

SEGOVIA   Gehen wir jetzt auf den Bahnsteig, sonst bekommen wir keinen Platz im Zug.

JONES   Übrigens—wo können wir übernachten?   In München kenne ich kein Hotel.

SEGOVIA   Ich kenne ein Hotel nicht weit vom Bahnhof.

JONES   Aber vielleicht finden wir kein Zimmer.   Was machen wir dann?

SEGOVIA   Machen Sie sich keine Sorgen.   In München kann man immer etwas finden.

WEIBLICHE STIMME IM LAUTSPRECHER   D-Zug Wien-Frankfurt.   Über München-Ost, München Hauptbahnhof, Augsburg, Ulm, Stuttgart, Pforzheim, Karlsruhe, Heidelberg, Mannheim, Darmstadt, Frankfurt/Main Hauptbahnhof.   Bitte einsteigen und die Türen schließen!   Vorsicht bei der Abfahrt!   Wir wünschen eine gute Reise!*

* It is not necessary for you to memorize the announcement, but you should be familiar with the content.

Ein Bahnhof in den Alpen

In the Railway Station

OFFICIAL AT THE TICKET WINDOW   Where to, please?

JONES   I would like to buy a ticket to Munich, second class, round trip.

OFFICIAL   With an extra-fare ticket?

JONES   What's that?

OFFICIAL   Without an extra-fare ticket you can only go by local or ordinary passenger train, but by no other train.

JONES   Then please give me an extra-fare ticket.

OFFICIAL   And you?

SEGOVIA   The same, please.

OFFICIAL   Here are your tickets.   The train will arrive in ten minutes on track eight.

SEGOVIA   Where is the gate to the platform?

OFFICIAL   Over there.

SEGOVIA   Thank you very much.

OFFICIAL   You're very welcome.

SEGOVIA   Let's go to the platform now, otherwise we won't get a seat on the train.

JONES   By the way, where can we stay overnight?   I don't know any hotels in Munich.

SEGOVIA   I know a hotel not far from the railway station.

JONES   But perhaps we won't find a room.   What'll we do then?

SEGOVIA   Don't worry about it.   You can always find something in Munich.

FEMININE VOICE OVER THE LOUDSPEAKER   Express Vienna to Frankfurt.   Via Munich East, Munich Main Station, Augsburg, Ulm, Stuttgart, Pforzheim, Karlsruhe, Heidelberg, Mannheim, Darmstadt, Main Station—Frankfurt on the Main. All aboard and close the doors!   Watch out when the train starts!   We wish you a pleasant trip!

FRAGEN ÜBER DEN DIALOG

1. Weiß Herr Jones, was ein Zuschlag ist?
2. Wo ist der Fahrkartenschalter?
3. Was möchten die Studenten lösen?
4. Wo löst man eine Fahrkarte?
5. Darf man ohne Zuschlag mit dem D-Zug fahren?
6. Fahren die Studenten mit dem Eilzug oder mit dem D-Zug?
7. Löst Herr Segovia auch eine Zuschlagskarte?
8. Kommt der Zug in zehn Minuten an?
9. Kommt der Zug auf Gleis vier an?
10. Wer geht durch die Sperre?
11. Kennt Herr Jones ein Hotel in München?
12. Fahren die Studenten nach München hin und zurück?
13. Fahren sie erster oder zweiter Klasse?
14. Wohin gehen die Studenten vom Schalter?
15. Was hören sie im Lautsprecher?
16. Fährt der Zug nach Wien oder Frankfurt?
17. Fährt er über München?
18. Fahren die Studenten auch über München?
19. Fährt der Zug über Stuttgart?
20. Soll man die Türen schließen, wenn man einsteigt?

LESESTÜCK: Salzburg

Am Freitagnachmittag sind Annette Moreau und Inge Jensen mit dem Zug von Rosenheim nach Salzburg unterwegs.[1]   Schwarzhausen liegt ganz in der Nähe von Rosenheim,[2] einer Stadt an der Eisenbahnlinie[3] zwischen[4] München und Salzburg. Die Eisenbahn fährt durch[5] die Alpen, und Fräulein Jensen findet die Landschaft in Süddeutschland[6] höchst[7] interessant, denn Dänemark, ihre Heimat,[8] hat keine Berge.

Die Fahrt dauert etwas länger als eine Stunde[9] mit dem Schnellzug.[10]   An der Grenze zwischen Deutschland und Österreich[11] hält der Zug[12] einige Minuten für die Zoll- und Paßkontrolle,[13] und fünfzehn Minuten später kommt er im Salzburger Hauptbahnhof an.[14]

Die zwei Mädchen steigen aus,[15] gehen durch die Sperre und nehmen vor dem

[1] unterwegs en route   [2] ganz in der Nähe von Rosenheim quite close to Rosenheim
[3] an der Eisenbahnlinie on the railway line   [4] zwischen between   [5] durch through
[6] Süddeutschland South Germany   [7] höchst extremely
[8] Dänemark, ihre Heimat Denmark, her homeland
[9] die Fahrt dauert etwas länger als eine Stunde the trip lasts somewhat longer than an hour
[10] der Schnellzug express train (same as D-Zug)
[11] an der Grenze zwischen Deutschland und Österreich on the frontier between Germany and Austria   [12] der Zug hält the train stops
[13] die Zoll- und Paßkontrolle customs and passport inspection
[14] fünfzehn Minuten später kommt er im Salzburger Hauptbahnhof an fifteen minutes later it arrives at the main station in Salzburg   [15] sie steigen aus they get off

Salzburg: Blick von der Festung auf die Stadt

Bahnhof ein Taxi[16] zum Hotel „Stein". Sie lassen ihr Gepäck im Hotelzimmer[17] und gehen zuerst[18] in ein Kaffeehaus.[19] Nach dem Abendessen gehen sie in die Oper.

Am nächsten Tag sehen sie sich die Stadt an. In Salzburg, einer Stadt aus der Römerzeit,[20] sieht man keine Hochhäuser[21] und keine Schwerindustrie.[22] Wahrscheinlich[23] hat keine andere Stadt auf der Welt[24] so viele Festspiele und Konzerte wie diese Kunst- und Musikstadt;[25] und keine Stadt zeigt dem Gast mehr Freundlichkeit.[26]

Diese alte Bischofsstadt[27] liegt mitten in den Bergen.[28] Auf einem Berg steht die alte Burg,[29] Hohensalzburg, im Mittelalter gebaut.[30] Die Studentinnen steigen langsam zur Burg hinauf.[31] Von der Burg aus hat man eine herrliche Aussicht auf die Stadt, die Berge, den Fluß[32] und die Landschaft in der Nähe. Dann besuchen sie das Geburtshaus Mozarts[33] in der Getreidegasse.[34] Nachher sehen sie sich die Katakomben an.[35] Dort haben die Christen in der Römerzeit Zuflucht gefunden.[36]

Mitten in der Stadt steht die Residenz,[37] ein Schloß[38] im Barockstil.[39] Im Schloß hören die zwei Ausländerinnen[40] am Abend ein Mozartkonzert. Das Konzert findet im Rittersaal[41] statt. Drei Musiker[42] spielen bei Kerzenlicht[43] Violine, Cello[44] und Cembalo.[45] In diesem Saal hat Mozart selbst vor vielen Jahren seine Kompositionen gespielt.[46]

Am letzten Abend sehen die Studentinnen eine Aufführung von „Jedermann" auf dem Platz vor dem Dom.[47] Am nächsten Morgen müssen sie den Zauber Salzburgs verlassen[48]—müde, aber von der Schönheit, Musik und Freundlichkeit der Stadt begeistert.[49]

[16] **sie nehmen vor dem Bahnhof ein Taxi** they take a taxi in front of the station
[17] **sie lassen ihr Gepäck im Hotelzimmer** they leave their luggage in the hotel room
[18] **zuerst** first, at first   [19] **das Kaffeehaus** coffee house   [20] **aus der Römerzeit** of the Roman period
[21] **das Hochhaus** skyscraper   [22] **die Schwerindustrie** heavy industry   [23] **wahrscheinlich** probably
[24] **auf der Welt** in the world   [25] **wie diese Kunst- und Musikstadt** as this city of art and music
[26] **keine Stadt zeigt dem Gast mehr Freundlichkeit** no city displays more friendliness toward a visitor
[27] **die Bischofsstadt** seat of a bishopric (**der Bischof** bishop)
[28] **mitten in den Bergen** in the midst of the mountains   [29] **die Burg** fortress
[30] **im Mittelalter gebaut** built in the Middle Ages   [31] **sie steigen hinauf** they climb up
[32] **man hat eine herrliche Aussicht auf den Fluß** one has a magnificent view of the river
[33] **das Geburtshaus Mozarts** the birthplace of Mozart
[34] **in der Getreidegasse** on Grain Street (**die Gasse** very narrow street)
[35] **nachher sehen sie sich die Katakomben an** afterward they go to see the catacombs
[36] **dort haben die Christen Zuflucht gefunden** the Christians found refuge there
[37] **die Residenz** seat or residence of an ecclesiastical or temporal prince   [38]**das Schloß** palace
[39] **im Barockstil** in baroque style (Baroque is a heavy, ornate and colorful art form which prevailed in the seventeenth and early eighteenth centuries.)
[40] **die Ausländerinnen** foreigners (fem.)   [41] **der Rittersaal** Knights' Hall
[42] **der Musiker** musician [43] **bei Kerzenlicht** by candlelight
[44] **das Cello** (*c pronounced as English "ch" in "chin"*) cello
[45] **das Cembalo** (*c pronounced as in #44*) harpsichord
[46] **in diesem Saal hat Mozart selbst vor vielen Jahren seine Kompositionen gespielt** in this room Mozart himself played his own compositions many years ago
[47] **auf dem Platz vor dem Dom** on the square in front of the cathedral
[48] **am nächsten Morgen müssen sie den Zauber Salzburgs verlassen** the next morning they have to leave the magic of Salzburg
[49] **von der Schönheit der Stadt begeistert** enthusiastic about the beauty of the city

WEITERE ÜBUNGEN

1. Beispiel: *mit dem Zug*   Fräulein Jensen fährt *mit dem Zug.*
   - a. mit dem Zug
   - b. mit dem D-Zug
   - c. mit dem Personenzug
   - d. mit Fräulein Moreau
   - e. mit dem Schnellzug

2. Beispiel: *mit mir*   Herr Segovia will *mit mir* fahren.
   - a. mit mir
   - b. mit uns
   - c. mit Ihnen
   - d. mit dem Zug
   - e. mit dem Wagen

3. Beispiel: *die Sperre*   Müssen wir durch *die Sperre* gehen?
   - a. die Sperre
   - b. die Stadt
   - c. den Bahnhof
   - d. die Tür
   - e. den Dom

4. Beispiel: *möchten*   Wir *möchten* durch die Sperre gehen.
   - a. möchten
   - b. müssen
   - c. können
   - d. wollen

5. Beispiel: *muß*   Ich *muß* jetzt eine Fahrkarte lösen.
   - a. muß
   - b. will
   - c. kann
   - d. möchte
   - e. muß

6. Beispiel: *Aufgabe*   Wir haben keine *Aufgabe* gehabt.
   - a. Aufgabe
   - b. Übung
   - c. Deutschstunde
   - d. Arbeit
   - e. Zeit

7. Beispiel: *Briefträger*   Im Dorf habe ich keinen *Briefträger* gesehen.
   - a. Briefträger
   - b. Volkswagen
   - c. Bahnhof
   - d. Marktplatz
   - e. Ausländer

8. Beispiel: *Gasthaus*   Dort hat er *kein Gasthaus* gefunden.
   - a. Gasthaus
   - b. Ausländer
   - c. Zimmer
   - d. Schalter
   - e. Arbeit
   - f. Freund

9. Beispiel: *Zimmer*   Hier können wir *kein Zimmer* finden.
   - a. Zimmer
   - b. Hotel
   - c. Gasthaus
   - d. Amerikaner
   - e. Taxi
   - f. Ausländer

10. Beispiel: Ich habe *einen* Bleistift gefunden.   Ich habe *keinen* Bleistift gefunden.
    - a. Ich habe einen Bleistift gefunden.
    - b. Wir haben ein Zimmer gefunden.
    - c. Die Studentin hat eine Fahrkarte gelöst.
    - d. Jetzt will ich ein Buch lesen.
    - e. Er hat einen Tisch im Zimmer.
    - f. Heute habe ich einen Brief bekommen.
    - g. Ich will eine Zuschlagskarte lösen.
    - h. Wir haben Leute aus Berlin gesehen.

11. **Beispiel: Ist das *eine* Uhr?   Nein, das ist *keine* Uhr.**
    a. Ist das eine Uhr?   f. Ist das eine Barockkirche?
    b. Ist das ein D-Zug?   g. Ist das ein Schloß?
    c. Ist das eine Burg?   h. Ist das ein Dom?
    d. Ist das ein Zuschlag?   i. Ist das eine Fabrik?
    e. Ist das ein Brief?   j. Sind das Studenten?

12. **Beispiel: Haben Sie *ein* Taxi gefunden?   Nein, ich habe *kein* Taxi gefunden.**
    a. Haben Sie ein Taxi gefunden?   f. Haben Sie einen Zuschlag gelöst?
    b. Hat er eine Freundin in Deutschland? g. Haben Sie eine Aufgabe geschrieben?
    c. Hat er einen Brief geschrieben?   h. Hat er Geld gefunden?
    d. Haben Sie eine Reise gemacht?   i. Spricht der Mann Deutsch?
    e. Kennen Sie ein Hotel in München?   j. Haben Sie Arbeit gefunden?

13. **Beispiel: *Bahnsteig acht*   Der Zug fährt von *Bahnsteig acht* ab.**
    a. Bahnsteig acht   d. dem Hauptbahnhof
    b. München   e. Bahnsteig zwölf
    c. Rosenheim

14. **Beispiel: Wir fahren *heute* nach München.   *Heute* fahren wir nach München.**
    a. Wir fahren **heute** nach München.   e. Sie hat **das** geschrieben.
    b. Ich habe **den Brief** gelesen.   f. Kein Geschäft ist **am Sonntag** offen.
    c. Er hat **den Dom** gesehen.   g. Kein Schnellzug hält **in Schwarzhausen.**
    d. Wir wollen **heute abend** ausgehen. h. Ich habe **gestern abend** gut geschlafen.

Salzburg: Schloß Mirabell.
Im Hintergrund
Hohensalzburg

15. **Hören Sie zu und beantworten Sie dann die Fragen!**
    a. Herr Jones und Herr Segovia fahren mit dem D-Zug nach München.
      (1) Wer fährt nach München?
      (2) Fahren sie mit dem Personenzug oder mit dem D-Zug?
      (3) Wohin fahren sie?
    b. Der Zug hält einige Minuten an der Grenze.
      (1) Wo hält der Zug?
      (2) Wie lange bleibt der Zug da?
    c. Mitten in der Stadt steht die Residenz, ein Schloß im Barockstil.
      (1) Wo steht die Residenz?
      (2) Was steht mitten in der Stadt?
      (3) Was ist die Residenz?
    d. Dänemark hat keine Berge.
      (1) Hat Dänemark viele Berge?
      (2) Liegen die Alpen in Dänemark?
    e. Der Zug kommt um zehn Uhr an und fährt um zehn Uhr fünfzehn ab.
      (1) Was kommt um zehn Uhr an?
      (2) Um wieviel Uhr fährt er ab?
      (3) Wann kommt der Zug an?
    f. Im Schloß hat Mozart seine Musik gespielt.
      (1) Wer hat im Schloß gespielt?
      (2) Wo hat Mozart gespielt?
      (3) Was hat er gespielt?
    g. Die Studentinnen nehmen ein Taxi zum Hotel „Stein".
      (1) Was nehmen sie zum Hotel?
      (2) Wohin fahren sie?
      (3) Wie heißt das Hotel?

WEITERE FRAGEN

1. Wohin fährt Herr Jones?
2. Fährt er mit dem D-Zug oder mit dem Eilzug?
3. Fahren Fräulein Jensen und Fräulein Moreau nach München oder nach Salzburg?
4. Sieht man viele Hochhäuser in Salzburg?
5. Gibt es viel Schwerindustrie in Salzburg?
6. Liegen die Alpen in Dänemark?
7. Wie heißt die Burg in Salzburg?
8. Wo hat Mozart oft gespielt?
9. Was ist die Residenz?
10. Löst Herr Segovia eine Zuschlagskarte?
11. Hält der Zug an der Grenze zwischen Deutschland und Österreich?
12. Kommt der Zug auf Bahnsteig acht oder Bahnsteig fünfzehn an?
13. Fährt der D-Zug über Augsburg?
14. Schließt man die Türen, wenn man einsteigt?
15. Wohin fährt der D-Zug Wien-Frankfurt?
16. Gibt es Berge in Österreich oder in Dänemark?
17. Wie heißen die Berge?
18. Was steht auf einem Berg in Salzburg?
19. Wo liegt Salzburg?
20. Wo findet das Mozartkonzert statt?

SPRECHÜBUNGEN

1. Elicit from the student next to you the following information:
   a. when the Munich express arrives in Rosenheim
   b. when it will arrive in Munich
   c. whether one needs an extra-fare ticket for the local train
   d. whether one needs an extra-fare ticket for the express train
   e. where you can buy a ticket to Munich
   f. whether the express arrives at platform nine or ten
   g. whether you can now go to the platform
   h. where the gate is
   i. how long the train stops in the station
2. Give questions or statements to which the following expressions might be responses:
   a. In fünfzehn Minuten.
   b. Ja, auch über Karlsruhe und Heidelberg.
   c. In München kann man immer etwas finden.
   d. Gehen Sie dort drüben durch die Sperre.
   e. Nein, nicht mit dem D-Zug.
   f. Nein, er fährt über Nürnberg.
   g. Erster Klasse, bitte.
   h. Nein, Richtung (direction) Regensburg und Passau.
   i. Dort drüben ist der Fahrkartenschalter.
   j. Zwei Stunden mit dem Schnellzug.
   k. Das ist der Ostbahnhof in München.
   l. Nein, dort hält der TEE-Zug nicht.   (TEE-Zug = Trans-Europ-Expreß)
3. Inform the class:
   a. where Salzburg is located
   b. whether Salzburg is near the frontier
   c. whether it is situated in the mountains
   d. the name of the mountains
   e. whether the city has any heavy industry
   f. what you would like to see in Salzburg
   g. what kind of a view there is from the fortress in Salzburg
   h. what just began in Salzburg
4. Student Dialogue I
   a. Did you wait for me (auf mich) yesterday?
   b. No, only fifteen minutes, because (denn) I didn't have any more time (keine Zeit mehr).
   a. I'm sorry, but a friend visited me.
   b. Perhaps we can go to the concert tonight.
   a. Fine, but first let's go to the "Wild Man."
5. Student Dialogue II
   c. Are you coming by this evening?
   d. No, I don't have any time, but tomorrow evening I would like to stop by.
   c. Fine, I should like to talk about politics with you.
   d. Oh, I always like to talk about that (darüber).

SCHRIFTLICHES

Write the following sentences in German:

1. We find the landscape and the villages in South Germany extremely beautiful.
2. Would you like to see the city this morning?   3. The concert takes place by candle-light in the Knights' Hall.   4. We have no class on Saturday.   5. I have no time now, but later we can go to the movie.   6. We would like to see the performance of *Everyman* in front of the cathedral.   7. You can't go through the gate to the platform because (*denn*) you didn't buy (*lösen*) a platform ticket (*Bahnsteigkarte*).   8. I didn't get a seat on the express train today.   9. Does the express train go through (*über*) Heidelberg and Mannheim?   10. My friends are very enthusiastic about the play.

VERSCHIEDENES

AUS AN SALZBURG

Land-Stadt Europas!   In der Welt gedeihn[1]
die größern[2] Dinge, wohl auch die gemeinen.[3]
Mozart hast du geboren.[4] · Um der einen
erlauchten Tat sollst du verherrlicht sein![5]

— Josef Weinheber (1892–1945)

PHONOLOGIE

f: auf, fast, fünf, Film, finden, früh, helfen, vergessen, vor, von, viele, verstehen, vier
w: wer, wie, wo, wieder, wann, wohnen, warum, Woche, gewöhnlich, Volkswagen

---

[1] **gedeihn = gedeihen** to flourish, thrive   [2] **größern = größeren** greater
[3] **wohl auch die gemeinen** the common (things) as well
[4] **Mozart hast du geboren** you gave birth to Mozart
[5] **um der einen erlauchten Tat sollst du verherrlicht sein** for this one exalted deed you shall be glorified

Neunte Lektion

9

Grammatische Ziele:
 Modalverben — dürfen, sollen
 Befehlsform
 Zahlen

EINFÜHRENDE BEISPIELE

1. Mein Freund hat eine Bahnsteigkarte gelöst.
 Er darf jetzt durch die Sperre gehen.
 Darf er jetzt durch die Sperre gehen?
  Ja, er darf jetzt durch die Sperre gehen.

2. Herr Schmidt und ich haben Zuschlagskarten gelöst.
 Wir dürfen also mit dem D-Zug fahren.
 Mit welchem Zug dürfen wir fahren?
  Sie dürfen mit dem D-Zug fahren.

3. Ich soll in fünf Minuten dort sein.
 Herr _____ soll auch in fünf Minuten dort sein.
 Wann sollen Herr _____ und ich dort sein?
  Sie sollen in fünf Minuten dort sein.

4. Eins, zwei, drei, vier, fünf.
 Wiederholen Sie!
  Eins, zwei, drei, vier, fünf.
 Zählen Sie bis fünf!
  Eins, zwei, drei, vier, fünf.

5. Sechs, sieben, acht, neun, zehn.
 Wiederholen Sie!
  Sechs, sieben, acht, neun, zehn.

Zählen Sie von sechs bis zehn!
> Sechs, sieben, acht, neun, zehn.

6. Elf, zwölf, dreizehn, vierzehn, fünfzehn.
   Wiederholen Sie!
   > Elf, zwölf, dreizehn, vierzehn, fünfzehn.

   Zählen Sie von elf bis fünfzehn!
   > Elf, zwölf, dreizehn, vierzehn, fünfzehn.

7. Sechzehn, siebzehn, achtzehn, neunzehn, zwanzig.
   Wiederholen Sie!
   > Sechzehn, siebzehn, achtzehn, neunzehn, zwanzig.

   Zählen Sie von sechzehn bis zwanzig!
   > Sechzehn, siebzehn, achtzehn, neunzehn, zwanzig.

8. Jetzt sage ich die Zehnerreihe.   Hören Sie zu!
   Zehn, zwanzig, dreißig, vierzig, fünfzig, sechzig, siebzig, achtzig, neunzig, hundert.
   Wiederholen Sie die Zehnerreihe!
   > Zehn, zwanzig, dreißig, vierzig, fünfzig, sechzig, siebzig, achtzig, neunzig, hundert.

9. Ich sage die Fünferreihe.   Hören Sie zu!
   Fünf, zehn, fünfzehn, zwanzig, fünfundzwanzig, dreißig, fünfunddreißig, vierzig, fünfundvierzig, fünfzig.
   Sagen Sie die Fünferreihe!
   > Fünf, zehn, fünfzehn, zwanzig, fünfundzwanzig, dreißig, fünfunddreißig, vierzig, fünfundvierzig, fünfzig.

10. Zwei plus zwei ist vier.
    Zwei plus drei ist fünf.
    Wieviel ist zwei plus drei?
    > Zwei plus drei ist fünf.

11. Zehn weniger neun ist eins.
    Wieviel ist zehn weniger neun?
    > Zehn weniger neun ist eins.

12. Zwei mal drei ist sechs.
    Zwei mal vier ist acht.
    Wieviel ist zwei mal vier?
    > Zwei mal vier ist acht.

13. Sechs geteilt durch drei ist zwei.
Zehn geteilt durch zwei ist fünf.
Wieviel ist zehn geteilt durch zwei?
Zehn geteilt durch zwei ist fünf.

14. Zwei geteilt durch vier ist null Komma fünf.*
Wieviel ist drei geteilt durch sechs?
Drei geteilt durch sechs ist null Komma fünf.

15. Halb acht Uhr ist dreißig Minuten vor acht.
Halb neun Uhr ist dreißig Minuten vor neun.
Was ist halb zehn?
Halb zehn ist dreißig Minuten vor zehn.

16. Ein Viertel nach zwei ist fünfzehn Minuten nach zwei Uhr.
Was ist ein Viertel nach zehn?
Ein Viertel nach zehn ist fünfzehn Minuten nach zehn Uhr.

ÜBUNGEN

1. **Beispiel:** *in elf Minuten*   Er soll *in elf Minuten* abfahren.
   a. in elf Minuten
   b. in zwölf Minuten
   c. in zwanzig Minuten
   d. in dreißig Minuten
   e. um fünf Minuten vor acht
2. **Beispiel:** *einsteigen*   Wir sollen um halb drei *einsteigen*.
   a. einsteigen
   b. beginnen
   c. nach Hause gehen
   d. abfahren
   e. ankommen
3. **Beispiel:** *um zwölf Uhr*   Ich soll *um zwölf Uhr* dort sein.
   a. um zwölf Uhr
   b. um ein Uhr
   c. um Viertel nach zehn
   d. um Viertel vor sieben
   e. um halb acht
4. **Beispiel:** *um neun Uhr*   Sie sollen *um neun Uhr* in München sein.
   a. um neun Uhr
   b. um halb neun
   c. um Viertel nach elf
   d. um Viertel vor sieben
   e. in dreißig Minuten
   f. vor ein Uhr
5. **Beispiel:** *ich soll*   *Ich soll* jetzt einsteigen.
   a. ich soll
   b. Sie sollen
   c. sie soll
   d. sollen wir (?)
   e. soll er (?)
   f. der Herr soll
6. **Beispiel:** *ich*   *Ich soll* hier bleiben.
   a. ich
   b. der Professor
   c. die Studentin
   d. wir
   e. er
   f. die Studentinnen
   g. sie (*they*)

* 0,5

7. Beispiel: *soll*   Er *soll* in zehn Minuten abfahren.
    a. soll   d. möchte
    b. will   e. darf
    c. muß   f. kann

8. Beispiel: *was das ist*   Können Sie mir sagen, *was das ist?*
    a. was das ist   d. woher Sie kommen
    b. wo die Gartenstraße ist   e. wo der Bahnsteig ist
    c. wer das ist

9. Beispiel: *sollen*   Sie *sollen* nach Ulm fahren.
    a. sollen   d. wollen
    b. dürfen   e. möchten
    c. müssen   f. können

10. Mustersatz:

    Ich muß   *in fünf Minuten*   einsteigen.
    a. ich muß
    b.   in zehn Minuten
    c. ich soll
    d.   um zwanzig Uhr
    e. er darf
    f.   um Viertel nach zehn
    g. wir dürfen
    h.   in einer Minute
    i. Sie sollen

11. Beispiel: **Ich soll** sie heute besuchen.   **Wir sollen** sie heute besuchen.
    a. Ich soll sie heute besuchen.
    b. Ich muß in zwei Minuten abfahren.
    c. Ich darf morgen mitgehen.
    d. Ich finde das Haus nicht.
    e. Ich kann die Sonnenstraße nicht finden.
    f. Ich möchte hier wohnen.
    g. Ich verstehe ihn sehr gut.
    h. Ich will nach München fahren.

12. Beispiel: **Ich will** im Sommer arbeiten.   **Sie will** im Sommer arbeiten.
    a. Ich will im Sommer arbeiten.   f. Ich gehe gern mit.
    b. Ich soll in zehn Minuten zu Hause sein.   g. Ich lese gern diese Bücher.
    c. Ich möchte nach Rosenheim fahren.   h. Ich möchte zum Festspiel gehen.
    d. Ich fahre heute nach Frankfurt.   i. Ich sehe ihn oft.
    e. Ich trage immer eine Uhr.   j. Ich gebe ihm das Geld.

13. Beispiel: **Muß er jetzt abfahren?**   Ja, er **muß jetzt abfahren.**
    a. Muß er jetzt abfahren?
    b. Sollen wir jetzt abfahren?
    c. Dürfen wir durch die Sperre gehen?
    d. Soll ich auf den Bahnsteig gehen?
    e. Können Sie mitkommen?
    f. Kann sie das lesen?
    g. Liest er Deutsch?
    h. Wir sollen in zwei Stunden ankommen, nicht wahr?
    i. Das Konzert gefällt Ihnen, nicht wahr?
    j. Das Buch gefällt ihm, nicht wahr?
    k. Haben Sie die Burg schon gesehen?
    l. Wissen Sie, wer das ist?

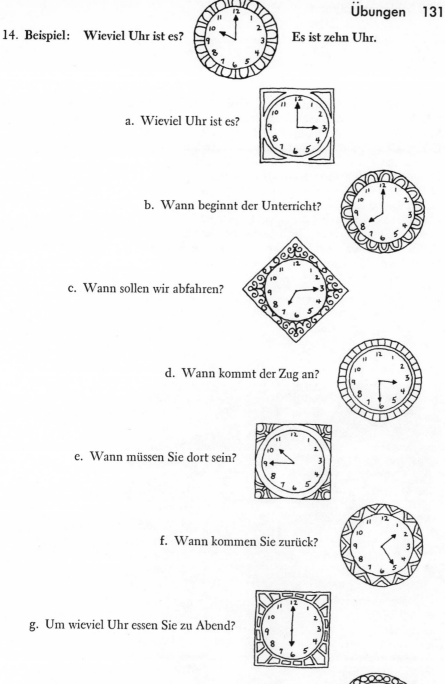

14. Beispiel: Wieviel Uhr ist es? Es ist zehn Uhr.

a. Wieviel Uhr ist es?

b. Wann beginnt der Unterricht?

c. Wann sollen wir abfahren?

d. Wann kommt der Zug an?

e. Wann müssen Sie dort sein?

f. Wann kommen Sie zurück?

g. Um wieviel Uhr essen Sie zu Abend?

h. Um wieviel Uhr müssen wir morgen aufstehen?

FRAGEN

1. Soll der D-Zug um vierzehn oder um fünfzehn Uhr abfahren?*
2. Soll der Zug aus München um zwanzig oder um zweiundzwanzig Uhr ankommen?
3. Müssen Sie heute oder morgen abfahren?
4. Gehen wir auf Bahnsteig fünfzehn oder sechzehn?
5. Beginnt das Konzert um sieben oder um acht Uhr?
6. Haben Sie in München oder in Heidelberg studiert?
7. Haben Sie das in der Küche oder im Wohnzimmer gefunden?
8. Haben Sie die Burg oder den Palast gesehen?
9. Hat er eine Oper von Mozart oder Wagner gehört?
10. Gehen Sie um halb acht oder halb neun in die Oper?
11. Beginnt das Konzert ein Viertel vor oder nach sieben?
12. Wann haben Sie ihn gesehen?   Um zwölf oder um eins?

* The Federal Railway of Germany uses a twenty-four hour system of time: 8:00 P.M. is *zwanzig Uhr*; 9:45 P.M. is *einundzwanzig Uhr fünfundvierzig*.

„Entschuldigen Sie bitte.
Können Sie uns sagen,
wo das Deutsche
Museum ist?"

DIALOG: Wo ist das Deutsche Museum?

SEGOVIA   Entschuldigen Sie bitte.

POLIZIST   Ja, bitte?

SEGOVIA   Können Sie mir sagen, wo das Deutsche Museum ist?

POLIZIST   Ja, gewiß.   Es ist bei der Ludwigsbrücke, aber Sie können nicht zu Fuß gehen.   Es ist zu weit.

SEGOVIA   Sollen wir also mit der Straßenbahn fahren?

POLIZIST   Ja, nehmen Sie hier an der Haltestelle Linie vierzehn.

SEGOVIA   Geht Linie vierzehn direkt zum Museum?

POLIZIST   Nein, am Karlsplatz müssen Sie umsteigen.   Dort können Sie Linie zweiundzwanzig oder achtundzwanzig nehmen.

SEGOVIA   Wo sollen wir aussteigen?

POLIZIST   An der Haltestelle vor dem Museum.

SEGOVIA   Danke sehr.   Übrigens, dürfen wir im Museum Aufnahmen machen?

POLIZIST   O nein, das darf man nicht.   Das ist streng verboten.

SEGOVIA   Um Viertel nach fünf schließt das Museum.   Wir dürfen nicht länger hier bleiben.

JONES   Wo sollen wir jetzt hingehen?

SEGOVIA   Ich möchte gern die Frauenkirche sehen.   Sie auch?

JONES   Natürlich, aber kann man so spät noch kommen?

SEGOVIA   Soviel ich weiß, soll sie bis halb zehn offen bleiben.

Where Is the German Museum?

SEGOVIA   Pardon me, please.

POLICEMAN   Yes?

SEGOVIA   Can you tell me where the German Museum is?

POLICEMAN   Yes, certainly.   It is near the Ludwig Bridge, but you can't go on foot.
It's too far.

SEGOVIA   Then should we take a streetcar?

POLICEMAN   Yes, take Number 14 here at the car stop.

SEGOVIA   Does Number 14 go directly to the museum?

POLICEMAN   No, you have to transfer at Carl's Square.   You can take Number 22
or 28 there.

SEGOVIA   Where are we to get off?

POLICEMAN   At the car stop in front of the museum.

SEGOVIA   Thank you very much.   By the way, are we permitted to take pictures in
the museum?

POLICEMAN   Oh no, you aren't allowed to do that.   That's strictly forbidden.

SEGOVIA   The museum closes at a quarter after five.   We can't stay here any longer.

JONES   Where should we go now?

SEGOVIA   I'd like very much to see the Church of Our Lady.   How about you?

JONES   Of course, but can you still go there so late?

SEGOVIA   As far as I know, it's supposed to stay open until nine-thirty.

FRAGEN ÜBER DEN DIALOG

1. Weiß der Polizist, wo das Deutsche Museum ist?
2. Gehen die Studenten zu Fuß zum Museum?
3. Nehmen sie ein Taxi oder die Straßenbahn?
4. Fahren sie mit Linie sieben oder Linie vierzehn?
5. Wo sollen sie umsteigen?
6. Steigen sie am Karlsplatz oder am Marienplatz um?
7. Geht Linie vierzehn direkt zum Museum?
8. Bis wann ist das Museum offen?
9. Um wieviel Uhr schließt das Museum?
10. Steigen die Studenten vor dem Museum aus?
11. Wo sollen sie aussteigen?
12. Ist die Haltestelle vor dem Museum?
13. Wo nimmt man die Straßenbahn?
14. Was möchte Herr Segovia sehen?
15. Bis wann soll die Frauenkirche offen bleiben?

LESESTÜCK: München

Vom Münchener Hauptbahnhof[1] haben Herr Jones und Herr Segovia ein Taxi zum Hotel „Adler" genommen. Dieses Hotel steht mitten in der Stadt nicht weit vom Marienplatz[2] und von der Frauenkirche.

Die Studenten kennen die Hauptstadt von Bayern[3] nicht, und sie müssen oft um Auskunft bitten.[4] Sie verstehen die Münchener[5] nicht besonders gut, denn in München, wie auch in ganz Bayern,[6] spricht man selten Hochdeutsch, sondern Bayrisch, einen oberdeutschen (süddeutschen) Dialekt.[7] Zwei- oder dreimal muß der Bayer wiederholen,[8] und die Studenten müssen immer wieder[9] sagen: „Bitte, sprechen Sie langsam. Wir verstehen noch kein Bayrisch!"

Unsere zwei Studenten haben schon viel in der Landeshauptstadt[10] gesehen und haben alles sehr sehenswert gefunden.[11] Am ersten Tag haben sie das Rathaus, das Siegestor, das Hofbräuhaus, das Deutsche Museum und die Frauenkirche besichtigt.[12] Alle Touristen wollen das Hofbräuhaus besuchen, denn es ist eine große, weltberühmte[13] Gaststätte; aber das Bier schmeckt dort nicht besser als in anderen Wirtshäusern. Die Frauenkirche ist zwar im gotischen Stil gebaut, aber sie hat zwei Zwiebeltürme.[14] Solche Türme sind nicht gotisch, sondern byzantinisch,[15] und man sieht sie oft in Bayern und Österreich. Am Abend haben die Studenten im Prinzregententheater Goethes „Faust" gesehen.

Am nächsten Tag wollen die Freunde noch die Universität München, das Schloß Nymphenburg, die Oper und ein Kabarett besuchen. Das Kabarett heißt „Die Zwiebel" und ist ein Nachtlokal mit Kabarettisten.[16] Die Kabarettisten sind sehr lustig[17] und spotten über die Deutschen, die Bayern, die Kommunisten,[18] die Ameri-

---

[1] **vom Münchener Hauptbahnhof** from the main station in Munich
[2] **nicht weit vom Marienplatz** not far from St. Mary's Square
[3] **die Hauptstadt von Bayern** the capital of Bavaria
[4] **sie müssen oft um Auskunft bitten** they often have to ask for information
[5] **der Münchener** native of Munich
[6] **wie auch in ganz Bayern** just as everywhere in Bavaria
[7] **man spricht selten Hochdeutsch, sondern Bayrisch, einen oberdeutschen (süddeutschen) Dialekt** one seldom speaks High German, but Bavarian, an Upper German (South German) dialect
[8] **zwei- oder dreimal muß der Bayer wiederholen** the Bavarian has to repeat two or three times
[9] **immer wieder** again and again   [10] **die Landeshauptstadt** state capital
[11] **sie haben alles sehr sehenswert gefunden** they found everything very much worth seeing
[12] **sie haben das Rathaus, das Siegestor, das Hofbräuhaus, das Deutsche Museum und die Frauenkirche besichtigt** they saw the City Hall, the Victory Gate, the *Hofbräuhaus*, the German Museum and the Church of Our Lady   [13] **weltberühmt** world-famous
[14] **die Frauenkirche ist zwar im gotischen Stil gebaut, aber sie hat zwei Zwiebeltürme** the Church of Our Lady is indeed built in Gothic style, but it has two onion-shaped towers
[15] **solche Türme sind nicht gotisch, sondern byzantinisch** such towers are not Gothic but Byzantine
[16] **ein Nachtlokal mit Kabarettisten** a small night club with performers
[17] **lustig** merry, amusing   [18] **sie spotten über die Kommunisten** they make fun of the Communists

München: Das Deutsche Museum

kaner, die Politik usw.[19]   Auch spotten sie über die „Saupreiße",[20] d.h.[21] die Preußen, denn die Bayern machen sich immer lustig über die Preußen.[22]

Am Nachmittag gehen die Studenten zum Schloß Nymphenburg.   Es liegt mitten in einem Park.   Im Park sind viele Blumen, Bäume, Springbrunnen und ein See.[23] Im See schwimmen weiße Schwäne ruhig hin und her.[24]   Dieses Schloß war die Residenz der Könige von Bayern.[25]   Bis zu seinem Tod[26] im Jahre 1955 hat Kronprinz Ruprecht[27] dort gewohnt.   Hier hat auch der berühmte bayrische König, Ludwig der Zweite,[28] gewohnt.   Er war geisteskrank,[29] aber das Volk hat ihn doch sehr ge-

[19] usw. = und so weiter etc.
[20] die „Saupreiße" "Sow Prussians" (Preiße is dialect pronunciation of Preuße—Prussian. The Bavarians do not like the Prussians and often refer to them by this epithet.)   [21] d.h. = das heißt i.e.
[22] die Bayern machen sich lustig über die Preußen the Bavarians make fun of the Prussians
[23] Bäume, Springbrunnen und ein See trees, fountains and a lake
[24] weiße Schwäne schwimmen ruhig hin und her white swans swim calmly back and forth
[25] die Residenz der Könige von Bayern the residence of the kings of Bavaria
[26] bis zu seinem Tod until his death   [27] Kronprinz Ruprecht Crown Prince Ruprecht
[28] der berühmte bayrische König, Ludwig der Zweite the famous Bavarian king, Ludwig the Second
[29] er war geisteskrank he was mentally ill

liebt.[30]   Er hat wie ein Märchenprinz gelebt,[31] glänzende Schlösser[32] gebaut und das Land beinahe bankrott gemacht.[33]   Er war von der Romantik in Richard Wagners Musikdramen begeistert[34] und hat ihm geholfen,[35] das Festspielhaus in Bayreuth[36] zu bauen.

In München kann man lange bleiben und jeden Tag etwas Neues[37] sehen, aber die zwei Freunde haben zu wenig Zeit.   Sie können nicht alles sehen, denn morgen müssen sie wieder aufs Institut gehen.

---

[30] **das Volk hat ihn doch sehr geliebt** the people still loved him very much
[31] **er hat wie ein Märchenprinz gelebt** he lived like a prince in a fairy tale
[32] **glänzende Schlösser** splendid castles
[33] **er hat das Land beinahe bankrott gemacht** he almost bankrupted the country
[34] **er war von der Romantik in Richard Wagners Musikdramen begeistert** he was enraptured by the romanticism in the operas of Richard Wagner (1813–1883)
[35] **er hat ihm geholfen** he helped him
[36] **das Festspielhaus in Bayreuth** the festival theater in Bayreuth (Annual Wagnerian music festivals are held there.)
[37] **etwas Neues** something new

WEITERE ÜBUNGEN

1. Beispiel: *umsteigen*   Er soll an der Haltestelle *umsteigen.*
   a. umsteigen   d. warten
   b. aussteigen   e. die Straßenbahn nehmen
   c. einsteigen

2. Beispiel: *machen*   Wie sollen wir das *machen?*
   a. machen   d. sagen
   b. schreiben   e. wissen
   c. verstehen

3. Beispiel: *ins Schloß*   Dürfen wir *ins Schloß* gehen?
   a. ins Schloß   d. in den Saal
   b. in die Oper   e. durch die Sperre
   c. auf die Burg

4. Beispiel: *sagen*   Man darf das nicht *sagen.*
   a. sagen   d. machen
   b. photographieren   e. vergessen
   c. sehen

5. Beispiel: *möchten*   Hier *möchten* wir umsteigen.
   a. möchten   d. dürfen
   b. müssen   e. können
   c. sollen   f. wollen

6. Beispiel: *darf*   Das *darf* ich heute noch machen.
   a. darf   d. will
   b. muß   e. möchte
   c. soll   f. kann

7. Beispiel: *einsteigen*   Jetzt dürfen Sie *einsteigen.*
   a. einsteigen   d. auf den Bahnsteig gehen
   b. aussteigen   e. durch die Sperre gehen
   c. umsteigen

8. Beispiele: *er*   Das *darf er* nicht machen.
              wir   Das *dürfen wir* nicht machen.
   a. er   d. die Studenten
   b. wir   e. ich
   c. Sie   f. sie (*she*)

9. Beispiel: *wir*   *Wir wollen* das Schloß sehen.
   a. wir   d. diese Leute
   b. sie (*she*)   e. sie (*they*)
   c. ich

10. Beispiel: *ich*   *Ich soll* einen Freund besuchen.
    a. ich   d. Sie
    b. sie (*she*)   e. die zwei Mädchen
    c. wir

11. Beispiel: *um zwanzig Uhr*   Der Zug fährt *um zwanzig Uhr* ab.
    a. um zwanzig Uhr   e. um zehn Uhr vierzig
    b. um achtzehn Uhr   f. um zehn Uhr fünfzig
    c. um zweiundzwanzig Uhr   g. um ein Uhr zwanzig
    d. um zehn Uhr dreißig   h. um zwanzig Uhr fünfzehn

12. **Mustersatz:**

Ich   *will*   am Karlsplatz aussteigen.

a. ich
b. er
c.   muß
d.   kann
e. man
f. Frau Schmidt
g.   soll
h.   möchte

13. **Mustersatz:**

Wir   *müssen*   einmal das Kabarett besuchen.

a. wir
b. er
c.   soll
d.   kann
e. Sie
f. ich
g.   will
h.   möchte

14. **Beispiel:**   *kommen*   *Kommen* Sie mit uns!

a. kommen   d. arbeiten
b. essen   e. frühstücken
c. fahren   f. gehen

15. **Beispiel:**   *ins Kino gehen*   *Gehen* Sie *ins Kino!*

a. ins Kino gehen   e. Linie vierzehn nehmen
b. die Aufgabe lernen   f. mit dem Zug fahren
c. die Straßenbahn nehmen   g. die Aufgabe schreiben
d. hier bleiben   h. mit uns kommen

16. **Beispiel:**   *einsteigen*   *Steigen* Sie *ein!*

a. einsteigen   d. hingehen
b. umsteigen   e. aussteigen
c. hinaufsteigen   f. hinfahren

17. **Beispiel:**   *hier aussteigen*   *Steigen* Sie *hier aus!*

a. hier aussteigen   d. in den Zug einsteigen
b. am Karlsplatz umsteigen   e. vorbeigehen
c. die Dame ansehen   f. jetzt abfahren

18. **Beispiel:**   *Ich will* das Hofbräuhaus besuchen.   *Wir wollen* das Hofbräuhaus
                                                                          besuchen.

a. Ich will das Hofbräuhaus besuchen.   e. Ich soll mit Linie vierzehn fahren.
b. Ich möchte die Frauenkirche sehen.   f. Ich weiß das schon.
c. Ich kann ein Taxi nehmen.   g. Ich muß am Marienplatz umsteigen.
d. Darf ich hier durch die Sperre gehen? h. Darf ich hier Aufnahmen machen?

WEITERE FRAGEN

1. Wie heißt die Hauptstadt von Bayern?
2. Wohin geht jeder Tourist?
3. Was ist „Die Zwiebel"?

4. Ist die Frauenkirche im Barockstil?
5. Hat die Frauenkirche gotische Türme?
6. Haben die zwei Studenten das Rathaus gesehen?
7. Wie heißt die große, weltberühmte Gaststätte in München?
8. Wie heißt der Dialekt in Bayern?
9. Haben die Bayern die Preußen gern?
10. Wie heißt die Residenz der Könige von Bayern?
11. Verstehen die Studenten Bayrisch?
12. Spotten die Schauspieler im Kabarett über die Kommunisten und die Amerikaner?
13. Wie heißt die Universität in der Landeshauptstadt?
14. Was haben die Studenten im Prinzregententheater gesehen?
15. Darf man im Deutschen Museum Aufnahmen machen?

SPRECHÜBUNGEN

1. Elicit the following information from the student next to you:
    a. the location of the Church of Our Lady
    b. whether you take a taxi or a streetcar to get there
    c. where the car stop is
    d. whether this car line goes directly to the church
    e. when the church closes
    f. which car line goes to St. Mary's Square
2. The student next to you has just returned from a weekend in Munich.   Find out as much as possible from him concerning his activities.
3. Assume that the student next to you is a Bavarian.   Obtain the following information from him:
    a. the name of his town
    b. whether it is a county seat
    c. whether it has any factories
    d. whether the Bavarians like the Prussians
    e. whether the church in his town has an onion-shaped tower
    f. who used to live in the palace in Munich
    g. whether he has ever visited a night club
4. Read the following expressions of time in German:
    a. 10.15   e.   4.15
    b. 12.30   f.   3.05
    c.   4.00   g. 12.50
    d.   9.20   h. 11.45
5. Read the following decimals in German:
    a. 0,5   d.   2,65
    b. 0,7   e. 88,15
    c. 0,55   f. 777,91

München: Das Nationaltheater

6. Read and solve the following problems in German (: is the German sign for division):

    a. $4 \times 4 = ?$ e. $20 + 2 = ?$ i. $25 - 5 = ?$
    b. $4 \times 6 = ?$ f. $100 + 55 = ?$ j. $100 - 10 = ?$
    c. $20 \times 4 = ?$ g. $100 : 2 = ?$ k. $10 : 20 = ?$
    d. $3 \times 8 = ?$ h. $50 : 2 = ?$ l. $10 : 10 = ?$

7. Sagen Sie:

    a. wie alt Ihr Vater ist
    b. wie alt Sie sind
    c. wie alt Ihre Mutter ist
    d. wie alt Ihre Schule ist
    e. in welchem (*which*) Jahr Sie geboren sind (neunzehnhundert- . . .)
    f. in welchem Jahr Kolumbus Amerika entdeckt hat

17 München—Stuttgart—Karlsruhe und Heidelberg/Mannheim—Frankfurt (Main)

Anschlüsse vom Balkan und von Jugoslawien siehe D 3, von Italien und Österreich D 4, D 5, und D 6, von Ungarn D 2

	Salzburg Hbf	428	ab	21.42	23.40
	Berchtesgaden Hbf		ab	20.37	
	München Hbf		an	23.37	
	Kufstein	428	ab	21.40	22.20
	München Hbf		an	22.50	23.30
	Garmisch-Partenkirchen	402	ab	21.18	
	München Hbf Starnberger Bf		an	23.20	

Weitere Fernzüge siehe 18

■ MÜNCHEN ■ PARIS

Neue Tages-verbindung mit Kurswagen im D 165 / D 112

km		Zug Nr Klasse		D 651 1.2	D 447 1.2	E 608 1.2	E 522 1.2	E 883 1.2	E 824 1.2	E 482 1.2	E 535 1.2	E 461 1.2	D 165 1.2
0	München Hbf		ab	0.01	1.20							6.45	
7	München-Pasing		ab										
31	Nannhofen		ab										
46	Mering		ab	0.45									
62	Augsburg Hbf		an	0.47	2.06							7.23	
62	Augsburg Hbf	410	ab	0.47	2.28							7.26	
108	Burgau (Schwab)												
118	Neuoffingen				3.14								
123	Günzburg	410			3.33							8.03	
146	Neu Ulm				3.36								
148	Ulm Hbf		an									8.19	
149	Ulm Hbf	320	ab		3.52				5.39	6.20		6.02	7.35
175	Amstetten (Württ)				4.25				6.01	6.40		7.51	
181	Geislingen (Steige)								6.09	6.48		8.20	
200	Göppingen				4.41				6.29	7.06		8.35	
210	Plochingen	320			5.01		5.36	6.25	6.44	7.22		8.50	
226	Eßlingen (Neckar)						5.50	6.36	6.54	7.32		9.00	
238	Stuttgart-Bad Cannstatt						6.09	6.46	7.03	7.41	8.07	9.13	
242	Stuttgart Hbf		an		5.23		6.14	6.52	7.09	7.46	8.13	9.26	
	Nürnberg Hbf	323,324	ab										
65	Stuttgart Hbf		an						6.03			9.19	

Auto-Reisezug Villach — Hbf — Düsseldorf

Dalmatia-Express

Railway timetable (Kursbuch) — Stuttgart – Karlsruhe – Mannheim – Frankfurt

Zug Nr / Klasse		242 Stuttgart Hbf	255 Ludwigsburg	265 Bietigheim (Württ)	Heilbronn Hbf 322	278 Vaihingen (Enz) Nord	288 Mühlacker

Station column (left):

- 242 Stuttgart Hbf — ab
- 255 Ludwigsburg
- 265 Bietigheim (Württ)
- Heilbronn Hbf 322
- 278 Vaihingen (Enz) Nord — ab
- 288 Mühlacker — an
- 288 Mühlacker Hbf — ab
- 301 Pforzheim Hbf — an
- Wildbad 302a
- 327 Karlsruhe-Durlach — an
- 332 Karlsruhe Hbf — an
- **16.** Karlsruhe Hbf — ab
- Offenburg (Breisgau) Hbf — 301
- Freiburg (Breisgau) Hbf
- Basel Bad Bf
- 288 Mühlacker — ab
- 305 Bretten
- 321 Bruchsal — an
- 321 Bruchsal — ab
- 321 Bruchsal / Karlsruhe Hbf — 301
- Karlsruhe Hbf — 320
- 340 Wiesloch-Walldorf
- 353 Heidelberg Hbf
- 17 Mannheim Hbf — ab
- 363 Mannheim-Friedrichsfeld — ab
- 376 Weinheim (Bergstr)
- 386 Heppenheim (Bergstr)
- 391 Bensheim
- 413 Darmstadt Hbf
- 427 Langen (Hess)
- 440 Frankfurt (Main) Hbf — an
- Frankfurt (Main) Hbf — ab
- Wiesbaden Hbf
- Mainz Hbf
- Bonn
- Köln Hbf 250
- Frankfurt (Main) Hbf — ab
- Kassel Hbf — an

Selected train columns / notes:

über Sinsheim s. 62 · über Eberbach s. 66a · Schwabenpfeil · täglich · außer So · über Eberbach · von Freiburg/Brsg · Helvetia

Weitere Züge siehe 16

Train numbers in header: D 136 1.2 · E 194 1.2 · D 283 1.2 · E 595 1.2 · E 883 1.2 · D 612 · TEE 77 1.2 · D 143 1.2 · 66a

Legend (bottom):

Ⓐ Sa/So vom 2./3. VI. bis 29./30. IX., nur Schlafwagen 1., 2., Liegewagen 1., 2., Klasse und Autotransportwagen; siehe besondere Übersicht
□ D 401 mit D 201 von Stuttgart bis Heidelberg vereinigt
Ⓑ So und Mo vom 1. VII. bis 30. IX.
Ⓒ So und Mo vom 3. VI. bis 24. IX.
E 553 mit E 741 von Stuttgart bis Heilbronn vereinigt
█ Sonntagsausflugzug
◐Ⓧ auch 1., 12., 22. VI., 18. VIII., nicht 11. VI.
Ⓑ Neu Isenburg an 7.35; Köln-Deutz an 10.35

◆ F 1. Klasse
✦ auch 15. VIII.
✕ nicht 15. VIII.
━━▶◆✕ siehe Zug- und Wagenverzeichnis

Ⓑ Beuel
◇ Schreibabteil

Zeichenerklärung

Zuschlagpflichtige Züge

TEE 🚗 = **Trans-Europ-Express**, nur 1. Kl mit besonderem Komfort, vorzugsweise für den internationalen Verkehr mit TEE-Zuschlag und Platzkarten im internationalen Verkehr,

F = **Fernschnellzug** (mit Fernschnellzugzuschlag)

D = **Schnellzug** (mit Schnellzugzuschlag)

Zuschlagfreie Züge

E = **Eilzug**

N = **Nahschnellverkehrszug** (oG), magere Stunden- und Minutenziffern und N vor der Zugnummer,

Ohne Buchstaben = **Personenzug.**

z B:

: **TEE** 168	: **F** 163	: **D** 207	**E** 551	**N** 2955	1441
: 1.	: 1. 2.	: 1. 2.	1. 2.	1. 2.	1. 2.
🚗	: **18.25**	: **11.07**	6.5¾	10.42	18.35
: **15.20**	:	:		10.49	18.42

🚗 = Triebwagen. Diese haben beschränkte Platzzahl und beschränkten Raum für Reisegepäck. Bei manchen Triebwagen ist die Gepäckbeförderung ausgeschlossen. Dies ist in den Fahrplänen durch „oG" vermerkt.

Mopeds und Motorräder werden im Gepäckteil der Motorwagen von Triebwagenzügen nicht befördert.

🚃 = Zug führt durchlaufende Wagen (Kurswagen); diese sind in den Zug- und Wagenverzeichnissen der Kursbücher und fast aller Taschenfahrpläne aufgeführt.

🛏 = Schlafwagen

🛏 = Liegewagen 2. Klasse; Liegewagen 1. oder 1. 2. Klasse sind besonders gekennzeichnet

✕ = Speisewagen oder Wagen mit Speiseraum

(✕) = Buffetwagen

⚲ in der Zugspalte = Speisen und Getränke im Zug erhältlich

🏛 = Grenzbahnhof mit Zoll- und Paßabfertigung

(🏛) = Zoll- und Paßabfertigung im fahrenden Zuge

⫟ = Grenze des sowjetischen Besatzungsgebietes

⛴ = Schiffahrtlinie

🚌 = Omnibuslinien (Straßendienst) der Bundesbahn und Bundespost

🚌 = Omnibuslinien anderer Unternehmer

🛅 = Reisegepäck durchgehend auf Schiene und Kraftpost

✳ = Schienenfahrausweise zum gewöhnlichen Fahrpreis, Rückfahrkarten, Sonntagsrückfahrkarten, Arbeiterrückfahrkarten und Sechserkarten gelten im allgemeinen im Bahnbus ohne Zahlung eines Zuschlages.

) links neben den Fahrplanzeiten = verkehrt nicht täglich oder nur während eines bestimmten Zeitabschnittes

: = zuschlagpflichtiger Zug (verbindlich nur für innerdeutschen Verkehr)

in der Mitte der Zugspalte = fährt auf dem betreffenden Bahnhof (Haltestelle) durch

in der Mitte der Zugspalte = fährt über eine andere Strecke

X vor der Zeitangabe = hält nur nach Bedarf. Reisende, die aussteigen wollen, werden gebeten, dies dem Schaffner oder Zugführer vorher, spätestens am letzten Haltebahnhof, mitzuteilen. Reisende, die einsteigen wollen, machen sich dem Aufsichtsbeamten oder, wo dieser fehlt, dem herannahenden Zuge rechtzeitig bemerkbar.

◖ vor der Zeitangabe = hält nur zum Aussteigen

◗ vor der Zeitangabe = hält nur zum Zusteigen

◆ = Benutzungsbeschränkungen (z B Platzkartenzwang, Ausschluß von Gruppenfahrten). Einzelheiten sind bei dem betreffenden Fahrplan erläutert.

◇ = Zug führt Schreibabteil, }
☎ = Zugtelefondienst } siehe besondere Zusammenstellung hinter dem Ortsverzeichnis

oG = ohne Gepäck- und Fahrradbeförderung

† = an Sonntagen und **allgemeinen Feiertagen.** Als allgemeine Feiertage im Bundesgebiet gelten: Neujahr, Karfreitag, Ostermontag, 1. Mai, Christi Himmelfahrt, Pfingstmontag, 17. Juni, Bußtag (21. November), 1. und 2. Weihnachtsfeiertag.

⚒ = werktags

So = sonntags		**Do** = donnerstags	**a** = ⚒ außer Sa
Mo = montags		**Fr** = freitags	**b** = täglich außer Sa
Di = dienstags		**Sa** = samstags (sonnabends)	**c** = Sa und †
Mi = mittwochs			

BD = Bundesbahndirektion	**CFL** = Luxemburgische Eisenbahnen
Bvst = Bahnbusverkehrsstelle	**SNCF** = Französische Staatseisenbahnen
OPD = Oberpostdirektion	**DSG** = Deutsche Schlafwagen- und
PA = Postamt	Speisewagen-Gesellschaft mbH
ÖBB = Österreichische Bundesbahnen	**ISG** = Internationale Schlafwagen-
SBB = Schweizerische Bundesbahnen	Gesellschaft

Weitere Zeichen oder Buchstaben als Hinweise auf Anmerkungen sind auf der Seite erklärt, auf der sie vorkommen.

❚ Eine Gewähr für den Inhalt des Kursbuchs wird nicht übernommen. ❚

Änderungen des Fahrplans bleiben vorbehalten. Sie werden durch besondere Aushänge in den Bahnhöfen sowie durch Fahrplan-Mitteilungsblätter bekanntgegeben. Fahrplan-Mitteilungsblätter sind an den Fahrkartenschaltern der größeren Bahnhöfe kostenlos erhältlich.

Explanation of Signs

Trains on which supplementary charges are made:

TEE 🚗 = **Trans-Europ-Express**, first class only; with special comfort features, especially for international traffic; with **TEE** supplementary charge and seat reservation tickets.

F = **Express Through Train** (supplementary charge)

D = **Express Train** (with supplementary Express Train charge).

Trains on which no suppl. charge is collected:

E = **Fast Train.**

N = **Fast Local Train** (oG); light-face ciphers indicating hour and minute, with N before the train number.

No special symbol = **Local Train.**

e. g.

TEE 168	F 163	D 207	E 551	N 2955	1441
1.	1. 2.	1. 2.	1. 2.	1. 2.	1. 2.
🚗 15.50	18.25	11.07	6.54	10.42 / 10.49	18.35 / 18.42

🚗 = Railcars
Railcars on which accommodations and baggage facilities are extremely limited. Some railcars carry no baggage at all; such cars are indicated by "oG" in the Time Table. Mopeds or other motorized vehicles may not be shipped in the luggage compartments of Railcars.

🚃 = Train with some through-coaches (Kurswagen); these are indicated on the line Time Tables and listed in the Pocket Editions of the Time Table.

🛏 = Sleeping Car

🛏 = Couchette Coaches

✕ = Dining Car or Buffet Compartment

(✕) = Buffet Car

♀ = in the train column = refreshments obtainable on the train

🏛 = Border station with Customs and Passport clearance facilities

(🏛) = Customs and Passport clearance on the train

✝ = Border of the Soviet Zone

⚓ = Steamer Service

🚌 = Bus lines operated by the German Federal Railway and Federal Post (Road Service)

🚌 = bus lines operated by contractors

✳ = Railway tickets purchased at normal fare, return tickets, Sunday return tickets, workmen's return tickets and "six in one" tickets are generally valid on railway buses and may be used without payment of a supplementary charge

) preceeding traffic hours = runs only on certain days or during certain periods only

: = Trains for which supplementary charges are applicable (not binding for international traffic)

in the middle of the train column = does not stop at that particular station (stop)

⸼ in the middle of the train column = is routed via another line

X preceding the time = train stops there only when necessary. Travellers wishing to alight at such stations should notify the train conductor or guard when the train passes through the preceeding regular stop, at the latest. Passengers who wish to board trains at such stations must notify the station master or, if he is not available, must signal the locomotive crew of the approaching train in time to allow the train to be stopped.

◖ preceeding the time = train stops only for detraining passengers

◗ preceeding the time = train stops only for entraining passengers

◆ = train is subject to special regulations (e. g. reserved seats only, no group travel). Particulars are stated on the respective Time Tables

◇ = train with typewriter compartment ⎫
☎ = train-telephone ⎬ as indicated in special list following the station Index

oG = train carries no luggage or bycicles

† = Sundays and legal holidays; legal holidays in the Federal Republic are: New Year, Good Friday, Easter Monday, Labour Day (May 1st), Ascension-Day, Whit Monday, June 17th, Repentance-Day (November 21st), Christmas-Day and Boxing-Day

✕ = Weekdays only	**Do** = Thursdays only	
So = Sundays only	**Fr** = Fridays only	
Mo = Mondays only	**Sa** = Saturdays only	
Di = Tuesdays only		Deviations from the above schedules willbe found on the line Time Tables
Mi = Wednesdays only		
BD = Regional Headquaters (Bundesbahndirektion)	SNCF = French National Railways	
ÖBB = Austrian Federal Railways	DSG = German Sleeping and Dining Car Company	
SBB = Swiss Federal Railways	ISG = International Sleeping Car Company	
a = verkehrt ✕ außer Sa	= on ✕ (weekdays) except Saturdays	
b = verkehrt außer Sa	= daily except Saturdays	
c = verkehrt † und Sa	= † and Saturdays (Sundays and Holidays)	
verkehrt nicht am (Datum)	= will not run on (date)	
verkehrt auch am (Datum)	= runs also on (date)	
verkehrt vom (Datum) bis (Datum)	= runs from (date) to (date)	
von (Ort)	= from (Place)	
nach (Ort)	= to (Place)	
nur (Datum)	= only (date)	
umsteigen in (Ort)	= change at (Place)	
Kein Anschluß an (Zug Nr)	= no connection with (train Nr)	
Gesamtverkehr	= complete service	
Alle Züge 1. 2. Klasse	= all trains 1st and 2nd class	
Sonntagsausflugzug	= Sunday Excursion Train	
F. nur 1. Klasse	= F, 1st class only	

Other symhols or letters used to refer to special notices are explained on the page on which they appear.

❙ The German Federal Railway assumes no responsibility for the contents of the Time ❙ Tables.

Time Tables are subject to change on short notice. Changes will be publicized by means of posters at all stations and in Time Table Information. Leaflets, which may be obtained, free of charge, at the ticket offices of any large railway station.

SCHRIFTLICHES

FRAGEN ÜBER DEN FAHRPLAN

1. Wie weit ist es von München nach Augsburg?
2. Wie weit ist es von München nach Göppingen?
3. Wie weit ist es von Göppingen nach Stuttgart?
4. Wie weit ist es von München nach Frankfurt am Main?
5. Um wieviel Uhr fährt D-Zug 165 von München ab?
6. Wann fährt Eilzug 608 von München ab?
7. Wann kommt TEE-Zug 77 in Köln an?
8. Hat TEE-Zug 77 mehr als eine Klasse?
9. Hat er erste oder zweite Klasse?
10. Wie lange hält D-Zug 651 in Mannheim?
11. Hat D-Zug 651 Schlafwagen?
12. Welche Züge haben Speisewagen?
13. Wie lange dauert die Fahrt von München nach Augsburg mit D 165?
14. Fährt F 23 über Ulm?
15. Fährt er über Heidelberg?
16. Hält er im Kölner Hauptbahnhof?

PHONOLOGIE

ts: ziemlich, zu, Zeit, zuerst, zurück, zusammen, Zug, Ziel, Zoll, sitzen, erzählen, ganz, Herz, Portion, Nation, Aktion, Infektion

GRAMMATIK

A. THE EIN-WORDS

The ein-words are so called because their declensional endings, in the singular, are the same as those of the indefinite article ein. The ein-word group includes kein (no, not a) and the possessive adjectives mein (my), Ihr (your), sein (his), ihr (her or their), and unser (our). The nominative, dative, and accusative forms of the indefinite article and of the ein-words are as follows:

		SINGULAR		PLURAL
	MASCULINE	FEMININE	NEUTER	ALL GENDERS
NOMINATIVE	ein	eine	ein	(none)
DATIVE	einem	einer	einem	(none)
ACCUSATIVE	einen	eine	ein	(none)
NOMINATIVE	unser	unsere	unser	unsere
DATIVE	unserem	unserer	unserem	unseren
ACCUSATIVE	unseren	unsere	unser	unsere

München: Das Rathaus. Im Hintergrund
die Türme der Frauenkirche

B. NORMAL WORD ORDER

Normal word order has the following sequence of sentence elements:

	SUBJECT	CONJUGATED VERB	ALL OTHER PREDICATE ELEMENTS
	Ich	habe	zwei Bücher gefunden.
	Die Wirtin	gibt	ihr den Brief.
	Fräulein Neumann	hat	heute ihre Fahrkarte vergessen.
	Er	muß	morgen nach München fahren.
Ja,	er	geht	ins Haus.
	Herr Brown	spricht	noch nicht gut Deutsch,
aber	er	lernt	es sehr fleißig.

C. INVERTED WORD ORDER

Inverted word order appears in German questions and imperatives. It is also used in statements which have an emphasized predicate element preceding the subject. Inverted word order has the following sequence of sentence elements:

	CONJUGATED VERB	SUBJECT	OTHER PREDICATE ELEMENTS
	Heißen	Sie	Jones?
INTERROGATIVE ADVERB			
Wann	haben	Sie	ihn gesehen?
	Kommen	Sie	sofort mit mir!
STRESSED ADVERB			
Am Sonntag	haben	wir	keinen Unterricht.
Jetzt	können	wir	durch die Sperre gehen.
STRESSED DIRECT OBJECT			
Diesen Brief	habe	ich	gestern gelesen.

D. MODAL AUXILIARY VERBS

You have now seen these commonly used forms of the modal auxiliary verbs:

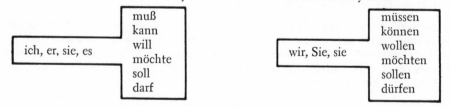

| ich, er, sie, es | muß, kann, will, möchte, soll, darf | wir, Sie, sie | müssen, können, wollen, möchten, sollen, dürfen |

E. THE IMPERATIVE

The imperative is like the **Sie**-form of the verb with the order of the verb and the subject inverted. Emphatic German imperatives are followed by an exclamation point.

Nehmen Sie hier an der Haltestelle die Straßenbahn!
Steigen Sie hier aus!
Zählen Sie bis zehn!

F. NUMBERS

0	null	11	elf	22	zweiundzwanzig
1	eins	12	zwölf	23	dreiundzwanzig
2	zwei	13	dreizehn	24	vierundzwanzig
3	drei	14	vierzehn	30	dreißig
4	vier	15	fünfzehn	40	vierzig
5	fünf	16	sechzehn	50	fünfzig
6	sechs	17	siebzehn	60	sechzig
7	sieben	18	achtzehn	70	siebzig
8	acht	19	neunzehn	80	achtzig
9	neun	20	zwanzig	90	neunzig
10	zehn	21	einundzwanzig	100	hundert
				101	hunderteins
				121	hunderteinundzwanzig
				201	zweihunderteins

G. MATHEMATICAL SIGNS

Mathematical signs are expressed in German as follows:

$4 + 6 = 10$	Vier und sechs ist zehn.
$7 - 2 = 5$	Sieben weniger zwei ist fünf.
$17 : 2 = 8,5$	Siebzehn geteilt durch zwei ist acht Komma fünf.
$9 \times 11 = 99$	Neun mal elf ist neunundneunzig.
$0,5 \times 0,2 = 0,1$	Null Komma fünf mal null Komma zwei ist null Komma eins.

Zehnte Lektion

10

Grammatische Ziele:

Dativ

Präpositionen mit Dativ — aus, bei, mit, nach, seit, von, zu

EINFÜHRENDE BEISPIELE

Anschauungsmaterial:

ein Buch

1. Nach dem Konzert kommt mein Freund vorbei.
    Wann kommt er vorbei?
    Nach dem Konzert kommt er vorbei.

2. Nach der Arbeit bin ich sehr müde.
    Wann bin ich müde?
    Nach der Arbeit sind Sie müde.

3. Nach dem Abendessen gehen wir nach Hause.
    Wohin gehen wir nach dem Abendessen?
    Nach dem Abendessen gehen wir nach Hause.

4. Herr Stucki ist Schweizer und wohnt in Zürich.
    Er kommt aus der Schweiz.
    Woher kommt Herr Stucki?
    Herr Stucki kommt aus der Schweiz.

5. Herr Brown kommt eben aus dem Haus.
    Wer kommt aus dem Haus?
    Herr Brown kommt aus dem Haus.

6. Fräulein Jensen hat einen Brief von den Eltern bekommen.
   Von wem hat sie einen Brief bekommen?
         Sie hat einen Brief von den Eltern bekommen.

7. Die Familie Neumann wohnt seit einem Jahr in Schwarzhausen.
   Wie lange wohnt die Familie Neumann schon in Schwarzhausen?
         Die Familie Neumann wohnt seit einem Jahr in Schwarzhausen.

8. Nach der Oper geht Herr Jones zu seinen Freunden.
   Zu wem geht er nach der Oper?
         Nach der Oper geht er zu seinen Freunden.

9. Nach dem Abendessen kommen zwei Studenten zu mir.
   Wer kommt nach dem Abendessen zu mir?
         Nach dem Abendessen kommen zwei Studenten zu Ihnen.

10. Herr Jones wohnt bei der Familie Neumann.
    Bei wem wohnt er?
          Er wohnt bei der Familie Neumann.

11. Frau Schmidt fährt heute mit dem Wagen in die Stadt.
    Fährt sie mit dem Wagen oder mit der Straßenbahn?
          Sie fährt mit dem Wagen.

12. Ich habe ein Buch in der Hand.
    Ich gebe es Fräulein _____.
    Wem gebe ich es?
          Sie geben es Fräulein _____.
    Gebe ich es einem Studenten oder einer Studentin?
          Sie geben es einer Studentin.
    Was gebe ich ihr?
          Sie geben ihr das Buch.
    Wer hat das Buch von mir bekommen?
          Fräulein _____ hat das Buch von Ihnen bekommen.

13. Fräulein _____, geben Sie dem Studenten neben Ihnen das Buch.
    Was gibt sie dem Studenten?
          Sie gibt dem Studenten das Buch.
    Hat sie ihm das Buch gegeben?
          Ja, sie hat ihm das Buch gegeben.

14. Sie und ich sind in München.
    Wir wissen nicht, wo das Museum ist.

Der Polizist sagt uns, wo das Museum ist.

Was sagt er uns?

          Er sagt uns, wo das Museum ist.

15. Die Aufgabe für morgen ist sehr lang.

Ich gebe Ihnen für morgen viel auf.

Gebe ich Ihnen für morgen viel oder wenig auf?

          Sie geben uns für morgen viel auf.

16. Dies ist mein Buch.

Das Buch ist sehr interessant.

Ich lese es gern.

Das Buch gefällt mir.

Gefällt mir das Buch?

          Ja, das Buch gefällt Ihnen.

Sie lesen das Buch auch gern.

Gefällt Ihnen das Buch?

          Ja, das Buch gefällt mir.

ÜBUNGEN

1. Beispiel: *dem Mann*   Geben Sie *dem Mann* die Fahrkarte, bitte!
   a. dem Mann
   b. diesem Mann
   c. dem Mädchen
   d. dem Mann an der Sperre
   e. meinem Freund

2. Beispiel: *der Frau*   Ich habe es *der Frau* schon gesagt.
   a. der Frau
   b. dieser Frau
   c. meiner Frau
   d. seiner Frau
   e. der Studentin

3. Beispiel: *Ihnen*   Er hat *Ihnen* den Bleistift gegeben.
   a. Ihnen
   b. uns
   c. mir
   d. ihr
   e. ihnen (*them*)

4. Beispiel: *ihr*   Ich kann es *ihr* nicht sagen.
   a. ihr
   b. ihm
   c. Ihnen
   d. meinem Freund
   e. Ihrem Freund

5. Beispiel: *ihm*   Wir haben es *ihm* schon gegeben.
   a. ihm
   b. ihnen (*them*)
   c. ihr
   d. Ihnen
   e. dem Kellner
   f. unserem Kellner
   g. einem Kellner
   h. Ihrem Freund

6. Beispiel: *dem Wagen*   Wir fahren heute mit *dem Wagen*.
   a. dem Wagen
   b. meinem Wagen
   c. unserem Wagen
   d. dem Zug
   e. meinem Freund
   f. seinem Freund
   g. meiner Freundin
   h. Ihrer Freundin

7. Beispiel: *mir* Er spricht oft mit *mir*.
   a. mir
   b. uns
   c. ihr
   d. der Frau
   e. dieser Frau
   f. meiner Wirtin
   g. den Eltern
   h. meinen Eltern

8. Beispiel: *uns* Können Sie *uns* Auskunft geben?
   a. uns
   b. ihm
   c. mir
   d. der Studentin
   e. unserem Freund
   f. den Leuten
   g. diesen Leuten
   h. ihr

9. Beispiel: *der Straßenbahn* Er fährt heute mit *der Straßenbahn*.
   a. der Straßenbahn
   b. seiner Frau
   c. dem Wagen
   d. seinem Wagen
   e. mir
   f. uns
   g. dem Taxi
   h. seinem Freund

10. Beispiel: *dem Mann* Er will *dem Mann* den Brief geben.
    a. dem Mann
    b. dem Professor
    c. dem Mädchen
    d. der Frau
    e. dem Briefträger

11. Beispiel: *ihm* Wir haben eben einen Brief von *ihm* bekommen.
    a. ihm
    b. ihr
    c. meinem Professor
    d. seinem Professor
    e. seiner Freundin
    f. Ihrer Freundin
    g. Ihnen
    h. den Eltern

12. Beispiel: *mir* Es tut *mir* leid.
    a. mir
    b. ihm
    c. uns allen
    d. meinem Freund
    e. seinem Freund
    f. ihr

13. Beispiel: *dem Haus* Er kommt eben aus *dem Haus*.
    a. dem Haus
    b. dem Dorf
    c. der Stadt
    d. der Schule
    e. seinem Haus
    f. unserem Haus
    g. diesem Haus
    h. meinem Zimmer

14. Beispiel: Ich gebe *dem Mann* den Brief. Ich gebe *ihm* den Brief.
    a. Ich gebe dem Mann den Brief.
    b. Ich gebe meinem Freund die Fahrkarte.
    c. Ich gebe der Frau das Geld.
    d. Ich gebe den Touristen die Landkarte.
    e. Ich gebe meiner Freundin das Buch.

15. Beispiel: Sie hat *dem Studenten* gute Ratschläge Sie hat *ihm* gute Ratschläge
    gegeben. gegeben.
    a. Sie hat dem Studenten gute Ratschläge gegeben.
    b. Sie hat den Studenten gute Ratschläge gegeben.
    c. Sie hat meiner Frau gute Ratschläge gegeben.
    d. Sie hat der Studentin gute Ratschläge gegeben.
    e. Sie hat unseren Kindern gute Ratschläge gegeben.

16. Beispiel: Er hat es *seinem Sohn* gesagt. Er hat es *ihm* gesagt.
    a. Er hat es seinem Sohn gesagt.
    b. Er hat es dem Kellner gesagt.
    c. Er hat es der Studentin gesagt.
    d. Er hat es Herrn Schmidt gesagt.
    e. Er hat es den Studentinnen gesagt.

17. Beispiel: Haben Sie dem Beamten die Fahrkarte   Ja, ich habe dem Beamten
                       gezeigt?   die Fahrkarte gezeigt.

a. Haben Sie dem Beamten die Fahrkarte gezeigt?
b. Bekommen Sie einen Brief von den Eltern?
c. Haben Sie von den Eltern gehört?
d. Haben Sie das Geld von Ihrem Vater bekommen?
e. Haben Sie der Frau das Buch gegeben?
f. Hat sie es Ihnen schon·gesagt?
g. Hat sie Ihnen gesagt, wohin sie geht?

FRAGEN

1. Was haben Sie von Ihrem Freund bekommen?
2. Was hat er von seinen Eltern bekommen?
3. Wem haben Sie das gesagt?
4. Wem hat sie das Geld gegeben?
5. Wer hat es ihr gesagt?
6. Wer kommt aus dem Eßzimmer?
7. Fährt er heute mit dem Wagen oder mit der Straßenbahn?
8. Wollen Sie mit dem Eilzug oder mit dem Omnibus fahren?
9. Wohin gehen Sie nach dem Mittagessen?
10. Haben Sie ihm einen Brief geschrieben?

DIALOG: Wieder im Klassenzimmer

PROFESSOR SCHÖNFELD Heute wollen wir über das Familienleben sprechen. Erzählen Sie uns etwas von Ihrer Familie! Herr Silva, fangen Sie bitte an!

SILVA Ich habe fünf Geschwister.

SCHÖNFELD Wie viele Schwestern haben Sie?

SILVA Drei. Zwei sind noch ledig, und eine ist verheiratet.

SCHÖNFELD Sie haben also zwei Brüder, nicht wahr?

SILVA Ja. Ein Bruder ist Ingenieur bei einer Baufirma. Der andere ist Jurist und arbeitet für die Regierung.

SCHÖNFELD Und Sie, Fräulein Jensen?

JENSEN Mein Vater ist im Außenministerium. Meine Eltern sind seit zwei Jahren in Afrika.

SCHÖNFELD Aber Sie wohnen selbst in Dänemark, nicht wahr?

JENSEN Ja, bei den Großeltern. Das macht der Großmutter viel Freude, denn sie ist oft allein im Haus.

SCHÖNFELD Wieso?

JENSEN Mein Großvater ist Geschäftsmann und reist viel.

SCHÖNFELD Fahren Sie im Sommer zu den Eltern?

JENSEN Nein. Im Sommer bin ich gewöhnlich einen Monat bei einem Onkel und einer Tante.

SCHÖNFELD Und Fräulein Moreau, Ihr Vater ist Arzt, nicht wahr?

MOREAU Ja, Spezialist für Herzkrankheiten. Er hat immer viel zu tun.

SCHÖNFELD Hat er eine große Praxis?

MOREAU Ja, denn andere Ärzte schicken ihm viele Patienten.

SCHÖNFELD Haben Sie Geschwister?

MOREAU Nein, aber mein Vetter und meine Kusine sind mir so nahe wie Geschwister.

In the Classroom Again

PROFESSOR   Today we are going to talk about family life.

SCHÖNFELD   Tell us something of your family.   Mr. Silva, will you begin, please.

SILVA   I have five brothers and sisters.*

SCHÖNFELD   How many sisters do you have?

SILVA   Three.   Two are still single and one is married.

SCHÖNFELD   Then you have two brothers, don't you?

SILVA   Yes.   One brother is an engineer with a construction firm.   The other is a lawyer and works for the government.

SCHÖNFELD   And you, Miss Jensen?

JENSEN   My father is in the foreign service.   My parents have been in Africa for two years.

SCHÖNFELD   But you yourself live in Denmark, don't you?

JENSEN   Yes, with my grandparents.   That makes my grandmother very happy, because she is often alone in the house.

SCHÖNFELD   Why is that?

JENSEN   My grandfather is a businessman and travels a great deal.

SCHÖNFELD   Do you go to see your parents during the summer?

JENSEN   No.   During the summer I usually spend a month with an uncle and aunt.

SCHÖNFELD   And Miss Moreau, your father is a doctor, isn't he?

MOREAU   Yes, a specialist in heart diseases.   He is always very busy.

SCHÖNFELD   Does he have a large practice?

MOREAU   Yes, because other doctors send him many patients.

SCHÖNFELD   Do you have any brothers and sisters?

MOREAU   No, but my cousins† are like a brother and sister to me.

* There is no English equivalent for **die Geschwister** except the technical expression "siblings."
† **der Vetter** male cousin; **die Kusine** female cousin

FRAGEN ÜBER DEN DIALOG

1. Wie viele Geschwister sind in der Familie Silva?
2. Wie viele Schwestern hat Herr Silva?
3. Sind seine Schwestern alle verheiratet?
4. Ist ein Bruder Ingenieur oder Arzt?
5. Ist der Ingenieur bei einer Autofirma oder einer Baufirma?
6. Hat Herr Silva einen Bruder bei der Regierung?
7. Ist Juan Silva Jurist?
8. Wer ist Jurist?
9. Wer ist im Außenministerium?
10. Wo wohnen Fräulein Jensens Eltern?
11. Wie lange sind die Eltern schon in Afrika?
12. Bei wem wohnt Fräulein Jensen?
13. Wem macht das viel Freude?
14. Wer reist viel?
15. Ist der Großvater Jurist oder Geschäftsmann?
16. Was ist Fräulein Moreaus Vater?
17. Wer schickt ihm viele Patienten?
18. Muß er schwer arbeiten?

LESESTÜCK: Ein Amerikaner in Deutschland

Herr Brown ist in What Cheer, im amerikanischen Bundesstaat Iowa, geboren.[1] In diesem Städtchen hat er vom sechsten bis zum achtzehnten Lebensjahr[2] die Schule besucht. Sein Vater war dort in einer Bank angestellt,[3] aber vor einigen Jahren[4] hat er eine Stellung als Personaldirektor bei einer Chemiefirma im Westen angenommen.[5] Jetzt wohnt die Familie Brown in Kalifornien. Dort hat der Sohn die Staatsuniversität[6] besucht. In seiner Heimat im Mittelwesten[7] hat es keinen Unterricht in Fremdsprachen gegeben,[8] aber auf der Universität hat er mit dem Deutschstudium[9] angefangen. Das hat seinem Vater gefallen, denn er selbst ist deutscher Abstammung[10] und hat noch Verwandte in Deutschland.[11] Ursprünglich[12] hat die Familie den Namen „Braun" geschrieben.

[1] **Herr Brown ist im Bundesstaat Iowa geboren** Mr. Brown was born in the State of Iowa
[2] **vom sechsten bis zum achtzehnten Lebensjahr** from the sixth to the eighteenth year of his life
[3] **anstellen** to employ (**Einstellen**, see Lektion 5, usually refers to the hiring of industrial and agricultural workers and **anstellen** to employment in clerical, professional and business positions.)
[4] **vor einigen Jahren** several years ago (NOT: *for several years*)
[5] **er hat eine Stellung als Personaldirektor bei einer Chemiefirma angenommen** he accepted a position as personnel director in a chemical firm   [6] **die Staatsuniversität** state university
[7] **der Mittelwesten** Middle West
[8] **es hat keinen Unterricht in Fremdsprachen gegeben** there was no instruction in foreign languages
[9] **das Deutschstudium** study of German
[10] **er selbst ist deutscher Abstammung** he is of German origin himself
[11] **er hat noch Verwandte in Deutschland** he still has relatives in Germany
[12] **ursprünglich** originally

Zwar ≈ indeed, certainly, of course,   *zu is under*

Herr Brown sen. kennt Deutschland sehr gut, denn seine Firma hat ihn auf mehrere Geschäftsreisen nach Europa geschickt.[13]   Seine Firma verkauft einer Firma in Düsseldorf Chemikalien für Medikamente.[14]   Er spricht fließend[15] Deutsch, denn als Kind[16] hat er es immer zu Hause gehört.   Er spricht es zwar mit einem amerikanischen Akzent.   Auf der Universität hat der Sohn besonders gute Zensuren[17] bekommen, und das hat dem Vater auch sehr gefallen.   Darum[18] hat er nun seinem Sohn eine Deutschlandreise versprochen.[19]

Herr Brown jun. hat die Reise mit seinem Deutschprofessor besprochen.[20]   Der Professor hat ihm geraten, im Sommer das Institut für Ausländer zu besuchen.[21]   Auf dem Institut studiert man nur Deutsch, deutsche Literatur und deutsche Geschichte.[22]   Das Leben am Institut ist im großen und ganzen[23] nicht sehr formell.[24]   Dozenten[25] und Studenten essen im Gasthaus zusammen, und jeder Student[26] wohnt bei einer Familie.   Im Familienleben muß der Student vom Ausland die deutsche Sprache benutzen,[27] denn wenige Leute können sich in einer Fremdsprache unterhalten.[28]   Man hat viel Kontakt mit den Deutschen und kann deswegen große Fortschritte in der Sprache machen.[29]

Herr Brown ist jetzt am Institut in Schwarzhausen.   Die Studenten aus Europa können besser Deutsch als er, denn im Durchschnitt[30] lernen sie es schon seit dem elften Lebensjahr.   Er nutzt jede Gelegenheit aus,[31] mit den Leuten im Städtchen Deutsch zu sprechen.   Besonders gern unterhält er sich mit seinem Wirt[32] über Sport, Politik und wirtschaftliche Fragen.[33]   Durch seinen Fleiß und sein Interesse für die deutsche Sprache[34] kann er die anderen Studenten bald einholen.[35]

[13] **seine Firma hat ihn auf mehrere Geschäftsreisen nach Europa geschickt** his firm has sent him on a number of business trips to Europe (**mehrere** does NOT mean "more")
[14] **Chemikalien für Medikamente** chemicals for drugs   [15] **fließend** fluent
[16] **als Kind** as a child   [17] **die Zensur** grade   [18] **darum** for that reason
[19] **er hat seinem Sohn eine Deutschlandreise versprochen** he promised his son a trip to Germany
[20] **Herr Brown hat die Reise besprochen** Mr. Brown discussed the trip
[21] **der Professor hat ihm geraten, im Sommer das Institut für Ausländer zu besuchen** the professor advised him to attend the Institute for Foreigners during the summer
[22] **deutsche Geschichte** German history
[23] **im großen und ganzen** in general, by and large   [24] **formell** formal
[25] **der Dozent** instructor   [26] **jeder Student** every student   [27] **benutzen** to use
[28] **wenige Leute können sich in einer Fremdsprache unterhalten** few people can converse in a foreign language
[29] **man kann deswegen große Fortschritte in der Sprache machen** for that reason one can make great progress in the language   [30] **im Durchschnitt** on the average
[31] **er nutzt jede Gelegenheit aus** he takes advantage of every opportunity
[32] **der Wirt** landlord   [33] **wirtschaftliche Fragen** economic questions
[34] **durch seinen Fleiß und sein Interesse für die deutsche Sprache** with his diligence and his interest in the German language   [35] **einholen** to overtake

München: Das Prinzregententheater

Er nutzt.

nur only
nun now, at present

well now

Genetiv after
während

WEITERE ÜBUNGEN

1. **Beispiel:** _Student_   Ich bin _Student._
   a. Student
   b. Arzt
   c. Ingenieur
   d. Jurist
   e. Geschäftsmann
2. **Beispiel:** _Arzt_   Mein Vater ist _Arzt._
   a. Arzt
   b. Spezialist
   c. Jurist
   d. Personaldirektor bei einer Firma
   e. Geschäftsmann
3. **Beispiel:** _dem Professor_   Das habe ich mit _dem Professor_ besprochen.
   a. dem Professor _der_
   b. dem Mann _der_
   c. dem Direktor _der_
   den d. dem Studenten
   den e. einem Freund
4. **Beispiel:** _der Regierung_   Wir verkaufen _der Regierung_ Chemikalien.
   a. der Regierung _die_
   b. der Firma _die_

c. einer Firma in Düsseldorf   e. dieser Firma
d. seiner Firma

5. **Beispiel:** *dem Sohn*   Er hat *dem Sohn* eine Reise versprochen.
   a. dem Sohn   d. seiner Tochter
   b. seinem Sohn   e. mir
   c. der Tochter

6. **Beispiel:** *mir*   Sie haben *mir* das Geld versprochen.
   a. mir   d. ihr
   b. uns   e. der Wirtin
   c. ihm

7. **Beispiel:** *uns*   Es hat *uns* sehr leid getan.
   a. uns   d. mir
   b. ihm   e. unseren Freunden
   c. den Eltern

8. **Beispiel:** *uns*   Wer hat es *uns* geschickt?
   a. uns   d. Ihnen
   b. ihr   e. Ihrem Freund
   c. ihm

9. **Beispiel:** *der Firma*   Man muß Kontakt mit *der Firma* haben.
   a. der Firma   d. einem Geschäft
   b. dieser Firma   e. einer Familie
   c. dem Geschäft

10. **Beispiel:** *den Eltern*   Er wohnt jetzt bei *den Eltern.*
   a. den Eltern   d. einer Großmutter
   b. dem Onkel   e. seiner Mutter
   c. einer Tante

11. **Beispiel:** *mir*   Das Mädchen hat *mir* die Geschichte erzählt.
   a. mir   d. Ihrem Vater
   b. Ihnen   e. einer Freundin
   c. ihr

12. **Beispiel:** *dem Vater*   Die Reise hat *dem Vater* sehr gefallen.
   a. dem Vater   d. seiner Mutter
   b. meinem Vater   e. unserer Großmutter
   c. ihrem Vater

13. **Beispiel:** *einer Baufirma*   Jetzt bin ich bei *einer Baufirma.*
   a. einer Baufirma   e. der Bundesbahn
   b. einer Chemiefirma   f. der Eisenbahn
   c. einer Autofirma   g. der Regierung
   d. einem Geschäft   h. der Bank

14. **Beispiele:** *Chemiefirma*   Er ist bei *einer Chemiefirma.*
              Geschäft   Er ist bei *einem Geschäft.*
   a. Chemiefirma   e. Fabrik
   b. Geschäft   f. Bank
   c. Baufirma   g. Familie
   d. Autofirma   h. Bruder

15. **Beispiele:** *Zug*   Ich fahre morgen mit *dem Zug.*
              Straßenbahn   Ich fahre morgen mit *der Straßenbahn.*
   a. Zug   d. Taxi
   b. Straßenbahn   e. Volkswagen
   c. D-Zug

16. **Beispiel:**   *einem Monat*   Er ist seit *einem Monat* hier.
    a. einem Monat   e. einer Stunde
    b. einer Woche   f. zwei Stunden
    c. einem Jahr   g. einem Tag
    d. drei Jahren   h. vier Tagen

17. **Beispiele:**   *Tag*   Ich arbeite seit *einem Tag* hier.
               Stunde   Ich arbeite seit *einer Stunde* hier.
    a. Tag   d. Monat
    b. Stunde   e. Jahr
    c. Woche

18. **Beispiel:**   *Familie*   Die Aufnahme gefällt *der Familie* sehr.
    a. Familie   e. Schwester
    b. Vater   f. Mädchen
    c. Großvater   g. Bruder
    d. Eltern   h. Großeltern

19. **Beispiel:**   *Vater*   Ich gebe es *meinem Vater*.
    a. Vater   h. Großmutter
    b. Arzt   i. Familie
    c. Schwester   j. Wirtin
    d. Freund   k. Vetter
    e. Freundin   l. Arzt
    f. Eltern   m. Freunden
    g. Onkel   n. Kusine

20. **Beispiele:**   Er geht jetzt zu *den Eltern*.   Er geht jetzt zu *ihnen*.
               Ich spreche oft mit *dem Mann*.   Ich spreche oft mit *ihm*.
    a. Er geht jetzt zu den Eltern.
    b. Ich spreche oft mit dem Mann.
    c. Das habe ich der Wirtin schon gesagt.
    d. Sie ist heute bei den Eltern.
    e. Ich wohne seit zwei Jahren bei der Großmutter.
    f. Wir fahren heute mit den Großeltern in die Stadt.
    g. Ich muß morgen zu der Schwester fahren.
    h. Ich habe einen Brief von der Tante bekommen.
    i. Ich unterhalte mich mit den Studenten.

21. **Beispiel:**   Er hat es *dem Kellner* gesagt.   Er hat es *ihm* gesagt.
    a. Er hat es dem Kellner gesagt.   e. Sie soll es den Großeltern schicken.
    b. Wir haben es dem Mann gegeben.   f. Ich muß es dem Bruder geben.
    c. Ich will es der Mutter sagen.   g. Er hat es der Großmutter geschickt.
    d. Wir müssen es den Leuten sagen.   h. Sie müssen es dem Professor erzählen.

22. **Beispiel:**   Ich habe meinem Vater *das Geld* gegeben.   **Ich habe *es* meinem**
    a. Ich habe meinem Vater das Geld gegeben.   **Vater gegeben.**
    b. Ich habe dem Briefträger den Brief gegeben.
    c. Ich habe dem Mädchen den Bleistift gegeben.
    d. Ich habe der Mutter die Postkarte geschickt.
    e. Ich habe meinem Freund den Wagen versprochen.

23. **Beispiel:**   Haben Sie ihm *das Geld* geschickt?   Ja, ich habe *es* ihm geschickt.
    a. Haben Sie ihm das Geld geschickt?
    b. Haben Sie ihr die Fahrkarte gegeben?
    c. Haben Sie ihm das Geld versprochen?
    d. Haben Sie ihr den Brief geschrieben?
    e. Haben Sie ihnen die Reise versprochen?

München: Schloß Nymphenburg

24. **Beispiel:** **Ist *sein Vater* Jurist?** **Ja, *er* ist Jurist.**
   a. Ist sein Vater Jurist?
   b. Ist Ihr Vater Arzt?
   c. Ist sein Vetter Ingenieur?
   d. Ist der Großvater Geschäftsmann?
   e. Ist sein Vater im Außenministerium?
   f. Ist ihr Sohn bei der Regierung?
   g. Ist Ihr Onkel bei der Eisenbahn?

WEITERE FRAGEN

1. Wo ist Herr Brown geboren?
2. Liegt das Städtchen im Westen oder im Mittelwesten?
3. War sein Vater bei der Bank oder bei einer Fabrik dort?
4. Wo hat Herr Brown sein Deutschstudium angefangen?
5. Ist sein Vater bei einer Chemiefirma oder einem Autogeschäft?
6. Wie hat man ursprünglich den Namen Brown geschrieben?
7. Was verkauft die Chemiefirma?

8. Bekommt Herr Brown, jun. gute oder schlechte Zensuren?
9. Gefällt es dem Vater, daß der Sohn Deutsch lernt?
10. Was hat der Vater seinem Sohn versprochen?
11. Mit wem hat der Sohn die Reise besprochen?
12. Mit wem hat der Student in Schwarzhausen viel Kontakt?
13. Bei wem wohnt der Student vom Ausland?
14. Wie ist das Leben am Institut?
15. Wer hat noch Verwandte in Deutschland?
16. Wer geht oft auf Geschäftsreisen nach Europa?

SPRECHÜBUNGEN

1. Exchange the following information with the student next to you:
   a. where you both were born
   b. father's occupation
   c. number of children in the family
   d. whether you now live in the Middle West
   e. whether you receive good grades
   f. whether you like to study literature
   g. who speaks German fluently
   h. whether you come from a small town or a city
2. Student Dialogue I
   a. Does your father travel (*reisen*) a lot?
   b. Yes, his company often sends him on business trips.
   a. Is he with a chemical firm?
   b. No, he is with an automobile company.
3. Student Dialogue II
   c. What does your company sell?
   d. Chemicals for drugs.
   c. Does it sell its chemicals in Germany?
   d. Yes, to a company in Düsseldorf.
4. Student Dialogue III
   e. Do you have relatives in Germany?
   f. Yes, in Bavaria.   Are you of German descent too?
   e. Yes, I was born in Germany.
   f. Then you speak fluent German, don't you?
   e. No, but my parents and grandparents speak it very well.

SCHRIFTLICHES

1. Rewrite the following sentences, replacing all nouns with pronouns.   Note the word order of the pronoun objects.
   a. Ich habe der Schwester eine Postkarte geschickt.   b. Sie gibt der Wirtin das Geld. c. Er hat es dem Vater versprochen.   d. Der Wagen gefällt meinem Freund.   e. Die Schwester ist jetzt bei den Großeltern.   f. Der Student hat das Geld von dem Onkel bekommen.   g. Die Studenten unterhalten sich gern mit dem Gastwirt.   h. Es tut meiner Freundin leid.

2. Write the following sentences in German:

a. He is an engineer with a construction firm.   b. I am going (*fahren*) to Munich by train today.   c. Can you tell me where the German Museum is?   d. You must discuss the trip with your parents.   e. I received a postcard from my parents yesterday. f. I like that very much.   g. Did you receive a letter from your aunt?   h. I advised him (dative) to take a trip to Germany.   i. He is just coming out of the house. j. Come tomorrow, and I will give (use present tense) you the money.

VERSCHIEDENES

DAS ALPHABET

BUCHSTABE	NAME AUF DEUTSCH
a	ā
b	bē
c	tßē
d	dē
e	ē
f	ĕf
g	gē
h	hā
i	ī
j	jŏt
k	kā
l	ĕl
m	ĕm
n	ĕn
o	ō
p	pē
q	kū
r	ĕr
s	ĕß
ß	ĕßtßĕt
t	tē
u	ū
v	fau
w	wē
x	ĭkß
y	üpßilŏn
z	tßĕt

ÜBUNGEN

1. Buchstabieren Sie Ihren Vor- und Familiennamen auf deutsch!
2. Lesen Sie folgende Buchstaben auf deutsch:

BUCHSTABEN	DEUTSCHE NAMEN	ENGLISCHE NAMEN
VW	Volkswagen	*Volkswagen*
BRD	Bundesrepublik Deutschland	*Federal Republic of Germany*
DDR	Deutsche Demokratische Republik	*German Democratic Republic*

BUCHSTABEN	DEUTSCHE NAMEN	ENGLISCHE NAMEN
DM	Deutsche Mark	*German mark*
DKW	Deutsche Kraftwagen-Werke	*German Automobile Works*
AEG	Allgemeine Elektrizitätsgesellschaft	*General Electric Company*
LKW	Lastkraftwagen	*Truck*
PKW	Personenkraftwagen	*Automobile*
CDU	Christlich-Demokratische Union	*Christian Democratic Union*
SPD	Sozialdemokratische Partei Deutschlands	*Social Democratic Party of Germany*
CSU	Christlich-Soziale Union	*Christian Socialist Union*
AG	Aktiengesellschaft	*Stock company*
G.m.b.H.	Gesellschaft mit beschränkter Haftung	*Company with limited liability (Ltd.)*
EWG	Europäische Wirtschaftsgemein-schaft	*European Economic Community (Common Market)*
WDR	Westdeutscher Rundfunk	*West German Broadcasting Company*
DFB	Deutscher Fußball-Bund	*German Soccer League*

PHONOLOGIE

SOME DIFFICULT CONSONANT CLUSTERS

tsw: zwei, zweite, zwar, zwölf, zwanzig, zwischen, Zwiebel

spr: sprechen, spricht, Sprache, Springbrunnen, gesprochen, versprechen

tst: jetzt, zuletzt, Arzt

schl: schlafen, schlecht, schläfrig, Schloß, schließen

schr: schreiben, Kugelschreiber, geschrieben, schriftlich

pf: Pfannkuchen, Pfirsich, Pferd, Pflaumen, empfehlen

str: Straße, Straßenbahn, streng, Straßburg

schw: Geschwister, Schwester, Schwan, schwer, Schwein, schwarz, Schweiz, schwimmen

chts: nichts

Elfte Lektion

11

Grammatische Ziele:
    Präpositionen mit Dativ und Akkusativ — an, auf, hinter,
    in, neben, über, unter, vor, zwischen

EINFÜHRENDE BEISPIELE

Anschauungsmaterial:
    ein Buch
    ein Papierkorb
    ein Kugelschreiber

1. Fräulein Moreau ist im Wohnzimmer.
   Wo ist Fräulein Moreau?
       Fräulein Moreau ist im Wohnzimmer.

2. Frau Schmidt kommt ins Wohnzimmer.
   Wer kommt ins Wohnzimmer?
       Frau Schmidt kommt ins Wohnzimmer.

3. Ich lege das Buch auf den Tisch.
   Wohin lege ich das Buch?
       Sie legen das Buch auf den Tisch.

4. Das Buch liegt jetzt auf dem Tisch.
   Wo liegt es?
       Es liegt auf dem Tisch.

5. Hier ist ein Papierkorb.
   Ich stelle den Korb vor die Tür.
   Wohin habe ich den Korb gestellt?
       Sie haben den Korb vor die Tür gestellt.

Ist der Korb jetzt vor der Tür?

　　　Ja, der Korb ist jetzt vor der Tür.

6. Steht der Korb vor oder hinter der Tür?

　　　Der Korb steht vor der Tür.

7. Herr _____, gehen Sie ans Fenster!
   Wohin geht Herr _____?

　　　Herr _____ geht ans Fenster.

8. Herr _____, bleiben Sie am Fenster stehen!
   Wo steht er jetzt?

　　　Er steht jetzt am Fenster.

9. Fräulein _____, gehen Sie an die Tür!
   Wohin geht sie?

　　　Sie geht an die Tür.

10. Fräulein _____, bleiben Sie an der Tür stehen!
    Wo steht sie?

　　　Sie steht an der Tür.

11. Ich lege den Kugelschreiber neben das Buch.
    Wohin lege ich den Kugelschreiber?

　　　Sie legen den Kugelschreiber neben das Buch.

12. Jetzt liegt der Kugelschreiber neben dem Buch.
    Wo liegt er?

　　　Er liegt neben dem Buch.

13. Hängt die Landkarte über der Wandtafel?

　　　Ja, die Landkarte hängt über der Wandtafel.

14. Fahren Sie jeden Tag über die Brücke?

　　　Ja, ich fahre jeden Tag über die Brücke.

15. Ich stelle den Korb unter den Tisch.
    Was habe ich unter den Tisch gestellt?

　　　Sie haben den Korb unter den Tisch gestellt.
    Wo steht der Korb jetzt?

　　　Der Korb steht unter dem Tisch.
    Habe ich den Korb auf den Tisch oder unter den Tisch gestellt?

　　　Sie haben den Korb unter den Tisch gestellt.

16. Herr _____, stehen Sie auf!
     Stellen Sie sich zwischen den Stuhl und das Fenster!
     Wer stellt sich zwischen den Stuhl und das Fenster?
                 Herr _____ stellt sich zwischen den Stuhl und das Fenster.

17. Herr _____ steht jetzt zwischen dem Stuhl und dem Fenster.
     Wo steht er jetzt?
                 Er steht jetzt zwischen dem Stuhl und dem Fenster.

ÜBUNGEN

1. Beispiele: *er*   *Er geht* ins Wohnzimmer.
                  wir   *Wir gehen* ins Wohnzimmer.
    a. er   d. ich
    b. wir   e. meine Freunde
    c. sie (*they*)
2. Beispiel: *ins Kino*   Wir möchten *ins Kino* gehen.
    a. ins Kino   d. ins Haus
    b. ins Theater   e. ins Institut
    c. ins Wohnzimmer
3. Beispiel: *in die Oper*   Ich gehe jetzt *in die Oper.*
    a. in die Oper   d. in die Küche
    b. in die Schule   e. in die Gaststätte
    c. in die Stadt
4. Beispiel: *auf das Sofa*   Sie legt das Buch *auf das Sofa.*
    a. auf das Sofa   d. auf einen Stuhl
    b. auf den Tisch   e. auf einen Tisch
    c. auf den Stuhl
5. Beispiel: *auf*   Ich lege es *auf* den Tisch.
    a. auf   d. vor
    b. unter   e. neben
    c. hinter
6. Beispiel: *über*   Wir gehen *über* die Brücke.
    a. über   c. unter
    b. auf   d. an
7. Beispiel: *die Mutter*   Haben Sie einen Brief an *die Mutter* geschrieben?
    a. die Mutter   d. die Eltern
    b. die Tante   e. den Vater
    c. Ihre Tante
8. Beispiel: *die Tür*   Gehen Sie an *die Tür!*
    a. die Tür   d. das Sofa
    b. das Fenster   e. die Wandtafel
    c. den Tisch
9. Beispiel: *am Nachmittag*   Wir müssen *am Nachmittag* arbeiten.
    a. am Nachmittag   d. am Samstag
    b. am Abend   e. am Montagmorgen
    c. am Freitag

10. **Beispiel:** *hinter*   Der Garten liegt *hinter* dem Haus.
    a. hinter   c. neben
    b. vor   d. nicht weit von

11. **Beispiele:** *der Stuhl*   Der Stuhl steht an dem Fenster.
                wir   *Wir stehen* an dem Fenster.
    a. der Stuhl   d. er
    b. wir   e. ich
    c. der Tisch

12. **Beispiel:** *Dorf*   Heute gehen wir ins *Dorf*.
    a. Dorf   d. Gasthaus
    b. Kino   e. Museum
    c. Hotel

13. **Beispiele:** *Dorf*   Ich wohne *im Dorf*.
                Stadt   Ich wohne *in der Stadt*.
    a. Dorf   e. Mittelwesten
    b. Stadt   f. Süden
    c. Hotel   g. Schweiz
    d. Blumenstraße   h. Gasthof

14. **Beispiele:** *Stadt*   Ich will morgen *in die Stadt* gehen.
                Kino   Ich will morgen *ins Kino* gehen.
    a. Stadt   e. Institut
    b. Kino   f. Oper
    c. Hotel   g. Kirche
    d. Schule   h. Geschäft

15. **Beispiele:**   Ich *bin im* Dorf.   Ich *gehe ins* Dorf.
                Ich *bin* in *der* Stadt.   Ich *gehe* in *die* Stadt.
    a. Ich bin im Dorf.   d. Ich bin heute nicht im Institut.
    b. Ich bin in der Stadt.   e. Ich bin morgen nicht im Museum.
    c. Ich bin heute in der Schule.   f. Ich bin in meinem Zimmer.

16. **Beispiel:**   Er *steht an der* Tür.   Er *geht an die* Tür.
    a. Er steht an der Tür.   d. Er steht an der Brücke.
    b. Er steht an dem Fenster.   e. Er steht an seinem Tisch.
    c. Er steht an der Haltestelle.   f. Er steht jetzt am Schalter.

17. **Beispiel:**   Gehen Sie auf die Post?   Ja, ich gehe auf die Post.
    a. Gehen Sie auf die Post?
    b. Geht er an die Tür?
    c. Gehen Sie in Ihr Zimmer?
    d. Fährt er jeden Tag in die Stadt?
    e. Muß man an der Haltestelle warten?
    f. Hängt die Landkarte über der Wandtafel?
    g. Gehen Sie heute abend in ein Hotel?
    h. Essen Sie gewöhnlich im Restaurant?
    i. Ist die Haltestelle vor Ihrem Haus?
    j. Steigt man vor dem Museum aus?
    k. Gehen Sie am Sonntag in die Kirche?
    l. Steht Ihr Wagen vor dem Haus?
    m. Liegt der Garten hinter dem Haus?
    n. Steht der Stuhl neben dem Tisch?

18. Beispiele: Wohin gehen Sie jetzt?   (*Zimmer*)   Ich gehe ins Zimmer.
                 Wo muß man warten?   (*Haltestelle*)   Man muß an der Haltestelle
                                                              warten.

  a. Wohin gehen Sie jetzt?   (Zimmer)
  b. Wo muß man warten?   (Haltestelle)
  c. Wo arbeiten Sie heute?   (Schule)
  d. Wohin fahren Sie morgen?   (Stadt)
  e. Wo wohnt Ihr Freund?   (Hotel)
  f. Wann müssen Sie das Lesestück durcharbeiten?   (Abend)
  g. Wohin geht er?   (Tür)
  h. Wo essen wir heute abend?   (Gasthaus)
  i. Wo soll ich aussteigen?   (Museum)
  j. Wo wohnen Sie jetzt?   (Stadt)
  k. Wo steht der Stuhl?   (Fenster)
  l. Wohin fährt er jeden Tag?   (Stadt)

FRAGEN

1. Hängt die Landkarte über der Wandtafel oder über dem Fenster?
2. Steht der Professor hinter dem Tisch?
3. Wer steht vor der Klasse?
4. Sitzen Sie neben einem Mädchen?
5. Was hängt über der Wandtafel?
6. Gehen Sie am Sonntag in die Kirche oder ins Geschäft?
7. Arbeitet Ihr Vater in einer Fabrik?
8. Wo essen die Studenten zu Mittag?
9. Ist die Haltestelle vor der Schule oder vor dem Dom?
10. Wo arbeitet Ihr Vater?
11. Hält die Straßenbahn vor der Schule?
12. Wer geht an die Tür, wenn es klingelt?
13. Wohnen Sie in einem Dorf oder einer Stadt?
14. Wohin geht man am Sonntag?
15. Gehen Sie auf die Post oder auf die Bank?
16. Wohin geht man, wenn es klingelt?
17. Geht man auf den Bahnsteig, wenn der Zug ankommt?
18. Was steht vor Ihrem Haus?
19. Wer sitzt neben Ihnen?
20. Löst man eine Fahrkarte am Schalter oder an der Sperre?

manschaft = team

DIALOG: Der Tanzabend

JONES   Es ist sehr nett von Ihnen, mit mir tanzen zu gehen.

ANNELIESE NEUMANN   Oh,* ich tanze sehr gern.

JONES   Gibt es oft Tanz im Kurhotel?

NEUMANN   In der Saison, jeden Samstagabend.

JONES   Immer im Hotel?

NEUMANN   Ja, hier ist der Saal groß genug, und viele Kurgäste tanzen gern.

JONES   Aber die Gäste sind doch krank, nicht wahr?

NEUMANN   (*lacht*)   Nein, sie baden so oft im Wasser aus der Heilquelle, daß sie
   gleich wieder gesund werden!

JONES   Kaum zu glauben!

NEUMANN   Tanzen Sie gern zu bayrischer Musik?

JONES   Jawohl, aber manchmal werden die Tänzer ein bißchen wild.

NEUMANN   Ja, Sie haben recht.   Ich tanze persönlich viel lieber Jazz.

JONES   Kennen Sie die neusten Schlager?

NEUMANN   O* ja, in unserem Jazzklub bekommen wir oft Platten aus Amerika.

JONES   Kommt Ihr Bruder denn nicht zum Tanz?

NEUMANN   Nein, er geht heute abend aufs Gemeindehaus.   Dort hält sein Fotoklub eine Sitzung.

JONES   Gehören Sie auch einem Klub an?

NEUMANN   Ja, ich war lange im Ring Deutscher Pfadfinderinnen tätig.   Jetzt gehöre ich einem Musik- und Jazzklub an.   Die Musiker in der Kapelle da sind alle
   in unserem Klub.

* **O** is generally used with other words and is not punctuated separately, while **oh** stands alone and
is followed by a comma.

der Klub

not connected
with ch

bis-chen

biß-chen

The Dance

JONES   It's very nice of you to go dancing with me.

ANNELIESE NEUMANN   Oh, I enjoy dancing.

JONES   Is there often a dance in the spa hotel?

NEUMANN   During the season, every Saturday night.

JONES   Always in the hotel?

NEUMANN   Yes, the hall here is large enough, and many of the guests like to dance.

JONES   But the guests are sick, aren't they?

NEUMANN (*laughs*)   No, they bathe so often in water from the mineral springs that they get well again right away!

JONES   Hard to believe!

NEUMANN   Do you like to dance to Bavarian music?

JONES   Yes, indeed, but sometimes the dancers get a little wild.

NEUMANN   Yes, you're right.   Personally I much prefer to dance to jazz.

JONES   Do you know the latest hits?

NEUMANN   Oh yes, in our jazz club we often get records from America.

JONES   Isn't your brother coming to the dance?

NEUMANN   No, he's going to the community hall tonight.   His photography club is holding a meeting there.

JONES   Do you belong to a club too?

NEUMANN   Yes, for a long time I was active in the Girl Scouts.   I now belong to a music and jazz club.   The musicians in the band here are all in our club.

„Manchmal werden die Tänzer
ein bißchen wild."

FRAGEN ÜBER DEN DIALOG

1. Wann geht man in Schwarzhausen tanzen?
2. Wer geht mit Herrn Jones tanzen?
3. Wo ist der Tanzabend?
4. Wer geht gern tanzen?
5. Wer wird gleich wieder gesund?
6. Tanzt Fräulein Neumann gern zu bayrischer Musik?
7. Kennt sie die neusten Schlager?
8. Wer hat Platten mit den neusten Schlagern?
9. Was bekommt der Jazzklub aus Amerika?
10. Tanzt Fräulein Neumann lieber Jazz oder Walzer?
11. Ist Karl Neumann auch auf dem Tanzabend?
12. Ist er in dem Gemeindehaus oder im Wirtshaus?
13. Gehört er einem Jazzklub oder einem Fotoklub an?
14. Gehört seine Schwester auch einem Klub an?
15. Wer war im Ring Deutscher Pfadfinderinnen tätig?
16. Wer gehört einem Musikklub an?
17. Woher bekommt der Klub Platten?

LESESTÜCK: Die deutsche Jugend

Die deutsche Jugend hat sich in den Jahren seit dem II. Weltkrieg[1] sehr geändert.[2] Unter dem Nazi-Regime war der Einfluß des Militarismus und des radikalen Nationalismus auf die junge Generation außerordentlich stark.[3]   Nach dem Zusammenbruch von 1945[4] war die Haltung der Jugend zu den damaligen politischen und sozialen Problemen[5] zynisch und gleichgültig—ja sogar antipolitisch.[6]   In der Nachkriegszeit[7] hat es viel Arbeitslosigkeit unter der Jugend gegeben.[8]   Viele Jugendliche[9] (Kind ist, wer noch nicht 14 Jahre alt ist.   Jugendlicher ist, wer über 14, aber noch nicht 18 Jahre alt ist—Jugendschutzgesetz.)[10] waren eltern- und heimatlos,[11] und waren oft im Schwarzhandel tätig.[12]   Die Jugendkriminalität hat sich damals erstaunlich schnell erhöht.[13]

Heutzutage ist die Lage ganz anders.[14]   Durch private und staatliche Hilfe[15] ist die Jugend in der Bundesrepublik[16] (Westdeutschland) jetzt politisch und sozial gebildet.[17]   Die Hoffnungslosigkeit von damals existiert nicht mehr.[18]   Charakteristisch für die neue Form des Jugendlebens ist die Zusammenarbeit in vielen Jugendorganisationen.[19]   Der Bundesjugendplan unterstützt bereits:[20] Deutsche Sportju-

[1] **seit dem II. Weltkrieg** = **seit dem Zweiten Weltkrieg** since the Second World War
[2] **die deutsche Jugend hat sich sehr geändert** German youth has changed greatly
[3] **der Einfluß des Militarismus und des radikalen Nationalismus auf die junge Generation war außerordentlich stark** the influence of militarism and extreme nationalism on the younger generation was exceptionally strong   [4] **nach dem Zusammenbruch von 1945** after the collapse of 1945
[5] **die Haltung der Jugend zu den damaligen Problemen** the attitude of the youth toward the problems of that time
[6] **zynisch und gleichgültig—ja sogar antipolitisch** cynical and indifferent—indeed even anti-political
[7] **in der Nachkriegszeit** during the postwar period
[8] **es hat viel Arbeitslosigkeit unter der Jugend gegeben** there was much unemployment among the youth (**Unter** means both "under" and "among.")
[9] **viele Jugendliche** many young people
[10] **das Jugendschutzgesetz** Law for the Protection of Minors
[11] **eltern- und heimatlos** without parents and homes (i.e. parentless and homeless)
[12] **im Schwarzhandel tätig** active in the black market
[13] **die Jugendkriminalität hat sich damals erstaunlich schnell erhöht** in those days juvenile crime increased with astonishing speed
[14] **heutzutage ist die Lage ganz anders** nowadays the situation is quite different
[15] **durch private und staatliche Hilfe** by means of private and state help
[16] **die Bundesrepublik** Federal Republic
[17] **die Jugend ist politisch und sozial gebildet** youth is educated in political and social matters
[18] **die Hoffnungslosigkeit von damals existiert nicht mehr** the hopelessness of that time does not exist any longer
[19] **charakteristisch für die neue Form des Jugendlebens ist die Zusammenarbeit in vielen Jugendorganisationen** working together in many youth organizations is characteristic of the new mode of life for young people
[20] **der Bundesjugendplan unterstützt bereits** the Federal Youth Plan supports up to this time (The Federal Youth Plan was first devised and put into effect by the Federal Government to encourage and support many types of youth activities.)

gend,[21] Katholische Jugend,[22] Evangelische Jugend Deutschlands,[23] Jugendrotkreuz,[24] Ring Deutscher Pfadfinder,[25] Junge Europäische Föderalisten[26] u.a.m. Auch gibt es überall Foto-, Film-, Briefmarken-[27] und Jazzklubs.

Heute ist die Jugend nicht mehr arbeitslos und unbeschäftigt.[28] Die Jugendlichen gehen aufs Gymnasium oder auf Handels- und Berufsschulen.[29] Für sie ist das Leben gar nicht[30] so schwer wie für die früheren Generationen, denn der Lebensstandard ist jetzt sehr hoch, und Westdeutschland braucht[31] beruflich ausgebildete Menschen,[32] besonders Facharbeiter.[33] Wenn seine Ausbildung beendet ist,[34] kann der junge Mensch leicht eine Stelle[35] in einem Geschäft, im Handel[36] oder in der Industrie finden.

In der Bundesrepublik gilt das nicht nur für Jungen sondern auch für Mädchen.[37] Heute findet die Hausfrau kein Dienstmädchen[38] mehr, und sie muß die Hausarbeit selbst tun. Natürlich kann ein Mädchen in der Industrie viel besser verdienen.[39] Sie kann auch als Stenotypistin im Büro arbeiten,[40] als Krankenschwester im Krankenhaus oder in einer Klinik tätig sein,[41] oder Stewardeß bei der Bundesbahn oder der Lufthansa[42] werden.[43] Sie kann sich auch auf der Universität als Lehrerin,[44] Architektin,[45] Juristin, Apothekerin[46] oder Ärztin[47] ausbilden lassen.[48]

Seine Abenteuerlust führt den jungen Deutschen oft ins Ausland,[49] und viele Firmen schicken junge Ingenieure und Techniker[50] in exotische Länder. Dort baut man Fabriken, Stauwerke[51] und Raffinerien.[52] Wer der Menschheit dienen will,[53] kann auch in den Deutschen Entwicklungsdienst,[54] das Friedenskorps der Bundes-

---

[21] **Deutsche Sportjugend** German Youth Athletic Association
[22] **Katholische Jugend** Catholic Youth Organization
[23] **Evangelische Jugend Deutschlands** Evangelical (i.e. Lutheran) Youth of Germany
[24] **Jugendrotkreuz** Junior Red Cross
[25] **Ring Deutscher Pfadfinder** German Pathfinder Circle (i.e. Boy Scouts)
[26] **Junge Europäische Föderalisten** Young European Federalists
[27] **der Briefmarkenklub** stamp club
[28] **arbeitslos und unbeschäftigt** unemployed and idle
[29] **Handels- und Berufsschulen** business and trade schools [30] **gar nicht** not at all
[31] **brauchen** to need
[32] **beruflich ausgebildete Menschen** vocationally trained people (**der Mensch** human being)
[33] **der Facharbeiter** skilled worker
[34] **wenn seine Ausbildung beendet ist** when his training is finished
[35] **die Stelle** position [36] **der Handel** commerce
[37] **das gilt nicht nur für Jungen, sondern auch für Mädchen** that applies not only to boys but also to girls [38] **das Dienstmädchen** housemaid [39] **verdienen** to earn
[40] **als Stenotypistin im Büro arbeiten** to work as a stenographer in an office
[41] **als Krankenschwester im Krankenhaus tätig sein** to be active as a nurse in a hospital
[42] **die Lufthansa** Lufthansa (German airline) [43] **werden** to become
[44] **der Lehrer, die Lehrerin** teacher [45] **der Architekt, die Architektin** architect
[46] **der Apotheker, die Apothekerin** pharmacist [47] **der Arzt, die Ärztin** physician
[48] **sie kann sich als Juristin ausbilden lassen** she can be educated as a lawyer
[49] **seine Abenteuerlust führt den jungen Deutschen ins Ausland** his desire for adventure sends (i.e. leads) the young German abroad
[50] **der Techniker** technician [51] **das Stauwerk** dam
[52] **die Raffinerie** refinery [53] **wer der Menschheit dienen will** he who wants to serve humanity
[54] **der Deutsche Entwicklungsdienst** German Development Service

republik,[55] eintreten.[56]   So lernt der junge Deutsche die Welt und neue Ideen kennen.[57]

   Zum Vergnügen wandert die Jugend sehr gern[58] durch die Wälder[59] und Berge. Jedes Jahr fahren viele junge Leute in die Ferien,[60] oft per Anhalter[61] oder mit dem Motorroller.[62]   Manche wollen zur Erholung aufs Land,[63] andere reisen ins Ausland. Durch Wandern,[64] zahlreiche Jugendgemeinschaften,[65] Kontakt mit den Menschen im Ausland sowie eine gesunde, positive, politische Bildung hat sich der geistige Gesichtskreis der Jugend sehr erweitert.[66]

[55] **das Friedenskorps der Bundesrepublik** Peace Corps of the Federal Republic   [56] **eintreten** to enter
[57] **so lernt der junge Deutsche die Welt und neue Ideen kennen** thus the young German gets to know the world and new ideas
[58] **zum Vergnügen wandert die Jugend gern** for recreation young people like to hike
[59] **der Wald** woods
[60] **jedes Jahr fahren viele junge Leute in die Ferien** every year many young people take a vacation trip   [61] **per Anhalter** by hitchhiking   [62] **der Motorroller** motor scooter
[63] **manche wollen zur Erholung aufs Land** some want to go to the country for rest and relaxation
[64] **durch Wandern** by hiking   [65] **zahlreiche Jugendgemeinschaften** numerous youth associations
[66] **durch Kontakt mit den Menschen im Ausland sowie eine gesunde, positive, politische Bildung hat sich der geistige Gesichtskreis der Jugend sehr erweitert** the intellectual horizon of youth has been greatly broadened by contact with people in foreign countries as well as by a healthy, positive, political education

Eine Tanzkapelle

WEITERE ÜBUNGEN

1. **Beispiel:**   *Krankenhaus*   **Sie hat eine Stelle im *Krankenhaus* angenommen.**
    a. Krankenhaus
    b. Gasthaus
    c. Büro
    d. Geschäft
    e. Kurhotel
    f. Ausland
    g. Institut
    h. Restaurant

2. **Beispiel:**   *Klinik*   **Die Arbeit in der *Klinik* ist nicht leicht.**
    a. Klinik
    b. Fabrik
    c. Organisation
    d. Schule
    e. Industrie
    f. Regierung
    g. Möbelfabrik
    h. Apotheke

3. **Beispiele:**   *Fabrik*   **Mädchen können in *der Fabrik* gut verdienen.**
    Büro   **Mädchen können *im Büro* gut verdienen.**
    a. Fabrik
    b. Büro
    c. Kurhotel
    d. Restaurant
    e. Apotheke
    f. Industrie
    g. Ausland
    h. Geschäft
    i. Klinik
    j. Krankenhaus

4. **Beispiele:**   *Klinik*   **Wir sollen in *einer Klinik* arbeiten.**
    Büro   **Wir sollen in *einem Büro* arbeiten.**
    a. Klinik
    b. Büro
    c. Geschäft
    d. Fabrik
    e. Institut
    f. Jugendorganisation
    g. Krankenhaus
    h. Chemiefirma
    i. Kurhotel
    j. Gasthaus

5. **Beispiel:**   *Hotel*   **Er geht jeden Tag ins *Hotel*.**
    a. Hotel
    b. Kino
    c. Büro
    d. Geschäft
    e. Krankenhaus
    f. Gasthaus

6. **Beispiel:**   *Kirche*   **Wir müssen heute in die *Kirche* gehen.**
    a. Kirche
    b. Klinik
    c. Stadt
    d. Apotheke
    e. Autofabrik
    f. Oper

7. **Beispiele:**   *Apotheke*   **Ich will jetzt in *die Apotheke* gehen.**
    Dom   **Ich will jetzt in *den Dom* gehen.**
    a. Apotheke
    b. Dom
    c. Kino
    d. Büro
    e. Garten
    f. Kurhotel
    g. Fabrik
    h. Krankenhaus
    i. Kirche
    j. Geschäft
    k. Stadt
    l. Restaurant

8. **Beispiel:**   *Land*   **Sie will morgen aufs *Land* gehen.**
    a. Land
    b. Institut
    c. Schloß
    d. Büro
    e. Gymnasium

9. Beispiel: *sie* (*her*)   Ich habe einen Brief an *sie* geschrieben.
   a. sie (*her*)   e. seinen Freund
   b. die Mutter   f. ihn
   c. eine Tante   g. die Leute
   d. meinen Onkel   h. den Klub

10. Beispiele: *Tür*   Der Arzt hat an *der Tür* gestanden.
                 Fenster   Der Arzt hat an *dem Fenster* gestanden.
   a. Tür *die*   e. Haltestelle *die*
   b. Fenster *der*   *der* f. Schalter
   c. Tisch *der*   *die* g. Sperre
   d. Bett *das*   *der* h. Stuhl

11. Beispiel: Ich *stehe* an *der* Tür.   Ich *gehe* an *die* Tür.
   a. Ich stehe an der Tür.   e. Ich stehe an der Haltestelle.
   b. Ich stehe vor dem Haus.   f. Ich stehe am Fenster.
   c. Ich stehe auf dem Bahnsteig.   g. Ich stehe auf der Brücke.
   d. Ich stehe hinter meinem Tisch.   h. Ich stehe an der Sperre.

12. Beispiel.   Er *wohnt im* Dorf.   Er *geht ins* Dorf.
   a. Er wohnt im Dorf.   g. Er wohnt in einem Dorf.
   b. Er wohnt im Kurhotel.   h. Er wohnt im Hotel.
   c. Er wohnt auf dem Berg.   i. Er wohnt in den Bergen.
   d. Er wohnt auf dem Land.   j. Er wohnt am Fluß.
   e. Er wohnt im Ausland.   k. Er wohnt an der Brücke.
   f. Er wohnt in der Stadt.   l. Er wohnt an der Stadtgrenze.

13. Beispiele: Wir wohnen *im* Dorf.   Wir wohnen *in dem* Dorf.
                 Er fährt *aufs* Land.   Er fährt *auf das* Land.
   a. Wir wohnen im Dorf.   f. Wir reisen durchs Land.
   b. Er fährt aufs Land.   g. Ich muß übers Wochenende arbeiten.
   c. Ich fahre ins Ausland.   h. Sie will aufs Büro gehen.
   d. Der Stuhl steht am Fenster.   i. Ich bin jetzt beim Arzt.
   e. Mein Freund geht ans Fenster.   j. Er kommt vom Lande.

14. Beispiele: Ich gehe *ins* Zimmer.   Ich gehe *in sein* Zimmer.
                 Ich setze mich auf *den* Stuhl.   Ich setze mich auf *seinen* Stuhl.
   a. Ich gehe ins Zimmer.
   b. Ich setze mich auf den Stuhl.
   c. Ich wohne in dem Haus.
   d. Ich habe es im Buch gelesen.
   e. Ich wohne neben der Tante.
   f. Ich schreibe an die Eltern.
   g. Ich habe einen Brief an den Onkel geschrieben.
   h. Ich habe vor dem Haus geparkt.
   i. Ich muß ins Geschäft gehen.
   j. Ich steige in den Wagen ein.

15. Beispiele: Er geht *ins* Haus.   Er geht *in sein* Haus.
                 Wir müssen *im* Geschäft arbeiten.   Wir müssen *in unserem* Ge-
                                                       schäft arbeiten.
   a. Er geht ins Haus.   f. Er steigt in den Wagen ein.
   b. Wir müssen im Geschäft arbeiten. g. Die Eltern arbeiten im Garten.
   c. Sie steht hinter dem Stuhl.   h. Der Lehrer sitzt am Tisch.
   d. Ich parke oft vor dem Haus.   i. Die Großmutter sitzt oft am Fenster.
   e. Mein Freund geht ins Büro.   j. Ich gehe aufs Zimmer.

16. Beispiele: *die Organisation*   Ich gehöre *der Organisation* an.
    der Jazzklub   Ich gehöre *dem Jazzklub* an.
        a. die Organisation   e. diese Klasse
        b. der Jazzklub   f. eine Jugendgemeinschaft
        c. das Jugendrotkreuz   g. diese Kirche
        d. ein Filmklub   h. der Ring Deutscher Pfadfinder

17. Beispiel: **Arbeiten Sie in einer Klinik?**   **Ja, ich arbeite in einer Klinik.**
        a. Arbeiten Sie in einer Klinik?
        b. Geht er jeden Morgen auf die Post?
        c. Muß man über diese Brücke fahren?
        d. Steigt man vor dem Dom aus?
        e. Hält Linie sieben an dieser Haltestelle?
        f. Fahren wir jetzt an den Bahnhof?
        g. Gilt das auch für Mädchen in der Bundesrepublik?
        h. Haben Sie eine Stelle im Geschäft gefunden?
        i. Hängt die Landkarte über der Wandtafel?
        j. Gehen wir jetzt an den Schalter?
        k. Liegt der Garten hinter Ihrem Haus?
        l. Hängt die Landkarte zwischen dem Fenster und der Tür?

WEITERE FRAGEN

1. Hat sich die deutsche Jugend geändert?
2. War der Militarismus unter dem Nazi-Regime sehr stark?
3. Gibt es heutzutage viele Jugendorganisationen in Westdeutschland?
4. Braucht Deutschland Facharbeiter?
5. Wo kann der Jugendliche eine Stelle finden?
6. Wo arbeitet eine Stenotypistin?
7. Kann ein Mädchen Stewardeß bei der Lufthansa werden?
8. Haben wir in den Vereinigten Staaten eine Bundesbahn?
9. Wo wartet man auf den Zug?
10. Wo wartet man auf die Straßenbahn?
11. Wo arbeitet ein Apotheker?
12. Wer kann im Krankenhaus arbeiten?
13. Wer wandert gern?
14. Wer reist gern ins Ausland?
15. Wohin wandert die Jugend?
16. Gibt es heute einen Schwarzhandel in Deutschland?

SPRECHÜBUNGEN

1. Elicit the following information from the student next to you:
        a. whether he belongs to a club
        b. the name of the club
        c. what day the club meets
        d. how many people belong to the club
        e. where the club meets

2. Supply the class with the following information:
   a. that your father is a doctor and has a clinic
   b. that your sister is a stenographer with a chemical firm
   c. that you work in a hospital during the summer
   d. that your brother worked in a furniture factory
   e. that your uncle is a lawyer and works for the government
3. Elicit the following information from the student next to you:
   a. whether he would like to go to the dance tonight
   b. whether he is a musician in a dance band
   c. whether he likes to dance
   d. whether he has any jazz records
   e. whether he likes to listen to Mozart's music
4. Exchange information with the student next to you as to whether either of you:
   a. likes to hitchhike
   b. likes to go to the country
   c. goes to the mountains
   d. works in an office
   e. has a meeting tonight
5. Choose suitable responses from the right-hand column to the statements and questions in the left-hand column.   Complete or expand the responses followed by ellipses.

Beispiele: **Ich gehe heute abend in**   Wirklich?   *Darf ich mitgehen?*
             die Oper.   Wirklich?   *Hören Sie „Die Zauber-*
                                          flöte"?
                                          Unmöglich, denn *die Oper ist heute*
                                          abend geschlossen.

a. Ich habe immer viel zu tun.   (1) Wirklich? . . .
b. Kommen Sie doch heute abend mit!   (2) Wie nett, . . .
c. Meine Schwester ist bei den Groß-   (3) Gewiß, . . .
   eltern in den Bergen.   (4) Ja, wirklich herrlich, und . . .
d. Wir haben in Salzburg eine Oper   (5) Unmöglich, denn . . .
   von Mozart gehört.   (6) Das habe ich nicht gewußt.
e. Die Landschaft in Süddeutschland   (7) Richtig, aber . . .
   ist wirklich schön, nicht wahr?   (8) Das tut mir sehr leid, aber . . .
f. Ich will übers Wochenende meine   (9) So? . . .
   Tante in Regensburg besuchen.   (10) Was Sie nicht sagen!
g. Die Musiker da spielen ein bißchen   (11) Kaum zu glauben!
   wild, nicht wahr?
h. Ich tanze persönlich viel lieber
   Jazz.
i. Seit einem Jahr habe ich kein
   Dienstmädchen mehr.
j. Das gilt auch für Mädchen.

SCHRIFTLICHES

1. Write complete answers in German to the questions as indicated:
   a. Wo liegt der Blumengarten? (in front of the house)   b. Wohin gehen Sie jetzt? (to the bank and then to the office)   c. Wo sind Ihre neuen Platten? (at home in my room)   d. Wo muß man aussteigen? (in front of the cathedral)

e. Wo ist die Post? (on Garden Street by the railway station)   f. Wo hängt die Landkarte? (between the window and the blackboard)   g. Wohin haben Sie mein Buch gelegt? (on the table near the door)   h. Wohin gehen die Studenten morgen? (to the castle and then to the museum)

2. Write the following sentences in German:

a. I am going to the post office.   b. My brother is employed in a factory. c. After the collapse in (*von*) 1945 many young people were active in the black market.   d. My sister belongs to the Girl Scouts and the Junior Red Cross. e. My cousin goes to a business school.   f. The doorbell is ringing.   Please go to the door.   g. I often hitchhike to Munich.   h. My company is building a refinery in Egypt (*Ägypten*) and a dam in India (*Indien*).   i. Put the book on the table and the waste basket behind the door.   j. My sister is with her grandparents in the country.

Bad Herrenalb: Ein Kurhotel

VERSCHIEDENES

REKLAMEN

ADVERTISEMENTS

PHONOLOGIE

nicht	nichts
Nacht	nachts
nach	noch
Dach	doch
kennen	können
er	ihr
leben	lieben
sieben	üben
wir	wer
für	vier
für	vor
hier	her
denn	den
Freundin	Freunden
Ärztin	Ärzten
Mathematík	mathemátisch
Proféssor	Professóren
Senátor	Senatóren
Musík	Músiker

Zwölfte Lektion

12

Grammatisches Ziel:
  Das Imperfekt starker Verben

EINFÜHRENDE BEISPIELE

1. Wir sind heute im Klassenzimmer.
   Wir waren auch gestern hier.
   Wo waren wir gestern?
           Wir waren gestern hier.

2. Ich war gestern abend im Kino.
   Waren Sie gestern abend auch im Kino?
           Ja, ich war gestern abend auch im Kino.
   War der Film interessant?
           Ja, der Film war interessant.

3. Ich ging am Samstag ins Konzert.
   Gingen Sie auch ins Konzert?
           Ja, ich ging auch ins Konzert.

4. Ihr Freund ging am Freitag ins Theater.
   Wohin ging er?
           Er ging ins Theater.

5. Herr _____ fuhr letzte Woche nach München.
   Ich fuhr mit.
   Wann fuhr ich nach München?
           Sie fuhren letzte Woche nach München.

6. Mein Freund und ich blieben zwei Tage in Stuttgart.
   Wie lange blieben wir dort?
           Sie blieben zwei Tage dort.

7. Jetzt verstehe ich Bayrisch, aber am Anfang verstand ich es nicht.
    Verstanden Sie es am Anfang?

    > Nein, am Anfang verstand ich es nicht.

8. Herr Brown und ich sprachen gestern mit Herrn Neumann.
    Mit wem sprach ich?

    > Sie sprachen mit Herrn Neumann.

    Sprach Herr Brown auch mit Herrn Neumann?

    > Ja, Herr Brown sprach auch mit Herrn Neumann.

9. Meine Eltern waren letzte Woche in Frankfurt.
    Sie kamen am Sonntag zurück.
    Wann kamen sie zurück?

    > Sie kamen am Sonntag zurück.

10. Ich habe heute meine Bücher vergessen.
    Ich vergaß sie auch gestern.
    Was vergaß ich gestern?

    > Sie vergaßen gestern Ihre Bücher.

11. Meine Freunde standen lange an der Haltestelle.
    Wo standen sie?

    > Sie standen an der Haltestelle.

ÜBUNGEN

1. **Beispiel:** *ins Gasthaus*   Er ging *ins Gasthaus.*
    a. ins Gasthaus   c. zum Arzt
    b. ins Hotel   d. nach Hause
2. **Beispiel:** *in die Schule*   Ich kam zu spät *in die Schule.*
    a. in die Schule   c. zur Haltestelle
    b. ins Kino   d. ins Geschäft
3. **Beispiel:** *nach Köln*   Wir kamen schließlich *nach Köln.*
    a. nach Köln   c. nach Hause
    b. zum Fluß   d. an die Grenze
4. **Beispiel:** *die Kinder*   *Die Kinder* gingen zu Fuß in den Wald.
    a. die Kinder   d. die zwei Mädchen
    b. meine Freunde   e. sie (*they*)
    c. Sie   f. wir
5. **Beispiele:** *wir*   Wir gingen gestern in die Oper.
                     er   Er ging gestern in die Oper.
    a. wir   d. meine Freunde
    b. er   e. sie (*they*)
    c. ich   f. sie (*she*)
6. **Beispiel:** *ich*   *Ich* sprach gestern mit ihnen.
    a. ich   b. mein Freund

    c. er   e. Herr Schönfeld
    d. sie (*she*)   f. ich

7. **Beispiel:**   *wir*   *Wir sprachen* lange über die Reise.
    a. wir   d. ich
    b. die Freunde   e. er
    c. die Studenten   f. Sie

8. **Beispiel:**   *Sie*   *Sie verstanden* es gar nicht.
    a. Sie   d. er
    b. die Studenten   e. das Kind
    c. wir   f. ich

9. **Beispiel:**   *sie* (*she*)   *Sie fuhr* letzte Woche nach München.
    a. sie (*she*)   d. meine Wirtin
    b. ich   e. wir
    c. meine Eltern   f. sie (*they*)

10. **Beispiel:**   *an der Haltestelle*   Ich stand lange *an der Haltestelle.*
    a. an der Haltestelle   d. vor dem Museum
    b. auf dem Bahnsteig   e. vor dem Geschäft
    c. am Fenster

11. **Beispiel:**   *bis der Zug kam*   Wir standen da, *bis der Zug kam.*
    a. bis der Zug kam   d. bis der Zug abfuhr
    b. bis der Zug hielt   e. bis die Straßenbahn kam
    c. bis der Zug ankam

12. **Beispiel:**   *er*   *Er* blieb eine Woche in Wien.
    a. er   d. die Tante
    b. mein Bruder   e. sie (*she*)
    c. ich

13. **Beispiel:**   *Sie*   Wie lange blieben *Sie* dòrt?
    a. Sie   d. wir
    b. Ihre Freunde   e. die Eltern
    c. die Leute   f. sie (*they*)

14. **Beispiel:**   *wir*   *Wir blieben* nicht lange in der Schweiz.
    a. wir   d. meine Freunde
    b. sie (*they*)   e. sein Freund
    c. ich   f. sie (*she*)

15. **Beispiel**   *ich*   *Ich vergaß* gestern das Programm.
    a. ich   d. sie (*they*)
    b. wir   e. er
    c. mein Vater   f. die Studenten

16. **Beispiel:**   *wir*   *Wir aßen* zu Mittag im Gasthaus.
    a. wir   d. er
    b. meine Freunde   e. ich
    c. die Studenten   f. sie (*they*)

17. **Beispiel:**   *meine Mutter*   *Meine Mutter schrieb* am Montag den Brief.
    a. meine Mutter   d. sie (*she*)
    b. meine Eltern   e. der Geschäftsmann
    c. ich

18. **Beispiel:**   *ich*   Im Herbst *sah ich* die Eltern.
    a. ich   d. wir
    b. er   e. meine Freunde
    c. mein Bruder

19. **Beispiel:** *wir hatten*   *Wir hatten* damals keine Zeit.
    a. wir hatten   d. unsere Freunde hatten
    b. ich hatte   e. sie hatte
    c. der Beamte hatte   f. Sie hatten

20. **Beispiel:** *mein Freund*   *Mein Freund hatte* zu viel zu tun.
    a. mein Freund   d. seine Freunde
    b. man   e. ich
    c. wir   f. alle Leute

21. **Beispiel:** *Ich sah viele Schlösser.*   *Ich sah viele Schlösser*, als ich in Deutschland war.
    a. Ich sah viele Schlösser.   g. Ich begann, Deutsch zu sprechen.
    b. Ich las viele Bücher.   h. Ich schrieb jeden Tag einen Brief.
    c. Ich fuhr oft mit dem Zug.   i. Ich trug oft mein Gepäck.
    d. Ich schwamm einmal im Tegernsee.   j. Ich trank selten Wasser.
    e. Ich wurde einmal krank.   k. Der Winter gefiel mir nicht.
    f. Ich fand das Essen gut.   l. Ich hatte zu wenig Zeit.

22. **Beispiel:** *Ich fuhr* letzte Woche nach München.   *Wir fuhren* letzte Woche nach München.
    a. Ich fuhr letzte Woche nach München.
    b. Ich ging gestern tanzen.
    c. Ich war einen Monat bei dem Onkel.
    d. Ich gab ihm kein Geld.
    e. Ich sprach gestern mit ihr.
    f. Ich aß einmal im „Blauen Affen".
    g. Ich vergaß unsere Fahrkarten.
    h. Ich fuhr am Montag nach Bamberg.
    i. Ich fuhr um acht Uhr ab.
    j. Ich kam eine Stunde später an.
    k. Ich fand meinen Freund nicht zu Hause.
    l. Ich schrieb einen Brief an die Eltern.
    m. Ich sah den Film in Stuttgart.
    n. Ich besprach die Aufgabe mit dem Professor.
    o. Ich las das Buch zu Ende.
    p. Ich hatte kein Geld mehr.

23. **Beispiel:** *Der Student verstand* kein **Bayrisch.**   *Die Studenten verstanden* kein **Bayrisch.**
    a. Der Student verstand kein Bayrisch.
    b. Der Zug kam rechtzeitig an.
    c. Die Frau stand lange an der Sperre.
    d. Der Wagen hielt an der Grenze.
    e. Die Studentin trug viele Bücher.
    f. Die Kirche war bis sechs Uhr offen.
    g. Sein Freund bekam gute Zensuren.
    h. Das Buch war sehr schwer zu lesen.
    i. Mein Freund hieß Schmidt.
    j. Der Ausländer fand München sehr interessant.
    k. Der Bayer sprach immer gern mit uns.
    l. Ich gab dem Kellner eine Mark.

24. **Beispiel:** Ich *verstehe* das nicht.   Ich *verstand* das nicht.
    a. Ich verstehe das nicht.
    b. Ich gebe ihm kein Geld mehr.

Kinder kommen aus der Schule am ersten Schultag

   c. Ich trage selten eine Uhr.
   d. Ich gehe am Abend ins Theater.
   e. Ich bleibe übers Wochenende bei ihm.
   f. Ich vergesse den Fahrplan nicht.
   g. Ich spreche gern mit den Bayern.
   h. Ich komme um zehn Uhr in Regensburg an.
   i. Ich gehe nach der Arbeit nach Hause.
   j. Ich bin mittags in der Fabrik.

25. Beispiel: Sie *gehen* gleich auf die Post.   Sie *gingen* gleich auf die Post.
   a. Sie gehen gleich auf die Post.
   b. Sie lesen über das Leben in Amerika.
   c. Sie trinken zu viel Bier im Hofbräuhaus.
   d. Sie fahren mit dem Schnellzug nach Nürnberg.
   e. Sie werden übermüde von dieser Arbeit.
   f. Sie stehen lange vor dem Schalter.
   g. Sie verstehen die Theorie sehr gut.
   h. Sie kommen am Freitag zurück.
   i. Sie bekommen im Deutschunterricht gute Zensuren.
   j. Sie tragen eine Uhr, nicht wahr?

26. Beispiele: Er *versteht* mich gar nicht.   Er *verstand* mich gar nicht.
    Wir *fahren* einmal nach Basel.   Wir *fuhren* einmal nach Basel.
    a. Er versteht mich gar nicht.
    b. Wir fahren einmal nach Basel.
    c. Ich bin auf Geschäftsreisen.
    d. Die Eltern kommen am Mittwoch zurück.
    e. Der Zug kommt auf Gleis sieben an.
    f. Ich sehe mir die Stadt an.
    g. Die zwei Mädchen bleiben eine Woche dort.
    h. Er liest das Lesestück gar nicht.
    i. Meine Eltern sind im Sommer in Deutschland.
    j. Mein Bruder ist bei einer Autofirma.
    k. Der Professor vergißt meinen Namen.
    l. Der Film heißt „Meuterei auf der Bounty".

27. Mustersatz:

Wir	sprachen	lange	über	unsere Reise.
a.				unsere Reise
b.				die Reise
c.		nicht lange		
d.		selten		
e. er				
f. die Kinder				

28. Mustersatz:

Ich	fuhr	gestern	nach Stuttgart.
a.			nach Stuttgart
b.			von München ab
c.			mit ihm
d.		heute morgen	
e.		letzte Woche	
f.		am Donnerstag	
g.	sprach		
h.	ging		
i.	fuhr		
j. sie (*they*)			
k. Fräulein Jensen			
l. wir			

DIALOG: Eine neue Bekanntschaft

Eines Abends gingen Fräulein Moreau und Herr Brown ins Gasthaus.   Ein junger Herr saß allein und bat sie, an seinem Tisch Platz zu nehmen.

LÜDEKE   Guten Abend!   Nehmen Sie hier an meinem Tisch Platz!

BROWN   Danke schön!   Das ist sehr nett von Ihnen.

LÜDEKE   Sie sind Studenten am Institut, nicht wahr?

BROWN   Ja.   Woher wußten Sie das?

LÜDEKE   Das sah ich sofort, als Sie hereinkamen.   Sie sehen anders als die Bayern aus.

MOREAU   Sie sind gewiß auch kein Bayer.   Das kann ich an Ihrer Aussprache hören.

LÜDEKE   Richtig.   Ich kam erst vor drei Jahren nach Bayern.   Ich bin hier Lehrer am Gymnasium.

BROWN   Welches Fach unterrichten Sie, Herr Dr. Lüdeke?

LÜDEKE   Mathematik und Naturwissenschaften.

BROWN   Das Gymnasium ist unserer Mittelschule oder *high school* sehr ähnlich, nicht wahr?

LÜDEKE   Nein, im Gegenteil.   Der Unterschied ist sehr groß.

BROWN   Wie lange geht der Schüler aufs Gymnasium?

LÜDEKE   Gewöhnlich neun Jahre, und am Ende seiner Schulzeit macht er das Abitur. Erst dann darf er auf die Universität gehen.

MOREAU   In welchem Jahr haben Sie den Doktor gemacht?

LÜDEKE   Den Doktor machte ich vor einem Jahr.   Zuerst war ich ein Jahr auf der Universität Köln, aber dann ging ich nach München.   Dort schrieb ich meine Doktorarbeit.

MOREAU   Wann kamen Sie nach Schwarzhausen?

LÜDEKE   Letzten Herbst.

A New Acquaintance

One evening Miss Moreau and Mr. Brown went to the inn.　A young gentleman was sitting alone and asked them to sit at his table.

LÜDEKE　Good evening!　Have a seat here at my table!

BROWN　Thank you.　That's very nice of you.

LÜDEKE　You're students at the Institute, aren't you?

BROWN　Yes.　How did you know that?

LÜDEKE　I saw that as soon as you entered.　You look different from the Bavarians.

MOREAU　You're certainly not a Bavarian either.　I can tell that by your pronunciation.

LÜDEKE　Correct.　I came to Bavaria just three years ago.　I'm a teacher here in the *Gymnasium*.

BROWN　Which subject do you teach, Dr. Lüdeke?

LÜDEKE　Mathematics and natural sciences.

BROWN　The *Gymnasium* is quite similar to our high school, isn't it?

LÜDEKE　No, on the contrary, there's a great difference.

BROWN　How long does the pupil go to the *Gymnasium*?

LÜDEKE　Usually nine years, and at the end of his schooling he passes the qualifying examination.　Only then is he permitted to go to the university.

MOREAU　When did you get your Ph.D.?

LÜDEKE　I got my Ph.D. a year ago.　First I was at the University of Cologne for a year, but then I went to Munich.　I wrote my dissertation there.

MOREAU　When did you come to Schwarzhausen?

LÜDEKE　Last fall.

„Welches Fach unterrichten Sie, Herr Dr. Lüdeke?"

FRAGEN ÜBER DEN DIALOG

1. Wer ging eines Abends ins Gasthaus?
2. Wer saß allein an einem Tisch?
3. Hatte Herr Dr. Lüdeke eine bayrische Aussprache?
4. Sah Herr Brown wie ein Bayer aus?
5. Wann kam Herr Dr. Lüdeke nach Bayern?
6. Wo hatte er eine Stellung?
7. Ist das Gymnasium unserer *high school* ähnlich?
8. Was macht der Schüler am Ende seiner Schulzeit?
9. Wann machte Herr Dr. Lüdeke den Doktor?
10. Machte er den Doktor auf der Universität München oder Köln?
11. Wo war er zuerst?
12. Wo schrieb er die Doktorarbeit?
13. Wann kam er nach Schwarzhausen?
14. Welches Fach unterrichtet er?

LESESTÜCK: Das deutsche Schulwesen[1]

Fräulein Moreau und Herr Brown hatten eines Abends[2] keine Schulaufgaben für den nächsten Tag und entschlossen sich,[3] ins Gasthaus „Zum Schwarzen Roß" zu gehen. Es waren immer viele Leute aus der Nachbarschaft da.[4]   Die Gäste unterhielten sich[5] mit Kartenspielen[6] und mit Geschwätz über das schlechte Benehmen der Nachbarskinder[7] und andere wichtige[8] Lebensprobleme.   Die Studenten vom Institut gingen gern hin, denn es war für sie eine gute Gelegenheit, sich in der deutschen Sprache zu üben.[9]

An diesem Abend sahen die zwei jungen Leute einen Tisch, an dem[10] ein einzelner[11] Herr saß.[12]   Es stand[13] kein Stammtischschild[14] darauf; daher wußten sie, daß die übrigen Plätze frei waren.[15]   Der junge Mann bat[16] sie mit freundlicher Höflichkeit,[17] an seinem Tisch Platz zu nehmen.   Die Studenten erfuhren,[18] daß er Lehrer war.   Er hieß[19] Lüdeke und hatte eine Stellung am Gymnasium in Schwarzhausen.

Die Studenten nahmen[20] Interesse an dem Schulwesen[21] in Deutschland, und es war sehr leicht, ein Gespräch[22] darüber[23] anzufangen.   Herr Brown fand[24] es schwer, das deutsche Schulwesen zu begreifen,[25] denn es ist dem amerikanischen System gar nicht ähnlich.   Wie fast alle Amerikaner in Deutschland, hielt[26] Herr Brown das deutsche Schulwesen für sehr kompliziert.[27]   Im Gegensatz dazu[28] schienen[29] ihm die amerikanischen Schulen sehr logisch und systematisch aufgebaut,[30] aber durch die Unterhaltung[31] mit dem Lehrer gewann[32] er Einblick in den deutschen Schulaufbau.[33]

Das Schulwesen steht unter staatlicher Aufsicht,[34] aber es gibt kein Bundesministerium für Unterricht und Erziehung,[35] denn jedes Bundesland[36] bestimmt[37] durch

[1] **das Schulwesen** school system   [2] **eines Abends** one evening
[3] **sich entschließen, entschloß sich** to decide
[4] **es waren immer viele Leute aus der Nachbarschaft da** there were always many people from the neighborhood there   [5] **sich unterhalten, unterhielt sich** to entertain oneself
[6] **das Kartenspielen** cardplaying
[7] **mit Geschwätz über das schlechte Benehmen der Nachbarskinder** with gossip about the bad behavior of the neighbor children   [8] **wichtig** important   [9] **sich üben** to practice
[10] **an dem** at which   [11] **einzeln** lone, single   [12] **sitzen, saß** to sit   [13] **stehen, stand** to stand
[14] **das Stammtischschild** Stammtisch sign
[15] **daher wußten sie, daß die übrigen Plätze frei waren** thus they knew that the rest of the seats were not reserved   [16] **bitten, bat** to request, ask
[17] **mit freundlicher Höflichkeit** with friendly courtesy   [18] **erfahren, erfuhr** to find out
[19] **heißen, hieß** to be named   [20] **nehmen, nahm** to take   [21] **an dem Schulwesen** in the school system
[22] **das Gespräch** conversation   [23] **darüber** about it   [24] **finden, fand** to find
[25] **begreifen, begriff** to comprehend, understand   [26] **halten, hielt (für)** to consider
[27] **er hielt es für kompliziert** he considered it complicated   [28] **im Gegensatz dazu** in contrast to that
[29] **scheinen, schien** to seem
[30] **logisch und systematisch aufgebaut** structured logically and systematically
[31] **die Unterhaltung** conversation   [32] **gewinnen, gewann** to obtain, win
[33] **Einblick in den deutschen Schulaufbau** insight into the structure of German schools
[34] **die Aufsicht** supervision
[35] **das Bundesministerium für Unterricht und Erziehung** federal ministry of instruction and education   [36] **jedes Bundesland** each state   [37] **bestimmen** to determine

seinen Kultusminister[38] und das Kultusministerium das öffentliche Schulrecht.[39]　In allen Bundesländern gibt es das Recht auf gleiche Bildungsmöglichkeiten für alle.[40]

　　Die allgemeine Schulpflicht gilt[41] vom sechsten bis zum achtzehnten Lebensjahr.[42] Bis zum Jahre 1966 begann das Schuljahr zu Ostern[43] (in Bayern begann es im Herbst), aber 1966 entschlossen sich die Kultusminister, daß es von 1967 an in allen Bundesländern im September beginnen sollte.　Die Schulwoche umfaßt[44] sechs Tage, und der Unterricht findet in den meisten Schulen[45] nur vormittags[46] statt.[47]　Ehe[48] die Schulpflicht beginnt, können Kinder einen Kindergarten besuchen, aber er ist nicht öffentlich wie in Amerika, sondern eine Einrichtung[49] von Kirchen, Gemeinden[50] und Privatpersonen.

　　Das Kind verbringt[51] die ersten vier Schuljahre in der Volksschule.[52]　Dann stehen dem Schüler je nach seiner Fähigkeit und seinem Berufsinteresse[53] drei Möglichkeiten offen:

　　1.　Er kann noch vier Jahre in der Volksschule bleiben.　Nach der Volksschule besucht er eine Berufsschule.　Gleichzeitig[54] kann er bei einer Firma oder einem Handwerksmeister[55] in die Lehre[56] treten[57] und ein Handwerk erlernen.[58]

　　2.　Der Schüler kann die Mittelschule, auch Realschule genannt,[59] besuchen. In der Regel[60] umfaßt diese Schule sechs Klassen oder Stufen.[61]　Von der Mittelschule kann der Jugendliche in die Verwaltungen,[62] das Wirtschaftsleben[63] oder in eine Fachschule[64] für Berufsausbildung[65] eintreten.[66]　Die Fachschulen sind technische Schulen für Forstwirtschaft,[67] Landwirtschaft,[68] Bergbau,[69] Architektur, Handel, Maschinenbau[70] und andere mehr.

　　3.　Etwa siebzehn Schüler vom Hundert[71] können aufs Gymnasium, die höhere[72] Schule, gehen.　Für den Eintritt[73] ins Gymnasium muß der Schüler eine schwere Aufnahmeprüfung[74] bestehen.[75]　Der Unterricht auf dem Gymnasium dauert neun Jahre, und am Schluß[76] macht der Gymnasiast das Abitur, die Reifeprü-

---

[38] **der Kultusminister** Minister of Education

[39] **das öffentliche Schulrecht** regulation of the public schools

[40] **es gibt das Recht auf gleiche Bildungsmöglichkeiten für alle** everyone has the right to the same educational opportunities (i.e. possibilities)　[41] **gelten, galt** to prevail, hold true

[42] **die allgemeine Schulpflicht gilt vom sechsten bis zum achtzehnten Lebensjahr** universal obligation to attend school prevails from six to eighteen years of age　[43] **zu Ostern** at Easter

[44] **umfassen** to include　[45] **in den meisten Schulen** in most schools　[46] **vormittags** in the morning

[47] **stattfinden, fand statt** to take place　[48] **ehe** before (conjunction only)

[49] **die Einrichtung** establishment　[50] **die Gemeinde** community　[51] **verbringen** to spend (time)

[52] **die Volksschule** elementary school

[53] **je nach seiner Fähigkeit und seinem Berufsinteresse** according to his capability and his vocational interest　[54] **gleichzeitig** simultaneously　[55] **der Handwerksmeister** master craftsman

[56] **die Lehre** apprenticeship　[57] **treten, trat** to enter　[58] **ein Handwerk erlernen** to learn a trade

[59] **genannt** called　[60] **in der Regel** as a rule　[61] **die Stufe** grade　[62] **die Verwaltung** administration

[63] **das Wirtschaftsleben** business world　[64] **die Fachschule** technical school

[65] **die Berufsausbildung** vocational training　[66] **eintreten, trat ein** to enter

[67] **die Forstwirtschaft** forestry　[68] **die Landwirtschaft** agriculture　[69] **der Bergbau** mining

[70] **der Maschinenbau** mechanical engineering

[71] **etwa siebzehn Schüler vom Hundert** approximately seventeen percent of the pupils

[72] **höher** higher, upper　[73] **der Eintritt** entrance, admission

[74] **die Aufnahmeprüfung** entrance examination　[75] **bestehen, bestand** to pass (an examination)

[76] **am Schluß** at the end, conclusion

fung.[77]   Erst wenn[78] der Schüler das Abitur gemacht hat, darf er die Universität und andere Hochschulen besuchen.   Den Ausdruck[79] „Hochschule" kann man nicht mit *high school* übersetzen,[80] denn die Hochschule ist die höchste Schule;[81] die Universität ist z.B.[82] eine Hochschule und entspricht[83] etwa[84] der amerikanischen *graduate school*.

Die drei sprachen[85] bis Mitternacht,[86] und als sie das Gasthaus verließen,[87] lud Herr Dr. Lüdeke sie ein,[88] das Gymnasium in Schwarzhausen zu besuchen.   Am nächsten Tag bekamen[89] sie von Herrn Schuldirektor Reuter Erlaubnis,[90] einige

[77] **der Gymnasiast macht das Abitur, die Reifeprüfung** the pupil in the *Gymnasium* takes the final examination.   [78] **erst wenn** not until   [79] **der Ausdruck** expression   [80] **übersetzen** to translate   [81] **die höchste Schule** the most advanced (highest) school   [82] **z.B. = zum Beispiel** for example   [83] **entsprechen, entsprach** to correspond to   [84] **etwa** somewhat, approximately   [85] **sprechen, sprach** to speak   [86] **bis Mitternacht** until midnight   [87] **verlassen, verließ** to leave (i.e. to leave a place or person)   [88] **einladen, lud ein** to invite   [89] **bekommen, bekam** to receive   [90] **die Erlaubnis** permission

[handwritten annotation:] zu — use usually before an infinitive + after a conjugated verb except modals ② after some adj. meaning some abilities or dis·abilities like: can, able to etc.

Klassen zu besuchen.   Zuerst gingen sie in Herrn Dr. Lüdekes Stunden für Physik und Chemie.   Da lernten die zwei Ausländer viele mathematische und wissenschaftliche Ausdrücke[91] auf Deutsch.

Dann gingen sie in eine Englischstunde.   Diese Stunde war für die Gäste besonders interessant.   Die Schüler lernten seit drei Jahren Englisch[92] und sprachen es ziemlich gut, aber sie hatten noch Schwierigkeiten[93] mit den Verben.   Sie verstanden[94] kaum[95] den Unterschied zwischen *I do see* und *I am seeing*.   Herr Brown fand es auch schwer, ihnen den Unterschied zu erklären.[96]

Die Klasse las[97] eine Geschichte[98] von Edgar Allan Poe, und schien großes Interesse an diesem Dichter zu haben.[99]   Einige Schüler lasen Absätze[100] aus dem Lehrbuch vor,[101] und die Gäste vernahmen[102] sofort, daß sie eine gute Aussprache hatten, und zwar eine englische.[103]   In den meisten Schulen in Europa lernt man Englisch mit einem englischen Akzent.

Nach der Stunde blieben die meisten Schüler da, um sich mit dem Besuch weiter zu unterhalten.[104]   Fräulein Moreau hielt einen kurzen Vortrag[105] über die Heimat, und Herr Brown sprach auf englisch über das Leben im Mittelwesten und in Kalifornien, über sein Studium und seine Erfahrungen[106] mit der deutschen Sprache.   Er sprach seine Muttersprache[107] langsam, denn die Schüler waren nicht an seinen amerikanischen Akzent gewöhnt.[108]   Natürlich gab[109] es Fragen über die Indianer[110] in seiner Heimat.   Alle waren erstaunt, daß er nur einmal in seinem Leben einen richtigen[111] Indianer gesehen hatte.   Dieser[112] war Student auf der Universität, wo Herr Brown studiert hatte.

[91] **mathematische und wissenschaftliche Ausdrücke** mathematical and scientific expressions
[92] **die Schüler lernten seit drei Jahren Englisch** the pupils had been studying English for three years (*Der Schüler geht in die Volksschule, die Mittelschule und aufs Gymnasium.   Der Student geht auf die Universität.   Der Schüler lernt, und der Student studiert.*)   [93] **die Schwierigkeit** difficulty
[94] **verstehen, verstand** to understand   [95] **kaum** scarcely   [96] **erklären** to explain
[97] **lesen, las** to read   [98] **die Geschichte** story
[99] **die Klasse schien großes Interesse an diesem Dichter zu haben** the class seemed to be very interested in this poet   [100] **der Absatz** paragraph   [101] **vorlesen, las vor** to read aloud
[102] **vernehmen, vernahm** to perceive
[103] **und zwar eine englische** and indeed an English (i.e. British) one
[104] **um sich mit dem Besuch weiter zu unterhalten** in order to continue talking with the visitors
[105] **einen Vortrag halten** to give a talk
[106] **sein Studium und seine Erfahrungen** his studies and his experiences
[107] **die Muttersprache** native language
[108] **die Schüler waren nicht an seinen amerikanischen Akzent gewöhnt** the pupils were not accustomed to his American accent   [109] **geben, gab** to give
[110] **es gab Fragen über die Indianer** there were questions about the Indians
[111] **richtig** real, genuine   [112] **dieser** the latter

München: Brunnen vor der
Universität

WEITERE ÜBUNGEN

1. Beispiel: *wichtige Probleme*   Wir sprachen über *wichtige Probleme*.
   a. wichtige Probleme   c. Politik
   b. das Schulwesen   d. das Benehmen der Kinder

2. Beispiele: *ich*   *Ich sprach* lange mit ihm.
              wir   *Wir sprachen* lange mit ihm.
   a. ich   c. sie (*they*)
   b. wir   d. der Kellner

3. Beispiel: *wir*   *Wir besprachen* alles mit ihm.
   a. wir   c. die Freunde
   b. er   d. ich

4. Beispiel: *die Herren*   *Die Herren nahmen* an seinem Tisch Platz.
   a. die Herren   c. ich
   b. wir   d. sie (*she*)

5. Beispiel: *sehr gut*   Das Kind benahm sich *sehr gut*.
   a. sehr gut   c. sehr höflich
   b. schlecht   d. mit Höflichkeit

6. Beispiel: *wir*   *Wir hatten* großes Interesse an dem Schulwesen.
   a. wir   c. die Studenten
   b. er   d. ich

7. Beispiel: *das Gymnasium*   Er lud uns ein, *das Gymnasium* zu besuchen.
   a. das Gymnasium   d. die Physikstunde
   b. seinen Freund   e. die Mathematikstunde
   c. die Englischstunde   f. ihn

8. Beispiel: *Sie*   *Sie hatten* keine Zeit mehr.
   a. Sie   c. Herr Dr. Lüdeke
   b. wir   d. ich

9. Beispiel: *ich*   *Ich versprach* ihr das Geld.
   a. ich   c. der Student
   b. wir   d. ihre Eltern

10. Beispiel: *ich*   Am Samstag *fuhr ich* nach München.
    a. ich   c. meine Wirtin
    b. Herr Jones und ich   d. die Touristen

11. Beispiel: *ein Student*   *Ein Student las* die Geschichte vor.
    a. ein Student   c. ich
    b. ein Schüler   d. einige Schüler

12. Beispiel: *er*   *Er trug* selten eine Uhr.
    a. er   c. ich
    b. mein Vater   d. mein Freund

13. Beispiel: *das Buch zu lesen*   Er fing letzte Woche an, *das Buch zu lesen*.
    a. das Buch zu lesen   c. die Doktorarbeit zu schreiben
    b. die Geschichte zu lesen   d. bei der Firma zu arbeiten

14. Beispiel: *ich*   *Ich schrieb* jeden Tag an die Eltern.
    a. ich   c. meine Schwester
    b. wir   d. meine Schwester und ich

15. **Beispiele:** *Mein Bruder blieb* gestern zu Hause.   *Meine Brüder blieben gestern zu Hause.*

Ich hatte zu wenig Geld in der Bank.   *Wir hatten* zu wenig Geld in der Bank.

   a. Mein Bruder blieb gestern zu Hause.
   b. Ich hatte zu wenig Geld in der Bank.
   c. Unser Freund saß am selben Tisch wie wir.
   d. Der Student lud uns ein, ins Kino zu gehen.
   e. Ich hatte großes Interesse an dem Schulwesen in Deutschland.
   f. Der Zug hatte freie Durchfahrt.
   g. Dieser Mann war Lehrer am Gymnasium.
   h. Ich fand das Gymnasium sehr interessant.
   i. Er fuhr gestern ab.
   j. Das Buch gefiel mir gar nicht.
   k. Der Bleistift lag neben dem Buch.
   l. Ich versprach, ihm zu helfen.
   m. Mein Freund half mir bei der Arbeit.
   n. Er trank zu viel im Gasthaus.
   o. Ich schwamm einmal im Schwimmbad.
   p. Der Mann schien es nicht zu verstehen.
   q. Er wußte das nicht.
   r. Ich fing mit der Arbeit an.

16. **Beispiele:** Er *verspricht* mir alles.   Er *versprach* mir alles.

Ich *schwimme* gern im See.   Ich *schwamm* gern im See.

   a. Er verspricht mir alles.
   b. Ich schwimme gern im See.
   c. Wir gehen oft in den Park.
   d. Ich lade ihn zu uns ein.
   e. Der Gast nimmt an meinem Tisch Platz.
   f. Wir bekommen Erlaubnis von Herrn Schuldirektor Reuter.
   g. Sie verstehen den Unterschied nicht.
   h. Man spricht mit einem englischen Akzent.
   i. Seine Aussprache ist sehr gut.
   j. Der Film gefällt uns sehr.
   k. Die Leute stehen seit einer Stunde an der Haltestelle.
   l. Wir fangen gleich ein Gespräch an.
   m. Er trinkt gern Rheinwein.
   n. Die Aufgabe liegt dort auf dem Tisch.
   o. Ich weiß nicht, wo er ist.
   p. Meine Eltern schreiben mir einen Brief.
   q. Wir unterhalten uns mit Kartenspielen.
   r. Der Zug hält an der Grenze.
   s. Ich halte das für sehr kompliziert.
   t. Sie finden Deutsch leicht, nicht wahr?

17. **Beispiel:** *sein*   Ich *war* gestern zu Hause.

   a. sein   d. sitzen
   b. bleiben   e. sein
   c. essen

18. **Beispiel:** *vergessen*   Ich *vergaß* meine Schularbeit.
    a. vergessen   d. finden
    b. lesen   e. schreiben
    c. vorlesen

19. **Beispiel:** *essen*   Ich *aß* am selben Tisch wie sie.
    a. essen   c. sein
    b. sitzen   d. Platz nehmen

20. **Beispiel:**   **Der Zug stand auf Gleis sieben.**   (*halten*)   **Der Zug *hielt* auf Gleis**
                                                     sieben.
    a. Der Zug stand auf Gleis sieben.   (halten)
    b. Ich saß am selben Tisch wie er.   (essen)
    c. Er fand den Zuschlag nicht.   (vergessen)
    d. Wir waren gestern nicht zu Hause.   (bleiben)
    e. Er las einen Brief von den Eltern.   (bekommen)
    f. Er fing an zu schreiben.   (beginnen)
    g. Mein Freund hatte kein Gepäck.   (tragen)
    h. Die Studenten gingen abends in die Stadt.   (fahren)
    i. Wir hatten großes Interesse an dem Schulwesen.   (finden)
    j. Wir besprachen das Schulwesen nicht.   (verstehen)
    k. Sie waren zu lange im See.   (schwimmen)
    l. Unser System war sehr logisch aufgebaut.   (scheinen)
    m. Wir saßen zu lange im Gasthaus.   (trinken)
    n. Sie sah uns gestern.   (verlassen)
    o. Ich hatte kein Interesse daran.   (finden)
    p. Es war kein Stammtischschild darauf.   (stehen)

FRAGEN

1. Wohin gingen Fräulein Moreau und Herr Brown?
2. Blieben sie zu Hause oder gingen sie aus?
3. Waren viele Leute aus der Nachbarschaft im Gasthaus?
4. Wer unterhielt sich mit Kartenspielen?
5. Sprachen die Gäste über wichtige Probleme?
6. Wer saß allein an einem Tisch?
7. Hatte der Tisch ein Stammtischschild?
8. Bat Herr Dr. Lüdeke die Studenten, Platz zu nehmen?
9. Worüber sprachen die drei Leute?
10. Wer fand es schwer, das deutsche Schulwesen zu begreifen?
11. Wie hieß der Lehrer?
12. Wann verließen sie das Gasthaus?
13. Kann man „Hochschule" mit *high school* übersetzen?
14. Wann kam Herr Dr. Lüdeke nach Schwarzhausen?
15. Was lasen die Schüler in der Englischstunde?
16. Scheint Ihnen das deutsche Schulwesen kompliziert?
17. Wer hatte eine englische Aussprache?
18. Wie heißt die schwere Prüfung am Ende des Gymnasiumunterrichts?
19. Bei wem tritt man in die Lehre?
20. Was entspricht etwa der amerikanischen *graduate school*?

München: „Alter Peter"

und Löwenturm

SPRECHÜBUNGEN

1. Elicit from the student next to you the following information:
    a. where he was last night (at the inn)
    b. who was there (teacher and several students)
    c. what they talked about (the German school system)
    d. when they went home (at midnight)
2. Ask several students near you what they did last night.   They are to tell you that they did one of the following:
    a. stayed at home
    b. went to the inn
    c. went to the movie
    d. drove into the country
    e. read a story
    f. talked with the landlady
3. Elicit the following information from another student:
    a. whether he wrote the lesson yesterday
    b. whether he had difficulty with the verbs
    c. whether he read the assignment yesterday
    d. whether he received a letter from his parents
4. Give the following information:
    a. You came to Bavaria last fall.
    b. You understood no Bavarian at first.
    c. You were in Frankfurt last week.
    d. You came to Schwarzhausen a week ago.
5. Supply questions to which the following statements might be responses:
    a. Ich lehre nämlich Biologie und Botanik.
    b. Ich habe in Köln den Doktor gemacht.
    c. Nein, ich studiere noch.
    d. Ja, gern.   Das ist sehr nett von Ihnen.
    e. Jedes Kind muß wenigstens vier Jahre die Volksschule besuchen.
    f. Ich habe Schwierigkeiten mit Mathematik.
    g. Ein Schüler besucht die Volksschule oder das Gymnasium, und ein Student besucht die Universität.
    h. In Bonn habe ich zwei Jahre studiert.
    i. Nach dem Abitur geht man auf die Universität.
    j. Diese Leute sind aus der Nachbarschaft.
6. Supply appropriate responses to the following statements and questions:
    a. Das Gymnasium ist unserem *college* sehr ähnlich, nicht wahr?
    b. Die Reifeprüfung ist gewöhnlich sehr leicht, nicht wahr?
    c. Wir blieben gestern abend zu lange im Gasthaus.
    d. Sie sind gewiß kein Amerikaner.
    e. Er ist wahrscheinlich aus Bayern.
    f. Ich bin Lehrer am Gymnasium.
    g. Ich schrieb in Frankfurt meine Doktorarbeit.   (use *worüber*)
    h. Das erste Jahr war ich in Heidelberg.
    i. Die Schüler in der Englischstunde hatten eine gute Aussprache, nicht wahr?
    j. Die Klasse las eine Geschichte von Hemingway.

SCHRIFTLICHES

1. Write the following sentences in German using only the past tense:
   a. I went to the opera last night, but my friends went to the movie.   b. He asked us to sit down at his table.   c. He invited me to visit his school, because (*denn*) I was interested in the school system.   d. We were reading a story by Thomas Mann, but I wasn't interested in it (*daran*).   e. They talked about life at the university.   f. A pupil read aloud several paragraphs from the story.   g. I was not accustomed to his accent; for that reason (*deswegen*) he spoke very slowly.   h. The students obtained an insight into the structure of German schools.   i. We left (*verlassen*) the inn at eleven o'clock and went home.   j. The train left (*abfahren*) at eight o'clock, but I got (*kommen*) to the station too late.
2. Rewrite the following sentences in the past tense:
   a. Ich habe gestern an ihn geschrieben.   b. Wir haben schon dieses Problem besprochen.   c. Er hat im Herbst mit seinem Studium angefangen.   d. Ich habe gestern abend den Film gesehen.   e. Die Studenten haben um Mitternacht das Gasthaus verlassen.   f. Diesmal hat er es nicht vergessen.   g. Der Beamte hat mich nicht verstanden.   h. Wir haben lange auf dem Bahnsteig gestanden.   i. Der Professor hat einen Vortrag über wirtschaftliche Fragen gehalten.   j. Ich habe an seinem Tisch Platz genommen.   k. Ein Schüler hat den ersten Absatz vorgelesen.   l. Er hat uns eingeladen, zu ihm zu kommen.   m. Die Touristen haben schließlich ihr Gepäck gefunden.   n. Meine Eltern haben mir das Geld für die Reise versprochen.   o. Er hat ein Glas Rheinwein getrunken.   p. Wann hat er das begonnen?   q. Die Gäste haben sich mit Kartenspielen unterhalten.   r. Ich habe gute Zensuren bekommen.   s. Sie haben sich das Dorf angesehen.   t. Die Ausländer haben den Vortrag nicht verstanden.

VERSCHIEDENES

SPRICHWÖRTER[1]

Keine Antwort ist auch eine Antwort.
Arbeit macht das Leben süß.[2]
Viele Bäche[3] machen einen Strom.[4]
Eigenlob[5] stinkt.
Blut[6] ist dicker[7] als Wasser.
Aller guten Dinge sind drei.
Jedes Ding hat seine zwei Seiten.
Freiheit[8] ist von Gott,[9] Freiheiten vom Teufel.[10]
Kluge[11] Frauen lieben dumme Männer.
Einem geschenkten[12] Gaul[13] sieht man nicht ins Maul.[14]

[1] das Sprichwort proverb   [2] süß sweet   [3] der Bach brook   [4] der Strom stream
[5] das Eigenlob self-praise   [6] das Blut blood   [7] dick thick   [8] die Freiheit freedom
[9] der Gott God   [10] der Teufel devil   [11] klug clever   [12] geschenkt given as a gift
[13] der Gaul horse, nag   [14] das Maul mouth (of an animal)

Je[15] mehr Gesetz,[16] je weniger Recht.[17]
Man muß mit den Wölfen[18] heulen.[19]
Aus den Augen,[20] aus dem Sinn.[21]

PHONOLOGIE

Mann	Männer
bezahlen	erzählen
konnten	können
Tochter	Töchter
schon	schön
Mutter	Mütter
fuhren	führen
Bruder	Brüder
Haus	Häuser

GRAMMATIK

A. DATIVE CASE AS THE INDIRECT OBJECT

The indirect object of German verbs is in the dative case. Dative forms of the definite article, the indefinite article and examples of possessive adjectives are given below:

	SINGULAR			PLURAL
	MASCULINE	FEMININE	NEUTER	ALL GENDERS
DEFINITE ARTICLE	dem Mann	der Frau	dem Kind	den Männern, Frauen, Kindern
INDEFINITE ARTICLE	einem Mann	einer Frau	einem Kind	Männern, Frauen, Kindern
POSSESSIVE ADJECTIVES	meinem Bruder unserem Wagen seinem Freund	meiner Mutter unserer Wirtin seiner Firma	meinem Haus unserem Dorf seinem Kind	meinen Brüdern unseren Büchern seinen Freunden

Most nouns add **-n** in the dative plural, unless the plural form already ends in **-n**. Nouns of foreign origin which form the plural by adding -s do not take **-n** in the dative plural.

	NOMINATIVE PLURAL	DATIVE PLURAL
-N ADDED IN DATIVE PLURAL	die Männer die Kinder die Tische die Städte	den Männern den Kindern den Tischen den Städten
-N ALREADY IN PLURAL	die Frauen die Wirtinnen die Wagen	den Frauen den Wirtinnen den Wagen

[15] je . . . je the . . . the　[16] das Gesetz law　[17] das Recht justice
[18] der Wolf wolf　[19] heulen to howl　[20] das Auge eye　[21] der Sinn mind

PLURAL FORMED WITH -s	NOMINATIVE PLURAL	DATIVE PLURAL
	die Hotels	den Hotels
	die Taxis	den Taxis
	die Restaurants	den Restaurants

Observe the use of the dative case in the following sentences:

Ich habe es **dem Mann** gesagt.
Morgen geben wir **der Wirtin** das Geld.
Er hat **seinen Eltern** einen Brief geschrieben.
Ich habe **unserem Briefträger** den Brief gegeben.
Ich will **meinen Freunden** die Geschichte erzählen.

B. PREPOSITIONS WITH THE DATIVE CASE

The objects of the following prepositions are always in the dative case:

aus	*out, out of, from*	nach	*to, toward, after*
außer	*besides, except*	seit	*since, for (with expressions of time)*
bei	*with, at the home of, by, at, near*	von	*of, from, by*
gegenüber*	*opposite, across from*	zu	*to, at, for*
mit	*with, by*		

Er kommt **aus dem Haus.**
Außer der Wirtin habe ich niemanden gesehen.
Wir waren gestern **beim (bei dem) Arzt.**
Er ist heute **bei seiner Mutter.**
Ich wohne **dem Bahnhof gegenüber.**
Er fährt oft **mit dem D-Zug.**
Im Sommer fahren die Touristen **nach dem Süden.**
Nach dem Essen gehe ich ins Konzert.
Am Freitag fahre ich **nach Hause.**
Ich gehe um zwei Uhr **zum (zu dem) Arzt.**
Im August geht er **zu seinen Eltern.**
Mein Onkel ist morgen nicht **zu Hause.**

[handwritten annotation: compositive prep. after noun, not before.]

C. PREPOSITIONS WITH THE DATIVE AND THE ACCUSATIVE CASE

The following prepositions require the dative case when no change of position is expressed, i.e. when they answer the question **wo?** They require the accusative case when change of position is expressed, i.e. when they answer the question **wohin?**

an	*at, by, near, on; to*	über	*over; about; via*
auf	*at, on, upon; to*	unter	*under; between, among*
hinter	*behind*	vor	*before, in front of*
in	*in, into*	zwischen	*between*
neben	*beside, near*		

DATIVE	WO?	ACCUSATIVE	WOHIN?
Wir sind jetzt **im Klassenzimmer.**		Frau Schmidt kommt eben **ins Haus.**	
Das Buch liegt **auf dem Stuhl.**		Er legt es **auf den Tisch.**	

* The preposition **gegenüber** often follows its object.

DATIVE WO?	ACCUSATIVE WOHIN?

DATIVE   WO?

Er steht **am Fenster.**
Der Baum steht **vor dem Haus.**
Der Bleistift liegt **neben dem Buch.**
Die Landkarte hängt **über der Wandtafel.**

Der Garten liegt **hinter dem Haus.**
Der Papierkorb steht **unter dem Tisch.**

ACCUSATIVE   WOHIN?

Sie geht **an die Wandtafel.**
Sie stellt den Korb **vor die Tür.**
Ich stelle den Stuhl **neben das Fenster.**
Er hängt die Landkarte **über die Wandtafel.**
Fahren wir **über die Brücke?**
In zehn Minuten fährt der Zug **über die Grenze.**

Ich gehe **hinter das Haus.**
Wir wollen den Tisch **zwischen die Tür und das Sofa** stellen.

The dative/accusative prepositions usually take the dative case in expressions of time:

Am letzten Abend sehen sie eine Aufführung von „Jedermann".
Im Herbst fahren wir nach Deutschland.
Vor dem Krieg war er in Amerika.
Kommen Sie **in einem Monat** wieder!

An exception is the preposition **über** which takes the accusative case in expressions of time:

Übers Wochenende fahren sie nach Frankfurt.
Er war **über sechs Jahre** dort im Schwarzwald.

The case taken by the dative/accusative prepositions is not consistent when neither location, change of position nor time is expressed:

DATIVE

Es hat viel Arbeitslosigkeit **unter der Jugend** gegeben.
Ich warne Sie **vor diesem Mann.**
Das Interesse **an dem Drama** ist sehr groß.

ACCUSATIVE

Er schrieb selten **an die Eltern.**
Ich denke oft **an meine Mutter.**
Wir warten **auf die Straßenbahn.**
Sie sprachen **über das Schulwesen.**

D. PAST TENSE OF STRONG VERBS

Strong verbs are those which form the past tense by changing the stem.   The past stem is used without an ending for the **ich-, er-, sie-** and **es**-forms of the verb; the ending **-en** is added to the past stem for the **Sie**-form and the plural:

INFINITIVE	PAST STEM	PAST TENSE	

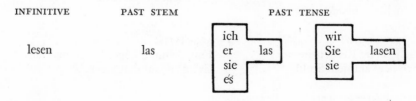

E. PREFIXES

A prefix changes the meaning of a verb but does not affect the formation of the past tense:

INFINITIVE	PAST STEM		
kommen	kam		to come
ankommen	kam	an	to arrive
bekommen	bekam		to receive
stehen	stand		to stand
aufstehen	stand	auf	to get up
verstehen	verstand		to understand

In simple sentences and independent clauses a separable prefix is separated from the main part of the verb in both the present and the past tense. The prefix is placed at the end of the simple sentence or independent clause:

PRESENT TENSE

Ich **steige** hier **aus.**
Wir **steigen** an der Haltestelle **ein.**
Er **steht** immer früh **auf,** aber ich **stehe** oft um zehn Uhr **auf.**
Ich gehe auf den Bahnhof, denn der Zug **fährt** in 30 Minuten **ab.**

PAST TENSE

Ich **stieg** hier **aus.**
Wir **stiegen** an der Haltestelle **ein.**
Er **stand** immer früh **auf,** aber ich **stand** oft um zehn Uhr **auf.**
Ich ging auf den Bahnhof, denn der Zug **fuhr** in 30 Minuten **ab.**

A separable prefix is always attached to the infinitive and the past participle. (See Lektion 6, *Grammatik.*)

An inseparable prefix always remains attached to the stem of the verb in all forms. (See Lektion 3, *Grammatik.*)

F. STRONG VERBS USED THROUGH LEKTION 12

INFINITIVE	PAST STEM		
beginnen	begann		to begin
bieten*	bot		to offer
anbieten	bot	an	to offer
verbieten	verbot		to forbid
bitten	bat		to request

* Starred verbs have not appeared in the text so far but are included here to show the stem of other verbs listed.

(use with mit)

geschehen
er

INFINITIVE	PAST STEM	
bleiben *bleibt*	blieb *ist geblieben*	to remain
dableiben	blieb da	to remain
stehenbleiben	blieb stehen	to stop
brechen* *bricht*	brach *gebrochen*	to break
unterbrechen	unterbrach *unterbrochen*	to interrupt
empfehlen *empfiehlt*	empfahl *empfohlen*	to recommend
essen *isst*	aß *gegessen*	to eat
fahren *fährt*	fuhr *ist gefahren*	to travel, drive
abfahren	fuhr ab	to depart
erfahren	erfuhr *erfahren*	to find out, experience
hinfahren	fuhr hin	to travel there, to that place
mitfahren	fuhr mit	to travel with someone
vorbeifahren	fuhr vorbei	to ride past
zurückfahren	fuhr zurück	to return by vehicle
fallen* *fällt*	fiel *ist gefallen*	to fall
gefallen	gefiel	to please
fangen* *fängt*	fing *gefangen*	to catch
anfangen	fing an	to begin
finden *findet*	fand *gefunden*	to find
stattfinden	fand statt	to take place
geben *gibt*	gab *gegeben*	to give
aufgeben	gab auf	to assign
gedeihen *gedeiht*	gedieh *ist gediehen*	to flourish, thrive
gehen *geht*	ging *ist gegangen*	to go
ausgehen	ging aus	to go out
hingehen	ging hin	to go there, to that place
mitgehen	ging mit	to go with someone
vorbeigehen	ging vorbei	to go past
gelten *gilt*	galt *gegolten*	to apply, be valid
gewinnen *gewinnt*	gewann *gewonnen*	to win, obtain
greifen* *greift*	griff *gegriffen*	to seize
begreifen	begriff	to comprehend
halten *hält*	hielt *gehalten*	to hold; stop
sich unterhalten	unterhielt sich	to converse; entertain

* Starred verbs have not appeared in the text so far but are included here to show the stem of other verbs listed.

INFINITIVE		PAST STEM		
heißen	*er liest*	hieß	*geheissen*	to be called
helfen	*hilft*	half	*geholfen*	to help
kommen	*kommt*	kam, *ist gekommen*		to come
bekommen		bekam	*bekommt*	to receive, obtain
hereinkommen		kam	herein	to come in
mitkommen		kam	mit	to accompany
vorbeikommen		kam	vorbei	to come past
zurückkommen		kam	zurück	to return
laden*	*lädt*	lud	*geladen*	to load
einladen		lud	ein	to invite
lassen	*läßt*	ließ	*gelassen*	to let, leave
verlassen		verließ		to leave
lesen	*liest*	las	*gelesen*	to read
vorlesen		las	vor	to read aloud
nehmen	*nimmt*	nahm	*genommen*	to take
benehmen		benahm		to behave
vernehmen		vernahm		to perceive
raten	*rät*	riet	*geraten*	to advise
scheinen	*scheint*	schien	*geschienen*	to seem — *also to shine*
schlafen	*schläft*	schlief	*geschlafen*	to sleep
schließen	*schließt*	schloß	*geschlossen*	to close
sich entschließen		entschloß sich		to decide
schreiben	*schreibt*	schrieb	*geschrieben*	to write
schwimmen	*schwimmt*	schwamm *ist/hat*	*geschwommen*	to swim
sehen	*sieht*	sah	*gesehen*	to see
ansehen		sah	an	to look at
aussehen		sah	aus	to appear *also lookout window*
sein	*ist*	war *ist*	*gewesen*	to be
sitzen	*sitzt*	saß	*gesessen*	to sit
sprechen	*spricht*	sprach	*gesprochen*	to speak
besprechen		besprach		to discuss

* Starred verbs have not appeared in the text so far but are included here to show the stem of other verbs listed.

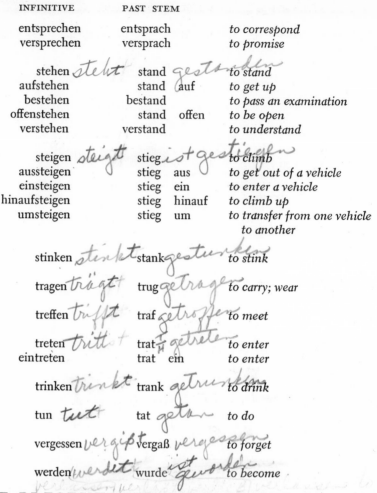

INFINITIVE	PAST STEM	
entsprechen	entsprach	to correspond
versprechen	versprach	to promise
stehen *steht*	stand *gestanden*	to stand
aufstehen	stand auf	to get up
bestehen	bestand	to pass an examination
offenstehen	stand offen	to be open
verstehen	verstand	to understand
steigen *steigt*	stieg *ist gestiegen*	to climb
aussteigen	stieg aus	to get out of a vehicle
einsteigen	stieg ein	to enter a vehicle
hinaufsteigen	stieg hinauf	to climb up
umsteigen	stieg um	to transfer from one vehicle to another
stinken *stinkt*	stank *gestunken*	to stink
tragen *trägt*	trug *getragen*	to carry; wear
treffen *trifft*	traf *getroffen*	to meet
treten *tritt*	trat *getreten*	to enter
eintreten	trat ein	to enter
trinken *trinkt*	trank *getrunken*	to drink
tun *tut*	tat *getan*	to do
vergessen *vergißt*	vergaß *vergessen*	to forget
werden *werdet*	wurde *ist geworden*	to become

G. THE PRESENT AND PAST TENSES OF HABEN, WERDEN AND SEIN

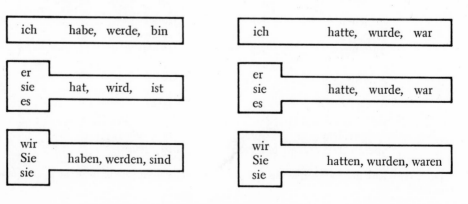

PRESENT TENSE

ich	habe, werde, bin
er sie es	hat, wird, ist
wir Sie sie	haben, werden, sind

PAST TENSE

ich	hatte, wurde, war
er sie es	hatte, wurde, war
wir Sie sie	hatten, wurden, waren

H. VERBS TAKING ONLY DATIVE OBJECTS

A few German verbs take only a dative object, although that object may appear to the speaker of English to be a direct object:

Er antwortet **mir**.
     (*dative*)

He answers me.

Das Buch gefällt **dem Lehrer**.
     (*dative*)

The teacher likes the book.   (Literally: *The book pleases the teacher.*)

Wir halfen **ihnen** bei der Arbeit.
     (*dative*)

We helped them with the work.

Ich gehöre **einem** Jazzklub an.
     (*dative*)

I belong to a jazz club.

Der Volkswagen gehört **meinem Freund**.
     (*dative*)

The Volkswagen *belongs to my friend.*

I. ORDER OF DIRECT AND INDIRECT OBJECTS

When both a direct object (accusative case) and an indirect object (dative case) occur in the predicate, the rules of word order are as follows:

1. A pronoun object precedes a noun object.
    Ich gebe **ihm** kein **Geld** mehr.
    Er gibt **es** dem **Kind**.

2. If both objects are pronouns, the direct object precedes.
    Wir haben **es ihnen** schon gesagt.
    Der Kellner bringt **sie mir**.

3. If both objects are nouns, the indirect object precedes.
    Ich schreibe dem **Lehrer** eine **Postkarte**.
    Sie las den **Kindern** eine **Geschichte** vor.

Dreizehnte Lektion

Grammatische Ziele:
>Das Imperfekt schwacher Verben
>Das Plusquamperfekt

EINFÜHRENDE BEISPIELE

1. Gestern hatte ich keinen Unterricht und besuchte einen Freund.
   Er machte seine Schulaufgaben.
   Was machte er?
   >Er machte seine Schulaufgaben.

2. Meine Eltern machten letztes Jahr eine Reise nach Deutschland.
   Wohin machten sie eine Reise?
   >Sie machten eine Reise nach Deutschland.

3. Ich studierte letzten Winter in Bonn.
   Studierten Sie auch in Bonn?
   >Ja, ich studierte auch in Bonn.

4. Herr Dr. Lüdeke studierte in München.
   Wo studierte er?
   >Er studierte in München.

5. Ich wohnte drei Jahre in Berlin.
   Wie lange wohnte ich dort?
   >Sie wohnten drei Jahre dort.

6. Meine Familie und ich machten eine Reise nach Salzburg.
   Wohin reisten wir?
   >Sie reisten nach Salzburg.

7. Ich reiste letzten Sommer nach Italien.
   Reisten Sie auch nach Italien?
   >Ja, ich reiste auch nach Italien.

8. Wir lernten gestern einige Sprichwörter.
   Was lernten wir gestern?
   >Wir lernten gestern einige Sprichwörter.

9. Ich arbeitete letzten Sommer in einer Fabrik.
   Arbeiteten Sie auch in einer Fabrik?
   >Ja, ich arbeitete auch in einer Fabrik.
   Arbeitete Ihr Freund auch da?
   >Ja, mein Freund arbeitete auch da.

10. Ich mußte fünfzehn Minuten auf den Zug warten.
    Mußten Sie auch warten?
    >Ja, ich mußte auch warten.
    Wie lange mußte ich warten?
    >Sie mußten fünfzehn Minuten warten.

11. Die Aufgabe war nicht schwer, und ich konnte sie schnell machen.
    Konnten Sie sie auch schnell machen?
    >Ja, ich konnte sie auch schnell machen.
    Konnten die anderen Studenten die Aufgabe machen?
    >Ja, die anderen Studenten konnten die Aufgabe machen.
    Konnte Herr _____ die Aufgabe lesen?
    >Ja, Herr _____ konnte die Aufgabe lesen.

12. Herr Brown ging gestern abend nicht ins Kino;
    er hatte den Film schon gesehen.
    Warum ging er nicht ins Kino?
    >Er hatte den Film schon gesehen.

13. Ich hatte die Aufgabe schon gemacht, bevor wir ins Kino gingen.
    Hatten Sie die Aufgabe auch schon gemacht?
    >Ja, ich hatte die Aufgabe auch schon gemacht.

ÜBUNGEN

1. **Beispiel**: *machte*   **Er *machte* es gestern abend.**
   - a. machte
   - b. lernte
   - c. hörte
   - d. verkaufte
   - e. erzählte

2. **Beispiel**: *hatten*   **Diesmal *hatten* wir die Verben.**
   - a. hatten
   - b. lernten
   - c. wiederholten
   - d. schrieben

3. **Beispiel:** *arbeitete*   Gestern abend *arbeitete* ich mit ihr.
   a. arbeitete   c. lernte
   b. tanzte   d. sprach

4. **Beispiel:** *zu Hause*   Die Studenten arbeiteten lange *zu Hause*.
   a. zu Hause   c. in der Schule
   b. zusammen   d. an dem Vortrag

5. **Beispiel:** *ich*   Ich arbeitete in einer Fabrik.
   a. ich   d. der Mann
   b. er   e. ich
   c. mein Freund

6. **Beispiel:** *meine Freunde*   Meine Freunde wohnten in der Blumenstraße.
   a. meine Freunde   d. meine Eltern
   b. sie (*they*)   e. seine Verwandten
   c. wir

7. **Beispiele:** *wir*   Wir warteten zehn Minuten auf den Zug.
              ich   Ich wartete zehn Minuten auf den Zug.
   a. wir   d. er
   b. ich   e. sie (*she*)
   c. diese Leute   f. Fräulein Moreau

8. **Beispiel:** *mußte*   Sie *mußte* eine lange Reise machen.
   a. mußte   d. konnte
   b. sollte   e. wollte
   c. durfte   f. möchte

9. **Beispiel:** *durften*   Diesmal *durften* wir länger bei ihm bleiben.
   a. durften   d. konnten
   b. sollten   e. möchten
   c. mußten   f. wollten

10. **Beispiele:** *er*   Er wollte den Film nicht sehen.
               wir   Wir wollten den Film nicht sehen.
    a. er   d. Fräulein Moreau und Herr Brown
    b. wir   e. ich
    c. sie (*they*)   f. sie (*she*)

11. **Beispiel:** *ich*   Ich machte im Frühling eine Reise nach Europa.
    a. ich   d. sie (*she*)
    b. wir   e. die drei Freunde
    c. meine Eltern   f. wer (?)

12. **Mustersatz:**

Meine Freunde	*wollten*	Ostberlin besuchen.
a.	wollten	
b. er		
c.	sollte	
d. wir		
e.	mußten	
f. ich		
g.	möchte	
h. der Tourist		
i.	durfte	
j. diese Touristen		
k.	konnten	

13. Mustersatz:

	Wir	**wollten**	**gestern**		**mit**	**ihm**	**sprechen.**
a.							sprechen
b.							arbeiten
c.							fahren
d.						ihr	
e.						ihrem Freund	
f.						ihnen (*them*)	
g.			heute				
h.			am nächsten Tag				
i.			vorgestern				
j.		mußten					
k.		konnten					
l.		durften					

m. ich

n. die zwei Damen

o. sie (*she*)

14. **Beispiel:** *I would like to*   **Ich möchte** Radio hören.
   a. I would like to
   b. they would like to
   c. they wanted to
   d. we wanted to
   e. we were permitted to
   f. I was permitted to

15. **Beispiel:** *I could*   **Ich konnte** alles sehen.
   a. I could
   b. I couldn't
   c. you couldn't
   d. you should
   e. you were permitted to
   f. were you permitted to (?)

16. **Beispiel:** *several students wanted to*   **Einige Studenten wollten** bei uns bleiben.
   a. several students wanted to
   b. several students could
   c. he could
   d. he would like to
   e. he had to
   f. they had to

17. **Beispiel:** *Ich durfte* hier bleiben.   *Wir durften* hier bleiben.
   a. Ich durfte hier bleiben.
   b. Ich hörte die ganze Oper.
   c. Ich wollte Radio hören.
   d. Ich lernte heute die schwachen Verben.
   e. Ich arbeitete letzten Sommer in einem Geschäft.
   f. Ich reiste allein nach Baden-Baden.
   g. Ich lachte lange über die Geschichte.
   h. Ich dankte ihm für seine Hilfe.
   i. Ich wußte das gar nicht.
   j. Ich verkaufte das Geschäft.
   k. Ich studierte letztes Jahr in München.
   l. Ich wanderte oft in den Wald.
   m. Ich machte eine Reise aufs Land.
   n. Ich hatte keine Zeit mehr, mit ihm zu sprechen.
   o. Ich mußte lange auf ihn warten.
   p. Ich wartete zehn Minuten auf Sie.

18. Beispiele: Er *macht* eine Reise nach Wien.   Er *machte* eine Reise nach Wien.
                  Ich *mache* meine Schulaufgaben.   Ich *machte* meine Schulaufgaben.
    a. Er macht eine Reise nach Wien.
    b. Ich mache meine Schulaufgaben.
    c. Er arbeitet an der Doktorarbeit.
    d. Sie reist nach Würzburg.
    e. Ich lerne langsam die Sprache.
    f. Mein Freund verkauft seinen Volkswagen.
    g. Ich will Radio hören.
    h. Er hört jede Woche das Programm.

19. Beispiele: Wir *machen* eine Reise ins Ausland.   Wir *machten* eine Reise ins
                                                          Ausland.
                  Sie *hören* gern Jazzmusik.   Sie *hörten* gern Jazzmusik.
    a. Wir machen eine Reise ins Ausland.
    b. Sie hören gern Jazzmusik.
    c. Wir arbeiten oft zusammen.
    d. Meine Freunde lernen Deutsch.
    e. Sie machen im März das Abitur.
    f. Wir müssen an der Haltestelle warten.
    g. Wir wandern am Wochenende in den Wald.
    h. Meine Eltern wollen mich besuchen.
    i. Die Großeltern wohnen in der Gartenstraße.
    j. Wir reisen im Juni nach Dänemark.

20. Beispiele: Er *macht* eine Reise nach Wien.   Er *machte* eine Reise nach Wien.
                  Wir *haben* keine Briefmarken mehr.   Wir *hatten* keine Briefmarken
                                                          mehr.
    a. Er macht eine Reise nach Wien.
    b. Wir haben keine Briefmarken mehr.
    c. Wir arbeiten an dem Lesestück.
    d. Ich will hier warten.
    e. Sie arbeitet an der Doktorarbeit.
    f. Meine Freunde warten schon auf mich.
    g. Ich höre am Montag das Programm.
    h. Besuchen Sie oft „Die Zwiebel" in München?
    i. Wir machen im März das Abitur.
    j. Er unterrichtet Chemie.
    k. Ich lerne viele Verben.
    l. Man muß an der Haltestelle warten.
    m. Was sagt er darüber?
    n. Woher wissen Sie das?
    o. Ich reise im April in die Schweiz.
    p. Wir wohnen in der Leopoldstraße.

21. Beispiel: *gehört*   Ich hatte das schon *gehört.*
    a. gehört   e. gewußt
    b. gemacht   f. gesagt
    c. gelernt   g. verkauft
    d. gesehen   h. gelesen

22. Beispiele: er   *Er hatte die* Aufgabe schon gemacht.
                  wir   *Wir hatten* die Aufgabe schon gemacht.
    a. er   d. Fräulein Jensen
    b. wir   e. alle Studenten
    c. ich   f. sie (*they*)

23. Beispiel: Er *hat* das schon gemacht.   Er *hatte* das schon gemacht.
    a. Er hat das schon gemacht.
    b. Ich habe ihn einmal gesehen.
    c. Mein Freund hat das nicht gewußt.
    d. Wir haben den Mercedes verkauft.
    e. Viele Leute haben den Vortrag gehört.
    f. Mein Vater hat viele Arbeiter eingestellt.

FRAGEN

1. War Herr Brown gestern zu Hause?
2. Saß Herr Dr. Lüdeke allein an einem Tisch?
3. Waren Sie gestern bei der Großmutter?
4. Wer ging mit Herrn Jones tanzen?
5. Gehörte Fräulein Neumann einem Klub an?
6. Wo war der Tanzabend?
7. Wohin fuhren Herr Jones und Herr Segovia?
8. Fuhren sie mit dem Personenzug oder dem D-Zug?
9. Arbeiteten Sie im Sommer bei einer Chemiefirma?
10. Wer stellte den Papierkorb vor die Tür?
11. Haben Sie mit meinem Kugelschreiber geschrieben?
12. Hielt die Straßenbahn vor dem Museum?
13. Wie lange mußten Sie auf die Straßenbahn warten?
14. Spielten Sie eine neue Platte?
15. Hatten Sie das Lesestück schon gelesen, bevor Sie ins Kino gingen?

Flüchtlinge im Lager Friedland

Eine Konditorei

DIALOG: In der Konditorei

*Am Sonntagnachmittag gingen Herr Dr. Lüdeke, Fräulein Moreau und Herr Brown
in eine Konditorei. Sie bestellten Eis, ein Stück Torte und Kaffee mit Schlagsahne.
Im Hintergrund spielte das Radio leise einen Walzer.*

MOREAU Woher kommen Sie, Herr Dr. Lüdeke, wenn ich fragen darf?

LÜDEKE Ich stamme aus Königsberg in Ostpreußen, aber wir wohnten eine Zeitlang
in Stettin, bevor die Russen kamen.

MOREAU Was machten Sie dann?

LÜDEKE Unter Schwierigkeiten verließ ich die Gegend und floh mit meiner Familie
in den Westen—so schnell wie möglich.

BROWN Was machten Sie in der Westzone?

LÜDEKE Wir mußten drei Jahre in einem Flüchtlingslager bleiben.

BROWN Lebte Ihr Vater damals noch?

LÜDEKE Jawohl, aber er war arbeitslos, wie viele Flüchtlinge.

BROWN Wann konnte er wieder arbeiten?

LÜDEKE Erst im Jahre 1948 fand er eine Stellung bei einer Bank.

BROWN Im selben Jahr führte man die Währungsreform durch, nicht wahr?

LÜDEKE Ja, das und der Marshallplan halfen der Wirtschaft sehr.

MOREAU Wieso?

LÜDEKE Der Marshallplan brachte viel Kapital ins Land.

MOREAU Die Fabriken waren alle zerstört oder demontiert, nicht wahr?

LÜDEKE Viele, aber nicht alle. Mit dem Marshallplankapital baute man wieder
neue.

In the *Konditorei**

On Sunday afternoon Dr. Lüdeke, Miss Moreau and Mr. Brown went to a Konditorei. They ordered ice cream, a piece of Torte and coffee with whipped cream. In the background the radio was softly playing a waltz.

MOREAU   Where do you come from, Dr. Lüdeke, if I may ask?

LÜDEKE   Originally I came from Königsberg in East Prussia, but we lived for a time in Stettin before the Russians came.

MOREAU   What did you do then?

LÜDEKE   I left the region with considerable difficulty and fled with my family to the West as fast as possible.

BROWN   What did you do in the West Zone?

LÜDEKE   We had to stay in a refugee camp for three years.

BROWN   Was your father still living at that time?

LÜDEKE   Yes, indeed, but like many refugees he was unemployed.

BROWN   When was he able to work again?

LÜDEKE   Not until 1948 did he find a position in a bank.

BROWN   In the same year the Currency Reform was carried out, wasn't it?

LÜDEKE   Yes, that and the Marshall Plan helped the economy greatly.

MOREAU   In what way?

LÜDEKE   The Marshall Plan brought a large amount of capital into the country.

MOREAU   The factories were all destroyed or dismantled, weren't they?

LÜDEKE   Many, but not all of them.   New ones were built again with the Marshall Plan capital.

* The exact equivalent of a **Konditorei** scarcely exists in the United States.   It is an establishment somewhat like a fine restaurant and specializes in fancy pastries, ice cream, etc.

FRAGEN ÜBER DEN DIALOG

1. Wo liegt Königsberg?
2. Woher stammt Herr Dr. Lüdeke?
3. Wo wohnte er eine Zeitlang?
4. Vor wem floh er?
5. Wohin floh er mit seiner Familie?
6. Wie lange blieb er im Flüchtlingslager?
7. Konnte sein Vater sofort eine Stellung finden?
8. Wann fand er eine Stellung?
9. Wo fand sein Vater eine Stellung?
10. In welchem Jahr führte man die Währungsreform durch?
11. Wo mußten die Flüchtlinge bleiben?
12. Was half der Wirtschaft viel?
13. Waren alle Fabriken demontiert oder zerstört?
14. Was baute man wieder auf?
15. Womit baute man sie wieder auf?
16. Was brachte der Marshallplan ins Land?

LESESTÜCK: Das Flüchtlingsproblem

Die zwei Studenten fanden Herrn Dr. Lüdeke sehr freundlich, denn er sprach gern mit ihnen und erzählte vieles von seinen Jugendjahren nach dem Zweiten Weltkrieg. Er fühlte sich ein bißchen einsam[1] in dem Städtchen und unterhielt sich gern mit den Studenten und Dozenten des Instituts.[2] Von ihm erfuhren die jungen Leute viel über das Leben in Deutschland seit dem Krieg.

Herr Brown mußte einen Aufsatz[3] über deutsche Geschichte schreiben. Er war froh, daß er Herrn Dr. Lüdeke kennengelernt hatte,[4] denn ihre Gespräche hatten ihm genug Material für mehrere Aufsätze geliefert.[5] Über das aufgegebene Thema schrieb er folgendes:[6]

WICHTIGE EREIGNISSE[7] IN DEUTSCHLAND
SEIT DEM ZWEITEN WELTKRIEG

Am Kriegsende teilten die Siegermächte Deutschland[8] in vier Zonen. Die Russen besetzten den Osten und die Engländer den Norden.[9] Frankreich bekam im

---

[1] **er fühlte sich ein bißchen einsam** he felt a bit lonely
[2] **die Studenten und Dozenten des Instituts** the students and instructors of the Institute
[3] **der Aufsatz** essay
[4] **er war froh, daß er Herrn Dr. Lüdeke kennengelernt hatte** he was glad that he had become acquainted with Dr. Lüdeke.   [5] **liefern** to furnish
[6] **über das aufgegebene Thema schrieb er folgendes** he wrote the following on the assigned topic
[7] **das Ereignis** event
[8] **die Siegermächte teilten Deutschland** the victorious powers divided Germany
[9] **die Russen besetzten den Osten und die Engländer den Norden** the Russians occupied the East and the English the North

Flucht über die Sektorengrenze

Westen das Gebiet am Rhein,[10] und die Vereinigten Staaten übernahmen[11] die Zone im Süden. Mit Ausnahme der Sowjetischen Besatzungszone[12] vereinigten sich[13] später die Zonen politisch und wirtschaftlich wieder unter dem Namen „Bundesrepublik Deutschland". Rußland war gegen die Vereinigung[14] und bildete[15] aus seiner Besatzungszone die „Deutsche Demokratische Republik".

Schon[16] vor Kriegsende hatte die Flucht[17] von Millionen Menschen aus den Ostgebieten begonnen. Diese Menschen flohen vor den Sowjetarmeen.[18] Dieser Flut folgten andere Millionen[19] am Kriegsende. Durch das Potsdamer Abkommen[20] zwischen England, der Sowjetunion und den Vereinigten Staaten sah sich die übrige

[10] das Gebiet am Rhein the territory on the Rhine
[11] übernehmen, übernahm to assume control of
[12] mit Ausnahme der Sowjetischen Besatzungszone with the exception of the Soviet Zone of Occupation   [13] sich vereinigen to unite
[14] Rußland war gegen die Vereinigung Russia was against unification
[15] bilden to form   [16] schon even   [17] die Flucht flight
[18] vor den Sowjetarmeen from the Soviet armies
[19] dieser Flut folgten andere Millionen other millions followed this flood
[20] durch das Potsdamer Abkommen because of the Potsdam Agreement (Potsdam is a suburb of Berlin.)

deutsche Bevölkerung in Polen, Rumänien, Jugoslawien, Ungarn und der Tschechoslowakei gezwungen,[21] die Heimat zu verlassen und nach Deutschland zu fliehen.
Die Deutschen in den Provinzen östlich der Oder-Neiße-Linie[22] mußten sofort Zuflucht in den deutschen Gebieten suchen.   Viele Deutsche flohen schwarz über die
Grenze.[23]   In den ersten zehn Jahren nach Kriegsende verließen über zwölf Millionen
Menschen ihre Heimat; so entstand die größte Völkerwanderung der Geschichte.[24]
    Diese Flüchtlinge und Heimatvertriebenen brachten fast nichts mit sich—oft
nur einen Handkoffer voller Kleidungsstücke.[25]   Natürlich waren sie arbeitslos, denn
die Fabriken waren noch nicht wieder in Betrieb,[26] und der Handel existierte praktisch[27] nicht mehr.   Für das Land, den Kreis und die Gemeinde war es eine riesengroße Aufgabe, für diese Menschenmenge zu sorgen.[28]
    Im Jahre 1949 entstand unter der neuen Bundesregierung[29] das Amt für Fragen
der Heimatvertriebenen;[30] daraus wurde fünf Jahre später das Bundesministerium für
Vertriebene, Flüchtlinge und Kriegsgeschädigte.[31]   Die Aufgabe dieses Ministeriums[32] war, unter Mitwirkung der Bundesländer[33] die Flüchtlinge zu betreuen[34] und
ihre mannigfachen Probleme zu lösen.[35]   Im Jahre 1952 wurde das Lastenausgleichgesetz von der Bundesregierung verabschiedet.[36]   Durch dieses Gesetz konnte die

[21] **die übrige deutsche Bevölkerung in Polen, Rumänien, Jugoslawien, Ungarn und der Tschechoslowakei sah sich gezwungen** the remaining German population in Poland, Rumania, Yugoslavia,
Hungary and Czechoslovakia was forced
[22] **östlich der Oder-Neiße-Linie** east of the Oder-Neisse Line (The Oder-Neisse Line is the western
boundary of German territory placed under Polish administration.   The Oder River and its
tributary, the Neisse, form the boundary.)
[23] **schwarz über die Grenze fliehen** to flee illegally over the border
[24] **so entstand die größte Völkerwanderung der Geschichte** thus the greatest migration in history
came about
[25] **diese Flüchtlinge und Heimatvertriebenen brachten fast nichts mit sich—oft nur einen Handkoffer voller Kleidungsstücke** these refugees and expellees brought almost nothing with them—
·frequently only a suitcase full of articles of clothing   [26] **in Betrieb** in operation
[27] **praktisch** practically
[28] **es war eine riesengroße Aufgabe, für diese Menschenmenge zu sorgen** caring for these masses
of people was a gigantic task   [29] **die Bundesregierung** Federal Government
[30] **das Amt für Fragen der Heimatvertriebenen** Office for Matters Relating to Expellees
[31] **daraus wurde das Bundesministerium für Vertriebene, Flüchtlinge und Kriegsgeschädigte** this
became the Federal Ministry for Expellees, Refugees and War Victims
[32] **die Aufgabe dieses Ministeriums** the task of this ministry
[33] **unter Mitwirkung der Bundesländer** together with the cooperation of the states
[34] **betreuen** to care for
[35] **ihre mannigfachen Probleme zu lösen** to solve their manifold problems
[36] **das Lastenausgleichgesetz wurde von der Bundesregierung verabschiedet** the Law of Equalization
was passed by the Federal Government (*Das Lastenausgleichgesetz*.   The Law of Equalization
fixed a tax on property based on its valuation on June 21, 1948, the date of the Currency Reform.
A total of fifty percent of that valuation is the tax the property owner must pay to the Federal Republic by 1979.   Payments are made quarter-annually.   The money received by the special assess-
ment is placed in a fund which is used to reimburse those people who suffered financial loss caused
by World War II.   Reimbursement is made proportionate to the loss.   Most refugees had lost all
of their possessions, so these payments proved to be of great assistance to them in reestablishing
themselves within the economic framework of the Federal Republic.   There were several other
features of the law which were very beneficial to the refugees, but the main objective was to
achieve an equitable distribution of the burden of property losses brought about by the war.)

Regierung nun den Flüchtlingen helfen, sich neue Heime[37] zu bauen und sich eine neue Existenz zu gründen.[38] Nun wurde das Los der Millionen Flüchtlinge[39] leichter und die Last der Regierung geringer.[40]

In den ersten Friedensjahren[41] spielte der Schwarzhandel eine große Rolle in der Wirtschaft. Durch Inflation hatte die Reichsmark (RM) alle Kaufkraft verloren,[42] in den Geschäften konnte man fast nichts kaufen,[43] und man benützte hauptsächlich[44] Zigaretten, Tabak, Kaffee und Butter im Tauschhandel.[45] Mit der Währungsreform im Jahre 1948 erschien[46] die Deutsche Mark (DM). Im selben Jahr begann der Marshallplan, Deutschland mit Lebensmitteln, Kapital und Maschinen zu helfen.[47] Mit dieser Hilfe baute man Fabriken, Häuser und Geschäfte wieder auf. Gleichzeitig begann der Wiederaufbau des Verkehrswesens.[48] Allmählich wurden Arbeiter eingestellt und die Fabriken in Betrieb gesetzt;[49] Fertigwaren[50] erschienen in den Geschäften; die Wirtschaft lebte wieder auf;[51] der Schwarzhandel verschwand,[52] und die neue Währung wurde stabil.

Heute ist Westdeutschland wieder aufgebaut. Die Fabriken sind in vollem Betrieb und exportieren Waren in alle Welt, Arbeitslosigkeit existiert nicht mehr (Westdeutschland beschäftigt[53] viele Fremdarbeiter), und die Bundesrepublik ist wirtschaftlich gesund und gehört der Europäischen Wirtschaftsgemeinschaft[54] an.

---

[37] neue Heime new homes   [38] gründen to found, establish

[39] das Los der Millionen Flüchtlinge the lot of millions of refugees

[40] die Last der Regierung wurde geringer the burden of the government became less

[41] in den ersten Friedensjahren in the first years of peace

[42] die Reichsmark hatte alle Kaufkraft verloren the Reichsmark had lost all purchasing power

[43] kaufen to buy   [44] hauptsächlich chiefly   [45] der Tauschhandel barter

[46] erscheinen, erschien to appear

[47] der Marshallplan begann, Deutschland mit Lebensmitteln, Kapital und Maschinen zu helfen the Marshall Plan began to help Germany with foodstuffs, capital and machinery

[48] der Wiederaufbau des Verkehrswesens reconstruction of the transportation system

[49] allmählich wurden Arbeiter eingestellt und die Fabriken in Betrieb gesetzt gradually workers were hired and the factories put into operation   [50] die Fertigware finished product

[51] aufleben to revive   [52] verschwinden, verschwand to disappear   [53] beschäftigen to employ

[54] die Europäische Wirtschaftsgemeinschaft European Economic Community (Common Market)

WEITERE ÜBUNGEN

1. Beispiele: *die Siegermächte*   *Die Siegermächte teilten* Deutschland in vier Zonen.
   man   *Man teilte* Deutschland in vier Zonen.
   a. die Siegermächte
   b. man
   c. wir
   d. die Sieger

2. Beispiel *die Regierung*   *Die Regierung sorgte* für die Vertriebenen.
   a. die Regierung
   b. das Ministerium
   c. die Länder
   d. die Westdeutschen

3. Beispiel: *man*   Mit dieser Hilfe *baute man* Fabriken.
   a. man
   b. wir
   c. die Bundesrepublik
   d. die Arbeiter

4. Beispiel: *die Arbeitslosigkeit*   *Die Arbeitslosigkeit existierte* nicht mehr.
   a. die Arbeitslosigkeit
   b. die Zonen
   c. der Schwarzhandel
   d. der Tauschhandel

5. Beispiel: *wir*   *Wir gehörten* einem Musikklub an.
   a. wir
   b. er
   c. viele Leute
   d. ich

6. Beispiel: *viele Menschen*   *Viele Menschen verließen* die Heimat im Osten.
   a. viele Menschen
   b. ich
   c. wir
   d. Herr Dr. Lüdeke

7. Beispiel: *erschienen*   In den Jahren *erschienen* viele Vertriebene.
   a. erschienen
   b. kamen
   c. flohen
   d. verschwanden

8. Beispiel: *die Fabrik*   *Die Fabrik war* noch nicht in Betrieb.
   a. die Fabrik
   b. das Geschäft
   c. die meisten Firmen
   d. die Bundesbahn

9. Beispiel: *der Schwarzhandel*   *Der Schwarzhandel spielte* eine große Rolle in der Wirtschaft.
   a. der Schwarzhandel
   b. die Flüchtlinge
   c. die Währungsreform
   d. die neuen Fabriken

10. Beispiel: *die Siegermächte*   *Die Siegermächte halfen* der Wirtschaft viel.
    a. die Siegermächte
    b. der Marshallplan
    c. Kapital und Maschinen
    d. die Währungsreform

11. Beispiel: *demontiert*   Man hatte die Fabriken *demontiert*.
    a. demontiert
    b. zerstört
    c. wieder aufgebaut
    d. in Betrieb gesetzt

12. Beispiel: *gesehen*   Wir hatten das schon *gesehen*.
    a. gesehen
    b. gehört
    c. wieder aufgebaut
    d. gemacht

13. Beispiele: Er *reist* übers Wochenende ins Ausland.   Er *reiste* übers Wochenende ins Ausland.
    Wir *machen* eine Reise nach Limburg.   Wir *machten* eine Reise nach Limburg.
    a. Er reist übers Wochenende ins Ausland.
    b. Wir machen eine Reise nach Limburg.
    c. Ich kann die Aufgabe leicht lesen.

d. Er liest das in dem Aufsatz.
e. Sie wartet schon lange auf die Straßenbahn.
f. Die Flüchtlinge kommen aus dem Osten.
g. Frankreich bekommt das Gebiet am Rhein.
h. Man baut Fabriken wieder auf.
i. Der Schwarzhandel verschwindet in diesen Jahren.
j. Meine Freunde machen eine Reise in die Schweiz.
k. Ich darf das nicht vergessen.
l. Er vergißt seinen Handkoffer.
m. Wir finden ihn sehr freundlich.
n. Fahren Sie nach Würzburg?
o. Man muß am Karlsplatz umsteigen.
p. Wir stehen seit zwei Uhr da.
q. Lebt Ihr Vater noch?
r. Die Reichsmark verliert ihre Kaufkraft.
s. Dann erscheint die D-Mark.
t. Er hilft mir bei der Arbeit.
u. Das spielt keine Rolle mehr.
v. Man sieht überall neue Fabriken.

14. Beispiel: Ich *habe* ihn schon gesehen.   Ich *hatte* ihn schon gesehen.
a. Ich habe ihn schon gesehen.
b. Wir haben die Oper schon oft gehört.
c. Er hat oft gegen den Schwarzhandel gesprochen.
d. Man hat Zigaretten im Tauschhandel benutzt.
e. Die Sieger haben Deutschland geteilt.
f. Man hat viele Fabriken in Betrieb gesetzt.
g. Zwölf Millionen Menschen haben die Heimat verlassen.
h. Das Lastenausgleichsgesetz hat vielen Flüchtlingen geholfen.

15. Beispiele: Ich *sehe* ihn oft.   Ich *hatte* ihn oft *gesehen.*
Meine Freunde *besuchen*   Meine Freunde *hatten* das Gymnasium
das Gymnasium.   *besucht.*
a. Ich sehe ihn oft.
b. Meine Freunde besuchen das Gymnasium.
c. Er spricht oft gegen die Regierung.
d. Das Ministerium sorgt für diese Menschen.
e. Ich beginne schon mit der Arbeit.
f. Wir verlassen natürlich die Gegend.
g. Er schreibt schon den Aufsatz.
h. Man fängt mit dem Wiederaufbau an.
i. Viele bauen neue Heime im Westen.
j. Ich habe kein Geld mehr.

WEITERE FRAGEN

1. Wohin flohen die Flüchtlinge nach dem Krieg?
2. Wie viele Menschen mußten die Heimat verlassen?
3. Gab es nach dem Krieg Arbeit für alle?
4. Gab es damals viel Arbeitslosigkeit?
5. Woher stammt Herr Dr. Lüdeke?
6. Wohin floh er?

7. Was brachten die Flüchtlinge mit sich?
8. Welche Besatzungszone bildete die Deutsche Demokratische Republik?
9. Was mußte Herr Brown schreiben?
10. Was benutzte man im Tauschhandel?
11. In welchem Jahr führte man die Währungsreform durch?
12. Wie hieß die neue Währung?
13. Welcher Plan brachte Kapital und Maschinen ins Land?
14. Ist Westdeutschland heute wieder aufgebaut?
15. Was baute man nach dem Krieg wieder auf?
16. Welche Zone vereinigte sich nicht mit den anderen Zonen?

SPRECHÜBUNGEN

1. Supply questions to which the following might be answers:
   a. Ich stamme aus Bayern.
   b. Ich mache in zwei Jahren mein Abitur.
   c. Ja, ich habe eine Stellung bei einer Bank gefunden.
   d. Sie kam im Jahre 1948.
   e. Nein, ich besuche noch das Gymnasium.
   f. Nein, er ist jetzt bei der Eisenbahn.
   g. Ja, sie hat der Wirtschaft viel geholfen.
   h. Erst vor einem Jahr hat er Königsberg verlassen.
   i. Nein, ich bin in Ostpreußen geboren.
   j. Ja, sie sind alle wieder in Betrieb.
2. Elicit the following information from the student next to you:
   a. wann man die Währungsreform durchführte
   b. wo er geboren ist
   c. ob sein Vater bei der Bank oder im Geschäft eine Stellung hat
   d. wie viele Flüchtlinge nach Westdeutschland flohen
   e. welche Zone sich nicht mit den anderen vereinigte
   f. welches Land gegen die Zonenvereinigung war
   g. wie die Regierung Westdeutschlands heißt
   h. wie die alte Mark hieß
   i. ob die amerikanische Zone im Norden oder im Süden war
   j. wo die Sowjetische Besatzungszone war
3. Choose suitable responses from the right-hand column to the statements in the left-hand column.   Complete or expand the responses followed by ellipses.

   a. Ich mußte sofort die Heimat verlassen.
   b. Gehen wir lieber in eine Konditorei.
   c. Ich trinke immer gern Kaffee mit Schlagsahne.
   d. Heute existiert es nicht mehr.
   e. Das gilt heute noch für die Ostzone.
   f. Ich ging schwarz über die Grenze.
   g. Er hat viele Fremdarbeiter eingestellt.
   h. Wir blieben einige Monate im Flüchtlingslager.
   i. Es hat der Wirtschaft sehr geholfen.
   j. Im März machte ich das Abitur.

   (1) Wie war es? ...
   (2) War das nicht gefährlich (*dangerous*)?
   (3) Ach, die Musik dort ...
   (4) Wie schade (*too bad*) ...
   (5) So? ...
   (6) Woher ...?
   (7) Warum ...?
   (8) Ich auch, ...
   (9) Wieso? ...

4. Student Dialogue I
   a. Where did you come from?
   b. Originally from Königsberg.
   a. Were you in school there?
   b. Yes. I attended the *Gymnasium* there for eight years.
   a. When did you leave Königsberg?
   b. Three years ago.
   a. Where did you go?
   b. To Hamburg. Later I went to Stuttgart.
5. Student Dialogue II
   c. How long have you lived in the Federal Republic?
   d. For three years.
   c. Did you soon find work?
   d. Yes, at first I had a position in a bank, but now I am working for an automobile firm.
   c. Was it easy to go over the border?
   d. Certainly not (*gewiß nicht*). I had to wait a long time (*lange*) for an opportunity to leave the East Zone.

SCHRIFTLICHES

1. Rewrite the following sentences in the past tense:
   a. Vor drei Tagen hat er die Stadt verlassen. b. Damals hat es viel Arbeitslosigkeit gegeben. c. Vor der Vereinigung hatten die Sieger das Land in vier Zonen geteilt. d. Ich habe ihn in München kennengelernt. e. Die Vereinigten Staaten haben die Zone im Süden übernommen. f. Er hat sich ein wenig einsam gefühlt. g. Die Flüchtlinge haben fast nichts mit sich gebracht. h. Vor der Währungsreform hatten die Deutschen Tabak und Kaffee im Tauschhandel benutzt.
2. Write the following sentences in German:
   a. I worked here for three years in an office (*Büro*); then I found a position in a bank in Bonn. b. Over twelve million people had to leave their native region. c. He told us a great deal about life in Germany after the war. d. The black market played a great role in the economy. e. They used cigarets and tobacco in barter because (*denn*) the *Reichsmark* had lost all purchasing power. f. The factories were (*wurden*) put into operation again, and unemployment disappeared. g. I wanted to write an essay, but I had no time for it (*dafür*). h. He could not get a position with the Federal Railway. i. The Law of Equalization helped the refugees (what case with *helfen*?) to build new homes. j. It was a gigantic task to care for the refugees from the East.

VERSCHIEDENES

DIE BUNDESREPUBLIK DEUTSCHLAND UND IHRE LÄNDER

LAND	REGIERUNGSSITZ	BEVÖLKERUNG (in 1000) (im Jahre 1962)	FLÄCHE km²*
Baden-Württemberg	Stuttgart	7 990,6	35 750
Bayern	München	9 731,2	70 550
Bremen (Stadtstaat)	Bremen	718,3	404
Hamburg (Stadtstaat)	Hamburg	1 847,5	747
Hessen	Wiesbaden	4 936,9	21 108
Niedersachsen	Hannover	6 732,1	47 386
Nordrhein-Westfalen	Düsseldorf	16 194,7	33 977
Rheinland-Pfalz	Mainz	3 474,5	19 831
Saarland	Saarbrücken	1 096,9	2 567
Schleswig-Holstein	Kiel	2 351,3	15 658
West-Berlin† (Stadtstaat)	Berlin-Schöneberg	2 174,2	481
Insgesamt		57 248,0	248 459

DER DEUTSCHE

Er kam in seine heimatliche[1] Stadt,
da sah er nichts als eine Schädelstatt.[2]
Er kam in seine Straße.   Was sah er?
Er sah die Häuser, tot[3] und schwarz und leer.[4]
Er kam ins Haus, das ihm das Leben war,
und sah das Blut in seines Kindes Haar.[5]
Er kam ins Zimmer.   Wo war seine Frau?
Sie war verweht.[6]   Dafür sah er den Tau[7]
von ihren Tränen,[8] ihrem Blut.   Er ging
ins Bett, allein schlief mit der Einsamkeit.[9]
Als er erwachte[10] war er doch zu zweit.[11]

* km² = Quadratkilometer
† According to the **Grundgesetz** (constitution), West Berlin is one of the states within the Federal Republic.   However, in several technical matters of government its status is somewhat different from that of the other states.   The three powers occupying West Berlin maintain certain nominal controls and jurisdiction, and its representatives in parliament are not empowered to vote.

[1] **heimatlich** native   [2] **die Schädelstatt** place of skulls   [3] **tot** dead   [4] **leer** empty
[5] **seines Kindes Haar** his child's hair   [6] **verweht** vanished   [7] **der Tau** dew   [8] **die Träne** tear
[9] **die Einsamkeit** loneliness   [10] **erwachen** to awaken   [11] **er war zu zweit** there were two of them

Auf seinem Lager[12] saß ein Schmetterling.[13]
Der sah ihn an,[14] und er, er sah das Tier.[15]
In ihm sah er die Unschuld[16] ohnegleichen,[17]
er sah die Einfalt,[18] und er sah das Zeichen:[19]
Wo Unschuld ist, ist Schuld.[20]   Die Schuld ist hier.
So dachte[21] er und wußte: das ist Wahrheit.[22]
Im Falter[23] schwebte[24] sternenhafte[25] Klarheit.[26]
Die Stadt ist tot und ich bin schuld daran.[27]
Wir alle haben Schuld.   Du,[28] Nebenmann,[29]
du tötetest[30] die Straße und das Haus.
Du, Nachbar, branntest Bett und Zimmer aus.[31]
Indem[32] wir's aber wissen, senkt sich nieder[33]
der Gnade schimmernd-tröstliches Gefieder.[34]
Doch Reue[35] ist niemals[36] genug.   Im Munde,[37]
im Herzen[38] bebe[39] täglich[40] eine Stunde,
da schreie[41] ohnemaßen[42] unsre Schuld.
Vergib uns,[43] bitte, ewige Geduld.[44]

—Wolfgang Weyrauch (1907–   )

NOTE: *The last six lines of the poem express the following thought: Because we have knowledge of our guilt, comforting grace descends upon us like shimmering plumage. But remorse is never sufficient.   Each day we must penitently and without reservation proclaim our guilt in our hearts as well as to the world.   We pray to the Eternal Patience [God] for forgiveness.*

[12] **das Lager** bed   [13] **der Schmetterling** butterfly   [14] **der sah ihn an** he looked at him
[15] **das Tier** animal, creature   [16] **die Unschuld** innocence   [17] **ohnegleichen** unequalled
[18] **die Einfalt** simplicity   [19] **das Zeichen** sign, symbol   [20] **die Schuld** guilt
[21] **denken, dachte** to think   [22] **die Wahrheit** truth   [23] **der Falter** butterfly
[24] **schweben** to hover, be suspended   [25] **sternenhaft** star-like   [26] **die Klarheit** clarity
[27] **ich bin schuld daran** it is my fault   [28] **du** you   [29] **der Nebenmann** comrade
[30] **du tötetest** you killed   [31] **du branntest Bett und Zimmer aus** you burned out bed and room
[32] **indem** inasmuch   [33] **sich niedersenken** to descend
[34] **der Gnade schimmernd-tröstliches Gefieder** shimmering-comforting plumage of grace
[35] **die Reue** remorse   [36] **niemals** never   [37] **der Mund** mouth   [38] **das Herz** heart
[39] **beben** to quiver   [40] **täglich** daily   [41] **schreien** to cry, scream   [42] **ohnemaßen** boundlessly
[43] **vergib uns** forgive us   [44] **ewige Geduld** Eternal Patience

ZEITZEILEN[1]

Daß Tage kommen konnten
nachher,
daß man weiter zur Arbeit ging,
aß, schlief—
vergaß.
Jene allerdings ausgenommen,[2]
die nicht mehr wollten,[3]
die an der Front fielen[4]
oder zerquetscht wurden
von berstenden Mauern.[5]
Daß man den Mut[6] fand,
nachher,
Ruinen räumte,[7]
um neue Häuser zu bauen,
gigantische Kraft dem Geringsten entrang,[8]
für die Rauchpilzzucht einer Zukunft.[9]

—Peter Lehner (1922–   )

PHONOLOGIE

wir halten	er hält	wir brechen	er bricht
wir fallen	er fällt	wir essen	er ißt
wir fangen	er fängt	wir gelten	er gilt
wir lassen	er läßt	wir helfen	er hilft
wir fahren	er fährt	wir sprechen	er spricht
wir schlafen	er schläft	wir vergessen	er vergißt
wir tragen	er trägt	wir werden	er wird
wir treten	er tritt	wir dürfen	er darf
wir empfehlen	er empfiehlt	wir müssen	er muß
wir geben	er gibt	wir können	er kann
wir sehen	er sieht	wir wollen	er will
wir treffen	er trifft	wir wissen	er weiß

[1] **die Zeitzeile** time-line
[2] **jene allerdings ausgenommen** excepting those of course
[3] **die nicht mehr wollten** who no longer wanted to
[4] **die an der Front fielen** who died at the front
[5] **oder zerquetscht wurden von berstenden Mauern** or were crushed by bursting walls
[6] **der Mut** courage
[7] **Ruinen räumen** to clear away ruins
[8] **gigantische Kraft dem Geringsten entringen** to wrest gigantic force from the smallest particle
[9] **die Rauchpilzzucht einer Zukunft** breeding mushroom clouds of a future

Vierzehnte Lektion

14

Grammatisches Ziel:
    Der Genitiv

EINFÜHRENDE BEISPIELE

Anschauungsmaterial:
        ein Bild von Goethe
        ein Bild eines Volkswagens
        ein Bild einer Kirche

1. Mein Freund kam gestern auf Besuch.
   Sein Wagen ist neu.
   Der Wagen des Freundes ist ein Volkswagen.
   Ist der Wagen des Freundes ein Volkswagen?
           Ja, der Wagen des Freundes ist ein Volkswagen.

2. Johann Wolfgang von Goethe war ein Dichter.
   Hier ist ein Bild des Dichters.
   Was ist das?
           Das ist ein Bild des Dichters.

3. Hier ist ein Bild eines Volkswagens.
   Ist es das Bild eines Opels oder eines Volkswagens?
           Es ist das Bild eines Volkswagens.

4. Fräulein ———, geben Sie mir Ihren Kugelschreiber!
   Das ist der Kugelschreiber der Studentin da.
   Was ist das?
           Das ist der Kugelschreiber der Studentin da.

5. Das ist der Wagen eines Freundes.
   Ist das der Wagen einer Freundin oder eines Freundes?
           Das ist der Wagen eines Freundes.

6. Das ist die Tür des Klassenzimmers.
   Das ist die Tür dieses Klassenzimmers.
   Was ist das?
   > Das ist die Tür dieses Klassenzimmers.
   Ist das die Tür unseres Klassenzimmers?
   > Ja, das ist die Tür unseres Klassenzimmers.

7. Das Haus der Eltern steht in der Blumenstraße.
   Wo steht das Haus der Eltern?
   > Das Haus der Eltern steht in der Blumenstraße.
   Wessen Haus steht in der Blumenstraße?
   > Das Haus der Eltern steht in der Blumenstraße.

8. Der Wagen meiner Tante steht vor dem Haus.
   Wessen Wagen steht vor dem Haus?
   > Der Wagen Ihrer Tante steht vor dem Haus.

9. Das ist das Buch der Studentin da.
   Wessen Buch ist das?
   > Das ist das Buch der Studentin da.
   Ist das das Buch einer Studentin oder eines Studenten?
   > Das ist das Buch einer Studentin.

10. Haben Sie den neuen Wagen des Arztes gesehen?
    > Ja, ich habe den neuen Wagen des Arztes gesehen.

11. Ist das ein Bild einer Kirche oder eines Geschäfts?
    > Das ist ein Bild einer Kirche.

12. Ist das das Bild eines Volkswagens oder eines Opels?
    > Das ist das Bild eines Volkswagens.

ÜBUNGEN

1. Beispiel: *Lehrers*   Dort steht der Wagen des *Lehrers.*
   - a. Lehrers
   - b. Professors
   - c. Wirts
   - d. Arztes
   - e. Onkels

2. Beispiel: *Schwester*   Ich habe den Brief der *Schwester* gelesen.
   - a. Schwester
   - b. Freundin
   - c. Mutter
   - d. Großmutter
   - e. Studentin

3. **Beispiel:** *der*   Haben Sie das Buch *der* Lehrerin gelesen?
    a. der   d. seiner
    b. meiner   e. Ihrer
    c. unserer

4. **Beispiel:** *meines*   Hier ist die Adresse *meines* Geschäfts.
    a. meines   d. dieses
    b. seines   e. eines
    c. des

5. **Beispiel:** *der*   Wir fahren heute mit dem Wagen *der* Eltern.
    a. der   d. seiner
    b. unserer   e. meiner
    c. ihrer

6. **Beispiel:** *des Hauses*   Die Tür *des Hauses* ist offen.
    a. des Hauses   e. der Schule
    b. seines Hauses   f. meiner Schule
    c. meines Hauses   g. unserer Schule
    d. der Kirche   h. meines Zimmers

7. **Beispiel:** *das Haus*   Die Tür *des Hauses* ist geschlossen.
    a. das Haus   d. mein Geschäft
    b. das Zimmer   e. unser Geschäft
    c. das Geschäft   f. dieses Geschäft

8. **Beispiel:** *der Arzt*   Haben Sie die Adresse *des Arztes* gefunden?
    a. der Arzt   d. mein Lehrer
    b. der Direktor   e. Ihr Lehrer
    c. der Lehrer   f. unser Lehrer

9. **Beispiel:** *die Frau*   Dort steht der Handkoffer *der Frau*.
    a. die Frau   d. diese Studentin
    b. die Dame   e. die Freundin
    c. diese Dame   f. meine Freundin

10. **Beispiele:** *der Lehrer*   Ich habe den neuen Wagen *des Lehrers* gesehen.
                die Familie Neumann   Ich habe den neuen Wagen *der Familie Neumann* gesehen.
    a. der Lehrer   e. die Tante
    b. die Familie Neumann   f. mein Arzt
    c. der Direktor   g. die Wirtin
    d. die Eltern   h. das Geschäft

11. **Beispiele:** Das Buch gehört *dem Lehrer*.   Das ist das Buch *des Lehrers*.
                 Das Buch gehört *der Studentin*.   Das ist das Buch *der Studentin*.
    a. Das Buch gehört dem Lehrer.   d. Die Uhr gehört der Wirtin.
    b. Das Buch gehört der Studentin.   e. Die Uhr gehört der Tante.
    c. Das Buch gehört dem Kind.   f. Die Uhr gehört dem Mädchen.

12. **Beispiel:** *my father's car*   Ich habe *den Wagen meines Vaters* gefahren.
    a. my father's car   d. my teacher's car
    b. my brother's car   e. my friend's car
    c. my uncle's car

13. **Beispiel:** *the teacher's house*   Ich habe *das Haus des Lehrers* gefunden.
    a. the teacher's house   d. our teacher's house
    b. this teacher's house   e. her teacher's house
    c. my teacher's house

14. **Beispiel:**   *the coed's friend*   Ich habe mit *dem Freund der Studentin* gesprochen.

    a. the coed's friend   d. our aunt's friend
    b. this coed's friend   e. my aunt's friend
    c. his daughter's friend

15. **Beispiel:**   *I lost the address of the hotel.*   Ich habe die Adresse des Hotels verloren.

    a. I lost the address of the hotel.
    b. I lost the address of my hotel.
    c. I lost the address of his hotel.
    d. I lost the address of his firm.
    e. I lost the address of their firm.
    f. I lost the address of their school.
    g. I lost the address of your school.
    h. I lost the address of your parents.

16. **Beispiel:**   **Wessen Handkoffer ist das?** (*meines Vaters*)   Das ist der Handkoffer *meines Vaters.*

    a. Wessen Handkoffer ist das?   (meines Vaters)
    b. Wessen Wagen ist das?   (einer Lehrerin)
    c. Wessen Geschäft ist das?   (seiner Eltern)
    d. Wessen Firma ist das?   (unseres Freundes)
    e. Wessen Kinder sind das?   (unserer Nachbarn)
    f. Wessen Kind ist das?   (meiner Nachbarn)

17. **Beispiel:**   **Wessen Firma ist das?** (*mein Vater*)   Das ist die Firma *meines Vaters.*

    a. Wessen Firma ist das?   (mein Vater)
    b. Wessen Geschäft ist das?   (unser Freund)
    c. Wessen Wagen ist das?   (seine Eltern)
    d. Wessen Haus ist das?   (der Lehrer)
    e. Wessen Handkoffer ist das?   (das Mädchen)
    f. Wessen Mercedes ist das?   (meine Nachbarn)

FRAGEN

1. Wessen Firma ist das?
2. Wessen Adresse ist das?
3. Ist das die Haltestelle der Straßenbahn oder des Omnibusses?
4. Ist das das Auto Ihrer Eltern?
5. Wo steht das Haus seiner Wirtin?
6. Wem gehört der Handkoffer?
7. Ist das die Schreibmaschine Ihres Freundes?
8. Wo finde ich das Haus seiner Eltern?
9. Wurde das Los der Flüchtlinge leichter?
10. Arbeiten Sie im Geschäft Ihres Bruders?
11. Wessen Aufgabe war es, für die Flüchtlinge zu sorgen?
12. Mit wessen Kugelschreiber schreiben Sie?

„Schauen Sie mal hin!"

DIALOG: An der Haltestelle

Fräulein Neumann, Herr Jones und Herr Brown warten an der Haltestelle. Nicht weit von ihnen warten auch zwei ältere Damen. Die Studenten hören dem Gespräch der zwei Damen zu.

ERSTE DAME   Schauen Sie mal hin! Das Kleid des Mädchens da ist viel zu kurz!

ZWEITE DAME   Ja, und auch knallrot!

ERSTE DAME   Ist es nicht gräßlich!

ZWEITE DAME   Die Mutter der jungen Dame weiß ganz sicher nicht, wie ihre Tochter herumläuft.

ERSTE DAME   So sind die zwei Töchter meiner Nachbarin. Und sie sind auch oft so unhöflich.

ZWEITE DAME   Ja, ja. Die Kinder unserer Generation waren ganz anders. Damals war man doch höflich in Gesellschaft.

ERSTE DAME   Wissen Sie, das ist der Einfluß der Filmindustrie und des Fernsehens auf die Jugend.

ZWEITE DAME   Ja, und der Ausländer auch! Da kommt schon die Straßenbahn ...

ANNELIESE NEUMANN (*ärgerlich*)   Aber so etwas! Haben Sie das gehört? Ganz genau wie meine Tante Emma.

JONES   War das aber ein Gespräch! Die alten Klatschbasen kritisieren ja genau wie die Nachbarinnen meiner Eltern.

BROWN   Ach, die ältere Generation aller Länder schimpft über die Torheit der Jugend.

JONES (*lacht*)   Vergessen Sie das Geklatsche, Fräulein Neumann! Uns gefällt Ihr Kleid außerordentlich gut!

At the Car Stop

Miss Neumann, Mr. Jones and Mr. Brown are waiting at the car stop.   Not far from them two elderly ladies are also waiting.   The students listen to the conversation of the two ladies.

FIRST LADY   Just look over there!   That girl's dress is much too short!

SECOND LADY   Yes, and bright red too!

FIRST LADY   Isn't it awful!

SECOND LADY   The young lady's mother certainly doesn't know the way her daughter is running around.

FIRST LADY   My neighbor's two daughters are the same way.   And they're often so discourteous too.

SECOND LADY   Yes, that's right.   The children of our generation were quite different.   In those days we were certainly polite in company.

FIRST LADY   You know, that is the influence of the film industry and television on young people.

SECOND LADY   Yes, and of the foreigners too!   There comes the streetcar . . .

ANNELIESE NEUMANN (*annoyed*)   How do you like that!   Did you hear that?   Exactly like my Aunt Emma.

JONES   Wasn't that a conversation though!   The old gossips criticize just like my parents' neighbors.

BROWN   Oh, the older generation of all countries scolds about the folly of youth.

JONES (*laughs*)   Forget the gossip, Miss Neumann.   We like your dress especially well!

FRAGEN ÜBER DEN DIALOG

1. Wer wartete an der Haltestelle?
2. Wer hörte dem Gespräch der Damen zu?
3. Wessen Kleid war zu kurz?
4. War Fräulein Neumanns Kleid grasgrün oder knallrot?
5. Waren die Kinder der Generation der zwei Frauen höflich?
6. War man damals höflich in Gesellschaft?
7. War Fräulein Neumann unhöflich vor den Damen?
8. Was beeinflußt die Jugend von heute?
9. Ist der Einfluß des Fernsehens groß?
10. Wie nannte Herr Jones die Damen?
11. Sprachen die Damen wie die Nachbarinnen seiner Eltern?
12. Worüber schimpft die ältere Generation?
13. Wer schimpft über die Torheit der Jugend?
14. Was soll Anneliese Neumann vergessen?
15. Wem gefiel ihr Kleid außerordentlich gut?

LESESTÜCK: Deutsch—eine Fremdsprache?

Einige Studenten des Instituts saßen während einer Zigarettenpause[1] bei Kaffee und Coca-Cola mit Herrn Professor Schönfeld zusammen. Sie besprachen die vielen Einflüsse des Auslands auf die Deutschen. Herr Jones sagte: „Die Jugend in Deutschland ist ganz anders, als ich erwartet[2] habe. Zum Beispiel: ich war neulich[3] bei einer kleinen Gesellschaft[4] für Jugendliche in der Wohnung[5] eines Freundes. Ich erwartete Volkstänze und alte Lieder,[6] aber ich habe nur Schlager gehört. Ich bat die Gäste, das alte, bekannte Lied, ‚Du, du liegst mir im Herzen‘,[7] zu singen,[8] aber man hat es nicht gekannt. ‚Ist das ein neuer Schlager?‘ wollte einer der Gruppe[9] wissen. Ich wollte einen Volkstanz lernen, aber niemand kannte einen deutschen Volkstanz. Ich war förmlich[10] erstaunt. Meine Vorstellung von der Jugend schien falsch zu sein.“[11]

„Ja“, antwortete der Professor, „Ihre Vorstellung von unserer Jugend war falsch und galt eher[12] für die Jugend meiner Zeit. Wie Sie wohl wissen, steht der Krieg wie eine Art Mauer[13] zwischen der Jugend und der Vergangenheit[14] des Volkes. Die heutige[15] Jugend bleibt nicht bei den Sitten und Gebräuchen[16] von gestern. Der Jugendliche will ‚modern‘ leben, denn er steht zu sehr unter dem Einfluß des Auslands.“

Der Professor war sehr taktvoll und sagte nicht, „Einfluß Amerikas“, denn er wollte die Vaterlandsliebe[17] der Amerikaner nicht beleidigen.[18]

„Spielte der Krieg wirklich eine so große Rolle?“ fragte einer der Studenten. „Jawohl“, erwiderte[19] Herr Professor Schönfeld, „denn gleich[20] nach Kriegsende kamen die Soldaten der Besatzungsmächte[21] ins Land, und kurz darauf begann man, amerikanische Filme zu importieren. Beides brachte gleichzeitig Gutes und Schlechtes mit sich.“[22]

„Aber Deutschland steht schon lange unter dem Einfluß fremder Ideen,[23] nicht wahr?“ fragte Fräulein Moreau. Sie hatte europäische Geschichte gut gelernt.

Wie alle Professoren der Welt war Herr Professor Schönfeld ein wenig pedantisch. „Sie haben recht“, antwortete er, „das gilt nicht nur für die Gegenwart,[24] sondern auch für die Vergangenheit. Das fing schon mit den Germanen[25] an, denn sie

---

[1] **während einer Zigarettenpause** during a cigaret break   [2] **erwarten** to expect   [3] **neulich** recently
[4] **eine kleine Gesellschaft** small social gathering, party   [5] **die Wohnung** residence, apartment
[6] **das Lied** song   [7] **„Du, du liegst mir im Herzen“** *You Are in My Heart* (title of a folk song)
[8] **ich bat die Gäste, das alte, bekannte Lied zu singen** I requested the guests to sing the well-known old song   [9] **einer der Gruppe** one of the group   [10] **förmlich** really
[11] **meine Vorstellung schien falsch zu sein** my concept appeared to be wrong
[12] **eher** rather   [13] **eine Art Mauer** a kind of wall   [14] **die Vergangenheit** the past
[15] **heutig-** present-day   [16] **die Sitten und Gebräuche** mores and customs
[17] **die Vaterlandsliebe** patriotism   [18] **beleidigen** to offend   [19] **erwidern** to reply
[20] **gleich** immediately   [21] **die Soldaten der Besatzungsmächte** soldiers of the occupation powers
[22] **beides brachte gleichzeitig Gutes und Schlechtes mit sich** both brought with them good and bad (things) simultaneously   [23] **fremder Ideen** of foreign ideas
[24] **die Gegenwart** present   [25] **die Germanen** ancient Germanic peoples

hatten damals viel Kontakt mit den Römern.[26]   Im Mittelalter kreuzten die großen Handelsstraßen das Land[27] und brachten nicht nur Waren, sondern auch neue Geistesströmungen[28] mit sich.   Wegen seiner Lage[29] in der Mitte[30] der Länder Europas hatte Deutschland Gelegenheit, neue Ideen und Tendenzen aufzunehmen.[31] Die Kreuzzüge[32] und später die Renaissance öffneten dem Volk die Kultur Italiens und des Ostens."

„Friedrich der Große war ein Verehrer der Franzosen,[33] nicht wahr?" fragte Fräulein Jensen.

[26] **der Römer** Roman
[27] **die Handelsstraßen kreuzten das Land** commercial routes crossed the country
[28] **die Geistesströmung** intellectual current   [29] **wegen seiner Lage** due to its location
[30] **die Mitte** middle
[31] **Deutschland hatte Gelegenheit, neue Ideen und Tendenzen aufzunehmen** Germany had the opportunity to assimilate new ideas and trends   [32] **der Kreuzzug** crusade
[33] **Friedrich der Große war ein Verehrer der Franzosen** Frederick the Great was an admirer of the French

Friedrich der Große,
König von Preußen

„Ja, im siebzehnten und achtzehnten Jahrhundert stand Deutschland politisch und kulturell fast völlig im Schatten Frankreichs, eines starken und einheitlichen Nationalstaates.[34] Friedrich, der größte König Preußens, sprach Französisch etwas besser als seine Muttersprache. Er verehrte die Weltanschauung und den Rationalismus der Franzosen,[35] verfaßte[36] ein Buch auf französisch über deutsche Literatur und ließ sich in Potsdam ein Schloß im französischen Stil bauen.[37] Er nannte das Schloß ‚Sans Souci‘, d.h. ‚Ohne Sorge‘.“[38]

„Gibt es viele Fremdwörter in der deutschen Sprache?“ wollte ein Student wissen. „Viele“, fuhr der Professor fort,[39] „die Priester, Mönche und Studenten des Mittelalters übernahmen viele Wörter aus dem Latein,[40] und während des Zeitalters[41] des großen Königs von Preußen erhielt[42] unsere Sprache zahlreiche Ausdrücke aus dem Französischen. Von Zeit zu Zeit versuchte[43] man, die Fremdwörter zu entfernen,[44] aber es war vergebens.[45]

In den Nachkriegsjahren haben die Soldaten der Siegermächte und später die Touristen wieder viele fremde Ausdrücke nach Deutschland gebracht. Die Jugend gebraucht[46] gern Ausdrücke wie ‚Do-it-yourself‘, ‚das Make-up‘, ‚die Babysitterin‘, ‚die Blue Jeans‘, ‚der Milchshake‘, ‚die Hitparade‘ u.a.m. Die Presse ist auch schuld.[47] Auf beinahe jeder Seite einer billigeren Illustrierten[48] sieht man bei Schlagzeilen[49] wie ‚Haarspray ist nicht giftig‘,[50] ‚BB hat einen neuen Flirt‘, ‚die Ibn-Saud-Story‘ und ‚Star auf jeder Party‘ die Amerikanisierung[51] unserer Muttersprache. Solcher Journalismus verdirbt[52] förmlich die Sprache.“

Plötzlich[53] sah der Professor auf seine Uhr. „Himmel! Wie die Zeit vergeht![54] Ich habe meiner Frau versprochen, ihr einen Mixer vom Elektro-Geschäft[55] zu holen,[56] denn sie will einen Kuchen backen.[57] Heute abend haben wir nämlich eine Party für unsere Teenagers. Sie wollen unseren neuen Hi-fi-Plattenspieler[58] ausprobieren.“[59]

[34] **Deutschland stand fast völlig im Schatten Frankreichs, eines starken und einheitlichen National-staates** Germany stood almost completely in the shadow of France, a strong and unified national state
[35] **er verehrte die Weltanschauung und den Rationalismus der Franzosen** he admired the philosophy of life and the rationalism of the French [36] **verfassen** to write
[37] **er ließ sich ein Schloß im französischen Stil bauen** he had a palace built in the French style
[38] **„Ohne Sorge“** "Without Care" [39] **fortfahren, fuhr fort** to continue
[40] **die Priester und Mönche übernahmen viele Wörter aus dem Latein** the priests and monks adopted many words from Latin [41] **während des Zeitalters** during the era [42] **erhalten, erhielt** to receive
[43] **versuchen** to try, attempt [44] **Fremdwörter zu entfernen** to remove foreign words
[45] **vergebens** in vain [46] **gebrauchen** to use [47] **die Presse ist auch schuld** the press is at fault too
[48] **auf beinahe jeder Seite einer billigeren Illustrierten** on almost every page of a cheaper illustrated magazine [49] **die Schlagzeile** headline [50] **giftig** poisonous
[51] **die Amerikanisierung** Americanization [52] **verderben, verdarb** to spoil [53] **plötzlich** suddenly
[54] **Himmel! Wie die Zeit vergeht!** Heavens! How time passes!
[55] **das Elektro-Geschäft** appliance store [56] **holen** to pick up, fetch [57] **backen, buk** to bake
[58] **der Plattenspieler** record player [59] **ausprobieren** to test, try out

WEITERE ÜBUNGEN

1. **Beispiel:** *des Films*   Das ist der Einfluß *des Films*.
   a. des Films
   b. des Auslands
   c. des Fernsehens
   d. des Nordens
   e. des Westens

2. **Beispiel:** *der Römer*   Die Sitten *der Römer* waren anders.
   a. der Römer
   b. der Germanen
   c. der Jugend
   d. der Soldaten
   e. der Ausländer

3. **Beispiel:** *der Frauen*   Vergessen Sie das Geklatsche *der Frauen!*
   a. der Frauen
   b. dieser Frauen
   c. solcher Frauen
   d. solcher Leute
   e. dieser Leute
   f. der Studentinnen

4. **Beispiel:** *des Lehrers*   Haben Sie die Tochter *des Lehrers* kennengelernt?
   a. des Lehrers
   b. meines Lehrers
   c. seines Lehrers
   d. unseres Lehrers
   e. unseres Nachbars
   f. unserer Nachbarn

5. **Beispiele:** *die Jugend*   Wir sprachen über den Einfluß *der Jugend* auf die Politik.

   der Osten   Wir sprachen über den Einfluß *des Ostens* auf die Politik.

   a. die Jugend
   b. der Osten
   c. die Wirtschaft
   d. die Geschichte
   e. die Franzosen
   f. das Ausland
   g. die Presse
   h. das Fernsehen
   i. der Staat
   j. die Industrie
   k. der Handel
   l. die Siegermächte
   m. die Flüchtlinge
   n. der Marshallplan

6. **Beispiele:** *das Mädchen*   Das Kleid *des Mädchens* war himmelblau.
   die Dame   Das Kleid *der Dame* war himmelblau.
   a. das Mädchen
   b. die Dame
   c. meine Schwester
   d. seine Tante
   e. seine Freundin
   f. dieses Mädchen
   g. die Mutter
   h. meine Mutter
   i. unsere Kusine
   j. das Kind

7. **Beispiel:** *sein*   Ich kenne das Haus *seiner* Eltern.
   a. sein
   b. ihr (*their*)
   c. ihr (*her*)
   d. Ihr

8. **Beispiel:** *Ihr*   Fuhren Sie mit dem Wagen *Ihres* Onkels?
   a. Ihr
   b. mein
   c. unser
   d. sein

9. **Beispiele:** *Vater*   Sie arbeitet im Geschäft *meines Vaters*.
   Tante   Sie arbeitet im Geschäft *meiner Tante*.
   a. Vater
   b. Tante
   c. Freund
   d. Onkel
   e. Nachbarin
   f. Eltern

10. Beispiele: *Wohnung*   Haben Sie die Adresse *seiner Wohnung* gefunden?
        Haus   Haben Sie die Adresse *seines Hauses* gefunden?
    a. Wohnung   d. Familie
    b. Haus   e. Geschäft
    c. Schule   f. Firma

11. Beispiele: *Tag*   Während *des Tages* müssen wir schwer arbeiten.
        Woche   Während *der Woche* müssen wir schwer arbeiten.
    a. Tag   e. Nachmittag
    b. Woche   f. Abend
    c. Vormittag   g. Sommer
    d. Winter   h. Sommermonate

12. Beispiel: *meine Zeit*   Das gilt für die Jugend *meiner Zeit.*
    a. meine Zeit   e. mein Land
    b. seine Zeit   f. meine Heimat
    c. unsere Zeit   g. unsere Heimat
    d. unser Land   h. unser Dorf

13. Beispiel: Wessen Haus ist das? (*seine Eltern*)   Das ist das Haus *seiner Eltern.*
    a. Wessen Haus ist das?   (seine Eltern)
    b. Wessen Plattenspieler ist das?   (meine Wirtin)
    c. Wessen Adresse ist das?   (die Firma)
    d. Wessen Einfluß ist das?   (Amerika)
    e. Wessen Auto ist das?   (unsere Gäste)
    f. Wessen Handkoffer sind das?   (diese Touristen)

14. Beispiele: Das ist der Wagen *des Vaters.*   Das ist *sein* Wagen.
        Hier ist der Plattenspieler *der Wirtin.*   Hier ist *ihr* Plattenspieler.
    a. Das ist der Wagen des Vaters.
    b. Hier ist der Plattenspieler der Wirtin.
    c. Das ist der Einfluß der Ausländer.
    d. Wo finde ich die Adresse des Professors?
    e. Dort steht die Schreibmaschine des Studenten.
    f. Der Handkoffer der Studentin steht auf dem Bahnsteig.

WEITERE FRAGEN

1. Wer saß bei Kaffee und Coca-Cola?
2. Wann saßen die Studenten beim Kaffee?
3. Mit wem besprachen sie die Einflüsse des Auslands?
4. Ist die Jugend anders, als Herr Jones erwartet hat?
5. War er eines Abends bei einer kleinen Gesellschaft für die Jugend?
6. Wer kam nach dem Krieg ins Land?
7. Wer bleibt nicht bei den Sitten von gestern?
8. Hatten die Germanen Kontakt mit den Römern oder mit den Griechen?
9. Gibt es viele Fremdwörter in der deutschen Sprache?

10. Wer verdirbt die Sprache?
11. Was hat die Familie Schönfeld heute abend?
12. Was ist neu im Hause der Familie Schönfeld?
13. Was soll Herr Professor Schönfeld für seine Frau holen?
14. Wo muß er den *Mixer* holen?
15. Wer saß während der Zigarettenpause beim Kaffee?
16. War Fräulein Neumanns Kleid himmelblau, knallrot oder grasgrün?

SPRECHÜBUNGEN

1. Supply questions to which the following statements might be answers:
   a. Die Wohnung des Lehrers ist gleich neben der Kirche.
   b. Ich kann nicht, denn ich arbeite während des Tages.
   c. Nein, sein Haus kenne ich nicht.
   d. Ja, aber nur während des Sommers.
   e. Herrlich, aber es ist knallrot.
   f. Ja, und er war auch ein Verehrer der Franzosen.
   g. Nein, während der Woche habe ich keine Zeit.
   h. Ja, und sie sind auch so unhöflich.

2. Student Dialogue I
   a. Is that your father's car?
   b. No, it belongs to my brother.   He bought it two weeks ago.   (*seit* or *vor?*)
   a. Do you like to drive it?
   b. Yes, indeed.   It really goes fast.

3. Student Dialogue II
   c. Did you understand the professor's lecture (*die Vorlesung*)?
   d. No, not entirely.   His accent is Bavarian, isn't it?
   c. No, he was born in Baden, but he has lived here for fifteen years.   (*seit* or *vor?*)   (tense?)
   d. The beginning of his lecture was very good.   His ideas were quite interesting.
   c. Yes, but it was too long.

4. Student Dialogue III
   e. Just look over there!   Do you see the girl at the car stop?
   f. Yes.   Who is she?   Do you know her?
   e. Yes.   She is my teacher's daughter.
   f. Nice, isn't she?

5. Tell in German where you might be if you heard the following expressions:
   a. Da kommt schon Linie sieben.
   b. Schnellzug München-Frankfurt fährt in zehn Minuten ab.
   c. Die Schüler haben Schwierigkeiten mit den Verben.
   d. Unsere Gäste trinken viel Wasser aus der Heilquelle.
   e. Guten Abend, Herr Dr. Lüdeke.   Ist dieser Platz frei?
   f. Guten Morgen, Herr Schmidt!   Gehen Sie auch in die Stadt?
   g. Ich glaube, die Kapelle spielt ein bißchen zu laut, nicht wahr?
   h. War das aber ein Geklatsche!   Ganz genau wie Tante Lisbeth!

6. Choose suitable responses from the right-hand column to the statements and questions in the left-hand column. Complete or expand the responses followed by ellipses.

a. Ganz genau wie Tante Lieschen!   (1) Was Sie nicht sagen!
b. War das aber ein Geklatsche!   (2) Das glaube ich nicht, denn. . . .
c. Das gilt auch für die Jugend von   (3) Ach, so schlimm (*bad*) ist es doch
    heute.   nicht.
d. So sind die Ausländer.   (4) Aber so etwas! . . .
e. Haben Sie jemals (*ever*) so etwas   (5) Das ist aber schade, nicht wahr?
    gesehen?   (6) Ja, ja . . .
f. Die Eltern des Mädchens da wissen   (7) Das gefällt mir gar nicht.
    natürlich nichts davon.   (8) Ja, sie schimpft sehr gern über . . .
g. Sie klatscht (*gossips*) immer.   (9) Meinen Sie?
h. Solche Einflüsse verderben unsere   (10) Unglaublich (*unbelievable*)!
    Jugend.   (11) Gräßlich, aber . . .
i. Wissen Ihre Eltern, daß Sie so her-   (12) Natürlich, . . .
    umlaufen?
j. Denken Sie mal!   Sie hatte heute
    rot und grün an!

SCHRIFTLICHES

Write the following sentences in German:

a. Your concept of politics applied to the beginning of this century.   b. He was an admirer of the French.   c. One can see the influence of foreign words on our language in an illustrated magazine (*in einer Illustrierten*).   d. The influence of television and of the film industry is becoming greater.   e. My father's company sent him to Mannheim.   f. I worked in my uncle's store (for) two years.   g. Did you find the address of her parents?   h. Our neighbors' children are usually very courteous.   i. She is always scolding about the stupidity (*die Dummheit*) of these foreigners.   j. He was driving his father's car yesterday.

VERSCHIEDENES

FERNSEHPROGRAMM FÜR HEUTE

Sonntag, 15. Dezember

Vormittagsprogramm des SFB

10.00 Nachrichten, Tagesschau (Wdh.) — 10.20 Deutsche Dichtung. Gesprochen von Ernst Ginsberg. 3. Barockdichtung

11.00 **Programmvorschau**

11.30 **Dem Himmel am nächsten**
Das Ringen um die Seele der Indios

12.00 **Der internationale Frühschoppen**

12.45 **Wochenspiegel**

13.15 **Magazin der Woche**

14.30 **Wir lernen Englisch**
37. Lektion: „Walter and Connie and the old lady" (Wiederholung vom Vortage)

14.45 **Die Bande mit dem Schnellboot**
1. Der geheimnisvolle Gang

15.20 **Kapitän Hornblower**
Film nach dem Roman von C. S. Forester

16.05 **Konzert des Orchesters von Radio Lugano**
1. Vorspiel zu „Chowanschtschina" von Modest Mussorgski
2. Klavierkonzert für die linke Hand von Kurt Leimer
Solist: Kurt Leimer
Musikalische Leitung: André Cluytens

16.35 **Mister Ed:**
Der Retter in der Not

17.00 **Verhaltensforschung bei Tieren**
3. Selbst Nüsseknacken will gelernt sein
Was Tiere können und was sie lernen müssen

17.30 **Die Heuzieher von Schmirn**
Ein Film aus Tirol von Otto Guggenbichler

18.00 **Wiedersehen mit Kolumbien**
Die Reporter der Windrose berichten

18.30 **Die Sportschau**

20.00 **Tagesschau, Wetter**

20.15 **Nun singet und seid froh!**
Zum 3. Advent singen die Stuttgarter Hymnus-Chorknaben

20.25 **Die Großstadt am Nesenbach**
Unterhaltungssendung um Stuttgart
Mit Willy Reichert

21.30 **Herzog Blaubarts Burg**
Fernsehoper nach Béla Bartok
Text von Béla Balasz
Blaubart ....Norman Foster
Judith ....Ana Raquel-Satre
Es spielt die Zagreber Philharmonie unter der Leitung von Dr. Milan Horvath
Regie: Michael Powell

22.30 **Nachrichten, Wetter**

22.35 **Fußball-Länderspiel**
Italien — Österreich
Aufzeichnung aus Turin

Montag, 16. Dez.

Vormittagsprogramm des SFB

10.00 Nachrichten, Tagesschau (Wdh.) — 10.20 Sportschau — 10.50 So viele Kinder. Von Gerald Savory. Mit Lina Carstens, Ludwig Linkmann, Ursula Dirichs u. a. — 12.00 Aktuelles Magazin

17.00 **Für Sie**
Eine Sendung — nicht nur für die Frau

18.10 **Nachrichten** (außer München)

Frankfurt: 18.15 Fünftausend Taler — 18.50 Sandmännchen — 19.00 Nachr., Hessenschau — 19.20 Gefahr für Mauretania — 19.55 Heute in Hessen

München: 18.30 Nachrichten — 18.35 Sprung aus den Wolken — 19.05 Nachr., Aktuelles — 19.25 Münchner Abendschau

Stuttgart/Baden-Baden: 18.15 Projekt Vianden — 18.45 Abendschau. Nachrichten — 19.15 Die Laubenpieper

Saarbrücken: 18.15 Westmagazin — 18.25 Im Land der Rentiere — 18.55 Sandmännchen — 19.00 Nachr. — 19.10 Tele-Schlager — 19.25 Hüben und drüben

Hamburg u. Bremen: 18.15 Sportschau — 18.50 Sandmännchen — 19.00 Nachr., Berichte vom Tage — 19.19 Hafenpolizei — 19.59 Programm

Köln: 18.30 Hier und Heute — 19.12 Nachr. — 19.20 Shannon klärt auf — 19.45 Achtung, Ampel!

Berlin: 16.25 Vater ist der Beste — 18.35 Geheimauftrag für John Drake — 19.05 Sandmännchen — 19.20 Nachr., Wetter — 19.25 Berliner Abendschau

20.00 **Tagesschau, Wetter**

20.15 **Panorama**
Berichte, Analysen, Meinungen

21.00 **Musik aus Studio B**
Mit Chris Howland
Susi Ball, Gitte, Ann-Louise Hanson, Gitta Lind, Gus Backus, Alberto Cortez, Drafi Deutscher, Sascha Distel, Ted Hobbs, Kurt Großkurth und dem Hamburger Fernsehballett

21.45 **Unter uns gesagt**
Gespräch über Politik in Deutschland

22.30 **Tagesschau, Wetter**
Film-Club:

22.45 **Menschen am Sonntag**
Von Robert Siodmak, Billy Wilder und Moritz Seeler
Kamera: Eugen Schüfftan
Anschließend ein Gespräch mit dem Regisseur Robert Siodmak und einer der Laiendarstellerinnen aus diesem Film

REKLAME

ADVERTISEMENT

DIE SPRACHE

Die Gewalt[1] der Sprache ist nicht, daß sie das Fremde[2] abweist,[3] sondern daß sie es
verschlingt.[4]

—Johann Wolfgang von Goethe (1749–1832)

Die deutsche Sprache bleibt unter allen europäischen Sprachinstrumenten eigentlich[5]
als die Orgel.[6]

—Jean Paul Richter (1763–1825)

Die wahre Heimat ist eigentlich die Sprache.

—Wilhelm von Humboldt (1767–1835)

[1] **die Gewalt** power, force   [2] **das Fremde** that which is foreign or alien   [3] **abweisen, wies ab** to reject
[4] **verschlingen, verschlang** to swallow, consume   [5] **eigentlich** really, actually   [6] **die Orgel** organ

Es sind heute über sechs Monde,[7] daß kein deutscher Laut[8] an mein Ohr[9] klang,[10] und alles, was ich dichte und trachte,[11] kleidet[12] sich mühsam[13] in ausländische Redensarten.[14] . . . Vom geistigen Exil kann nur ein deutscher Dichter sich eine Vorstellung machen.[15] . . . Den ganzen Tag Französisch zu sprechen, zu schreiben, sogar des Nachts,[16] am Herzen der Geliebten[17] Französisch zu seufzen![18]   Auch meine Gedanken[19] sind exiliert,[20] exiliert in eine fremde Sprache.

—Heinrich Heine (1797–1856)
(während seines Exils in Paris geschrieben)

Die deutsche Sprache ist die tiefste,[21] die deutsche Rede[22] die seichteste.[23]

—Karl Kraus (1874–1936)

REKLAME

RADION! RADION! RADION!

SCHAUMGEMILDERT
wäscht sich's besser!

SCHAUMGEMILDERT:
BESSER IN DER WASCHMASCHINE!
BESSER FÜR DIE KLEINE WÄSCHE ZWISCHENDURCH!
NIE ZUVIEL SCHAUM!
DIE PFLEGENDE WASCHKRAFT KOMMT VOLL ZUR WIRKUNG!
IHRE WÄSCHE WIRD WEICHER UND WEISSER!

RADION WÄSCHT WEICHER—JEDER SPÜRT'S!
RADION WÄSCHT WEISSER—JEDER SIEHT'S!

ADVERTISEMENT

RADION! RADION! RADION!

CONTROLLED SUDS
wash better!

CONTROLLED SUDS:
BETTER IN THE WASHING MACHINE!
BETTER FOR THE SMALL WASHING IN BETWEEN!
NEVER TOO MANY SUDS!
THE GENTLE WASHING POWER ACHIEVES COMPLETE EFFECTIVENESS!
YOUR WASHING GETS SOFTER AND WHITER!

RADION WASHES SOFTER—EVERYONE FEELS IT!
RADION WASHES WHITER—EVERYONE SEES IT!

---

[7] **der Mond** moon (i.e. month)   [8] **der Laut** sound   [9] **das Ohr** ear   [10] **klingen, klang** to sound
[11] **alles, was ich dichte und trachte** all my desires and endeavors (**dichten** to compose, especially poetry; **trachten** to yearn, desire)   [12] **kleiden** to dress, clothe   [13] **mühsam** laboriously
[14] **ausländische Redensarten** foreign ways of speaking (i.e. foreign language)
[15] **sich eine Vorstellung machen** to imagine   [16] **des Nachts** at night
[17] **die Geliebte** lover, sweetheart   [18] **seufzen** to sigh   [19] **der Gedanke** thought   [20] **exiliert** exiled
[21] **tief** deep   [22] **die Rede** speech, talk   [23] **seicht** shallow

DEUTSCHER(?) WORTSCHATZ*

die Automatic   (Pistole)

das Automatic Filter

der Bildungsboom

die Blue Jeans

boxen

der Boxer   (Sport; Hunderasse)

das Carunglück

die Chartermaschine   (Lufthansa)

die City

der Cocktail

das Comeback   (Filmwelt)

der Cowboy

der Cowboy-Look

das Discount-Haus

der Drink

die Eiskrem

das Fading   (Bremse am Auto)

fair

der Fan   (Film und Sport)

die Farm

der Farmer

die Farmerin

das Farmhaus

50–50   (fifty-fifty)

fit, sich fit halten

die First Lady

flirten, flirtete, geflirtet

der Gag

der Gangster

die Go-Cart-Chassis

das Happy-days-Modell (Damenbadeanzug)

die High Society

die Hitparade

das Hobby

interviewen, interviewte, geinterviewt

der Job   die Joben

kidnappen, kidnappte, gekidnappt,
    oder: gekidnapped

der Kidnapper

das King Size Filter

die Lobby   (Politik)

das Lunchpaket

das Make-up

der Manager

die Managerkrankheit

das Meeting

die Milchbar

der Milchshake

der Mixer

Model set   (Name eines Haarsprays)

das Movie

der Nur-Cargo-Jet-Clipper

die Party

das Partygirl

die Pipeline

der Playboy

die Pressure-Group

die Publicity

der Publicity Agent

das Sex-Kätzchen   (das Kätzchen =
    junge Katze)

der Sex-Film

die Show

der Slogan

smart   (Mode)

die Summit-Conferenz

der Star   auch: Filmstar

starten

stoppen

die Story   (Presse)

die Striptease-Darbietung

der Teenager

das Television

der Test

testen

der Tester

das Teststop-Abkommen

der Toastautomat

Tomaten-Ketchup

der Trend

unfair

der Urlaubs-Camping-Picknick-
    Transport-Kadett (Automodell—Opel)

das Weekend

* All expressions listed were found in German publications.   A few were current in Germany before World War II, but most of them have been borrowed in recent years.

PHONOLOGIE

aber	ab
sieben	siebzehn
Hände	Hand
Länder	Land
Tage	Tag
lagen	lag
lesen	las
Mäuse	Maus
studieren	Westen
stehen	gestern
Stück	Husten

Fünfzehnte Lektion

15

Grammatisches Ziel:
>   Pronomen als Attribute—
>>   dieser, jeder, jener, mancher, solcher, welcher

EINFÜHRENDE BEISPIELE

Anschauungsmaterial:
>   ein gelbes Buch
>   ein rotes Buch
>   ein Aufsatz

1. Dieser Student ist blond,
    aber jener* Student hat braune Haare.
    Wer hat braune Haare?
>   Jener Student hat braune Haare.
    Wer hat blonde Haare?
>   Dieser Student hat blonde Haare.
    Welcher Student ist nicht blond?
>   Jener Student ist nicht blond.

2. Das Buch auf dem Tisch da ist gelb.
    Dieses Buch ist rot.
    Ist dieses Buch rot oder gelb?
>   Dieses Buch ist rot.
    Ist jenes Buch gelb?
>   Ja, jenes Buch ist gelb.
    Welches Buch ist rot?
>   Dieses Buch ist rot.

* **Jener** is used infrequently in colloquial speech. Instead of **jener Student,** one will frequently say:
der Student da or **der Student dort.**

3. Alle Studenten im Deutschunterricht sind fleißig.
   Jeder Student im Deutschunterricht ist fleißig.
   Ist jeder Student im Deutschunterricht fleißig?
   > Ja, jeder Student im Deutschunterricht ist fleißig.
   Ist dieser Student fleißig?
   > Ja, dieser Student ist fleißig.

4. Nicht jeder Student bringt seinen Bleistift mit.
   Manche Studenten bringen keinen Bleistift mit.
   Manche Studenten vergessen ihren Bleistift.
   Was vergessen manche Studenten?
   > Manche Studenten vergessen ihren Bleistift.

5. Diese Studentin ist blond.
   Ist diese Studentin blond oder braunhaarig?
   > Diese Studentin ist blond.
   Welche Studentin ist blond?
   > Diese Studentin ist blond.
   Jene Studentin in der Ecke ist braunhaarig.
   Ist jene Studentin blond oder braunhaarig?
   > Jene Studentin ist braunhaarig.
   Ist jede Studentin blond?
   > Nein, nicht jede Studentin ist blond.
   Ist jedes Mädchen blond?
   > Nein, nicht jedes Mädchen ist blond.

6. Hat ein Student diesen Aufsatz geschrieben?
   > Ja, ein Student hat diesen Aufsatz geschrieben.

7. Manche Studenten bekommen gute Zensuren.
   Solche* Studenten arbeiten fleißig, nicht wahr?
   > Ja, solche Studenten arbeiten fleißig.

ÜBUNGEN

1. **Beispiel:** *der*   **Der** Student arbeitet fleißig.
   - a. der
   - b. dieser
   - c. mancher
   - d. jeder
   - e. welcher   (?)

* In the singular, **solcher** frequently occurs with **ein**:
  ein solcher Mann, eine solche Frau, ein solches Kind
  Solcher takes no ending if it precedes **ein**:
  solch ein Mann, solch eine Frau, solch ein Kind

2. **Beispiel:** *welches*   *Welches* Kleid hat sie gekauft?
   a. welches
   b. dieses
                              c. das
                              d. jenes

3. **Beispiel:** *diese*   *Diese* Studentin ist aus Berlin.
   a. diese
   b. jene
                              c. die
                              d. welche (?)

4. **Beispiel:** *solche*   *Solche* Leute arbeiten gern.
   a. solche
   b. diese
                              c. manche
                              d. welche (?)

5. **Beispiel:** *Mann*   Ich kenne diesen *Mann* nicht.
   a. Mann
   b. Ausländer
   c. Kellner
                              d. Geschäftsmann
                              e. Arbeiter

6. **Beispiel:** *den*   Wir haben *den* Ausländer gesehen.
   a. den
   b. diesen
                              c. jenen
                              d. jeden

7. **Beispiel:** *diesem Zug*   Wir fahren selten mit *diesem Zug*.
   a. diesem Zug
   b. diesem Wagen
   c. dieser Straßenbahn
   d. dieser Linie
   e. diesen Leuten
                              f. solchen Leuten
                              g. jenen Studenten
                              h. diesem Zug
                              i. dem Zug

8. **Beispiel:** Ich kenne *den* Mann nicht.   Ich kenne *diesen* Mann nicht.
   a. Ich kenne **den** Mann nicht.
   b. Haben Sie **den** Brief gelesen?
   c. Wir haben gestern **den** Film gesehen.
   d. Er wohnt auf **dem** Bauernhof.
   e. Wo haben Sie **den** Ring gefunden?
   f. Wir fahren mit **dem** Zug.
   g. Unser Lehrer hat an **dem** Tisch gestanden.
   h. Ich gehöre **dem** Briefmarkenklub an.
   i. Wir warten auf **den** Zug.
   j. Ich habe **den** Stuhl gekauft.

9. **Beispiele:** Er fährt mit *der* Straßenbahn.   Er fährt mit *dieser* Straßenbahn.
                  Sie will *das* Kleid kaufen.   Sie will *dieses* Kleid kaufen.
   a. Er fährt mit **der** Straßenbahn.
   b. Sie will **das** Kleid kaufen.
   c. **Die** Leute sind Touristen.
   d. Meine Wirtin wohnt in **dem** Haus.
   e. Er nimmt heute **die** Straßenbahn.
   f. Kennen Sie **die** Stadt?
   g. Wir haben einmal in **dem** Dorf gewohnt.
   h. Mit **den** Leuten kann man nichts machen.
   i. Er hat **das** Geschäft verkauft.
   j. Gehen Sie in **das** Haus?
   k. Meine Schule steht neben **der** Kirche.
   l. **Die** Studentinnen kommen aus England.

10. **Beispiel:** Ich kenne *den* Lehrer nicht. (*dieser*)   Ich kenne *diesen* Lehrer
                                                         nicht.
   a. Ich kenne **den** Lehrer nicht. (dieser)
   b. Ich sehe noch **den** Zug. (kein)

   c. Wir verstehen **das** Buch nicht.   (dieser)
   d. **Das** Kleid ist knallrot.   (jener)
   e. Ich kenne **die** Leute aus Berlin.   (mancher)
   f. Mit **den** Leuten kann man nichts machen.   (solcher)
   g. Wir haben **die** Studenten gern.   (solcher)
   h. Ich lese gern **die** Illustrierten.   (solcher)
   i. **Den** Wein trinkt er oft.   (solcher)
   j. **Die** Studenten sind krank.   (mancher)
   k. Heutzutage ist **die** Lage anders.   (dieser)
   l. **Der** Mensch kann das verstehen.   (welcher?)

11. **Beispiele:**   *Dieser Student arbeitet* immer.   *Diese Studenten arbeiten* immer.
                   Welches Kind hat das gesagt?   *Welche Kinder haben* das gesagt?
   a. Dieser Student arbeitet immer.
   b. Welches Kind hat das gesagt?
   c. Jene Frau ist sehr fleißig.
   d. Dieses Kleid war nicht lang genug.
   e. Welche Kirche gefällt Ihnen am besten?
   f. Diese Fabrik ist sehr modern.
   g. Dieser Ausländer versteht kein Deutsch.
   h. Jenes Haus ist im Barockstil.
   i. Diese Firma stellt Chemikalien her.
   j. Mancher Zug hält nicht im Dorf.

12. **Beispiel:**   **Hat jeder Student einen Bleistift?**   **Ja, jeder Student hat einen Bleistift.**

   a. Hat jeder Student einen Bleistift?
   b. Hat jede Firma eine Fabrik?
   c. Gehen Sie in dieses Geschäft?
   d. Ist das der Freund dieses Mädchens?
   e. Sind solche Touristen immer Amerikaner?
   f. Ist dieses Haus neu?
   g. Fahren Sie mit dieser Linie?
   h. Hat jede Familie eine Privatwohnung?
   i. Kennt er diese Stadt?
   j. Haben Sie den Dialekt dieses Mannes verstanden?
   k. Es gibt überall solche Leute, nicht wahr?
   l. Ist dieser Platz frei?
   m. Jene Ausländer sind Studenten, nicht wahr?
   n. Ist dieser Unterricht interessant?

erkältet
cold

DIALOG: Beim Arzt

(-catch cold)

DR. WERNER Wann haben Sie sich erkältet?

BROWN Vor zwei Tagen. Zuerst hatte ich Hals- und Kopfweh,* und jetzt habe ich noch diesen Husten dazu.

WERNER Stecken Sie bitte dieses Thermometer fest unter die Zunge.

WERNER Ja, Sie haben ein bißchen Fieber. Nicht schlimm—38 Grad.

BROWN 38 Grad?!!—Ach so, Celsius, nicht wahr? Wieviel ist das in Fahrenheit?

WERNER (*sehr pedantisch*) Die Formel ist: $C \times \frac{9}{5} + 32 = F$.†

BROWN (*sarkastisch*) Was Sie nicht sagen!

WERNER Ja, ein wenig über 100 Grad. Öffnen Sie bitte den Mund und sagen Sie Ah!

BROWN AAaahhh!

WERNER Der Hals ist entzündet.

BROWN Dieses Wetter ist so kühl und feucht . . .

WERNER Ja, ungewöhnliches Wetter für diese Jahreszeit.

BROWN So sagt ein jeder. Nachts friere ich, denn das Federbett ist nicht lang genug.

WERNER Das sagt jeder Ausländer.

BROWN Entweder friert man um die Ohren oder an den Füßen.

WERNER Bringen Sie dieses Rezept zur Apotheke, und dann gehen Sie ins Bett.

BROWN Ins Bett? Aber im Bett habe ich mich doch erkältet!

WERNER Ach was! Nehmen Sie die Medizin, trinken Sie nichts Kaltes, und übermorgen kommen Sie wieder!

BROWN (*für sich*) Wenn ich dann noch am Leben bin . . .

* **Halsweh** and **Kopfweh** are considered colloquial in some parts of Germany where **Halsschmerzen** and **Kopfschmerzen** are used instead almost exclusively.
† C mal neun Fünftel plus zweiunddreißig ist F.

Wissenschaft — Physical science

At the Doctor's

DR. WERNER   When did you catch cold?

BROWN   Two days ago.   First I had a sore throat and a headache, and now I have this cough besides.

WERNER   Put this thermometer firmly under your tongue, please.

WERNER   Yes, you have a little fever.   Not bad—38 degrees.

BROWN   38 degrees?!!   Oh yes, that's centigrade, isn't it?   How much is that in Fahrenheit?

WERNER   *(very pedantically)*   The formula is: $C \times \frac{9}{5} + 32 = F.$

BROWN *(sarcastically)*   You don't say!

WERNER   Yes, a little over 100 degrees.   Open your mouth, please, and say, "Ah."

BROWN   AAaahhh!

WERNER   Your throat is inflamed.

BROWN   This weather is so cool and damp . . .

WERNER   Yes, unusual weather for this season.

BROWN   That's what everyone says.   I freeze at night because the down comforter isn't long enough.

WERNER   That's what all the foreigners say.

BROWN   Either your ears freeze—or your feet.

WERNER   Take this prescription to the drugstore and then go to bed.

BROWN   To bed?   But that's where I caught this cold!

WERNER   Nonsense!   Take the medicine, don't drink anything cold and come back the day after tomorrow.

BROWN *(to himself)*   If I'm still alive then . . .

„Entweder friert man
um die Ohren oder an den Füßen."

FRAGEN ÜBER DEN DIALOG

1. Wer ging zu Dr. Werner?
2. Wann hatte er sich erkältet?
3. Hatte er Hals- und Kopfweh?
4. Was hatte er noch dazu?
5. Hatte der Arzt ein Celsius- oder ein Fahrenheitthermometer?
6. Hatte der Patient Fieber?
7. Was mußte Herr Brown in den Mund stecken?
8. Wie hoch war Herrn Browns Temperatur in Fahrenheit?
9. Wie war das Wetter?
10. Hatte Herr Brown im Bett gefroren?
11. Wie war das Federbett?
12. Was sollte Herr Brown zur Apotheke bringen?
13. Was mußte er in der Apotheke holen?
14. Was durfte er nicht trinken?
15. Wann sollte er wiederkommen?

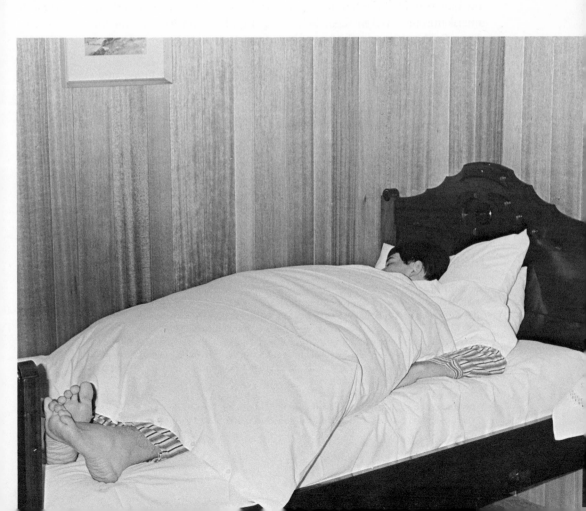

LESESTÜCK: Deutsche Medizin

Herr Brown mußte einige Male[1] als Patient zu Doktor Werner gehen, und im Laufe der Behandlung[2] lernten die zwei sich besser kennen. Hans Werner, der Sohn des Arztes, war Schüler auf dem Gymnasium und wollte nach dem Abitur Soziologie in Amerika studieren. Um Hans mit Herrn Brown bekannt zu machen,[3] hatte Doktor Werner den Amerikaner und Fräulein Moreau eingeladen, eines Abends einen Besuch bei der Familie zu machen. Hans und sein Vater stellten ausführliche[4] Fragen[5] über verschiedene[6] amerikanische Hochschulen und erkundigten sich[7] nach den Möglichkeiten und Kosten eines Studienjahres[8] in den Vereinigten Staaten.

Amerika war dem Arzt nicht fremd, denn während des Krieges hatte er zwei Jahre als Kriegsgefangener[9] im Bundesstaat Missouri verbracht. Die Amerikaner machten damals einen guten Eindruck[10] auf ihn, denn man hatte ihn im Gefangenenlager[11] verhältnismäßig[12] gut behandelt.[13] Die meisten Kriegsgefangenen hatten das Gegenteil erwartet. Im Lager war die Disziplin nicht ganz so streng wie bei der deutschen Wehrmacht,[14] die Gefangenen durften freiwillig[15] in Fabriken und auf Bauernhöfen arbeiten, und deutsche Ärzte durften im Lazarett[16] des Lagers den amerikanischen Ärzten sogar helfen. Im großen und ganzen war die Behandlung dieser Soldaten gut, und oft wurden sie nach dem Krieg gute Freunde des ehemaligen Feindes.[17]

Das war auch der Fall[18] mit Dr. Werner. Er sprach lange über seine Erfahrungen an der Front und in Gefangenschaft.[19] Der junge Amerikaner hörte mit großem Interesse zu, denn sein Gastgeber[20] stellte ihm Ereignisse des Zweiten Weltkrieges in einem neuen Licht[21] dar.[22]

Im Laufe der Unterhaltung fragte Herr Brown den Arzt über den heutigen Stand[23] der Medizin in Deutschland. Dr. Werner antwortete langsam und nachdenklich:[24] „Heutzutage steht die Medizin bei uns auf einem viel höheren Niveau[25] als vor dem Krieg. Während des Nazi-Regimes brauchte die Wehrmacht viele Ärzte, und man verkürzte[26] deswegen das Studium für Mediziner,[27] um in kurzer Zeit mehr Ärzte zu bekommen. Infolgedessen[28] studierten manche Mediziner nicht

---

[1] **einige Male** several times   [2] **im Laufe der Behandlung** in the course of treatment
[3] **um Hans mit Herrn Brown bekannt zu machen** in order to acquaint Hans with Mr. Brown
[4] **ausführlich** detailed   [5] **eine Frage stellen** to ask a question   [6] **verschieden** various
[7] **sich nach etwas erkundigen** to inquire about something
[8] **die Kosten eines Studienjahres** expenses of a year of study
[9] **der Kriegsgefangene** prisoner of war   [10] **der Eindruck** impression
[11] **das Gefangenenlager** camp for prisoners of war   [12] **verhältnismäßig** relatively
[13] **behandeln** to treat   [14] **die Wehrmacht** armed forces   [15] **freiwillig** voluntarily
[16] **das Lazarett** military hospital   [17] **der ehemalige Feind** former enemy   [18] **der Fall** case
[19] **die Gefangenschaft** imprisonment
[20] **der Gastgeber** host   [21] **das Licht** light   [22] **darstellen** to portray, represent   [23] **der Stand** status
[24] **nachdenklich** thoughtfully   [25] **auf einem viel höheren Niveau** on a much higher plane
[26] **verkürzen** to shorten   [27] **der Mediziner** medical student   [28] **infolgedessen** consequently

lange genug, und aus diesem Grund[29] litten[30] bei uns während der dreißiger Jahre[31] die medizinische Forschung[32] und Wissenschaft[33] sehr."

„Gibt es jetzt genug Ärzte in Deutschland?" wollte Fräulein Moreau wissen.

„Unter dem Nazi-Regime flohen viele Ärzte ins Ausland, aber heute haben wir in Westdeutschland Ärzte beinahe im Überfluß",[34] antwortete Dr. Werner.

„Wie ist das möglich?" fragte Fräulein Moreau.

„Das ist leicht zu erklären", versetzte[35] Dr. Werner. „Nach dem Krieg flohen eine Menge Ärzte aus den Ostgebieten und der Deutschen Demokratischen Republik in die Bundesrepublik. Das Ergebnis[36] ist, daß drüben einfach[37] nicht mehr genug Ärzte sind. Ohne Zweifel[38] haben die zwei Weltkriege dem guten, weltbekannten[39] Ruf[40] der deutschen Heilkunde[41] geschadet."[42]

„Am Anfang dieses Jahrhunderts studierten viele amerikanische Ärzte in Deutschland und Österreich", bemerkte Herr Brown. „Der Großvater meines Freundes zu Hause studierte in Berlin."

„Ja", erwiderte Dr. Werner, „damals waren die medizinischen Fakultäten[43] in Berlin und Wien ausgezeichnet.[44] Im vorigen[45] Jahrhundert waren solche berühmten Forscher wie Rudolf Virchow[46] in Berlin."

„Virchow hatte etwas mit der Zellentheorie zu tun, nicht wahr?" fragte Herr Brown.

„Er entwickelte[47] eine Zellentheorie", fuhr der Arzt fort. „Er war in allem sehr revolutionär. Zu jener Zeit war die sogenannte[48] ‚wissenschaftliche' Methode unter den Wissenschaftlern[49] nicht so hochgeschätzt.[50] Anstatt der genauen Beobachtung[51] eines Experiments im Laboratorium war der Wissenschaftler geneigt,[52] lange über ein Problem nachzudenken.[53] Oft entstand eine Theorie auf diese Weise,[54] aber manchmal bewies[55] man sie nicht durch Experimente und direkte Beobachtung. In Virchow sprach der Geist[56] des wahren Wissenschaftlers: Forschung und klinische Beobachtung.

Die Wissenschaftler wußten schon, daß die Zelle existierte, und man stellte Theorien über die Entstehung und Funktion der Zelle auf,[57] aber solche Theorien waren mehr oder weniger falsch. Virchows Theorie aber beschrieb[58] die Rolle der

---

[29] **aus diesem Grund** for this reason   [30] **leiden, litt, gelitten** to suffer
[31] **während der dreißiger Jahre** during the thirties   [32] **die Forschung** research
[33] **die Wissenschaft** science, knowledge   [34] **im Überfluß** in abundance   [35] **versetzen** to reply
[36] **das Ergebnis** result   [37] **einfach** simply   [38] **der Zweifel** doubt   [39] **weltbekannt** world-renowned
[40] **der Ruf** reputation   [41] **die Heilkunde** medical science   [42] **schaden** to injure
[43] **die medizinische Fakultät** medical school   [44] **ausgezeichnet** excellent, outstanding
[45] **vorig-** previous
[46] **solche berühmten Forscher wie Rudolf Virchow** such famous researchers as Rudolf Virchow (1821–1902)
[47] **entwickeln** to develop, devise   [48] **sogenannt** so-called
[49] **unter den Wissenschaftlern** among scientists   [50] **hochgeschätzt** esteemed, valued
[51] **anstatt der genauen Beobachtung** instead of exact observation   [52] **geneigt** inclined
[53] **nachdenken, dachte nach, nachgedacht** to contemplate, reflect   [54] **auf diese Weise** in this way
[55] **beweisen, bewies, bewiesen** to prove   [56] **der Geist** spirit
[57] **man stellte Theorien über die Entstehung und Funktion der Zelle auf** one formulated theories about the origin and function of the cell   [58] **beschreiben, beschrieb, beschrieben** to describe

Zelle, und in seinem Buch über zellulare Pathologie[59] erklärte er das Zellgewebe:[60] Die Zelle ist die kleinste Form des Lebens. Die Zellen des Körpers[61] bilden eine Gemeinde oder Gesellschaft. Jede Zelle ist lebendig,[62] und jede Zelle bringt neue Zellen hervor.[63] Wenn die Zellen normal funktionieren, ist das Leben normal. Krankheiten entstehen, wenn die Zellen nicht richtig funktionieren ...“

„Mein Vater ist Arzt und bekommt viele medizinische Zeitschriften“,[64] unterbrach Fräulein Moreau. „Ich las einmal einen Artikel über Virchow. Er war nicht nur sehr revolutionär in seinen wissenschaftlichen Theorien, sondern auch in seinen Gedanken über Politik. Während einer Typhusepidemie untersuchte er die Gesundheitsverhältnisse der Bevölkerung in Oberschlesien.[65] Dort sah er viele kranke, halb verhungerte[66] Menschen. Solche Menschen waren arm[67] und litten unter den schlechtesten wirtschaftlichen Verhältnissen jener Zeit. In seinem Bericht über die Lage dieser Menschen hielt er die Regierung verantwortlich für das Unglück[68] der Bevölkerung.“

„Sie haben recht“, antwortet der Arzt. „Er nahm an der Revolution von 1848 teil[69] und kämpfte für Demokratie, Einigung der deutschen Staaten, allgemeine Ausbildung, Freiheit und Wohlstand[70] der Bevölkerung.“

„Ich habe auf der Universität ‚Die Weber‘[71] von Gerhart Hauptmann[72] gelesen“, unterbrach Herr Brown. „Dieses Drama beschreibt die Armut und das traurige Schicksal[73] der Weber in Schlesien zu jener Zeit. Ihr Lohn[74] war gering, und sie mußten lange Stunden am Webstuhl[75] arbeiten. Sogar kleine Kinder arbeiteten in der Weberei.[76] Diese Menschen wurden sehr leicht krank, weil sie eben schwach waren.“[77]

„Ja, damals herrschte[78] unter den Arbeitern die tiefste[79] Armut“, fuhr Dr. Werner fort, „es ist kein Wunder,[80] daß ein Mann wie Virchow gegen die Monarchie kämpfte. Wegen seiner Teilnahme[81] an der Revolution mußte er, wie Richard Wagner,[82] Karl Schurz[83] und manche anderen Revolutionäre, ins Ausland fliehen. Erst im Jahre 1856 lud man ihn ein, nach Berlin zurückzukehren.“[84]

---

[59] **zellulare Pathologie** cellular pathology   [60] **das Zellgewebe** cell tissue   [61] **der Körper** body
[62] **lebendig** alive, living   [63] **hervorbringen, brachte hervor, hervorgebracht** to produce
[64] **die Zeitschrift** journal, magazine
[65] **während einer Typhusepidemie untersuchte er die Gesundheitsverhältnisse der Bevölkerung in Oberschlesien** during a typhoid epidemic he investigated the general sanitation conditions in Upper Silesia   [66] **halb verhungert** half-starved   [67] **arm** poor
[68] **er hielt die Regierung verantwortlich für das Unglück** he held the government responsible for the misfortune   [69] **er nahm an der Revolution teil** he took part in the revolution
[70] **er kämpfte für Einigung, allgemeine Ausbildung, Freiheit und Wohlstand** he fought for unification, universal education, freedom and prosperity   [71] **„Die Weber“** *The Weavers*
[72] **Gerhart Hauptmann** (German poet and dramatist, 1862–1946)
[73] **die Armut und das traurige Schicksal** the poverty and sad fate   [74] **der Lohn** pay
[75] **der Webstuhl** loom   [76] **die Weberei** textile mill
[77] **weil sie eben schwach waren** because they were simply weak   [78] **herrschen** to prevail, rule
[79] **tief** deep   [80] **es ist kein Wunder** it is not surprising   [81] **die Teilnahme** participation
[82] **Richard Wagner** (German composer, 1813–1883)
[83] **Karl Schurz** (German-American statesman 1829–1906)   [84] **zurückkehren** to return

Vorlesung an einer Universität

WEITERE ÜBUNGEN

2 sentences in correct form from each

5 sentences and answer question over last part

1. **Beispiel:** *Stadt*   Kennen Sie diese *Stadt?*
   a. Stadt   c. Studentin
   b. Gegend   d. Leute
2. **Beispiel:** *Mann*   Haben Sie diesen *Mann* verstanden?
   a. Mann   c. Fahrplan
   b. Bericht   d. Ausländer
3. **Beispiel:** *Buch*   Ich habe dieses *Buch* gelesen.
   a. Buch   c. Dokument
   b. Manuskript   d. Gesetz
4. **Beispiel:** *diesem Geschäft*   Er arbeitete in *diesem Geschäft.*
   a. diesem Geschäft   e. jenem Geschäft
   b. dieser Straße   f. dieser Schule
   c. dieser Fabrik   g. dieser Apotheke
   d. unserer Fabrik   h. diesem Dorf
5. **Beispiele:** *Haus*   Ich wohnte lange in *diesem Haus.*
   Wohnung   Ich wohnte lange in *dieser Wohnung.*
   a. Haus   e. Dorf
   b. Wohnung   f. Straße
   c. Zimmer   g. Hotel
   d. Stadt   h. Gasthaus

6. **Beispiel:**   *Medizin*   Nehmen Sie *diese Medizin!*
   a. Medizin   d. Linie
   b. Straßenbahn   e. Platz
   c. Zug

7. **Beispiel:**   *Leute*   Ich habe oft solche *Leute* gesehen.
   a. Leute   d. Verhältnisse
   b. Menschen   e. Bauernhöfe
   c. Touristen   f. Fälle

8. **Beispiel:**   *Fällen*   In solchen *Fällen* muß man es anders machen.
   a. Fällen   d. Zeiten
   b. Lagen   e. Geschäften
   c. Verhältnissen   f. Ländern

9. **Beispiel:**   Er entwickelte *die* Zellentheorie.   (*dieser*)   Er entwickelte *diese* Zellentheorie.

   a. Er entwickelte **die** Zellentheorie.   (dieser)
   b. Ich kenne **die** Wissenschaftler.   (solcher)
   c. Er war zu **der** Zeit in Berlin.   (jener)
   d. Er erklärte **das** Zellgewebe.   (solcher)
   e. Sie schrieb es in **dem** Brief.   (jeder)
   f. **Die** Zelle bringt neue Zellen hervor.   (jeder)
   g. Haben Sie **den** Bericht gelesen?   (dieser)
   h. Damals entstand **die** Zellentheorie.   (mancher)
   i. So war es am Anfang **des** Jahrhunderts.   (dieser)
   j. Wir waren oft während **des** Jahres in Berlin.   (dieser)
   k. Wir besprachen **die** Möglichkeit.   (jeder)
   l. In **dem** Fall fahre ich morgen ab.   (solcher)
   m. Er wollte **die** Praxis aufgeben.   (dieser)
   n. Ich las **den** Artikel.   (jeder)

10. **Beispiel:**   Das ist die Adresse *der* Apotheke.   Das ist die Adresse *dieser* Apotheke.
    a. Das ist die Adresse **der** Apotheke.
    b. Donnerstag war der letzte Tag **des** Monats.
    c. Die Theorien **der** Wissenschaftler sind sehr revolutionär.
    d. Mein Freund arbeitete im Lazarett **des** Lagers.
    e. Die Behandlung **der** Menschen war nicht gut.
    f. So sind die Verhältnisse **der** Zeit.

11. **Beispiele:**   Ich kenne *diesen* Wissenschaftler.   Ich kenne *diese* Wissenschaftler.
    Wir verstehen *dieses Buch* nicht.   Wir verstehen *diese Bücher* nicht.
    a. Ich kenne diesen Wissenschaftler.
    b. Wir verstehen dieses Buch nicht.
    c. Er entwickelte jene Methode.
    d. Sie haben oft dieses Dorf besucht.
    e. Er denkt lange über ein solches Problem nach.
    f. Man konnte diese Theorie nicht beweisen.
    g. Es gibt bei uns manches Problem.
    h. Wir lasen vorgestern diese Geschichte.
    i. Haben Sie diesen Artikel gelesen?

12. **Beispiel:**   *Diese Möglichkeit existiert* nicht.   *Diese Möglichkeiten existieren* nicht.
    a. Diese Möglichkeit existiert nicht.
    b. Solche Forschung beweist nichts.
    c. Manches Problem entsteht im Laboratorium.
    d. Jene Theorie erklärte alles.

 e. Diese Zelle ist lebendig.
 f. Mancher Wissenschaftler verstand die Theorie nicht.
 g. Welcher Arzt behandelt ihn?
 h. Ein solcher Student muß fleißig arbeiten.
13. **Beispiel: Ich fuhr mit *dem* Zug.   Ich fuhr mit *diesem* Zug.**
 a. Ich fuhr mit dem Zug.
 b. Ich fuhr mit der Straßenbahn.
 c. Ich fuhr mit dem Freund.
 d. Ich fuhr mit dem Wagen.
 e. Ich fuhr mit den Leuten.
14. **Beispiel: Wir wohnen in *der* Stadt.   Wir wohnen in *dieser* Stadt.**
 a. Wir wohnen in der Stadt.
 b. Wir wohnen in dem Dorf.
 c. Wir wohnen in dem Hotel.
 d. Wir wohnen nicht weit von der Kirche.
 e. Wir wohnen nicht weit von dem Platz.
 f. Wir wohnen nicht weit vom Dorf.
 g. Wir wohnen im Dorf.
 h. Wir wohnen an dem See.
 i. Wir wohnen am Fluß.

FRAGEN

 1. Wen besuchte Herr Brown?
 2. Wo war der Arzt während des Krieges?
 3. Was durfte er im Gefangenenlager tun?
 4. Wie war die Disziplin im Lager?
 5. Welche medizinischen Fakultäten waren ausgezeichnet?
 6. Wohin flohen viele Ärzte aus der Ostzone?
 7. Wer entwickelte eine neue Zellentheorie?
 8. Was erklärte Virchow?
 9. Was bringt jede Zelle hervor?
10. Was entsteht, wenn die Zellen nicht richtig funktionieren?
11. Wo studierte Virchow die Gesundheitsverhältnisse der Bevölkerung?
12. Wie war die wirtschaftliche Lage dieser Bevölkerung?
13. Wo brach eine Typhusepidemie aus?
14. Wer mußte lange Stunden am Webstuhl arbeiten?
15. Kämpfte Virchow gegen die Monarchie oder gegen die Bevölkerung?

stoff = material

SPRECHÜBUNGEN

1. Pretend that you are a doctor and that the student next to you is your patient.
 a. The doctor elicits the following information from the patient:
  (1) how long the patient has had a cold
  (2) whether he has a headache
  (3) how long he has had the headache
  (4) whether he has taken any medicine
  (5) whether he has a cough
 b. The patient then elicits the following information from the doctor:
  (1) whether the patient has a fever
  (2) how much fever he has
  (3) the formula for converting centigrade to Fahrenheit

(4) whether he should go to bed
(5) whether his throat is inflamed

2. Student Dialogue I
   a. Did you catch cold yesterday?
   b. Yes, and I have a little fever too.
   a. Have you taken medicine for it (*dagegen*)?
   b. No, but I'm going to the doctor this afternoon.

3. Student Dialogue II
   c. Do you know who Fahrenheit was?
   d. Yes, he invented (*erfand*) the Fahrenheit thermometer.
   c. Why was his thermometer so unusual?
   d. It had mercury (*Quecksilber*) instead of alcohol (*anstatt Alkohols*).

4. Choose suitable responses from the right-hand column to the statements and questions in the left-hand column. Complete or expand the responses followed by ellipses.

a. Ungewöhnliches Wetter für diese Jahreszeit, nicht wahr?	(1) Ach was! Das hilft nichts.
b. Nehmen Sie diese Medizin, dann werden Sie schnell wieder gesund.	(2) Das ist schade, denn . . .
c. Mein Auge ist ein wenig entzündet.	(3) Haben Sie auch Kopfweh?
d. Sie müssen das Wasser aus der Heilquelle trinken.	(4) Das sagt jeder Ausländer.
e. Wann haben Sie sich erkältet?	(5) Ich finde es gerade (*just*) herrlich.
f. Er entwickelte eine Zellentheorie, nicht wahr?	(6) Vor drei Tagen, aber . . .
g. Nachts friere ich immer.	(7) Aber das Wetter ist sehr warm.
h. Sie müssen ins Bett gehen.	(8) So sagen die meisten Deutschen.
i. So läuft sie immer herum.	(9) Das sagt jeder Arzt.
j. Trinken Sie nur nichts Kaltes!	(10) Ja, . . .
	(11) Warum . . . ?
	(12) Das tut mir sehr leid.
	(13) Ja, ja, diese Ausländer . . .
	(14) Ja, und er war in allem sehr revolutionär.
	(15) Hoffentlich . . .
	(16) Ja, er spielte eine große Rolle in der modernen Forschungstechnik.
	(17) Ich kann nicht, denn . . .
	(18) Ja, und die Eltern solcher Kinder wissen gar nichts davon.

SCHRIFTLICHES

1. Write complete sentences using the following expressions:
   a. Man stellte . . . auf. b. Bringen Sie das Rezept . . . c. . . . eine Gemeinde oder Gesellschaft. d. Virchow kämpfte . . . e. In seinem Buch über . . . f. Dieses Drama beschreibt . . . g. Solche Menschen litten . . . h. . . . am Webstuhl arbeiten. i. Er hielt die Monarchie . . . j. Virchow nahm . . . teil.

2. Write the following sentences in German:
   a. During the summer he worked in his uncle's factory. b. Virchow considered the government responsible for the misfortune of the population. c. The scientists could not prove this theory. d. I am supposed to take this prescription to the drugstore. e. Such people always gossip (*klatschen*) too much. f. To which physician did you go? g. We discussed every possibility of such research. h. This drama describes the fate of the weavers at that time.

VERSCHIEDENES

DER MENSCHLICHE KÖRPER

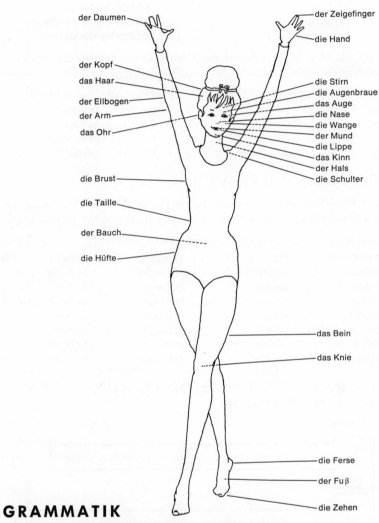

der Daumen

der Zeigefinger

die Hand

der Kopf

das Haar

die Stirn

die Augenbraue

der Ellbogen

das Auge

der Arm

die Nase

die Wange

das Ohr

der Mund

die Lippe

das Kinn

der Hals

die Brust

die Schulter

die Taille

der Bauch

die Hüfte

das Bein

das Knie

die Ferse

der Fuß

die Zehen

GRAMMATIK

A. PAST TENSE OF WEAK VERBS

Weak verbs form the past tense by adding the endings -te in the singular and -ten in the plural and the Sie-form to the stem of the infinitive.

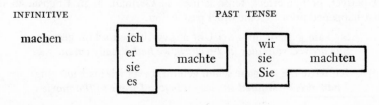

INFINITIVE

PAST TENSE

machen

ich
er
sie
es

mach**te**

wir
sie
Sie

mach**ten**

If the infinitive stem ends in **-d** or **-t**, the stem and the suffix are separated by **-e-** in the past tense and in the past participle.

INFINITIVE	PAST TENSE
baden	badete, badeten
antworten	antwortete, antworteten
arbeiten	arbeitete, arbeiteten

The past participle of a weak verb is formed with the prefix **ge-**, the infinitive stem and the suffix **-t**.

PREFIX		INFINITIVE STEM				SUFFIX		PAST PARTICIPLE
ge	+	mach	+			t	=	gemacht
ge	+	frag	+			t	=	gefragt
ge	+	antwort	+	e	+	t	=	geantwortet
ge	+	bad	+	e	+	t	=	gebadet

B. IRREGULAR WEAK VERBS

A small group of verbs take the same endings as the weak verbs but change the stem vowel of the infinitive from **-e-** or **-i-** to **-a-** in the past tense and the past participle.

INFINITIVE	PAST TENSE	PAST PARTICIPLE	
brennen	brannte	gebrannt	*to burn*
bringen	brachte	gebracht	*to bring*
denken	dachte	gedacht	*to think*
kennen	kannte	gekannt	*to be acquainted with*
nennen	nannte	gennant	*to name*
rennen	rannte	gerannt	*to run*
senden	sandte	gesandt	*to send*
wenden	wandte	gewandt	*to turn*

C. PAST TENSE OF THE MODAL AUXILIARY VERBS AND **WISSEN**

ich er sie es	durfte, konnte, mußte, sollte, wollte, wußte
wir sie Sie	durften, konnten, mußten, sollten, wollten, wußten

D. PAST PERFECT TENSE

The past perfect, or pluperfect, tense is used in German, as in English, to report an action that happened prior to some other past action.

> Sie kam gestern um zwei Uhr an; wir **hatten** schon **gegessen**.
> *She arrived yesterday at 2 o'clock; we **had** already **eaten**.*

> Ich **hatte** die Aufgabe schon **gelernt**, bevor ich ins Kino ging.
> *I **had** already **studied** the lesson before I went to the movie.*

Past participles appear at the end of independent clauses.   Their position in dependent clauses differs somewhat and will be explained in Lektion 18.

A small but important group of intransitive verbs do not use **haben** as the auxiliary to form the present perfect and past perfect tense; instead they use the equivalent forms of **sein**.   Because of this peculiarity you should not try to use them in the perfect tenses until they are demonstrated in Lektion 17.   Some of the verbs in this group are:

abfahren	fahren	reisen
ankommen	fallen	rennen
aussteigen	fliehen	sein
bleiben	gehen	steigen
einsteigen	kommen	umsteigen
eintreten	laufen	werden
entstehen	passieren	zurückkehren

E. GENITIVE CASE

The genitive case shows possession or relationship.   The genitive forms of the definite article, the indefinite article and **ein**-words are as follows:

	SINGULAR		PLURAL
MASCULINE	FEMININE	NEUTER	ALL GENDERS
des	der	des	der
eines	einer	eines	—
meines	meiner	meines	meiner

Most monosyllabic masculine and neuter nouns take the ending **-es** in the genitive singular; most polysyllabic masculine and neuter nouns take **-s**.

MONOSYLLABIC	POLYSYLLABIC
des Mannes	des Mädchens
des Hauses	meines Vaters
eines Freundes	dieses Professors

Feminine nouns as well as plural nouns take no genitive endings.

F. PREPOSITIONS WITH THE GENITIVE CASE

Several prepositions take the genitive case.   Among them are the following:

anstatt	*instead of*	während	*during*
statt	*instead of*	wegen	*on account of*
trotz	*in spite of*		

> **Während des Tages** haben wir Unterricht.
> **Wegen des Wetters** mußten wir zu Hause bleiben.

G. GENITIVE OF PERSONAL NAMES

Personal names form the genitive with the ending -s, but without an apostrophe.   If the personal name ends in **-s**, **-ß**, **-x** or **-z**, usually only an apostrophe is added for the genitive.

WITH -s	WITH APOSTROPHE
Frau Schmidts Haus	Hans' Eltern
Karls Freund	Fritz' Vater

H. DER-WORDS

The following adjectives are usually called "**der**-words" because their declensional endings are similar to those of the definite article:

dieser	*this, these*	mancher	*many a, many*
jeder	*each, every*	solcher	*such a, such*
jener	*that, those*	welcher	*which*

THE DEFINITE ARTICLE

	SINGULAR			PLURAL
	MASCULINE	FEMININE	NEUTER	ALL GENDERS
NOMINATIVE	der	die	das	die
GENITIVE	des	der	des	der
DATIVE	dem	der	dem	den
ACCUSATIVE	den	die	das	die

DER-WORD

	MASCULINE	FEMININE	NEUTER	ALL GENDERS
NOMINATIVE	dieser	diese	dieses	diese
GENITIVE	dieses	dieser	dieses	dieser
DATIVE	diesem	dieser	diesem	diesen
ACCUSATIVE	diesen	diese	dieses	diese

Sechzehnte Lektion

Grammatische Ziele:
    Schwache Beugung des Adjektivs
    Steigerung des Adjektivs

EINFÜHRENDE BEISPIELE I

Anschauungsmaterial:
    ein rotes Buch
    ein grünes Buch
    ein roter Kugelschreiber
    ein blauer Kugelschreiber
    ein Brief

1. Dieses Buch ist rot, und jenes Buch ist grün.
   Das ist das rote Buch.
   Was ist das?
        Das ist das rote Buch.

2. Ist das das grüne Buch?
        Ja, das ist das grüne Buch.

3. Diese Studentin ist blond,
   aber jene Studentin ist braunhaarig.
   Ist das die blonde Studentin?
        Ja, das ist die blonde Studentin.
   Ist das die blonde oder die braunhaarige Studentin?
        Das ist die braunhaarige Studentin.

4. Auf der Straße stehen zwei Wagen.
   Der große Wagen ist ein Mercedes,
   und der kleine Wagen ist ein Volkswagen.

Ist der große Wagen ein Mercedes?

> Ja, der große Wagen ist ein Mercedes.

Welcher Wagen ist der kleine Wagen?

> Der kleine Wagen ist der Volkswagen.

5. Kennen Sie das junge Mädchen dort?

> Ja, ich kenne das junge Mädchen dort.

6. Sehen Sie die blonde Studentin?

> Ja, ich sehe die blonde Studentin.

7. Dieser Student hat den roten Kugelschreiber,
    und ich habe den blauen Kugelschreiber.
    Hat er den roten Kugelschreiber?

> Ja, er hat den roten Kugelschreiber.

Welchen Kugelschreiber habe ich?

> Sie haben den blauen Kugelschreiber.

8. Ich habe diesen langen Brief von einem Freund bekommen.
    Von wem habe ich den langen Brief bekommen?

> Sie haben den langen Brief von einem Freund bekommen.

9. Dort sitzen Fräulein _____ und Fräulein _____.
    Kennen Sie diese jungen Mädchen?

> Ja, ich kenne diese jungen Mädchen.

ÜBUNGEN I

1. **Beispiel:** *der rote*   Dort liegt *der rote* Kugelschreiber.
   a. der rote   c. der blaue
   b. der gelbe   d. der lange

2. **Beispiel:** *das junge Mädchen*   *Das junge Mädchen* versteht mich nicht.
   a. das junge Mädchen   d. das kleine Kind
   b. die junge Frau   e. dieses kleine Kind
   c. der junge Mann

3. **Beispiel:** *Wagen*   Der kleine *Wagen* gehört mir.
   a. Wagen   d. Kugelschreiber
   b. Bleistift   e. Handkoffer
   c. Stuhl

4. **Beispiel:** *Frau*   Diese junge *Frau* wohnt hier um die Ecke.
   a. Frau   d. Dame
   b. Apothekerin   e. Kellnerin
   c. Lehrerin

5. **Beispiel:** *Wagen*   Ich habe den neuen *Wagen* schon gesehen.
   a. Wagen
   b. Mercedes
   c. Plattenspieler
   d. Volkswagen
   e. Opel

6. **Beispiel:** *Brücke*   Kennen Sie die alte *Brücke?*
   a. Brücke
   b. Kirche
   c. Frau
   d. Theorie
   e. Burg

7. **Beispiel:** *neu*   Wir kauften das *neue* Geschäft am Marktplatz.
   a. neu
   b. groß
   c. alt
   d. klein

8. **Beispiel:** *alt*   Das *alte* Geschäft steht in der Gartenstraße.
   a. alt
   b. groß
   c. klein
   d. neu

9. **Beispiel: Der Bleistift ist *rot*.   Das ist der *rote* Bleistift.**
   a. Der Bleistift ist rot.
   b. Der Wagen ist neu.
   c. Die Kirche ist alt.
   d. Das Mädchen ist jung.
   e. Die Dame ist verheiratet.
   f. Der Bruder ist ledig.
   g. Die Theorie ist bewiesen.
   h. Das Buch ist klein.
   i. Das Mädchen ist dumm.
   j. Die Burg ist alt.

10. **Beispiele: Ich habe den Wagen gefahren. (*rot*)   Ich habe den *roten* Wagen gefahren.**

    Wir kennen das Mädchen. (*jung*)   Wir kennen das *junge* Mädchen.

    a. Ich habe den Wagen gefahren. (rot)
    b. Wir kennen das Mädchen. (jung)
    c. Wir haben das Geschäft gekauft. (groß)
    d. Ich verstehe diese Theorie. (neu)
    e. Ich habe den Aufsatz geschrieben. (lang)
    f. Wir kauften das Haus. (weiß)
    g. Er verstand den Mann nicht. (alt)
    h. Sie besuchten den Arzt. (jung)
    i. Wir fuhren durch die Landschaft. (schön)
    j. Wir gingen in den Wald. (kühl)

EINFÜHRENDE BEISPIELE II

1. Die Studenten waren gestern im neuen Museum.
   Wo waren sie?
   > Sie waren im neuen Museum.

2. Herr Brown ging zum jungen Arzt.
   Zu welchem Arzt ging er?
   > Er ging zum jungen Arzt.

3. Ich habe der alten Frau Geld gegeben.
   Wem habe ich Geld gegeben?
   > Sie haben der alten Frau Geld gegeben.

4.   Hans hat mit den kleinen Kindern gespielt.
      Mit wem hat er gespielt?
                          Er hat mit den kleinen Kindern gespielt.

ÜBUNGEN II

1. Beispiel: *alt*   Wir waren gestern in der *alten* Kirche.
      a. alt   d. gotisch
      b. neu   e. barock
      c. groß
2. Beispiel: *Mann*   Ich habe oft mit dem jungen *Mann* gesprochen.
      a. Mann   d. Professor
      b. Mädchen   e. Arzt
      c. Lehrer
3. Beispiel: *den neuen Gästen*   Er sprach lange mit *den neuen Gästen.*
      a. den neuen Gästen   e. den jungen Damen
      b. den kleinen Kindern   f. der jungen Dame
      c. den alten Frauen   g. dem alten Mann
      d. den anderen Studenten   h. der netten Kellnerin
4. Beispiele: *das kleine Kind*   Ich habe *dem kleinen Kind* das Buch gegeben.
                 die junge Dame   Ich habe *der jungen Dame* das Buch gegeben.
      a. das kleine Kind   d. der gute Freund
      b. die junge Dame   e. das kleine Mädchen
      c. die alte Frau   f. der junge Amerikaner
5. Beispiel: Ich war gestern in der Kirche.   (*neu*)   Ich war gestern in der *neuen*
                                                             Kirche.
      a. Ich war gestern in der Kirche.   (neu)
      b. Ich sprach mit der Dame.   (jung)
      c. Wir fuhren mit dem Wagen.   (neu)
      d. Er hat dem Kind geholfen.   (klein)
      e. Wir saßen alle an dem Tisch.   (lang)
      f. Sie saß am Tisch.   (groß)
      g. Er kam aus dem Haus.   (groß)
      h. Wir hielten an der Grenze.   (deutsch)
      i. Ich wartete an der Brücke.   (alt)
      j. Es liegt am Fluß.   (klein)

EINFÜHRENDE BEISPIELE III

Anschauungsmaterial:
                 zwei Bücher von verschiedener Größe

1.   Sie sind neunzehn Jahre alt,
      und Herr _____ ist auch neunzehn Jahre alt.
      Sie sind so alt wie er, aber ich bin älter als Sie.
      Ich bin der älteste (die älteste) in diesem Zimmer.

Wer ist der älteste in diesem Zimmer?

       Sie sind der älteste in diesem Zimmer.

2. Bin ich älter als Sie?

       Ja, Sie sind älter als ich.

3. Bin ich jünger oder älter als Herr _____?

       Sie sind älter als Herr _____.

4. Sind Sie jünger als ich?

       Ja, ich bin jünger als Sie.

5. Sind Sie so alt wie Herr _____?

       Ja, ich bin so alt wie Herr _____.

6. Ist dieses Buch kleiner als jenes Buch?

       Ja, dieses Buch ist kleiner als jenes Buch.

7. Ist das das kleinere Buch?

       Ja, das ist das kleinere Buch.

ÜBUNGEN III

1. **Beispiel:** *groß*   **Er ist nicht so *groß* wie ich.**
   - a. groß
   - b. jung
   - c. klein
   - d. alt
   - e. fleißig
   - f. dumm
2. **Beispiel:** *größer*   **Ich bin *größer* als er.**
   - a. größer
   - b. kleiner
   - c. fleißiger
   - d. jünger
   - e. älter
   - f. höflicher
3. **Beispiel:** *groß*   **Sie sind *größer* als ich.**
   - a. groß
   - b. klein
   - c. jung
   - d. alt
   - e. langsam
   - f. freundlich
4. **Beispiele:** **Welchen Wagen haben Sie gefahren?** **(*klein*)**   **Ich habe den *kleinen* Wagen gefahren.**

       Welche Kirche besuchten Sie? (*alt*)   **Ich besuchte die *alte* Kirche.**
   - a. Welchen Wagen haben Sie gefahren? (klein)
   - b. Welche Kirche besuchten Sie? (alt)
   - c. An welchem Tisch haben Sie gesessen? (lang)
   - d. Welches Geschäft haben Sie gekauft? (neu)
   - e. Welches Buch haben Sie gelesen? (blau)
   - f. Welcher Bruder ist noch ledig? (jünger)
   - g. Welche Schwester ist schon verheiratet? (älter)
   - h. Welche Brücke ist gefährlich? (alt)
   - i. Mit welchem Mädchen hat er gesprochen? (blond)
   - j. In welches Geschäft wollen Sie gehen? (groß)

5. **Hören Sie zu und beantworten Sie dann die Fragen!**

Karl, Liese und Max sind Geschwister. Karl ist zehn Jahre alt, Liese ist fünfzehn und Max ist zwanzig Jahre alt.

    a. Wer ist das jüngste Kind in der Familie?
        (Karl ist das jüngste Kind in der Familie.)
    b. Wer ist das älteste Kind in der Familie?
        (Max ist das älteste Kind in der Familie.)
    c. Wer ist älter als Liese?
        (Max ist älter als Liese.)
    d. Wer ist jünger als Liese?
        (Karl ist jünger als Liese.)
    e. Wer ist älter als Karl?
        (Liese und Max sind älter als Karl.)
    f. Ist Max älter oder jünger als Karl?
        (Max ist älter als Karl.)
    g. Ist Karl so alt wie Liese?
        (Nein, Karl ist nicht so alt wie Liese.)
    h. Ist Max das älteste oder das jüngste Kind in der Familie?
        (Max ist das älteste Kind in der Familie.)
    i. Welcher Bruder ist der jüngere?
        (Karl ist der jüngere.)
    j. Welches Kind ist das älteste?
        (Max ist das älteste.)

Karneval in Bonn

DIALOG: Einladung zum Volksfest

JONES *wählt am Fernsprecher (für sich)*   Zwo fünfundachtzig elf.*

STIMME IM HÖRER   Hallo.   Hier Neumann.   Wer da, bitte?

JONES   Hier Paul Jones.   Guten Tag, Herr Neumann!   Darf ich Ihre Tochter sprechen?

NEUMANN   Einen Augenblick, bitte.   Eben kommt sie ins Haus.   Anneliese, Herr Jones ist am Telefon!

ANNELIESE   Guten Tag, Paul!

JONES   Guten Tag!   Ich möchte Sie einladen, mit uns zum Volksfest zu gehen, wenn Sie heute abend nicht beschäftigt sind.

ANNELIESE   Das ist sehr nett von Ihnen.   Ich muß aber für Geschichte einen langen Bericht über den Amerikanischen Bürgerkrieg schreiben.

JONES   Vielleicht kann ich Ihnen dabei helfen.

ANNELIESE   Herrlich!   In dem Fall habe ich Zeit, mit zum Fest zu gehen!

ANNELIESE   Das Volksfest soll dieses Jahr besser und größer sein als im vorigen Jahr.

JONES   Ein Volksfest habe ich noch nie gesehen, und es interessiert mich sehr.

ANNELIESE   Oh, es ist immer viel Spaß.   Außer Weihnachten und Ostern ist es für die Bewohner in den kleineren Städten und Dörfern das schönste und wichtigste Fest im ganzen Jahr.

JONES   Da bin ich noch neugieriger, es mitzumachen.

ANNELIESE   Um wieviel Uhr soll ich Sie erwarten?

JONES   Sagen wir acht, oder sollten wir uns ein bißchen früher treffen?

ANNELIESE   Acht ist gerade richtig.

JONES   Sehr gut.   Also auf Wiederhören.

ANNELIESE   Auf Wiederhören, Paul.

* **Zwo** is a colloquial variant of **zwei**.   This pronunciation is frequently used to distinguish it clearly from **drei**.

Invitation to the Carnival

JONES *dials* (*to himself*)   Two-eight-five-one-one.

VOICE IN THE RECEIVER   Hello.   This is [Mr.] Neumann.   Who is calling, please?

JONES   This is Paul Jones.   Hello, Mr. Neumann.   May I speak to your daughter?

NEUMANN   One moment, please.   She's just coming into the house.   Anneliese, Mr. Jones is on the phone.

☕

ANNELIESE   Hello, Paul.

JONES   Hello.   I would like to invite you to go with us to the carnival, if you're not busy this evening.

ANNELIESE   That's very nice of you.   However, I have to write a long report on the American Civil War for history.

JONES   Maybe I can help you with it.

ANNELIESE   Wonderful!   In that case I have time to go with you to the festival!

☕

ANNELIESE   The carnival is supposed to be bigger and better this year than last year.

JONES   I've never seen a carnival, and I am very much interested.

ANNELIESE   Oh, it's always a lot of fun.   Aside from Christmas and Easter it is the best and most important festival in the whole year for the residents of the towns and villages.

JONES   Then I'm more eager than ever to attend it.

ANNELIESE   At what time should I expect you?

JONES   Let's say eight, or should we meet a little earlier?

ANNELIESE   Eight is just right.

JONES   Fine.   Well, goodbye.

ANNELIESE   Goodbye, Paul.

FRAGEN ÜBER DEN DIALOG

1. Wen wollte Herr Jones sprechen?
2. Wer kam eben ins Haus?
3. Was sagte Herr Neumann zu seiner Tochter?
4. Wohin möchte Herr Jones Fräulein Neumann einladen?
5. Was mußte sie schreiben?
6. Worüber mußte sie den Bericht schreiben?
7. Wer möchte ihr dabei helfen?
8. Ist das Volksfest dieses Jahr besser als im vorigen Jahr?
9. Was sind die wichtigsten Feste?
10. Wer war sehr neugierig, das Fest mitzumachen?
11. Wann sollte Fräulein Neumann Herrn Jones erwarten?
12. Sagte Herr Jones auf Wiedersehen oder auf Wiederhören?

copy + translate

LESESTÜCK: Deutsche Feste

Die ausländischen Studenten am Institut waren alle sehr neugierig, das Volksfest zu sehen.   Alles im Städtchen schien zum Stillstand zu kommen, als[1] das Fest begann. Auf einer großen Wiese[2] am Rande[3] der kleinen Stadt standen die bunten Zelte,[4] Stände[5] und Buden[6] des Festes.   In der Mitte stand das Zelt, und ringsherum[7] waren ein Karussell,[8] ein Kasperletheater (Puppentheater),[9] eine Bude mit Glücksrad,[10] eine Schießbude,[11] ein Riesenrad[12] und Erfrischungsbuden.[13]   In diesen Buden konnte man Getränke, Eis, Würste und belegtes Brot[14] bekommen.   Die breite Wiese wimmelte von fröhlichen Menschen;[15] überall hörte man den typischen Lärm des Rummelplatzes.[16]

Unter dem großen Zelt waren Tische und Bänke.[17]   Die vielen Gäste saßen an den langen Tischen und tranken Bier aus großen Krügen.[18]   Die meisten Männer trugen die bunte Tracht[19] des Bayern: Lederhose,[20] grünen Jägerhut,[21] weiße Strümpfe[22] und grüne Jacke[23] mit silbernen Knöpfen.[24]   Die meisten Mädchen und Frauen trugen bayrische Dirndltracht.[25]   An einem Ende des Zelts war eine Bühne.[26] Darauf spielte eine kleine Kapelle die bekanntesten bayrischen Lieder.   Während der kurzen Pausen in der lebhaften[27] Musik erschienen Artisten[28] auf der Bühne. Einer der Artisten war Zauberkünstler;[29] der nächste ahmte auf komische Weise einige der bekanntesten europäischen und amerikanischen Politiker nach.[30]

Fräulein Neumann, Herr Jones und die anderen Studenten verließen um Mitternacht den bunten Platz und gingen langsam nach Hause.   Unterwegs versprach Herr Jones seiner Begleiterin,[31] ihr morgen beim Schreiben[32] des Berichts über den Amerikanischen Bürgerkrieg zu helfen.   Als er um ein Uhr zu Bett ging, hörte er aus der Ferne immer noch den Lärm der Kapelle: „Ein Prosit, ein Prosit der Gemütlichkeit."[33]

friendly

Am nächsten Tag arbeiteten die beiden an dem Aufsatz zusammen.   Nachher ging Herr Jones in die Bibliothek[34] und forschte[35] nach Information über die Entste-

[1] **als** when   [2] **die Wiese** meadow   [3] **der Rand** edge, outskirts   [4] **das Zelt** tent   [5] **der Stand** stand
[6] **die Bude** booth   [7] **ringsherum** around it   [8] **das Karussell** merry-go-round
[9] **das Kasperletheater (Puppentheater)** Punch and Judy show, puppet theater
[10] **das Glücksrad** wheel of fortune   [11] **die Schießbude** shooting gallery
[12] **das Riesenrad** Ferris wheel (**der Riese** giant; **das Rad** wheel)
[13] **die Erfrischungsbude** refreshment booth   [14] **das belegte Brot** open-face sandwich
[15] **die breite Wiese wimmelte von fröhlichen Menschen** the broad meadow was teeming with joyous people
[16] **überall hörte man den typischen Lärm des Rummelplatzes** everywhere one heard the typical noise of an amusement park   [17] **die Bank** bench   [18] **der Krug** mug   [19] **die Tracht** costume
[20] **die Lederhose** leather pants   [21] **der Jägerhut** hunting hat
[22] **der Strumpf** stocking   [23] **die Jacke** jacket   [24] **der silberne Knopf** silver button
[25] **die Dirndltracht** peasant girl's costume   [26] **die Bühne** stage   [27] **lebhaft** lively
[28] **der Artist** performer   [29] **der Zauberkünstler** magician   [30] **nachahmen** to imitate
[31] **die Begleiterin** companion   [32] **beim Schreiben** with the writing
[33] **„Ein Prosit der Gemütlichkeit"** A *Toast to Affability* (a famous drinking song)
[34] **die Bibliothek** library   [35] **forschen** to do research

Karneval

hung und Geschichte der deutschen Feste. Wie er von Anneliese Neumann am vorigen Abend erfahren hatte, spielten das Volksfest, die Messe,[36] der Karneval[37] und der Jahrmarkt[38] eine bedeutende[39] Rolle in der Entwicklung[40] der deutschen Kultur.

Der Ursprung des Festes oder Karnevals ist heidnisch.[41] Dieses Fest entstand in den grauen vergangenen Zeiten[42] der alten Germanen. In seiner ursprünglichen Form war Karneval wahrscheinlich ein Bauernfest.[43] Man feierte[44] im Frühling die wiederkehrende Fruchtbarkeit der Erde.[45] Um eine reiche Ernte von den grünenden Feldern zu bekommen, stellte man ein Schiff auf einen Wagen[46] und fuhr damit[47]

[36] die Messe fair   [37] der Karneval Shrovetide festival
[38] der Jahrmarkt annual fair   [39] bedeutend significant
[40] die Entwicklung development   [41] der Ursprung ist heidnisch the origin is pagan
[42] die grauen vergangenen Zeiten the dim ages of the past   [43] das Bauernfest peasant festival
[44] feiern to celebrate
[45] die wiederkehrende Fruchtbarkeit der Erde the returning fertility of the earth
[46] um eine reiche Ernte von den grünenden Feldern zu bekommen, stellte man ein Schiff auf einen Wagen in order to obtain a bountiful harvest from the fields which were turning green, a ship (i.e. float) was placed on a wagon   [47] damit with it

durch die Straßen des Dorfes und die Felder der Bauern.   Das Schiff war das Symbol
der Götter[48] der Fruchtbarkeit und wurde von vermummten Tänzern begleitet.[49]
Die tanzenden Gestalten[50] der Vermummten[51] trugen Kleider[52] aus grünen Blättern[53]
als Symbol der neuen Lebenskräfte[54] der Erde.   Als Überbleibsel[55] dieses Gebrauchs
trägt man heute etwas Grünes am *Saint Patrick's Day.*

In der Pantomime des Tanzes um den Festwagen stellten die Vermummten den
Konflikt in der Natur zwischen dem Guten und dem Übel[56] dar, d.h. zwischen
Frühling und Winter, zwischen dem neuerwachten[57] Leben und'dem Tod.   Manche
Tänzer trugen groteske Masken; andere hatten schwarze Gesichter[58] als Symbol der
bösen Geister,[59] und noch andere trugen Glocken[60] an der Kleidung.   Aus solchen
grotesken Gestalten entstand im Mittelalter der Narr;[61] und als der Tanz allmählich
verschwand, entstand das Karnevalspiel[62] aus den komischen Possen[63] der Tänzer.
Das spätere Karneval- oder Fastnachtspiel[64] stellte Szenen aus dem Alltagsleben[65] der
Bauern und Dorfbewohner dar.

Im Frühmittelalter verbreitete sich das Christentum[66] über das ganze Land, und
das Volk mischte[67] die neuen christlichen Elemente mit den älteren heidnischen.
Man feierte nun Karneval, das heidnische Frühlingsfest, vor den vierzig Fasttagen[68]
vor Ostern.

Heute gibt es in vielen deutschen Städten ein Fest vor der Fastenzeit.[69]   Das Fest
hat verschiedene Namen wie Fasching (in Süddeutschland), Karneval und Fastnacht.   In Köln, Mainz und noch anderen Städten feiert man Rosenmontag, eigentlich Rasenmontag; an diesem Tag darf das Volk „rasen".[70]   Es gibt auch Feste zu
anderen Jahreszeiten, das Weinfest im September in den Dörfern und kleineren
Städten am Rhein und an der Mosel entlang[71] und das berühmte Oktoberfest in
München.

In Wirklichkeit[72] hat der *Homecoming*-Festzug[73] in amerikanischen Schulen sowie
das *Mardi Gras*-Fest in New Orleans und der Rosenfestzug in Pasadena am Neujahrstag einen heidnischen Ursprung.   So lebt der Natursymbolismus der alten Germanen im zwanzigsten Jahrhundert weiter, nicht nur in den Volksfesten Deutschlands, sondern auch hier in Amerika.

[48] **der Gott** god
[49] **das Schiff wurde von vermummten Tänzern begleitet** the ship was accompanied by dancers in
masquerade costume   [50] **die tanzende Gestalt** the dancing figure
[51] **der Vermummte** mummer, person in masquerade costume   [52] **die Kleider** clothes
[53] **das Blatt** leaf   [54] **die Lebenskraft** vitality   [55] **das Überbleibsel** remainder, relic
[56] **das Übel** evil   [57] **neuerwacht** newly awakened
[58] **das Gesicht** face   [59] **der böse Geist** evil spirit
[60] **die Glocke** bell   [61] **der Narr** fool   [62] **das Karnevalspiel** Shrovetide play
[63] **die Possen** (*plur.*) antics, stunts   [64] **das Fastnachtspiel** Shrovetide play
[65] **die Szenen aus dem Alltagsleben** scenes from everyday life
[66] **im Frühmittelalter verbreitete sich das Christentum** in the early Middle Ages Christianity spread
[67] **mischen** to mix   [68] **der Fasttag** day of fasting   [69] **die Fastenzeit** Lent
[70] **rasen** to rave (i.e. to participate in frenzied celebrations)
[71] **am Rhein und an der Mosel entlang** along the Rhine and the Mosel
[72] **die Wirklichkeit** reality   [73] **der Festzug** festival parade

WEITERE ÜBUNGEN

1. **Beispiel:** *der junge Mann*   *Der junge Mann* wohnt bei der Familie Neumann.
   - a. der junge Mann
   - b. der junge Professor
   - c. das junge Mädchen
   - d. die junge Studentin
   - e. diese junge Dame
   - f. welcher junge Mann (?)
2. **Beispiel:** *jung*   Der *junge* Mann arbeitet in unserem Geschäft.
   - a. jung
   - b. klein
   - c. älter
   - d. groß
3. **Beispiel:** *schön*   Diese *schöne* Dame ist aus Berlin.
   - a. schön
   - b. nett
   - c. klein
   - d. jung
4. **Beispiel:** *nett*   Das *nette* Mädchen heißt Anneliese Neumann.
   - a. nett
   - b. schön
   - c. braunhaarig
   - d. blond

5. **Beispiel:**   *das große Zelt*   Haben Sie *das große Zelt* gesehen?
   a. das große Zelt   d. den langen Festzug
   b. die breite Wiese   e. jene komische Kleidung
   c. die bayrische Tracht   f. den jungen Arzt

6. **Beispiel:**   *groß*   Mein Freund hat das *große* Haus gekauft.
   a. groß   c. blau
   b. klein   d. alt

7. **Beispiel:**   *breit*   Wir gingen auf die *breite* Wiese.
   a. breit   c. groß
   b. grün   d. bunt

8. **Beispiel:**   *den jungen Arzt*   Ich kenne *den jungen Arzt* schon lange.
   a. den jungen Arzt   d. jenes alte Wirtshaus
   b. den alten Mann   e. das braunhaarige Mädchen
   c. diesen alten Mann   f. den weißhaarigen Kellner

9. **Beispiel:**   *lang*   Er hat den *langen* Bericht schon gelesen.
   a. lang   c. wichtig
   b. neu   d. kurz

Münchener Oktoberfest

10. **Beispiel:** *groß*   Ich wohnte lange in diesem *großen* Haus.
    a. groß   c. schön
    b. klein   d. weiß
11. **Beispiel:** *klein*   Mein Vater arbeitet in dieser *kleinen* Fabrik.
    a. klein   c. neu
    b. groß   d. alt
12. **Beispiel:** Ich wohne in einer Stadt. (*bayrisch*)   Ich wohne in einer *bayrischen* Stadt.

    a. Ich wohne in einer Stadt.   (bayrisch)
    b. Wir wohnten in einem Dorf.   (klein)
    c. Sie wohnt an einem Fluß.   (breit)
    d. Er hat in einer Stadt gewohnt.   (deutsch)
    e. Ich wohnte neben einer Kirche.   (gotisch)
    f. Sie wohnten nicht weit von einem Wald.   (groß, kühl)
13. **Beispiel:** *lang*   Haben Sie den letzten Absatz des *langen* Berichts gelesen?
    a. lang   c. neu
    b. kurz   d. wichtig
14. **Beispiel:** *grün*   Das Zelt stand in der Mitte der *grünen* Wiese.
    a. grün   c. breit
    b. groß   d. bunt
15. **Beispiele:**   Das ist die Wohnung des Freundes.   (*gut*)   Das ist die Wohnung des *guten* Freundes.

    Das ist das Haus der Lehrerin.   (*jung*)   Das ist das Haus der *jungen* Lehrerin.

    Das ist die Theorie der Wissenschaftler.   (*modern*)   Das ist die Theorie der *modernen* Wissenschaftler.
    a. Das ist die Wohnung des Freundes.   (gut)
    b. Das ist das Haus der Lehrerin.   (jung)
    c. Das ist die Theorie der Wissenschaftler.   (modern)
    d. Das ist das Ende des Berichts.   (lang)
    e. Das ist der Wagen des Professors.   (neu)
    f. Das ist die Frau meines Bruders.   (älter)
    g. Das ist die Heimat dieser Leute.   (jung)
    h. Das ist die Entstehung dieses Festes.   (deutsch)
    i. Das sind die Handkoffer der Damen.   (jung)
    j. Das sind die Kinder meines Verwandten.   (deutsch)
16. **Beispiel:** Das ist die Wohnung *meines* guten   Das ist die Wohnung *meiner*
    Freundes.   guten *Freunde.*
    a. Das ist die Wohnung meines guten Freundes.
    b. Hier sind die Handkoffer der jungen Dame.
    c. Das ist die Theorie des modernen Wissenschaftlers.
    d. Die Artisten erschienen während der kurzen Pause.
    e. Der Festzug fuhr durch die Straßen des kleinen Dorfes.
    f. Die Tracht des bayrischen Mädchens war sehr bunt.
17. **Beispiele:** *Frau*   *Die* junge *Frau* wohnt bei uns.
    Mann   *Der* junge *Mann* wohnt bei uns.
    a. Frau   e. Lehrer
    b. Mann   f. Mädchen
    c. Student   g. Ingenieur
    d. Studentin   h. Dame

18. **Beispiele:**   *Mädchen*   Ich kenne *dieses junge Mädchen.*
                   Frau   Ich kenne *diese junge Frau.*
                   Lehrer   Ich kenne *diesen jungen Lehrer.*

a. Mädchen	g. Arzt
b. Frau	h. Leute
c. Lehrer	i. Flüchtling
d. Dienstmädchen	j. Studentinnen
e. Krankenschwester	k. Amerikaner
f. Dame	l. Damen

19. **Beispiele:**   *Fabrik*   Ich habe *die neue Fabrik* gekauft.
                   Volkswagen   Ich habe *den neuen Volkswagen* gekauft.

a. Fabrik	f. Kleid
b. Volkswagen	g. Kleider
c. Haus	h. Buch
d. Häuser	i. Hut
e. Gasthaus	j. Hüte

20. **Beispiele:**   *Fabrik*   Er arbeitet in *dieser neuen Fabrik.*
                   Büro   Er arbeitet in *diesem neuen Büro.*

a. Fabrik	f. Klinik
b. Büro	g. Gasthof
c. Haus	h. Hotel
d. Apotheke	i. Geschäft
e. Krankenhaus	j. Autogeschäft

21. **Hören Sie zu und beantworten Sie dann die Fragen!**
    a. Auf einer großen Wiese am Rande der kleinen Stadt standen die bunten Zelte.
        (1) Was stand auf der großen Wiese?
        (2) Wie waren die Zelte?
        (3) Wo war die große Wiese?
    b. In den Erfrischungsbuden auf der breiten Wiese konnte man Getränke und Würste bekommen.
        (1) Wo konnte man Würste bekommen?
        (2) In welchen Buden konnte man Würste bekommen?
        (3) Wie war die Wiese?
    c. Die vielen Gäste saßen an den langen Tischen und tranken Bier aus großen Krügen.
        (1) Wo saßen die vielen Gäste?
        (2) Was tranken sie?
        (3) Woraus tranken sie Bier?
    d. Man feierte im Frühling die wiederkehrende Fruchtbarkeit der Erde.
        (1) Was feierte man im Frühling?
        (2) Wann kehrt die Fruchtbarkeit der Erde wieder?
        (3) Kehrt die Fruchtbarkeit der Erde jeden Frühling wieder?
    e. Während der kurzen Pausen in der Musik erschienen Artisten auf der Bühne.
        (1) Wer erschien während der kurzen Pausen?
        (2) Wo erschienen die Artisten?
        (3) Wann erschienen die Artisten auf der Bühne?

FRAGEN

1. Wer war neugierig, das Volksfest zu sehen?
2. Wo war das Volksfest?
3. Wo standen die bunten Zelte und Stände des Volksfests?
4. Wo konnte man sich erfrischen?
5. Was konnte man in Erfrischungsbuden bekommen?
6. Wer trug die bunte Tracht des Bayern?
7. Was trugen die meisten Mädchen und Frauen?
8. Was wimmelte von fröhlichen Menschen?
9. Wo war die Bühne?
10. Wo war die Kapelle?
11. Spielte die Kapelle klassische Musik?
12. Um wieviel Uhr verließen die Studenten das Volksfest?
13. Worüber mußte Anneliese Neumann einen Bericht schreiben?
14. Was war einer der Artisten?
15. Hörte Herr Jones den Lärm des Volksfests, als er zu Bett ging?
16. Ist der Ursprung des Karnevals christlich oder heidnisch?
17. Was verbreitete sich allmählich über das ganze Land?
18. Ist die Fastenzeit vor oder nach Ostern?
19. Was kommt vor der Fastenzeit?
20. Wo feiert man Rosenmontag?
21. Wer trug Kleider aus grünen Blättern?
22. Was war das Symbol der Fruchtbarkeit der Erde?
23. Was entstand aus den komischen Possen der Tänzer?
24. Geben Sie zwei andere Namen für Karneval!

SPRECHÜBUNGEN

1. Supply the following information about a *Volksfest*:
   a. location
   b. who attended
   c. location of the big tent
   d. what was in the big tent
   e. what people (*man*) eat and drink at the *Volksfest*
   f. type of music and entertainment
   g. type of costume worn by the Bavarians

2. Initiate the following conversation with the student next to you:
   a. Tell him that you are going to the *Volksfest* and invite him to go with you.
   b. He inquires as to the time you expect to go, and you reply.
   c. He inquires what the *Volksfest* is. You give him a brief description.
   d. He states that he has no time because he has work to do.
   e. You offer to help him with his lessons, and he then accepts your invitation to go to the *Volksfest*.

3. Give questions to which the following expressions might be responses:
   a. Es ist auf einer großen Wiese nicht weit vom Rande der Stadt.
   b. Dort drüben ist die Schießbude.
   c. Das nennt man Dirndltracht.
   d. Ja, sie ist furchtbar (*terribly*) laut.
   e. Ich glaube, er ahmt den Bundeskanzler (*Federal Chancellor*) nach.
      (Wen . . . ?)
   f. Ich schreibe über den Amerikanischen Bürgerkrieg.
   g. In der Bibliothek können Sie es vielleicht finden.
   h. Ursprünglich war Karneval ein Bauernfest unter den Germanen.
   i. Vierzig Tage vor Ostern.
   j. In den Dörfern und kleineren Städten am Rhein entlang.
   k. Es war ursprünglich das Symbol der Fruchtbarkeit der Erde.
   l. Das feiert man in Köln und Mainz.
   m. Das bekommt man in den Erfrischungsbuden.
   n. Sie stellten den Konflikt zwischen Winter und Frühling dar.

4. Student Dialogue
   a. Would you like to go with me to the celebration?
   b. That's very nice of you to invite me, but I have to write an essay.
   a. Oh, I can help you with it.
   b. In that case I can go.   At what time should we meet?
   a. Let's say at seven, or is that a little late?
   b. Oh, no, that's just right.

5. Choose suitable responses from the right-hand column to the statements and questions in the left-hand column.   Complete or expand the responses followed by ellipses.

   a. Hallo. Hier Schmidt. Wer da, bitte?
   b. Aber ich muß einen langen Bericht schreiben.
   c. Er hat mich eingeladen, mit ihm zum Karneval zu gehen.
   d. Wo waren Sie den ganzen Abend?
   e. Wir gingen um Mitternacht nach Hause.
   f. Der große Lärm kommt von der Kapelle in dem Zelt da.
   g. Darf ich Ihren Sohn sprechen?
   h. Leider bin ich heute abend beschäftigt.
   i. So etwas interessiert mich sehr.
   j. Seit einer ganzen Woche habe ich schon diesen Husten.

   (1) Wieso?
   (2) Das tut uns leid, denn . . .
   (3) Kommen Sie doch mit!
   (4) Warum denn so früh?
   (5) Wann . . .
   (6) Schade, . . .
   (7) Furchtbar laut, nicht wahr?
   (8) Hier Robert Brown.
   (9) Entschuldigen Sie bitte; ich habe falsch gewählt.
   (10) Leider . . .
   (11) Wie war es denn?
   (12) Wir waren . . .
   (13) Hat die neue Medizin gar nicht geholfen?
   (14) Vielleicht morgen abend?
   (15) Das können Sie morgen machen.
   (16) Das geht Sie gar nichts an!
        (angehen   *to concern*)
   (17) Prima!   (*Great!*)
   (18) Haben Sie auch Halsweh?
   (19) Er ist eben in die Stadt gefahren.

SCHRIFTLICHES

1. Describe a *Volksfest*.
2. Construct sentences in which the following words are used:
   a. Wagen, kaufen, neu   b. Aufsatz, lang, ausführlich, schreiben über   c. groß, Wiese, Zelte, bunt   d. groß, Zelt, bunt, Leute, viel   e. klein, Dörfer, Städte, feiern
3. Write the following sentences in German:
   a. I have to write a long essay about the history of the German *Volksfest*.
   b. Most of the people in the smaller towns go to the annual (*jährlich*) festival.
   c. Lent begins forty days before Easter.   d. Do you have records with the latest (*neust-*) hits?   e. It is the most important day in the whole year.   f. I have a married sister and an unmarried brother.   g. He works in the large store not far from the old bridge.   h. We lived in a beautiful little village in the Bavarian Alps in the vicinity of the Austrian (*österreichisch*) border.

VERSCHIEDENES

DEUTSCHES TURNFEST:
ÜBER ALLEM—DIE FREUDE*

Seit fast hundert Jahren feiern deutsche Turner[1] ihre Turnfeste.[2]   Diese Feste haben sich im Laufe der langen Zeit in ihrer Form immer wieder gewandelt,[3] aber eines sind sie immer gewesen:[4] echte[5] Volksfeste.   Das war auch beim Deutschen Turnfest in Essen[6] nicht anders.   Bei diesem Fest der 30 000 Aktiven[7] und der mehr als 100 000 Besucher wurde die Wandlung[8] von der lauten Begeisterung[9] zu wahrer Fröhlichkeit,[10] von der Phrase[11] und dem Pathos[12] zu Klarheit und Nüchternheit[13] deutlich.[14]

Vor diesem Deutschen Turnfest hatte es viel Skepsis gegeben.   Sogar die Führung[15] des Deutschen Turnerbundes[16] mußte sich folgendes fragen: kann man in der Mitte unseres Jahrhunderts überhaupt[17] noch ein Fest mit solchen Dimensionen feiern, würden die Menschen ihre Urlaubstage opfern,[18] um in eine Großstadt mitten im Industriegebiet[19] an der Ruhr[20] zu reisen,[21] und würden sie all die Un-

---

* Zusammenfassung von „Deutsches Turnfest: Über allem—die Freude," von Heinz Maegerlein, *Scala International* (Deutsche Ausgabe), Oktober 1963.
[1] **der Turner** gymnast   [2] **das Turnfest** gymnastic meet   [3] **sich wandeln** to change
[4] **eines sind sie immer gewesen** one thing they have always been   [5] **echt** genuine, real
[6] **Essen** city in West Germany   [7] **der Aktive** participant   [8] **die Wandlung** change, transformation
[9] **die laute Begeisterung** noisy enthusiasm   [10] **die Fröhlichkeit** joyousness
[11] **die Phrase** talk, empty talk   [12] **das Pathos** emotionalism   [13] **die Nüchternheit** calmness, sobriety
[14] **deutlich** clear   [15] **die Führung** leadership   [16] **der Turnerbund** gymnastic league
[17] **überhaupt** at all
[18] **Würden die Menschen ihre Urlaubstage opfern?** Would people sacrifice their vacation?
[19] **das Industriegebiet** industrial region   [20] **die Ruhr** Ruhr River
[21] **um . . . zu reisen** in order to travel

Turner

bequemlichkeiten[22] eines Zusammentreffens[23] von so vielen Menschen auf sich nehmen?

Das Fest war schöner und erfolgreicher,[24] als alle es erwartet hatten. Gewiß haben die herrlichen Anlagen[25] von Essen, die Hallen[26] und Bäder,[27] die Wettkampfstätten[28] und die Stadien[29] und die Festwiese viel dazu beigetragen.[30] Auch das Wetter hat geholfen, denn es hat sieben Tage lang strahlenden[31] Sonnenschein gegeben. Aber wichtiger als all das war der Geist des Festes. In Essen war über allem die Freude zu spüren. Es war die Freude am Leben, Freude an der Begegnung[32] mit Gleichgesinnten,[33] Freude am turnerischen und sportlichen Kräftemessen,[34] Freude beim Mittun[35] und Freude beim Zuschauen.[36] Zwanzigtausend Turner und Turnerinnen beteiligten sich[37] allein an den Mehrkämpfen,[38] die oft eine Vielseitig-

[22] die Unbequemlichkeit inconvenience   [23] das Zusammentreffen meeting
[24] erfolgreich successful   [25] die Anlage park
[26] die Halle gymnasium, hall   [27] das Bad swimming pool
[28] die Wettkampfstätte place where contests are held   [29] das Stadion, (plur.) Stadien stadium
[30] beitragen to contribute   [31] strahlend radiant   [32] die Begegnung meeting
[33] der Gleichgesinnte like-minded person   [34] das Kräftemessen match of strength
[35] das Mittun participation   [36] das Zuschauen watching, observing   [37] sich beteiligen to participate
[38] der Mehrkampf multiple event competition

keit verlangten wie wohl kein anderer Wettkampf irgendwo in der Welt:[39] Da gehörten beispielsweise[40] Fechten[41] und Schwimmen, Leichtathletik[42] und Schießen,[43]
Geräteturnen[44] und Kunstspringen[45] zu einem einzigen[46] Mehrkampf!   Und trotz der
fast unerträglichen Gluthitze[47] dieser Tage beendeten mehr als 99 Prozent der Ange-
tretenen[48] den Kampf.[49]

Vor allem hat die Jugend „Ja" zu diesem Fest gesagt.   Es war eine frohe, kei-
neswegs[50] unmoderne Jugend, die man im Wettkampf, beim Offenen Singen, beim
Volkstanz, aber auch im Jugend-Kabarett und an den Tanzabenden bei heißen
Rhythmen sah.[51]

ZUSÄTZLICHE ÜBUNGEN

A. Give the positive degree of the following adjectives:

(1) besser	(9) langsamer	(17) kürzer
(2) früher	(10) länger	(18) kleiner
(3) älter	(11) breiter	(19) stärker
(4) jünger	(12) schöner	(20) kälter
(5) schneller	(13) ärmer	(21) klüger
(6) moderner	(14) mehr	(22) ,neuer
(7) größer	(15) geringer	(23) näher
(8) höher	(16) wichtiger	(24) wärmer

B. Read the following expressions, changing the adjective to the superlative form:

Beispiel: *jung*   das *jüngste* Kind

(1) jung   die _____ Tochter
(2) klein   das _____ Haus
(3) lang   der _____ Fluß
(4) lang   am _____ Tag
(5) schnell   mit dem _____ Zug
(6) alt   die _____ Tante
(7) wichtig   das _____ Problem
(8) modern   die _____ Theorien
(9) hoch   neben dem _____ Turm
(10) hoch   die _____ Türme
(11) hoch   in den _____ Bergen
(12) gering   die _____ Last
(13) arm   zu den _____ Flüchtlingen
(14) arm   der _____ Flüchtling

[39] die oft eine Vielseitigkeit verlangten wie wohl kein anderer Wettkampf irgendwo in der Welt
which often demanded a versatility like probably no other contest anywhere in the world
[40] beispielsweise for example   [41] das Fechten fencing   [42] die Leichtathletik track and field sports
[43] das Schießen archery   [44] das Geräteturnen apparatus gymnastics
[45] das Kunstspringen tumbling   [46] einzig single
[47] trotz der fast unerträglichen Gluthitze in spite of the almost unbearable heat
[48] der Angetretene entrant   [49] der Kampf contest, struggle   [50] keineswegs by no means
[51] die man . . . sah that was seen

(15) wenig   das _____ Geld
(16) kalt   die _____ Tage
(17) warm   an den _____ Tagen
(18) neu   das _____ Kleid
(19) alt   die _____ Kleider
(20) viel   die _____ Menschen
(21) schön   mit den _____ Mädchen
(22) schön   mit dem _____ Mädchen
(23) alt   zum _____ Mann
(24) klein   des _____ Kindes
(25) jung   bei der _____ Tochter
(26) klein, jung   das _____ Kind der _____ Schwester
(27) kurz   mit der _____ Linie
(28) stark   die _____ Medizin
(29) viel   bei den _____ Leuten

C. Read the following sentences, supplying the German word as indicated:

(1) Er ist viel _____ als ich.
            (*older*)
(2) Sie sind etwas _____ als mein Bruder.
            (*younger*)
(3) Ich bin nicht ganz so _____ wie meine Kusine.
            (*old*)
(4) Die Last der Flüchtlinge wurde dann allmählich _____.
            (*less*)
(5) Heute ist der _____ Tag im Jahr.
            (*longest*)
(6) Elsa ist meine _____ Schwester.
            (*youngest*)
(7) TEE 77 ist ein bißchen _____ als D 165.
            (*faster*)
(8) Die Türme der Frauenkirche sind _____ als das Rathaus.
            (*higher*)
(9) Der _____ Kirchturm der Welt ist in Ulm.
        (*highest*)
(10) Das _____ deutsche Schiff ist die „Esso Deutschland".
        (*largest*)
(11) Der _____ deutsche Zug ist der „Rheingold"-Expreß.
        (*fastest*)
(12) Der „Dompfeil" fährt _____ als die _____ deutschen Züge.
                (*faster*)   (*most*)
(13) Die _____ Leute machen den _____ Lärm.
        (*smallest*)   (*most*)
(14) Der Rhein ist der _____ Fluß in Deutschland.
            (*longest*)
(15) Von den zwei deutschsprachigen Ländern, Deutschland und Österreich, ist
     jenes (*the former*) das _____.
            (*larger*)
(16) In der Schweiz, einem der _____ europäischen Länder, spricht man
            (*smaller*)
     nicht nur Deutsch, sondern auch Italienisch und Französisch.

D. Read the following sentences, supplying the German expressions as indicated:

(1) Ich finde _____ sehr bunt.
      (*the Bavarian costume*)

(2) Wir wohnen in _____ an _____.
      (*that big house*)   (*the next corner*)

(3) Das ist die Wohnung _____.
      (*of my good friend*)

(4) _____ gehört meiner Firma.
      (*this new skyscraper*)

(5) Während _____ will ich eine Reise nach Europa machen.
      (*the next year*)

(6) Während _____ müssen wir einmal ins _____ gehen.
      (*the next week*)   (*new theater*)

(7) Kennen Sie _____?
      (*this young girl*)

(8) Er wohnt seit zehn Jahren in _____.
      (*a small Bavarian village*)

(9) Ich muß _____ über Virchow in _____ lesen.
      (*the long article*)   (*this medical journal*)

(10) Jeder Student muß _____ schreiben.
      (*a long essay about the American Civil War*)

(11) Ich bin schon zwei Jahre bei _____ Firma.
      (*the same*)

(12) Wer ist hier _____?
      (*the oldest*)

(13) _____ in der Stadt ist neben _____ am Marktplatz.
      (*the oldest inn*)   (*that little church*)

(14) Ich nehme morgen _____, denn er fährt ein wenig _____ ab.
      (*the faster train*)   (*later*)

Siebzehnte Lektion

17

Grammatisches Ziel:
Intransitive Verben mit „sein" als Hilfsverb im Perfekt

EINFÜHRENDE BEISPIELE

1. Ich gehe heute abend zum Volksfest.
   Herr Brown hat das Volksfest schon gesehen.
   Er ist gestern zum Volksfest gegangen.
   Wohin ist er gegangen?
   >Er ist zum Volksfest gegangen.
   Wann ist er zum Volksfest gegangen?
   >Er ist gestern zum Volksfest gegangen.

2. Sie sind letzte Woche nach Salzburg gefahren,
   aber ich bin nach München gefahren.
   Wohin sind Sie gefahren?
   >Ich bin nach Salzburg gefahren.
   Wohin bin ich gefahren?
   >Sie sind nach München gefahren.

3. Herr Jones ist auch nach München gefahren.
   Wer ist auch nach München gefahren?
   >Herr Jones ist auch nach München gefahren.

4. Mein Freund und ich sind am nächsten Tag zurückgekommen.
   Wann sind wir zurückgekommen?
   >Sie sind am nächsten Tag zurückgekommen.

5. Herr Jones ist ins Ausland gereist.
   Zwei Freunde sind mit ihm gereist.
   Wer ist mit ihm gereist?
   >Zwei Freunde sind mit ihm gereist.

6. Ich blieb nur zwei Tage in München,
    aber Herr Silva ist bis gestern geblieben.
    Wer ist bis gestern geblieben?
           Herr Silva ist bis gestern geblieben.

7. Ich war nur einmal in Berlin,
    aber Fräulein Jensen ist oft in Berlin gewesen.
    Wer ist oft in Berlin gewesen?
           Fräulein Jensen ist oft in Berlin gewesen.

8. Sind Sie schon in Chicago gewesen?
           Ja, ich bin schon in Chicago gewesen.

9. Herr Dr. Lüdeke ist nach dem Westen geflohen.
    Wohin ist er geflohen?
           Er ist nach dem Westen geflohen.

10. Ist der D-Zug schon angekommen?
           Ja, der D-Zug ist schon angekommen.

11. Der Omnibus ist schon abgefahren, nicht wahr?
           Ja, der Omnibus ist schon abgefahren.

ÜBUNGEN

1. Beispiel: *lange*   Wir sind *lange* in Frankfurt geblieben.
    a. lange   d. vier Stunden
    b. eine Woche   e. in einem kleinen Hotel
    c. drei Monate
2. Beispiel: *mit ihm*   Ich bin oft *mit ihm* gefahren.
    a. mit ihm   d. nach Köln
    b. mit diesem Zug   e. auf der Autobahn
    c. mit ihnen
3. Beispiel: *in diesem kleinen Hotel*   Sind Sie schon oft *in diesem kleinen Hotel*
                                              gewesen?
    a. in diesem kleinen Hotel   d. in diesem Haus
    b. in der Schweiz   e. bei der Familie Schmidt
    c. in Regensburg
4. Beispiel: *von der Schule*   Er ist um ein Uhr *von der Schule* gekommen.
    a. von der Schule   d. von der Kirche
    b. vom Geschäft   e. von der Arbeit
    c. vom Volksfest
5. Beispiel: *gereist*   Wann sind Sie nach Westberlin *gereist*?
    a. gereist   d. abgefahren
    b. gekommen   e. geflohen
    c. gefahren

6. **Beispiel:**   *die Studenten*   *Die Studenten* sind nicht lange dort geblieben.
   a. die Studenten
   b. sie (*they*)
   c. diese Leute
   d. wir
   e. ihre Eltern

7. **Beispiele:**   *er*   *Er ist* mit unseren Freunden in die Stadt gefahren.
            wir   *Wir sind* mit unseren Freunden in die Stadt gefahren.
   a. er
   b. wir
   c. ich
   d. sie (*she*)
   e. die Kinder

8. **Beispiel:**   *er*   *Er ist* an der Haltestelle ausgestiegen.
   a. er
   b. sie (*they*)
   c. wir
   d. der Professor
   e. ich

9. **Beispiel:**   *wir*   *Wir sind* in Köln umgestiegen.
   a. wir
   b. ich
   c. meine Freunde
   d. sie (*they*)
   e. sie (*she*)

10. **Beispiel:**   *Ich bin* nach Köln gefahren.   *Wir sind* nach Köln gefahren.
   a. Ich bin nach Köln gefahren.
   b. Ich bin nur eine Stunde dort geblieben.
   c. Ich bin in Frankfurt umgestiegen.
   d. Ich bin nach dem Westen geflohen.
   e. Ich bin um neun Uhr abgefahren.

11. **Beispiel:**   *Er ist* hier ausgestiegen.   *Sie sind* hier ausgestiegen.
   a. Er ist hier ausgestiegen.
   b. Er ist eine Woche bei mir geblieben.
   c. Er ist hierher gefahren.
   d. Er ist mit dem letzten Zug angekommen.
   e. Er ist letztes Jahr in Hannover gewesen.

12. **Beispiel:**   *Mein Freund ist* heute morgen   *Meine Freunde sind* heute morgen
           bei mir gewesen.   bei mir gewesen.
   a. Mein Freund ist heute morgen bei mir gewesen.
   b. Der Mann ist eben eingestiegen.
   c. Der Tourist aus Amerika ist nach Bremen gefahren.
   d. Dieser Student ist nicht ins Kino gegangen.
   e. Der junge Herr ist gestern zurückgekommen.

13. **Beispiel:**   *Wir fahren* einmal nach Düsseldorf.   *Wir sind* einmal nach Düsseldorf *gefahren*.
   a. Wir fahren einmal nach Düsseldorf.
   b. Wir steigen an der Haltestelle aus.
   c. Wir kommen um zwei Uhr an.
   d. Wir reisen im Sommer in die Schweiz.
   e. Wir gehen um zwei Uhr schwimmen.

14. **Beispiel:**   *Er fährt* mit seinem neuen Wagen.   *Er ist* mit seinem neuen Wagen *gefahren*.
   a. Er fährt mit seinem neuen Wagen.
   b. Er ist oft im Gasthaus.
   c. Er bleibt eine Zeitlang bei uns.
   d. Er kommt mit dem nächsten Zug an.
   e. Er geht heute abend in die Oper.

15. **Beispiel:**   Ich *gehe* in die Stadt.   Ich *bin* in die Stadt *gegangen.*
    a. Ich gehe in die Stadt.
    b. Ich bin schon hier.
    c. Ich fahre mit dem Omnibus nach Mainz.
    d. Ich reise diesmal allein.
    e. Ich steige in Stuttgart um.

16. **Beispiele:**   Sie *gehen* zu Fuß.   Sie *sind* zu Fuß *gegangen.*
       Mein Freund *steigt* in Frankfurt *um.*   Mein Freund *ist* in Frankfurt
                                                            umgestiegen.
    a. Sie gehen zu Fuß.
    b. Mein Freund steigt in Frankfurt um.
    c. Sie kommen heute abend in Hamburg an.
    d. Er bleibt am Dienstag zu Hause.
    e. Seine Eltern fahren am Freitag ab.
    f. Er flieht aus dem Osten.
    g. Wir sind am Mittwoch bei der Mutter.
    h. Sie fährt mit dem nächsten Zug ab.
    i. Am Marienplatz steigen wir aus.
    j. Ich gehe jeden Tag hin.
    k. Im Sommer gehe ich oft schwimmen.
    l. Herr Neumann ist am Freitag nicht in der Fabrik.

17. **Beispiel:**   Sind Sie nach Hamburg gefahren?   Ja, ich bin nach Hamburg
                                                                gefahren.

    a. Sind Sie nach Hamburg gefahren?
    b. Ist er oft in Heidelberg gewesen?
    c. Sind Sie gestern abgefahren?
    d. Ist Ihr Freund schon in Bremen angekommen?
    e. Sind Ihre Eltern im Juli nach Italien gereist?
    f. Sind Sie im Hotel „Kaiserhof" geblieben?
    g. Ist seine Schwester in Stuttgart umgestiegen?
    h. Ist er schon ins Restaurant gegangen?
    i. Ist sie lange in Köln geblieben?
    j. Sie sind oft in Düsseldorf gewesen, nicht wahr?
    k. Sind diese Leute aus der Ostzone geflohen?
    l. Ist die Tasse vom Tisch gefallen?
    m. Sind Sie nach Mannheim gereist?
    n. Ist er an dieser Haltestelle eingestiegen?
    o. Sie sind in Bonn umgestiegen, nicht wahr?

die deutsche Hanse = organization of cities in middle ages to oppose ... war? prince & princesses ... *die ewigkeit* — *ewig* = constantly

Dialog 295

DIALOG: Flug Nr. 14 nach Berlin

In der Mitte des Ausländerkurses am Institut gibt es eine viertägige Pause. Während dieser Zeit fliegen die Studenten unter der Leitung des Instituts nach Berlin. Die Studenten sind schon in das Flugzeug eingestiegen und warten auf den Start.

STIMME DER STEWARDESS IM LAUTSPRECHER DES FLUGZEUGS Guten Morgen! Dies ist Air France Flug Nr. 14 nach Berlin. Wir fliegen sofort ab. Bitte anschnallen! Während des Starts ist Rauchen verboten.

SILVA Warum fliegen wir denn mit der Air France anstatt mit der Lufthansa?*

DIGBY Das ist aber komisch, nicht wahr?

BROWN Bis jetzt ist kein westdeutsches Flugzeug über die DDR geflogen. Nur die Maschinen von drei Gesellschaften der Alliierten dürfen das.†

DIGBY Das ist sonderbar. Die Lufthansaflugzeuge fliegen sonst in alle Ecken der Welt—nach Indien, Afrika, Amerika . . .

BROWN Aber nicht nach Berlin.

STIMME DER STEWARDESS IM LAUTSPRECHER Wir fliegen jetzt zweitausenddreihundert Meter überm Meeresspiegel. Eben sind wir über den Eisernen Vorhang geflogen, und in fünfzig Minuten landen wir auf dem Flughafen Tempelhof.

SILVA Es ist viel bequemer, über den Vorhang zu fliegen, als über die Mauer zu steigen.

SILVA Wie sind Sie von England nach Deutschland gefahren?

DIGBY Ich bin geflogen—von London aus nach Frankfurt. Unterwegs haben wir eine Notlandung in Düsseldorf gemacht.

SILVA Was ist denn passiert?

DIGBY Ein Motor hat nicht richtig funktioniert, aber es war nicht gefährlich.

SILVA Da haben Sie natürlich Verspätung gehabt?

DIGBY Ja, wir sind aber kaum eine Stunde geblieben, und dann sind wir wieder weitergeflogen.

SILVA Hoffentlich passiert das bei uns nicht!

* The definite article is not always used with the names of airlines.
† Only the planes of one airline each from England, France and the United States are permitted to fly over the German Democratic Republic along the three air corridors linking West Berlin with the Federal Republic of Germany.

copy & translate

Flight 14 to Berlin

There is a four-day recess in the middle of the course at the Institute.   During this time the students fly to Berlin under the auspices of the Institute.   The students have already boarded the plane and are waiting for the take-off.

VOICE OF THE STEWARDESS OVER THE LOUDSPEAKER OF THE PLANE   Good morning! This is Air France Flight 14 to Berlin.   We are taking off immediately.   Please fasten your seat belts.   No smoking during take-off.

SILVA   I wonder why we're taking Air France instead of Lufthansa?

DIGBY   That's funny, isn't it?

BROWN   As yet no West German plane has flown over the German Democratic Republic.   Only the planes of three Allied lines are permitted to do that.

DIGBY   That's peculiar.   Lufthansa planes fly to all the corners of the earth—to India, Africa, America . . .

BROWN   But not to Berlin.

VOICE OF THE STEWARDESS OVER THE LOUDSPEAKER   We are now flying two thousand, three hundred meters above sea level.   We have just flown over the Iron Curtain, and we are going to land in fifty minutes at Tempelhof Airport.

SILVA   It's much more comfortable to fly over the Curtain than to climb over the Wall.

SILVA   How did you travel from England to Germany?

DIGBY   I flew—from London to Frankfurt.   En route we made an emergency landing in Düsseldorf.

SILVA   What happened?

DIGBY   A motor wasn't working right, but it wasn't dangerous.

SILVA   Then of course you had a delay?

DIGBY   Yes, but we stayed there barely an hour and then continued our flight.

SILVA   I hope that doesn't happen to us!

Westberlin: Der Kurfürstendamm

FRAGEN ÜBER DEN DIALOG

1. Wessen Stimme hat man im Lautsprecher gehört?
2. Mit welcher Fluggesellschaft sind die Studenten geflogen?
3. Wohin sind sie geflogen?
4. Wie heißt die deutsche Fluggesellschaft?
5. Dürfen die Maschinen der Lufthansa nach Berlin fliegen?
6. Wie viele Fluggesellschaften der Alliierten dürfen nach Berlin fliegen?
7. Wie ist Fräulein Digby nach Deutschland gekommen?
8. Was ist auf dem Flug von London nach Frankfurt passiert?
9. Wo hat ihr Flugzeug eine Notlandung gemacht?
10. Wie lange ist Fraulein Digby in Düsseldorf geblieben?
11. Wohin fliegen die Flugzeuge der Lufthansa?
12. Worüber sind die Studenten geflogen?
13. Wie hoch überm Meeresspiegel flog das Flugzeug der Studenten?
14. Was ist während des Starts verboten?
15. Was darf man beim Start nicht machen?

LESESTÜCK: Mackie Messer

Pünktlich[1] ist das Flugzeug auf dem Flughafen Tempelhof in der ehemaligen Hauptstadt Preußens und des Deutschen Reiches[2] gelandet. Vom Flughafen sind die Studenten mit dem Omnibus zur Pension[3] „Spandauer Hof" gefahren. Wie alle Pensionen, hatte der „Spandauer Hof" große, bequeme Zimmer, altmodische Möbelstücke[4] und einen gemütlichen[5] älteren Wirt.

Nach dem Mittagessen in der Pension sind einige der Studenten mit Herrn Professor Hildebrand, einem der Professoren am Institut, auf dem Kurfürstendamm[6] spazierengegangen.[7] Vor einigen Jahren hatte der Professor in Berlin gewohnt und kannte deswegen die Stadt sehr gut.

Nach dem Krieg war der „Kudamm" zur Hauptstraße Westberlins geworden.[8] Die Studenten waren über die glänzenden Geschäfte, die große Auswahl von Waren, die herrlichen Neubauten[9] und den dichten Straßenverkehr[10] sehr erstaunt. Nach einer Weile[11] sind sie vom Spaziergang[12] müde geworden[13] und sind in ein Restaurant gegangen. Sie nahmen an einem Tisch im Freien Platz und bestellten Kaffee und Eis.

Nicht weit vom Restaurant stand der halbzerstörte[14] Turm der Kaiser-Wilhelm-Gedächtniskirche,[15] und neben dem Turm stand eine neue, moderne Kirche. „Die Ruinen des Turmes sehen ja viel schöner aus als die ehemalige Kirche", behauptete[16] Herr Professor Hildebrand, „denn jene Kirche hat niemals zu den schöneren Domen und Kirchen Deutschlands gezählt."[17]

„Warum ließ man eigentlich den Turm stehen?" fragte Herr Jones.

„Den Turm ließ man als Mahnmal[18] an den Krieg stehen", erwiderte Herr Professor Hildebrand, „als Erinnerung[19] an die Grausamkeit[20] des Krieges. Heute abend müssen Sie ihn beim Mondlicht[21] sehen. Die Ansicht[22] bei Nacht ist sehr eindrucksvoll.[23] Auf dem Heimweg vom Theater können wir daran vorbeigehen."[24]

Am selben Abend ist die ganze Gruppe ins Schillertheater gegangen, um eine

[1] **pünktlich** punctually   [2] **das Deutsche Reich** German Empire
[3] **die Pension** rooming and boarding house
[4] **altmodische Möbelstücke** old-fashioned pieces of furniture   [5] **gemütlich** affable
[6] **der Kurfürstendamm** (famous boulevard in West Berlin, named after *Kurfürst* Frederick William, 1620–1688, the Great Elector of Brandenburg)
[7] **spazierengehen, ging spazieren, ist spazierengegangen** to take a walk
[8] **der „Kudamm" war zur Hauptstraße geworden** the *Kudamm* had become the main street
[9] **der Neubau,** (*plur.*) **Neubauten** new structure   [10] **der dichte Straßenverkehr** dense traffic
[11] **eine Weile** a while   [12] **der Spaziergang** walk   [13] **werden, wurde, ist geworden** to become
[14] **halbzerstört** half-destroyed
[15] **die Kaiser-Wilhelm-Gedächtniskirche** Kaiser William Memorial Church
[16] **behaupten** to assert, state   [17] **zählen (with zu)** to belong to
[18] **das Mahnmal** memorial, reminder   [19] **die Erinnerung** reminder
[20] **die Grausamkeit** brutality, cruelty   [21] **das Mondlicht** moonlight
[22] **die Ansicht** view   [23] **eindrucksvoll** impressive
[24] **auf dem Heimweg können wir daran vorbeigehen** on the way home we can go past it

Aufführung der „Dreigroschenoper"[25] von Bertolt Brecht zu sehen.   Das Werk
machte einen großen Eindruck auf die Studenten, denn sie fanden die Musik höchst
modern, die Inszenierung[26] ausgezeichnet und die Kunst der Schauspieler[27] sehr
eindrucksvoll.   Nach der Aufführung sind sie in eine Konditorei gegangen und
haben den Dichter und seine Werke besprochen.   Von Herrn Professor Hildebrand
lernten sie vieles über den dichterischen Wert[28] Brechts.

Im Jahre 1928 führte man zum ersten Mal[29] diese berühmte Oper auf.[30]   Die
Erstaufführung fand im „Theater am Schiffbauerdamm" statt.   Die ursprüngliche
Handlung[31] ist in dem Werk „Beggar's Opera" von John Gay, einem bedeutenden
englischen Schriftsteller[32] der ersten Hälfte[33] des achtzehnten Jahrhunderts, zu
finden.[34]   Brecht bearbeitete[35] das Werk Gays, fügte neue Szenen und Balladen bei[36]
und verlieh[37] dem ganzen eine modernere Färbung.[38]   Obwohl Brechts Stück[39] dem
ursprünglichen sehr ähnlich ist, darf man keineswegs annehmen,[40] daß er einen geistigen Diebstahl begangen[41] hat.   Daß er seine Quelle[42] nicht verbergen[43] wollte, ist
in dem ersten Satz[44] seiner „Anmerkungen[45] zur ‚Dreigroschenoper' " erwiesen:[46] „Es
besteht[47] kein Grund, das Motto des John Gay für seine Beggar's Opera: *Nos haec
novimus esse nihil*',[48] für die Dreigroschenoper zu ändern."   In dieser ist das schöpferische, eigenartige Talent Brechts durchaus erkennbar.[49]

Kurt Weill, Komponist und Freund Brechts, komponierte[50] die Musik zu dem
Stück.   In dieser Oper versuchte Weill, Jazz und moderne Musik zum Rang[51] einer
ernsten[52] Kunst zu erheben.[53]

Die Handlung spielt am Ende des vorigen Jahrhunderts in einem elenden Vorort[54]
Londons.   Herr Macheath, Räuber und Mörder,[55] heiratet[56] Polly Peachum.   Pollys
Vater ist der Besitzer[57] der Firma „Bettlers[58] Freund".   Bei ihm ist das Betteln[59] ein
Geschäft, und von ihm bekommen die Straßenbettler der ganzen Stadt allerlei Ver-
kleidungen;[60] er bekommt einen hohen Prozentsatz[61] des Bettelgeldes.   Herr Peachum
läßt die Polizei[62] wissen, wo Macheath, alias „Mackie Messer",[63] zu finden ist, denn
er ärgert sich sehr über die Heirat[64] seiner Tochter mit einem Verbrecher.[65]   Jenny,
Freudenmädchen[66] und eine der vielen Geliebten Mackies, hilft Herrn Peachum.

[25] „die Dreigroschenoper" *The Three-Penny Opera*   [26] die Inszenierung staging, sets
[27] die Kunst der Schauspieler art of the actors   [28] der dichterische Wert literary value
[29] zum ersten Mal for the first time   [30] aufführen to perform   [31] die Handlung plot
[32] der Schriftsteller writer, author   [33] die Hälfte half   [34] zu finden to be found
[35] bearbeiten to revise   [36] beifügen to add   [37] verleihen, verlieh, verliehen to give
[38] die Färbung hue   [39] das Stück play, drama   [40] annehmen, nahm an, angenommen to assume
[41] einen geistigen Diebstahl begehen to commit an act of plagiarism   [42] die Quelle source
[43] verbergen, verbarg, verborgen to hide   [44] der Satz sentence   [45] die Anmerkung note
[46] erweisen, erwies, erwiesen to indicate   [47] bestehen, bestand, bestanden to exist
[48] *nos haec novimus esse nihil* we knew that these things were nothing
[49] das schöpferische, eigenartige Talent Brechts ist durchaus erkennbar Brecht's creative, original
talent is definitely recognizable   [50] komponieren to compose   [51] der Rang rank
[52] ernst serious   [53] erheben, erhob, erhoben to raise, elevate   [54] der elende Vorort wretched suburb
[55] der Räuber und Mörder robber and murderer   [56] heiraten to marry   [57] der Besitzer owner
[58] der Bettler beggar   [59] das Betteln begging   [60] allerlei Verkleidungen a variety of disguises
[61] der Prozentsatz percentage   [62] die Polizei police   [63] Mackie Messer Mac the Knife
[64] er ärgert sich über die Heirat he is angry about the marriage
[65] der Verbrecher criminal   [66] das Freudenmädchen prostitute

Sie verrät[67] Mackie aus Rache,[68] denn sie liebt ihn, und er hat sie verlassen.   Die Polizei fängt[69] ihn und führt ihn ins Gefängnis,[70] aber er entflieht.[71]   Zum zweiten Mal verhaftet[72] man ihn, und das Gericht[73] verurteilt[74] ihn zum Tode.   Im letzten Augenblick begnadigt[75] ihn die Königin von England und erhebt ihn in den Adelstand.[76]

„Die Dreigroschenoper befaßt sich[77] mit den bürgerlichen Vorstellungen[78] nicht nur als Inhalt,[79] indem sie diese darstellt, sondern auch durch die Art, wie sie sie darstellt", erklärte Brecht in seinen „Anmerkungen".   Anstatt eines konventionellen Dramas stellte Brecht eine Reihe[80] von satirischen Bildern dar.   Durch den Schock

[67] **verraten, verriet, verraten** to betray   [68] **die Rache** revenge
[69] **fangen, fing, gefangen** to catch   [70] **das Gefängnis** prison
[71] **entfliehen, entfloh, ist entflohen** to escape   [72] **verhaften** to arrest   [73] **das Gericht** court of justice
[74] **verurteilen** to condemn   [75] **begnadigen** to pardon   [76] **der Adelstand** rank of nobility
[77] **sich befassen** to be concerned   [78] **bürgerliche Vorstellungen** bourgeois concepts
[79] **der Inhalt** content   [80] **die Reihe** row, series

dieser dramatischen Bilder versuchte der Dichter, den Zuschauer zum Denken zu bringen.[81] Die Charaktere, die Handlung, die Lieder (Brecht nannte sie *songs*) und Balladen betonen[82] das Übel im Menschen: „Die Welt ist arm, der Mensch ist schlecht", und „Erst kommt das Fressen,[83] dann kommt die Moral". Das Werk kritisierte das Bürgertum[84] und den Kapitalismus; der bürgerliche Geschäftsmann ist ein Räuber, und der Räuber ist ein Geschäftsmann: Bürger[85] = Geschäftsmann = Räuber. Als Kritiker der zeitgenössischen Sozialordnung[86] war Brecht ein Meister;[87] er stellte das soziale Problem dar, aber er gab keine Lösung[88] zu diesem Problem. Der Zuschauer sollte selber[89] nach der Lösung suchen.

Von Anfang an hatte das Werk großen Erfolg[90] und spielte lange in Berlin und anderen Städten. Dann übernahmen die Nazis die Regierung des Reiches, und Brecht war sofort in großer Gefahr,[91] denn wegen seiner politischen Anschauungen[92] stand sein Name sehr weit oben[93] auf der Verhaftungsliste.[94] Am 27. Februar 1933 brannte das Reichstagsgebäude[95] nieder.[96] Für die Nazis war der Brand das Signal, ihre Feinde zu verfolgen[97] und zu verhaften. Am nächsten Tag floh Brecht mit Frau und Söhnchen[98] nach Wien und dann in die Schweiz. Er mußte seine kleine Tochter aus einer früheren Ehe[99] in Augsburg lassen. Sie war dort bei seinem Vater, aber es war für Brecht zu gefährlich, in die Heimat zu reisen. Schließlich fuhr eine Engländerin über die Grenze und schmuggelte das zweijährige Kind in die Schweiz— ein sehr gefährliches Unternehmen.[100]

Als Flüchtling lebte Brecht auch in Dänemark, Schweden und Finnland, bis er im Jahre 1941 über Rußland, Sibirien und den Pazifik nach den Vereinigten Staaten zog.[101] Trotz seiner scharfen Kritik[102] des Kapitalismus ist er bis zum Jahre 1948 im kapitalistischen Amerika geblieben. Dann ist er nach Ostberlin zurückgekehrt, wo er 1956 im Alter[103] von achtundfünfzig Jahren gestorben[104] ist.

[81] **den Zuschauer zum Denken zu bringen** to get the spectator to think   [82] **betonen** to emphasize
[83] **das Fressen** eating (Refers to animals' eating. When applied to people this expression has a vulgar connotation.)   [84] **das Bürgertum** bourgeoisie   [85] **der Bürger** member of the middle class
[86] **die zeitgenössische Sozialordnung** contemporary social order   [87] **der Meister** master
[88] **die Lösung** solution   [89] **selber** himself   [90] **der Erfolg** success
[91] **die Gefahr** danger   [92] **die Anschauung** philosophy, attitude   [93] **oben** up
[94] **die Verhaftungsliste** list of people to be arrested   [95] **das Reichstagsgebäude** Parliament Building
[96] **niederbrennen, brannte nieder, ist niedergebrannt** to burn down   [97] **verfolgen** to persecute
[98] **das Söhnchen** small son   [99] **die Ehe** marriage   [100] **das Unternehmen** undertaking, enterprise
[101] **ziehen, zog, ist gezogen** to move   [102] **die scharfe Kritik** sharp criticism   [103] **das Alter** age
[104] **sterben, starb, ist gestorben** to die

Ostberlin: Theater am
Schiffbauerdamm

WEITERE ÜBUNGEN

1. Beispiel: *angekommen*   Wir sind vor zehn Minuten *angekommen.*
   a. angekommen
   b. gelandet
   c. abgefahren
   d. umgestiegen
   e. eingestiegen

2. Beispiel: *gegangen*   Er ist gestern dorthin *gegangen.*
   a. gegangen
   b. gelaufen
   c. geflogen
   d. gereist
   e. spazierengegangen

3. Beispiele: *ich*   Ich bin vorige Woche nach Berlin geflogen.
   meine Freunde   Meine Freunde sind vorige Woche nach Berlin geflogen.
   a. ich
   b. meine Freunde
   c. sie (*she*)
   d. die Studenten
   e. Herr Brown

4. Beispiel: *wir*   Wir sind im letzten Augenblick geflohen.
   a. wir
   b. er
   c. die Flüchtlinge
   d. diese Familie
   e. ich

5. Beispiel: *er*   Er ist den ganzen Tag in der Pension geblieben.
   a. er
   b. die Gruppe
   c. die zwei Studenten
   d. ich
   e. sie (*they*)

6. Beispiel: *vorigen Monat*   Ich bin *vorigen Monat* in der Schweiz gewesen.
   a. vorigen Monat
   b. vor zwei Monaten
   c. vor zwei Jahren
   d. vor mehr als zwei Jahren
   e. vor vierzehn Tagen

7. Beispiel: *die Kinder*   Die Kinder sind von der Reise müde geworden.
   a. die Kinder
   b. wir
   c. mein Freund
   d. ich
   e. die Touristen

8. Beispiel: Er *fährt* heute nach Bonn.   Er *ist* heute nach Bonn *gefahren.*
   a. Er fährt heute nach Bonn.
   b. Er geht oft ins Theater.
   c. Er geht auf dem Kurfürstendamm spazieren.
   d. Er steigt am Rathaus um.
   e. Er ist am Samstag zu Hause.
   f. Er flieht in die Bundesrepublik.

9. Beispiel: Wir *fliegen* heute morgen nach Düsseldorf.   Wir *sind* heute morgen nach Düsseldorf *geflogen.*
   a. Wir fliegen heute morgen nach Düsseldorf.
   b. Wir gehen zuerst in eine Konditorei.
   c. Wir steigen an der nächsten Haltestelle um.
   d. Wir gehen hier um die Ecke.
   e. Wir gehen selten spazieren.
   f. Hier steigen wir ein.

10. Beispiel: Ich *werde* von der Arbeit müde.   Ich *bin* von der Arbeit müde *geworden.*

    a. Ich werde von der Arbeit müde.
    b. Ich fahre heute von München ab.
    c. Ich laufe um acht Uhr in die Schule.
    d. Ich lande auf dem Flughafen Tempelhof.
    e. Ich bleibe nicht lange bei ihm.
    f. Ich bin selten in Köln.

11. Beispiele: Er *fährt* mit dem D-Zug.   Er *ist* mit dem D-Zug *gefahren.*
              Wir *landen* auf dem Flughafen   Wir *sind* auf dem Flughafen
                Tempelhof.   Tempelhof *gelandet.*

    a. Er fährt mit dem D-Zug.
    b. Wir landen auf dem Flughafen Tempelhof.
    c. Mein Freund kommt um acht Uhr an.
    d. Wir steigen an der Haltestelle um.
    e. Sein Zug kommt auf Gleis fünf an.
    f. Er läuft in sein Zimmer zurück.
    g. Die Studenten fahren vom Flughafen ab.
    h. Hier steigt sie aus.
    i. Wir steigen auf Bahnsteig sieben ein.
    j. Das passiert selten.
    k. Ich gehe auf der Hauptstraße spazieren.
    l. Warum bleibt sie denn hier?
    m. Wir werden von der Reise müde.
    n. Das Flugzeug fliegt pünktlich ab.
    o. Wir sind bei Freunden in der Schweiz.
    p. Fliegen Sie über den Eisernen Vorhang?

12. Beispiele: **Er *flog* nach Berlin.**   **Er *ist* nach Berlin *geflogen.***
              Wir *wurden* gleich müde.   **Wir *sind* gleich müde *geworden.***

    a. Er flog nach Berlin.
    b. Wir wurden gleich müde.
    c. Das Flugzeug flog pünktlich ab.
    d. Das passierte einmal bei uns.
    e. Sie kamen schließlich in der Stadt an.
    f. Die Familie floh in die Schweiz.
    g. Wir stiegen hier um.
    h. Das Kind lief nach der Schule nach Hause.
    i. Sie fuhr am Mittwoch ab.
    j. Am Donnerstagabend ging ich in die Oper.
    k. Sie war vor einem Jahr in Bremen.
    l. Sie blieben nicht lange in Wien.
    m. Wir kamen letzte Woche an.
    n. Wir flogen über den Eisernen Vorhang.
    o. Er wurde sehr krank.

13. Beispiele: **Ich *fahre* heute *ab*.**   **Ich *bin* heute *abgefahren.***
              Er *spricht* gut Deutsch.   **Er *hat* gut Deutsch *gesprochen.***

    a. Ich fahre heute ab.
    b. Er spricht gut Deutsch.
    c. Ich arbeite den ganzen Tag.
    d. Wir wohnen in dieser Straße.

Westberlin: Turm der
Kaiser-Wilhelm-Gedächtniskirche
und die neue Kirche

    e. Sie gehen um halb acht ins Schillertheater.

    f. Was macht er heute abend?

    g. Das passiert ziemlich oft.

    h. Ich bleibe nicht lange bei ihm.

    i. Wir hören heute abend die „Dreigroschenoper".

    j. Ich verstehe kein Bayrisch.

    k. Diese Leute reisen in die Schweiz.

    l. Er fährt mit Linie sieben.

14. **Beispiel:**   **Sind Sie in Berlin gelandet?**   **Ja, ich bin in Berlin gelandet.**

    a. Sind Sie in Berlin gelandet?

    b. Ist er zu Fuß gegangen?

    c. Haben Sie in Berlin gewohnt?

    d. Ist Professor Hildebrand mitgeflogen?

    e. Sind Sie an dieser Haltestelle ausgestiegen?

    f. Ist das Flugzeug pünktlich gelandet?

    g. Haben Sie Brechts Oper gehört?

    h. Haben Sie lange auf uns gewartet?

    i. Ist Ihr Freund in die Schweiz gefahren?

    j. Sind Sie schon in Wien gewesen?

FRAGEN

1. Mit welcher Fluggesellschaft sind die Studenten nach Berlin geflogen?
2. Fliegen die Flugzeuge der Lufthansa in alle Ecken der Welt?
3. Darf die Lufthansa über die DDR fliegen?

4. Wo sind die Studenten gelandet?
5. Was ist während des Starts verboten?
6. Wo wohnten die Studenten in Berlin?
7. Was war der „Spandauer Hof"?
8. Wer ist auf dem Kurfürstendamm spazierengegangen?
9. In welchem Theater führte man die „Dreigroschenoper" auf?
10. Wie waren die Geschäfte am Kurfürstendamm?
11. Was stand neben dem halbzerstörten Kirchturm?
12. Warum ließ man den alten Turm stehen?
13. Wie war die Inszenierung der „Dreigroschenoper"?
14. Ist die Musik der Oper modern oder klassisch?
15. In welchem Jahre fand die Erstaufführung der Oper statt?
16. Wer ist Mackie Messer?
17. Was kritisiert die „Dreigroschenoper"?
18. Wo spielt die Handlung der Oper?
19. Wessen Name stand sehr weit oben auf der Verhaftungsliste der Nazis?
20. Welches Gebäude brannte im Jahre 1933 in Berlin nieder?
21. Wohin ist Brecht geflohen?
22. Wann und wo ist Brecht gestorben?

SPRECHÜBUNGEN

1. Form questions to which the following statements might be responses:
   a. Nein, wir sind nach Berlin geflogen.
   b. Er ist den ganzen Abend bei uns geblieben.
   c. Ja, ich bin oft in Frankfurt gewesen.
   d. Oh, herrlich, und die Auswahl der Waren ist so groß.
   e. Um ein Uhr morgens sind wir zurückgekommen.
   f. Ich habe dort einen alten Freund besucht.
   g. Er ist nach Wien geflohen, und dann in die Schweiz.
   h. Nein, sie ist diesmal mit dem TEE-Zug gefahren.
   i. Ich habe eben mit dem Professor gesprochen.
   j. Die Musik des Stückes ist sehr modern.
2. Tell in German where you might be if you were to hear the following expressions:
   a. Der Turm neben der schönen neuen Kirche ist ein Mahnmal an den Krieg.
   b. Vanilleeis und eine Tasse Kaffee, bitte.
   c. Während des Starts ist Rauchen verboten.
   d. Flug Nr. 21 hat fünf Minuten Verspätung gehabt.
   e. Eben sind wir über den Eisernen Vorhang geflogen.
   f. Hallo!   Hier Annette Moreau.   Wer da, bitte?
   g. Die Kapelle spielt jetzt bayrische Volkslieder.
   h. Stimme im Lautsprecher: D-Zug Nr. 217 kommt auf Gleis sieben an.
   i. Bitte anschnallen!
   j. Wie gefällt Ihnen die Inszenierung?
3. Assume that the student next to you has just returned from a visit to Berlin.   Using the perfect tense elicit the following information from him:
   a. what mode of transportation he used to get to Berlin
   b. how long he stayed there

    c. where he stayed while in Berlin
    d. his impression of the *Kurfürstendamm*
    e. whether there were many new buildings there
    f. whether he saw the tower of the Kaiser William Memorial Church
    g. whether he saw the Wall
    h. whether he went to the Schiller Theater
    i. what play he saw
    j. when he returned to Munich

4. Student Dialogue I
    a. Have you ever (*jemals*) been in Berlin?
    b. Yes, I was there a week ago.   (*vor* or *seit?*)
    a. Did you stay in a hotel or a pension?
    b. In a pension.   It was very comfortable and also much cheaper.

5. Student Dialogue II
    c. Are we going to the Schiller Theater tonight?
    d. Yes, at 8:00 P.M.
    c. Are we going on foot or are we taking the streetcar?
    d. On foot.   It isn't far from here (*weit . . . entfernt*).

6. Student Dialogue III
    e. What play are we going to see?
    f. A work by Bertolt Brecht.
    e. Do you know what it's called?
    f. Yes, it's called *Drums in the Night* („*Trommeln in der Nacht*").

7. Choose suitable responses from the right-hand column to the statements and questions in the left-hand column.   Complete or expand the responses followed by ellipses.

a. Lufthansa-Maschinen fliegen nicht nach Berlin.	(1) Hoffentlich sind Sie rechtzeitig angekommen.
b. Wir sind in Wilmersdorf ausgestiegen.	(2) Wie lange . . . ?
c. Der Flug dauert etwa drei Stunden.	(3) Ist das nicht komisch?
d. Wir sind in Frankfurt umgestiegen.	(4) Warum . . . ?
e. In vier Stunden hatten die Mechaniker den Motor repariert.	(5) Ausgezeichnet!
f. Wir haben einen sehr starken Gegenwind gehabt.	(6) Das ist aber sonderbar.
g. Nur die Maschinen von Air France, Pan American und BEA landen auf dem Flughafen Tempelhof.	(7) Was war damit los? (*What was the matter with it?*)
h. Wo hat die Erstaufführung stattgefunden?	(8) Wann . . . ?
i. Höchst modern, nicht wahr?	(9) Warum keine anderen?
j. Wie hat Ihnen das Stück gefallen?	(10) Hoffentlich war es nichts Schlimmes.
	(11) Aber Sie sind nicht lange geblieben, nicht wahr?
	(12) Oh, herrlich. Nur . . .
	(13) Ich persönlich finde es sehr dumm.
	(14) Ja, und auch sehr eindrucksvoll.
	(15) Ich glaube, im „Theater am Schiffbauerdamm".
	(16) Wieso?
	(17) Höchst interessant.
	(18) Warum denn so lange?
	(19) Was ist denn passiert?

SCHRIFTLICHES

1. Write a short essay in German about the characters and the plot in the *Dreigroschenoper*.
2. Complete the following sentences:
   a. Während _____ verboten.   b. Lufthansa-Maschinen fliegen _____.
   c. Warum sind Sie mit _____ anstatt _____?   d. Unterwegs
   haben wir _____.   e. Am selben Abend _____ gegangen.
   f. Wann sind Sie _____ geflohen?   g. Er ist _____ Omnibus
   _____.   h. Ich bin _____ Flugzeug nach _____.
3. Write the following sentences in German, using only the perfect tense:
   a. We flew to Berlin yesterday.   b. Have you ever been in Cologne?   c. He
   went by train to Düsseldorf and then flew to Munich.   d. The plane flew three
   thousand meters above sea level.   e. I have been in Heidelberg frequently.
   f. The students have gone walking on the *Kurfürstendamm*.   g. His friend has
   gone to Switzerland.   h. They have been in Salzburg only once.   i. I stayed a
   whole month in Bad Reichenhall.   j. Where did you land?   I hope nothing
   dangerous (*nichts Gefährliches*) happened.

VERSCHIEDENES

DIE MORITAT[1] VON MACKIE MESSER
AUS DEM Vorspiel[2] der „Dreigroschenoper"

Und der Haifisch,[3] der hat Zähne[4]
Und die[5] trägt er im Gesicht
Und Macheath, der hat ein Messer
Doch das Messer sieht man nicht.

Ach, es sind des Haifischs Flossen[6]
Rot, wenn dieser[7] Blut vergießt![8]
Mackie Messer trägt 'nen[9] Handschuh[10]
Drauf[11] man keine Untat[12] liest.

An der Themse[13] grünem Wasser
Fallen plötzlich Leute um![14]

[1] die Moritat ballad depicting murder and other forms of violence   [2] das Vorspiel prologue
[3] der Haifisch shark   [4] der hat Zähne he has teeth   [5] die these   [6] die Flosse fin
[7] dieser the latter, he   [8] Blut vergießen to shed blood   [9] 'nen = einen
[10] der Handschuh glove   [11] drauf = darauf   [12] die Untat crime
[13] die Themse Thames River   [14] umfallen, fiel um, ist umgefallen to fall over

Es ist weder Pest noch[15] Cholera
Doch es heißt:[16] Macheath geht um.[17]

An 'nem schönen blauen Sonntag
Liegt ein toter Mann am Strand,[18]
Und ein Mensch geht um die Ecke
Den[19] man Mackie Messer nennt.

Und Schmul Meier[20] bleibt verschwunden,
Und so mancher reiche Mann,
Und sein Geld hat Mackie Messer
Dem[21] man nichts beweisen kann.

Jenny Towler[22] ward[23] gefunden
Mit 'nem Messer in der Brust
Und am Kai[24] geht Mackie Messer
Der[25] von allem nichts gewußt.

Wo ist Alfons Glite,[26] der Fuhrherr?[27]
Kommt das je ans Sonnenlicht?[28]
Wer es immer wissen könnte—
Mackie Messer weiß es nicht.

Und das große Feuer[29] in Soho[30]
Sieben Kinder und ein Greis[31]—
In der Menge Mackie Messer, den
Man nicht fragt und der nichts weiß.

Und die minderjährige[32] Witwe[33]
Deren[34] Namen jeder weiß,
Wachte auf[35] und war geschändet[36]—
Mackie, welches war dein Preis?[37]

—Bertolt Brecht (1898–1956)

[15] **weder Pest noch** neither plague nor
[16] **es heißt** they say   [17] **umgehen, ging um, ist umgegangen** to circulate   [18] **der Strand** beach, shore
[19] **den** whom   [20] **Schmul Meier** (proper name)   [21] **dem** (against) whom
[22] **Jenny Towler** (proper name)   [23] **ward** (archaic and poetic form of **wurde**)   [24] **der Kai** quay
[25] **der** who   [26] **Alfons Glite** (proper name)   [27] **der Fuhrherr** drayman
[28] **das Sonnenlicht** sunlight   [29] **das Feuer** fire   [30] **Soho** (section of London)
[31] **der Greis** old man   [32] **minderjährig** minor, not of age   [33] **die Witwe** widow   [34] **deren** whose
[35] **aufwachen** to awaken   [36] **schänden** to dishonor, violate   [37] **der Preis** price; prize

Bertolt Brecht

AUS DEM GRUNDGESETZ FÜR DIE BUNDESREPUBLIK DEUTSCHLAND

ARTIKEL 1 (1) Die Würde[1] des Menschen ist unantastbar.[2] Sie zu achten[3] und zu schützen[4] ist Verpflichtung[5] aller staatlichen Gewalt.[6]

ARTIKEL 2 (1) Alle Menschen sind vor dem Gesetz gleich.
(2) Männer und Frauen sind gleichberechtigt.[7]

ARTIKEL 5 (1) Jeder hat das Recht, seine Meinung[8] in Wort, Schrift[9] und Bild frei zu äußern[10] . . .

ARTIKEL 13 (1) Die Wohnung ist unverletzlich.[11]

[1] **die Würde** dignity [2] **unantastbar** inviolable, untouchable [3] **achten** to respect
[4] **schützen** to protect [5] **die Verpflichtung** obligation, duty
[6] **aller staatlichen Gewalt** of all state power [7] **gleichberechtigt** equal, of equal rights
[8] **die Meinung** opinion [9] **die Schrift** writing [10] **äußern** to express [11] **unverletzlich** inviolable

Achtzehnte Lektion 18

Grammatische Ziele:
Relativpronomen
Wortstellung bei Relativpronomen
und unterordnenden Konjunktionen

EINFÜHRENDE BEISPIELE

1. Herr Brown ist der Student, der aus Amerika kommt.
   Ist Herr Brown der Student, der aus Amerika kommt?
   > Ja, Herr Brown ist der Student, der aus Amerika kommt.
   Wer ist Herr Brown?
   > Herr Brown ist der Student, der aus Amerika kommt.

2. Die Studentin, die aus Frankreich kommt, ist Fräulein Moreau.
   Ist Fräulein Moreau die Studentin, die aus Frankreich kommt?
   > Ja, Fräulein Moreau ist die Studentin, die aus Frankreich kommt.

3. Das Mädchen, das hier wohnt, heißt Inge Jensen.
   Welches Mädchen heißt Inge Jensen?
   > Das Mädchen, das hier wohnt, heißt Inge Jensen.

4. Die Filme, die im „Palast" spielen, sind Kriegsfilme.
   Welche Filme sind Kriegsfilme?
   > Die Filme, die im „Palast" spielen, sind Kriegsfilme.

5. Der Arzt, den Herr Brown besucht, heißt Werner.
   Wie heißt der Arzt, den Herr Brown besucht?
   > Der Arzt, den Herr Brown besucht, heißt Werner.
   Ist das der Arzt, den Sie besuchen?
   > Ja, das ist der Arzt, den ich besuche.

6. Ist das die Schule, die Anneliese Neumann besucht?
   Ja, das ist die Schule, die Anneliese Neumann besucht.

7. Das Federbett, das Herr Brown hat, ist nicht lang genug.
   Welches Federbett ist nicht lang genug?
   Das Federbett, das Herr Brown hat, ist nicht lang genug.

8. Die Aufnahmen, die Herr Brown machte, sind wirklich gut.
   Welche Aufnahmen sind wirklich gut?
   Die Aufnahmen, die Herr Brown machte, sind wirklich gut.

9. Der Freund, dem er das Geld gab, heißt Silva.
   Wie heißt der Freund, dem er das Geld gab?
   Der Freund, dem er das Geld gab, heißt Silva.

10. Die Studentin, der er half, war Fräulein Moreau.
    War die Studentin, der er half, Fräulein Moreau?
    Ja, die Studentin, der er half, war Fräulein Moreau.

11. Das Mädchen, von dem Herr Jones spricht, ist Anneliese.
    Wer ist das Mädchen, von dem Herr Jones spricht?
    Das Mädchen, von dem Herr Jones spricht, ist Anneliese.

12. Die Leute, denen er das sagte, waren Touristen.
    Wer waren die Leute, denen er das sagte?
    Die Leute, denen er das sagte, waren Touristen.

13. Der Mann, dessen Haus er kaufte, ist hier.
    Wo ist der Mann, dessen Haus er kaufte?
    Der Mann, dessen Haus er kaufte, ist hier.

14. Ist Fräulein Jensen die Studentin, deren Eltern in Afrika sind?
    Ja, Fräulein Jensen ist die Studentin, deren Eltern in Afrika sind.

15. Das Mädchen, dessen Buch wir haben, ist Anneliese Neumann.
    Wer ist das Mädchen, dessen Buch wir haben?
    Das Mädchen, dessen Buch wir haben, ist Anneliese Neumann.

16. Die Studenten, deren Zensuren gut sind, sind fleißig.
    Welche Studenten sind fleißig?
    Die Studenten, deren Zensuren gut sind, sind fleißig.

17. Ist das der Mann, der gestern hier war?
    Ja, das ist der Mann, der gestern hier war.

18.   Ist das die Frau, die er gestern hier gesehen hat?
>   Ja, das ist die Frau, die er gestern hier gesehen hat.

19.   Ist das der Zug, mit dem Karl gefahren ist?
>   Ja, das ist der Zug, mit dem Karl gefahren ist.

20.   Wissen Sie, daß* die Studenten nach Berlin fliegen?
>   Ja, ich weiß, daß die Studenten nach Berlin fliegen.

21.   Man macht keine Aufnahmen, weil es hier verboten ist.
>   Warum macht man keine Aufnahmen?
>   Man macht keine Aufnahmen, weil es hier verboten ist.

ÜBUNGEN

1. Beispiel: *ich weiß*   *Ich weiß*, daß er heute nach Berlin fliegt.
>   a. ich weiß   c. ich habe gewußt
>   b. ich glaube   d. wissen Sie (?)

2. Beispiel: Ich glaube, er fliegt nach Berlin.   Ich glaube, *daß* er nach Berlin fliegt.
>   a. Ich glaube, er fliegt nach Berlin.
>   b. Ich glaube, er fliegt heute nach Berlin.
>   c. Ich glaube, er ist in Berlin.
>   d. Ich glaube, er ist seit einem Jahr in Berlin.
>   e. Ich glaube, er wohnt seit einem Jahr in Berlin.

3. Beispiel: Ich glaube, mein Freund bleibt zu Hause.   Ich glaube, *daß* mein Freund zu Hause bleibt.
>   a. Ich glaube, mein Freund bleibt zu Hause.
>   b. Ich glaube, mein Freund bleibt heute abend zu Hause.
>   c. Ich glaube, mein Freund geht nach Hause.
>   d. Ich glaube, meine Freunde gehen nach Hause.
>   e. Ich glaube, meine Freunde gehen heute abend nach Hause.

4. Beispiel: *der bei uns wohnt*   Das ist der Mann, *der bei uns wohnt.*
>   a. der bei uns wohnt   d. der meinen Vater kennt
>   b. der hier wohnt   e. der dieses Haus kauft
>   c. der aus Amerika kommt

5. Beispiel: *Kennen Sie den Mann . . .*   *Kennen Sie den Mann*, der auf uns wartet?
>   a. Kennen Sie den Mann . . .   d. Ist das der Professor . . .
>   b. Wo ist der Mann . . .   e. Wo ist der Wagen . . .
>   c. Ist das der Student . . .

6. Beispiel: *Mann*   Das ist ein *Mann*, den ich nicht kenne.
>   a. Mann   d. Dichter
>   b. Student   e. Schauspieler
>   c. Professor

* **Das** is a pronoun and neuter definite article.
  Daß is a conjunction.

7. **Beispiel:** *Mann*   Kennen Sie den *Mann,* der hier arbeitet?
   a. Mann   d. Ingenieur
   b. Kellner   e. Lehrer
   c. Beamten
8. **Beispiel:** *Frau*   Das ist die *Frau,* die ich oft hier gesehen habe.
   a. Frau   d. Lehrerin
   b. Studentin   e. Schauspielerin
   c. Amerikanerin
9. **Beispiele:** *Mann*   Hier ist *der Mann, der* mit uns nach Bonn fährt.
   Studentin   Hier ist *die Studentin, die* mit uns nach Bonn fährt.
   a. Mann   d. Professor
   b. Studentin   e. Student
   c. Frau
10. **Beispiele:** *Freund*   *Der Freund, den* ich besuchen wollte, war krank.
    Tante   *Die Tante, die* ich besuchen wollte, war krank.
    a. Freund   f. Frau
    b. Tante   g. Lehrerin
    c. Student   h. Lehrer
    d. Dame   i. Vetter
    e. Onkel   j. Kusine

Westberlin: Das Reichstagsgebäude

DEM DEUTSCHEN VOLKE

11. **Beispiel:**   *Dorf*   Das ist das *Dorf*, das so berühmt ist.
    a. Dorf   d. Hotel
    b. Haus   e. Restaurant
    c. Schloß

12. **Beispiele:**   *Mädchen*   Das *Mädchen, das* wir besucht haben, heißt Neumann.
                 Arzt   Der *Arzt, den* wir besucht haben, heißt Neumann.
    a. Mädchen   f. Dichterin
    b. Arzt   g. Amerikaner
    c. Dame   h. Tante
    d. Nachbar   i. Mädchen
    e. Schauspieler   j. Jurist

13. **Beispiele:**   *ein Buch*   Er hat *ein Buch, das* ich sehen möchte.
               einen Plattenspieler   Er hat *einen Plattenspieler, den* ich sehen möchte.
    a. ein Buch   f. einen neuen Mercedes
    b. einen Plattenspieler   g. ein Haus
    c. einen Freund   h. ein Geschäft
    d. ein Bild   i. eine Fabrik
    e. einen Aufsatz   j. eine Aufnahme

14. **Beispiel:**   *Leute*   Kennen Sie die *Leute*, die heute abend kommen?
    a. Leute   d. Mädchen
    b. Studenten   e. Amerikaner
    c. Männer

15. **Beispiele:**   *Oper*   Das *ist die Oper, die* wir gestern abend gesehen haben.
              Leute   Das *sind die Leute, die* wir gestern abend gesehen haben.
    a. Oper   f. Kirche
    b. Leute   g. Haus
    c. Drama   h. Häuser
    d. Touristen   i. Dame
    e. Mann   j. Film

16. **Beispiel:**   *Geschäftsmann*   Der *Geschäftsmann*, von dem wir das Haus gekauft haben, wohnt hier.
    a. Geschäftsmann   d. Herr
    b. Arzt   e. Apotheker
    c. Mann

17. **Beispiel:**   *Frau*   Das ist die *Frau*, bei der ich einen Besuch machte.
    a. Frau   d. Dichterin
    b. Dame   e. Tante
    c. Studentin

18. **Beispiele:**   *Wagen*   Dies ist *der Wagen*, mit *dem* ich in die Stadt gefahren bin.
              Linie   Dies ist *die Linie*, mit *der* ich in die Stadt gefahren bin.
    a. Wagen   f. Familie
    b. Linie   g. Straßenbahn
    c. Nachbarin   h. Zug
    d. Omnibus   i. Auto
    e. Freund   j. Nachbar

19. **Beispiel:**   *Leute*   Haben Sie die *Leute* gesehen, mit denen ich gesprochen habe?
    a. Leute   d. Schauspieler
    b. Studenten   e. Kinder
    c. Touristen

20. Beispiel: Das *ist ein Mann, den* wir gut kennen.   Das *sind Männer, die* wir
                                                             gut kennen.

    a. Das ist ein Mann, den wir gut kennen.
    b. Das ist eine Frau, die wir gut kennen.
    c. Das ist ein Kind, das wir gut kennen.
    d. Das ist ein Student, den wir gut kennen.
    e. Das ist ein Schauspieler, den wir gut kennen.
    f. Das ist ein Mädchen, das wir gut kennen.
    g. Das ist eine Studentin, die wir gut kennen.
    h. Das ist ein Herr, den wir gut kennen.

21. Beispiel: **Kennen Sie *das Mädchen,* von *dem* ich**   Kennen Sie *die Mädchen,*
        spreche?   von *denen* ich spreche?

    a. Kennen Sie das Mädchen, von dem ich spreche?
    b. Das ist der Mann, von dem Sie das kauften.
    c. Dort ist das Kind, das von der Schule kommt.
    d. Das ist das Kind, mit dem ich oft spiele.
    e. Das ist die Studentin, mit der er sprach.
    f. Das ist der Mann, dem ich die Fahrkarte zeigte.
    g. Die Dame, die hier wohnt, unterrichtet am Institut.
    h. Ich habe das Buch gefunden, das Sie verloren haben.
    i. Das ist der Freund, von dem er so oft spricht.
    j. Das Buch, das auf dem Tisch liegt, gehört mir.

FRAGEN

1. Kennen Sie den Studenten, der hier war?
2. Ist das das Haus, das Ihre Familie gekauft hat?
3. Wer war der Arzt, zu dem Sie gingen?
4. Wie hieß die Oper, die Sie gestern hörten?
5. Ist das die Apotheke, in die er gegangen ist?
6. Ist Rothenburg die Stadt, von der er erzählte?
7. Sind das die Bücher, die Ihnen gehören?
8. Wer ist der Dichter, der das geschrieben hat?
9. Haben Sie den Vortrag verstanden, den der Professor gehalten hat?
10. Sind das die Leute, mit denen Sie heute fahren?

Das Brandenburger Tor. Vor dem Tor die Mauer

DIALOG: Mit der S-Bahn* zum Brandenburger Tor

JONES   Verzeihung, bitte.   Darf ich um Feuer bitten?   Ich glaube, daß ich meine
Streichhölzer vergessen habe.

FREMDER   Bitte.   Behalten Sie sie!

JONES   Vielen Dank.

FREMDER   Sind Sie Ausländer, wenn ich fragen darf?

JONES   Ja, Amerikaner.   Darf ich mich vorstellen?   Ich heiße Jones, Paul Jones.
Ich bin Student am Institut für Ausländer.

FREMDER   Hermann Schoening.   Es freut mich sehr.

JONES   Fräulein Olivetti, darf ich Ihnen Herrn Schoening vorstellen?

OLIVETTI UND SCHOENING   Sehr angenehm.

JONES   Fräulein Olivetti, die aus Italien kommt, studiert auch am Institut.

SCHOENING   Das Institut, von dem Sie sprechen, ist irgendwo in Bayern, nicht wahr?

OLIVETTI   Ja, in Schwarzhausen, etwa vierzig Kilometer südöstlich von München.

JONES   Wissen Sie, wo wir aussteigen müssen?   Wir wollen nämlich zum Brandenburger Tor.

SCHOENING   Am Lehrter Bahnhof, der die letzte S-Bahnstation vor der Sektorengrenze ist.   Von dort aus müssen Sie zu Fuß gehen, weil es keine Straßenbahnlinie gibt.

JONES   Ist das die Station, die in der Nähe des Reichstags ist?

SCHOENING   Ja, wenn Sie zum Brandenburger Tor gehen, gehen Sie am Reichstagsgebäude vorbei.

SCHOENING   Ich hoffe, daß Sie auch einmal das Rathaus Schöneberg besuchen, während Sie in Berlin sind.

OLIVETTI   Ja, das wollen wir morgen tun.

SCHOENING   Ich bin Regierungsrat im Büro des Oberbürgermeisters.   Wenn Sie
morgen zu mir ins Rathaus kommen, stelle ich Sie dem Oberbürgermeister vor.

* S-Bahn = Stadtbahn

By Municipal Railway to the Brandenburg Gate

JONES   Pardon me, please.   May I have a light?   I believe I forgot my matches.

STRANGER   Certainly.   Keep them.

JONES   Thank you very much.

STRANGER   Are you a foreigner, if I may ask?

JONES   Yes, American.   May I introduce myself?   My name is Jones, Paul Jones. I'm studying at the Institute for Foreigners.

STRANGER   Hermann Schoening.   It's a pleasure [to make your acquaintance].

JONES   Miss Olivetti, may I introduce Mr. Schoening?

OLIVETTI AND SCHOENING   Very nice [to meet you].

JONES   Miss Olivetti, who is from Italy, is studying at the Institute too.

SCHOENING   The institute of which you are speaking is somewhere in Bavaria, isn't it?

OLIVETTI   Yes, in Schwarzhausen, about forty kilometers southeast of Munich.

JONES   Do you know where we have to get off?   We want to go to the Brandenburg Gate.

SCHOENING   At Lehrter Station, which is the last station before you get to the sector border.   From there you'll have to go on foot, because there's no streetcar line.

JONES   Is that the station which is in the vicinity of the Parliament?

SCHOENING   Yes, when you go to the Brandenburg Gate, you go past the Parliament Building.

SCHOENING   I hope that you'll also visit the Schöneberg City Hall while you're in Berlin.

OLIVETTI   Yes, we intend to do that tomorrow.

SCHOENING   I'm an administrative advisor in the office of the Lord Mayor.   If you will come to see me at the city hall tomorrow, I'll introduce you to the Lord Mayor.

FRAGEN ÜBER DEN DIALOG

1. Worum bat Herr Jones den fremden Mann?
2. Was hatte Herr Jones vergessen?
3. Wem stellte Herr Jones Herrn Schoening vor?
4. Wo ist das Institut, an dem die zwei Studenten studieren?
5. Wie weit liegt Schwarzhausen von München entfernt?
6. Wohin wollten die Studenten?
7. Womit fuhren sie?
8. Wußte Herr Schoening, wo sie aussteigen mußten?
9. Wo mußten sie aussteigen?
10. Welche S-Bahnstation ist die letzte vor der Sektorengrenze?
11. An welchem Gebäude geht man vorbei, wenn man zum Brandenburger Tor geht?
12. Fuhren die Studenten oder gingen sie zu Fuß, nachdem sie den Lehrter Bahnhof verließen?
13. Wer ist Regierungsrat?
14. Wo arbeitet er?
15. Wollten die Studenten das Brandenburger Tor sehen, während sie in Berlin waren?
16. Wohin wollen die Studenten morgen gehen?

LESESTÜCK: Das Brandenburger Tor

An der letzten Stadtbahnstation vor der Sektorengrenze sind die Studenten und Herr Schoening ausgestiegen. Herr Schoening steigt gewöhnlich in Bellevue, der Station vor dem Lehrter Bahnhof, aus, weil er in der Nähe wohnt. Diesmal aber ist er weitergefahren, damit[1] er persönlich den Studenten das Reichstagsgebäude und das Brandenburger Tor zeigen kann. Während[2] sie von der Station zum Brandenburger Tor gingen, sprach er über die Geschichte Berlins, die heutige Politik und das alltägliche[3] Leben in der gespaltenen[4] Stadt.

Im Vergleich mit manchen anderen deutschen Städten ist Berlin keine alte Stadt. Köln, zum Beispiel, ist über neunzehnhundert Jahre alt, während Mainz sogar[5] zweitausend Jahre alt ist. Die beiden sind schon zur Zeit Christi[6] römische Festungsstädte[7] gewesen. Im Jahre 1237 ist aber der Name „Berlin" zum ersten Mal in einem alten Dokument erschienen. Im Jahre 1648, als der Dreißigjährige Krieg[8] zu Ende ging,[9] hat die Stadt nur fünftausend Einwohner[10] gehabt. Obwohl es die Hauptstadt der Mark Brandenburg[11] war, hatte Berlin damals wenig Bedeutung[12] in

---

[1] **damit** in order that (conjunction—not to be confused with **damit** meaning "with it")
[2] **während** while (**Während** functions as a conjunction as well as a preposition.)
[3] **alltäglich** everyday   [4] **gespalten** split, divided   [5] **sogar** even
[6] **zur Zeit Christi** at the time of Christ (The genitive of **Christus** is **Christi**; see the **Wortschatz** for the full declension of **Christus**.)   [7] **römische Festungsstädte** fortified Roman cities
[8] **der Dreißigjährige Krieg** Thirty Years' War (1618–1648)   [9] **zu Ende gehen** to come to an end
[10] **der Einwohner** inhabitant
[11] **die Mark Brandenburg** Mark of Brandenburg (an old frontier province ruled by the Hohenzollern princes and united in 1701 with the Duchy of Prussia to form the Kingdom of Prussia)
[12] **die Bedeutung** significance

politischen Angelegenheiten;[13] erst mehr als fünfzig Jahre später ist es die Hauptstadt des Königreichs[14] Preußen geworden, und in der Bismarckzeit[15] des vorigen Jahrhunderts wurde es der Regierungssitz des Deutschen Reiches und gleichzeitig eine bedeutende Weltstadt.   Heute ist Ostberlin der Regierungssitz der DDR, während die Stadt Bonn als provisorische[16] Hauptstadt Westdeutschlands dient.   Die Bundesrepublik sieht Berlin jedoch[17] immer noch als die Hauptstadt ganz Deutschlands an.

Das Stadtviertel, in dem das Brandenburger Tor steht, war vor dem Zweiten Weltkrieg das Zentrum[18] Berlins.   In der Nähe befanden sich[19] damals das Reichstagsgebäude, die Reichskanzlei,[20] das Hindenburgpalais,[21] die Universität Berlin,

[13] **die Angelegenheit** affair   [14] **das Königreich** kingdom
[15] **die Bismarckzeit** era of Bismarck (Otto von Bismarck, 1815–1898, was a Prussian statesman, known as the Iron Chancellor, whose skillful manipulation of power and diplomacy effected the union of German states and the founding of the German Empire in 1871.)
[16] **provisorisch** provisional, temporary   [17] **jedoch** however   [18] **das Zentrum** center, downtown area
[19] **sich befinden, befand sich, sich befunden** to be situated
[20] **die Reichskanzlei** Imperial Chancellery   [21] **das Hindenburgpalais** Hindenburg Palace

Ostberlin:

Volk gegen Panzer, 19

Museen[22] und andere bekannte Gebäude. Mit Ausnahme des Reichstagsgebäudes waren all diese Bauten[23] in einem Viertel, das jetzt zum Ostsektor gehört.

Das Brandenburger Tor steht an der Stelle, wo zwei der bekanntesten Straßen der Stadt zusammentreffen.[24] In der breiten Straße östlich des Tores sieht man auf jeder Seite[25] und in der Mitte Reihen von Linden,[26] nach denen diese Straße deshalb[27] Unter den Linden benannt[28] ist. An der westlichen Seite des Tores beginnt die Straße des 17. Juni. Ursprünglich hieß diese Straße Charlottenburger Chaussee,[29] die nach dem Aufstand[30] vom 17. Juni 1953 von den Westberlinern zum Andenken an die traurige und erfolglose Erhebung[31] der Bevölkerung der Ostzone umbenannt[32] wurde. Zu beiden Seiten der Chaussee dehnt sich der Tiergarten, einer der bekanntesten Parks Europas, aus.[33] Im 16. und 17. Jahrhundert war dieser Tiergarten ein *Park* Jagdpark des Adels,[34] aber in späteren Zeiten wurde er zu schönen Anlagen umgestaltet,[35] in denen die Berliner an Sonn- und Feiertagen[36] spazierengingen. Nach dem Zweiten Weltkrieg fällte[37] man hier die Bäume, die der Beschießung der Stadt nicht zum Opfer gefallen waren,[38] um Brennholz zu bekommen.[39] Da es in den ersten Friedensjahren an Nahrungsmitteln[40] fehlte,[41] legten die Bewohner der Stadt Schrebergärten[42] (Gemüsegärten) in dem verwüsteten[43] Park an.[44] Heute ist der Tiergarten wieder mit Bäumen bepflanzt[45] und so ansprechend[46] wie früher. Trotz seines Namens war dieser Park nie ein zoologischer Garten, und der Fremde, der Tiere wirklich sehen will, muß daher in den Zoo gehen, der ganz in der Nähe liegt.

Die einsame Gegend, durch die die drei Menschen gingen, war der Platz der Republik. Trotz des imposanten Titels[47] war dieser Platz einem großen leeren Feld ähnlich, das ungepflegt[48] und mit Unkraut überwachsen[49] war. Außer einigen Fußgängern[50] war nur ein Junge zu sehen, dessen Drachen[51] der leise Wind hoch in die Luft[52] trieb.[53] Hier war wenig Verkehr; hier befanden sich keine Geschäfte und Fabriken; hier hatten die Berliner fast nichts wiederaufgebaut. Einer der wenigen

---

[22] **Museen** museums   [23] **der Bau,** (*plur.*) **Bauten** building, structure

[24] **zusammentreffen, traf zusammen, ist zusammengetroffen** to meet (each other)

[25] **die Seite** side   [26] **die Linde** linden tree   [27] **deshalb** for that reason, hence

[28] **benennen, benannte, benannt** to name

[29] **die Charlottenburger Chaussee** Charlottenburg Boulevard   [30] **der Aufstand** uprising

[31] **zum Andenken an die traurige und erfolglose Erhebung** in memory of the sad and unsuccessful revolt   [32] **umbenennen, benannte um, umbenannt** to rename   [33] **sich ausdehnen** to extend

[34] **der Jagdpark des Adels** hunting preserve of the nobility

[35] **er wurde umgestaltet** it was transformed

[36] **der Feiertag** holiday

[37] **fällen** to fell (The weak verb **fällen** should not be confused with the strong verb **fallen.**)

[38] **die der Beschießung der Stadt nicht zum Opfer gefallen waren** which had not been destroyed by (i.e. fallen victim to) the bombardment of the city

[39] **um Brennholz zu bekommen** in order to obtain firewood

[40] **das Nahrungsmittel** food, nourishment   [41] **fehlen** to lack, be wanting

[42] **der Schrebergarten** small family garden (Dr. Schreber introduced to city dwellers the custom of cultivating small garden plots in 1864.)   [43] **verwüstet** devastated   [44] **anlegen** to lay out, plant

[45] **bepflanzen** to plant   [46] **ansprechend** pleasant   [47] **der imposante Titel** imposing title

[48] **ungepflegt** untended   [49] **mit Unkraut überwachsen** overgrown with weeds

[50] **der Fußgänger** pedestrian   [51] **der Drachen** kite   [52] **die Luft** air

[53] **treiben, trieb, getrieben** to drive (objects, cattle, etc., but not vehicles)

Neubauten, die man in einiger Entfernung[54] sehen konnte, war die Kongreßhalle, ein sehr modernes Gebäude, das die Ford-Stiftung[55] errichtet[56] hatte, und dessen Baustil sich von anderen Gebäuden der Umgebung stark unterschied.[57]   Nicht weit von der Kongreßhalle war das Symposium Europäischer Bildhauer,[58] ein freier,[59] offener Platz, auf dem Bildhauer an großen Steinblöcken[60] meißelten.[61]

An einem Ende des Platzes der Republik dicht an[62] der Sektorengrenze sahen die Studenten das wiederhergestellte[63] Reichstagsgebäude.   Seit dem Brand im Jahre 1933 hatte es fünfundzwanzig Jahre lang als Ruine gestanden—ein Symbol des ruhmlosen[64] Endes der Weimarer Republik,[65] denn in den Flammen verbrannten[66] Deutschlands Demokratie und Freiheit, die erst aus der Asche[67] des Zusammenbruchs im Jahre 1945 wieder erstanden[68] sind.

Während Herr Schoening von Berlin redete, waren die drei zum Brandenburger Tor gekommen.   Es stand an der Sektorengrenze, und zu beiden Seiten erstreckte sich[69] die Mauer, die den Flüchtlingsstrom plötzlich zum Stillstand gebracht hatte. Am Tor standen einige „Vopos" (Volkspolizisten), die neugierig zu den drei Menschen herüberschauten.[70]   In vergangenen Zeiten bauten Länder und Städte Mauern, damit niemand hereinkonnte,[71] aber diese Mauer, die ein ganzes Land in ein Gefängnis verwandelte,[72] ist wahrscheinlich die einzige (außer Strafanstalten),[73] die niemanden herausläßt.[74]

Wie die jungen Leute jetzt von ihrem Begleiter hörten, waren solche Maßnahmen[75] vom Standpunkt[76] der Deutschen Demokratischen Republik aus sehr nötig.[77] So viele Ärzte, Lehrer, Arbeiter und Fachleute[78] waren geflohen, daß die Volkswirtschaft,[79] die ohnehin[80] sehr schwach war, und der allgemeine Wohlstand der ostdeutschen Bevölkerung in Gefahr gerieten.[81]   Ohne Arbeiter konnten die Fabriken nicht in Betrieb bleiben; ohne Ärzte konnte die Regierung die Gesundheit[82] der Bevölkerung nicht schützen; ohne Fachleute konnte die Industrie nicht weiter bestehen, und ohne Lehrer konnte das Schulwesen seine Aufgabe der Jugendbildung nicht erfüllen.[83]   Der größere Prozentsatz der Flüchtlinge bestand[84] aus jungen Menschen, deren Arbeitskraft[85] für die weitere Existenz des Staates von größter Wichtigkeit[86]

---

[54] in einiger Entfernung at some distance   [55] die Stiftung foundation   [56] errichten to erect
[57] dessen Baustil sich von anderen Gebäuden der Umgebung stark unterschied the architectural style of which significantly differed from other buildings in the surrounding area
[58] der Bildhauer sculptor   [59] frei vacant   [60] der Steinblock stone block   [61] meißeln to chisel
[62] dicht an close to   [63] wiederherstellen to restore   [64] ruhmlos infamous
[65] die Weimarer Republik Weimar Republic (This was the name of the German government from 1919 until the establishment of the Nazi regime in the early 1930's.)
[66] verbrennen, verbrannte, verbrannt to burn up, be consumed by fire   [67] die Asche ash(es)
[68] erstehen, erstand, ist erstanden to arise   [69] sich erstrecken to extend
[70] herüberschauen to look towards (i.e. toward the viewpoint of the speaker)
[71] hereinkönnen, konnte herein, hereingekonnt to be able to enter
[72] verwandeln to change, transform   [73] die Strafanstalt penal institution
[74] herauslassen, ließ heraus, herausgelassen to let out   [75] die Maßnahme measure
[76] der Standpunkt standpoint   [77] nötig necessary   [78] die Fachleute skilled workers, specialists
[79] die Volkswirtschaft national economy   [80] ohnehin anyway
[81] geraten, geriet, ist geraten to get into, fall into; in Gefahr geraten to run into danger
[82] die Gesundheit health   [83] erfüllen to fulfill   [84] bestehen to consist
[85] die Arbeitskraft labor force   [86] die Wichtigkeit importance

war.   Da kein Staat ohne seine Jugend auf die Dauer bestehen[87] kann, sah sich die ostdeutsche Regierung gezwungen, durch strenge (viele würden sagen:[88] „unmenschliche")[89] Maßnahmen die Flut der Flüchtlinge zu dämmen.[90]

Seit der Errichtung[91] der Mauer im Jahre 1961 durften Bundesdeutsche, wie vorher, unter gewissen Umständen[92] die Ostzone betreten,[93] aber für Westberliner war die Grenze gesperrt.[94]   Zu Weihnachten 1963 war es zum ersten Male Bundesdeutschen und Westberlinern erlaubt,[95] auf kurze Frist[96] ihre Verwandten in der DDR zu besuchen.   Ein Jahr später ließ die Strenge[97] der ostdeutschen Grenzkontrolle noch mehr nach;[98] Westdeutsche erhielten die Erlaubnis, viermal im Jahre die Ostzone zu besuchen; älteren Bürgern[99] der DDR (Frauen über sechzig, Männern über fünfundsechzig Jahre) wurde gestattet,[100] kurzfristig[101] zu den Verwandten in die Bundesrepublik zu reisen.   Bald nachher erlaubte die ostzonale[102] Verwaltung sogar Rentnern,[103] in die BRD[104] zu übersiedeln.[105]

Die Studenten standen lange vor dem Brandenburger Tor, dem historischen Denkmal,[106] das trotz der Mauer und der Trostlosigkeit der Umgebung etwas Majestätisches an sich hatte.[107]   Sie wußten, daß sie an einer Grenze standen, die leider die Welt in zwei Teile spaltete, von denen jeder in sich auch eine Welt war.   Hinter der Mauer erstreckte sich bis zum Pazifik eine andere Kultur, eine andere Lebensweise,[108] ein anderes politisches und soziales System.   Jetzt hörten die jungen Leute nur halb zu und vernahmen nur einzelne Wörter und Ausdrücke, während Herr Schoening sprach: „ . . . das Tor, 1791 errichtet . . . im klassischen Stil . . . hat viele Siegesparaden[109] gesehen . . . auch Niederlagen[110] überstanden[111] . . . 1806 Kaiser Napoleon als Sieger durch das Tor gezogen . . . Bismarckzeit, Symbol der Einigung Deutschlands . . . 1848 und 1918 Revolutionen gegen Tyrannei . . . auch 1953 Aufstand im Ostsektor . . . Volk gegen Panzer[112] . . . den Luftkrieg und die Beschießung der Reichskanzlei in den letzten Tagen des Krieges . . . totale Zerstörung[113] des Nazi-Systems . . . jetzt, ironischerweise,[114] Symbol der gespaltenen Stadt . . . Zukunft, Wiedervereinigung[115] . . . Hoffnungslos[116] . . . ?"

---

[87] **auf die Dauer bestehen** to continue to exist   [88] **viele würden sagen** many would say
[89] **unmenschlich** inhuman   [90] **die Flut dämmen** to stem the tide   [91] **die Errichtung** construction
[92] **der Umstand** circumstance   [93] **betreten, betrat, betreten** to set foot in, enter
[94] **sperren** to close, block   [95] **erlauben** to allow   [96] **die Frist** period of time, interval
[97] **die Strenge** strictness   [98] **nachlassen, ließ nach, nachgelassen** to diminish, abate
[99] **der Bürger** citizen   [100] **gestatten** to permit   [101] **kurzfristig** briefly   [102] **ostzonal** East-zonal
[103] **der Rentner** pensioner   [104] **die BRD = die Bundesrepublik Deutschland**
[105] **übersiedeln** to emigrate   [106] **das Denkmal** monument
[107] **das trotz der Mauer und der Trostlosigkeit der Umgebung etwas Majestätisches an sich hatte** which had something majestic about it in spite of the wall and the cheerlessness of the surroundings
[108] **die Lebensweise** way of life   [109] **die Siegesparade** victory parade   [110] **die Niederlage** defeat
[111] **überstehen, überstand, überstanden** to survive   [112] **der Panzer** tank
[113] **die Zerstörung** destruction   [114] **ironischerweise** ironically
[115] **die Wiedervereinigung** reunification   [116] **hoffnungslos** hopeless

Die Mauer

WEITERE ÜBUNGEN

1. Beispiel: *weil er krank ist*   Er bleibt heute zu Hause, *weil er krank ist.*
    a. weil er krank ist
    b. weil er viel Arbeit hat
    c. weil er arbeiten muß
    d. weil er sich gestern erkältet hat
    e. weil er Briefe schreibt
    f. weil er morgen nach Berlin fliegt

2. Beispiel: Ich bleibe zu Hause, *denn* ich   Ich bleibe zu Hause, *weil* ich
        muß arbeiten.   arbeiten muß.
    a. Ich bleibe zu Hause, denn ich muß arbeiten.
    b. Ich bleibe zu Hause, denn ich will einen Brief schreiben.
    c. Ich bleibe zu Hause, denn ich muß die Aufgabe lesen.
    d. Ich bleibe zu Hause, denn ich will früh zu Bett gehen.
    e. Ich bleibe zu Hause, denn ich muß einen Aufsatz schreiben.
    f. Ich bleibe zu Hause, denn ich will Radio hören.

3. Beispiel: Wir fahren in die Stadt, *denn* wir   Wir fahren in die Stadt, *weil* wir
        wollen in die Oper gehen.   in die Oper gehen wollen.
    a. Wir fahren in die Stadt, denn wir wollen in die Oper gehen.
    b. Wir fahren in die Stadt, denn wir müssen unsere Fahrkarten lösen.
    c. Wir fahren in die Stadt, denn ich muß einen Freund besuchen.
    d. Wir gehen in die Stadt, denn ich will Aufnahmen machen.
    e. Ich gehe in die Stadt, denn ich will auf die Post gehen.
    f. Ich gehe in die Stadt, denn ich will ins Kino.

4. **Beispiel:**   Ich habe keine Zeit.   Ich muß lernen.   Ich habe keine Zeit, *weil* ich
                                                                    lernen muß.
    a. Ich habe keine Zeit.   Ich muß lernen.
    b. Wir haben keine Zeit.   Wir müssen lernen.
    c. Wir hatten keine Zeit.   Wir mußten lernen.
    d. Wir haben keine Zeit gehabt.   Wir haben gearbeitet.
    e. Er hat keine Zeit gehabt.   Er hat gearbeitet.
    f. Er hat keine Zeit verloren.   Er hat gearbeitet.

5. **Beispiel:**   **Wir gehen ins Kino.**   Ich weiß, *daß* wir ins Kino gehen.
    a. Wir gehen ins Kino.
    b. Wir gehen heute abend ins Kino.
    c. Wir gehen heute abend in die Oper.
    d. Er geht heute abend in die Oper.
    e. Er ist heute abend in die Oper gegangen.
    f. Er will heute abend in die Oper gehen.

6. **Beispiel:**   *Mann*   Das ist der *Mann*, der uns geholfen hat.
    a. Mann   c. Arzt
    b. Student   d. Polizist

7. **Beispiele:**   *Frau*   Das ist *die Frau, die* bei uns wohnt.
                      Kind   Das ist *das Kind, das* bei uns wohnt.
    a. Frau   f. Junge
    b. Kind   g. Tante
    c. Dichter   h. Kusine
    d. Engländerin   i. Flüchtling
    e. Mädchen   j. Beamte

8. **Beispiele:**   *Stadt*   Das ist *eine Stadt, die* ich sehen möchte.
                      Film   Das ist *ein Film, den* ich sehen möchte.
    a. Stadt   f. Drama
    b. Film   g. Schauspieler
    c. Dorf   h. Burg
    d. Haus   i. Kirche
    e. Herr   j. Bild

9. **Beispiele:**   *Zug*   Wo ist *der Zug, mit dem* wir fahren sollen?
                Straßenbahn   Wo ist *die Straßenbahn, mit der* wir fahren sollen?
    a. Zug   f. Linie
    b. Straßenbahn   g. Leute
    c. Wagen   h. Studenten
    d. Auto   i. Touristen
    e. Frau   j. Omnibus

10. **Beispiel:**   *Leute*   Die *Leute*, von denen ich sprach, wohnen dort drüben.
    a. Leute   d. Herren
    b. Studenten   e. Amerikaner
    c. zwei Mädchen   f. Flüchtlinge

11. **Beispiele:**   *Leute*   Die *Leute, denen* ich das Geld gab, wohnen hier um die
                      Ecke.
                Mann   Der *Mann, dem* ich das Geld gab, wohnt hier um die Ecke.
    a. Leute   f. Frau
    b. Mann   g. Studentin
    c. Junge   h. Studentinnen
    d. Studenten   i. Kind
    e. Student   j. Kinder

12. **Beispiele:**   *Gasthof*   *Der Gasthof, in dem er arbeitet, steht in der Blumen-*
                                straße.

   Pension   *Die Pension, in der er arbeitet, steht in der Blumenstraße.*

   a. Gasthof   f. Fabrik
   b. Pension   g. Geschäft
   c. Hotel   h. Büro
   d. Haus   i. Gebäude
   e. Gasthaus   j. Möbelfabrik

13. **Beispiel:**   *Frau*   *Die Frau, deren Handkoffer hier steht, ist noch nicht da.*

   a. Frau   d. Lehrerin
   b. Studentin   e. Engländerin
   c. Dame

14. **Beispiele:**   *Vetter*   *Der Vetter, dessen Bild ich habe, ist jünger als ich.*

   Kusine   *Die Kusine, deren Bild ich habe, ist jünger als ich.*

   a. Vetter   e. Studentin
   b. Kusine   f. Freund
   c. Schwester   g. Mädchen
   d. Bruder   h. Junge

15. **Beispiel:**   **Das** *ist das Buch,* **das** *ich gelesen habe.*   *Das* **sind die Bücher,** *die*
                                                          ich gelesen habe.

   a. Das ist das Buch, das ich gelesen habe.
   b. Das ist der Arbeiter, den wir einstellten.
   c. Das ist der Freund, den ich besuchen wollte.
   d. Das ist die Frage, die ich nicht beantworten kann.
   e. Das ist der Student, mit dem ich gern arbeite.
   f. Das ist die Studentin, deren Bücher auf dem Tisch liegen.
   g. Das ist das Drama, von dem er sprach.
   h. Das ist der Tourist, der nach Köln fährt.
   i. Das ist das Mädchen, das das Gymnasium besucht.
   j. Das ist der Student, dessen Flugzeug Verspätung hatte.

WEITERE FRAGEN

   1. Wie heißt das Tor, das an der Sektorengrenze steht?
   2. Wie heißt die Fluggesellschaft, mit der die Studenten geflogen sind?
   3. Ist Herr Jones mit der S-Bahn gefahren?
   4. Was war die Umgebung des Brandenburger Tores vor dem Zweiten Weltkrieg?
   5. Wie heißt die Station, an der die Studenten ausgestiegen sind?
   6. Wie heißen die zwei Straßen, die am Tor zusammentreffen?
   7. Welche Straße benannte man um?
   8. Wie war die Gegend, durch die die Studenten gingen?
   9. Was trieb einen Drachen in die Luft?
   10. Was stand als Symbol der Weimarer Republik?
   11. Wie alt ist Köln?
   12. Ist Köln älter als Berlin?
   13. Ist Köln, Mainz oder Berlin die älteste Stadt?
   14. Kann die Industrie ohne Fachleute funktionieren?
   15. Welche Stadt ist der provisorische Regierungssitz Westdeutschlands?
   16. Wie heißt der große Park, in dem die Berliner spazierengehen?

SPRECHÜBUNGEN

1. Explain the following in German:
    a. die S-Bahn
    b. die Sektorengrenze
    c. die Charlottenburger Chaussee
    d. der Tiergarten
    e. die Vopos
    f. die Deutsche Demokratische Republik
    g. die Mauer in Berlin
    h. Lehrter Bahnhof
2. Elicit the following information from the student next to you:
    a. an welcher Station man aussteigen soll
    b. wie die berühmten Straßen am Brandenburger Tor heißen
    c. wo der Tiergarten liegt
    d. in welchem Sektor Unter den Linden liegt
    e. was der Tiergarten im 17. Jahrhundert war
    f. wo das Reichstagsgebäude steht
    g. ob (whether) Berlin älter als Köln ist
    h. welche Stadt älter als Köln ist
    i. wie die Umgebung des Brandenburger Tores aussieht
3. Tell in German where you might be if you heard the following expressions:
    a. Bitte anschnallen!
    b. Alle aussteigen, bitte.   Letzte Station vor der Sektorengrenze.
    c. Flug 22, Ausgang (exit, gate) 7.
    d. Rauchen verboten!
    e. Der „Rheinblitz" fährt in fünf Minuten ab, Gleis 14.
    f. Sie verlassen jetzt Westberlin!
    g. Die Musik beginnt sofort.
    h. Hier ist das Büro des Oberbürgermeisters.
    i. Die Kapelle spielt außerordentlich gut, nicht wahr?
4. Student Dialogue I
    a. May I introduce my friend, Mr. _____?
    b. Very nice to meet you.
    c. I'm happy to meet you.
    b. Are you from Bavaria?
    c. No, from Hesse (Hessen).   And you?
    b. I come (stammen) from East Prussia, but I have been living for fifteen years in Baden-Württemberg.   (tense?) (seit or vor?)
5. Student Dialogue II
    d. Did you fly to Berlin?
    e. Yes, but we made an emergency landing in Frankfurt.
    d. What happened?
    e. I don't know, but something in a motor did not function properly.
    d. How long were you in Frankfurt?
    e. About three hours.
6. Student Dialogue III
    f. Did you go to the theater or the movie last night?
    g. We went to the theater.

f. What play did you see?

g. *The Robbers* by (*von*) Schiller.

7. Choose suitable responses from the right-hand column to the statements and questions in the left-hand column. Complete or expand the responses followed by ellipses.

a. Der Zug, mit dem ich gefahren bin, hat Verspätung gehabt.

b. Solches Geklatsche glaube ich gar nicht.

c. Die Maßnahmen der Grenzkontrolle waren sehr streng.

d. Das ist einer der wenigen Neubauten, die man in dieser Gegend sehen kann.

e. Ich will in Bellevue aussteigen.

f. Sind Sie Ausländer, wenn ich fragen darf?

g. U-Bahn bedeutet (*means*) Untergrundbahn, nicht wahr?

h. Ich bin schon einmal dort gewesen.

i. Es freut mich sehr.

j. Sind Sie denn zu Fuß gegangen?

(1) Das ist nicht die letzte Station vor der Sektorengrenze.

(2) Ja, komisch, nicht wahr?

(3) Ich auch nicht, weil . . .

(4) Ja, gewiß. Wie . . . ?

(5) Sehr angenehm.

(6) Er ist aber rechtzeitig von München abgefahren.

(7) Ja, aber . . .

(8) Nein, ich habe ein Taxi genommen.

(9) Ja, ich weiß, daß . . .

(10) Nein, keineswegs. Ich . . .

(11) Ja, aber was konnte man sonst machen?

(12) Da haben Sie recht.

(13) Meinen Sie?

(14) Aber wir möchten noch einmal dorthin gehen.

(15) Ja, ich komme aus Schweden.

(16) Richtig, und S-Bahn . . .

(17) Nein, aber ich bin schon lange im Ausland gewesen.

(18) Warum . . . ?

(19) Wer hat ihn errichtet?

SCHRIFTLICHES

1. Rewrite the following sentences, substituting **weil** for **denn.** Make all necessary grammatical changes.

a. Hier darf man nicht rauchen, denn es ist zu gefährlich. b. Ich kenne diese Gegend sehr gut, denn ich habe früher hier gewohnt. c. Ich muß das heute noch machen, denn ich reise morgen um acht Uhr ab. d. Er muß zu Hause bleiben, denn sein Freund soll heute morgen von Köln ankommen. e. Ich habe keinen Aufsatz geschrieben, denn ich bin gestern abend ins Kino gegangen. f. Wir können nicht länger auf ihn warten, denn der Zug fährt in zehn Minuten ab.

2. Write the following sentences in German:

a. Is that the house in which you lived while you were working for the chemical firm?   b. They knew that they were standing at a boundary which divided the world into two parts.   c. The lonely region through which we drove was untended and overgrown with weeds.   d. I didn't go to the movie last night because I was very tired.   e. Bertolt Brecht, whose *Three Penny Opera* we heard yesterday, lived in the United States for several years.   f. The student whom I was helping (case of object of *helfen?*) was writing an essay on the German school system.   g. The friends whom I wanted to visit were not at home.   h. We were flying in (*mit*) the plane which had to make an emergency landing in Düsseldorf.

VERSCHIEDENES

EINIGE DATEN[1] AUS DER DEUTSCHEN GESCHICHTE

1517	Martin Luther—die fünfundneunzig Thesen,[2] Anfang der Reformation
1521	Reichstag zu Worms
1618–1648	Dreißigjähriger Krieg
1749–1832	Johann Wolfgang von Goethe, Deutschlands größter Dichter
1759–1805	Friedrich von Schiller, großer Dichter und Freund Goethes
1806	Ende des Heiligen Römischen Reiches[3]
1815	Wiener Kongreß, Ende der Kriege gegen Napoleon, Anfang der Reaktion gegen demokratisches Streben[4] des Volkes
1848	Revolution gegen die Reaktion
1871	Gründung[5] des Deutschen Reiches
1914–1918	Erster Weltkrieg
1939–1945	Zweiter Weltkrieg
1945	Zusammenbruch des Deutschen Reiches
1948	Währungsreform, Marshallplan, Beginn des „Deutschen Wirtschaftswunders",[6] Luftbrücke[7]
1961	Berliner Mauer errichtet

ZUSÄTZLICHE ÜBUNGEN

Give the following sentences in German:

Beispiel: **Do you know the man who was with us yesterday?**   **Kennen Sie den Mann, der gestern bei uns war?**

1. Do you know the man who was with us yesterday?
2. Do you know the student who was with us yesterday?
3. Do you know the students who were with us yesterday?
4. I saw the woman who was with us on Thursday.
5. I saw the people who were with us on Wednesday.
6. We know the children whom we saw on Friday.
7. We know the children with whom he was playing.
8. That is the train which I often take.
9. That is the streetcar line which I often take.
10. That is the neighbor whom I know very well.

[1] **das Datum** date   [2] **die These** thesis, proposition
[3] **das Heilige Römische Reich** Holy Roman Empire   [4] **das Streben** striving
[5] **die Gründung** founding   [6] **das Wirtschaftswunder** economic miracle   [7] **die Luftbrücke** airlift

11. That is the neighbor lady whom I know very well.
12. That is the country that I know best (*am besten*).
13. That is the official to whom I gave the ticket.
14. That is the neighbor whose children are in our school.
15. That is the lady whose car is standing in front of the house.
16. Do you know the man whose car is standing in front of the house?
17. Do you know the people whose car is standing in front of the house?
18. Do you know the children who are playing in front of the school?
19. Do you know the neighbor whose car is standing in front of your house?
20. Do you know the people with whom he is speaking?
21. I know the child with whom he is playing.
22. I talked with the child who is playing in front of the house.
23. I talked with the man who works here.
24. I talked with the lady who works here.
25. I talked with the men who work here.
26. The house in which I live is right (*gleich*) around the corner.
27. The factory in which I work is right around the corner.
28. The store in which he works is right around the corner.
29. The store which he bought is right around the corner.
30. The store into which he went is right around the corner.
31. The church into which he went is on (*in*) this street.
32. The hotel in which he is staying is on this street.
33. That is the innkeeper whose inn is on the next street.
34. What is the name of the author whose book you are reading?
35. What is the name of the author who wrote that?
36. What is the name of the neighbor with whom you were speaking?
37. Is that the neighbor about whom you were speaking?
38. Is that the girl about whom you were speaking?
39. Where is the car that you bought?
40. Is that the new hat which you bought?

GRAMMATIK

A. WEAK ADJECTIVE ENDINGS

Descriptive adjectives have weak endings when they follow:

1. the definite article
2. a **der**-word
3. the indefinite article with an ending
4. an **ein**-word with an ending

The following table contains the weak adjective endings:

| | SINGULAR | | | PLURAL |
	MASCULINE	FEMININE	NEUTER	ALL GENDERS
NOMINATIVE	-e	-e	-e	-en
GENITIVE	-en	-en	-en	-en
DATIVE	-en	-en	-en	-en
ACCUSATIVE	-en	-e	-e	-en

B. THE POSITIVE DEGREE
OF ADJECTIVES AND ADVERBS

An adjective in the positive degree takes an ending when it precedes the noun it modifies.

Wir wohnen in einem weißen Haus.
Köln ist eine alte Stadt.
Der große Wagen ist ein Mercedes.
Was ist die Adresse Ihres neuen Geschäfts?
Die jungen Leute tanzten den ganzen Abend.
Ich habe meine alte Tante besucht.
In dieser einsamen Gegend sieht man keinen Menschen.

Predicate adjectives and adverbs in the positive degree do not take endings.

Der Wagen ist neu.
Das Haus ist nicht sehr groß.
Er lief schnell auf die Straße.
Mein Freund ist oft bei uns.

C. THE COMPARATIVE DEGREE
OF ADJECTIVES AND ADVERBS

The comparative form of an adjective or adverb usually has the suffix -er. If the adjective precedes the noun it modifies, the adjective ending is attached to the suffix.

In den kleineren Dörfern sieht man das oft.
Der ältere Mann ist mein Onkel.

Adverbs and predicate adjectives in the comparative degree take no ending besides the suffix -er.

Der D-Zug fährt schneller als der Personenzug.
Der Volkswagen ist kleiner als der Mercedes.

D. THE SUPERLATIVE DEGREE
OF ADJECTIVES AND ADVERBS

The superlative form of most adjectives has the suffix -st. If the adjective precedes the noun it modifies, the adjective ending is attached to the suffix.

TEE 77 ist der schnellste Zug von München nach Frankfurt.
Der Rhein ist der längste deutsche Fluß.
Heidelberg ist eine der schönsten Städte Deutschlands.

The superlative of a predicate adjective may take the following form:

Welcher Zug ist der schnellste?
Diese Frau ist die schönste von allen.
Dieses Kind ist das jüngste in der ganzen Schule.

The superlative form of an adverb is preceded by the word am and ends in the suffix -sten. The superlative of a predicate adjective may also be formed in this way.

Unter allen Studenten des Instituts spricht Herr Jones am besten Deutsch.
Von allen deutschen Zügen fährt der „Helvetia" (TEE 78) am schnellsten.
Von allen Kirchen der Welt ist der Turm des Ulmer Münsters am höchsten.

E. THE **UMLAUT** AND IRREGULARITIES IN THE COMPARATIVE AND SUPERLATIVE DEGREES

Many one-syllable adjectives and adverbs take an **Umlaut** in the comparative and superlative degrees.

> Hans ist älter als Marie, aber Fritz ist das älteste Kind in der Familie.
> München ist größer als Heidelberg, aber kleiner als Berlin.

The following common adjectives and adverbs take an **Umlaut** or are irregular in their comparison:

POSITIVE	COMPARATIVE	SUPERLATIVE
alt	älter	der, die, das älteste am ältesten
arm	ärmer	der, die, das ärmste am ärmsten
gern	lieber	— am liebsten
groß	größer	der, die, das größte am größten
gut	besser	der, die, das beste am besten
hoch, hoh-	höher	der, die, das höchste am höchsten
jung	jünger	der, die, das jüngste am jüngsten
klug	klüger	der, die, das klügste am klügsten
nah(e)	näher	der, die, das nächste am nächsten
oft	öfter	der, die, das öfteste am öftesten
stark	stärker	der, die, das stärkste am stärksten
viel	mehr	der, die, das meiste am meisten
weit	weiter	der, die, das weiteste am weitesten

Hoch is the form of the predicate adjective, but **hoh-** is the form preceding a noun.

> Der Turm ist sehr **hoch**.
> Der **hohe** Turm steht heute noch.

F. INTRANSITIVE VERBS REQUIRING THE AUXILIARY **SEIN**

Most verbs form the present perfect tense with the present tense of **haben** in combination with the past participle of the verb. They form the past perfect tense with the past tense of **haben** and the past participle of the verb.

PRESENT PERFECT TENSE

Ich **habe** heute mein Buch **vergessen.**
Wir **haben** die nächste Aufgabe **angefangen.**
Ich **habe** mir einen neuen Wagen **gekauft.**
Sie **hat** auf der Universität Heidelberg **studiert.**

PAST PERFECT TENSE

Ich **hatte** schon zu Mittag **gegessen,** als er zu mir kam.
Er **hatte** den Doktor schon **gemacht,** bevor er nach Schwarzhausen kam.
Meine Freunde **hatten** vor dem Krieg auf der Universität Heidelberg **studiert.**

Intransitive verbs expressing motion, i.e. change of location or position, form the
present perfect tense with the present tense of **sein** as the auxiliary verb in combination
with the past participle.   These verbs form the past perfect tense with the past tense
of **sein** in combination with the past participle.

PRESENT PERFECT TENSE

Gestern **ist** er auf Besuch **gekommen.**
Ich **bin** letzte Woche nach Köln **gefahren.**
Eben **sind** sie **eingestiegen.**

PAST PERFECT TENSE

Wir **waren** schon **abgefahren,** bevor der Brief ankam.
Er **war** schon **aufgestanden,** ehe ich in die Schule ging.

A small but important group of additional intransitive verbs also requires **sein** as the
auxiliary in the perfect tenses.   Of these, the more commonly used are:

ankommen	passieren
bleiben	sein
erscheinen	sterben
folgen	wachsen *to grow*
gelingen *to succeed*	werden
geschehen *to happen*	

Wir **sind** kaum eine Stunde in Stuttgart **geblieben.**
Das Deutsche Wirtschaftswunder **ist** nicht ohne viel Arbeit **geschehen.**
Es **ist** mir nicht **gelungen,** eine bessere Stelle zu finden.
Er **ist** im Juli des vergangenen Jahres **gestorben.**

G. SUBORDINATING CONJUNCTIONS

Subordinating conjunctions introduce subordinate clauses.   The following are subordinating conjunctions which occur frequently:

als	*than, when*	seitdem	*since*
als ob	*as if*	sobald	*as soon as*
bis	*until*	sowie	*as well as*
da	*since*	während	*while*
damit	*in order that*	warum	*why*
daß	*that*	weil	*because*
indem	*while, while at the same time*	wenn	*if, when*
ob	*whether*	wie	*as, how*
obwohl	*although*	wo	*where*

H. TRANSPOSED WORD ORDER

Most German subordinate clauses require transposed word order.   In transposed word order the conjugated verb form is transposed to the end of the clause.

NORMAL WORD ORDER	TRANSPOSED WORD ORDER
Er **ist** jetzt hier.	Ich weiß, daß er jetzt hier **ist**.
Sie **muß** gleich ins Geschäft gehen.	Ich weiß, daß sie gleich ins Geschäft gehen **muß**.
Er **ist** krank.	Er ist im Krankenhaus, weil er krank **ist**.
Er **hat** heute einen Brief bekommen.	Wir wissen schon, daß er heute einen Brief bekommen **hat**.

I. RELATIVE PRONOUNS

A relative pronoun usually relates a subordinate clause to a noun in the main clause. The gender and number of the relative pronoun are determined by the word, i.e. antecedent, to which it refers; the case of the relative pronoun is determined by its function in its own clause.   The clause introduced by a relative pronoun requires transposed word order.

ANTECEDENT	RELATIVE PRONOUN	REMAINDER OF MAIN CLAUSE
Der Mann,	**den** wir besuchten,	wohnt schon lange in Berlin.
(*Masculine Singular, Nominative*)	(*Masculine Singular, Accusative*)	

The common declension of the relative pronoun is as follows:

	SINGULAR			PLURAL
	MASCULINE	FEMININE	NEUTER	ALL GENDERS
NOMINATIVE	der	die	das	die
GENITIVE	dessen	deren	dessen	deren
DATIVE	dem	der	dem	denen
ACCUSATIVE	den	die	das	die

German, unlike English, makes no distinction between persons and things represented by the relative pronoun.   English uses forms of "who" to represent persons and "which" or "that" to represent things.

Die Studentin, **deren** Eltern ich besuchte, ist Anneliese Neumann.
  (*whose*)
Der Student, **dem** sie half, ist Amerikaner.
  (*whom*)
Das ist die Frau, **die** meine Eltern kennt.
  (*who*)
Die Ausländer, **die** man auf den Straßen von Schwarzhausen sieht, sind Studenten.
  (*whom*)
Das ist die Straßenbahn, mit **der** ich jeden Morgen fahre.
  (*which*)
Hier ist ein Buch, **das** Sie lesen sollten.
  (*which, that*)

Neunzehnte Lektion

Grammatische Ziele:
> Starke Endungen des Adjektivs—
>> Nominativ (männlich, sächlich)
>> Akkusativ (sächlich)
>> Wiederholung der schwachen Endungen
>> Substantive mit „etwas" und „nichts"

EINFÜHRENDE BEISPIELE

Anschauungsmaterial:
> Bild eines neuen Wagens
> ein neues Buch

1. Ein alter Mann wartete an der Haltestelle.
    Wer wartete an der Haltestelle?
    > Ein alter Mann wartete an der Haltestelle.

    Wo wartete der alte Mann?
    > Der alte Mann wartete an der Haltestelle.

2. Ein kleines Kind spielte auf der Straße.
    Wer spielte auf der Straße?
    > Ein kleines Kind spielte auf der Straße.

    Wo spielte das kleine Kind?
    > Das kleine Kind spielte auf der Straße.

3. Mein Onkel hat ein altes Haus in München.
    Was hat er in München?
    > Er hat ein altes Haus in München.

    Wo ist das alte Haus?
    > Das alte Haus ist in München.

4. Sie haben Ihr neues Buch nicht mitgebracht.
    Mein neues Buch liegt auf dem Tisch.
    Wo liegt mein neues Buch?
    >   Ihr neues Buch liegt auf dem Tisch.
    Haben Sie Ihr neues Buch mitgebracht?
    >   Nein, ich habe mein neues Buch nicht mitgebracht.

5. Das ist kein alter Wagen.
    Das ist ein neuer Wagen.
    Ist das ein neuer Wagen?
    >   Ja, das ist ein neuer Wagen.
    Ist das ein alter Wagen?
    >   Nein, das ist kein alter Wagen.
    Ist das ein neues Auto?
    >   Ja, das ist ein neues Auto.

6. Haben Sie sein neues Auto gesehen?
    >   Ja, ich habe sein neues Auto gesehen.

7. Ich habe etwas Neues gehört.
    Was habe ich gehört?
    >   Sie haben etwas Neues gehört.

8. Fräulein Moreau hat immer etwas Schönes an.
    Wer hat immer etwas Schönes an?
    >   Fräulein Moreau hat immer etwas Schönes an.

9. Ich habe einen Brief von zu Hause bekommen, aber man hat nichts Neues
    geschrieben.
    Hat man etwas Neues geschrieben?
    >   Nein, man hat nichts Neues geschrieben.

ÜBUNGEN

1. Beispiel: *ein alter Mann*   *Ein alter Mann* ging an uns vorbei.
   a. ein alter Mann   d. ein großer Mann
   b. ein alter Herr   e. ein kleiner Junge
   c. ein junger Herr
2. Beispiel: *klein*   Ein *kleiner* Mann wartete auf mich.
   a. klein   d. alt
   b. groß   e. jung
   c. dick

3. Beispiel: *mein*   **Mein** alter Freund besuchte mich gestern.

   a. mein

   b. unser

   c. sein

   d. ein

   e. ihr   (*her*)

4. Beispiel: *schwarz*   **Ein** *schwarzer* **Wagen ist vorbeigefahren.**

   a. schwarz

   b. groß

   c. klein

   d. rot

   e. italienisch

5. Beispiel: **Der** *kleine* **Wagen steht vor dem Haus.**   **Ein** *kleiner* **Wagen steht vor dem Haus.**

   a. Der kleine Wagen steht vor dem Haus.

   b. Der junge Mann hat bei uns gewohnt.

   c. Der alte Kirchturm steht noch.

   d. Der neue Lehrer kommt morgen in die Schule.

   e. Der junge Student hat mir geholfen.

   f. Der alte Freund aus Amerika hat uns besucht.

   g. Der junge Arzt entwickelte die neue Methode.

   h. Der gelbe Bleistift liegt auf dem Tisch.

Ostberlin: Hinter der Mauer

6. Beispiel: *Ein großer* Wagen hält vor unserem Haus.   *Der große* Wagen hält vor unserem Haus.

   a. Ein großer Wagen hält vor unserem Haus.
   b. Das ist ein berühmter Bildhauer.
   c. Ein kleiner See liegt mitten im Wald.
   d. Ein kleiner Junge ist auf die Straße gelaufen.
   e. Das ist ein langer Bericht über Schulprobleme.
   f. Ein großer Wald liegt nicht weit vom Dorf.
   g. Ein bunter Festzug zog durch die Straßen.
   h. Ein jüngerer Bruder ist noch ledig.

7. Beispiel: Ist das der letzte Brief von den Eltern?   Ja, das ist der letzte Brief von den Eltern.

   a. Ist das der letzte Brief von den Eltern?
   b. Ist das ein neuer Brief von zu Hause?
   c. Ist das ein neuer Park?
   d. War das der einzige Wagen auf der Straße?
   e. Ist das ein neuer Fahrplan?
   f. Stammt sein junger Freund aus Ostpreußen?

8. Beispiel: Wir sind durch *den* kühlen Wald gegangen.   Wir sind durch *einen* kühlen Wald gegangen.

   a. Wir sind durch den kühlen Wald gegangen.
   b. Wir haben den alten, gotischen Turm gesehen.
   c. Haben Sie den neuen Plattenspieler gekauft?
   d. Ich habe nur den kleinen Handkoffer mitgenommen.
   e. Wir gingen in den alten Gasthof in der Gartenstraße.

9. Beispiel: *der alte Dom*   Wir haben gestern *einen alten Dom* besucht.
   a. der alte Dom   d. der barocke Palast
   b. der schöne Park   e. der kleine Bauernhof
   c. der berühmte Gasthof

10. Beispiel: *ein kleiner Wagen*   Wir haben uns *einen kleinen Wagen* gekauft.
   a. ein kleiner Wagen   d. ein alter Gasthof
   b. ein großer Bauernhof   e. ein schöner Tisch
   c. ein neuer Plattenspieler

11. Beispiel: *ein altes Haus*   *Ein altes Haus* steht nicht weit von der Ecke.
   a. ein altes Haus   d. ein berühmtes Gasthaus
   b. ein neues Restaurant   e. ein schönes Gebäude
   c. ein großes Hotel

12. Beispiel: *ein besseres Zimmer*   Ich habe *ein besseres Zimmer* bekommen.
   a. ein besseres Zimmer   d. ein kleines Heft
   b. ein neues Buch   e. ein bequemes Sofa
   c. ein schönes Bild von zu Hause

13. Beispiel: *bunt*   Ein *buntes* Zelt stand auf der Wiese.
   a. bunt   d. klein
   b. groß   e. groß, bunt
   c. offen

14. Beispiel: *klein*   Ich habe mein *kleines* Heft verloren.
   a. klein   d. alt
   b. rot   e. neu
   c. groß

15. **Beispiel:** *Haus*   Das ist ein altes *Haus*.

    a. Haus
    b. Gebäude
    c. Auto

    d. Kurhotel
    e. Gasthaus

16. **Beispiel:** *Wagen*   Das ist ein alter *Wagen*.

    a. Wagen
    b. Mann
    c. Turm
    d. Baum

    e. Handkoffer
    f. Plattenspieler
    g. Fahrplan
    h. Freund

17. **Beispiele:** *Handkoffer*   Das ist ein *neuer Handkoffer*.
               Hotel   Das ist ein *neues Hotel*.

    a. Handkoffer
    b. Hotel
    c. Gebäude
    d. Fahrplan
    e. Restaurant

    f. Volkswagen
    g. Wagen
    h. Plattenspieler
    i. Flugzeug
    j. Flughafen

18. **Beispiele:** *das Volksfest*   Wir haben *ein großes Volksfest* gesehen.
               der Wald   Wir haben *einen großen Wald* gesehen.

    a. das Volksfest
    b. der Wald
    c. der Palast
    d. der See
    e. das Theater

    f. der Brand
    g. das Schloß
    h. der Park
    i. das Feld
    j. der Dom

19. **Beispiel:** *Kirche*   Ich habe gestern eine berühmte *Kirche* besucht.

    a. Kirche
    b. Burg
    c. Fabrik

    d. Firma
    e. Schule

20. **Beispiele:** *Burg*   Wir wollten *eine alte Burg* sehen.
               Dom   Wir wollten *einen alten Dom* sehen.
               Schloß   Wir wollten *ein altes Schloß* sehen.

    a. Burg
    b. Dom
    c. Schloß
    d. Kirche
    e. Palast

    f. Rathaus
    g. Turm
    h. Gasthaus
    i. Tante in Berlin
    j. Onkel in Mannheim

FRAGEN

1. Wo haben Sie ein altes Schloß gesehen?
2. Wo steht die alte Kirche, die Sie besucht haben?
3. Welches Theater haben Sie besucht?
4. Sind Sie in das neue Theater gegangen?
5. War es ein neues Flugzeug, mit dem Sie geflogen sind?
6. Haben Sie einen alten Mann an der Sperre gesehen?
7. Haben Sie in einer guten Pension gewohnt?
8. Wo liegt der große Wald, durch den Sie gefahren sind?
9. Wohin sind Sie heute spazierengegangen?
10. Wissen Sie, in welcher Straße das neue Hotel steht?
11. Wo ist der neue Wagen, mit dem Sie gefahren sind?
12. Wohnen Sie in einem alten oder in einem neuen, modernen Haus?

DIALOG: Strandbad Wannsee

Einige Studenten fahren mit der S-Bahn nach Wannsee, einem Vorort Westberlins, der am Wannsee liegt.

BROWN Sind Sie das erste Mal auf Besuch in Berlin?

MOREAU Nein, als ich ein kleines Mädchen war, bin ich schon einmal mit den Eltern hier gewesen.

BROWN Ich habe nicht gewußt, daß so ein schöner See innerhalb der Stadtgrenze liegt.

MOREAU Ja, der See ist eine Erweiterung der Havel, und auf dem einen Ufer ist ein beliebtes Strandbad. Im Sommer geht ein richtiger Berliner jedes Wochenende schwimmen.

BROWN Es war ein guter Vorschlag von Ihnen, heute schwimmen zu gehen, da es ein warmer, sonniger Tag ist. Meine Badehose habe ich mitgebracht.

Im Strandbad

BROWN In Ihrem neuen Badeanzug sehen Sie besonders flott aus!

MOREAU So? Meinen Sie?

BROWN So ein modischer Anzug kommt direkt aus Paris, nicht wahr?

MOREAU Nein, keineswegs. Wissen Sie, gestern, als ich auf dem Kurfürstendamm spazierenging, habe ich ihn in einem Schaufenster gesehen.

BROWN Liebe auf den ersten Blick!

MOREAU Natürlich.

BROWN Und Sie sind gleich ins Geschäft gelaufen und haben ihn gekauft?

MOREAU Jawohl. Die Verkäuferin meinte, daß er mir ganz genau paßte.

BROWN Der Meinung bin ich auch!

MOREAU Hoffentlich geht er nicht ein, wenn ich ins Wasser gehe.

BROWN Probieren Sie es gleich einmal!

Wannsee: Strandbad

Wannsee Beach

Several students are going by municipal railway to Wannsee, a suburb of West Berlin, which is on Lake Wannsee.

BROWN Are you visiting Berlin for the first time?

MOREAU No, when I was a little girl I was here once with my parents.

BROWN I didn't know that there was such a pretty lake within the city limits.

MOREAU Yes, the lake is a wide place in the Havel River, and on the one shore there is a popular bathing beach. In the summer a real Berliner goes swimming every weekend.

BROWN It was a good suggestion of yours to go swimming today, since it is a warm, sunny day. I brought my swim trunks along.

🚊

At the beach

BROWN You really look chic in your new swimsuit.

MOREAU Oh, do you think so?

BROWN A stylish suit like that comes straight from Paris, doesn't it?

MOREAU No, not at all. You know, yesterday while I was taking a walk on the *Kurfürstendamm* I saw it in a show window.

BROWN Love at first sight!

MOREAU Of course.

BROWN And you went right into the shop and bought it?

MOREAU Yes, indeed. The saleslady said that it fit me exactly.

BROWN That's my opinion too. [I'm of that opinion too.]

MOREAU I hope it doesn't shrink when I go into the water.

BROWN Why not try it out right away!

FRAGEN ÜBER DEN DIALOG

1. Welche Stadt besuchte Fräulein Moreau, als sie ein kleines Mädchen war?
2. Mit wem ist Fräulein Moreau schon einmal in Berlin gewesen?
3. Was liegt innerhalb der Stadtgrenze?
4. Ist der Wannsee ein schöner See?
5. Was ist auf dem einen Ufer?
6. Wer geht jedes Wochenende schwimmen?
7. Was für (*what kind of*) ein Tag ist es?
8. Wer hatte den Vorschlag gemacht, schwimmen zu gehen?
9. Was hatte Herr Brown mitgebracht?
10. Wie hat Fräulein Moreau in ihrem neuen Badeanzug ausgesehen?
11. War es ein modischer Badeanzug?
12. Was hatte Fräulein Moreau im Schaufenster gesehen?
13. Wo war das Geschäft, in dem sie den Anzug kaufte?
14. Wer hatte ihr den Anzug verkauft?
15. Wie hat der Anzug gepaßt?
16. Soll ein Badeanzug eingehen?

LESESTÜCK: Der Regierende Bürgermeister[1] von Berlin

Gegen halb zwölf verließen die Studenten das Strandbad und aßen zu Mittag in den „Wannseeterrassen", einem neuen Restaurant nahe dem Ufer, mit einer herrlichen Aussicht auf den ruhigen See, dessen tiefblauer Spiegel[2] mit weißen Segeln[3] besät[4] war. Da sie noch Zeit hatten, ehe der nächste S-Bahnzug ging, schlug einer der Studenten vor,[5] Kleists Grab[6] zu besuchen. Den meisten Studenten bedeutete der Name „Kleist" so gut wie nichts. Herr Segovia, der den Vorschlag gemacht hatte, mußte den anderen erklären, wer Kleist war. Die Gruppe erfuhr, daß Heinrich von Kleist ein romantischer Dichter Preußens gewesen war, der erst nach seinem vorzeitigen[7] Tode berühmt wurde. Sein trauriges Leben, eine unglückliche[8] Liebe und sein unbefriedigter Drang nach Ruhm[9] brachten ihn zu dem Entschluß,[10] sich umzubringen.[11] Er schloß einen Todespakt[12] mit einer reichen Dame, mit der er gut befreundet war,[13] und die an einer unheilbaren[14] Krankheit litt. Die beiden planten sorgfältig ihren gemeinsamen Tod.[15] Am Strand des Wannsees, nicht weit von einem Wirtshaus entfernt, holte der unglückliche Dichter eine Pistole aus der Tasche,[16] erschoß[17] die Dame und gleich darauf[18] sich selbst. Sein einsames Grab ist heute noch in einem kleinen Park nicht weit vom See zu sehen.

[1] **der Regierende Bürgermeister** Governing Mayor [2] **der Spiegel** mirror, surface of a body of water
[3] **das Segel** sail [4] **besät** dotted [5] **vorschlagen, schlug vor, vorgeschlagen** to propose
[6] **das Grab** grave [7] **vorzeitig** premature [8] **unglücklich** unhappy
[9] **sein unbefriedigter Drang nach Ruhm** his unfulfilled drive for fame [10] **der Entschluß** decision
[11] **umbringen, brachte um, umgebracht** to kill [12] **er schloß einen Todespakt** he made a death pact
[13] **mit der er gut befreundet war** of whom he was a good friend [14] **unheilbar** incurable
[15] **die beiden planten sorgfältig ihren gemeinsamen Tod** the two carefully planned their common death [16] **die Tasche** pocket [17] **erschießen, erschoß, erschossen** to shoot fatally
[18] **gleich darauf** immediately afterward

Obwohl die meisten Studenten keine besondere Lust[19] hatten, sich Gräber anzusehen, gingen sie mit, denn es gab in Wannsee sonst nichts Interessantes zu tun. Die Lebensgeschichte weckte[20] vielleicht in ihren romantischen jungen Herzen ein gewisses Mitleid[21] mit dem unglücklichen Dichter, der durch sein melancholisches Wesen[22] und bewegtes,[23] poetisches Temperament so sehr gelitten hatte.

Herr Jones hatte am vorigen Tag mit Herrn Schoening ausgemacht,[24] daß die ganze Gruppe um drei Uhr auf dem Rathaus erscheinen sollte. Obwohl die Entfernung von Wannsee nach Schöneberg ziemlich groß ist, war es doch einfach, dorthin zu fahren, denn die S-Bahnlinie von Wannsee ins Zentrum fährt über Schöneberg, den Bezirk,[25] in dem sich das Rathaus Schöneberg befindet, von dem aus heute ganz Westberlin regiert wird.[26]

Herr Schoening erwartete sie und führte sie gleich zum Regierenden Bürgermeister, dem er sie vorstellte. Obwohl der Bürgermeister sehr viel zu tun hatte (neben den Stellen des Bundeskanzlers und des Bundespräsidenten ist die Stelle des Regierenden Bürgermeisters von Berlin eine der politisch wichtigsten in Westdeutschland), sprach er zu den fremden Studenten über die sozialen und politischen Probleme der gespaltenen Stadt. Ein Teil seiner Ansprache sei hier angeführt:[27]

„Meine Damen und Herren! Es freut mich sehr, Sie in Berlin willkommen zu heißen.[28] Ich hoffe, daß Sie sich in der kurzen Zeit, die Sie hier verbracht haben, mit den vielfachen[29] Problemen unserer Stadt schon ein wenig bekannt gemacht haben. Zuerst möchte ich Ihnen ganz kurz eine Übersicht[30] der Geschichte Berlins geben. Vom Mittelalter bis zum Anfang des achtzehnten Jahrhunderts war Berlin die Hauptstadt der Mark Brandenburg, einer kleinen, unbedeutenden[31] Provinz. Im Jahre 1701 wurde es die preußische Hauptstadt, aber im Vergleich mit Städten wie Wien, Frankfurt und Paris spielte es keine bedeutende Rolle in der Weltpolitik. Erst nach der Gründung des Deutschen Reiches im Jahre 1871 wurde Berlin zu einer Weltstadt. Im Jahre 1920 vereinigte sich eine Gruppe von Städten und Landgemeinden[32] unter dem Namen Groß-Berlin.[33] Das erklärt die Tatsache,[34] daß es innerhalb der Grenze Berlins Bezirke wie Spandau, Schöneberg, Wilmersdorf, Tempelhof, Charlottenburg u.a.m. gibt. Obwohl jeder Bezirk seine eigene Verwaltung und seinen eigenen Bürgermeister hat, ist es die Aufgabe des städtischen Parlaments, nach der Lösung der mannigfaltigen[35] Probleme zu suchen,[36] die die Gesamtheit[37] unserer Bevölkerung betreffen.[38] Nach der Zerstörung im Zweiten Weltkrieg haben die Siegermächte die Stadt in vier Sektoren geteilt. 1948 spaltete sich die bis dahin[39] gemeinsame Stadtverwaltung, und es bildete sich eine getrennte[40] West- und Ost-

---

[19] **besondere Lust** particular desire   [20] **wecken** to awaken

[21] **das Mitleid** compassion   [22] **das Wesen** being, personality

[23] **bewegt** restless, agitated   [24] **ausmachen** to agree   [25] **der Bezirk** district, borough

[26] **von dem aus Westberlin regiert wird** from which West Berlin is governed

[27] **ein Teil seiner Ansprache sei hier angeführt** a part of his speech is quoted here

[28] **willkommen heißen** to welcome   [29] **vielfach** manifold   [30] **die Übersicht** survey, review

[31] **unbedeutend** insignificant   [32] **die Landgemeinde** rural community

[33] **Groß-Berlin** Greater Berlin   [34] **die Tatsache** fact   [35] **mannigfaltig** manifold

[36] **nach etwas suchen** to look for something   [37] **die Gesamtheit** totality

[38] **betreffen, betraf, betroffen** to concern   [39] **dahin** to that time   [40] **trennen** to separate

berliner Stadtregierung.   Die Westberliner Regierung, zuständig[41] für die drei Westsektoren, zog in das Schöneberger Rathaus ein.[42]   Damit war Berlin in einen öst-
lichen und einen westlichen Teil gespalten.

Trotzdem[43] war es bis zum 13. August 1961 möglich, daß eine halbe Million
Menschen jeden Tag die Sektorengrenze überquerte,[44] denn dem Vertrag nach,[45] den
die Siegermächte miteinander geschlossen hatten, sollte ungehinderter[46] Verkehr
zwischen allen Teilen der Stadt möglich sein.   63 000 Ostberliner arbeiteten im
Westsektor, während 13 000 Westberliner Arbeitsstellen in Ostberlin hatten.   Aber
an jenem Tag wurde eine Mauer errichtet.[47]

Wie Sie wohl wissen", fuhr der Bürgermeister fort, „liegt Berlin mitten in der
Sowjetischen Besatzungszone.   Es ist wahrscheinlich das einzige Stück Erde, das
eine Insel ist, ohne von Wasser umgeben zu sein.[48]   Westberlin hat je drei[49] Flugkorridore, Autobahn- und Eisenbahnverbindungen[50] mit der Bundesrepublik.   Als
die Blockade im Jahre 1948 begann, schätzten wir uns äußerst glücklich,[51] daß wir diese
Flugkorridore hatten.   Die Luftbrücke, die der Blockade entgegenwirkte,[52] hat Berlins Leben gerettet,[53] weil die Flugzeuge der Alliierten ohne Hindernisse[54] durch die
Korridore fliegen durften.

Nach jenen schweren Zeiten entwickelte sich unsere Industrie sehr schnell, und
trotz aller Hindernisse seiner isolierten[55] Lage ist das heutige Berlin die größte
deutsche Industriestadt.   In der Vorkriegszeit hatte Berlin als Reichshauptstadt rund
50 v.H. (vom Hundert) des Einkommens[56] seiner Bevölkerung von Dienstleistungen[57]
bezogen.[58]   Da die Stadt nach dem Zusammenbruch die Hauptstadtfunktionen
verlor, mußte sie die industrielle Produktion erhöhen.   Privates sowie öffentliches
Kapital hat uns finanzielle Starthilfe geleistet,[59] unsere Industrie wieder aufzubauen
und zu modernisieren.   Unsere Hauptprodukte[60] sind elektrische Geräte,[61] Kleidung,
Lebensmittel und Maschinen aller Art für die Schwerindustrie.

Da Berlin keine Bodenschätze[62] besitzt,[63] müssen wir praktisch alle Rohstoffe[64] von
außerhalb[65] beziehen, während unsere Fabriken Fertigprodukte[66] zurückliefern.[67]
Die Stadt hat eine erstaunlich große Anzahl[68] von Industriebetrieben,[69] und mit einer
Bevölkerung von 2,2 Millionen haben wir natürlich eine große Arbeiterschaft.[70]   Die

[41] **zuständig** officially responsible   [42] **einziehen, zog ein, ist eingezogen** to move in
[43] **trotzdem** nevertheless   [44] **überqueren** to cross over   [45] **dem Vertrag nach** according to the treaty
[46] **ungehindert** unhindered   [47] **eine Mauer wurde errichtet** a wall was built
[48] **ohne von Wasser umgeben zu sein** without being surrounded by water   [49] **je drei** three . . . each
[50] **die Verbindung** connection
[51] **wir schätzten uns äußerst glücklich** we considered ourselves extremely fortunate
[52] **entgegenwirken** to counteract   [53] **retten** to save, rescue   [54] **das Hindernis** hindrance, obstacle
[55] **isoliert** isolated
[56] **rund 50 v.H. (vom Hundert) des Einkommens** approximately 50 percent of the income
[57] **die Dienstleistung** service   [58] **beziehen, bezog, bezogen** to receive, draw
[59] **leisten** to provide, afford   [60] **das Hauptprodukt** main product   [61] **das Gerät** appliance
[62] **der Bodenschatz** natural resource   [63] **besitzen, besaß, besessen** to possess
[64] **die Rohstoffe** raw materials   [65] **außerhalb** outside
[66] **das Fertigprodukt** finished product
[67] **zurückliefern** to return   [68] **die Anzahl** (large) number
[69] **der Industriebetrieb** industrial enterprise   [70] **die Arbeiterschaft** labor force

Arbeiterzahl Westberlins ist heute ungefähr[71] so groß wie die Arbeiterschaft Irlands.[72] 1950 gab es in Westberlin über 300 000 Arbeitslose, während es kaum zehn Jahre später praktisch keine Arbeitslosigkeit mehr gab. Heute bemühen wir uns darum, Fachkräfte aus der Bundesrepublik und Arbeiter aus dem Ausland nach Berlin zu holen.[73]

Außer dem Wiederaufbau der Industrie mußten wir uns auch mit dem Wohnungsproblem beschäftigen,[74] da der Krieg 50 Prozent aller Bauten entweder zerstört oder unbewohnbar[75] gemacht hatte. Seit 1954 bauen wir jährlich über 20 000 Wohnungen. Hoffentlich haben Sie schon das neue Hansaviertel[76] gesehen, auf das wir Berliner besonders stolz sind.[77] Das Hansaviertel ist ein Wohngebiet mitten in der Stadt, das wir als Muster[78] und Meisterstück moderner Städteplanung[79] errichtet haben. Zu diesem Zweck[80] luden wir die hervorragendsten[81] Architekten aus vierzehn Ländern nach Berlin ein und beauftragten[82] sie, das ganze als ein harmonisches Wohnviertel zu planen.

Wie Sie aus meinen Bemerkungen[83] ersehen[84] können, haben wir seit dem Krieg große Fortschritte gemacht, und trotz der vielen Berlin-Krisen[85] hat sich das wirtschaftliche und soziale Leben Westberlins stetig[86] verbessert.[87] Obwohl wir hier ein spannungsreiches[88] Leben führen, haben unsere Berliner nie ihren Humor verloren.

Und nun, meine Damen und Herren, möchte ich Ihnen zum Schluß[89] noch sagen, wie sehr es mich gefreut hat, daß Sie unsere Stadt besucht haben, und ich hoffe, Sie bald wieder hier begrüßen[90] zu können."

[71] **ungefähr** approximately   [72] **Irland** Ireland
[73] **wir bemühen uns darum, Fachkräfte zu holen** we endeavor to get skilled labor
[74] **sich beschäftigen mit** to deal with   [75] **unbewohnbar** uninhabitable
[76] **das Hansaviertel** the Hansa Quarter (a residential area)
[77] **auf das wir Berliner besonders stolz sind** of which we Berliners are especially proud
[78] **das Muster** model   [79] **die Städteplanung** city planning   [80] **zu diesem Zweck** for this purpose
[81] **hervorragend** outstanding   [82] **beauftragen** to commission, authorize   [83] **die Bemerkung** remark
[84] **ersehen, ersah, ersehen** to perceive   [85] **die Krise** crisis   [86] **stetig** steadily
[87] **verbessern** to improve   [88] **spannungsreich** tense   [89] **zum Schluß** in conclusion
[90] **begrüßen** to greet

Westberlin: Rathaus Schöneberg

WEITERE ÜBUNGEN

1. **Beispiel:**   *ein schöner See*   *Ein schöner See* liegt innerhalb der Stadt.
   a. ein schöner See   c. ein schöner, großer Park
   b. ein großer Park   d. ein schöner, blauer See
2. **Beispiel:**   *Anzug*   So ein modischer *Anzug* kommt direkt aus Berlin.
   a. Anzug   c. Hut
   b. Badeanzug   d. Damenhut
3. **Beispiel:**   *Geschäft*   Ein großes *Geschäft* steht neben der Post.
   a. Geschäft   c. Hotel
   b. Theater   d. Restaurant

4. **Beispiele:** *der Tag*   **Es ist *ein warmer Tag*.**
   das Kleid   **Es ist *ein warmes Kleid*.**
   die Nacht   **Es ist *eine warme Nacht*.**

   a. der Tag

   b. das Kleid

   c. die Nacht

   d. der Anzug

   e. das Zimmer

   f. das Land

   g. das Federbett

   h. der Pullover

   i. die Jacke

   j. der Hut

   k. das Wochenende

   l. der Abend

5. **Beispiele:** **Das Zimmer war *kühl*.**   **Es war *ein kühles* Zimmer.**
   Die Jacke war *rot*.   **Es war *eine rote* Jacke.**

   a. Das Zimmer war kühl.

   b. Die Jacke war rot.

   c. Die Nacht war feucht.

   d. Der See war blau.

   e. Die Kirche war neu.

   f. Der Hut war altmodisch.

   g. Der Tag war sehr sonnig.

   h. Der Anzug war sehr modisch.

   i. Der Sommer war ziemlich warm.

   j. Das Wochenende war recht schön.

   k. Das Strandbad war sehr beliebt.

   l. Der Winter war außerordentlich kalt.

6. **Beispiel:** *das kleine Mädchen*   **Ich habe *ein kleines Mädchen* auf der Straße gesehen.**

   a. das kleine Mädchen

   b. das neue Auto

   c. das kleine Kind

   d. das schöne Mädchen

7. **Beispiel:** **Ich habe gestern *den* neuen Film gesehen.**   **Ich habe gestern *einen* neuen Film gesehen.**

   a. Ich habe gestern den neuen Film gesehen.

   b. Wir sind heute in den nahen Park gegangen.

   c. Sie hat den letzten Vorschlag gemacht.

   d. Ich habe den modischen Badeanzug gekauft.

   e. Er hat den braunen Anzug gekauft.

8. **Beispiele:** *das alte Buch*   **Er hat *ein altes Buch* gekauft.**
   der modische Anzug   **Er hat *einen modischen Anzug* gekauft.**

   a. das alte Buch

   b. der modische Anzug

   c. der knallrote Wagen

   d. die bessere Landkarte

   e. das kleinere Haus

   f. der neue Plattenspieler

   g. die neue Jacke

   h. der grasgrüne Mercedes

   i. der blaue Anzug

   j. das größere Haus

9. **Beispiel:** *mein*   **Mein neues Haus steht in der Bismarckstraße.**

   a. mein

   b. sein

   c. ihr

   d. unser

   e. ein

   f. kein

10. **Beispiel:** **Der neue Wagen steht vor dem Haus. (*sein*)**   **Sein neuer Wagen steht vor dem Haus.**

   a. Der neue Wagen steht vor dem Haus.   (sein)

   b. Der alte Freund hat mich gestern besucht.   (mein)

   c. Der jüngere Bruder wohnt jetzt in Baden-Baden.   (ihr)

    d. Der reiche Onkel reist im Frühling nach Deutschland.   (unser)

    e. Der neue Anzug liegt auf dem Bett da.   (sein)

    f. Der letzte Brief ist eben angekommen.   (ihr)

11. **Beispiele:**   *Das alte* **Haus steht in der nächsten**   *Sein altes* **Haus steht in der**
                 Straße.   **nächsten Straße.**
                 Die neue **Jacke liegt da auf dem Stuhl.**   *Seine neue* **Jacke liegt da**
                                             auf dem Stuhl.

    a. Das alte Haus steht in der nächsten Straße.

    b. Die neue Jacke liegt da auf dem Stuhl.

    c. Der kleine Gasthof ist gleich um die Ecke.

    d. Das große Geschäft ist in der Hauptstraße.

    e. Der jüngere Bruder ist bei der Regierung.

    f. Der billige Anzug paßt ihm nicht.

    g. Die neue Fabrik liegt in einem Vorort.

    h. Der erste Vorschlag war nicht gut.

    i. Das erste Drama hatte großen Erfolg.

    j. Die kleine Wohnung ist gleich neben der Post.

12. **Beispiel:**   *etwas Neues*   **Wir haben** *etwas Neues* **bekommen.**

    a. etwas Neues   d. nichts Neues

    b. etwas Gutes   e. nichts Gutes

    c. etwas Großes   f. nichts Schönes

13. **Beispiel:**   *neu*   **Ich habe mir etwas** *Neues* **gekauft.**

    a. neu   d. blau

    b. alt   e. flott

    c. schön   f. rot

14. **Beispiel:**   *schön*   **Sie hat im Geschäft nichts** *Schönes* **gefunden.**

    a. schön   d. gut

    b. gelb   e. modisch

    c. flott   f. interessant

15. **Beispiel:**   **Was haben Sie gefunden?**   (*rot*)   **Ich habe etwas** *Rotes* **gefunden.**

    a. Was haben Sie gefunden?   (rot)

    b. Was haben Sie gekauft?   (modisch)

    c. Was haben Sie von zu Hause bekommen?   (gut)

    d. Was haben Sie gesehen?   (weiß)

    e. Was tragen Sie am *Saint Patrick's Day?*   (grün)

    f. Was haben Sie im Schaufenster gesehen?   (bunt)

WEITERE FRAGEN

1. Wo ist der Wannsee?
2. Wie heißt der schöne See in Berlin?
3. In welchem Bezirk steht das Rathaus Schöneberg?
4. Wem stellte Herr Schoening die Studenten vor?
5. Wohin sind die Studenten schwimmen gegangen?
6. Wer hatte einen neuen Badeanzug gekauft?
7. Wie viele Ostberliner hatten Stellen in Westberlin, ehe man die Mauer errichtete?
8. Wie viele Eisenbahnverbindungen hat Westberlin mit der Bundesrepublik?
9. Was wirkte der Blockade entgegen?

10. Was ist das Hansaviertel?
11. Hat Berlin große Bodenschätze?
12. Woher muß Westberlin Rohstoffe importieren?
13. Wie viele Arbeitslose gab es im Jahre 1950?
14. Was sind die Hauptprodukte Westberlins?
15. In welchem Jahr wurde Berlin die Hauptstadt des Deutschen Reiches?
16. Wer war Heinrich von Kleist?
17. Wo liegt er begraben?
18. Wie brachte er sich um?
19. Was war die Mark Brandenburg?
20. Welche Flugzeuge dürfen nicht nach Berlin fliegen?

SPRECHÜBUNGEN

1. Elicit the following information from the student next to you:
   a. ob er nach Wannsee gefahren ist
   b. ob er etwas Interessantes gemacht hat
   c. wie lange er in Wannsee geblieben ist
   d. was er dort gesehen hat
   e. ob er schwimmen gegangen ist
   f. wann er ins Zentrum Berlins zurückgekehrt ist
2. Supply the following information:
   a. welche Oper Sie gestern abend gehört haben
   b. wie es Ihnen gefallen hat
   c. wer die Oper komponiert hat
   d. wann die Erstaufführung stattfand
   e. wie Ihnen die Inszenierung gefallen hat
   f. um wieviel Uhr Sie zur Pension zurückgekehrt sind
3. Tell the student next to you:
   a. that you saw something pretty in a shop window
   b. that you did something interesting in Wannsee
   c. that you received something nice from home
   d. that you didn't find anything chic in the store
   e. that you would like to buy something stylish
   f. that you would like to find something new in the store
4. Elicit the following information from the student next to you:
   a. what stands on the sector boundary in Berlin
   b. whether he heard a speech by the Lord Mayor
   c. how many East Berliners used to work in West Berlin
   d. what the principal products of West Berlin are
   e. whether there is much unemployment in West Berlin today
   f. how many rail and highway connections West Berlin has with West Germany
5. Form questions using **wo, woher,** or **wohin** based on the following sentences:
   a. Wir sind nach Berlin geflogen.
   b. Ich wohnte in einer Pension.
   c. Er stammt aus Dresden.
   d. Ich möchte im Sommer in die Schweiz reisen.
   e. Ich habe das Geld von zu Hause bekommen.

    f. Sie ist aus Mecklenburg geflohen.

    g. Wir warteten an der Ecke auf Sie.

    h. Ich komme eben vom Rathaus.

    i. Es hat in der Gartenstraße gebrannt.

    j. Ich will den Brief nach Hause schicken.

    k. Ich stamme aus Bayern.

    l. Wir fahren morgen nach Regensburg.

6. Student Dialogue I

    a. When did the blockade start?

    b. I think (*glauben*) it was in 1948.

    a. What did the airplanes of the airlift bring to Berlin?

    b. Food and many other products.

7. Student Dialogue II

    c. What percentage of the houses were destroyed or uninhabitable?

    d. About fifty percent.

    c. How many dwellings does West Berlin build nowadays (*heutzutage*)?

    d. Over 20,000 each year.

8. Choose suitable responses from the right-hand column to the statements and questions in the left-hand column. Complete or expand the responses followed by ellipses.

a. In Ihrem neuen Kleid sehen Sie besonders flott aus.	(1) War es nicht herrlich dort?
b. Der braune Anzug paßt Ihnen nicht gut.	(2) Ja, wie angegossen! (*as if poured on, i.e. a perfect fit*)
c. Sie müssen sich ein rotes Kleid kaufen.	(3) Was Sie nicht sagen!
d. Ich glaube, die grüne Jacke ist beim Waschen eingegangen.	(4) Ja, und sie war noch ganz neu.
e. Hallo. Hier Moser. Wer da?	(5) Habe ich Ihnen nicht gesagt, daß man es nicht mit heißem Wasser waschen darf?
f. Wir waren schon einmal dort gewesen.	(6) Schade, denn . . .
g. Meinen Sie, diese rote Jacke paßt mir besser als der blaue Pullover?	(7) Hier Wolf Neuber. Darf ich Herrn Mueller sprechen?
h. Probieren Sie es nur an! (*Just try it on!*)	(8) Ja, schön, nicht wahr?
	(9) Meinen Sie es wirklich?
i. Ach großer Gott, es ist eingegangen!	(10) Ja, aber ich glaube, es ist in der Taille ein bißchen zu groß.
j. Haben Sie sich einen neuen Anzug gekauft?	(11) Das darf ich nicht, weil . . .
k. Ja, meine Wirtin klatscht zu viel.	(12) Ja, und das sind die Strümpfe, die ich bei Schaup und Söhne gekauft habe.
l. Seit wann haben Sie Halsweh?	(13) Oh, schon lange.
	(14) Ja, ich glaube, . . .
	(15) Seit letztem Wochenende.
	(16) Entschuldigen Sie bitte. Ich habe wieder falsch gewählt.
	(17) Ach, so schlimm ist es doch nicht.
	(18) Ist es nicht gräßlich?
	(19) Hier Gert Schneider. Darf ich Fritz sprechen?
	(20) Ja, sehen Sie es sich mal an. Prima, nicht wahr?

SCHRIFTLICHES

1. Form sentences using the following words:
   a. Berliner, er, richtig   b. Geschäft, neu, laufen, in   c. Vorschlag, machen, gut
   d. Badehose, rot, kaufen, heute   e. See, herrlich, blau   f. Bürgermeister, kurz,
   halten, Ansprache
2. Write the following sentences in German:
   a. I saw a new play by a young Englishman last night.   b. The Hansa Quarter
   is a new residential area which is an excellent example of modern city-planning.
   c. Wannsee is a well-known borough (*Bezirk*) of Berlin.   d. The *Kurfürstendamm* is a famous street in Berlin.   e. We found a lovely old castle which
   tourists seldom visit.   f. Kleist was a young poet who died before he became
   famous.   g. His best drama is *Prinz Friedrich von Homburg*.   h. *Der zer-
   brochene Krug* is a well-known play by Kleist.   i. He was a Prussian nobleman
   (*Edelmann*) whose family was well-known.   j. No other Prussian king is as
   famous as Frederick the Great.
3. Write a short essay in German about the history of Berlin.

Wannsee: Heinrich von Kleists Grab

VERSCHIEDENES

PRINZ FRIEDRICH VON HOMBURG

AUS DEM Vierten Akt

Das Leben nennt der Derwisch eine Reise,
Und eine kurze.   Freilich![1] Von zwei Spannen[2]
Diesseits[3] der Erde nach zwei Spannen drunter.[4]
Ich will auf halbem Weg[5] mich niederlassen![6]
Wer[7] heut sein Haupt[8] noch auf der Schulter trägt,
Hängt es schon morgen zitternd[9] auf den Leib,[10]
Und übermorgen liegt's bei seiner Ferse.[11]
Zwar, eine Sonne, sagt man scheint dort auch,
Und über buntre[12] Felder noch als hier:
Ich glaub's; nur schade, daß das Auge modert,[13]
Das diese Herrlichkeit[14] erblicken[15] soll.

AUS DEM Fünften Akt

Nun, o Unsterblichkeit,[16] bist du[17] ganz mein!
Du strahlst mir, durch die Binde[18] meiner Augen,
Mit Glanz[19] der tausendfachen[20] Sonne zu![21]
Es wachsen[22] Flügel[23] mir an beiden Schultern,
Durch stille Ätherräume[24] schwingt[25] mein Geist;
Und wie ein Schiff, vom Hauch[26] des Winds entführt,[27]
Die muntre[28] Hafenstadt[29] versinken[30] sieht,
So geht mir dämmernd[31] alles Leben unter:[32]
Jetzt unterscheid'[33] ich Farben[34] noch und Formen,
Und jetzt liegt Nebel[35] alles unter mir.

—Heinrich von Kleist (1777–1811)

[1] **freilich** indeed
[2] **die Spanne** span (distance from the tip of the middle finger to the tip of the thumb when the hand is spread out)   [3] **diesseits** this side of   [4] **drunter = darunter** below it
[5] **auf halbem Weg** halfway   [6] **sich niederlassen** to take up an abode   [7] **wer** he who
[8] **das Haupt** head   [9] **zitternd** trembling   [10] **der Leib** body   [11] **die Ferse** heel
[12] **buntre = buntere**
[13] **modern** to rot, decay (The verb **módern** should not be confused with the adjective **modérn.**)
[14] **die Herrlichkeit** splendor, magnificence   [15] **erblicken** to catch sight of
[16] **die Unsterblichkeit** immortality   [17] **du bist** you are, thou art   [18] **die Binde** blindfold
[19] **der Glanz** splendor   [20] **tausendfach** thousandfold   [21] **zustrahlen** to radiate toward
[22] **wachsen** to grow   [23] **der Flügel** wing, pinion   [24] **Ätherräume** ethereal spaces
[25] **schwingen** to swing, vibrate   [26] **der Hauch** breath   [27] **entführen** to lead astray
[28] **muntre = muntere** blithe, gay   [29] **die Hafenstadt** port, haven   [30] **versinken** to sink
[31] **dämmernd** growing dark   [32] **untergehen** to go down, sink
[33] **unterscheiden** to distinguish   [34] **die Farbe** color   [35] **der Nebel** fog, mist

SONDERBARER RECHTSFALL[1] IN ENGLAND

Man weiß, daß in England jeder Beklagte[2] zwölf Geschworene[3] von seinem Stande zu Richtern[4] hat, deren Ausspruch[5] einstimmig[6] sein muß, und die, damit die Entscheidung[7] sich nicht zu sehr in die Länge verziehe,[8] ohne Essen und Trinken solange eingeschlossen[9] bleiben, bis sie eines Sinnes sind.[10] Zwei Gentlemen, die einige Meilen von London lebten, hatten in Gegenwart von Zeugen[11] einen sehr lebhaften Streit[12] miteinander;[13] der eine drohte[14] dem anderen und setzte hinzu,[15] daß, ehe vierundzwanzig Stunden vergingen, ihn sein Betragen[16] reuen[17] solle.   Gegen Abend wurde dieser Edelmann erschossen gefunden;[18] der Verdacht[19] fiel natürlich auf den,[20] der die Drohungen[21] gegen ihn ausgestoßen[22] hatte.   Man brachte ihn zu gefänglicher Haft,[23] das Gericht wurde gehalten,[24] es fanden sich[25] noch mehrere Beweise,[26] und elf Beisitzer [27] verdammten[28] ihn zum Tode; allein der zwölfte bestand[29] hartnäckig[30] darauf, nicht einzuwilligen,[31] weil er ihn für unschuldig[32] hielt.

Seine Kollegen baten ihn, Gründe anzuführen, warum er dies glaubte; allein er ließ sich nicht darauf ein[33] und beharrte[34] bei seiner Meinung.   Es war schon spät in der Nacht, und der Hunger plagte[35] die Richter heftig;[36] einer stand endlich[37] auf und meinte, daß es besser sei,[38] einen Schuldigen[39] loszusprechen,[40] als elf Unschuldige[41] verhungern zu lassen; man fertigte also die Begnadigung[42] aus,[43] führte aber auch zugleich[44] die Umstände an, die das Gericht dazu gezwungen hätten.[45]   Das ganze Publikum[46] war wider den einzigen Starrkopf;[47] die Sache[48] kam sogar vor den König, der ihn zu sprechen verlangte; der Edelmann erschien, und nachdem er sich vom König das Wort geben lassen,[49] daß seine Aufrichtigkeit[50] nicht von nachteiligen Folgen[51] für ihn sein sollte, so erzählte er dem Monarchen, daß, als er im Dunkeln[52]

[1] **der Rechtsfall** legal case, suit   [2] **der Beklagte** defendant   [3] **der Geschworene** juror
[4] **der Richter** judge   [5] **der Ausspruch** verdict   [6] **einstimmig** unanimous
[7] **die Entscheidung** decision   [8] **sich in die Länge verziehen** to extend, stretch out
[9] **eingeschlossen** locked up   [10] **bis sie eines Sinnes sind** until they are of one mind
[11] **der Zeuge** witness   [12] **der Streit** quarrel   [13] **miteinander** with one another
[14] **drohen** to threaten   [15] **hinzusetzen** to add   [16] **das Betragen** conduct   [17] **reuen** to rue, regret
[18] **gegen Abend wurde dieser Edelmann erschossen gefunden** toward evening this nobleman was found shot to death   [19] **der Verdacht** suspicion   [20] **auf den** on the one, on him
[21] **die Drohung** threat   [22] **ausstoßen** to express, utter
[23] **man brachte ihn zu gefänglicher Haft** he was placed under prison arrest
[24] **das Gericht wurde gehalten** court was held   [25] **sich finden** to be found
[26] **der Beweis** proof, evidence   [27] **der Beisitzer** juror   [28] **verdammen** to condemn
[29] **auf etwas bestehen** to insist on something   [30] **hartnäckig** stubborn
[31] **einwilligen** to agree, concur   [32] **unschuldig** innocent
[33] **er ließ sich nicht darauf ein** he refused (to have anything to do with it)
[34] **er beharrte bei seiner Meinung**   he persisted in his opinion   [35] **plagen** to harass, torment
[36] **heftig** violent   [37] **endlich** finally   [38] **daß es besser sei** that it would be better
[39] **der Schuldige** guilty person   [40] **lossprechen** to acquit   [41] **der Unschuldige** innocent person
[42] **die Begnadigung** pardon   [43] **ausfertigen** to draw up   [44] **zugleich** at the same time
[45] **die das Gericht dazu gezwungen hätten** which had forced the court to do so
[46] **das Publikum** audience   [47] **wider den einzigen Starrkopf** against the single stubborn person
[48] **die Sache** case, matter
[49] **nachdem er sich vom König das Wort geben lassen** after he had obtained the king's promise
[50] **die Aufrichtigkeit** sincerity
[51] **nachteilige Folgen** disadvantageous consequences   [52] **im Dunkeln** in the dark

von der Jagd gekommen und sein Gewehr[53] losgeschossen,[54] es unglücklicherweise[55] diesen Edelmann, der hinter einem Busche gestanden, getötet habe. „Da ich", fuhr er fort, „weder Zeugen meiner Tat noch meiner Unschuld[56] hatte, so beschloß[57] ich, Stillschweigen zu beobachten;[58] aber als ich hörte, daß man einen Unschuldigen anklagte,[59] so wandte ich alles an,[60] um einer von den Geschworenen zu werden;[61] fest entschlossen,[62] eher zu verhungern, als den Beklagten umkommen zu lassen."[63] Der König hielt sein Wort, und der Edelmann bekam seine Begnadigung.

—Heinrich von Kleist

SHAKESPEARE

Als William Shakespeare einst[1] der Vorstellung[2] seines „Richard III" beiwohnte,[3] sah er einen Schauspieler sehr eifrig[4] und zärtlich[5] mit einem jungen reizenden[6] Mädchen sprechen. Er näherte sich[7] unvermerkt,[8] und hörte das Mädchen sagen: „Um zehn Uhr poche dreimal an die Tür,[9] ich werde fragen: ‚Wer ist da?' und du mußt antworten:[10] ‚Richard III.' " Shakespeare, der die Weiber[11] sehr liebte, stellte sich eine Viertelstunde früher ein,[12] und gab beides, das verabredete Zeichen[13] und die Antwort, wurde eingelassen,[14] und war, als er erkannt wurde,[15] glücklich genug, den Zorn der Betrogenen zu besänftigen.[16] Zur bestimmten Zeit[17] fand sich der wahre Liebhaber[18] ein.[19] Shakespeare öffnete das Fenster und fragte leise: „Wer ist da?"— „Richard III", war die Antwort. „Richard", erwiderte Shakespeare, „kommt zu spät; Wilhelm der Eroberer hat die Festung schon besetzt."[20]

—Heinrich von Kleist

[53] **das Gewehr** gun [54] **losschießen** to shoot off
[55] **unglücklicherweise** unfortunately
[56] **weder Zeugen meiner Tat noch meiner Unschuld** witnesses neither of my deed nor of my innocence [57] **beschließen, beschloß** to decide
[58] **Stillschweigen zu beobachten** to observe silence [59] **anklagen** to accuse
[60] **anwenden, wandte an** to employ, make use of
[61] **um einer von den Geschworenen zu werden** in order to become one of the jurors
[62] **fest entschlossen** firmly resolved
[63] **eher zu verhungern, als den Beklagten umkommen zu lassen** rather to starve than to let the accused perish

[1] **einst** once [2] **die Vorstellung** performance [3] **beiwohnen** to attend [4] **eifrig** ardently
[5] **zärtlich** fondly, tenderly [6] **reizend** charming [7] **sich nähern** to approach
[8] **unvermerkt** unnoticed [9] **poche an die Tür** knock on the door
[10] **du mußt antworten** you must answer
[11] **das Weib** woman (poetic; not used in speech except as a derogatory expression)
[12] **sich einstellen** to appear [13] **das verabredete Zeichen** the sign agreed upon
[14] **wurde eingelassen** was admitted [15] **wurde erkannt** was recognized
[16] **er war glücklich genug, den Zorn der Betrogenen zu besänftigen** he was fortunate enough to soothe the anger of the girl he had deceived [17] **zur bestimmten Zeit** at the appointed time
[18] **der wahre Liebhaber** the real lover [19] **sich einfinden** to appear at the appointed place
[20] **Wilhelm der Eroberer hat die Festung schon besetzt** William the Conqueror has already occupied the fortress

ZUSÄTZLICHE ÜBUNGEN

A. Read the following sentences, changing the italicized expressions to the plural and making any other necessary changes:

1. Wir haben *das alte Schloß* am Rhein gesehen.
2. Ich habe heute *diese lange Übung* geschrieben.
3. Um *das kleine Dorf* liegt ein schöner Wald.
4. In *dem kühlen Wald* ist es immer ruhig.
5. Das kann man nur *im besten Geschäft* bekommen.
6. Die Eltern *dieses kleinen Kindes* sind unsere Nachbarn.
7. *Der schnellste Zug* ist der TEE-Zug.
8. Haben Sie *das neue Gebäude* in der Hauptstraße gesehen?
9. In *jener einsamen Gegend* habe ich keinen Menschen gesehen.
10. Hier befindet sich *kein großes Geschäft*.
11. Er sprach zu *dem fremden Studenten* über Politik.
12. Er sucht nach der Lösung *dieses schweren Problems*.

B. Read the following sentences, substituting *ein* for the italicized word and making any other necessary changes:

1. *Der* kleine See liegt innerhalb der Stadt.
2. *Die* junge Verkäuferin sagte, daß das Kleid genau paßte.
3. Gestern habe ich mir *den* neuen Hut gekauft.
4. *Das* alte Haus steht neben der Kirche.
5. Das ist ein Brief von *der* reichen Tante.
6. Mit *diesem* alten Wagen muß man langsam fahren.
7. Wir fuhren an *dem* schönen Dom vorbei.
8. Schon von weitem kann man den Turm *der* alten Kirche erblicken.
9. Das ist *der* neue Bahnhof.
10. *Der* junge Arzt hat mich untersucht.
11. *Der* kleine Junge spielt mit einem Drachen.
12. Ich habe *das* schöne Wochenende in der Schweiz verbracht.

Zwanzigste Lektion 20

Grammatische Ziele:
>Das Futur
>Vergleich von „werden" mit „wollen"
>Der Doppelinfinitiv

EINFÜHRENDE BEISPIELE

1. Gestern ging Herr Brown ins Institut.
Heute bleibt er zu Hause, aber er wird morgen nach München fahren.
Wohin wird er fahren?
>Er wird nach München fahren.
Wann wird er nach München fahren?
>Er wird morgen nach München fahren.

2. Ich werde nächstes Wochenende hier bleiben.
Werden Sie nächstes Wochenende auch hier bleiben?
>Ja, ich werde nächstes Wochenende auch hier bleiben.

3. Die Studenten werden für morgen einen Aufsatz schreiben.
Was werden sie für morgen schreiben?
>Sie werden für morgen einen Aufsatz schreiben.

4. Sie werden bald einen Scheck von zu Hause bekommen,
aber ich werde nur einen Brief bekommen.
Was werde ich bekommen?
>Sie werden nur einen Brief bekommen.
Was werden Sie bekommen?
>Ich werde einen Scheck bekommen.

5. Werden wir nächsten Freitag ins Kino gehen?
>Ja, wir werden nächsten Freitag ins Kino gehen.

6. Herr Brown will ins Kino gehen, aber er muß zu Hause bleiben.
   Er wird nicht ins Kino gehen, denn er muß das Lesestück durcharbeiten.
   Wohin will er gehen?
   > Er will ins Kino gehen.

   Wird er ins Kino gehen?
   > Nein, er wird nicht ins Kino gehen.

7. Heute muß Herr Brown seine Aufgabe machen.
   Auch morgen wird er seine Aufgabe machen müssen.
   Wird er morgen seine Aufgabe machen müssen?
   > Ja, er wird morgen seine Aufgabe machen müssen.

8. Werden Sie nächstes Wochenende arbeiten müssen?
   > Ja, ich werde nächstes Wochenende arbeiten müssen.

9. Nächste Woche wird Herr Jones nach Berlin fliegen können.
   Wann wird er nach Berlin fliegen können?
   > Nächste Woche wird er nach Berlin fliegen können.

10. Ich werde nicht nach Ostberlin fahren dürfen.
    Werde ich nach Ostberlin fahren dürfen?
    > Nein, Sie werden nicht nach Ostberlin fahren dürfen.

11. Er wird seinen Freund besuchen wollen, wenn er nach Deutschland reist.
    Wen wird er besuchen wollen?
    > Er wird seinen Freund besuchen wollen.

ÜBUNGEN

1. **Beispiel:** *bleiben*   **Wir werden nicht lange *bleiben*.**
   - a. bleiben
   - b. warten
   - c. arbeiten
   - d. an der Ecke warten
   - e. auf ihn warten

2. **Beispiel:** *verstehen*   **Er wird es nicht *verstehen*.**
   - a. verstehen
   - b. lesen
   - c. tun
   - d. lernen
   - e. machen

3. **Beispiel:** *nächste Woche*   **Sie werden *nächste Woche* zu uns kommen.**
   - a. nächste Woche
   - b. nächsten Monat
   - c. morgen
   - d. übermorgen
   - e. in drei Tagen

4. **Beispiel:**   *geben*   Ich werde es Ihnen einmal *geben.*
   a. geben   d. schicken
   b. zeigen   e. erzählen
   c. sagen
5. **Beispiele:**   *ich*   *Ich werde* bald in die Schweiz reisen.
                    Sie   *Sie werden* bald in die Schweiz reisen.
   a. ich   d. meine Eltern
   b. Sie   e. er
   c. wir
6. **Beispiel:**   *wir*   *Wir werden* es wohl nicht finden.
   a. wir   d. der Polizist
   b. er   e. ich
   c. das Kind
7. **Beispiel:**   *Ich werde* Ostberlin nicht besuchen.   *Wir werden* Ostberlin nicht
                                                              besuchen.
   a. Ich werde Ostberlin nicht besuchen.
   b. Ich werde bald einen Scheck bekommen.
   c. Ich werde nächste Woche ins Schillertheater gehen.
   d. Ich werde morgen abend die „Dreigroschenoper" hören.
   e. Ich werde morgen den Regierenden Bürgermeister besuchen.
8. **Beispiel:**   *Sie werden* bald einen Brief bekommen.   *Er wird* bald einen Brief
                                                               bekommen.
   a. Sie werden bald einen Brief bekommen.
   b. Sie werden morgen nach Berlin fliegen.
   c. Sie werden zum Strandbad gehen.
   d. Sie werden am fünften Juni in Bremerhaven ankommen.
   e. Im August werden Sie in Bonn sein.
9. **Beispiel:**   *Wir werden* um neun Uhr ankommen.   *Ich werde* um neun Uhr
                                                           ankommen.
   a. Wir werden um neun Uhr ankommen.
   b. Wir werden am Freitag in Wiesbaden ankommen.
   c. Wir werden ein gutes Abendessen bestellen.
   d. Wir werden in zehn Minuten dort sein.
   e. Wir werden am Nachmittag spazierengehen.
10. **Beispiel:**   *hungrig*   Ich werde jetzt *hungrig.*
    a. hungrig   d. einsam
    b. müde   e. schläfrig
    c. sehr müde
11. **Beispiel:**   *hungrig*   Er wird bald *hungrig* werden.
    a. hungrig   d. glücklich
    b. gesund   e. reich
    c. müde
12. **Beispiel:**   *nach Düsseldorf*   Ich werde morgen *nach Düsseldorf* fliegen müssen.
    a. nach Düsseldorf   d. nach Hamburg
    b. mit der Lufthansa   e. in die Schweiz
    c. mit der Air France
13. **Beispiel:**   *machen*   Wir werden das nicht *machen* können.
    a. machen   d. verkaufen
    b. tun   e. kaufen
    c. sehen

14. **Beispiel:** *schreiben*   Er wird das bald *schreiben* müssen.
    a. schreiben   d. verkaufen
    b. tun   e. durcharbeiten
    c. verstehen

15. **Beispiel:** *Sie*   *Sie werden* die Grenze nicht überqueren dürfen.
    a. Sie   d. die Studenten
    b. ich   e. die Flüchtlinge
    c. Ihr Freund

16. **Beispiel:** Ich *muß* nach Hause gehen.   Ich *werde* nach Hause gehen *müssen*.
    a. Ich muß nach Hause gehen.
    b. Ich muß meinen Freund besuchen.
    c. Ich muß zuerst einen Zuschlag lösen.
    d. Ich muß bald Geld haben.
    e. Ich muß einmal zum Bürgermeister gehen.

17. **Beispiele:** Sie *müssen* mit der   Sie *werden* mit der U-Bahn fahren *müssen*.
                    U-Bahn fahren.
                    Er *darf* das nicht tun.   Er *wird* das nicht tun *dürfen*.
    a. Sie müssen mit der U-Bahn fahren.
    b. Er darf das nicht tun.
    c. Man darf die Grenze nicht überqueren.
    d. Ich muß etwas Schönes kaufen.
    e. Er will nicht dorthin fahren.
    f. Wir können das nicht machen.
    g. Man darf nicht nach Ostberlin fahren.
    h. Wir müssen hier warten.

FRAGEN

1. Wie lange wird er hier bleiben?
2. Was werden Sie im Sommer zu Hause tun?
3. Werden Sie im Sommer Arbeit finden?
4. Werden Sie leicht krank?
5. Wird Ihr Freund gesund werden, wenn er nicht zum Arzt geht?
6. Wollen Sie Arzt oder Professor werden?
7. Wann wird die Gruppe nach Berlin fliegen?
8. Will er jetzt ins Theater gehen?
9. Werden diese Leute lange hier bleiben?
10. Wer will spazierengehen?
11. Werden Sie im Mai nach Wien fahren können?
12. Wir werden mit der Air France fliegen müssen, nicht wahr?

DIALOG: Studentenleben

Herr Jones besucht Anneliese Neumann, deren Vetter auch auf Besuch da ist.
Ernst Neumann, der Vetter, studiert auf der Universität.

ANNELIESE   Wie lange werden Sie in Deutschland bleiben?

JONES   Ich glaube, ich werde ein ganzes Jahr bleiben und auf die Universität gehen.
Wann beginnt das Wintersemester bei Ihnen?

ERNST   Mitte Oktober, aber erst im November wird es wirklich losgehen.

JONES   Wie lange dauert das Wintersemester?

ERNST   Etwa vier Monate, dann gibt es Ferien bis Ende April.   Darauf folgt das
Sommersemester.

JONES   Aber was macht man während der langen Ferien?

ERNST   Ich werde richtig pauken müssen, da ich im Juli die Doktorprüfung ablegen
will.

JONES   Trinken die deutschen Studenten so viel wie früher?

ERNST   Manche, aber nicht alle.   Natürlich saufen* viele Verbindungsstudenten,
aber der Fuchs, der vor allem seine neue Freiheit ausnutzen will, säuft am meisten.

JONES   Säuft man in Ihrer Korporation?

ERNST   Ja, die Kerls haben ziemlich oft eine Sauferei, aber ich bleibe daheim auf der
Bude, weil mir die Prüfung bevorsteht.

ANNELIESE   Fällt man leicht durch?

ERNST   Es kann vorkommen, denn die Prüfung ist verflixt schwer.   Dreimal durchfallen, dann ist der Spaß zu Ende.

JONES   Heutzutage wird man wohl nicht mehr in die Mensur treten; das ist schon
längst vorbei, nicht wahr?

ERNST   Nein, nicht ganz.   Ab und zu duelliert man sich heute noch.

ANNELIESE   Aber jetzt treibt man das Fechten nur als Sport, nicht wahr?

ERNST   Ja, aber früher konnte es oft ernst werden.

JONES   Warum haben sich die Burschen damals herausgefordert?

ERNST   Oh, wegen einer Beleidigung oder viel öfter wegen eines Mädels.

* **Saufen** refers to animals' drinking.   Colloquially it refers to excessive drinking of alcoholic beverages.

Student Life

Mr. Jones is visiting Anneliese Neumann, whose cousin is also there on a visit.   Ernst Neumann, the cousin, is studying at the university.

ANNELIESE   How long will you stay in Germany?

JONES   I believe I'll stay an entire year and go to the university.   When does the winter semester begin here?

ERNST   Around the middle of October, but it won't really get going until November.

JONES   How long does the winter semester last?

ERNST   About four months, then there is vacation until the end of April.   The summer semester then follows.

JONES   But what does one do during the long vacation?

ERNST   I will really have to cram, since I intend to take the Ph.D. examination in July.

JONES   Do German students drink as much as they used to?

ERNST   Some, but not all.   Of course, many fraternity members drink, but the pledge, who above all wants to exploit his new freedom, drinks the most.

JONES   Do they drink in your fraternity?

ERNST   Yes, the fellows have a drinking party rather often.   But I stay at home in my room because the examination is ahead of me.

ANNELIESE   Do many people flunk?

ERNST   It can happen, because the examination is darned hard.   Flunk three times, then the fun is over.

JONES   Nowadays there's probably no duelling anymore; that's long since past, isn't it?

ERNST   No, not entirely.   Even today there's still duelling now and then.

ANNELIESE   But now fencing is carried on only as a sport, isn't it?

ERNST   Yes, but in the past it could often become a serious matter.

JONES   Why did the fellows challenge each other in those days?

ERNST   Oh, because of an insult or more often because of a girl.

Heidelberg: Karzer der
Alten Universität

FRAGEN ÜBER DEN DIALOG

1. Wer wird auf die Universität gehen?
2. Wie lange wird Herr Jones in Deutschland bleiben?
3. Wann wird das Wintersemester anfangen?
4. Wie lange dauert das Wintersemester?
5. Was folgt auf das Wintersemester?
6. Wer wird pauken müssen?
7. Wann wird Ernst Neumann die Doktorprüfung ablegen?
8. Wird er wohl durchfallen?
9. Wer säuft am meisten?
10. Wer bleibt daheim auf der Bude, wenn andere saufen?
11. Warum haben sich die Burschen früher herausgefordert?
12. Saufen die Verbindungsstudenten?
13. Wie treibt man heutzutage das Fechten?
14. Wer tritt ab und zu in die Mensur?

LESESTÜCK: Universität und Student

Herr Jones hatte, wie es oft bei Amerikanern der Fall ist, eine romantische Vorstellung von der deutschen Universität und dem Studentenleben. Durch seine neue Bekanntschaft mit Ernst Neumann lernte er vieles über die deutsche Universität, und er war über den großen Unterschied zwischen den amerikanischen und deutschen Universitäten erstaunt.

„Der Amerikaner", sagte Fräulein Neumanns Vetter, „der die Hochschulen Deutschlands und Amerikas vergleichen[1] will, wird nicht sofort verstehen können, daß die beiden kaum vergleichbar[2] sind. Er wird wohl staunen,[3] daß ein amerikanisches *College* wahrscheinlich so viele Beamte und Angestellte[4] hat, die mit der täglichen Schulverwaltung beschäftigt sind, wie die größte deutsche Universität. Er wird es kaum begreifen können, daß ein deutscher Student selbst verantwortlich dafür ist, seine Vorlesungen in sein Studienbuch[5] einzutragen,[6] weil die Verwaltung der Universität im allgemeinen nicht verpflichtet[7] ist, ein Verzeichnis davon zu führen.[8] Oft wird das Studienbuch der einzige Beweis sein, daß der Student sich überhaupt auf der Universität immatrikuliert[9] hat."

„Woher wissen Sie, daß amerikanische Hochschulen so viel anders sind?" wollte Herr Jones wissen. Er war ein bißchen verlegen,[10] weil Ernst Neumann besser informiert zu sein schien als er selbst.

„Machen Sie sich nichts daraus",[11] erwiderte der deutsche Student, „ich habe mich danach erkundigt, weil ich im nächsten Jahre als Austauschstudent[12] nach Amerika reisen werde."

Zufälligerweise[13] hörte Herr Jones einige Tage nachher im Bayrischen Schulfunk[14] folgendes Programm über die Geschichte der deutschen Universität:

Im Jahre 1348 entstand in Prag die erste Universität im Heiligen Römischen Reich. Darauf folgten 1365 Wien und 1386 Heidelberg. Kaum ein Jahrhundert später waren es neunzehn Universitäten, die sich in deutschsprachigen Gebieten befanden. Einer der Einflüsse, unter denen man im Spätmittelalter so viele Hochschulen gründete, war der Humanismus, eine intellektuelle Bewegung,[15] die sich von Italien aus über Westeuropa ausbreitete.[16] Der Humanismus führte zu einem

---

[1] **vergleichen, verglich, verglichen** to compare　　[2] **vergleichbar** comparable
[3] **staunen** to be astonished　　[4] **der Angestellte** employee　　[5] **das Studienbuch** course book
[6] **eintragen, trug ein, eingetragen** to record　　[7] **verpflichtet** obligated
[8] **ein Verzeichnis führen** to keep a record　　[9] **sich immatrikulieren** to register at the university
[10] **verlegen** embarrassed
[11] **machen Sie sich nichts daraus** think nothing of it　　[12] **der Austauschstudent** exchange student
[13] **zufälligerweise** by chance　　[14] **der Schulfunk** educational radio program
[15] **die Bewegung** movement　　[16] **sich ausbreiten** to spread out

Wiederaufleben[17] der Antike[18] und brachte eine frische Lebensanschauung[19] in den etwas beschränkten mittelalterlichen Gedankenkreis[20] mit sich.   Um die neue humanistische Wissenschaft zu verbreiten, gründete man Unterrichtsstätten,[21] die heute noch als berühmte Universitäten die humanistische Tradition aufrechterhalten.[22]

Der Unterricht an der alten Universität bestand hauptsächlich aus Vorlesungen und Disputationen.[23]   Der Professor disputierte[24] mit seinen Kollegen, und jeder Student mußte auch mit seinem Professor ein wissenschaftliches Streitgespräch führen,[25] denn man hielt die Disputation damals für ein sehr nützliches Lehrmittel.[26] Aus jener Tradition entstand die mündliche[27] Doktorprüfung.   Wenn man disputieren wollte, stellte man Thesen auf, veröffentlichte[28] sie und lud andere Gelehrte[29] ein, darüber zu disputieren.   Die berühmten fünfundneunzig Thesen, die Dr. Martin Luther an die Tür der Wittenberger Kirche anschlug[30] und die den Anfang der Reformation bezeichneten,[31] waren im Grunde[32] nur Lehrsätze,[33] die der Professor gegen andere Geistliche[34] zu verteidigen[35] hoffte.

Wie der Mönch, der Ritter[36] und der Bauer, ist auch der Student für das Mittelalter stereotyp und taucht immer wieder in der spätmittelalterlichen Dichtung[37] auf.[38] Dieser wechselte[39] oft seine Lehrstätte,[40] wanderte auf der Suche nach Weisheit[41] von einer Universität zur anderen und übernahm mehr oder weniger die Rolle eines Landstreichers,[42] d.h. eines Menschen, der keinen festen Wohnsitz[43] hatte und hauptsächlich vom Betteln und von seiner Schlauheit[44] lebte.

Hans Sachs (1494–1576), Schuhmachermeister[45] und Dichter, der als der Meistersänger[46] von Nürnberg bekannt wurde, verfaßte eine Menge Fastnachtsspiele, kurze Einakter,[47] deren Aufführungen an den Festtagen vor der Fastenzeit stattfanden, und ließ einige Male die Gestalt des klugen Studenten in seinen Volksdramen erscheinen. Eines seiner berühmtesten Fastnachtsspiele heißt „Der farendt Schuler im Paradeiß" (modernes Deutsch: „Der fahrende[48] Schüler im Paradies"), in welchem der gerissene[49] Student seine Überlegenheit[50] über den dummen Bauern beweist:

Einmal wanderte ein Student von der Universität in die Heimat.   Er hatte großen Hunger und kein Geld.   Als er an einem Bauernhaus vorbeiging, erblickte er

---

[17] das Wiederaufleben revival   [18] die Antike classical antiquity
[19] die frische Lebensanschauung new philosophy of life
[20] der Gedankenkreis range (i.e. circle) of ideas   [21] die Unterrichtsstätte place of instruction
[22] aufrechterhalten, erhielt aufrecht, aufrechterhalten to maintain   [23] die Disputation debate
[24] disputieren to debate   [25] ein Streitgespräch führen to debate
[26] das nützliche Lehrmittel useful instructional aid   [27] mündlich oral
[28] veröffentlichen to publish   [29] der Gelehrte scholar
[30] anschlagen, schlug an, angeschlagen to nail, affix   [31] bezeichnen to mark, designate
[32] im Grunde basically   [33] der Lehrsatz proposition, topic for debate   [34] der Geistliche clergyman
[35] verteidigen to defend   [36] der Ritter knight   [37] die Dichtung poetry, literature
[38] auftauchen to appear   [39] wechseln to change   [40] die Lehrstätte place of instruction, school
[41] auf der Suche nach Weisheit in search of wisdom   [42] der Landstreicher wanderer, tramp
[43] der feste Wohnsitz fixed residence   [44] die Schlauheit slyness
[45] der Schuhmachermeister master cobbler   [46] der Meistersänger master singer
[47] der Einakter one-act play   [48] fahrend wandering, travelling
[49] gerissen cunning, sly   [50] die Überlegenheit superiority

die Bäuerin im Garten.   Er ging zu ihr und bat sie um etwas zum Essen.   Sie wollte wissen, woher er kam.   „Aus Paris", antwortete er, aber die Frau, die wenige Kenntnisse[51] in der Geographie hatte, hörte „Paradies" anstatt „Paris".   Dann fragte sie, ob er ihren verstorbenen[52] Mann im Paradies kannte, und beschrieb, wie er aussah. Auf die Frage gab der Student eine bejahende[53] Antwort.   „Es geht ihm sehr schlecht im Paradies", fuhr er fort, „weil er Hunger leidet[54] und schlechte Kleidung hat.   Die anderen Seelen[55] helfen ihm nur wenig."

Bei diesen Worten ging die Frau ins Haus und brachte dem Studenten ein Bündel[56] mit Lebensmitteln und Kleidern, das er ihrem verstorbenen Mann bringen sollte.   Nach gegenseitigen Ausdrücken der Dankbarkeit[57] machte sich der Student schnell auf den Weg[58] ins „Paradies".   Bald kam der zweite Mann der gescheiten[59] Frau nach Hause.   Als er von seiner Frau hörte, was eben geschehen[60] war, stieg er zornig[61] auf sein Pferd,[62] und, mit der Absicht,[63] seine Kleider und Eßwaren zurückzubekommen, ritt er dem Studenten nach.[64]   Dieser hörte bald das Trapp-Trapp[65] des Pferdes hinter sich, verbarg das Bündel unter einem Busch und wartete auf den Bauern.   Als der Bauer den Studenten erblickte, fragte er nach[66] einem Studenten mit einem Bündel.   Der hilfsbereite[67] Bursche zeigte auf[68] den nahen Wald und sagte: „Ich habe einen Studenten mit einem Bündel dort im Wald verschwinden sehen."

Nun bat ihn der Bauer darum, sein Pferd zu halten, und damit verschwand er im Wald.   Ohne weiteres[69] holte der Student das verborgene Bündel hervor,[70] stieg auf das Pferd und ritt schnell davon.   Als der Bauer ohne Studenten und Bündel zurückkam, ging ihm auf einmal ein Licht auf.[71]   Langsam ging er zu Fuß nach Hause und sagte zu seiner Frau, die gespannt[72] auf ihn gewartet hatte: „Ich habe den Studenten gefunden und ihm mein Pferd gegeben, damit er schneller ins Paradies kommt."

[51] **die Kenntnis** knowledge   [52] **verstorben** deceased
[53] **bejahend** affirmative   [54] **er leidet Hunger** he is suffering from hunger   [55] **die Seele** soul
[56] **das Bündel** bundle, parcel
[57] **nach gegenseitigen Ausdrücken der Dankbarkeit** after mutual expressions of gratitude
[58] **sich auf den Weg machen** to start out   [59] **gescheit** clever
[60] **geschehen, geschah, ist geschehen** to happen   [61] **zornig** angrily   [62] **das Pferd** horse
[63] **die Absicht** intention   [64] **nachreiten, ritt nach, ist nachgeritten** to ride after
[65] **das Trapp-Trapp** clip-clop   [66] **nach jemandem fragen** to inquire about someone
[67] **hilfsbereit** helpful   [68] **auf etwas zeigen** to point at something
[69] **ohne weiteres** without further ado   [70] **hervorholen** to bring forth, fetch
[71] **(es) ging ihm auf einmal ein Licht auf** it suddenly dawned on him   [72] **gespannt** in suspense

WEITERE ÜBUNGEN

1. Beispiele: *er*   *Er wird* es nicht begreifen.
          wir   *Wir werden* es nicht begreifen.
    a. er   c. meine Freunde
    b. wir   d. ich

2. Beispiel: *Sie*   *Sie werden* ein Studienbuch bekommen.
    a. Sie   c. jeder Student
    b. man   d. ich

3. Beispiel: *verstehen*   Man wird das nicht *verstehen* können.
    a. verstehen   d. machen
    b. begreifen   e. bekommen
    c. tun   f. finden

4. Beispiel: *Ich werde* nächstes Semester   *Wir werden* nächstes Semester in
              in Marburg studieren.   Marburg studieren.
    a. Ich werde nächstes Semester in Marburg studieren.
    b. Ich werde im Sommer die Doktorprüfung ablegen.
    c. Ich werde Französisch lernen.
    d. Ich werde das ganze Buch lesen müssen.
    e. Ich werde Ihnen einen Beweis davon geben können.
    f. Ich werde verantwortlich dafür sein müssen.

5. Beispiel: Er *kann* es wohl begreifen.   Er *wird* es wohl begreifen *können*.
    a. Er kann es wohl begreifen.
    b. Ich kann es nicht verstehen.
    c. Man darf hier nicht rauchen.
    d. Der Student muß schwer arbeiten.
    e. Wir können das gar nicht sagen.
    f. Er muß in die Stadt fahren.
    g. Die Studenten müssen richtig pauken.
    h. Wir dürfen nicht lange warten.
    i. Ich muß morgen arbeiten.
    j. Sie müssen mit der Lufthansa fliegen.

6. Beispiel: Ich *bleibe* in der Pension.   Ich *werde* in der Pension *bleiben*.
    a. Ich bleibe in der Pension.
    b. Wir reisen während der Ferien.
    c. Sie sind verantwortlich für das Geld.
    d. Wir begreifen diese Theorie nicht.
    e. Ich steige an der nächsten Ecke aus.
    f. Er säuft zuviel im Wirtshaus.
    g. Sie fährt übermorgen ab.
    h. Ich lege im Sommer die Prüfung ab.

7. Hören Sie zu und beantworten Sie dann die Fragen!
    a. Ernst Neumann wird im Sommer schwer pauken, weil ihm die Doktorprüfung bevorsteht.
        (1) Was wird er im Sommer machen?
        (2) Wird er schwer studieren müssen?
        (3) Was steht ihm bevor?
        (4) Warum muß er pauken?

    b. Als der kluge Student an einem Bauernhaus vorbeiging, erblickte er die Bäuerin im Garten.

       (1) Wer ging an einem Bauernhaus vorbei?

       (2) Wen erblickte der Student?

       (3) Wo arbeitete die Bauernfrau?

       (4) War der Student klug oder dumm?

    c. Der Bauer wird dem Studenten nachreiten, aber er wird seine Kleidung nicht zurückbekommen können.

       (1) Wem wird der Bauer nachreiten?

       (2) Wird der Student die Kleidung behalten?

       (3) Was wird der Bauer nicht zurückbekommen können?

       (4) Wer wird die Kleidung behalten?

    d. Als der Bauer im Wald verschwand, holte der Student das verborgene Bündel, stieg auf das Pferd und ritt ins Paradies.

       (1) Wohin ist der Student geritten?

       (2) Was war verborgen?

       (3) Auf wessen Pferd stieg der Student?

       (4) Wer ist im Wald verschwunden?

WEITERE FRAGEN

  1. Wer ist an einem Bauernhaus vorbeigegangen?

  2. Was hat die Frau dem Studenten gegeben?

  3. War der Student dankbar für die Kleidung und Lebensmittel?

  4. Wo war der erste Mann der Frau?

  5. Wie ging es dem ersten Mann der Frau?

  6. Wer litt Hunger?

  7. Was war die Absicht des Bauern, als er dem Studenten nachritt?

  8. Hatte die Frau gute Kenntnisse in der Geographie?

  9. Wer hatte keinen festen Wohnsitz?

10. Wer war die klügste Person in dem Drama?

11. Was sollte der Student dem verstorbenen Mann bringen?

SPRECHÜBUNGEN

1. Fragen Sie den Studenten neben Ihnen:

    a. ob er nächstes Jahr nach Deutschland reisen wird

    b. wie lange er bleiben wird

    c. ob er die Universität besuchen will

    d. was er werden will

    e. was er während der Ferien machen wird

    f. ob er durchfallen wird

    g. ob er abends auf der Bude bleibt

    h. ob die Studenten in seinem *College* gern saufen

    i. ob er einer Korporation angehört

2. Erwidern Sie mit ganzen Sätzen auf folgendes:
    a. Wir wollen zum Brandenburger Tor fahren.
    b. Ich habe keine Streichhölzer bei mir.
    c. Ich werde im Sommer richtig pauken.
    d. Darf ich mich vorstellen?   Ich heiße Mueller.
    e. Wir werden morgen nach Wannsee fahren.
    f. Gestern haben wir eine Ansprache vom Regierenden Bürgermeister gehört.
3. Studentendialog I
    a. Pardon me, may I have a light?
    b. Yes, of course.   Here are some matches.
    a. Thank you.   Do you often travel on the *S-Bahn*?
    b. Yes, almost every day.
4. Studentendialog II
    c. Will you fly to Hamburg on Friday?
    d. No, I'm going by train.
    c. How long will you be there?
    d. I will have to stay there a week.
5. Studentendialog III
    e. Are you going past the restaurant?
    f. No, I'm going to the hotel.
    e. Can you wait for me there?
    f. Yes, then we'll go to the post office together.
6. Wählen Sie passende Antworten aus der rechten Spalte auf Fragen und Sätze in der linken Spalte!   Ergänzen Sie oder erweitern Sie die von Ellipsen gefolgten Erwiderungen!

a. Während des Sommers werden Sie wirklich pauken müssen, nicht wahr?	(1) Ja, so ist die Jugend heutzutage.
	(2) Machen Sie sich nichts daraus!
	(3) Ach was! Ich habe noch Zeit.
b. War das aber eine Sauferei!	(4) Das ist aber schade, …
c. Sie werden sicher durchfallen, wenn Sie nicht darangehen (*get to work*).	(5) Sehr selten, weil …
	(6) Ich glaube, es war im Jahre 1348.
	(7) Das glaube ich, denn …
d. Die Kerls haben richtig gesoffen!	(8) Ja, so sind die Halbstarken (*brash teenagers*).
e. Fällt man oft durch?	
f. Das kann ich einfach nicht begreifen.	(9) Bitte, behalten Sie sie!
	(10) Ach nein, das wird erst im Herbst anfangen.
g. Wann ist die erste deutsche Universität entstanden?	(11) Ich auch nicht, und er …
h. Wie lange werden Sie hier bleiben?	(12) Hier ist Rauchen verboten.
i. Die Hose ist viel zu groß.	(13) Da haben Sie ganz recht.
j. Entschuldigen Sie bitte. Darf ich um Feuer bitten?	(14) Ab und zu, aber …
	(15) Ach, sie wird ganz sicher eingehen.
	(16) Oh, das ist nichts Neues.
	(17) Im vierzehnten Jahrhundert, soviel ich weiß.
	(18) Ich weiß nicht, wahrscheinlich …

SCHRIFTLICHES

1. Schreiben Sie einen Dialog zwischen der Bäuerin und dem Studenten!

2. Schreiben Sie eine kurze Zusammenfassung (*summary*) der Geschichte des Studenten aus dem Paradies!

3. Schreiben Sie folgende Sätze auf deutsch!
   a. That is the student who will reside with us.   b. Tomorrow we will hear a short speech by the mayor of the village.   c. You will have to study hard if you don't want to flunk.   d. He won't be able to understand the formula because it is too complicated (*kompliziert*).   e. I'm supposed to go to the opera tonight.   f. If you write the firm a letter, you will be able to get your money back.   g. I'll inquire about (*nach*) trains to Innsbruck when I go to the railway station.   h. He probably (*wohl*) knows (use future tense) where there is a good hotel.   i. The new car in (*mit*) which I rode to Nuremberg (*Nürnberg*) is a DKW F102.   j. Is that the new director with whom you will work?   k. I want to leave tomorrow morning if I receive some money from home (*von zu Hause*) today.   l. He wants to become a doctor, but he will have to work very hard.

Hans Sachs

VERSCHIEDENES

STUDENTENLIED

Ich war ein Brandfuchs[1] noch an Jahren,
zwei Semester zählte ich nur,
und ich dachte nicht ans Sparen,[2]
folgte meiner Burschen Spur[3] ...

Wo drei Tische einsam stehen,
soff ich manchen Rausch[4] mir an,[5]
heimwärts[6] konnt' ich kaum mehr gehen,
taumelnd[7] schritt[8] ich meine Bahn[9] ...

Ob ich auch Collegia schwänzte,[10]
fehlt'[11] ich im Commershaus[12] nie,
wo ich manches Glas kredenzte,[13]
manchen Schoppen[14] wieder spie.[15]

Brüder! ehrt[16] das Burschenleben,
Brüder s'ist[17] so eng begrenzt,[18]
darum laßt die Lehr' euch geben:[19]
Pauket wacker,[20] sauft und schwänzt!

—Carl von Graf (1815–1883)

[1] **der Brandfuchs** student in the second semester   [2] **das Sparen** saving, economizing
[3] **meiner Burschen Spur** = Spur meiner Burschen footsteps of my fraternity brothers
[4] **der Rausch** intoxication   [5] **ansaufen, soff an** to drink to the point of intoxication
[6] **heimwärts** homeward   [7] **taumelnd** reeling, swaying   [8] **schreiten, schritt** to stride, walk
[9] **die Bahn** path, course   [10] **Collegia schwänzen** to cut lectures   [11] **fehlen** to be absent
[12] **das Commershaus** = Kommershaus inn or establishment used for student social gatherings
[13] **kredenzen** to taste, drink   [14] **der Schoppen** a drink (one-fourth to one-half liter)
[15] **speien, spie** to spit out   [16] **ehren** to honor   [17] **s'ist** = **es ist**
[18] **eng begrenzt** = engbegrenzt limited
[19] **darum laßt die Lehr' euch geben** therefore learn the lesson
[20] **Pauket wacker!** Cram industriously!

ALT HEIDELBERG
AUS Halle und Heidelberg

Die deutschen Universitäten hatten vom Mittelalter noch ein gut Stück Romantik ererbt,[1] was freilich in der veränderten[2] Welt wunderlich und seltsam[3] genug sich ausnahm.[4] Der durchgreifende Grundgedanke war dennoch ein kerngesunder:[5] der Gegensatz von Ritter und Philister.[6] Stets schlagfertige Tapferkeit war die Kardinaltugend[7] des Studenten; die Muse, die er oft gar nicht kannte, war seine Dame, der Philister der tausendköpfige Drache,[8] der sie schmählich gebunden hielt,[9] und gegen den er daher mit Faust, List und Spott beständig zu Felde lag.[10] Und gleichwie[11] überall gerade unter den Verwandten oft die grimmigste Feindschaft[12] ausbricht, so wurde auch hier aller Philisterhaß ganz besonders auf die Handwerksburschen gerichtet.[13] Wo diese etwa auf dem sogenannten breiten Steine (dem bescheidenen Vorläufer des jetzigen Trottoirs)[14] sich betreten ließen[15] oder gar Studentenlieder anzustimmen wagten,[16] wurden sie sofort in die Flucht geschlagen.[17] Waren sie aber vielleicht in allzu bedeutender Mehrzahl,[18] so erscholl das allgemeine Feldgeschrei:[19] „Burschen heraus!"[20] Da stürzten, ohne nach Grund und Veranlassung zu fragen, halbentkleidete Studenten mit Rapieren und Knütteln aus allen Türen.[21] Durch den herbeieilenden Sukkurs des nicht minder rauflustigen Gegenparts wuchs das improvisierte Handgemenge von Schritt zu Schritt,[22] dichte Staubwirbel verhüllten[23] Freund und Feind, die Hunde bellten,[24] die Häscher warfen ihre Bleistifte (mit

---

[1] **ererben** to inherit   [2] **verändert** changed   [3] **wunderlich und seltsam** strange and unusual
[4] **sich ausnehmen** to appear
[5] **der durchgreifende Grundgedanke war dennoch ein kerngesunder** the decisive, fundamental idea was, nevertheless, a thoroughly sound one
[6] **der Philister** Philistine, uncultured person (In former times, German students looked upon townspeople as Philistines.)
[7] **stets schlagfertige Tapferkeit war die Kardinaltugend** constant, quick-witted bravery was the cardinal virtue   [8] **der tausendköpfige Drache** thousand-headed dragon
[9] **der sie schmählich gebunden hielt** who held her in humiliating bondage
[10] **gegen den er daher mit Faust, List und Spott beständig zu Felde lag** against whom he thus fought constantly with fist, cunning and derision   [11] **gleichwie** just as
[12] **die grimmigste Feindschaft** most violent enmity
[13] **aller Philisterhaß wurde gegen die Handwerksburschen gerichtet** all hatred for Philistines was directed toward the apprentices
[14] **der bescheidene Vorläufer des jetzigen Trottoirs** the modest predecessor of the present-day sidewalk   [15] **sich betreten lassen** to step onto (i.e. to permit oneself to step onto)
[16] **oder gar Studentenlieder anzustimmen wagten** or even dared to begin singing student songs
[17] **sie wurden sofort in die Flucht geschlagen** they were immediately put to flight
[18] **waren sie aber vielleicht in allzu bedeutender Mehrzahl** however, if they were perhaps in far too significant a majority
[19] **so erscholl das allgemeine Feldgeschrei** then the universal battlecry resounded
[20] **Burschen heraus!** All students out!
[21] **da stürzten, ohne nach Grund und Veranlassung zu fragen, halbentkleidete Studenten mit Rapieren und Knütteln aus allen Türen** then half-dressed students with rapiers and clubs dashed from all doors without asking about the reason or cause
[22] **durch den herbeieilenden Sukkurs des nicht minder rauflustigen Gegenparts wuchs das improvisierte Handgemenge von Schritt zu Schritt** step by step, the improvised hand-to-hand fighting grew as reinforcements hastily joined the no less pugnacious opponent
[23] **Staubwirbel verhüllten** swirling dust enveloped   [24] **die Hunde bellten** dogs barked

Heidelberg:
Universitätsbibliothek

Fangeisen versehene Stangen) in den verwickelten Knäuel.²⁵ So wälzte sich der Kampf oft mitten in der Nacht durch Straßen und Gäßchen fort,²⁶ daß überall Schlafmützen erschrocken²⁷ aus den Fenstern fuhren²⁸ und hie und da²⁹ wohl auch ein gelocktes³⁰ Mädchenköpfchen in scheuer Neugier³¹ hinter den Scheiben³² sichtbar³³ wurde.

Die damaligen Universitäten hatten überhaupt noch ein durchaus fremdes Aussehen,³⁴ als lägen sie außer der Welt.³⁵ Man konnte kaum etwas Malerischeres sehen als diese phantastischen Studententrachten, ihre sangreichen Wanderzüge³⁶ in der Umgebung, die nächtlichen Ständchen³⁷ unter den Fenstern imaginärer Liebchen;³⁸

²⁵ **die Häscher warfen ihre Bleistifte (mit Fangeisen versehene Stangen) in den verwickelten Knäuel** the constables threw their "pencils" (poles equipped with iron hooks) into the entangled throng   ²⁶ **sich fortwälzen** to roll onward   ²⁷ **erschrocken** startled, with a start
²⁸ **Schlafmützen fuhren aus den Fenstern** nightcaps burst out of the windows
²⁹ **hie und da** here and there   ³⁰ **gelockt** done up in curls   ³¹ **in scheuer Neugier** in shy curiosity
³² **die Scheibe** windowpane   ³³**sichtbar** visible   ³⁴ **das Aussehen** appearance
³⁵ **als lägen sie außer der Welt** as if they lay outside of the world
³⁶ **der sangreiche Wanderzug** hike accompanied by much singing
³⁷ **das nächtliche Ständchen** nocturnal serenade   ³⁸ **das Liebchen** sweetheart

dazu das beständige Klirren von Sporen[39] und Rapieren auf allen Straßen, die schönen
jugendlichen Gestalten zu Roß,[40] und alles bewaffnet und kampfbereit wie ein lustiges Kriegslager oder ein Mummenschanz.[41]   Alles dies aber kam erst zu rechter
Blüte und Bedeutsamkeit,[42] wo die Natur, die ewig jung, auch am getreusten zu der
Jugend hält, selber mitdichtend studieren half.[43]   Wo, wie in Heidelberg, der Waldhauch[44] von den Bergen erfrischend[45] durch die Straßen ging und nachts die Brunnen[46]
auf den stillen Plätzchen rauschten,[47] und in dem Blütenmeer der Gärten rings die
Nachtigallen schlugen,[48] mitten zwischen Burgen und Erinnerungen einer großen
Vergangenheit, da atmete auch der Student freier auf[49] und schämte vor der ernsten
Sagenwelt sich der kleinlichen Brotjägerei und der kindischen Brutalität.[50]   Wie
großartig[51] im Vergleich mit anderen Studentengelagen[52] war namentlich[53] der Heidelberger Kommers, hoch über der Stadt auf der Altane[54] des halbverfallenen[55] Burg-
schlosses, wenn rings die Täler[56] abendlich[57] versanken, und von dem Schlosse nun
der Widerschein der Fackeln die Stadt, den Neckar und die darauf hingleitenden
Nachen beleuchtete,[58] die freudigen Burschenlieder dann wie ein Frühlingsgruß durch
die träumerische Stille hinzogen und Wald und Neckar wunderbar mitsangen.[59]   So
war das ganze Studentenwesen eigentlich ein wildschönes Märchen, dem gegenüber
die übrige Menschheit, die altklug den Maßstab des gewöhnlichen Lebens daran
legte, notwendig, wie Sancho Pansa neben Don Quixote, philisterhaft und lächerlich
erscheinen mußte.[60]

—Joseph von Eichendorff (1788–1857)

[39] das Klirren von Sporen the clinking of spurs   [40] zu Roß on horseback
[41] bewaffnet und kampfbereit wie ein lustiges Kriegslager oder ein Mummenschanz armed and
ready for battle like a merry army camp or a masquerade
[42] zu rechter Blüte und Bedeutsamkeit to full bloom and significance
[43] wo die Natur, die ewig jung, auch am getreusten zu der Jugend hält, selber mitdichtend studieren half where nature itself, which is eternally young and also adheres most faithfully to youth,
poetically aids the pursuit of scholarship   [44] der Waldhauch breath (i.e. fragrance) of the woods
[45] erfrischend refreshingly   [46] der Brunnen fountain   [47] rauschen to murmur
[48] in dem Blütenmeer der Gärten rings die Nachtigallen schlugen in the sea of blossoms of the
gardens roundabout the nightingales sang   [49] aufatmen to breathe a sigh of relief, breathe freely
[50] schämte vor der ernsten Sagenwelt sich der kleinlichen Brotjägerei und der kindischen Brutalität
was ashamed, when confronted with the serious world of heroism and legend, of petty breadwinning
and childish brutality   [51] großartig grand   [52] das Studentengelage student beer party
[53] namentlich especially   [54] die Altane terrace, balcony   [55] halbverfallen in partial ruins
[56] das Tal valley   [57] abendlich (at) evening
[58] wenn . . . der Widerschein der Fackeln die Stadt, den Neckar und die darauf hingleitenden
Nachen beleuchtete when the reflection of the torches illuminated the city, the Neckar River and
the small boats gliding upon it
[59] wenn . . . die freudigen Burschenlieder dann wie ein Frühlingsgruß durch die träumerische
Stille hinzogen und Wald und Neckar wunderbar mitsangen when the merry student songs moved
like the greeting of spring through the dreamy stillness and woods and Neckar sang in marvelous
accompaniment
[60] so war das ganze Studentenwesen eigentlich ein wildschönes Märchen, dem gegenüber die übrige
Menschheit, die altklug den Maßstab des gewöhnlichen Lebens daran legte, notwendig, wie Sancho
Pansa neben Don Quixote, philisterhaft und lächerlich erscheinen mußte thus all student life was
really a wildly beautiful fairy tale, in contrast to which the rest of humanity, which precociously
measured it by the standards of ordinary life, must necessarily have appeared Philistine and ridiculous
like Sancho Panza beside Don Quixote

Einundzwanzigste Lektion 21

Grammatische Ziele:
Präpositionen mit dem Akkusativ—
durch, für, gegen, ohne, um
Da-Verbindung mit Präpositionen
Wo-Verbindung mit Präpositionen

EINFÜHRENDE BEISPIELE

1. Man geht hier um die Ecke.
   Geht man hier um die Ecke?
   Ja, man geht hier um die Ecke.

2. Ein schöner Garten liegt um das Haus.
   Was liegt um das Haus?
   Ein schöner Garten liegt um das Haus.

3. Um den Tisch standen Bänke und Stühle.
   Was stand um den Tisch?
   Bänke und Stühle standen um den Tisch.

4. Die Studenten wanderten durch den kühlen Wald.
   Wodurch wanderten die Studenten?
   Die Studenten wanderten durch den kühlen Wald.

5. Der Bauer kam ohne das Bündel zurück.
   Ohne was kam er zurück?
   Er kam ohne das Bündel zurück.

6. Der Wagen ist gegen die Mauer gefahren.
   Wogegen ist der Wagen gefahren?
   Der Wagen ist gegen die Mauer gefahren.

7. Die meisten Leute sind für den Plan des Bundeskanzlers.
   Wer ist für den Plan des Bundeskanzlers?
               Die meisten Leute sind für den Plan des Bundeskanzlers.

8. Sein Freund ist gegen diesen Vorschlag.
   Wer ist gegen diesen Vorschlag?
               Sein Freund ist gegen diesen Vorschlag.
   Wogegen ist er?
               Er ist gegen diesen Vorschlag.
   Ist er gegen oder für diesen Vorschlag?
               Er ist gegen diesen Vorschlag.
   Ist er dagegen oder dafür?
               Er ist dagegen.

ÜBUNGEN

1. **Beispiel:**   *den Vorschlag*   Er ist gegen *den Vorschlag.*
    a. den Vorschlag   d. meinen Vorschlag
    b. diesen Vorschlag   e. jeden Vorschlag
    c. den ersten Vorschlag

2. **Beispiel:**   *seinen Vorschlag*   Wir sind für *seinen Vorschlag.*
    a. seinen Vorschlag   d. seine Partei
    b. die Regierung   e. diese Partei
    c. den Bundeskanzler

3. **Beispiel:**   *uns*   Sind Sie für oder gegen *uns?*
    a. uns   d. sie (*her*)
    b. mich   e. seinen ersten Vorschlag
    c. ihn

4. **Beispiel:**   *den Mann auf der Straße*   Der Oberbürgermeister interessierte sich
                                                  für *den Mann auf der Straße.*
    a. den Mann auf der Straße   d. die ganze Partei
    b. die Studenten   e. das deutsche Volk
    c. die Flüchtlinge

5. **Beispiel:**   **Für wen arbeitet er schon lange?**   (*Volk*)   **Er arbeitet schon lange**
                                                                      für das Volk.
    a. Für wen arbeitet er schon lange?   (Volk)
    b. Für wen hat er das getan?   (Kinder)
    c. Wofür arbeitet er?   (Plan des Kanzlers)
    d. Wogegen ist er?   (Vorschlag)
    e. Wogegen sind Sie?   (Vorschlag des Ministers)
    f. Wofür sind Sie?   (Oppositionspartei)
    g. Gegen wen ist er?   (Bundeskanzler)
    h. Gegen wen sind Sie?   (Oberbürgermeister)
    i. Wofür ist er?   (Opposition)
    j. Wogegen redet er immer?   (Militarismus)

6. **Beispiel:** *mich*   **Er tut das immer ohne *mich*.**
   a. mich
   b. sie (*her*)
   c. Sie
   d. uns
   e. Hilfe

7. **Beispiel:** *Hut*   **Mein Freund ist ohne *Hut* gegangen.**
   a. Hut
   b. Handkoffer
   c. Geld
   d. Jacke
   e. Urlaub

8. **Beispiel:** *Frau*   **Heute abend gehe ich ohne *meine Frau* ins Kabarett.**
   a. Frau
   b. Freundin
   c. Freund
   d. Freunde
   e. Tante Emma

9. **Beispiel: Ohne was ging er nach Hause?   (*Hut*)   Er ging ohne Hut nach Hause.**
   a. Ohne was ging er nach Hause?   (Hut)
   b. Ohne was sind Sie gefahren?   (Fahrkarte)
   c. Ohne was hat sie die Reise gemacht?   (Geld)
   d. Wofür haben Sie gesprochen?   (die Wiedervereinigung)
   e. Wogegen ist er?   (das ganze Programm)

10. **Beispiele: *den Wald*   Wir sind durch *den Wald* spazierengegangen.**
    **   *das Tal*   Wir sind durch *das Tal* spazierengegangen.**
    a. den Wald
    b. das Tal
    c. den Park
    d. das Feld
    e. die Felder

11. **Beispiel: *Feld*   Ich gehe oft durch *das Feld*.**
    a. Feld
    b. Felder
    c. Park
    d. Tal
    e. Wald
    f. Wälder

12. **Beispiel: *Park*   Der Weg geht um *den Park*.**
    a. Park
    b. Tal
    c. Stadt
    d. Feld
    e. Wälder
    f. Berg
    g. Schloß
    h. Kirche

13. **Beispiel: *Feld*   Der Weg ging um *ein Feld*.**
    a. Feld
    b. Park
    c. Dorf
    d. Wald
    e. Kirche
    f. Schloß
    g. Berg
    h. kleines Dorf
    i. kleinen See
    j. kühlen Wald

14. **Beispiel: Wofür ist er?   (*die CDU*)   Er ist für die CDU.**
    a. Wofür ist er?   (die CDU)
    b. Woran denken Sie immer?   (die Heimat)
    c. Womit schreiben Sie?   (einem Kugelschreiber)
    d. Worüber hat der Bürgermeister gesprochen?   (die Probleme der Stadtverwaltung)
    e. Wogegen ist er?   (die Wiedervereinigung Deutschlands)
    f. Worauf besteht der Kanzler?   (seinem neuen Plan)
    g. Worum haben Sie ihn gebeten?   (Feuer)
    h. Wovon sprachen Sie eben?   (dem schlechten Wetter)

  i. Worauf warten Sie?   (die Straßenbahn)
  j. Wofür interessiert er sich?   (Briefmarken)
  k. Woraus macht man das?   (Glas)
  l. Gegen wen hat er gesprochen?   (den Bundeskanzler)
  m. Worauf liegt das Buch?   (dem Tisch)
  n. An wen haben Sie geschrieben?   (die Eltern)

15. **Beispiel: Ich bin gegen *den Bürgermeister*.   Ich bin gegen *ihn*.**
  a. Ich bin gegen den Bürgermeister.
  b. Wir sind alle für den Bundeskanzler.
  c. Wir sind ohne die Koffer abgefahren.
  d. Ohne seine Tochter mußte Brecht fliehen.
  e. Der Zug fuhr ohne mein Gepäck ab.

16. **Beispiel: Hier ist der Plan.   Sind Sie dafür?   Ja, ich bin dafür.**
  a. Hier ist der Plan.   Sind Sie dafür?
  b. Hier ist mein Bleistift.   Möchten Sie damit schreiben?
  c. Dort steht mein Wagen.   Wollen Sie damit fahren?
  d. Sie haben den Vorschlag gehört.   Sind Sie dafür?
  e. Morgen kommt Besuch.   Wissen Sie schon davon?

17. **Beispiel: Er ist *für die Demokratie*.   Er ist *dafür*.**
  a. Er ist für die Demokratie.
  b. Das Volk ist für die Republik.
  c. Meine Freunde sind für den deutschen Bund.
  d. Ein Diktator ist gegen die Demokratie.
  e. Wir sind für den Plan.
  f. Wir sind alle gegen den Vorschlag.
  g. Wer ist gegen diese Meinung?
  h. Er bat mich um Geld.
  i. Herr Schmidt hat mich um das Buch gebeten.
  j. Ich habe schon von dem Drama gehört.
  k. Mein Geschäft ist neben der Post.
  l. Er schreibt mit dem Kugelschreiber.
  m. Ich bin mit der Straßenbahn gefahren.
  n. Wir haben nichts von dem Geschäft gehört.
  o. Nach dem Volksfest ist alles wieder ruhig.

18. **Beispiel: Interessieren Sie sich *für Briefmarken?*   Ja, ich interessiere mich *dafür*.**
  a. Interessieren Sie sich für Briefmarken?
  b. Steht der Stuhl neben dem Fenster?
  c. Liegt die Post zwischen dem Rathaus und der Bergstraße?
  d. Haben Sie ihn um Auskunft gebeten?
  e. Sind Sie für den Wirtschaftsplan der SPD?
  f. Fährt er jeden Tag mit dem Omnibus?
  g. Liegt das Buch auf dem Tisch?
  h. Macht man das aus Holz?
  i. Haben Sie schon von der Notlandung in Düsseldorf gehört?
  j. Er ist gegen allen Fortschritt, nicht wahr?
  k. Liegt der Garten um das Haus?
  l. Stehen viele Bäume vor Ihrem Hause?
  m. Interessiert er sich für Sport?
  n. Steht eine Mauer vor dem Schloß?

19. **Hören Sie zu und beantworten Sie dann die Fragen!**

    a. Mein Nachbar ist mit seinem Wagen ins Zentrum gefahren. Er ist zum Bürgermeister gegangen, denn er wollte mit ihm über die schlechten Straßen sprechen.

      (1) Womit ist der Nachbar ins Zentrum gefahren?

      (2) Zu wem ist er gegangen?

      (3) Worüber wollte er mit dem Bürgermeister sprechen?

      (4) Mit wem hat er gesprochen?

    b. Der Regierungsrat redete lange über Politik; es war klar, daß er für die CDU war.

      (1) Worüber redete der Regierungsrat?

      (2) Für welche Partei war er?

      (3) Wofür war er?

LESESTÜCK: Akademische Freiheit

Von Zeit zu Zeit hatten die Studenten am Institut die Aufgabe, den Bayrischen Schulfunk zu hören und nachher dem Professor einen Bericht über das Programm einzureichen.[1] Obwohl solche Programme unter der Leitung des Landeskultusministeriums[2] für Schüler der Mittelschule bestimmt[3] waren, dienten sie auch als gutes Lehrmittel für die ausländischen Studenten, die sich in der deutschen Sprache noch nicht ganz zu Hause fühlten. Herr Brown hatte ein zweites Programm über die deutsche Hochschule gehört und schrieb die anschließende[4] Zusammenfassung darüber:

Die mittelalterliche Universität war von Kaiser, Landesherrn[5] und Stadt fast völlig unabhängig.[6] Die Lehrer- und Studentenschaft[7] gehörte der Universität an und hatte also praktisch kein städtisches Bürgerrecht.[8] In manchen Sachen waren die Universitätsangehörigen[9] den Verordnungen[10] der Universität und nicht den Gesetzen der Stadt und des Staates unterworfen.[11] Um ihre Verordnungen durchzusetzen,[12] hatte die Universität eine polizeiliche Behörde[13] und einen Karzer,[14] in welchem Studenten, die gegen die Verordnungen verstoßen[15] hatten, zur Strafe[16] sitzen mußten. Der Karzer der Universität Heidelberg existiert heute noch, aber nur für die Touristen.

Als Zeichen der kirchlichen[17] sowie der humanistischen Einflüsse auf die Gelehrtenwelt sprach man nur Latein an der Universität, und zwar war es verboten, innerhalb der Universität Deutsch zu sprechen. Sogar viele Studentenlieder waren in

[1] **einreichen** to hand in   [2] **das Landeskultusministerium** State Department of Education
[3] **bestimmt** intended   [4] **anschließend** following   [5] **der Landesherr** ruler of a province or state
[6] **unabhängig** independent   [7] **die Lehrer- und Studentenschaft** faculty and student body
[8] **das städtische Bürgerrecht** municipal rights of citizenship
[9] **der Universitätsangehörige** member of the university   [10] **die Verordnung** regulation
[11] **unterworfen** subject to
[12] **um ihre Verordnungen durchzusetzen** in order to enforce its regulations
[13] **die polizeiliche Behörde** police department   [14] **der Karzer** university jail
[15] **verstoßen, verstieß, verstoßen** to violate   [16] **zur Strafe** as punishment   [17] **kirchlich** ecclesiastical

Die Universität
Frankfurt: Studenten
kochen Suppe auf der
Straße als Protest
gegen Preiserhöhung
in der Mensa

lateinischer Sprache.   Es bestehen heute noch eine Menge Studentenausdrücke,
die lateinischer oder griechischer Abstammung sind: die Mensa[18]—Speisesaal[19] für
Studenten, die Mensur—das Gefecht,[20] die Aula[21]—der große Festsaal[22] der Hochschule u.a.m.   Der Übergang[23] zur deutschen Sprache begann im Jahre 1687, als
ein tapferer[24] Gelehrter namens[25] Christian Thomasius an der Universität Leipzig
die erste Vorlesung in deutscher Sprache hielt, was unter den Gelehrten viel Aufsehen
erweckt haben mußte.[26]

Da die Universität an sich[27] eine freie und unabhängige Bildungsanstalt[28] war, die
von weltlicher und kirchlicher Einschränkung im allgemeinen unberührt blieb,[29] entstand der Begriff[30] der „akademischen Freiheit", Freiheit zu lernen und zu lehren, was

[18] **die Mensa** university dining hall   [19] **der Speisesaal** dining hall   [20] **das Gefecht** fight
[21] **die Aula** university auditorium   [22] **der Festsaal** ceremonial hall   [23] **der Übergang** transition
[24] **tapfer** courageous   [25] **namens** by the name of
[26] **was unter den Gelehrten viel Aufsehen erweckt haben mußte** which must have aroused a sensation among scholars   [27] **an sich** in itself   [28] **die Bildungsanstalt** educational institution
[29] **die von weltlicher und kirchlicher Einschränkung im allgemeinen unberührt blieb** which, in
general, remained untouched by temporal and ecclesiastical restriction   [30] **der Begriff** concept

und wie man wollte.   Diese Freiheit bestand bis zum Nazi-Regime, während dessen sie völlig verschwand, lebte aber in der Nachkriegszeit an westdeutschen Hochschulen sofort wieder auf.

Akademische Freiheit bedeutete für den Professor, daß er nach Belieben[31] „lesen" (eine Vorlesung halten) durfte, daß er nach Belieben den Termin,[32] das Thema, den Inhalt und den Ort[33] seiner Vorlesungen bestimmen und auf allen Gebieten[34] nach der Wahrheit ungehindert forschen durfte.   Leicht zu verstehen ist es, daß die Gelehrsamkeit[35] an der deutschen Universität in einer solchen Atmosphäre gedeihen mußte und daß Deutschland als das Land der Denker und Forscher bekannt wurde.   Der Tradition der deutschen Universität hat der Professor des zwanzigsten Jahrhunderts es zu verdanken,[36] daß die höheren Bildungsanstalten in den meisten Ländern des Westens den Begriff der akademischen Freiheit schützen und pflegen.[37]

Trotz der Verordnungen der Universität hatte der Student in Wirklichkeit so viel Freiheit, daß er sich oft nicht einmal verpflichtet fühlte, die Vorlesungen zu hören oder überhaupt zu arbeiten.   Er durfte jahrelang[38] „studieren", er durfte trinken und fechten,[39] und er war niemandem für sein wildes Leben verantwortlich. Erst als er sich richtig ausgetobt[40] hatte, wurden ihm das Leben und das Lernen ernst, wobei[41] er zu „pauken", „büffeln"[42] oder „ochsen"[43] begann, denn er wollte einmal Gelehrter werden.

Die Korporation (das Korps, die Verbindung) gehörte traditionell zum Studentenleben.   Ursprünglich war sie eine Landsmannschaft, d.h. ein Studentenklub, dessen Mitglieder[44] aus derselben Gegend kamen: die Studenten aus Hessen gehörten der hessischen Korporation an, die sächsischen[45] gehörten der „Saxonia" an, und die Ostpreußen gehörten der ostpreußischen Korporation an.   Obwohl die Korporationen im neunzehnten Jahrhundert eine politische Färbung annahmen, blieben ihre Hauptfunktionen das Trinken und Fechten, wofür es komplizierte Regeln gab; der ganze Unfug[46] (amerikanischer Ansicht nach) war eine Art Ritus,[47] den die Mitgliedschaft[48] streng befolgte.[49]   Als Beispiel soll aus der Verfassung[50] einer Korporation, die heute noch besteht, folgendes zitiert werden:[51]

Artikel 11   Es wird gesoffen. (Man soll trinken.)

Darauf folgen neunundneunzig Artikel, wie gesoffen wird!   Danach lautet[52] der letzte Artikel der Verfassung:

Artikel 111   In den Dörfern wird weiter gesoffen.

Das Fechten (in die Mensur treten) war nicht weniger barbarisch; man focht wegen persönlicher Ehre,[53] oft wegen einer imaginären Beleidigung.   Ein jeder[54] war

---

[31] **nach Belieben** at will, as he sees fit   [32] **der Termin** time, date   [33] **der Ort** place
[34] **das Gebiet** area   [35] **die Gelehrsamkeit** scholarship   [36] **verdanken** to owe
[37] **pflegen** to foster   [38] **jahrelang** for years   [39] **fechten, focht, gefochten** to fence, duel
[40] **sich austoben** to have one's fling   [41] **wobei** at which time   [42] **büffeln** to cram
[43] **ochsen** to cram   [44] **das Mitglied** member   [45] **sächsisch** Saxon
[46] **der Unfug** nuisance, annoying activity   [47] **der Ritus** ritual   [48] **die Mitgliedschaft** membership
[49] **befolgen** to follow, observe   [50] **die Verfassung** constitution   [51] **soll zitiert werden** is to be quoted
[52] **lauten** to read as follows   [53] **die Ehre** honor   [54] **ein jeder** each one

stolz auf die Schmisse,[55] die er im Gefecht vom scharfen Säbel[56] seines Gegners[57] bekam; unter den Studenten war ein Schmiß im Gesicht eine Art Ehrenabzeichen,[58] das im späteren Leben ein Beweis war, daß man nicht nur studiert hatte, sondern auch ein „ganzer Kerl"[59] war.   Unter dem Nazi-Regime waren Korporationen und alle anderen geheimen[60] Gesellschaften streng verboten, denn die Nazis fühlten sich von jeder Organisation bedroht,[61] die nicht unter dem Einfluß der Partei stand. Trotz der Tatsache, daß der heutige Student im großen und ganzen ernster ist und weniger Interesse an dem wilden Leben zeigt, haben die „Alten Herren"[62] in der Nachkriegszeit versucht, die Korporationen wieder zu beleben.[63]

Seit Jahrhunderten hat sich die Universitätsverwaltung nur wenig geändert.   An der Spitze[64] steht der Rektor, ein Professor, den die Lehrerschaft ins Amt wählt.   Die Universität gliedert sich[65] gewöhnlich in die folgenden Fakultäten:

1. Theologische Fakultät
2. Rechts- und Staatswissenschaftliche Fakultät[66]
3. Medizinische Fakultät
4. Philosophische Fakultät
5. Naturwissenschaftlich-mathematische Fakultät
6. Wirtschafts- und Sozialwissenschaftliche Fakultät[67]

Mit Ausnahme der Philosophischen Fakultät ist der Fachumfang[68] der Fakultäten durch die Bezeichnung[69] offensichtlich.[70]   Die Philosophische Fakultät umfaßt nicht nur Philosophie, sondern auch Fächer wie Fremdsprachen, Psychologie, Literaturgeschichte und Pädagogik.[71]

Die Termine für das typische Wintersemester sind:

Beginn der Immatrikulation	17. Oktober
Beginn der Vorlesungen	2. November
Ende der Immatrikulation	15. November
Vorlesungsfreier Tag	16. November (Buß- und Bettag)[72]
Beginn der Weihnachtspause	23. Dezember
Ende der Weihnachtspause	8. Januar
Ende der Vorlesungen	28. Februar

Für das typische Sommersemester sind die Termine:

Beginn der Immatrikulation	20. April
Beginn der Vorlesungen	5. Mai
Ende der Immatrikulation	18. Mai
Ende der Vorlesungen	31. Juli

---

[55] **der Schmiß** wound caused by a rapier as well as the scar caused by the wound   [56] **der Säbel** saber
[57] **der Gegner** opponent   [58] **das Ehrenabzeichen** badge of honor   [59] **ein „ganzer Kerl"** a "real guy"
[60] **geheim** secret   [61] **bedroht** threatened   [62] **der „Alte Herr"** alumnus of a fraternity
[63] **beleben** to revive   [64] **die Spitze** head   [65] **sich gliedern** to be divided
[66] **Rechts- und Staatswissenschaftliche Fakultät** School of Law and Political Science
[67] **Wirtschafts- und Sozialwissenschaftliche Fakultät** School of Economics and Sociology
[68] **der Fachumfang** extent of areas of study   [69] **die Bezeichnung** designation, name
[70] **offensichtlich** evident   [71] **die Pädagogik** pedagogy, theory of teaching
[72] **der Buß- und Bettag** Day of Humiliation (i.e. day of penance and prayer)

Frankfurt/Main: Haus der Studentenschaft der Universtät

Für den amerikanischen Studenten ist es schwer zu begreifen, daß es an der deutschen Universität keine *credits, hours, quizzes, attendance records* und *transcripts* gibt,—daß der Student in den meisten Fächern nicht verpflichtet ist, in die Vorlesungen zu gehen,—daß man selten einen Professor kennenlernt,—daß die meisten Fächer und Kurse keine Prüfungen haben,—daß der Student eine Prüfung nur für das Staatsexamen[73] und den Doktor macht,—daß die meisten Studenten nicht in einem Studentenheim,[74] sondern auf einer „Bude" wohnen,—und daß es hauptsächlich vom Studenten allein abhängt,[75] ob er die Gelegenheit ausnutzt, eine Bildung zu erwerben.[76]

[73]**das Staatsexamen** a civil service examination taken by candidates for the professions
[74] **das Studentenheim** dormitory   [75] **daß es vom Studenten abhängt** that it depends on the student
[76] **erwerben, erwarb, erworben** to earn

WEITERE ÜBUNGEN

Hören Sie zu und beantworten Sie dann die Fragen!

1. Die mittelalterliche Universität war von Kaiser, Landesherrn und Stadt fast völlig unabhängig.
   a. War die Universität vom Kaiser fast völlig unabhängig?
   b. Was war von der Stadt fast völlig unabhängig?
   c. Regierte der Landesherr die Universität?

2. Die Studenten und Lehrerschaft waren den Verordnungen der Universität unterworfen.
   a. Waren die Studenten den Verordnungen der Universität unterworfen?
   b. Welchen Verordnungen war die Lehrerschaft unterworfen?
   c. War die Studentenschaft den Verordnungen der Stadt unterworfen?

3. Es war verboten, innerhalb der alten Universität Deutsch zu sprechen.
   a. Welche Sprache durfte man nicht sprechen?
   b. Wo durfte man kein Deutsch sprechen?
   c. Was war verboten?

4. Akademische Freiheit bedeutet, daß der Professor den Termin und den Inhalt seiner Vorlesungen bestimmen darf.
   a. Darf der Professor den Termin seiner Vorlesungen bestimmen?
   b. Wer darf den Inhalt einer Vorlesung bestimmen?
   c. Was bedeutet akademische Freiheit?

5. Die Korporation, ursprünglich eine Landsmannschaft, gehörte traditionell zum Studentenleben.
   a. Was war ursprünglich eine Korporation?
   b. Gehörte die Korporation traditionell zum Studentenleben?
   c. Was gehörte traditionell zum Studentenleben?

FRAGEN

1. Wer steht an der Spitze der Universität?
2. Wovon war die alte Universität fast völlig unabhängig?
3. Wer war den Verordnungen der Universität unterworfen?
4. Hatte die Universität einen Karzer?
5. Hatte die Universität eine polizeiliche Behörde?
6. Wer mußte im Karzer sitzen?
7. Was existiert heute noch in Heidelberg?
8. Welche Sprache sprachen die Studenten auf der mittelalterlichen Universität?
9. Welche Sprache durfte man nicht sprechen?
10. Was war verboten?
11. Wer darf nach Belieben lesen?
12. Gedeiht die Gelehrsamkeit wegen akademischer Freiheit?
13. Was bedeutet akademische Freiheit für den Professor?
14. Hat der Student auch akademische Freiheit?
15. Was waren die Hauptfunktionen der Korporation?
16. Was bekam der Student oft in der Mensur?
17. Worauf war der Student stolz?
18. Warum duellierte man sich?

SPRECHÜBUNGEN

1. Fragen Sie den Studenten neben Ihnen:
    a. wer der alten Universität angehörte
    b. was an der Universität verboten war
    c. wovon die Universität fast völlig unabhängig war
    d. ob der Humanismus die Gelehrsamkeit beeinflußte
    e. welcher Begriff an der Universität entstand
    f. wer nach Belieben lesen kann
    g. wer den Termin einer Vorlesung bestimmt
    h. wer den Inhalt einer Vorlesung bestimmt
    i. ob der deutsche Student oft trank
    j. was traditionell zum Studentenleben gehörte
    k. wer an der Spitze der Universität steht
    l. wie lange das Wintersemester dauert
2. Nennen Sie die Fakultäten einer typischen deutschen Universität!
3. Nennen Sie einige Fächer in der philosophischen Fakultät!
4. Geben Sie die Fakultät an, in der folgende Fächer und Kurse zu finden sind!
    a. Chemie
    b. Pädagogische Psychologie des Unterrichts
    c. Botanik
    d. Klimatologie
    e. Einführung in das Neue Testament
    f. Diagnostik und Therapie

Die Universität Bonn

    g. Geologie von Nord- und Mittelamerika

    h. Chinesische Schriftsprache

    i. Analytische Geometrie

    j. Vorlesungen in englischer Sprache: *The Novel of the 18th Century*

    k. Finanzpolitik

    l. Berufskrankheiten und Arbeitshygiene

    m. *Essay-Writing* für Anfänger

    n. Bürgerliches Recht

    o. Glaube und Geschichte bei Kierkegaard

5. Wählen Sie passende Antworten aus der rechten Spalte auf Fragen und Sätze in der linken Spalte. Ergänzen Sie oder erweitern Sie die von Ellipsen gefolgten Erwiderungen!

    a. Sind Sie dafür?

    b. Professor Schmidts Vorlesungen sind oft schwer zu verstehen.

    c. Sie werden wohl richtig pauken müssen, nicht wahr?

    d. Wie der (*he*) aber säuft!

    e. Um die Schultern ist mir dieses Kleid viel zu eng.

    f. Professoren und Dozenten bestimmen den Termin und den Ort ihrer Vorlesungen.

    g. Ich bin letzten Monat in der Schweiz gewesen.

    h. Er spricht oft für die Europäische Wirtschaftsgemeinschaft.

    i. Ich bin immer gegen solche Dinge.

    j. Sind Sie für die CDU?

(1) Aber manchmal geht er zu weit damit.

(2) Ja, und auch so langweilig (*boring*).

(3) Ja, denn ich will im Juni die Prüfung ablegen.

(4) Ja, das sieht man. Probieren Sie Größe 47 an.

(5) Sind Sie skilaufen (*skiing*) gegangen?

(6) Was haben Sie . . . ?

(7) Schade darum, denn es sieht so flott und jugendlich aus.

(8) Ja, so sind die Bayern.

(9) Nein, ich bin sehr dagegen.

(10) Meinen Sie? Ich persönlich finde sie sehr leicht.

(11) Größe 45 paßt Ihnen einfach nicht, Madame.

(12) Sind Sie auf einen Berg gestiegen, während Sie . . . ?

(13) Nein, denn . . .

(14) Ich kann mich wirklich nicht entschließen, ob . . .

(15) Sind Sie . . . gefahren?

(16) Wofür halten Sie mich denn?

(17) Ach, diese Halbstarken . . .

(18) Ja, ich kann's kaum glauben.

(19) Und auch den Inhalt der Vorlesungen, nicht wahr?

(20) Ja, und er liest auch so langsam.

(21) Großartig, nicht wahr?

(22) Aber warum denn?

(23) Gilt das auch für die Hochschulen im Ausland?

(24) Nicht in allem, denn . . .

(25) Gilt das auch für Lehrer am Gymnasium?

(26) Haben Sie den schweizerischen Dialekt verstanden?

6. Lesen Sie folgende Sätze, indem Sie den in Kursivschrift gedruckten Teil mit einer Da-Verbindung ersetzen!
   - a. Ich warte *auf den Bus.*
   - b. Wie lange haben Sie *an dem Aufsatz* gearbeitet?
   - c. Er war *gegen meinen Vorschlag.*
   - d. Mein Geschäft ist gleich *neben der Post.*
   - e. Was war *in dem Brief?*
   - f. Ich habe Medizin *gegen Husten* genommen.
   - g. Er wußte nichts *von dem neuen Plan.*
   - h. Die Garage steht *hinter dem Hause.*
   - i. Er sprach *über die neuste Literatur.*
   - j. Ich bin *mit dem D-Zug* gefahren.
   - k. Meine Bücher liegen *auf dem Tisch.*
   - l. Er hat mir *bei dem langen Aufsatz* geholfen.
   - m. Was sagen Sie *zu den vielen Vorschlägen?*
   - n. Ich nehme immer Zucker *zum Kaffee.*
   - o. *Nach dem Abendessen* bin ich ins Theater gegangen.

7. Bilden Sie Fragen zu folgenden Antworten, indem Sie eine Wo-Verbindung benutzen!
   Beispiel: Ich warte *auf den nächsten Zug.*   Frage: *Worauf* warten Sie?
   - a. Wir warten auf die Straßenbahn.
   - b. Ich spreche heute abend über pädagogische Probleme.
   - c. Er hilft mir oft bei der Arbeit.
   - d. Sie ist gegen die CDU.
   - e. Mein Freund sprach eben von dem neuen Drama.
   - f. Ich freue mich sehr über das schöne Wetter.
   - g. Jetzt denke ich nur an die Ferien.
   - h. Die meisten Schüler arbeiten fleißig für gute Zensuren.
   - i. Deutschlands Zukunft hängt von der Weltpolitik ab.
   - j. Der Arzt hat nach meiner Gesundheit gefragt.
   - k. Dieser Ring ist aus Gold gemacht.
   - l. Er besteht immer auf seinem Recht.

SCHRIFTLICHES

1. Schreiben Sie auf deutsch!
   a. Did you drive through the village yesterday?   b. Here is the post office, and my friend's house is just around the corner from it.   c. Are you for it or against it? d. We were very much interested in the proposal, but our friends were very much (*sehr*) against it.   e. Academic freedom means that the professor is permitted to lecture as he sees fit.   f. Where is my ballpoint pen?   Are you writing with it? g. Tomorrow we are going to have company from Berlin.   Did you know about it? h. Here is the money which you asked (*bitten*) me for.   i. Since (*da*) we don't know when the postman will come, we will have to ask the landlady about it. j. You know where the post office and the Black Horse Inn are, don't you?   My store is between them.

2. Schreiben Sie einen kurzen Aufsatz über das Studentenleben an der deutschen Univer-sität!

VERSCHIEDENES

LEHRBRIEF[1]

Die Kunst ist lang, das Leben kurz, das Urteil[2] schwierig,[3] die Gelegenheit flüchtig.[4] Handeln[5] ist leicht, Denken schwer; nach dem Gedachten handeln ist unbequem.[6] Aller Anfang ist heiter,[7] die Schwelle[8] ist der Platz der Erwartung.[9] Der Knabe[10] staunt, der Eindruck bestimmt ihn,[11] er lernt spielend,[12] der Ernst überrascht ihn.[13] Die Nachahmung ist uns angeboren,[14] das Nachzuahmende wird nicht leicht erkannt.[15] Selten wird das Treffliche gefunden,[16] seltener geschätzt.[17] Die Höhe reizt uns, nicht die Stufen;[18] den Gipfel im Auge,[19] wandeln[20] wir gerne auf der Ebene.[21] Nur ein Teil der Kunst kann gelehrt werden,[22] der Künstler braucht sie ganz. Wer sie halb kennt, ist immer irre[23] und redet viel; wer sie ganz besitzt, mag nur tun[24] und redet selten oder spät. Jene haben keine Geheimnisse[25] und keine Kraft, ihre Lehre ist wie gebackenes Brot[26] schmackhaft und sättigend[27] für einen Tag; aber Mehl[28] kann man nicht säen,[29] und die Saatfrüchte sollen nicht vermahlen werden.[30] Die Worte sind gut, sie sind aber nicht das Beste. Das Beste wird nicht deutlich durch Worte. Der Geist, aus dem wir handeln, ist das Höchste.[31] Die Handlung wird nur vom Geiste begriffen und wieder dargestellt.[32] Niemand weiß, was er tut, wenn er recht handelt, aber des Unrechten sind wir uns immer bewußt.[33] Wer bloß mit Zeichen wirkt, ist ein Pedant, ein Heuchler oder ein Pfuscher.[34] Es sind ihrer viel, und es

---

[1] der Lehrbrief letter of apprenticeship   [2] das Urteil judgment   [3] schwierig difficult
[4] flüchtig fleeting   [5] das Handeln action
[6] nach dem Gedachten handeln ist unbequem to act according to that which has been thought out (i.e. to act rationally) is inconvenient   [7] heiter cheerful   [8] die Schwelle threshold
[9] die Erwartung expectation   [10] der Knabe boy
[11] der Eindruck bestimmt ihn impression determines him (i.e. sensory perception of his environment molds him)   [12] er lernt spielend he learns while playing
[13] der Ernst überrascht ihn seriousness surprises him
[14] die Nachahmung ist uns angeboren imitation is inborn in us
[15] das Nachzuahmende wird nicht leicht erkannt that which is to be imitated is not readily recognized   [16] selten wird das Treffliche gefunden that which is excellent is seldom found
[17] schätzen to appreciate   [18] die Höhe reizt uns, nicht die Stufen heights entice us, not the steps
[19] der Gipfel im Auge the summit in view   [20] wandeln to saunter   [21] die Ebene plain
[22] kann gelehrt werden can be taught   [23] irre in error, confused   [24] mag nur tun desires only to act
[25] das Geheimnis secret   [26] ihre Lehre ist wie gebackenes Brot their teaching is like baked bread
[27] schmackhaft und sättigend appetizing and satisfying   [28] das Mehl flour   [29] säen to sow
[30] die Saatfrüchte sollen nicht vermahlen werden the seeds ought not to be milled
[31] der Geist, aus dem wir handeln, ist das Höchste the spirit from which our actions emanate is the ultimate
[32] die Handlung wird nur vom Geiste begriffen und wieder dargestellt only by the spirit can the act be conceived and produced again
[33] des Unrechten sind wir uns immer bewußt we are always conscious of wrong
[34] wer bloß mit Zeichen wirkt, ist ein Pedant, ein Heuchler oder ein Pfuscher he who only seeks effect by using signs (i.e. he who deals only with externals, superficiality), is a pedant, a hypocrite or a bungler

wird ihnen wohl zusammen.[35]   Ihr Geschwätz hält den Schüler zurück,[36] und ihre beharrliche Mittelmäßigkeit ängstigt die Besten.[37]   Des echten Künstlers Lehre schließt den Sinn auf,[38] denn wo die Worte fehlen, spricht die Tat.   Der echte Schüler lernt aus dem Bekannten[39] das Unbekannte[40] entwickeln, und nähert sich dem Meister.[41]

—Johann Wolfgang von Goethe

GRAMMATIK

A. STRONG ADJECTIVE ENDINGS

In the *Grammatik of* Lektion 18, the weak adjective endings were explained.   A descriptive adjective takes a weak ending when it follows the definite article, a **der**-word, the indefinite article with an ending or an **ein**-word with an ending.   However, in the masculine nominative and the neuter nominative and accusative the indefinite article and **ein**-words do not have endings:

	MASCULINE SINGULAR	NEUTER SINGULAR
NOMINATIVE	ein, kein, mein, sein, ihr, unser, Ihr, ihr	ein, kein, mein, sein, ihr, unser, Ihr, ihr
ACCUSATIVE		ein, kein, mein, sein, ihr, unser, Ihr, ihr

In these three instances a descriptive adjective takes a strong ending following the indefinite article or an **ein**-word.   These strong endings are:

	MASCULINE SINGULAR	NEUTER SINGULAR
NOMINATIVE	-er	-es
ACCUSATIVE		-es

Ein alter Mann wartete an der Haltestelle.
Mein neuer Wagen ist ein DKW.
Es ist kein schöner Gedanke.
Ein altes Schloß steht auf dem Berg.
Unser neues Haus steht am Rande der Stadt.
Er hat kein großes Interesse an Sport.
Der dumme Bauer gab dem klugen Studenten sein bestes Pferd.
Der Student trug ein großes, schweres Bündel.

---

[35] **es sind ihrer viel, und es wird ihnen wohl zusammen** there are many of them, and they feel comfortable among their kind   [36] **zurückhalten** to deter, hold back
[37] **ihre beharrliche Mittelmäßigkeit ängstigt die Besten** their persistent mediocrity intimidates the best ones
[38] **des echten Künstlers Lehre schließt den Sinn auf** the teaching of the true artist unlocks the mind
[39] **das Bekannte** the known   [40] **das Unbekannte** the unknown
[41] **und nähert sich dem Meister** and approaches the master (i.e. comes ever closer to being the true artist)

B. ADJECTIVES AFTER **ETWAS** AND **NICHTS**

An adjective used after the indefinite pronouns **etwas** and **nichts** is capitalized and requires the strong neuter ending:

> Ich habe heute **etwas Neues** gehört.
> Sie hat sich **etwas Flottes** im Geschäft gekauft.
> **Etwas Schlimmes** kann leicht passieren.
> Im Geschäft konnte ich **nichts Schönes** finden.

Indefinite pronouns followed by an adjective occur frequently only in the nominative and accusative cases.   These combinations are not used in the genitive.   If used in the dative their form is:

> mit etwas **Gutem**
> von nichts **Neuem**

C. THE FUTURE TENSE

In German, the function of the future tense is often assumed by the present tense accompanied by an adverb of time:

> Wir **fliegen** morgen nach München.
> *We **are flying** to Munich tomorrow.*

The future tense is formed with the present tense of **werden** as the auxiliary and the infinitive of the main verb:

> Morgen **werde** ich zu Hause **bleiben.**·
> Wir **werden** nächste Woche in die Schweiz **reisen.**
> Wann **werden** Sie in Köln **sein?**
> Er **wird** noch ein Semester in Marburg **studieren.**

The modal auxiliary **wollen** is not used as the conjugated verb in the formation of the future tense:

PRESENT TENSE	FUTURE TENSE
Er **will** hier bleiben.	Er **wird** hier bleiben.
*He **wants** to stay here.*	*He **will** stay here.*
Die Kinder **wollen** das Museum besuchen.	Die Kinder **werden** das Museum besuchen.
*The children **want** to visit the museum.*	*The children **will** visit the museum.*

The future tense used with the adverb **wohl** expresses probability:

> Das wird **wohl** nicht so schlimm sein.
> *That **probably** won't be so bad.*
> Er wird **wohl** bald ankommen.
> *He will **probably** arrive soon.*

D. DOUBLE INFINITIVE

When a modal auxiliary verb occurs in the formation of the future tense, the double infinitive is used:

PRESENT TENSE WITH MODAL	FUTURE TENSE WITH MODAL
Er **muß** fleißig **arbeiten.**	Er **wird** fleißig **arbeiten müssen.**
	*He **will have to work** industriously.*
Ich **kann** es leicht **tun.**	Ich werde es leicht **tun können.**
	*I **will be able to do** it easily.*

Wir **müssen** nächsten Monat nach Köln **fahren.**	Wir **werden** nächsten Monat nach Köln **fahren müssen.** *We will have to go to Cologne next month.*
Ich **darf** nicht nach Ostberlin **fahren.**	Ich **werde** nicht nach Ostberlin **fahren dürfen.** *I will not be permitted to go to East Berlin.*

The double infinitive replaces the past participle in the present perfect and past perfect tenses if a modal auxiliary verb is used in their formation:

PRESENT PERFECT TENSE WITHOUT MODAL	PRESENT PERFECT TENSE WITH MODAL
Ich **habe** die Ansprache nicht **verstanden.**	Ich **habe** die Ansprache nicht **verstehen können.** *I could not understand the speech.*
Wir **haben** „Faust" **gesehen.**	Wir **haben** „Faust" **sehen wollen.** *We wanted to see Faust.*
Er **ist** heute ins Dorf **gefahren.**	Er **hat** heute ins Dorf **fahren müssen.** *He had to go to the village today.*

PAST PERFECT TENSE WITHOUT MODAL	PAST PERFECT TENSE WITH MODAL
Er **hatte** schon gestern den Film **gesehen.**	Er **hatte** schon gestern den Film **sehen wollen.** *He had wanted to see the film yesterday.*

E. PREPOSITIONS WITH THE ACCUSATIVE CASE

The following prepositions require the accusative case:

durch	*through, by means of*	ohne	*without*
für	*for*	um	*around; at (with expressions of time)*
gegen	*against, toward*		

Wir gingen durch **den Park.**
Ich habe die Arbeit für **den Lehrer** getan.
Er ist gegen **die Europäische Wirtschaftsgemeinschaft.**
Sein Wagen ist gegen **eine Mauer** gefahren.
Gegen **Abend** ging er ins Gasthaus.
Ohne **Geld** kommt man nicht weiter.
Ohne **meine Hilfe** kann er es nicht machen.
Um **den Garten** stehen viele Bäume.
Ich bin um **acht Uhr** ins Theater gegangen.
Der Wagen ist zu schnell um **die Ecke** gefahren.

F. DA-COMPOUNDS

Da is combined with prepositions as a substitute for prepositional phrases in which the object is a pronoun having as its antecedent something inanimate:

Hier ist **der Bericht.**   Was halten Sie **davon?**
Nicht weit von der Ecke ist **die Post,** und mein Geschäft liegt gleich **daneben.**
Dort steht **sein Haus,** und **dahinter** liegt ein schöner Garten.

Sind die Deutschen gegen oder für **den Gebrauch der Atombombe?**   Ich glaube,
die meisten Deutschen sind sehr **dagegen.**

Die Sitzung dauerte den ganzen Abend.   Waren Sie **dabei?**

If the preposition begins with a vowel, **dar-** precedes it in the compound:

Warten Sie auf die Straßenbahn?   Ja, ich warte **darauf.**

Das ist ein großes Wirtschaftsproblem; der Bürgermeister hat oft **darüber** gesprochen.

Haben Sie den Aufsatz schon geschrieben?   Nein, aber ich arbeite **daran.**

Hier ist die neue Zeitschrift; lesen Sie den ersten Artikel **darin.**

G. **WO**-COMPOUNDS

The formation of **wo**-compounds is similar to that of **da**-compounds.   **Wo**-compounds
are used in questions which in English would begin with a preposition followed by "what."
If the preposition begins with a vowel, **wor-** precedes it in the compound:

Worauf warten Sie?

Womit schreiben Sie?

Worüber hat der Professor gelesen?

Wofür ist er eigentlich?

Worum hat er Sie gebeten?

Wovon sprechen Sie?

Zweiundzwanzigste Lektion 22

Grammatische Ziele:

    Vertrauliche Anredeformen, Singular und Plural

    Imperativ der vertraulichen Anredeformen

EINFÜHRENDE BEISPIELE

1. Anneliese Neumann spricht mit ihrem Vater.
Sie fragt: „Wohin gehst du, Vati?"
Was fragt sie ihren Vater?
           Sie fragt ihren Vater: „Wohin gehst du, Vati?"

2. Ihr Vater antwortet: „In die Stadt.   Willst du mit?"
Was fragt er?
           Er fragt: „Willst du mit?"

3. Anneliese fragt ihren Vetter: „Wann willst du die Doktorprüfung ablegen?"
Was fragt sie ihren Vetter?
           Sie fragt ihren Vetter: „Wann willst du die Doktorprüfung ablegen?"

4. Karl Neumann sagt zu seiner Schwester: „Ich habe dich gestern im Kino gesehen."
Was sagt Karl zu ihr?
           Karl sagt zu ihr: „Ich habe dich gestern im Kino gesehen."

5. Er fragt: „Wer war mit dir im Kino?"
Was fragt er?
           Er fragt: „Wer war mit dir im Kino?"

6. Anneliese antwortet: „Du bist zu neugierig!"
Was antwortet sie?
           Sie antwortet: „Du bist zu neugierig!"

7. Karl spricht mit seinem Hund.
   Er fragt den Hund: „Hast du Hunger?"
   Was fragt er den Hund?
          Er fragt den Hund: „Hast du Hunger?"

8. Karo antwortet: „Wauwau!"
   Das bedeutet auf deutsch: „Gib mir zu fressen, bitte!"
   Was bedeutet das?
          Das bedeutet: „Gib mir zu fressen, bitte!"

9. Herr Neumann fragt Anneliese und Karl: „Wohin geht ihr heute abend?"
   Was fragt er Anneliese und Karl?
          Er fragt Anneliese und Karl: „Wohin geht ihr heute abend?"

10. Herr und Frau Neumann kommen vom Kino nach Hause.
    Karl fragt seine Eltern: „Welchen Film habt ihr gesehen?"
    Was fragt Karl seine Eltern?
           Karl fragt seine Eltern: „Welchen Film habt ihr gesehen?"

11. Anneliese fragt ihre Eltern: „Wie hat euch der Film gefallen?"
    Was fragt Anneliese?
           Anneliese fragt: „Wie hat euch der Film gefallen?"

12. Herr Brown kennt Fräulein Neumann and Herrn Jones sehr gut.
    Er hat sie gestern abend im Kino gesehen.
    Später sagt er zu ihnen: „Ich habe euch im Kino gesehen."
    Was sagt Herr Brown zu ihnen?
           Er sagt zu ihnen: „Ich habe euch im Kino gesehen."

13. Herr Neumann sagt zu Karl: „Mache deine Schularbeiten!"
    Was sagt er zu seinem Sohn?
           Er sagt zu seinem Sohn: „Mache deine Schularbeiten!"

14. Frau Neumann sagt zu Anneliese und Karl: „Macht eure Schularbeiten!"
    Was sagt die Mutter zu ihnen?
           Die Mutter sagt zu ihnen: „Macht eure Schularbeiten!"

ÜBUNGEN

1. **Beispiel:** *hast*   **Was *hast* du da?**
   - a. hast
   - b. machst
   - c. liest
   - d. tust
   - e. schreibst
   - f. ißt

2. **Beispiel:** *willst*   **Du *willst* das tun, nicht wahr?**
   - a. willst
   - b. kannst
   - c. möchtest
   - d. sollst
   - e. darfst
   - f. mußt

3. Beispiel: *Er darf* eine Woche hier bleiben.   *Du darfst* eine Woche hier bleiben.

    a. Er darf eine Woche hier bleiben.
    b. Er will eine Woche hier bleiben.
    c. Er möchte eine Woche hier bleiben.
    d. Er soll eine Woche hier bleiben.
    e. Er muß eine Woche hier bleiben.
    f. Er kann eine Woche hier bleiben.

4. **Beispiel:** *sagst*   **Das *sagst* du oft.**
    a. sagst
    b. liest
    c. machst
    d. vergißt
    e. versprichst
    f. siehst

5. **Beispiel:** **Das *machen* Sie selten.**   **Das *machst* du selten.**
    a. Das machen Sie selten.
    b. Das dürfen Sie nicht machen.
    c. Was Sie nicht sagen!
    d. Essen Sie heute abend bei mir?
    e. Sie müssen den Brief lesen.
    f. Sie sollen hier warten.
    g. Schreiben Sie an die Eltern?
    h. Das versprechen Sie oft.
    i. Sie sprechen zu laut.
    j. Wollen Sie ins Zentrum gehen?
    k. Möchten Sie eine Tasse Kaffee?
    l. Sie gehen jetzt ins Zentrum, nicht wahr?
    m. Das können Sie viel besser machen.
    n. Gehen Sie gern schwimmen?
    o. Sie sind selten zu Hause.
    p. Bringen Sie einen Freund mit?

6. **Beispiel:** *gesehen*   **Er hat dich nicht *gesehen*.**
    a. gesehen
    b. gehört
    c. gesucht
    d. gefunden
    e. verstanden
    f. vergessen

7. **Beispiel:** *gebe*   **Ich *gebe* es dir.**
    a. gebe
    b. sage
    c. verspreche
    d. kaufe
    e. schreibe
    f. schicke

8. **Beispiele:** **Er spricht mit *Ihnen*.**   **Er spricht mit *dir*.**
                Wir haben *Sie* gehört.   **Wir haben *dich* gehört.**
    a. Er spricht mit Ihnen.
    b. Wir haben Sie gehört.
    c. Ich möchte mit Ihnen ins Dorf fahren.
    d. Ich gebe es Ihnen.
    e. Ich habe Ihnen eine Postkarte geschickt.
    f. Er hat Sie im Kino gesehen.
    g. Wie hat Ihnen die Oper gefallen?
    h. Ich werde Sie am Bahnhof treffen.
    i. Wir haben Sie vorbeifahren sehen.
    j. Sie hat über Sie gelacht.

9. **Beispiel:**   Das ist *Ihr* Wagen.   Das ist *dein* Wagen.
    a. Das ist Ihr Wagen.
    b. Das ist nicht Ihre Schuld.
    c. Er ist mit Ihrem Wagen gefahren.
    d. Ich habe Ihren Freund kennengelernt.
    e. Das ist die Fahrkarte Ihres Freundes.
    f. Wohnen Ihre Eltern in Freiburg?

10. **Beispiel:**   *versteht*   *Versteht* ihr das?

a. versteht	d. wollt
b. macht	e. könnt
c. lest	f. beginnt

11. **Beispiel:**   *Du hast* keine Zeit mehr.   *Ihr habt* keine Zeit mehr.
    a. Du hast keine Zeit mehr.
    b. Das verstehst du nicht.
    c. Du kannst das jeden Tag machen.
    d. Du mußt die Schularbeiten gut lernen.
    e. Das machst du selten.
    f. Fährst du morgen ab?
    g. Du wirst das nicht tun können.

12. **Beispiele:**   Er will mit *Ihnen* sprechen.   Er will mit *euch* sprechen.
              Wir haben *Sie* nicht treffen können.   Wir haben *euch* nicht treffen
                                                  können.
    a. Er will mit Ihnen sprechen.
    b. Wir haben Sie nicht treffen können.
    c. Ich habe Sie gestern nicht besuchen können.
    d. Wir warten schon lange auf Sie.
    e. Ich habe gestern zu Ihnen kommen wollen.
    f. Vor Ihnen steht das Rathaus.

13. **Beispiel:**   Ist das *dein* Wagen?   Ist das *euer* Wagen?
    a. Ist das dein Wagen?
    b. Dort steht dein Freund.
    c. Deine Eltern waren vor einer Stunde hier.
    d. Wo sind deine Handkoffer?
    e. Hat er mit deinem Vati darüber gesprochen?
    f. Hat er dein Radio reparieren können?

14. **Beispiel:**   *Gehen Sie* ins Haus!   *Geh(e)* ins Haus!

a. Gehen Sie ins Haus!	e. Steigen Sie bitte ein!
b. Kaufen Sie das nicht!	f. Machen Sie den Mund auf!
c. Lassen Sie die Finger davon!	g. Sagen Sie das nicht!
d. Kommen Sie doch mit!	h. Legen Sie es auf den Tisch!

15. **Beispiel:**   *nett*   Hans, sei *nett!*

a. nett	d. nicht böse
b. still	e. nicht so dumm
c. fleißig	

16. **Beispiel:**   *ein Butterbrot*   Mutti, gib mir *ein Butterbrot!*

a. ein Butterbrot	c. einen Apfel
b. eine Mark	d. ein Stück Kuchen

17. **Beispiel:**   *mir*   Hilf *mir!*

a. mir	d. deiner Schwester
b. mir bei der Arbeit	e. dir selbst, so hilft dir Gott
c. ihm beim Lernen	

18. **Beispiel:**   *deine Schwester*   Nimm *deine Schwester* mit!
    a. deine Schwester   c. deine Badehose
    b. deinen Bruder   d. deine Fahrkarte
19. **Beispiel:**   *Geben Sie* es ihm!   *Gebt* es ihm!
    a. Geben Sie es ihm!
    b. Schreiben Sie bald!
    c. Steigen Sie hier um!
    d. Schauen Sie mal hin!
    e. Vergessen Sie mich nicht!
    f. Kommen Sie mal her!
    g. Bleiben Sie bei uns!
    h. Sprechen Sie mit dem Lehrer darüber!

LESESTÜCK: Ein Briefwechsel[1]

Eines Abends blieb Robert Brown eine Weile nach dem Abendessen mit Annette Moreau und Paul Jones im Gasthaus sitzen.   Anneliese Neumann war auch dabei, denn sie verkehrte[2] gern mit einigen Studenten des Instituts.   Die jungen Leute besprachen, wie es oft bei jungen Leuten geschieht, allerlei[3]—die schwere Arbeit, die besten Lokale und Tanzkapellen in Schwabing,[4] die Höflichkeit der Bayern den Ausländern gegenüber,[5] die Zukunft, die Eigenarten aller Lehrer,[6] wer auf dem Tanzabend gewesen war, die neusten Schlager, die Verständnislosigkeit[7] der Eltern für ihre Kinder, die kommenden Ferien[8] und dergleichen[9] mehr.

Der Sommerkurs am Institut für Ausländer neigte sich dem Ende zu,[10] und in ein paar Tagen würde[11] man das Abschlußexamen[12] machen.   Robert sah dem Schluß des Kurses und seines Aufenthalts in Deutschland mit gemischten Gefühlen entgegen.[13]   Natürlich freute er sich darauf,[14] ein bißchen Freizeit zu haben.   Er hatte aber einige enge[15] Freundschaften geschlossen,[16] und er war traurig, daß er sich bald von den Freunden verabschieden[17] und Deutschland verlassen würde.

„Ich habe mich entschlossen, das Wintersemester auf der Freien Universität Berlin zu verbringen", sagte Annette.   „Seitdem wir in Berlin waren, gehe ich mit

---

[1] **der Briefwechsel** correspondence, exchange of letters   [2] **verkehren** to associate
[3] **allerlei** all sorts of things
[4] **Schwabing** (A section of Munich where the University of Munich is located.   It is also the area populated by many artists.)   [5] **den Ausländern gegenüber** toward foreigners
[6] **die Eigenarten aller Lehrer** the peculiarities of all teachers
[7] **die Verständnislosigkeit** lack of sympathetic understanding
[8] **die kommenden Ferien** the approaching vacation   [9] **dergleichen** the like
[10] **sich dem Ende zuneigen** to draw to a close   [11] **würde** would
[12] **das Abschlußexamen** final examination
[13] **er sah dem Schluß seines Aufenthalts mit gemischten Gefühlen entgegen** he viewed the conclusion of his stay with mixed feelings   [14] **er freute sich darauf** he looked forward to (it)
[15] **eng** close   [16] **eine Freundschaft schließen** to make friends
[17] **sich verabschieden** to take leave, depart

diesem Gedanken um,[18] denn es gefiel mir dort außerordentlich gut.   Meine Eltern sind damit einverstanden.“[19]

„Robert, warum bleibst du nicht ein Semester in Deutschland wie ich?“ wollte Paul wissen.   (Die meisten Studenten kannten sich jetzt so gut, daß sie einander[20] duzten.[21]) Paul hatte die Absicht, sich auf der Universität München zu immatrikulieren.   Er hatte München gewählt, weil er in die Vorlesungen eines berühmten Professors gehen wollte, der zur Zeit dort las.   Vielleicht war die Nähe Münchens zu Schwarzhausen auch mit im Spiel,[22] da er am Wochenende von dort aus nach einstündiger[23] Fahrt bei der Familie Neumann sein konnte.   Auf Grund des Vorschlags, den Paul gemacht hatte, schrieb Robert einige Tage darauf an seine Eltern folgenden Brief, den er per Luftpost abschickte.[24]

Schwarzhausen, den 15. August 1966

Liebe Eltern!

Heute habe ich Euren* Brief bekommen. Es freut mich, daß es Euch* gut geht. Seid mir bitte nicht böse,[25] daß Ihr* seit langem nichts gehört habt. Macht Euch aber keine Sorgen darum, denn mir ist nichts passiert. Nur habe ich in den letzten Wochen sehr viel zu tun gehabt.

Ihr wißt, daß heute mein letzter Tag auf dem Institut ist. Gestern haben wir die Prüfungen gemacht--mündlich und schriftlich--und heute morgen haben wir die Zensuren bekommen. Ich habe tage- und nächtelang gebüffelt, weil die Prüfungen sehr schwer sein sollten. Ich hatte große Angst,[26] daß ich durchfallen würde. Aber, wenn Ihr es glauben könnt: ich habe die Prüfungen nicht nur bestanden, sondern auch eine Zwei als Zensur bekommen. Ich brauche Euch kaum zu sagen, wie glücklich ich mich fühle--ich habe doch etwas geleistet![27]

Jetzt will ich eine große Bitte an Euch richten.[28] Darf ich noch ein Semester oder

---

* All personal pronouns and possessive adjectives referring to the addressee are capitalized in correspondence.

[18] **ich gehe mit diesem Gedanken um** I am entertaining this idea   [19] **einverstanden** in agreement
[20] **einander** one another   [21] **duzen** to use the *du*-form of address   [22] **mit im Spiel sein** to play a role
[23] **einstündig** lasting one hour   [24] **abschicken** to send off
[25] **seid mir nicht böse** don't be angry with me   [26] **die Angst** fear, anxiety   [27] **leisten** to accomplish
[28] **ich will eine Bitte an euch richten** I want to make a request of you

vielleicht ein ganzes Jahr in Deutschland bleiben?
Ich möchte ein Semester auf der Freien Universität
Berlin verbringen.   Wie Du schon erfahren hast,
Vater, sind die Kosten und die Lehrgelder[29] für
Studenten hier etwas billiger als drüben.   Die
Studiengebühr[30] beträgt[31] etwa DM 85,- das Semester,
man muß aber für erstmalige[32] Immatrikulation noch
DM 30,- dazu[33] legen.   Außerdem[34] sind Unterrichts-
gelder zu zahlen:[35] DM 2,50 für die wöchentliche[36]
Vorlesungs- und Übungsstunde.   Für Wohlfahrts-
gebühren[37] werden auch noch etwa DM 30,- erhoben.[38]
Man kann daher ruhig[39] sagen, daß der Student
durchschnittlich[40] DM 200,- pro[41] Semester zahlt--
also etwa fünfzig Dollar Gebühr für das ganze
Semester.   In der Mensa, dem Speisesaal der
"Uni",[42] kann man für ungefähr eine Mark essen.
Du wirst zugeben[43] müssen, Vater, daß das viel
billiger ist als in Amerika.

Wenn ich sogleich ein Gesuch darum einreiche,[44]
kann ich vielleicht noch ein Zimmer im Studenten-
heim bekommen, das auch verhältnismäßig billig ist.
Der Mietpreis[45] für ein Doppelzimmer beträgt rund[46]
DM 50,- einschließlich Heizungszuschlag[47] pro Monat.
Ihr könnt leicht daraus ersehen, daß ich von den
Aussichten eines Semesters auf einer deutschen
Universität äußerst begeistert bin.   Bitte, Vater,
schicke mir sofort per Luftpost Deine Zustimmung[48]
zu meinem Plan!

Mit herzlichsten Grüßen verbleibe ich[49]

Euer

Robert

P.S. Schicke mir auch Geld!

[29] das Lehrgeld tuition   [30] die Studiengebühr fee
[31] betragen, betrug, betragen to amount to   [32] erstmalig first, initial
[33] dazu in addition   [34] außerdem besides   [35] zahlen to pay   [36] wöchentlich weekly
[37] die Wohlfahrtsgebühr student welfare, health and activity fee   [38] werden erhoben are levied
[39] ruhig safely   [40] durchschnittlich on the average   [41] pro per   [42] die „Uni" = Universität
[43] zugeben, gab zu, zugegeben to admit
[44] wenn ich sogleich ein Gesuch darum einreiche if I submit an application for it immediately
[45] der Mietpreis rent   [46] rund in round numbers
[47] einschließlich Heizungszuschlag inclusive of an extra charge for heat   [48] die Zustimmung approval
[49] mit herzlichen Grüßen verbleibe ich with affectionate greetings I remain

Pasadena, Kalifornien, den 21. August 1966

Lieber Robert!

Wir waren sehr froh, endlich einmal von Dir zu
hören. Wir waren über Deine Bitte erstaunt und
hatten nicht erwartet, daß Du länger in Deutschland
bleiben möchtest. Wir sind recht stolz auf Dich,
daß Du die Gelegenheit zum Lernen so gut ausgenutzt
hast. Ich sehe an jedem Deiner Briefe,[50] daß Du
stetig Fortschritte machst.

Natürlich sehe ich es sehr gern, daß Du ein
ganzes Jahr drüben bleibst, denn ich bin fest davon
überzeugt,[51] daß Du die Zeit nicht verschwenden[52]
wirst. Deine Mutti war aber gar nicht damit einverstanden, daß Du so lange von daheim wegbleibst,[53]
da wir Dich den Sommer sehr vermißt[54] haben.
Nachdem wir es lange hin und her besprochen
haben,[55] ist sie aber völlig damit versöhnt.[56]
Das, was Mutti zu einer Meinungsänderung[57] gebracht
hat, ist die Neuigkeit,[58] die ich für Dich habe:
Ende Oktober reisen wir alle drei nach Deutschland!
Meine Firma will drüben eine Filiale[59] eröffnen,[60]
damit wir dort unsere eigenen Chemikalien für den
deutschen Markt herstellen[61] können. Mein Chef hat
mich zum Leiter des Unternehmens ernannt,[62] und ich
werde in Deutschland bleiben, bis die Filiale
richtig in Betrieb ist. Wir fahren also nach
Mannheim, mieten[63] uns eine Wohnung, und ich beginne
mit der Arbeit. Sobald wie möglich will ich Leute,
die in Verkaufs-, Verwaltungs- und Organisations-
fragen erfahren sind, anstellen. Dann muß ich eine
Fabrik finden, die zu mieten oder zu kaufen ist,[64]
und die zur Herstellung[65] von unseren Chemikalien
geeignet[66] ist. Es wird fünf bis acht Monate
dauern, bis das Geschäft in Betrieb ist.

Marianne wird in Mannheim das Gymnasium besu-

[50] ich sehe an jedem deiner Briefe I notice in each of your letters
[51] ich bin fest davon überzeugt I am firmly convinced (of it)   [52] verschwenden to waste
[53] wegbleiben, blieb weg, ist weggeblieben to stay away   [54] vermissen to miss
[55] wir haben es hin und her besprochen we discussed it pro and con   [56] versöhnen to reconcile
[57] die Meinungsänderung change of opinion   [58] die Neuigkeit news   [59] die Filiale branch office
[60] eröffnen to open   [61] herstellen to produce
[62] mein Chef hat mich zum Leiter des Unternehmens ernannt my boss appointed me head of the
enterprise   [63] mieten to rent   [64] die zu mieten oder zu kaufen ist which can be rented or bought
[65] die Herstellung production   [66] geeignet suited

chen, damit sie nicht so viel Schulzeit versäumt.[67]
Sie hat ein bißchen Angst vor der Sprache, aber sie
wird sich leicht damit abfinden.[68] Glücklicherweise[69] hat sie in der Schule früh mit dem Deutschunterricht angefangen.

Laß mich wissen, was ich mit Spitz machen soll,
wenn wir wegfahren. Vielleicht wird Herr Nelson
ihm während unserer Abwesenheit[70] Unterkunft[71]
geben. Du weißt, er ist ein großer Hundefreund.
Er ist immer gut zu Spitz und ärgert sich nie,
wenn Spitz einen Knochen[72] in seinem Garten
vergräbt.[73]

Beiliegend[74] ist ein Scheck für hundert Dollar.
Deine Bitte um Geld erinnert[75] mich an eine
Anekdote: Ein Student, der sein Geld verspielt[76]
und vertrunken[77] hatte, war pleite[78] und schickte
seinem Vater eine Postkarte mit der lakonischen
Nachricht:[79] "Lieber Vater! Ich brauche dringend[80]
Geld. Dein liebender[81] Sohn." Die Karte, mit der
der langmütige[82] Vater auf die Bitte des Sohnes
antwortete, lautete: "Lieber Sohn! Ich auch! Dein
liebender Vater." Ich weiß, daß die Geschichte
sich nicht auf Dich bezieht,[83] denn Du wirfst Dein
Geld nicht auf die Straße. Doch Du mußt jetzt
sparsamer[84] mit dem Geld sein, weil ich selbst in
den nächsten Monaten viel Geld werde ausgeben[85]
müssen.

Ich lasse Dich Genaueres wissen,[86] sobald unsere
Pläne sich völlig entwickelt haben. Schreib uns
bald, wie es Dir geht und was Du machst.

Mit vielen Grüßen von uns allen

Dein

Vati

---

[67] versäumen to miss   [68] sie wird sich leicht damit abfinden she will readily adjust to it
[69] glücklicherweise fortunately
[70] die Abwesenheit absence   [71] die Unterkunft shelter, place to stay   [72] der Knochen bone
[73] vergraben, vergrub, vergraben to bury   [74] beiliegend enclosed   [75] erinnern to remind
[76] verspielen to lose by gambling   [77] vertrinken, vertrank, vertrunken to squander on drink
[78] pleite (*slang*) broke   [79] die lakonische Nachricht laconic message   [80] dringend urgently
[81] liebend loving   [82] langmütig patient, long-suffering
[83] es bezieht sich nicht auf dich it does not apply to you   [84] sparsam saving, frugal
[85] ausgeben, gab aus, ausgegeben to spend (money)
[86] ich lasse dich Genaueres wissen I'll give you more precise information

INSTITUT FÜR AUSLÄNDER

ZEUGNIS

Herr Robert Brown

aus _____ USA _____ geb. _____ 26. Mai 1947 _____

in _____ What Cheer, Iowa _____

hat in der Zeit vom _____ 12. Juni _____ bis _____ 15. August 1966 _____ einen

LEHRGANG DER DEUTSCHEN SPRACHE

in _____ Schwarzhausen/Oberbayern _____ besucht.

und die Prüfung der MITTELSTUFE bestanden. Das Ergebnis war

schriftlich: _____ 2 _____ Mündlich: _____ 2 _____

Ziel des Lehrgangs war es, den Teilnehmer dahin zu führen, daß er auch mit wichtigen Besonderheiten der deutschen Grammatik vertraut ist, und im schriftlichen Ausdruck, in Gespräch und Lektüre frei über die erworbenen Sprachkenntnisse verfügen kann.

Schwarzhausen _____ , den _____ 17. August 1966 _____

Der Prüfungsausschuß

H Schönfeld
Lehrgangsleiter

B. Hildebrand   _R Meyer_

Die Prädikate sind: 1=sehr gut, 2=gut, 3=genügend. Andere Prädikate werden nicht erteilt.

---

das Zeugnis certificate   **geb. = geboren**   **der Lehrgang** course
die Mittelstufe intermediate class   **der Teilnehmer** participant
die Besonderheiten (*plur.*) details, particulars   **vertraut** familiar   **die Lektüre** reading material
daß er . . . frei über die erworben Sprachkenntnisse verfügen kann that he can freely make use of
the acquired language knowledge   **der Prüfungsausschuß** examination committee
der Lehrgangsleiter course director   **das Prädikat** evaluation, grade
genügend satisfactory, adequate   **werden erteilt** are granted

FREIE UNIVERSITÄT BERLIN · Rektorat · Akademisches Außenamt

Berlin-Dahlem,
Boltzmannstraße 4
Telefon: 76 59 61, App. 648
16.9.66

Herrn Robert Brown
Schwarzhausen/Oberbayern
Ludwigsstraße 8

Sehr geehrter Herr Brown!

Wir haben Ihr Zulassungsgesuch, Ihren in
deutscher Sprache abgefaßten Lebenslauf, die
Photokopie des Zeugnisses der Universität
Kalifornien und das Zeugnis des Instituts für
Ausländer erhalten und freuen uns, Ihnen mitteilen
zu können, daß Sie zum Studium an der Freien
Universität Berlin zugelassen sind.

Um die zur Aufnahme nötigen Formalitäten
rechtzeitig erfüllen zu können, ist es nötig, daß
Sie spätestens am 15.10.66 in Berlin eintreffen.
Noch vor Beginn der Vorlesungen werden die deutschen
Sprachkenntnisse der Bewerber von der Universität
überprüft. Studenten mit noch ungenügenden
Sprachkenntnissen werden nur unter der Bedingung
immatrikuliert, daß sie an einem Sprachkurs
teilnehmen. Eine Immatrikulation kann abgelehnt
werden, wenn zu geringe oder gar keine deutschen
Sprachkenntnisse vorhanden sind. Ort und Zeit der
Sprachprüfung werden dem Studenten nach seiner
Ankunft bekanntgegeben. Sie werden daher gebeten,
sich nach Ihrer Ankunft in unserem Büro zu melden.

Das Akademische Außenamt und das Studentenwerk
werden bemüht sein, Ihnen über Wohnverhältnisse
Auskunft zu geben und Ihnen in ähnlichen
Angelegenheiten behilflich zu sein.

Hochachtungsvoll

Ihr   *A. Seifert*

(Professor Dr. A. Seifert)

FREE UNIVERSITY OF BERLIN
Office of the Rector
Academic Foreign Office

Berlin-Dahlem,
Boltzmannstrasse 4
Telephone: 76 59 61, Ext. 648
September 16, 1966

Mr. Robert Brown
Ludwigstrasse 8
Schwarzhausen, Upper Bavaria

Dear Mr. Brown:

We have received your application for admission, your autobiographical sketch written in the German language, the photostat of your transcript from the University of California and the certificate from the Institute for Foreigners, and we are happy to be able to inform you that you are admitted to the work in course at the Free University of Berlin.

In order to comply on time with the formalities required for acceptance it is necessary for you to arrive in Berlin not later than October 15, 1966. Before the beginning of lectures the applicants' knowledge of German is tested by the university. Students with insufficient knowledge of the language are registered only on condition that they participate in a language course. Registration can be refused if too little or no knowledge of the language exists. The place and time of the language test will be announced to the student after his arrival. You are therefore requested to report to our office upon your arrival.

The Academic Foreign Office and the Office of Student Affairs will make every effort to provide you with information about rooms and to be helpful to you in similar matters.

Respectfully yours,

Dr. A. Seifert

WEITERE ÜBUNGEN

1. Beispiel: *Er spricht* oft mit mir.   *Du sprichst* oft mit mir.
   - a. Er spricht oft mit mir.
   - b. Er gibt uns keine Zeit zum Lesen.
   - c. Er wird morgen einen Scheck bekommen.
   - d. Er liest nur die „Neue Illustrierte".
   - e. Er fährt mit dem nächsten Zug ab.
   - f. Er muß richtig pauken.
   - g. Er ist jetzt sehr froh darüber.
   - h. Er hat große Pläne.
   - i. Er wirft kein Geld auf die Straße.
   - j. Er nimmt Linie 18, nicht wahr?
   - k. Er fällt im Deutschen durch.
   - l. Er ißt in der Mensa zu Mittag.
   - m. Er trägt einen neuen Anzug, nicht wahr?
   - n. Er vergißt das Wichtigste im Leben.

2. Beispiel: *Sie wissen* doch, was das ist.   *Du weißt* doch, was das ist.
   - a. Sie wissen doch, was das ist.
   - b. Sie geben dem Kellner nicht genug Geld.
   - c. Haben Sie heute einen neuen Anzug an?
   - d. Sie müssen einen Bericht schreiben.
   - e. Sie sind zu langmütig mit ihm.
   - f. Können Sie die Prüfung bestehen?
   - g. Werden Sie Zeit haben, morgen in die Stadt zu fahren?
   - h. Fallen Sie durch?
   - i. Sie machen stetig Fortschritte.
   - j. Sie haben keine Post bekommen.
   - k. Sind Sie wieder zu Hause?
   - l. Sie sind tanzen gegangen, nicht wahr?
   - m. Das dürfen Sie nicht vergessen.
   - n. Nehmen Sie diesmal die Straßenbahn?
   - o. Sie werfen zu viel Geld auf die Straße.
   - p. Sind Sie schon wieder pleite?

3. Beispiel: *Du bist* in solchen Sachen nicht erfahren.   *Ihr seid* in solchen Sachen
     nicht erfahren.

   - a. Du bist in solchen Sachen nicht erfahren.
   - b. Du hast lange nicht geschrieben.
   - c. Du kannst das Geld nicht verschwenden.
   - d. Du verstehst das Problem sehr gut.
   - e. Du mußt heute abend pauken.
   - f. Willst du nach Berlin ziehen?
   - g. Du weißt schon, daß ich keine Zeit habe.
   - h. Du hast die Gelegenheit ausgenutzt.
   - i. Wann reist du in die Schweiz?
   - j. Gingst du aufs Rathaus?
   - k. Du machtest die Reise mit wenig Gepäck.
   - l. Hattest du Schwierigkeiten mit der Sprache?

4. Beispiele: Ich lasse *Sie* wissen, wann ich ankomme.   Ich lasse *dich* wissen, wann
ich ankomme.

Er gibt *Ihnen* den Scheck.   Er gibt *dir* den Scheck.

  a. Ich lasse Sie wissen, wann ich ankomme.

  b. Er gibt Ihnen den Scheck.

  c. Ich bringe Ihnen den Fahrplan.

  d. Das ist sehr nett von Ihnen.

  e. Wir vermissen Sie sehr.

  f. Ich komme zu Ihnen, sobald meine Arbeit fertig ist.

  g. Ohne Sie kann ich die Aufgabe nicht machen.

  h. Hat man Sie zum Studium an der Universität zugelassen?

5. Sagen Sie, ob man folgende Personen mit „du", „ihr" oder „Sie" anredet!

a. die Freundin	h. der Beamte am Schalter
b. die Großeltern	i. die reiche Tante
c. der Lehrer	j. der Polizist an der Ecke
d. der kleine Bruder	k. der Bürgermeister
e. der Schuldirektor	l. Onkel und Tante
f. die Eltern	m. Ihr Hund
g. die Geschwister	n. ein Fremder, den Sie um Feuer bitten

FRAGEN

  1. Auf welcher Universität will Robert Brown sich immatrikulieren lassen?

  2. Wer duzte sich?

  3. Wie lange dauert die Fahrt von München nach Schwarzhausen?

  4. Ist Robert Brown durchgefallen?

  5. Hatte Robert Angst, daß er durchfallen würde?

  6. Sind die Kosten auf der Universität in den USA oder in Deutschland billiger?

  7. Wie nennt man den Speisesaal der Universität?

  8. Wieviel beträgt die Studiengebühr?

  9. Wer war stolz auf Robert?

10. Wann reist die Familie Brown nach Deutschland?

11. Warum reist die Familie Brown nach Deutschland?

12. Wo eröffnet man eine Filiale?

13. Wen will Herr Brown sen. anstellen?

14. Was muß er mieten oder kaufen?

15. Wohin schickte Robert ein Zulassungsgesuch?

16. Was mußte Robert dem Rektorat schicken?

17. Wer ist Spitz?

18. Was wird die Filiale herstellen?

SCHRIFTLICHES

1. Schreiben Sie einen Dialog zwischen Ihnen und Ihrem kleinen Bruder, in dem Sie
sich nach folgendem erkundigen:
    a. ob er gestern in der Schule war   b. ob er seine Schularbeiten gut gemacht hat
    c. was er gestern abend gemacht hat   d. ob er heute abend Rechnen (*arithmetic*)
    lernen muß   e. ob er von der Schule direkt nach Hause gekommen ist   f. ob er
    Grammatik gerne lernt   g. ob er Hunger hat
2. Schreiben Sie einen Dialog zwischen Ihnen und Ihrem Vater, in dem Sie ihn um
Geld und auch den Wagen für heute abend bitten!
3. Schreiben Sie einen Brief an die Eltern, in dem Sie ihnen über das Schulleben
berichten!

VERSCHIEDENES

Mailied*

Wie herrlich leuchtet[1]
mir die Natur!
Wie glänzt[2] die Sonne!
Wie lacht die Flur![3]

Es dringen Blüten
aus jedem Zweig[4]
und tausend Stimmen
aus dem Gesträuch.[5]

Und Freud[6] und Wonne[7]
aus jeder Brust.
O Erd, o Sonne!
O Glück,[8] o Lust!

O Lieb, o Liebe!
So golden schön,
wie Morgenwolken[9]
auf jenen Höhn.

---

* The alphabet in Fraktur is given on p. 526 in the Anhang.

[1] **leuchten** to illuminate, be radiant   [2] **glänzen** to shine, be radiant   [3] **die Flur** meadow, field
[4] **es dringen Blüten aus jedem Zweig** blossoms burst forth from every branch (Goethe pronounced
äu as *ei* and final g as *ch*; hence **Zweig** rhymes with **Gesträuch**.)   [5] **das Gesträuch** shrubbery, thicket
[6] **Freud = Freude**   [7] **die Wonne** bliss   [8] **das Glück** happiness
[9] **die Morgenwolke** morning cloud

Du segnest[10] herrlich
das frische Feld,
im Blütendampfe[11]
die volle Welt.

O Mädchen, Mädchen,
wie lieb ich dich!
Wie blinkt[12] dein Auge!
Wie liebst du mich!

So liebt die Lerche[13]
Gesang[14] und Luft,
und Morgenblumen
den Himmelsduft,[15]

Wie ich dich liebe
mit warmem Blut,
die du[16] mir Jugend
und Freud und Mut

zu neuen Liedern
und Tänzen gibst.
Sei[17] ewig glücklich
wie du mich liebst!

—Johann Wolfgang von Goethe

In der Fremde[1]

Ich hatte einst ein schönes Vaterland.
Der Eichenbaum[2]
Wuchs dort so hoch, die Veilchen[3] nickten[4] sanft.[5]
Es war ein Traum.[6]

Das küßte[7] mich auf deutsch, und sprach auf deutsch
(Man glaubt es kaum
Wie gut es klang) das Wort: „Ich liebe dich!"
Es war ein Traum.

—Heinrich Heine

---

[10] **segnen** to bless   [11] **der Blütendampf** vapor or odor of blossoms   [12] **blinken** to sparkle, shine
[13] **die Lerche** lark   [14] **der Gesang** song   [15] **der Himmelsduft** heavenly fragrance
[16] **die du** you who   [17] **sei** be

---

[1] **in der Fremde** abroad   [2] **der Eichenbaum** oak tree   [3] **das Veilchen** violet   [4] **nicken** to nod
[5] **sanft** softly, gently   [6] **der Traum** dream   [7] **küssen** to kiss

Johann Wolfgang von Goethe

Kannst du lesen . . .

Kannst du lesen, so sollst du verstehen;[1] kannst du schreiben, so mußt du etwas wissen; kannst du glauben, so sollst du begreifen; wenn du begehrst,[2] wirst du sollen; wenn du forderst,[3] wirst du nicht erlangen,[4] und wenn du erfahren[5] bist, sollst du nutzen.[6]

—Johann Wolfgang von Goethe

Erinnerung

Willst du immer weiter schweifen?[1]
Sieh, das Gute liegt so nah.
Lerne nur das Glück ergreifen,[2]
Denn das Glück ist immer da.

—Johann Wolfgang von Goethe

[1] **kannst du lesen, so sollst du verstehen** if you can read, then you ought to understand
[2] **begehren** to desire   [3] **fordern** to demand, require   [4] **erlangen** to achieve, attain
[5] **erfahren** experienced   [6] **nutzen** to be useful

[1] **schweifen** to roam   [2] **ergreifen** to grasp

Kehr' ein[1] bei mir!

Du bist die Ruh',
Der Friede[2] mild,
Die Sehnsucht[3] du,
Und was sie stillt.

Ich weihe[4] dir
Voll Lust und Schmerz[5]
Zur Wohnung hier
Mein Aug' und Herz.

Kehr' ein bei mir
Und schließe du
Still hinter dir
Die Pforten[6] zu.[7]

Treib andern Schmerz
Aus dieser Brust!
Voll sei dies Herz[8]
von deiner Lust.

Dies Augenzelt[9]
Von deinem Glanz
Allein erhellt,[10]
O füll'[11] es ganz!

—Friedrich Rückert (1788–1866)

GRAMMATIK

A. FORMS OF ADDRESS

In formal, or conventional, address **Sie** and its declensional forms are used.   Familiar, or informal, address introduced in this lesson is used in speaking to members of one's family, relatives, intimate friends, children, and animals.   The pronouns of address and the corresponding possessive adjectives are:

	FORMAL	FAMILIAR	
	SINGULAR AND PLURAL	SINGULAR	PLURAL
NOMINATIVE	Sie	du	ihr
DATIVE	Ihnen	dir	euch
ACCUSATIVE	Sie	dich	euch
POSSESSIVE ADJECTIVES	Ihr	dein	euer

---

[1] **einkehren** to make a call, stop at   [2] **der Friede** peace   [3] **die Sehnsucht** longing, yearning
[4] **weihen** to dedicate   [5] **der Schmerz** pain, sorrow   [6] **die Pforte** gate, door   [7] **zuschließen** to lock
[8] **voll sei dies Herz** may this heart be full   [9] **das Augenzelt** scope of vision, visual range
[10] **erhellen** to brighten, illuminate   [11] **füllen** to fill

The possessive adjectives require **ein**-word endings.

The **Sie**-forms and the possessive adjective **Ihr** are always capitalized. The familiar forms of address and the possessive adjectives **dein** and **euer** are capitalized only in correspondence.

B. FAMILIAR FORMS OF THE VERB

The personal ending of the verb accompanying **du** is -st in all tenses. In the present tense this ending is attached to the stem of the third person singular. In the past tense -st is added to the past tense form of the third person singular.

PRESENT TENSE

Er **sagt** das oft.	Was **sagst** du dazu?
Er **findet** Deutsch schwer.	**Findest** du es auch schwer?
Er **fährt** morgen ab.	Du **fährst** übermorgen ab.
Er **sieht** nicht gut bei dem Licht.	Du **siehst** auch nicht gut bei diesem Licht.
Er **arbeitet** daran.	Du **arbeitest** auch daran, nicht wahr?
Er **hat** keine Zeit.	Du **hast** aber bald Ferien.
Er **kann** gut Deutsch.	Du **kannst** auch gut Deutsch.

The present tense **du**-forms of **sein, werden, wissen** und **müssen** are irregular:

Er **ist** schläfrig.	**Bist** du es auch?
Er **wird** jedes Jahr ärmer.	Du **wirst** aber immer reicher.
Er **weiß**, wo es ist.	**Weißt** du das?
Er **muß** auf die Post gehen.	Wohin **mußt** du?

PAST TENSE

Er **war** nicht zu Hause.	Du **warst** auch nicht da.
Er **hatte** Halsweh.	**Hattest** du Kopfweh?
Er **wurde** plötzlich krank.	**Wurdest** du auch krank?
Er **sagte** das nicht.	Wem **sagtest** du es?
Er **dachte** nicht daran.	Du **dachtest** auch nicht daran.
Er **konnte** das nicht lesen.	Du **konntest** es leicht lesen.
Er **wußte**, was geschehen war.	Du **wußtest** nichts davon.
Er **ging** früh in die Schule.	Warum **gingst** du nicht mit?
Er **arbeitete** gestern daran.	Du **arbeitest** nicht schwer genug.

PRESENT PERFECT TENSE

Er **hat** keine Zeit gehabt.	Du **hast** es falsch gemacht.
Er **ist** in der Ludwigsstraße ausgestiegen.	Wo **bist** du ausgestiegen?

PAST PERFECT TENSE

Er **hatte** es schon gesehen.	**Hattest** du das schon getan?
Er **war** schon einmal hier gewesen.	Du **warst** schon wieder daheim gewesen.

FUTURE TENSE

Er **wird** morgen ins Geschäft gehen.	Du **wirst** aber in die Schule gehen.

The ending -t or -et is added to the plural stem in all tenses to form the personal verb of **ihr**. An exception is **sein**: ihr **seid**.

Wir **haben** jetzt keine Zeit.	Ihr **habt** auch keine Zeit dafür.
Wir **gehen** heute abend in die Oper.	Ihr **geht** auch mit.
Wir **arbeiten** in der VW-Fabrik.	Wo **arbeitet** ihr?
Wir **sagten** es Karl.	Wem **sagtet** ihr es?
Wir **waren** gestern bei ihm.	Wo **wart** ihr gestern?
Wir **mußten** eine Stunde warten.	Wie lange **mußtet** ihr auf den Zug warten?

Wir **hatten** es schon wieder vergessen.   Ihr hattet es gar nicht erwartet.
Wir **werden** morgen nach Ulm fahren.   Wohin werdet ihr fahren?

C. IMPERATIVE OF THE FAMILIAR FORMS OF ADDRESS

The imperative of **du** is usually formed by adding -e to the infinitive stem.

Bleibe bei mir!
Frage mich nicht!

In colloquial speech the -e is frequently omitted.

Komm mit mir!
Geh nach Hause!
Laß die Finger davon!

In the case of the imperative of **sein** the -e is always omitted.

Sei still!
Sei nicht so dumm!

Verbs having -e- in the stem of the infinitive but -i- or -ie- in the third person singular of the present tense use the third person form without the ending -t as the singular familiar imperative.

INFINITIVE	THIRD PERSON SINGULAR	du-IMPERATIVE
helfen	Er hilft mir.	**Hilf** mir!
lesen	Er liest seine Aufgabe.	**Lies** doch deine auch!
geben	Er gibt mir nichts.	**Gib** mir den Scheck, bitte!
vergessen	Er vergißt alles.	**Vergiß** deine Bücher nicht!
essen	Er ißt zu viel.	**Iß** deine Suppe!

The familiar imperative in the plural is identical to the present tense verb form accompanying **ihr**.

Kommt, Kinder!   **Trinkt** eure Milch!
Bleibt da, bis ich zurückkomme!   **Arbeitet** nicht zu lange daran!
Seid nicht so neugierig!   **Vergeßt** das nicht!
Habt keine Angst!   **Gebt** mir das!

Dreiundzwanzigste Lektion 23

Grammatische Ziele:
> Der Konjunktiv
> Das Konditional

EINFÜHRENDE BEISPIELE I

1. Herr ———— ist heute nicht hier, weil er krank ist.
   Er würde hier sein, wenn er nicht krank wäre.
   Wo würde er sein, wenn er nicht krank wäre?
   > Er würde hier sein, wenn er nicht krank wäre.
   Würde er in der Deutschstunde sein, wenn er nicht krank wäre?
   > Ja, er würde in der Deutschstunde sein, wenn er nicht krank wäre.

2. Ich würde ins Krankenhaus gehen, wenn ich krank wäre.
   Wohin würden Sie gehen, wenn Sie krank wären?
   > Ich würde ins Krankenhaus gehen, wenn ich krank wäre.

3. Würden wir zum Arzt gehen, wenn wir krank wären?
   > Ja, wir würden zum Arzt gehen, wenn wir krank wären.

4. Ich würde nach Deutschland reisen, wenn ich viel Geld hätte.
   Was würden Sie tun, wenn Sie viel Geld hätten?
   > Ich würde nach Deutschland reisen, wenn ich viel Geld hätte.

5. Ich würde viele Bücher lesen, wenn ich mehr Zeit hätte.
   Was würde ich tun, wenn ich mehr Zeit hätte?
   > Sie würden viele Bücher lesen, wenn Sie mehr Zeit hätten.

ÜBUNGEN I

1. Beispiel: *ich würde zum Arzt gehen*   **Ich würde zum Arzt gehen**, wenn ich Zeit hätte.
   - a. ich würde zum Arzt gehen
   - b. ich würde heute spazierengehen
   - c. ich würde ins Kino gehen
   - d. ich würde Sie besuchen
   - e. ich würde Tante Emma besuchen
   - f. meine Freunde würden zu mir kommen

2. Beispiele: *wir würden länger hier bleiben*   **Wir würden länger hier bleiben**, wenn *wir* mehr Geld *hätten.*

   er würde mitkommen   **Er würde mitkommen**, wenn *er* mehr Geld *hätte.*
   - a. wir würden länger hier bleiben
   - b. er würde mitkommen
   - c. sie würden uns helfen
   - d. ich würde einen neuen Wagen kaufen
   - e. wir würden in die Schweiz reisen
   - f. wir würden in Bonn studieren

3. Beispiel: *wir*   **Wir würden** ihm helfen, wenn es nötig wäre.
   - a. wir
   - b. ich
   - c. die Freunde
   - d. die Wirtin
   - e. man
   - f. sie (*they*)

4. Beispiele: *wir*   **Wir würden** ins Krankenhaus gehen, wenn *wir* krank *wären.*

   ich   **Ich würde** ins Krankenhaus gehen, wenn *ich* krank *wäre.*
   - a. wir
   - b. ich
   - c. man
   - d. sie (*they*)
   - e. er
   - f. Sie

5. Beispiele: **Ich** *bin* gesund.   Wenn ich nur gesund *wäre!*

   Ich *bin* nicht müde.   Wenn ich nur nicht müde *wäre!*
   - a. Ich bin gesund.
   - b. Ich bin nicht müde.
   - c. Ich bin nicht krank.
   - d. Ich bin nicht zu jung.
   - e. Ich bin reich.
   - f. Ich bin nicht pleite.

6. Beispiele: **Wir** *haben* Zeit.   Wenn wir nur Zeit *hätten!*

   Wir *haben* Geld.   Wenn wir nur Geld *hätten!*
   - a. Wir haben Zeit.
   - b. Wir haben Geld.
   - c. Wir haben einen Wagen.
   - d. Wir haben Fahrkarten.
   - e. Wir haben Platz genug.
   - f. Wir haben viel Freiheit.

7. Beispiele: *Er würde* arbeiten, wenn *er* nicht müde *wäre.*   *Sie würden* arbeiten, wenn *sie* nicht müde *wären.*

   Er würde eine Reise machen, wenn *er* viel Geld *hätte.*   *Sie würden* eine Reise machen, wenn *Sie* viel Geld *hätten.*
   - a. Er würde arbeiten, wenn er nicht müde wäre.
   - b. Er würde eine Reise machen, wenn er viel Geld hätte.
   - c. Er würde bei uns bleiben, wenn er Zeit hätte.
   - d. Er würde zum Arzt gehen, wenn er krank wäre.
   - e. Er würde das nicht sagen, wenn er keine Sorgen hätte.
   - f. Er würde zu uns kommen, wenn er in der Nähe wäre.

8. Beispiele: **Wenn** *Sie* nur genug Zeit *hätten!*   **Wenn** *du* nur genug Zeit *hättest!*

   Wenn *Sie* nur dort *wären!*   **Wenn** *du* nur dort *wärest!*
   - a. Wenn Sie nur genug Zeit hätten!
   - b. Wenn Sie nur dort wären!

  c. Wenn Sie nur nicht krank wären!
  d. Wenn Sie nur einen Wagen hätten!
  e. Wenn Sie nur nicht pleite wären!
  f. Wenn Sie nur nicht so viel Arbeit hätten!

9. **Beispiele:**   **Wenn** *du* **nur fleißiger** *wärest!*   **Wenn** *ihr* **nur fleißiger** *wäret!*
           Wenn *du* **nur ein bißchen**   **Wenn** *ihr* **nur ein bißchen Verstand**
           Verstand *hättest!*   *hättet!*

  a. Wenn du nur fleißiger wärest!
  b. Wenn du nur ein bißchen Verstand hättest!
  c. Wenn du nur reich wärest!
  d. Wenn du nur nicht so dumm wärest!
  e. Wenn du nur einen VW hättest!
  f. Wenn du nur mehr Interesse dafür hättest!

Das wiederaufgebaute Westberlin

EINFÜHRENDE BEISPIELE II

1. Mein Freund muß heute abend zu Hause bleiben, weil er zu viel Arbeit hat;
    aber er würde zu mir kommen, wenn er ausginge.
    Würde er zu mir kommen, wenn er ausginge?
    > Ja, er würde zu Ihnen kommen, wenn er ausginge.

2. Wenn er zu mir käme, würde ich nicht arbeiten.
    Würde ich arbeiten, wenn er zu mir käme?
    > Nein, Sie würden nicht arbeiten, wenn er zu Ihnen käme.

3. Ich bin pleite und kann deswegen meine Miete nicht bezahlen (*pay*).
    Ich würde die Miete bezahlen, wenn ich einen Scheck bekäme.
    Was würde ich tun, wenn ich einen Scheck bekäme?
    > Sie würden die Miete bezahlen, wenn Sie einen Scheck bekämen.

4. Herr Brown würde Bayrisch lernen, wenn er länger in Schwarzhausen bliebe.
    Was würde er lernen, wenn er länger in Schwarzhausen bliebe?
    > Er würde Bayrisch lernen, wenn er länger in Schwarzhausen bliebe.

5. Ich würde München besuchen, wenn ich nach Deutschland reiste.
    Welche Stadt würden Sie besuchen, wenn Sie nach Deutschland reisten?
    > Ich würde München besuchen, wenn ich nach Deutschland reiste.

ÜBUNGEN II

1. **Beispiel:** *wenn er in der Stadt wäre*   **Mein Freund würde mich besuchen, *wenn er in der Stadt wäre*.**
   - a. wenn er in der Stadt wäre
   - b. wenn er hierher käme
   - c. wenn er länger in Deutschland bliebe
   - d. wenn er in die Schweiz reiste
   - e. wenn er nicht ins Theater ginge

2. **Beispiele:** *Sie* **Wir würden hier warten, wenn *Sie* hierher *kämen*.**
            er **Wir würden hier warten, wenn *er* hierher *käme*.**
   - a. Sie
   - b. er
   - c. sie (*she*)
   - d. du
   - e. Ihr Freund
   - f. die Eltern

3. **Beispiele:** *er* **Ich würde froh sein, wenn *er* hier *bliebe*.**
            du **Ich würde froh sein, wenn *du* hier *bliebest*.**
   - a. er
   - b. du
   - c. Sie
   - d. Ihr Freund
   - e. meine Tante
   - f. sie (*they*)

4. Beispiele: *er*   Das würde mich freuen, wenn *er* hierher *reiste.*
　　　　　　　sie (they)   Das würde mich freuen, wenn *sie* hierher *reisten.*
   a. er   d. Sie
   b. sie   *(they)*   e. die Eltern
   c. mein Freund   f. meine Freundin

5. Beispiele: *er*   *Er würde* telefonieren, wenn *er* in die Stadt *ginge.*
　　　　　　　sie (they)   *Sie würden* telefonieren, wenn *sie* in die Stadt *gingen.*
   a. er   d. Sie
   b. sie   *(they)*   e. ich
   c. sie   *(she)*

6. Beispiel: *bekäme*   Wenn er es nur *bekäme!*
   a. bekäme   g. schriebe
   b. hätte   h. fände
   c. verstände   i. nähme
   d. läse   j. wüßte
   e. könnte   k. dürfte
   f. sähe   l. täte

7. Beispiel: *telefonierte*   Ich würde froh sein, wenn sie *telefonierte.*
   a. telefonierte   d. mir antwortete
   b. in Berlin studierte   e. die Miete bezahlte
   c. arbeitete   f. nicht so viel redete

8. Beispiel: *hören*   Wenn meine Eltern das nur *hörten!*
   a. hören   d. bezahlen
   b. machen   e. fragen
   c. sagen   f. schicken

EINFÜHRENDE BEISPIELE III

1. Ich habe den Professor nicht verstanden, weil er zu schnell gesprochen hat.
   Aber ich hätte ihn verstanden, wenn er langsamer gesprochen hätte.
   Wen hätte ich verstanden?
   　　　　　Sie hätten den Professor verstanden.
   Hätte ich ihn verstanden, wenn er langsamer gesprochen hätte?
   　　　　　Ja, Sie hätten ihn verstanden, wenn er langsamer gesprochen hätte.

2. Herr Brown hat das Abschlußexamen bestanden, weil er fleißig gearbeitet hat.
   Aber er hätte das Examen nicht bestanden, wenn er nicht fleißig gearbeitet hätte.
   Hätte er das Examen bestanden, wenn er nicht fleißig gearbeitet hätte?
   　　　　　Nein, er hätte das Examen nicht bestanden, wenn er nicht fleißig gearbeitet hätte.

3. Robert wäre durchgefallen, wenn er nicht gepaukt hätte.
   Wäre er durchgefallen, wenn er nicht gepaukt hätte?
   　　　　　Ja, er wäre durchgefallen, wenn er nicht gepaukt hätte.

Was wäre geschehen, wenn er nicht gepaukt hätte?

Er wäre durchgefallen, wenn er nicht gepaukt hätte.

4. Robert wäre nach Hause gefahren, wenn seine Eltern nicht nach Mannheim gezogen wären.

Was hätte er getan, wenn seine Eltern nicht nach Mannheim gezogen wären?

Er wäre nach Hause gefahren, wenn seine Eltern nicht nach Mannheim gezogen wären.

ÜBUNGEN III

1. **Beispiel:** *gewußt*   Wenn ich das *gewußt* hätte . . .
   a. gewußt   d. gehört
   b. getan   e. gekauft
   c. gesehen   f. gelesen

2. **Beispiele:** *wir*   Wenn *wir* alles verstanden *hätten* . . .
   du   Wenn *du* alles verstanden *hättest* . . .
   a. wir   d. ich
   b. du   e. Ihre Eltern
   c. sie (*they*)   f. er

3. **Beispiel:** *ihn*   Ich hätte *ihn* verstanden, wenn er langsamer gesprochen hätte.
   a. ihn   d. den Rektor
   b. den Professor   e. den Bürgermeister
   c. den Schauspieler   f. den Polizisten

4. **Beispiele:** *wir*   *Wir hätten* ihn verstanden, wenn er langsamer gesprochen hätte.
   ich   *Ich hätte* ihn verstanden, wenn er langsamer gesprochen hätte.
   a. wir   d. sie (*they*)
   b. ich   e. man
   c. du   f. alle

5. **Beispiele:** *ich*   *Ich hätte* mit ihm gesprochen, wenn *ich* ihn gesehen *hätte.*
   wir   *Wir hätten* mit ihm gesprochen, wenn *wir* ihn gesehen *hätten.*
   a. ich   d. sie (*she*)
   b. wir   e. du
   c. sie (*they*)   f. Sie

6. **Beispiel:** Wir *haben* das gewußt.   Wenn wir das gewußt *hätten* . . .
   a. Wir haben das gewußt.
   b. Wir haben das verstanden.
   c. Wir haben den Film gesehen.
   d. Wir haben mit dem Beamten gesprochen.
   e. Wir haben schon gegessen.
   f. Wir haben sie nicht gekannt.

7. **Beispiel:** Ich *machte* gestern die Arbeit.   Wenn ich gestern die Arbeit *gemacht hätte* . . .
   a. Ich machte gestern die Arbeit.
   b. Ich besuchte das Gymnasium.
   c. Ich schrieb an die Eltern.

d. Ich hatte kein Kopfweh.

e. Ich hatte kein Fieber.

f. Ich sah ihn nur einmal.

8. **Beispiele:**   *er*   ***Wäre er*** nach München gefahren, wenn ich dort gewesen **wäre?**

              du   ***Wärest du*** nach München gefahren, wenn ich dort gewesen **wäre?**

a. er	d. sein Freund
b. du	e. die Eltern
c. sie (*they*)	f. ihr

9. **Beispiele:**   **Er** *ist* **mit mir gegangen.**   **Wenn er mit mir gegangen** *wäre* . . .

              Sie *sind* **bei den Eltern geblieben.**   **Wenn sie bei den Eltern geblieben** *wären* . . .

a. Er ist mit mir gegangen.

b. Sie sind bei den Eltern geblieben.

c. Ich bin mit dem Zug gefahren.

d. Du bist schon hier gewesen.

e. Sie sind gestern abgefahren.

f. Wir sind zu Fuß gegangen.

g. Ihr seid um acht Uhr angekommen.

h. Meine Eltern sind nach Deutschland gereist.

10. **Beispiele:**   **Ich** *ging* **nach Hause.**   **Wenn ich nach Hause** *gegangen wäre* . . .

              Wir *fuhren* **mit dem Wagen.**   **Wenn wir mit dem Wagen** *gefahren wären* . . .

a. Ich ging nach Hause.	d. Sie ging ins Kino.
b. Wir fuhren mit dem Wagen.	e. Sie reisten in die Schweiz.
c. Er kam zu spät an.	f. Wir blieben zwei Tage dort.

FRAGEN

1. Würden Sie eine Reise machen, wenn Sie viel Geld hätten?

2. Was würden Sie tun, wenn Sie mehr Zeit hätten?

3. Was würden Sie tun, wenn Sie Halsweh hätten?

4. Würden Sie ins Kino gehen, wenn er mitginge?

5. Möchten Sie nach Deutschland reisen, wenn Sie Ferien hätten?

6. Würden Sie nach Berlin fliegen, wenn Sie die Gelegenheit hätten?

7. Wären Sie gestern abend ins Kino gegangen, wenn Sie viele Schulaufgaben gehabt hätten?

8. Würden Sie hier sein, wenn Sie Kopfweh hätten?

9. Hätten Sie an die Eltern geschrieben, wenn Sie das gewußt hätten?

10. Hätten Sie die Rede verstanden, wenn der Bürgermeister langsamer gesprochen hätte?

Studentenleben

LESESTÜCK: Ende gut, alles gut

Am Schluß des Unterrichts am Institut entschlossen sich einige der Studenten, die besonders gut befreundet waren, eine Woche in München zu verbringen, bevor sie endgültig[1] voneinander Abschied nahmen.[2] Unter ihnen waren Annette Moreau und Robert Brown.

Robert hatte seiner Freundin noch nicht mitgeteilt, daß er sich für das Wintersemester auf der Freien Universität Berlin immatrikulieren lassen würde. Er war etwas verlegen, ihr endlich gestehen[3] zu müssen, daß die Wahl[4] einer Universität mehr von ihr als von der Universität selbst abhinge. Es wäre aber zu hoffen,[5] dachte er bei sich,[6] daß seine Beweggründe[7] ihr nicht zu oberflächlich[8] scheinen würden und daß sie dafür Verständnis[9] haben würde.

[1] **endgültig** final [2] **Abschied nehmen** to take leave [3] **gestehen, gestand, gestanden** to admit
[4] **die Wahl** choice [5] **es wäre zu hoffen** it might be hoped [6] **bei sich** to himself
[7] **der Beweggrund** motive [8] **oberflächlich** superficial [9] **das Verständnis** sympathetic understanding

Eines Abends, als Annette und Robert durch den Englischen Garten, einen großen Münchener Park, spazierten, unterhielten sie sich über die Zukunft.   Robert wußte, daß er es ihr jetzt sagen müßte—er dürfte es nicht länger aufschieben.[10]

„Wann fährst du eigentlich nach Amerika zurück?" fragte Annette, ohne es wirklich wissen zu wollen,[11] „es wäre doch so schön, wenn du noch länger in Europa bleiben könntest."

„Was würdest du davon halten",[12] fing er an, „wenn ich im Wintersemester auf die Freie Universität Berlin ginge?"

„Aber du hast mir doch schon gesagt, daß du Ende September nach Hause fährst."

„Ich weiß es", fuhr Robert fort, „aber ich frage nur, ob du es gerne sähest,[13] wenn ich nach Berlin ginge."

„Natürlich wäre das prima", erwiderte sie, „aber wenn du in Kalifornien wärest, könntest du nicht zur gleichen Zeit in Berlin sein, oder?"

„Gewiß nicht", sagte Robert, „aber etwas ist inzwischen[14] eingetreten,[15] was[16] meine Pläne sehr geändert hat."

„Wieso?" wollte Annette wissen.

„Meine Eltern haben mir geschrieben, daß sie im Herbst nach Deutschland ziehen und daß mein Vater eine Filiale in Mannheim eröffnet", erklärte er.

„Herrlich!   Und du?   Was willst du machen?"

„Nun lies mal[17] den Brief!" sagte er, indem er ihr einen Brief überreichte,[18] den er aus der Tasche gezogen[19] hatte.

„Freie Universität Berlin, Akademisches Außenamt", las sie schnell und halblaut für sich, „wir haben Ihr Zulassungsgesuch . . . und wir freuen uns, Ihnen mitteilen zu können, daß Sie zum Studium zugelassen. . . . Oh-là-là!   C'est formidable!"[20]

FRAGEN ÜBER DAS LESESTÜCK

1. Wer entschloß sich, eine Woche in München zu verbringen?
2. Hatte Robert seiner Freundin schon mitgeteilt, daß er in Berlin studieren würde?
3. Von wem hing Roberts Wahl einer Hochschule ab?
4. Wer wünschte, Robert könnte länger in Europa bleiben?
5. In welchem Semester würde er auf der Freien Universität studieren?
6. Was hatten die Eltern an Robert geschrieben?
7. Wer hatte einen Zulassungsbrief von der Universität bekommen?
8. War Robert zum Studium an der Universität zugelassen?
9. Freute sich Annette über die Neuigkeit, daß Robert in Berlin studieren würde?
10. Von welchem Amt an der Universität hatte er den Zulassungsbrief bekommen?

[10] aufschieben, schob auf, aufgeschoben to postpone
[11] ohne es wirklich wissen zu wollen without really wanting to know
[12] Was würdest du davon halten? What would you think of it?
[13] ob du es gerne sähest whether you would like it   [14] inzwischen meanwhile
[15] eintreten, trat ein, ist eingetreten to occur   [16] was which, that   [17] lies mal just read
[18] überreichen to hand over   [19] ziehen to pull, draw   [20] C'est formidable That's wonderful!

WEITERE ÜBUNGEN

1. **Beispiel:** *er ginge mit*   E'r sagte, *er ginge mit.*
   - a. er ginge mit
   - b. er könnte das machen
   - c. er verstände die Rede nicht
   - d. er hätte keine Zeit
   - e. er müßte schwer pauken
   - f. er möchte länger in Deutschland bleiben

2. **Beispiel:** *sie bliebe ein Semester da*   Sie hat gesagt, *sie bliebe ein Semester da.*
   - a. sie bliebe ein Semester da
   - b. sie dürfte keine Aufnahmen machen
   - c. er wäre krank
   - d. er käme heute zu uns
   - e. ihre Familie zöge nach Köln
   - f. sie bekäme Geld von den Eltern

3. Lesen Sie folgende Sätze, indem Sie die indirekte Rede verwenden (*use*)!
   Beispiel: Er sagt: „*Ich gehe* nicht mit."   Er sagt, *er ginge* nicht mit.
   - a. Er sagt: „Ich gehe nicht mit."
   - b. Er sagt: „Ich verstehe das nicht."
   - c. Er antwortet: „Ich kann das tun."
   - d. Er antwortet: „Ich habe jetzt Zeit."
   - e. Er sagte: „Ich bin krank."
   - f. Sie sagte: „Ich bleibe ein Semester in Berlin."
   - g. Er hat gesagt: „Ich muß richtig pauken."
   - h. Sie sagte uns: „Paul geht heute abend ins Kino."
   - i. Er hat geantwortet: „Ich ziehe morgen nach Köln."
   - j. Mein Freund schrieb in seinem Brief: „Die Familie Brown zieht nach Mannheim."

4. Lesen Sie folgende Sätze, indem Sie die Konjunktion „daß" verwenden!
   Beispiel: Sie sagte, sie ginge ins Theater.   Sie sagte, *daß* sie ins Theater ginge.
   - a. Sie sagte, sie ginge ins Theater.
   - b. Er sagt, er müßte richtig büffeln.
   - c. Man sagt, es wäre gefährlich.
   - d. Der Polizist hat gesagt, man dürfte hier keine Aufnahmen machen.
   - e. Paul antwortete, er verstände mich nicht.
   - f. Meine Eltern haben mir geschrieben, sie führen nach Deutschland.
   - g. Er behauptete, die deutsche Wirtschaft wäre gesund.
   - h. Sie meinte, sie würde durchfallen.
   - i. Er meint, er könnte hier eine Stellung finden.
   - j. Du hast mir doch gesagt, du kämest heute zu mir.

5. Lesen Sie folgende Sätze, indem Sie die irreale Bedingung der Gegenwart bilden (*contrary-to-fact condition in present time*)!
   Beispiel: Wenn ich Geld *habe, gehe* ich ins Theater.   Wenn ich Geld *hätte, würde* ich ins Theater *gehen.*
   - a. Wenn ich Zeit habe, komme ich zu dir.
   - b. Wenn ich zu Hause bin, arbeite ich schwer.
   - c. Wenn er nach Berlin fliegt, nimmt er mich mit.
   - d. Wenn es wärmer ist, reise ich in die Schweiz.
   - e. Wenn wir nach Deutschland ziehen, besuche ich dort die Universität.
   - f. Wenn du daran gehst, kannst du es leicht tun.
   - g. Wenn es kaltes Wetter gibt, gehen wir skilaufen.
   - h. Wenn Sie nicht pauken, fallen Sie durch.

6. Lesen Sie folgende Sätze, indem Sie die indirekte Rede verwenden!

Beispiele: Er sagt: „*Ich habe* das Museum schon   Er sagt, *er hätte* das Museum
                besucht.“   schon besucht.

              Er sagte: „*Ich las* gestern den   Er sagte, *er hätte* gestern den Artikel
              Artikel über Brecht.“   über Brecht *gelesen.*

   a. Er sagt: „Ich habe das Bild schon gesehen.“

   b. Er sagte: „Ich verstand das Programm gar nicht.“

   c. „Ich war schon einmal dort“, sagte sie.

   d. Er wird wohl sagen: „Ich habe dir schon einmal dabei geholfen.“

   e. „Ich flog letzte Woche nach Wien“, hat sie gesagt.

   f. „Das habe ich nicht verstanden“, sagte sie eben.

   g. Sie hat geantwortet: „Ich bin noch nie in Heidelberg gewesen.“

   h. „Ich habe das noch nicht getan“, versetzte er ruhig.

   i. Mein Freund erwiderte: „Das hat mir nicht gefallen.“

7. Ergänzen Sie die Striche mit der irrealen Bedingung der Vergangenheit (*contrary-to-fact condition in past time*)!

   a. Wenn ich das gewußt hätte, _____.
              (*I would have said nothing*)

   b. Wenn er das gesagt hätte, _____.
              (*we would have told him everything*)

   c. Wenn ich nach Berlin geflogen wäre, _____.
              (*that would not have happened*)

   d. Wenn wir von ihm gehört hätten, _____.
              (*we would have waited longer for him*)

   e. Wenn er wirklich gepaukt hätte, _____.
              (*he would not have flunked*)

   f. Wenn das passiert wäre, _____.
              (*I would have explained it to you*)

SPRECHÜBUNGEN

Studentendialog I

   HANS   What would you say, if I were to remain in Germany?

   DIETER   Oh, that would be great (*prima*)!

   HANS   If I pass the German test, I will go to the University of Freiburg.

   DIETER   But if you should flunk?   What would you do then?

   HANS   Then I would go back to America.

Studentendialog II

   LIESE   I wish I didn't have to study so hard.

   MARIANNE   If it weren't so far, we could go to Garmisch-Partenkirchen for the weekend.

LIESE Yes, but when would I have time to write my essay?

MARIANNE Oh, you could do that on Sunday night if we were to come back early.

SCHRIFTLICHES

1. Schreiben Sie folgendes auf deutsch!

a. If he were only here, he would help you. b. If they were here, they would help us. c. If they had only been here, they would have helped you. d. He would not have done that if I had spoken with him about it. e. He would do that if I were to speak with him about it. f. You would not say that if you understood the problem. g. You would not have said that if you had understood the problem. h. He said that he would visit you soon. i. She said that she would have visited you if she had had time. j. I would not have done that if I had been in your place (*an Ihrer Stelle*). k. What would you do if he were to say that to you? l. What would you have done if he had said that to you? m. I would like to go swimming if it were not so cold today. n. He will say that he doesn't have the time. o. He will reply that he hasn't had the time.

2. Schreiben Sie auf deutsch!

Annette thought (*meinen*) that it would be nice if Robert could remain longer in Germany. Robert asked her what she would think of it (*davon halten*) if he were to go to the Free University of Berlin during the winter semester. He had not expected (*erwarten*) that he could stay in Germany, he said, but now something had happened which (*was*) had changed his plans. His parents had written to him that they would move to Mannheim and that his father would open a branch office there. He thought (*glauben*) that his mother would be very happy (*sich freuen*) if he remained in Germany, because he would see his family now and then (*ab und zu*).

VERSCHIEDENES

Wenn ich ein Vöglein[1] wär'

Wenn ich ein Vöglein[1] wär',
Und auch zwei Flügel hätt',
Flög' ich zu dir.
Weil's aber nicht kann sein,
Bleib' ich allhier.[2]

—Volkslied (1778)

[1] das Vöglein little bird   [2] allhier here

Sprachliche[1] Studien

Zum Singen[2] ist die italienische Sprache,
etwas zu sagen: die deutsche,
darzustellen: die griechische,
zu reden: die lateinische,
zu schwatzen:[3] die französische,
für Verliebte:[4] die spanische
und für Grobiane:[5] die englische.

—Franz Grillparzer (1791–1872)

Comfortable—Behaglich

Das comfortable der Engländer liegt zwischen unserm behaglich[1] und erquicklich[2] in der Mitte. Es ist erquicklicher als unser behaglich und behaglicher als unser erquicklich.

—Franz Grillparzer

Deutsch—Französisch

Die deutsche Sprache an sich ist reich, aber in der deutschen Konversation gebrauchen wir nur den zehnten Teil dieses Reichtums;[1] faktisch[2] sind wir also sracharm.

Die französische Sprache an sich ist arm, aber die Franzosen wissen alles, was sie enthält,[3] in der Konversation auszubeuten,[4] und sie sind daher sprachreich in der Tat.[5]

Nur in der Literatur zeigen die Deutschen ihren ganzen Sprachschatz,[6] und die Franzosen, davon geblendet,[7] denken, wunders wie glänzend wir zu Hause[8]—sie haben auch keinen Begriff davon, wie wenig Gedanken bei uns im Umlauf[9] zu Hause [sind]. Bei den Franzosen just[10] das Gegenteil: mehr Ideen in der Gesellschaft, als in den Büchern, und die Geistreichsten[11] schreiben gar nicht oder bloß zufällig[12] . . .

—Heinrich Heine

[1] **sprachlich** linguistic, language   [2] **zum Singen** for singing   [3] **schwatzen** to chat, gossip
[4] **der Verliebte** sweetheart, lover   [5] **der Grobian** rude person

[1] **behaglich** comfortable, cozy   [2] **erquicklich** refreshing, comforting

[1] **der Reichtum** wealth   [2] **faktisch** factually, actually   [3] **enthalten** to contain
[4] **ausbeuten** to exploit   [5] **in der Tat** in fact
[6] **der Sprachschatz** language resources (**der Schatz** treasure)   [7] **blenden** to blind, dazzle
[8] **wunders wie glänzend wir zu Hause** [sind oder sprechen] how remarkably brilliant we [are or speak] at home   [9] **der Umlauf** circulation   [10] **just** just, precisely
[11] **der Geistreiche** ingenious person   [12] **zufällig** by chance

GRAMMATIK

A. THE INDICATIVE MOOD

The indicative of a verb is the mood of reality and actuality:

> Ich **fahre** heute in die Stadt.
> Wir **gingen** gestern ins Konzert.
> Er **war** vor zwei Stunden bei uns.
> Ich **bin** schon einmal in Berlin **gewesen.**
> **Haben** Sie viel Spaß **gehabt?**
> Er **wird** im Herbst hierher **fahren.**
> Du **kannst** das jetzt nicht tun.

B. THE SUBJUNCTIVE MOOD OF PRESENT TIME

The subjunctive of a verb is the mood expressing unreal and contrary-to-fact conditions. The use of the subjunctive is similar in English and German:

> Wenn ich Zeit **hätte** . . .   *If I had time* . . .
> Wenn er hier **wäre** . . .   *If he were here* . . .

These forms are often called the past, or imperfect, subjunctive because they are built on the past, or imperfect, indicative. However, *the time expressed is present.*

In weak verbs the subjunctive expressing present time is identical in form to the past tense of the indicative.

In most strong and irregular verbs, the past indicative stem takes an **Umlaut** to form the subjunctive stem if the past stem vowel is **a, o** or **u:**

	INFINITIVE	PAST INDICATIVE	SUBJUNCTIVE STEM OF PRESENT TIME
WITHOUT UMLAUT	gehen	ging	ging-
	laufen	lief	lief-
	reiten	ritt	ritt-
	steigen	stieg	stieg-
A-UMLAUT	geben	gab	gäb-
	sehen	sah	säh-
O-UMLAUT	verlieren	verlor	verlör-
	ziehen	zog	zög-
U-UMLAUT	fahren	fuhr	führ-
	tragen	trug	trüg-
MODAL AUXILIARIES	dürfen	durfte	dürft-
	können	konnte	könnt-
	mögen	mochte	möcht-
	müssen	mußte	müßt-
IRREGULAR VERBS	denken	dachte	dächt-
	haben	hatte	hätt-
	sein	war	wär-
	werden	wurde	würd-

Westberlin: Die Kongreßhalle

These irregular verbs and modal auxiliaries do not take an **Umlaut** in the subjunctive: brennen, kennen, nennen, rennen, senden, wenden, sollen and wollen.
The subjunctive endings are as follows:

ich	-e
du	-est
er, sie, es	-e
wir	-en
ihr	-et
Sie, sie	-en

The conjugation of the subjunctive of present time is as follows:

WEAK VERB	STRONG VERB WITHOUT **Umlaut**	STRONG VERB WITH **Umlaut**
ich machte	ich ginge	ich gäbe
du machtest	du gingest	du gäbest
er, sie, es machte	er, sie, es ginge	er, sie, es gäbe
wir machten	wir gingen	wir gäben
ihr machtet	ihr ginget	ihr gäbet
Sie, sie machten	Sie, sie gingen	Sie, sie gäben

C. THE CONDITIONAL

The conditional form of the verb is used frequently in the main clause which is accompanied by a subordinate clause expressing a contrary-to-fact condition:

SUBORDINATE CLAUSE	MAIN CLAUSE WITH CONDITIONAL
Wenn ich Zeit hätte,	würde ich mehr **lesen**.
If I had time,	*I would read more.*
Wenn er hier wäre,	würde er es selber **tun**.
If he were here,	*he would do it himself.*

The conditional is formed as follows:

ich	würde	
du	würdest	
er, sie, es	würde	
wir	würden	+ Infinitive of main, or action, verb
ihr	würdet	
Sie, sie	würden	

D. THE SUBJUNCTIVE MOOD OF PAST TIME

The contrary-to-fact condition expressed in past time is also very similar in English and German:

> Wenn er gestern das Geld **gehabt hätte, hätte** er es **gekauft.**
> *If he had had the money yesterday, he would have bought it.*

The subjunctive expressing a contrary-to-fact condition in past time is built on the past perfect tense of the indicative and is often called the past perfect subjunctive.   In its formation **haben** and **sein** are used with the past participle of the main verb:

> Ich **hätte** ihn **verstanden,** wenn er langsamer **gesprochen hätte.**
> Wenn du es mir **gegeben hättest, hätte** ich keine Schwierigkeiten **gehabt.**
> Er **wäre** nicht nach Berlin **gefahren,** wenn das nicht **passiert wäre.**
> **Wären** Sie hier **geblieben,** wenn Sie das **gewußt hätten?**

E. INDIRECT DISCOURSE

The subjunctive mood is used in indirect discourse:

DIRECT DISCOURSE	INDIRECT DISCOURSE
Er sagt: „Ich gehe auch mit."	Er sagt, er **ginge** auch **mit.**
	Er sagt, daß er auch **mitginge.**
Der Polizist antwortete: „Man muß Linie 14 nehmen."	Der Polizist antwortete, man **müßte** Linie 14 nehmen.
Sie sagt:„Ich war gestern nicht zu Hause."	Sie sagt, sie **wäre** gestern nicht zu Hause **gewesen.**
Er fragte: „Wann ist der Zug angekommen?"	Er fragte, wann der Zug **angekommen wäre.**
Der Beamte fragte: „Haben Sie eine Zuschlagskarte?"	Der Beamte fragte, ob ich eine Zuschlagskarte **hätte.**
Der Fremde hat geantwortet: „Steigen Sie am Karlsplatz um!"	Der Fremde hat geantwortet, ich **sollte** am Karlsplatz umsteigen.

F. WISHES

The subjunctive mood may be used to express wishes:

> Wenn du nur fleißiger **wärest!**
> Wenn ich nur Zeit **hätte!**
> Wenn er nur hierher **gekommen wäre!**
> **Hätte** er das nur nicht **gesagt!**

Vierundzwanzigste Lektion 24

Grammatisches Ziel:
Das Passiv

EINFÜHRENDE BEISPIELE I

1. Wie Sie schon wissen, ist Robert Brown fleißig.
   Er macht jeden Tag seine Aufgaben.
   Seine Aufgaben werden jeden Tag gemacht.
   Was wird jeden Tag gemacht?
   >Seine Aufgaben werden jeden Tag gemacht.

2. Heute wird eine Reise nach Rothenburg unternommen.
   Die Studenten stehen vor dem Institut und warten auf den Omnibus, der gerade um die Ecke fährt.
   Die Studenten werden abgeholt (*picked up, met*) und fahren ab.
   Wer wird abgeholt?
   >Die Studenten werden abgeholt.

   Wird eine Reise unternommen?
   >Ja, eine Reise wird unternommen.

   Wohin wird die Reise unternommen?
   >Die Reise wird nach Rothenburg unternommen.

ÜBUNGEN I

1. Beispiel: *gemacht*   **Heute wird die Reise *gemacht*.**
   a. gemacht
   b. geplant
   c. unternommen
   d. begonnen
2. Beispiel: *geschrieben*   **Alle Aufgaben werden *geschrieben*.**
   a. geschrieben
   b. gelesen
   c. gelernt
   d. vorgelesen

3. Beispiele: *wir*   Wir *werden* um acht Uhr abgeholt.
              er   Er *wird* um acht Uhr abgeholt.
   a. wir   d. die Studenten
   b. er   e. sie (*she*)
   c. ich   f. Sie

4. Beispiel: *ich*   Ich *werde* zum Studium an der Universität zugelassen.
   a. ich   d. du
   b. wir   e. die meisten Bewerber
   c. Herr Brown   f. nicht jeder Student

5. Beispiele: **Man löst die Fahrkarte.**   **Die Fahrkarte wird gelöst.**
              Man holt den Besuch ab.   **Der Besuch·wird abgeholt.**
   a. Man löst die Fahrkarte.
   b. Man holt den Besuch ab.
   c. Man schreibt jeden Tag einen Aufsatz.
   d. Man löst die Fahrkarte am Schalter.
   e. Man baut eine neue Brücke.
   f. Man bringt den Brief auf die Post.
   g. Man eröffnet eine neue Firma.
   h. Man verkauft den Wagen.

6. Beispiele: **Man holt mich ab.**   **Ich werde abgeholt.**
              Man holt uns ab.   **Wir werden abgeholt.**
   a. Man holt mich ab.   d. Man holt dich ab.
   b. Man holt uns ab.   e. Man holt dich vom Bahnhof ab.
   c. Man holt ihn ab.   f. Man holt Sie vom Bahnhof ab.

7. Beispiele: **Man eröffnet viele neue Geschäfte.**   **Viele neue Geschäfte werden eröffnet.**

              Man baut neue Brücken.   **Neue Brücken werden gebaut.**
   a. Man eröffnet viele neue Geschäfte.
   b. Man baut neue Brücken.
   c. Man holt die Studenten ab.
   d. Man bringt die Briefe auf die Post.
   e. Man führt die Touristen durch die Stadt.
   f. Man liest die Dokumente durch.
   g. Man errichtet zwei neue Gebäude.

EINFÜHRENDE BEISPIELE II

1. Gestern machten die Studenten eine Prüfung.
   Die Studenten wurden geprüft (*tested*).
   Wer wurde geprüft?
                Die Studenten wurden geprüft.
   Wann wurden sie geprüft?
                Sie wurden gestern geprüft.

2. Herr Brown wurde zum Studium an der Universität zugelassen.
   Wer wurde zum Studium zugelassen?
                Herr Brown wurde zum Studium zugelassen.

3. Ich wurde heute morgen aufgehalten (*delayed*), weil mein Wagen nicht starten wollte.

Wann wurde ich aufgehalten?

Sie wurden heute morgen aufgehalten.

ÜBUNGEN II

1. **Beispiel:** *geprüft*   Ich wurde gestern *geprüft*.
   - a. geprüft
   - b. aufgehalten
   - c. abgeholt
   - d. eingeladen
   - e. zum Studium zugelassen

2. **Beispiel:** *geschrieben*   Der Brief wurde schnell *geschrieben*.
   - a. geschrieben
   - b. gelesen
   - c. auf die Post gebracht
   - d. zu mir gebracht
   - e. vorgelesen

3. **Beispiel:** *die Studenten*   *Die Studenten* wurden am letzten Tag geprüft.
   - a. die Studenten
   - b. die Schüler
   - c. alle Schüler
   - d. die besten Schüler

4. **Beispiel:** *wir*   *Wir wurden* gestern zu ihm eingeladen.
   - a. wir
   - b. ich
   - c. sie (*she*)
   - d. du
   - e. alle
   - f. einige Studenten

5. **Beispiele:** Man demontierte die Fabriken.   Die Fabriken wurden demontiert.
   Man verkaufte bald alle Bücher.   Alle Bücher wurden bald verkauft.
   - a. Man demontierte die Fabriken.
   - b. Man verkaufte bald alle Bücher.
   - c. Man baute die Fabriken wieder auf.
   - d. Man holte die Touristen nicht ab.
   - e. Man führte die Kinder durch das Museum.
   - f. Man hielt uns lange auf.

6. **Beispiele:** Man lud mich ein.   Ich wurde eingeladen.
   Man las den Brief schnell durch.   Der Brief wurde schnell durchgelesen.
   - a. Man lud mich ein.
   - b. Man las den Brief schnell durch.
   - c. Man löste den Zuschlag am Schalter.
   - d. Man gab das Signal zur Abfahrt.
   - e. Man las das Lesestück vor.
   - f. Man sperrte die Sektorengrenze.
   - g. Man eröffnete eine neue Filiale.
   - h. Man holte ihn gestern abend ab.

EINFÜHRENDE BEISPIELE III

1. Die Firma eröffnete eine neue Filiale.

Eine neue Filiale wurde von der Firma eröffnet.

Was wurde von der Firma eröffnet?

Eine neue Filiale wurde von der Firma eröffnet.

2. Roberts Eltern sind gestern in Mannheim angekommen.

Robert holte sie ab.

Die Eltern wurden von Robert abgeholt.

Von wem wurden die Eltern abgeholt?

       Die Eltern wurden von Robert abgeholt.

Wer wurde von Robert abgeholt?

       Die Eltern wurden von Robert abgeholt.

Wurden die Eltern von ihrem Sohn abgeholt?

       Ja, die Eltern wurden von ihrem Sohn abgeholt.

3. Die Ostzone errichtete eine Mauer an der Grenze zwischen West- und Ostberlin.

Man sperrte die Grenze.

Die Grenze wurde durch die Mauer gesperrt.

Was wurde durch die Mauer gesperrt?

       Die Grenze wurde durch die Mauer gesperrt.

Wodurch wurde die Grenze gesperrt?

       Die Grenze wurde durch die Mauer gesperrt.

Wurde die Grenze von der ostdeutschen Regierung gesperrt?

       Ja, die Grenze wurde von der ostdeutschen Regierung gesperrt.

ÜBUNGEN III

1. Beispiele: *die Universität*   Viele Studenten wurden von *der Universität* zugelassen.

            das Rektorat   Viele Studenten wurden von *dem Rektorat* zugelassen.

    a. die Universität   d. die Behörde

    b. das Rektorat   e. das Akademische Außenamt

    c. das Komitee

2. Beispiel: Die Behörde *sperrte* die Grenze.   Die Grenze *wurde* von der Behörde *gesperrt.*

    a. Die Behörde sperrte die Grenze.

    b. Die Regierung sperrte die Grenze.

    c. Die Ostzone sperrte die Grenze.

    d. Robert reichte das Gesuch ein.

    e. Robert reichte das Gesuch beim Rektorat ein.

    f. Robert holte die Eltern ab.

    g. Wir holten die Eltern ab.

    h. Wir holten ihn gestern ab.

    i. Mein Freund holte ihn ab.

    j. Mein Freund holte den Besuch ab.

    k. Der Lehrer prüfte alle Schüler.

    l. Das Komitee prüfte die Schüler.

3. Beispiel: *die Rede*   *Die Rede* wurde durch das Fernsehen übertragen (*transmitted*).

    a. die Rede   d. die Nachricht

    b. das Programm   e. die Oper

    c. die Ansprache

4. Beispiel: *das Fernsehen* Die Nachricht wurde durch *das Fernsehen* übertragen.

    a. das Fernsehen   d. den Bayrischen Rundfunk
    b. den Rundfunk   e. den Westdeutschen Rundfunk
    c. einen Lautsprecher

5. Beispiel: **Das Radio** *übertrug* die Rede. **Die Rede** *wurde* durchs Radio *übertragen.*

    a. Das Radio übertrug die Rede.
    b. Die Mauer sperrte die Sektorengrenze.
    c. Neues Kapital unterstützte die Wirtschaft.
    d. Der Lautsprecher meldete den Zug.
    e. Der Marshallplan brachte neues Kapital ins Land.

FRAGEN

1. Wodurch wurde neues Kapital ins Land gebracht?
2. Wodurch wurde die Nachricht übertragen?
3. Von wem wurden die Schüler geprüft?
4. Was wird heute abend im Schillertheater gespielt?
5. Wodurch wurde die Grenze gesperrt?
6. Von wem wurde Robert zum Studium zugelassen?
7. Wurden Sie heute morgen lange aufgehalten?
8. Was wird heute unternommen?
9. Von wem wird die Reise unternommen?
10. Was wird jeden Tag geschrieben?
11. Was wurde wieder aufgebaut?
12. Wo werden Fahrkarten gelöst?
13. Was wurde an der Grenze errichtet?
14. Werden Sie heute abend nach Hause gehen?
15. Wird Ihr Freund im Sommer pauken müssen?

LESESTÜCK: Die Freie Universität Berlin[*]

Die Freie Universität Berlin ist eine der jüngsten Universitäten Deutschlands. Wie ihre große Vorgängerin,[1] die Friedrich-Wilhelm-Universität[2] zu Berlin, entstand sie aus politischen Gründen.

Im Jahre 1807 wurde im Frieden von Tilsit[3] die Hälfte des preußischen Gebietes einem fremden Eroberer ausgeliefert,[4] und damit ging Preußens wichtigste Universität, Halle, verloren.[5] Um diesen Verlust[6] auszugleichen,[7] gründete Wilhelm von

---

[*] Zusammenfassung von „Gründungsgeschichte unserer Universität" von Georg Kotowski (Dr. phil., Privatdozent für neuere Geschichte an der Freien Universität Berlin), aus „Studienführer der Freien Universität Berlin".

[1] **der Vorgänger** predecessor   [2] **die Friedrich-Wilhelm-Universität** University of Berlin
[3] **der Frieden von Tilsit** Peace of Tilsit (During the Napoleonic Wars, Napoleon I defeated Prussia in the battles of Jena and Auerstädt in 1806. In 1807, Napoleon and Frederick William III, King of Prussia, signed the treaty which ceded half of Prussia's territory to France.)
[4] **ausliefern** to deliver, cede   [5] **verloren gehen** to be lost   [6] **der Verlust** loss
[7] **ausgleichen, glich aus, ausgeglichen** to compensate, equalize

Humboldt[8] 1810 eine Ersatz[9]-Universität in Berlin. Diese erlangte schon bald große Bedeutung und stieg schnell zu einem der ersten Bildungsinstitute der Welt auf.[10]   Mit der Errichtung der nationalsozialistischen Diktatur[11] begann der Abstieg[12] dieser berühmten Universität; nach dem Ende des II. Weltkrieges war sie endgültig zerschlagen.[13]

Die Universität, die mit ihrem Zentralgebäude und dem größten Teil ihrer Institute im Sowjetischen Sektor Berlins lag, hatte im Kriege schwere Verluste erlitten.[14] Die meisten ihrer Gebäude wurden teilweise[15] oder total zerstört; ein Teil ihrer Lehrkräfte[16] und viele ihrer Studenten waren gefallen; viele Professoren und Dozenten waren schon vorher aus politischen Gründen entlassen worden,[17] und Kriegsereignisse

[8] **Wilhelm von Humboldt** (German scholar and statesman, 1767–1835, director of the Prussian school system, a leader of the neo-humanistic movement, one of the founders of the science of comparative linguistics, founder of the University of Berlin, a political liberal, one of the Prussian representatives at the Congress of Vienna [1815])   [9] **der Ersatz** substitute
[10] **aufsteigen, stieg auf, ist aufgestiegen** to rise, climb   [11] **die Diktatur** dictatorship
[12] **der Abstieg** decline   [13] **zerschlagen** shattered, destroyed
[14] **erleiden, erlitt, erlitten** to suffer, endure   [15] **teilweise** partially
[16] **die Lehrkräfte** (*plur.*) faculty   [17] **waren . . . entlassen worden** had been dismissed

Die Freie Universität Berlin

hatten manchen anderen veranlaßt,[18] die Reichshauptstadt zu verlassen.   Es wurden Versuche[19] gemacht, die Universität in den britischen Sektor zu verlegen.[20]   Durch die Abneigung[21] der Russen, die Universität zu verlieren, und die Gleichgültigkeit[22] der britischen und amerikanischen Dienststellen[23] wurde die geplante Verlegung[24] nicht durchgeführt.   Durch einen einseitigen[25] Verwaltungsakt[26] der Russen wurde die Universität der Zentralverwaltung der Sowjetischen Besatzungszone unterstellt,[27] und damit wurde jeder Einfluß der übrigen Siegermächte auch für die Zukunft ausgeschlossen.[28]   Nach der Wiedereröffnung[29] der Universität im Januar 1946 wurde ihre Rechtsstellung[30] schnell verändert, denn aus einer sich selbst verwaltenden Institution[31] unter staatlicher Aufsicht war sie zu einer Dienststelle der „deutschen" Verwaltung für Volksbildung[32] in der Sowjetischen Besatzungszone geworden.

Von der Studentenschaft waren allgemeine politische Vorlesungen nachdrücklich[33] begrüßt worden.[34]   Die Studenten, von denen fast alle furchtbare Ereignisse erlebt[35] hatten, waren der Ansicht,[36] daß die politische Unkenntnis[37] der Lehrer, Professoren und Studenten zum Zusammenbruch ihres Vaterlandes nicht wenig beigetragen hatte, und sie waren nicht gewillt,[38] denselben Fehler[39] jetzt selbst zu machen.   Doch bald erkannten sie, daß ihnen nicht politische Unterrichtung gegeben wurde, sondern daß sie zum Anhören[40] kommunistischer Schulungskurse[41] gezwungen wurden, und so wurde ihre Begeisterung zur Ablehnung.[42]

Um immer mehr[43] den Kommunismus unter den Studenten zu verbreiten, wurden viele zum Studium zugelassen, die nicht einmal[44] das Abitur gemacht hatten, aber die dem Kommunismus geneigt waren.   Diese Maßnahme wurde unter der Tarnbegründung durchgeführt, bisheriges soziales Unrecht wieder gutzumachen und das Bildungsprivileg der Besitzenden zu brechen.[45]   Noch schwerere Ungerechtigkeit wurde zahllosen vorzüglichen Bewerbern angetan, indem sie zugunsten weit weniger Geeigneter übergangen wurden.[46]

Es folgten strenge Maßnahmen der kommunistischen Behörde auf jeden Versuch, die Universität von dem kommunistischen Einfluß und den Manipulationen der

---

[18] **veranlassen** to cause   [19] **der Versuch** attempt   [20] **verlegen** to transfer
[21] **die Abneigung** disinclination   [22] **die Gleichgültigkeit** indifference   [23] **die Dienststelle** agency
[24] **die Verlegung** transfer   [25] **einseitig** unilateral   [26] **der Verwaltungsakt** administrative regulation
[27] **unterstellen** to place under the authority of   [28] **ausschließen, schloß aus, ausgeschlossen** to exclude
[29] **die Wiedereröffnung** reopening   [30] **die Rechtsstellung** legal status
[31] **eine sich selbst verwaltende Institution** a self-governing institution
[32] **die Volksbildung** public education   [33] **nachdrücklich** enthusiastically, emphatically
[34] **waren . . . begrüßt worden** had been welcomed, greeted   [35] **erleben** to experience
[36] **waren der Ansicht** were of the opinion   [37] **die Unkenntnis** ignorance
[38] **gewillt** inclined, disposed   [39] **der Fehler** mistake   [40] **das Anhören** listening
[41] **der Schulungskurs** training course   [42] **die Ablehnung** rejection   [43] **immer mehr** more and more
[44] **nicht einmal** not even
[45] **diese Maßnahme wurde unter der Tarnbegründung durchgeführt, bisheriges soziales Unrecht wieder gutzumachen und das Bildungsprivileg der Besitzenden zu brechen** this measure was carried out under the deceptive excuse of compensating for hitherto existing social injustice and of breaking the educational privilege of the propertied class
[46] **noch schwerere Ungerechtigkeit wurde zahllosen vorzüglichen Bewerbern angetan, indem sie zugunsten weit weniger Geeigneter übergangen wurden** even greater injustice was inflicted on innumerable excellent applicants when they were passed over in favor of far less suitable ones

Behörde zu befreien.[47]   Eine der bedauerlichen[48] Folgen davon war die Verhaftung einiger Führer[49] der Studentenschaft.   Diese Studenten und Kämpfer[50] für demokratisches Recht wurden zu Gefängnisstrafen verurteilt; erst ein Jahrzehnt später wurden sie „begnadigt" und freigelassen.[51]   Andere wurden unter der falschen Begründung[52] entlassen, sie hätten die Würde der Universität und der Studentenschaft verletzt.[53]

Von der Studentenschaft wurde die Forderung[54] nach der Gründung einer freien Universität in den Westsektoren Berlins erhoben.   Entscheidend[55] mußte sein, ob die Militärregierungen der Westmächte zustimmen[56] würden, denn die Regierung der Stadt lag damals völlig in den Händen der Besatzungsmächte.   Mit der Zustimmung des amerikanischen Oberbefehlshabers,[57] General Lucius Clay, wurde ein großer Schritt getan.

Die praktischen Schwierigkeiten schienen damals unüberwindlich.[58] Wenn man auch Räume[59] für die Universität fände, würde es beinahe unmöglich sein, Bibliotheken und Einrichtungsgegenstände[60] für Seminare, Institute und Kliniken zu bekommen, denn die Einfuhr[61] von Waren vom Westen wurde durch die Blockade der Westsektoren Berlins bis aufs Nötigste eingeschränkt.[62]   Im Juni 1948 wurde ein Komitee von bedeutenden Professoren, hohen Beamten und politischen Persönlichkeiten[63] zwecks[64] Gründung einer neuen Universität gewählt.   Der politische Kopf des Komitees war der gewählte Oberbürgermeister Ernst Reuter.[65]   Obwohl die Schwierigkeiten, die vom Komitee überwunden werden mußten,[66] riesengroß waren, begannen die ersten Vorlesungen der Freien Universität Berlin im November desselben Jahres.   Mit der Gründung der neuen Lehrstätte wurde Westberlin von der alten Universität unabhängig, die jetzt der kommunistischen Behörde zur Verfügung gestellt[67] wurde.

Für das erste Semester konnte von rund 5 000 Studienbewerbern nicht einmal die Hälfte zugelassen werden, weil es an Professoren und Raum fehlte.   Ehe die Grenzen des Ostens im Jahre 1961 durch die Berliner Mauer gesperrt wurden, kam rund ein Drittel[68] der Studenten aus der Deutschen Demokratischen Republik.   Eine wichtige Funktion übte die junge Universität bald als Zufluchtsstätte[69] für Wissenschaftler und Professoren aus,[70] die aus der Ostzone flohen.   Trotz der schwierigen Finanzlage der Stadt sah die Regierung Westberlins sich genötigt,[71] für die Gründung und Erhaltung[72] der Universität Gelder zu beschaffen.[73]   Die Hilfe, die amtliche[74] und private

[47] **befreien** to free   [48] **bedauerlich** regrettable   [49] **der Führer** leader
[50] **der Kämpfer** fighter   [51] **freilassen, ließ frei, freigelassen** to set free   [52] **die Begründung** reason
[53] **verletzen** to injure, offend
[54] **die Forderung** demand   [55] **entscheidend** decisive   [56] **zustimmen** to agree
[57] **der Oberbefehlshaber** commander-in-chief   [58] **unüberwindlich** insurmountable
[59] **der Raum** space, room   [60] **der Einrichtungsgegenstand** equipment   [61] **die Einfuhr** importation
[62] **bis aufs Nötigste einschränken** to limit to the most essential things
[63] **die Persönlichkeit** personality   [64] **zwecks** for the purpose of
[65] **Ernst Reuter** (professor, statesman and first Lord Mayor of West-Berlin [1889–1953])
[66] **die vom Komitee überwunden werden mußten** which had to be surmounted by the committee
[67] **zur Verfügung stellen** to place at someone's disposal   [68] **das Drittel** third
[69] **die Zufluchtsstätte** place of refuge   [70] **ausüben** to exert, exercise   [71] **genötigt** forced, required
[72] **die Erhaltung** maintenance   [73] **beschaffen** to obtain, procure   [74] **amtlich** official

Die Freie Universität
Berlin: Im Laboratorium

amerikanische Stellen,[75] wie die Ford-Stiftung, in den schweren ersten Jahren lei-
steten, darf nicht vergessen werden.[76]

Die Studentenanzahl stieg ständig[77] an,[78] und im Jahre 1957, kaum ein Jahrzehnt
nach der bescheidenen Gründung, zählte die Studentenschaft rund zehntausend
Studierende[79] (ohne Abendstudenten). Heute ist die Universität nicht nur für ihre
vorzüglichen Lehrkräfte bekannt, sondern auch für eine in Deutschland sonst gänzlich[80] unbekannte Form der studentischen Selbst- und Mitverwaltung.[81]

[75] **die Stelle** agency [76] **darf nicht vergessen werden** must not be forgotten [77] **ständig** steadily
[78] **ansteigen** to rise, increase [79] **der Studierende** student [80] **gänzlich** entirely
[81] **die studentische Selbst- und Mitverwaltung** student government (self-government and government
in cooperation with the university administration)

SCHRIFTLICHES

1. Beantworten Sie die Fragen!

   a. Ist die Freie Universität Berlin eine der ältesten oder eine der jüngsten deutschen Universitäten?   b. Von wem wurde die Friedrich-Wilhelm-Universität gegründet? c. In welchem Sektor Berlins liegt die Friedrich-Wilhelm-Universität?   d. In welchem Jahre wurde die Universität im Sowjetischen Sektor wiedereröffnet? e. Warum wurden viele zum Studium zugelassen, die das Abitur nicht gemacht hatten?   f. Wer wurde zugunsten weit weniger Geeigneter übergangen?   g. Was war die Strafe für Studenten, die für demokratisches Recht kämpften?   h. Wann wurden die verhafteten Studenten „begnadigt"?   i. Von wem wurde die Forderung nach einer freien Universität erhoben?   j. Wie viele Studienbewerber konnten fürs erste Semester nicht zuglassen werden?   k. Wovon wurde die neue Universität unterstützt?   l. Ungefähr wie viele Studenten wurden ein Jahrzehnt nach der Gründung der Freien Universität zugelassen?

2. Schreiben Sie auf deutsch!

   a. The committee was chosen (*wählen*) in 1948.   b. There were many difficulties which were overcome (*überwinden*) by the committee.   c. The Free University of Berlin became independent of the old university.   d. Many applicants (*Bewerber*) were not admitted by the administration of the university.   e. Several students were condemned (*verurteilen*) to prison (*zu Gefängnisstrafen*).   f. Was he detained again this morning?   g. We will depart at seven o'clock tomorrow.   h. A new store is being opened on (*in*) the main street.   i. My friend who became ill yesterday had to go to the hospital.   j. He will have to cram this summer if he wants to pass the Ph.D. examination.   k. The new building which is being erected (*errichten*) near the city hall will be the tallest (*das höchste*) in the whole town. l. I always become very tired when I travel by train.   m. Who met your friends at the station since (*da*) the train did not arrive on time (*pünktlich*)?   n. We are being met at eight o'clock.   o. What is being played (*spielen*) tonight in the Schiller Theater?   p. Where will you study when you go to Germany?   q. Do you know when the wall was erected by the East German government?   r. Yes, the East Germans erected it in 1961.   s. The sector boundary was blocked by the wall. t. The economy was supported by the Marshall Plan, factories were rebuilt and the country became a member (*das Mitglied*) of the Common Market (*die Europäische Wirtschaftsgemeinschaft*).

VERSCHIEDENES

AUS DEM **Grundgesetz für die Bundesrepublik Deutschland**

Artikel 3   (3) Niemand darf wegen seines Geschlechtes,[1] seiner Abstammung, seiner Rasse,[2] seiner Sprache, seiner Heimat und Herkunft,[3] seines Glaubens, seiner religiösen oder politischen Anschauungen benachteiligt[4] oder bevorzugt[5] werden.

[1] **das Geschlecht** sex   [2] **die Rasse** race   [3] **die Herkunft** origin
[4] **benachteiligen** to discriminate against   [5] **bevorzugen** to prefer, give preferential treatment

Artikel 4   (3) Niemand darf gegen sein Gewissen[6] zum Kriegsdienst[7] mit der Waffe[8] gezwungen werden. Das Nähere[9] regelt[10] ein Bundesgesetz.

Artikel 8   (1) Alle Deutschen haben das Recht, sich ohne Anmeldung[11] oder Erlaubnis friedlich[12] und ohne Waffen zu versammeln.[13]

Artikel 9   (1) Alle Deutschen haben das Recht, Vereine[14] und Gesellschaften zu bilden.

Artikel 16   (2) Kein Deutscher darf an das Ausland ausgeliefert[15] werden. Politisch Verfolgte[16] genießen[17] Asylrecht.[18]

GRAMMATIK

A. BILDUNG DES PASSIVS

Man bildet das Passiv mit „werden" als Hilfsverb und dem Partizip Perfekt des Hauptverbs. Das Hilfsverb bezeichnet die Zeitstufe der Handlung (Tat), die das Partizip ausdrückt. Nur transitive Verben bilden das Passiv.

PRÄSENS	Der Brief wird geschrieben.
IMPERFEKT	Der Brief wurde schnell geschrieben.
FUTUR	Der Brief wird bald geschrieben werden.

Im Perfekt und Plusquamperfekt des Passivs ist das Präfix **ge-** beim Partizip des Hilfsverbs nicht vorhanden.

PERFEKT	Die Schüler sind geprüft worden.
PLUSQUAMPERFEKT	Ihr Handkoffer war schon am vorigen Tag auf den Bahnhof gebracht worden.

B. URHEBER UND VERMITTLER DES PASSIVS

Der Urheber (Täter) der passiven Handlung wird mit der Präposition „von" ausgedrückt.

AKTIV   **Der Hund** beißt **den Mann.**

PASSIV   **Der Mann** wird von **dem Hund** gebissen.
                              Urheber

Den Vermittler, durch den die Handlung geschieht, drückt man mit der Präposition „durch" aus. Im allgemeinen ist der Vermittler ein Ding, während der Urheber einer passiven Handlung ein Mensch oder ein Tier ist.

Die Grenze wurde durch **eine Mauer** gesperrt.
                        Vermittler

Die Grenze wurde von **den Kommunisten** durch **eine Mauer** gesperrt.
                        Urheber   Vermittler

---

[6] **das Gewissen** conscience   [7] **der Kriegsdienst** military service   [8] **die Waffe** weapon
[9] **das Nähere** details   [10] **regeln** to regulate   [11] **die Anmeldung** notification
[12] **friedlich** peacefully   [13] **sich versammeln** to assemble   [14] **der Verein** association, club
[15] **ausliefern** to extradite   [16] **politisch Verfolgte** persons persecuted for political reasons
[17] **genießen** to enjoy   [18] **das Asylrecht** right of asylum

C. MAN ALS ERSATZ FÜR DAS PASSIV

Oft kann man das Passiv mit „man" und der aktiven Form des Hauptverbs ersetzen.

PASSIV   Einige Absätze wurden vorgelesen.

ERSATZFORM   Man las einige Absätze vor.
MIT man

D. DAS UNPERSÖNLICHE PASSIV

Wenn der Aktivsatz kein Objekt im Akkusativ hat, ist im Passivsatz kein Subjekt.   Das unpersönliche Pronomen „es" gilt als Subjekt.

Es wird jeden Abend getanzt.
Es wurde gegessen und getrunken.

Der erste Satz bedeutet, daß man jeden Abend tanzt.   Der zweite Satz bedeutet, daß man aß und trank.   Bei beiden Sätzen ist „wer?" nicht wichtig, denn der Hauptgedanke ist, daß jemand **tanzt** oder jemand **aß** und **trank**.

Das Pronomen „es" wird weggelassen, wenn es bei solchen Sätzen nicht an erster Stelle ist.

Es wird jeden Abend getanzt.   =   **Jeden Abend** wird getanzt.
Es wurde gestern gegessen und ⎱ _ ⎰ **Gestern** wurde gegessen und
getrunken.   ⎰ = ⎱ getrunken.

Beim Sprechen verwendet man selten das Passiv; es wird aber oft in formellen Reden und in wissenschaftlichen Werken gebraucht.

Fünfundzwanzigste Lektion **25**

Grammatische Ziele:

Das Geschlecht des Substantivs

Wiederholungsübungen—das Imperfekt, das Futur, das Perfekt, das Passiv, das Adjektiv, das Possessivattribut und das Adjektiv, der Konjunktiv und das Konditional, das Relativpronomen

DAS GESCHLECHT DES SUBSTANTIVS

A. Einige Regeln

1. Alle Substantive, die auf **-ung, -in, -heit, -(ig)keit, -ion, -schaft, -ik, -ei** und **-ie** enden, sind weiblich.
2. Alle Substantive mit den Endungen **-chen, -lein, -eum** und **-ium** sind sächlich.
3. Substantive, die auf **-ismus** oder **-or** enden, sind männlich.
4. Die Monate, Tage der Woche, Himmelsrichtungen und Jahreszeiten sind männlich.
5. Fast alle Berufe sind männlich (Ausnahme: die Krankenschwester).
6. Das grammatische Geschlecht stimmt in den meisten Fällen mit dem natürlichen Geschlecht überein.

B. Lesen Sie folgende Substantive mit dem bestimmen Artikel!

1. Mädchen	11. Generation	21. Hoffnungslosigkeit
2. Lehrer	12. Hoffnung	22. Arzt
3. Häuschen	13. Krankheit	23. Chemie
4. Konditorei	14. Herzkrankheit	24. Mutter
5. Ingenieur	15. Diktator	25. Bäuerin
6. Mathematik	16. Donnerstag	26. Juli
7. Freiheit	17. Botanik	27. Meinung
8. Verständnislosigkeit	18. Militarismus	28. Meinungsänderung
9. Museum	19. Bekanntschaft	29. Schulmädchen
10. Männlein	20. Studium	30. Gymnasium

31. Bauer
32. Vetter
33. Inszenierung
34. Klarheit
35. Tante
36. Biologie
37. Erinnerung
38. Nachbarin
39. Forstwirtschaft
40. Arbeiter
41. Fabrik
42. Bürgermeister
43. Beamte
44. Phonologie
45. Stellung

46. Politik
47. Norden
48. Regierung
49. Dichter
50. Ärztin
51. Fräulein
52. Schauspieler
53. Tischlein
54. Herbst
55. Motor
56. Freundschaft
57. Freundlichkeit
58. Nationalismus
59. Tradition
60. Kusine

61. Februar
62. Freundin
63. Dienstag
64. Kultusminister
65. Söhnchen
66. Grammatik
67. Sprechübung
68. Büchlein
69. Information
70. Bildung
71. Süden
72. Ostsektor
73. Neuigkeit
74. Samstag
75. Organisation

DAS IMPERFEKT

Lesen Sie folgende Sätze, indem Sie das Imperfekt verwenden!

1. Auf welcher Universität will er studieren?
2. Ich lese ein Drama von Hugo von Hofmannsthal.
3. Der Zug fährt um neun Uhr ab.
4. Wir verstehen kein Wort davon.
5. Können Sie ihm bei der Arbeit helfen?
6. Sie denkt gar nicht daran.
7. Diesmal steigen wir in der Gartenstraße aus.
8. Mein Vetter arbeitet in einem Autogeschäft.
9. Gehst du oft im Sommer schwimmen?
10. Er bekommt am Mittwoch einen Scheck von zu Hause.
11. Er besteht auf seiner eigenen Meinung.
12. Wir ziehen im Herbst nach Köln.
13. Hoffentlich tritt nichts inzwischen ein.
14. Ich freue mich sehr auf die Reise.
15. Er spricht selten davon.
16. Wann fliegen Sie nach Wien?
17. Ich erwarte ihn um ein Uhr.
18. Wann kommt der TEE-Zug von Hamburg an?
19. Wir müssen jede Woche ein Drama lesen.
20. Habt ihr Zeit, das Museum zu besuchen?
21. Die Lesestücke werden viel leichter.
22. Am Freitag wird eine Reise unternommen.
23. Wirst du zum Studium zugelassen?
24. Man bringt die Briefe auf die Post.
25. Wir holen den Besuch am Bahnhof ab.
26. Lassen Sie die Eltern davon wissen?
27. Übers Wochenende schreibe ich einen Aufsatz über Kleist.
28. Er darf nur eine Woche hier bleiben.
29. Wir besprechen alle möglichen Lösungen zu unserem Problem.
30. Zu Mittag gibt es Sauerbraten.

DAS FUTUR

Lesen Sie folgende Sätze, indem Sie das Futur verwenden!
 1. Ich bleibe morgen abend zu Hause.
 2. Sie gehen aber mit ins Kino, nicht wahr?
 3. Nein, ich muß für Donnerstag ziemlich viel lesen.
 4. Wann kommt Ihre Freundin auf Besuch?
 5. Meine Eltern ziehen im Frühling nach Mannheim.
 6. Er wird sicher wieder besser.
 7. Übers Wochenende muß ich richtig pauken.
 8. Wann kannst du die Prüfung ablegen?
 9. Legt ihr im Frühling das Schlußexamen ab?
10. Ich darf nicht nach Ostberlin fahren.
11. Das Problem wird mit der Zeit nicht besser.
12. Wir helfen euch gerne bei der Arbeit.

DAS PERFEKT

Lesen Sie folgende Sätze, indem Sie das Perfekt verwenden!
 1. Ich bin den ganzen Tag bei der Arbeit.
 2. Er schreibt schon seine Schularbeit für morgen.
 3. Ich stehe um sieben Uhr auf.
 4. Wir verstehen kaum die Hälfte davon.
 5. Du bestehst immer auf deiner eigenen Meinung.
 6. Ich fahre am nächsten Tag ab.
 7. Er erfährt das viel zu spät.
 8. Wo findet es statt?
 9. Ich finde Fremdsprachen gar nicht schwer.
10. Der Zug hält nur zehn Minuten an der österreichischen Grenze.
11. Wo eßt ihr zu Mittag?
12. Wie gefällt euch das Wetter in Deutschland?
13. Wie gefallen Ihnen die neuen Autos?
14. Ich gehe oft spazieren.
15. Am Ende des Semesters haben die Studenten viel zu tun.
16. Wann kommt ihr zurück?
17. Wie lange bleibt ihr in München?
18. Wir besprechen eben die neuste Nachricht von Bonn.
19. Das passiert oft.
20. Du bist aber nicht in der Lage, das zu tun.
21. Er lädt mich zum Tanzabend ein.
22. Ende August verlassen wir die Stadt.
23. Das hilft der Wirtschaft sehr.
24. Das gilt auch für die Ostzone.
25. Die Fabrik stellt Fremdarbeiter ein.
26. Man setzt jede Verordnung durch.

27. Die Verwaltung ändert sich nur wenig.
28. Du versprichst das oft.
29. Das Buch liegt dort auf dem Tisch.
30. Die meisten Schüler legen im Frühling die Prüfung ab.

DAS PASSIV

A. Übertragen Sie folgende Sätze ins Passiv!
1. Man holt heute den Besuch ab.
2. Man baut ein neues Geschäft dort an der Ecke.
3. Man liest den Brief schnell durch.
4. Am letzten Tag der Schule prüft man alle Schüler.
5. Man brachte die Briefe auf die Post.
6. In Mannheim eröffnete man eine neue Firma.
7. Man holt sie vom Bahnhof ab.
8. Man holt dich um ein Uhr ab.
9. Man holte mich vom Rathaus ab.
10. Man bringt die Koffer ins Haus.
11. Man löste gestern die Fahrkarten.
12. Man las alles langsam durch.
13. Man führte die Touristen durch das Museum.
14. Man hielt uns lange auf.
15. Man wählt den Rektor auf ein Jahr.

B. Übertragen Sie folgende Sätze ins Passiv!
Beispiel: Ich holte den Besuch ab.   Der Besuch wurde von mir abgeholt.
1. Wir holten gestern den Besuch ab.
2. Die Firma eröffnet bald eine neue Filiale.
3. Der Beamte gab das Signal zur Abfahrt.
4. Die Verwaltung entließ einige Studenten.
5. Viele Städte errichteten neue Theater.
6. Die Paßkontrolle hielt mich lange auf.

C. Ergänzen Sie folgende Sätze mit den Substantiven in Klammern und der Präposition „von" oder „durch"!
1. Eine neue Filiale wurde eröffnet.   (die Firma)
2. Die Briefe werden jeden Tag auf die Post gebracht.   (der Briefträger)
3. Der Student wird zum Studium zugelassen.   (das Rektorat)
4. Neues Kapital wurde ins Land gebracht.   (der Marshallplan)
5. Der Zug wurde gemeldet.   (der Lautsprecher)
6. Wir wurden lange aufgehalten.   (die Grenzkontrolle)
7. Die Grenze wurde auf einmal gesperrt.   (die Regierung)
8. Der Absatz wurde vorgelesen.   (der Schüler)
9. Die Rede wurde heute abend um acht Uhr übertragen.   (das Fernsehen)
10. Die Fabriken wurden wieder aufgebaut.   (die Deutschen)

Rottweil am Neckar,
Württemberg: Fastnacht

DAS ADJEKTIV

Lesen Sie folgende Sätze mit den richtigen Adjektivendungen!

SCHWACHE ENDUNGEN IM NOMINATIV

1. Der politisch___ Kopf des Komitees war der gewählt___ Oberbürgermeister.
2. Der nächst___ Zug fährt in zehn Minuten ab.
3. Die meist___ Eltern haben viel Verständnis für ihre Kinder.
4. Eine neu___ Filiale wurde in Frankfurt eröffnet.
5. Die allgemein___ politisch___ Vorlesungen wurden von den meisten Studenten begrüßt.
6. Dieses groß___ Gebäude gehört meiner Firma.
7. Die mittelalterlich___ Studenten mußten Latein sprechen.
8. Es ist eine unabhängig___ Bildungsanstalt.
9. Das neu___ Kleid sieht sehr flott aus.
10. Dieses lang___ Drama ist viel zu schwer für mich.

SCHWACHE ENDUNGEN IM AKKUSATIV

1. Wir machten die lang___ Reise ohne Schwierigkeiten.
2. Meine Firma will eine neu___ Fabrik errichten.
3. Wir warten auf den nächst___ Zug.
4. Wir sind durch den kühl___, dunkl___ Wald gegangen.
5. Kennen Sie diese jung___ Leute?
6. Ich kenne nur das braunhaarig___ Mädchen.
7. Wir verbrachten den ganz___ Tag am See.
8. Ich habe die ganz___ Nacht nicht geschlafen.

SCHWACHE ENDUNGEN IM DATIV

1. Wer wohnt in diesem alt___ Haus?
2. In deinem neu___ Kleid siehst du ganz flott aus.
3. Was haben Sie mit meinem neu___ Plattenspieler gemacht?
4. Ich habe meiner klein___ Schwester bei der Schularbeit geholfen.
5. In den meist___ Geschäften kann man gute Waren bekommen.
6. In diesem klein___ Dorf ist nur ein Wirtshaus.
7. Die Inszenierung hat den meist___ Zuschauern sehr gefallen.
8. In seinem letzt___ Artikel hat der Kritiker dieses Problem behandelt.

STARKE ENDUNGEN

1. An der Ecke neben unserem Haus errichtet man ein groß___ Gebäude.
2. Dein blau___ Kleid paßt dir sehr gut.
3. Ein groß___ Wagen fuhr langsam an uns vorbei.
4. Ein mittelalterlich___ Schloß stand hoch oben auf dem Berg.
5. Haben Sie sein neust___ Drama gelesen?
6. Ein lang___ Brief kam heute von den Eltern.

WEITERE ÜBUNGEN

Bilden Sie Sätze nach folgendem Muster!

Beispiel: Ich habe den Schlager in Schwabing   Ich habe den neusten Schlager
gehört. (*Es ist der neuste Schlager.*)   in Schwabing gehört.

1. Möchten Sie den Wagen fahren? (Er ist neu.)
2. Wir haben mit der Ärztin darüber gesprochen. (Sie ist jung.)
3. Meine Freunde wohnen in diesem Hause. (Es ist ganz neu.)
4. Meine Nachbarn sind sehr stolz auf ihren Mercedes. (Er ist neu und knallrot.)
5. Ich bin von der Reise sehr müde geworden. (Die Reise war langweilig.)
6. Während der Ferien werde ich richtig büffeln müssen. (Die Ferien sind lang.)
7. Trotz des Wetters gingen wir spazieren. (Es war kühl und feucht.)
8. Ich wohne in dem Hause an der Ecke. (Das Haus ist alt und weiß; es ist die nächste Ecke.)
9. Auf einmal lief ein Kind auf die Straße. (Das Kind war klein.)
10. Der Sohn des Lehrers verbringt das nächste Jahr in Amerika. (Er ist mein ehemaliger Lehrer.)
11. Ein See liegt in Westberlin. (Er ist schön und breit.)
12. Der „Rheinblitz" hält nur in einigen Städten. (Sie sind sehr groß.)
13. Wir sind heute ins Theater gegangen. (Es ist neu.)
14. Ein Junge wartete an der Tür. (Er war klein.)
15. Ich habe mir einen Anzug gekauft. (Er ist braun.)
16. Von weitem erblickt man einen Kirchturm. (Er ist hoch.)
17. Auf dem einen Ufer ist ein Strandbad. (Das Strandbad ist sehr beliebt.)
18. An den Sommertagen geht man gerne baden. (Die Tage sind warm und sonnig.)
19. Das Hansaviertel ist ein Wohngebiet Westberlins. (Es ist interessant und modern.)
20. Die Lage Westberlins hat sich verbessert. (Wir sprechen von der wirtschaftlichen und sozialen Lage der Stadt.)
21. Die Tür des Geschäfts war geschlossen. (Es ist ein neues, modernes Geschäft.)
22. Der Dichter hieß Heinrich von Kleist. (Er gehörte der romantischen Schule an.)
23. Wegen seines Wesens hatte er sehr gelitten. (Er war sehr melancholisch.)
24. Das städtische Parlament sucht nach der Lösung der Probleme. (Die Probleme sind mannigfaltig und außerordentlich kompliziert.)
25. Nach jenen Zeiten entwickelte sich die Industrie sehr schnell. (Die Zeiten waren außerordentlich schwer.)

DAS POSSESSIVATTRIBUT UND DAS ADJEKTIV

Bilden Sie Sätze nach folgendem Muster!

Beispiel: *Der alte* Wagen fährt sich sehr gut.   *Mein alter* Wagen fährt sich sehr
(*Er gehört mir.*)   gut.

1. Möchten Sie den neuen Wagen probieren? (Er gehört mir.)
2. Ich kenne das große Haus in der Gartenstraße. (Es gehört ihm.)
3. Ich habe mit der jüngeren Schwester gesprochen. (Sie ist seine Schwester.)
4. Haben Sie das moderne Geschäft in der Hauptstraße gesehen? (Es gehört uns.)
5. Was haben Sie mit den Büchern getan? (Es sind Ihre Bücher.)
6. Die Heimat liegt im Süden. (Das ist die Gegend, aus der ich stamme.)
7. Bist du mit dem Wagen gefahren? (Der Wagen gehört dir.)

Würzburg: Falkenhaus

8. Schreibst du jede Woche an die Eltern?   (Es sind deine Eltern.)
9. Der neue Wagen steht vor dem Hause.   (Er gehört uns.)
10. Die Firma gehört einem Bruder.   (Es ist mein älterer Bruder.)

DER KONJUNKTIV UND DAS KONDITIONAL

A. Übertragen Sie folgendes in den Konjunktiv!

Beispiel: Ich *habe* viel Zeit.   Wenn ich *nur* viel Zeit *hätte!*

1. Er hat viel Zeit.
2. Ich habe genug Geld dafür.
3. Ich bin nicht zu alt für solche Arbeit.
4. Wir haben nicht zu viel Arbeit.
5. Er ist noch hier.
6. Sie bleiben eine Woche bei uns.
7. Du bist nicht so dumm.
8. Meine Freunde kommen bald zu mir.
9. Er war bei der Arbeit.
10. Wir besuchten ihn gestern.
11. Sie ist nach Köln gefahren.
12. Ich sah ihn gestern.
13. Wir haben es gesehen.
14. Du kamst nicht zu spät an.
15. Er hielt mich nicht auf.

B. Antworten Sie auf folgende Fragen!

Beispiel: **Was würden Sie tun, wenn**   **Ich würde nach Deutschland fahren, wenn**
            Sie viel Geld hätten?   **ich viel Geld hätte.**
            (*nach Deutschland fahren*)

1. Was würde er tun, wenn er viel Geld hätte?   (nach Deutschland fahren)
2. Was würden Sie tun, wenn Sie viel Zeit hätten?   (in die Schweiz reisen)
3. Welche Stadt würden Sie besuchen, wenn Sie mehr Zeit hätten?   (Köln)
4. Wohin würden Sie fahren, wenn Sie einen Wagen hätten?   (nach Dinkelsbühl)
5. Was würden Sie tun, wenn Sie pleite wären?   (nach Hause schreiben)
6. Was hätte er getan, wenn er gebüffelt hätte?   (das Examen bestehen)
7. Wohin wären Sie gefahren, wenn es nicht zu spät geworden wäre?   (nach Regensburg)
8. Was hättest du gemacht, wenn dir das passiert wäre?   (es dem Polizisten sagen)
9. Was wäre geschehen, wenn ihr nicht gepaukt hättet?   (durchfallen)
10. Was hättest du getan, wenn du dich erkältet hättest?   (zum Arzt gehen)

DAS RELATIVPRONOMEN

Verbinden Sie jedes Satzpaar durch ein Relativpronomen!

Beispiel: **Das ist ein Mann.   Ich kenne ihn sehr gut.**   **Das ist ein Mann,** *den* **ich**
                                                                  sehr gut kenne.

1. Das ist der neue Badeanzug.   Ich habe ihn mir gestern gekauft.
2. Ist das der Wagen?   Du bist gestern damit gefahren.
3. Das ist eine Oper von Mozart.   Sie gefällt mir außerordentlich gut.
4. Kennen Sie den Mann?   Sein Wagen steht vor unserem Haus.
5. Dort liegt die Fabrik.   Ich arbeite darin.
6. Wo steht das Haus?   Ihre Familie hat es gekauft.
7. Sind das die Bücher?   Sie gehören euch.
8. Das sind die Leute.   Ihr Zug hatte Verspätung.
9. Die Damen sind meine Tanten.   Sie sitzen im Wohnzimmer und klatschen.
10. Das Flugzeug hatte Verspätung, nicht wahr?   Du bist damit geflogen.
11. Sind das die ausländischen Studenten?   Sie werden morgen nach Berlin fliegen.
12. Dort steht das Gebäude.   Es gehört meiner Firma.
13. Ist das die Nachbarin?   Ihr Sohn arbeitet in unserem Büro.
14. Die Schauspielerin ist weltbekannt.   Wir haben eben von ihr gesprochen.
15. Ich sehe den Beamten nicht.   Du hast die Fahrkarten von ihm bekommen.
16. Das ist der Nachbar.   Seine Kinder spielen oft auf der Straße.
17. Das ist die berühmte Dichterin.   Wir haben sie gestern abend im Rittersaal des Schlosses gehört.
18. Kennst du das braunhaarige Mädchen?   Sein Bruder arbeitet auf der Post.
19. Hier ist das alte Gasthaus.   Ich habe Ihnen schon davon erzählt.
20. Da kommt Linie 27.   Wir fahren gewöhnlich damit ins Zentrum.

Anhang

GRAMMATIK

A. CASE

1. NOMINATIVE CASE

The subject of a sentence, the predicate nominative, the nominative of address and a noun in apposition to another nominative are in the nominative case.

SUBJECT OF SENTENCE	**Das Haus** steht in der Blumenstraße.
PREDICATE NOMINATIVE	München ist **die Hauptstadt** von Bayern.
NOMINATIVE OF ADDRESS	**Herr Brown,** wann kommen Sie zu uns?
NOMINATIVE OF APPOSITION	Frau Schmidt, **meine Wirtin,** hat zwei Söhne.

2. GENITIVE CASE

The genitive case indicates possession or relationship; it is also used with certain prepositions. If unaccompanied by a preposition, expressions of indefinite time are in the genitive. Several adjectives, when used as predicate adjectives, may be accompanied by a noun or pronoun in the genitive case; among them are the following:

bewußt	*conscious*	müde	*tired*
froh	*glad, happy*	sicher	*certain, sure*

An appositive of a word in the genitive is in the genitive case.

POSSESSION	Das ist das Haus **meiner Familie.**
RELATIONSHIP	Kennen Sie die Tochter **meines Freundes?**
OBJECT OF PREPOSITION	Trotz **des schlechten Wetters** gingen wir täglich schwimmen.
INDEFINITE TIME	**Eines Tages** wird er das vergessen.
WITH PREDICATE ADJECTIVE	Er ist sich **seiner hohen Stellung** bewußt.
APPOSITION	Das Zeitalter Friedrichs des Zweiten, **des großen Königs** von Preußen, stand unter dem Einfluß der französischen Kultur.

3. DATIVE CASE

The dative case is used for the indirect object, the object of some prepositions, the object of certain verbs and for the dative of interest. An appositive of a word in the dative is in the dative case. Several adjectives, when used as predicate adjectives, may be accompanied by a noun or pronoun in the dative case; among them are the following:

ähnlich	*similar, resembling*	fremd	*foreign, strange*
angenehm	*pleasant, nice*	gleich	*same; equal; similar*
bekannt	*known, well-known*	leicht	*easy*
bequem	*convenient, comfortable*	nah(e)	*near, close to*
böse	*angry*	nützlich	*useful*
dankbar	*grateful*		

INDIRECT OBJECT	Ich habe es **ihm** gegeben.
OBJECT OF PREPOSITION	Wir sind mit **dem Zug** gefahren.

OBJECT OF VERB	Ich habe **ihm** für seine Hilfe gedankt.
	Er hilft **mir** oft dabei.
DATIVE OF INTEREST	Die Sonne scheint **mir** ins Gesicht.
APPOSITION	Von ihm, **diesem dummen Kerl,** kann man nichts erwarten.
WITH PREDICATE ADJECTIVE	Das ist **ihr** nicht bekannt.

4. ACCUSATIVE CASE

The accusative is the case of the direct object, the object of some prepositions, of definite time expressions without a preposition, expressions of specific measurement or extent, and appositives of words in the accusative.

DIRECT OBJECT	Ich kenne **den Mann** nicht.
OBJECT OF PREPOSITION	Ist er für oder gegen **mich?**
DEFINITE TIME	Wir waren **eine ganze Woche** in Berlin.
MEASUREMENT AND	Das kostet zwei Mark **das Stück.**
EXTENT	Wir fuhren **neunzig Kilometer die Stunde.**
APPOSITION	Kennen Sie Herrn Neumann, **den Bürgermeister?**

B. LIMITING WORDS ACCOMPANYING NOUNS

1. DEFINITE ARTICLE

The definite article reflects the gender, number and case of the noun it precedes.

| | SINGULAR | | | PLURAL |
	MASCULINE	FEMININE	NEUTER	ALL GENDERS
NOMINATIVE	der	die	das	die
GENITIVE	des	der	des	der
DATIVE	dem	der	dem	den
ACCUSATIVE	den	die	das	die

2. DER-WORDS

The following are usually called "**der**-words" because their declensional endings are similar to those of the definite article:

dieser *this, these*	mancher *many a, many*
jeder *each, every*	solcher *such a, such*
jener *that, those*	welcher *which, what*

| | SINGULAR | | | PLURAL |
	MASCULINE	FEMININE	NEUTER	ALL GENDERS
NOMINATIVE	dieser	diese	dieses	diese
GENITIVE	dieses	dieser	dieses	dieser
DATIVE	diesem	dieser	diesem	diesen
ACCUSATIVE	diesen	diese	dieses	diese

Solcher is declined like an adjective when preceded by **ein;** it has no ending when followed by **ein.**

	PRECEDED BY EIN	FOLLOWED BY EIN
NOMINATIVE	ein solcher Mann	solch ein Mann
GENITIVE	eines solchen Mannes	solch eines Mannes
DATIVE	einem solchen Mann	solch einem Mann
ACCUSATIVE	einen solchen Mann	solch einen Mann

3. INDEFINITE ARTICLE

The indefinite article agrees in gender and case with the noun it precedes. There is no plural form of the indefinite article.

	SINGULAR			PLURAL
	MASCULINE	FEMININE	NEUTER	
NOMINATIVE	ein	eine	ein	—
GENITIVE	eines	einer	eines	—
DATIVE	einem	einer	einem	—
ACCUSATIVE	einen	eine	ein	—

The indefinite article is omitted with unmodified predicate nominatives which indicate nationality, religion, rank and profession.

UNMODIFIED PREDICATE NOMINATIVE	MODIFIED PREDICATE NOMINATIVE
Ich bin **Student.**	Ich bin **ein fleißiger Student.**
Er ist **Amerikaner.**	Er ist **ein junger Amerikaner.**
Mein Freund ist **Arzt.**	Mein Freund ist **ein guter Arzt.**

4. EIN-WORDS

The possessive adjectives and **kein** are usually called "**ein**-words" because their declensional endings in the singular are identical to those of the indefinite article. In the plural the endings are the same as those for the **der**-words. The possessive adjectives are:

SINGULAR		PLURAL	
mein	*my*	unser	*our*
dein	*your—familiar*	euer	*your—familiar*
Ihr	*your—formal*	Ihr	*your—formal*
sein (*masc.*)	*his, its*		
ihr (*fem.*)	*her, its*	ihr	*their*
sein (*neut.*)	*its*		

	SINGULAR			PLURAL
	MASCULINE	FEMININE	NEUTER	ALL GENDERS
NOMINATIVE	mein	meine	mein	meine
GENITIVE	meines	meiner	meines	meiner
DATIVE	meinem	meiner	meinem	meinen
ACCUSATIVE	meinen	meine	mein	meine

When **unser** and **euer** have endings, they are frequently abbreviated by the omission of **-e-.**

unserer = unsrer	euere = eure
unserem = unsrem, unserm	eueren = euren, euern

Nouns referring to parts of the body, clothing and relatives are frequently accompanied by the definite article rather than the possessive adjective.

Er steckte **die** Hand in **die** Tasche.	*He put his hand in his pocket.*
Der Vater ging nicht ins Geschäft, während **die** Großeltern bei uns auf Besuch waren.	*My father did not go to the store while my grandparents were visiting us.*

C. NOUNS

1. DECLENSION OF NOUNS

a. Typical Nouns

Most masculine and neuter nouns end in -es in the genitive singular if they are monosyllabic; they end in -s if they are polysyllabic.   Feminine nouns take no genitive singular endings.   Monosyllabic masculine and neuter nouns may take an -e ending in the dative singular.   Nouns add an -n in the dative plural if the plural does not end in -n, -en or -s.

	SINGULAR	PLURAL
	MASCULINE	
NOMINATIVE	der Bleistift	die Bleistifte
GENITIVE	des Bleistifts	der Bleistifte
DATIVE	dem Bleistift	den Bleistiften
ACCUSATIVE	den Bleistift	die Bleistifte
	FEMININE	
NOMINATIVE	die Frau	die Frauen
GENITIVE	der Frau	der Frauen
DATIVE	der Frau	den Frauen
ACCUSATIVE	die Frau	die Frauen
	NEUTER	
NOMINATIVE	das Haus	die Häuser
GENITIVE	des Hauses	der Häuser
DATIVE	dem Haus(e)	den Häusern
ACCUSATIVE	das Haus	die Häuser

b. Weak Masculine Nouns

Weak masculine nouns take the endings -en or -n in all cases, singular and plural, except in the nominative singular.   Such nouns as **der Bauer, der Bayer, der Herr, der Mensch, der Prinz** and **der Soldat** as well as all nouns with the endings -ant, -ent and -ist belong to this declension.

	SINGULAR	PLURAL
NOMINATIVE	der Student	die Studenten
GENITIVE	des Studenten	der Studenten
DATIVE	dem Studenten	den Studenten
ACCUSATIVE	den Studenten	die Studenten
NOMINATIVE	der Bauer	die Bauern
GENITIVE	des Bauern	der Bauern
DATIVE	dem Bauern	den Bauern
ACCUSATIVE	den Bauern	die Bauern

The optional omission of the -e- in the singular is limited to **der Herr.**

	SINGULAR	PLURAL
NOMINATIVE	der Herr	die Herren
GENITIVE	des Herr(e)n	der Herren
DATIVE	dem Herr(e)n	den Herren
ACCUSATIVE	den Herr(e)n	die Herren

c. N-Loss Nouns

A few masculine nouns such as **der Friede, der Gedanke, der Glaube** and **der Name** appear to have lost -**n** in the nominative singular.

	SINGULAR	PLURAL
NOMINATIVE	der Name	die Namen
GENITIVE	des Namens	der Namen
DATIVE	dem Namen	den Namen
ACCUSATIVE	den Namen	die Namen

d. Das Herz

Das Herz is the only noun which has -**ens** in the genitive singular, -**en** in the dative singular and no ending in the nominative and accusative singular.

	SINGULAR	PLURAL
NOMINATIVE	das Herz	die Herzen
GENITIVE	des Herzens	der Herzen
DATIVE	dem Herzen	den Herzen
ACCUSATIVE	das Herz	die Herzen

e. Nouns Derived from Other Parts of Speech

(1) Nouns Derived from Adjectives

Nouns derived from adjectives retain adjective endings and are capitalized. Some adjectives such as **deutsch** may be used as nouns in all genders and in the plural. The neuter of such nouns has no plural.

SINGULAR

	MASCULINE		FEMININE	
NOMINATIVE	der Deutsche	ein Deutscher	die Deutsche	eine Deutsche
GENITIVE	des Deutschen	eines Deutschen	der Deutschen	einer Deutschen
DATIVE	dem Deutschen	einem Deutschen	der Deutschen	einer Deutschen
ACCUSATIVE	den Deutschen	einen Deutschen	die Deutsche	eine Deutsche

NEUTER

NOMINATIVE	das Deutsche
GENITIVE	des Deutschen
DATIVE	dem Deutschen
ACCUSATIVE	das Deutsche

PLURAL

NOMINATIVE	die Deutschen	keine Deutschen	Deutsche
GENITIVE	der Deutschen	keiner Deutschen	Deutscher
DATIVE	den Deutschen	keinen Deutschen	Deutschen
ACCUSATIVE	die Deutschen	keine Deutschen	Deutsche

SINGULAR

	MASCULINE		FEMININE		NEUTER
NOMINATIVE	der Alte	ein Alter	die Schöne	eine Schöne	das Gute
GENITIVE	des Alten	eines Alten	der Schönen	einer Schönen	des Guten
DATIVE	dem Alten	einem Alten	der Schönen	einer Schönen	dem Guten
ACCUSATIVE	den Alten	einen Alten	die Schöne	eine Schöne	das Gute

PLURAL

NOMINATIVE	die Alten	keine Schönen	Alte
GENITIVE	der Alten	keiner Schönen	Alter
DATIVE	den Alten	keinen Schönen	Alten
ACCUSATIVE	die Alten	keine Schönen	Alte

Adjectives used substantively after the pronouns **etwas, jemand, nichts** and **niemand** are capitalized and require strong neuter singular endings. Such combinations do not occur in the genitive singular or in any plural form. The preposition **von** is used as a substitute for the genitive.

NOMINATIVE	etwas Schönes	nichts Blaues
GENITIVE	–	–
DATIVE	etwas Schönem	nichts Blauem
ACCUSATIVE	etwas Schönes	nichts Blaues

Adjectives used substantively after the indefinite pronoun **alles** are capitalized and require weak neuter singular endings. Those following **alle** have weak plural endings.

	SINGULAR	PLURAL
NOMINATIVE	alles Neue	alle Jugendlichen
GENITIVE	alles Neuen	aller Jugendlichen
DATIVE	allem Neuen	allen Jugendlichen
ACCUSATIVE	alles Neue	alle Jugendlichen

(2) Nouns Derived from Infinitives

Infinitives may be used as nouns. Such nouns are neuter and are capitalized; they are used in the singular only.

NOMINATIVE	das Lesen	*reading*
GENITIVE	des Lesens	
DATIVE	dem Lesen	
ACCUSATIVE	das Lesen	

(3) Nouns Derived from Past Participles

Nouns derived from past participles are capitalized and take adjective endings.

	SINGULAR			PLURAL
	MASCULINE	FEMININE	NEUTER	ALL GENDERS
NOMINATIVE	der Gelehrte	die Geliebte	das Gedachte	die Verliebten
GENITIVE	des Gelehrten	der Geliebten	des Gedachten	der Verliebten
DATIVE	dem Gelehrten	der Geliebten	dem Gedachten	den Verliebten
ACCUSATIVE	den Gelehrten	die Geliebte	das Gedachte	die Verliebten
NOMINATIVE	ein Gelehrter	eine Geliebte		Verliebte
GENITIVE	eines Gelehrten	einer Geliebten		Verliebter
DATIVE	einem Gelehrten	einer Geliebten		Verliebten
ACCUSATIVE	einen Gelehrten	eine Geliebte		Verliebte

f. Proper Nouns

(1) Personal Names

Except in the genitive case, the declension of personal names does not take endings. In the genitive, -s is usually added.

Brechts Dramen   Karls Buch   Annes Bruder

If the personal name ends in **-s, -ß, -x,** or **-z,** an apostrophe is usually added to form the genitive.   Such names may be used with **von** as a substitute for the genitive.

Leibnitz' Werke	=	die Werke von Leibnitz
Fritz' Dummheiten	=	die Dummheiten von Fritz
Hans' Freund	=	der Freund von Hans

(2) Names of Cities, States and Countries

The neuter names of countries as well as the names of cities add **-s** in the formation of the genitive.   Such names are often used with **von** as a substitute for the genitive.

der Regierende Bürgermeister
    Berlins
Berlins Regierender Bürgermeister
   = der Regierende Bürgermeister von Berlin

der größte König Preußens   = der größte König von Preußen

der Wiederaufbau Deutschlands   = der Wiederaufbau von Deutschland

The neuter names of cities, states and countries are used without the definite article unless preceded by an adjective.

Berlin	das alte Berlin
Hessen	das schöne Hessen
Deutschland	das neue Deutschland

The feminine names **die Schweiz, die Tschechoslowakei** and **die Türkei** are always used with the definite article.

NOMINATIVE	die Schweiz
GENITIVE	der Schweiz
DATIVE	der Schweiz
ACCUSATIVE	die Schweiz

The plural names of countries such as **die Vereinigten Staaten** are accompanied by the definite article.

(3) Names of Rivers

The names of rivers are declined according to their gender and are always used with the definite article.

	MASCULINE	FEMININE
NOMINATIVE	der Rhein	die Mosel
GENITIVE	des Rhein(e)s	der Mosel
DATIVE	dem Rhein	der Mosel
ACCUSATIVE	den Rhein	die Mosel

2. GENDER OF NOUNS

a. Sex

Grammatical gender of nouns denoting persons usually agrees with natural sex.

der Vater, die Mutter, der Sohn, der Vetter, die Tante

Exceptions to this are nouns with the diminutive suffixes **-chen** and **-lein.**

das Söhnchen, das Fräulein

b. Seasons, Months, Days of the Week, Compass Directions and Precipitation

The names of the seasons, months, days of the week, compass directions and types of precipitation are masculine.

der Frühling, der Mai, der Mittwoch, der Norden, der Nebel

c. Professions

Almost all nouns denoting professions are masculine.

der Lehrer, der Student, der Arzt (exception: die Krankenschwester)

Nouns denoting feminine members of professions are feminine and require the suffix **-in.**

die Lehrerin, die Studentin, die Ärztin

d. Cities, States and Countries

The names of cities, states and most countries are neuter. **Die Schweiz, die Tschechoslowakei** and **die Türkei** are feminine.

e. Rivers

The names of most German rivers are feminine.

die Donau, die Elbe, die Havel, die Oder, die Weser

Some German rivers are masculine.

der Inn, der Lech, der Main, der Neckar, der Rhein

The names of most foreign rivers are masculine.

der Amazonas, der Kongo, der Mississippi, der Missouri, der Nil

The names of foreign rivers ending in -a or -e are feminine.

die Seine, die Themse, die Wolga

f. Masculine Suffixes

Nouns with the suffixes **-ant, -ent, -eur, -iker, -ismus, -ist, -or** and most nouns with the suffix **-er** are masculine.

der Pedant, der Patient, der Ingenieur, der Mechaniker, der Kapitalismus, der Spezialist, der Motor, der Fehler

g. Feminine Suffixes

Nouns with the suffixes **-ei, -ie, -ik, -in, -ion, -heit, (ig)keit, -schaft, -tät, -ung** and **-ur** are feminine.

die Konditorei, die Chemie, die Mathematik, die Lehrerin, die Tradition, die Freiheit, die Freundlichkeit, die Verständnislosigkeit, die Wirtschaft, die Universität, die Hoffnung, die Diktatur

A few nouns which end in **-er** are feminine.

die Butter, die Klammer, die Mutter, die Schwester

h. Neuter Suffixes

Nouns with the suffixes **-eum, -(i)um, -tel,** most nouns with **-tum,** and those with the diminutive suffixes **-chen** and **-lein** are neuter.

das Museum, das Studium, das Viertel, das Christentum, das Häuschen, das Mädchen, das Söhnchen, das Fräulein

i. Compound Nouns

The last element of a compound noun governs the gender.

der Kirchturm, die Mädchenschule, das Studentenleben

j. Infinitives Used as Nouns

Infinitives used as nouns are neuter.

das Essen, das Kartenspielen

3. PLURALS OF NOUNS

The principal plural formations of nouns are as follows:

TYPE OF NOUN	PLURAL FORMATION	SINGULAR	PLURAL
Masculines and neuters with endings -**el,** -**en,** -**er** and neuters with -**chen** and -**lein**	No change from singular	das Viertel der Wagen der Lehrer das Fenster das Mädchen das Büchlein	die Viertel die Wagen die Lehrer die Fenster die Mädchen die Büchlein
Some polysyllabic masculines; two feminines: **die Mutter, die Tochter**	**Umlaut** on stem vowel	der Vater die Mutter die Tochter	die Väter die Mütter die Töchter
Most monosyllabic masculines; many polysyllabic masculines; some monosyllabic feminines and neuters	Suffix **-e** and often **Umlaut** on stem vowel	der Arzt der Brief der Tag der Freund der Besuch der Monat der Vortrag die Stadt das Jahr	die Ärzte die Briefe die Tage die Freunde die Besuche die Monate die Vorträge die Städte die Jahre
Several monosyllabic masculines; many monosyllabic neuters	Suffix **-er** and often **Umlaut** on stem vowel	der Mann der Wald das Haus das Dorf das Bild	die Männer die Wälder die Häuser die Dörfer die Bilder
All feminines with endings -**e,** -**ie;** several feminines with ending -**er**	Suffix **-n**	die Blume die Straße die Melodie die Schwester	die Blumen die Straßen die Melodien die Schwestern

All feminines ending in -ei, -heit, -(ig)keit, -ion, -schaft, -tät, -ung, -ur; masculines ending in -ant, -ent, -ist, -or; die Frau	Suffix -en	die Konditorei die Freiheit die Neuigkeit die Station die Freundschaft die Universität die Wohnung die Diktatur der Pedant der Student der Spezialist der Professor die Frau	die Konditoreien die Freiheiten die Neuigkeiten die Stationen die Freundschaften die Universitäten die Wohnungen die Diktaturen die Pedanten die Studenten die Spezialisten die Professoren die Frauen
All feminines with suffix -in	Suffix -nen	die Lehrerin	die Lehrerinnen
Several neuters with endings -eum and -ium	Substitution of -en for -um	das Museum das Studium	die Museen die Studien
Many foreign nouns	Suffix -s	das Auto das Hotel das Kino der Park das Restaurant das Taxi	die Autos die Hotels die Kinos die Parks die Restaurants die Taxis
All nouns ending in -nis	Suffix -se	das Gefängnis	die Gefängnisse

D. PRONOUNS

1. PERSONAL PRONOUNS

SINGULAR

	FIRST PERSON	SECOND PERSON FAMILIAR	FORMAL	THIRD PERSON		
NOMINATIVE	ich	du	Sie	er	sie	es
GENITIVE	meiner	deiner	Ihrer	seiner	ihrer	seiner
DATIVE	mir	dir	Ihnen	ihm	ihr	ihm
ACCUSATIVE	mich	dich	Sie	ihn	sie	es

PLURAL

NOMINATIVE	wir	ihr	Sie	sie	
GENITIVE	unser	euer	Ihrer	ihrer	
DATIVE	uns	euch	Ihnen	ihnen	
ACCUSATIVE	uns	euch	Sie	sie	

The gender of personal pronouns in the third person singular is determined by the grammatical gender of the antecedent.

Wo ist **der Wagen?** Steht **er** vor dem Hause?
Hier ist **der Bericht.** Haben Sie **ihn** schon gelesen?
Ich habe **die rote Jacke** gekauft, weil **sie** Herrn Brown gefallen hat.

The genitive personal pronoun occurs infrequently; it should not be confused with the possessive adjectives which it resembles.

2. REFLEXIVE PRONOUNS

In the first person and second person familiar, singular and plural, the reflexive pronouns are identical to the dative and accusative personal pronouns. **Sich** is the reflexive pronoun for the second person formal and the third person, singular and plural.

	FIRST PERSON	SINGULAR		THIRD PERSON
		SECOND PERSON		
		FAMILIAR	FORMAL	ALL GENDERS
DATIVE	mir	dir	sich	sich
ACCUSATIVE	mich	dich	sich	sich

		PLURAL		
DATIVE	uns	euch	sich	sich
ACCUSATIVE	uns	euch	sich	sich

Ich kann **mir** nicht helfen.
Du hast **dich** erkältet, nicht wahr?
Er hat **sich** verletzt.
Ich erinnere **mich** nicht an die Geschichte.

3. INTERROGATIVE PRONOUNS **WER** AND **WAS**

NOMINATIVE	wer	was
GENITIVE	wessen	—
DATIVE	wem	—
ACCUSATIVE	wen	was

Was does not commonly occur in the genitive and dative cases; its function as the object of prepositions is usually carried out by **wo**-compounds.

4. RELATIVE PRONOUNS

The gender and number of the relative pronoun agree with its antecedent; its case is determined by its function in the relative clause. Transposed word order is used in relative clauses.

	SINGULAR			PLURAL
	MASCULINE	FEMININE	NEUTER	ALL GENDERS
NOMINATIVE	der	die	das	die
GENITIVE	dessen	deren	dessen	deren
DATIVE	dem	der	dem	denen
ACCUSATIVE	den	die	das	die

Die Familie, bei **der** ich jetzt wohne, heißt Neumann.
Kennen Sie den Mann, **der** mit mir gesprochen hat?
Der Student, **dem** ich oft helfe, ist Amerikaner.
Hier ist die Adresse des Herrn, **dessen** Firma eine Filiale in unserer Straße eröffnet hat.

The declensional forms of **welcher** comprise an alternate set of relative pronouns in all but the genitive case.

	SINGULAR			PLURAL
	MASCULINE	FEMININE	NEUTER	ALL GENDERS
NOMINATIVE	welcher	welche	welches	welche
GENITIVE	(dessen)	(deren)	(dessen)	(deren)
DATIVE	welchem	welcher	welchem	welchen
ACCUSATIVE	welchen	welche	welches	welche

English uses forms of "who" to represent persons and "which" to represent things. German, unlike English, makes no distinction between persons and things represented by the relative pronoun.

Das ist die Straßenbahn, mit **der** ich jeden Morgen fahre.
Die Nachbarin, mit **der** ich gestern abend in die Oper ging, ist Frau Neumann.

5. WER AND WAS AS RELATIVE PRONOUNS

Wer can be used as a relative pronoun in the meaning "he who" or "whoever."

Wer nicht für mich ist, (der) ist gegen mich.

Was may be used as a relative pronoun when it refers to indefinite pronouns such as **alles, etwas, manches, nichts** and **vieles.**

Alles, **was** er besaß, hat er verloren.
Er sagt vieles, **was** nicht wahr ist.

The antecedent of **was** may also be a clause instead of a single word.

Das Wetter war sehr schön, **was** uns sehr freute, da wir am Nachmittag spazierengehen wollten.

6. DEMONSTRATIVE PRONOUNS

a. Das, Dieser and Jener

Das is used as a demonstrative pronoun when a noun antecedent is not previously specified.

Das ist unsere neue Kirche.
Das sind die Studenten vom Institut.

A clause or sentence may be the antecedent of **das.**

Ich bekam gestern einen Brief von den Eltern, **das** hat mich sehr gefreut.

Dieser and **jener** may be used as demonstrative pronouns, taking the same declensional endings as **der**-words. When the antecedent of **dieser** is unspecified or is a clause, the shortened neuter form **dies** is often used in the nominative and accusative singular. **Dieser** can also mean "the latter" and **jener** "the former."

Dies ist Herr Schmidt.
Von den zwei Zügen ist **dieser** der schnellere.
Vor dem Hause stehen ein Volkswagen und ein Mercedes; **jener** (*the former*) gehört mir und **dieser** (*the latter*) gehört meinem Wirt.

b. **Der** as Demonstrative Pronoun

Der may be used as a demonstrative pronoun and is usually stressed.   Its declensional forms are like those of **der** as a relative pronoun.

Der ist aber ein guter Kerl!	*He's a good fellow!*
Mit **der** kann man 'nichts machen.	*One can't do a thing with her.*
Denen habe ich das schon oft gesagt.	*I have often told them that.*
Nur dumme Leute fahren so schnell, und **deren** gibt es im Überfluß.	*Only stupid people drive so fast, and there are more than enough of them.*

E. ADJECTIVES AND ADVERBS

1. WEAK ADJECTIVE ENDINGS

Descriptive adjectives have weak endings when they follow:

    a) the definite article
    b) a **der**-word
    c) the indefinite article with an ending
    d) an **ein**-word with an ending

	SINGULAR			PLURAL
	MASCULINE	FEMININE	NEUTER	ALL GENDERS
NOMINATIVE	-e	-e	-e	-en
GENITIVE	-en	-en	-en	-en
DATIVE	-en	-en	-en	-en
ACCUSATIVE	-en	-e	-e	-en

2. STRONG ADJECTIVE ENDINGS

Descriptive adjectives have strong endings when they are preceded by:

    a) no **ein**- or **der**-word
    b) the indefinite article without an ending
    c) an **ein**-word without an ending

	SINGULAR			PLURAL
	MASCULINE	FEMININE	NEUTER	ALL GENDERS
NOMINATIVE	-er	-e	-es	-e
GENITIVE	-en	-er	-en	-er
DATIVE	-em	-er	-em	-en
ACCUSATIVE	-en	-e	-es	-e

Except for the masculine and neuter endings in the genitive singular, the strong adjective endings are identical to the **der**-word endings.

3. DESCRIPTIVE ADJECTIVES DERIVED FROM CITY NAMES

Descriptive adjectives derived from city names are capitalized and require -**er** as the ending for all cases in all genders, singular and plural.

der Kölner Dom	die Berliner Presse
im Münchener Hauptbahnhof	das Heidelberger Schloß

4. DEMONSTRATIVE **DERSELBE**

The demonstrative adjective **derselbe** contains two components; the first is declined like the definite article while the second takes weak adjective endings.

> Das ist **derselbe** Mann, der gestern hier war.
> Ich habe mit **demselben** Mann gesprochen, der gestern hier war.
> **Dieselben** Leute gehen immer ins Kino.
> Wir wohnen beide in **derselben** Stadt.

The first component of **derselbe** and a preposition may be contracted; the contraction is separated from **selb-**.

> Mein Freund und ich kamen **zur selben** Zeit an.
> 1966 fuhr mein Bruder nach Amerika; **im selben** Jahre machte ich das Abitur.

5. WAS FÜR

In the expression **was für (ein)**, **für** does not function as a preposition; the case of the noun it precedes is determined by the function of the noun in the clause. When used with **was für, ein** follows the declension of the indefinite article.

> **Was für** Wein trinkt er gern?
> **Was für** Leute könnten so etwas tun?
> **Was für ein** Anzug ist das?
> Mit **was für einem** Wagen sind Sie hierher gefahren?
> **Was für einen** Anzug möchten Sie kaufen?
> Ich weiß nicht, **was für ein** Kleid das ist.

6. COMPARISON OF ADJECTIVES AND ADVERBS

a. Normal Comparison

In normal comparison the stem of the adjective does not change. The comparative suffix is **-er**, and the superlative suffix is **-st**. Adjective endings are added according to the number, gender and case of the noun modified.

POSITIVE	COMPARATIVE	SUPERLATIVE
schnell	schneller	der, die, das schnellste
		am schnellsten
schön	schöner	der, die, das schönste
		am schönsten
wichtig	wichtiger	der, die, das wichtigste
		am wichtigsten

The superlative form occurring with the definite article is used when the adjective precedes the noun it modifies. This form may also be used as a predicate adjective.

> **Der schnellste** Wagen ist nicht immer **der beste.**

The superlative form of the adjective which is preceded by **am** and has the suffix **-sten** is indeclinable and is used only as a predicate adjective; the superlative form of the adverb has the same construction.

PREDICATE ADJECTIVE	Von allen Kirchen der Welt ist der Turm des Ulmer Münsters **am höchsten.**
ADVERB	Von allen deutschen Zügen fährt der „Helvetia" **am schnellsten.**

Adjectives and adverbs with stems ending in **-d, -t, -s, -sch** or **-z** take **-est-** as the superlative suffix.

POSITIVE	COMPARATIVE	SUPERLATIVE
stolz	stolzer	der, die, das stolzeste am stolzesten
weit	weiter	der, die, das weiteste am weitesten

b. Comparison with **Umlaut**

Some common monosyllabic adjectives add an **Umlaut** to the stem vowel in the comparative and superlative degrees. *with a, o, u vowels*

POSITIVE	COMPARATIVE	SUPERLATIVE
alt	älter	der, die, das älteste am ältesten
arm	ärmer	der, die, das ärmste am ärmsten
dumm	dümmer	der, die, das dümmste am dümmsten
groß	größer	der, die, das größte am größten
jung	jünger	der, die, das jüngste am jüngsten
kalt	kälter	der, die, das kälteste am kältesten
klug	klüger	der, die, das klügste am klügsten
krank	kränker	der, die, das kränkste am kränksten
kurz	kürzer	der, die, das kürzeste am kürzesten
lang	länger	der, die, das längste am längsten
oft	öfter	der, die, das öfteste am öftesten
rot	röter	der, die, das röteste am rötesten
scharf	schärfer	der, die, das schärfste am schärfsten
schwach	schwächer	der, die, das schwächste am schwächsten
schwarz	schwärzer	der, die, das schwärzeste am schwärzesten
stark	stärker	der, die, das stärkste am stärksten
warm	wärmer	der, die, das wärmste am wärmsten

jung   junger   jüngeste

c. Irregular Comparison

A few common adjectives and adverbs change the stem in comparison.

POSITIVE	COMPARATIVE	SUPERLATIVE
gern(e)	lieber	—
		am liebsten
gut	besser	der, die, das beste *the best*
		am besten *in the best case*
hoch, hoh-	höher	der, die, das höchste
		am höchsten
nah(e)	näher	der, die, das nächste
		am nächsten
viel (*singular*)	mehr	der, die, das meiste *the most*
		am meisten *the most possible*
viele (*plural*)	mehr	die meisten
		am meisten

Gern(e) exists only as an adverb and has, therefore, only the superlative form with **am**. **Hoch** is a predicate adjective and adverb; **hoh-** can be used, only as an adjective preceding a noun.

F. PREPOSITIONS

1. PREPOSITIONS WITH THE DATIVE CASE

aus *out, out of, from*
außer *besides, except; outside of*
bei *with, at the home of, by, at, near*
entgegen *toward, against; opposed to*
gegenüber *opposite, across from, in contrast to; toward*
mit *with, by*
nach *to, toward; after; according to*
seit *since, for (with expressions of time)*
von *of, from, by*
zu *to, at, for*

The preposition **entgegen** always follows its object; **gegenüber** usually follows its object.

2. PREPOSITIONS WITH THE ACCUSATIVE CASE

bis *until, up to, as far as*
durch *through, by means of*
für *for*
gegen *against, toward*
ohne *without*
um *around; at (with expressions of time)*
wider *against, in opposition to*

3. PREPOSITIONS WITH THE DATIVE AND ACCUSATIVE CASES

These prepositions are used with the dative when they express location, i.e. when the prepositional phrase answers the question "**wo?**". They are used with the accusative when they accompany a verb denoting motion toward a goal, i.e. when the prepositional phrase answers the question "**wohin?**". These prepositions usually require the dative case in time expressions; **über,** however, is an exception and is used with the accusative.

> an *at, by, near, on, to*
> auf *at, on, to, upon*
> hinter *behind*
> in *in, into*
> neben *beside, next to, near, close to*
> über *over, above; about, concerning; via*
> unter *under; between, among*
> vor *before, prior to; ago; in front of, ahead of*
> zwischen *between, among*

The following sentences illustrate special functions of several of these prepositions:

DATIVE

an
Am folgenden Tag kehrte er zurück.	*He returned on the following day.*
Sie ging langsam **an mir** vorbei.	*She went slowly past me.*
Er nahm **an der Revolution** teil.	*He took part in the revolution.*

auf
Wir wohnen **auf dem Lande.**	*We live in the country.*

in
In der nächsten Zeit werde ich nach Deutschland fahren.	*I am going to Germany in the near future.*

vor
Vor der Währungsreform hatte die Mark keine Kaufkraft mehr.	*The mark no longer had any purchasing power before the Currency Reform.*

ACCUSATIVE

an
Ich denke oft **an unsere Studentenjahre.**	*I often think of our student years.*
Erinnern Sie sich **an das Volksfest?**	*Do you remember the carnival?*
Ich schreibe selten **an die Eltern.**	*I seldom write to my parents.*

auf
Wir fahren heute **aufs Land.**	*We are driving to the country today.*
Er geht jeden Morgen **aufs Rathaus.**	*He goes to the city hall every morning.*
Auf diese Weise kommt man nicht weit.	*One doesn't get very far this way.*
Ich freue mich sehr **auf die Reise.**	*I am looking forward very much to the trip.*
Wir mußten zehn Minuten **auf die Straßenbahn** warten.	*We had to wait ten minutes for the streetcar.*
Er antwortete nicht **auf die Frage.**	*He didn't answer the question.*

über
Übers Wochenende fuhren wir nach Bonn.	*Over the weekend we went to Bonn.*
Er spricht heute abend **über das Defizit.**	*He is speaking about the deficit this evening.*
Er lebte **über zwei Jahre** in Düsseldorf.	*He lived in Düsseldorf for more than two years.*
Wir haben uns **über Ihre neue Stellung** gefreut.	*We were happy about your new position.*

4. PREPOSITIONS WITH THE GENITIVE CASE

anstatt *instead of*
außerhalb *outside of*
diesseits *this side of*
innerhalb *within, inside*
jenseits *that side of*
oberhalb *above*

statt *instead of*
trotz *in spite of*
um . . . willen *for the sake of*
unterhalb *below, under*
während *during*
wegen *because of, on account of, due to*

The object of **um . . . willen** is inserted between **um** and **willen**.

G. **DA-** AND **WO-**COMPOUNDS

1. **DA-**COMPOUNDS

Da is combined with prepositions as a substitute for prepositional phrases in which the object is a pronoun having as its antecedent something inanimate. If the preposition begins with a vowel, **dar-** precedes it in the compound.

dabei *with, at or near it, them or that*
dadurch *through it, them or that; thereby*
dafür *for it, them or that*
dagegen *against it, them or that*
dahinter *behind it, them or that*
damit *with it, them or that; therewith*
danach *after or according to it, them or that*
daneben *by or near it, them or that*
daran *on, to, at or in it, them or that*
darauf *on it, them or that; thereupon*
daraus *out of or from it, them or that*
darin *in it, them or that; therein*
darüber *over or about it, them or that*
darum *for or about it, them or that*
darunter *below or beneath it, them or that; among them*
davon *of, from or about it, them or that*
davor *in front of it, them or that*
dazu *to or for it, them or that; for that purpose; in addition to*
dazwischen *between them*

Liegt sein Buch auf dem Tisch?   Ja, es liegt **darauf.**
Sind Sie gegen oder für das neue Programm?   Ich bin sehr **dafür.**
Dort steht sein Haus, und **dahinter** liegt ein schöner Blumengarten.
Was hat er zu Ihrem Vorschlag gesagt?   Nichts, aber er hat sich **darüber** geärgert.

2. **WO-**COMPOUNDS

The formation of **wo**-compounds is similar to that of **da**-compounds. The former usually are employed in questions which in English would begin with a preposition followed by "what?".   If the preposition begins with a vowel, **wor-** precedes it in the compound.

Womit haben Sie das geschrieben?
Woran denkt er eigentlich?
Worüber hat der Bürgermeister gesprochen?
Wovon sprechen Sie?

A wo-compound may occasionally replace a prepositional phrase in which the object is a relative pronoun having as its antecedent something inanimate.

Der Zug, **mit dem** ich gefahren bin, $\Big\}=\Big\{$ Der Zug, **womit** ich gefahren bin, hat
hat Verspätung gehabt.   Verspätung gehabt.

Die politischen Ansichten, **gegen die** $\Big\}=\Big\{$ Die politischen Ansichten, **wogegen** er
er geschrieben hat, sind sehr radikal.   geschrieben hat, sind sehr radikal.

A **wo**-compound replaces a prepositional phrase in which the object is a relative pronoun having as its antecedent the idea or content of the main clause.

> Ich las ein Buch über die Reformation, **wobei** ich viel von der Geschichte Deutschlands lernte.

H. CONJUNCTIONS

1. COORDINATING CONJUNCTIONS

aber *but*	sondern *but, but on the contrary*
denn *for, because*	und *and*
entweder . . . oder *either . . . or*	weder . . . noch *neither . . . nor*
oder *or*	

Coordinating conjunctions are followed by normal word order. The conjunctions which consist of more than one word take normal word order when they connect two subjects of the same verb; they take inverted word order in the first clause when they connect independent clauses.

> **Entweder** Karl **oder** Marie wird uns helfen.
> **Entweder** muß er mit dem Zug fahren, **oder** er wird zu spät ankommen.

Sondern is used after a negative when some substitute information is provided in place of that which is negated.

> Nicht die Kinder **sondern** die Eltern sind schuld daran.
> Nicht Brot **sondern** Kuchen sollen sie essen.
> Ich fahre nicht nach Bonn **sondern** nach Hamburg.

2. SUBORDINATING CONJUNCTIONS

als *as; than; when*	obgleich *although*
als ob *as if*	obwohl *although*
bevor *before*	seitdem *since*
bis *until*	sobald *as soon as*
da *since, inasmuch as*	solange *as long as*
damit *in order that*	sooft *as often as*
daß *that*	während *while*
ehe *before*	weil *because*
indem *while, while at the same time*	wenn *if, when, whenever*
nachdem *after*	wie *as, like*
ob *whether*	

Subordinating conjunctions are followed by transposed word order.

The distinctions between **als** and **wenn** are not always readily apparent. **Als** is used in comparisons and contrasts.

> Er ist größer **als** ich.
> Die Reise war viel kürzer, **als** ich erwartet hatte.

Als is used to introduce statements referring to a single event in the past.

> **Als** er nach Hause kam, war niemand da.

Wenn introduces statements referring to repeated or customary events in the present, past and future.

> **Wenn** der Onkel uns Kinder besuchte, brachte er uns immer etwas Schönes.
> Meine Eltern freuten sich immer, **wenn** ich ein Wochenende bei Ihnen verbrachte.
> **Wenn** das Wetter warm ist, gehe ich schwimmen.

Wenn introduces clauses referring to a single event in the present or future.

> **Wenn** er nach Hause kommt, wird er den Brief lesen.

Wenn introduces "if" clauses.

> **Wenn** Sie nicht bald zum Arzt gehen, werden Sie wohl ins Krankenhaus gehen müssen.

3. INTERROGATIVE ADVERBS AND **WO**-COMPOUNDS USED AS SUBORDINATING CONJUNCTIONS

Interrogative adverbs and **wo**-compounds, when used to introduce indirect questions, function as subordinating conjunctions and are followed by transposed word order.   The following are common interrogative adverbs:

wann *when*	woher *where from*
warum *why*	wohin *where to*
wo *where*	

> Ich weiß nicht, **wann** er abgefahren ist.
> Er kann es mir nicht sagen, **warum** das unmöglich ist.
> Ich möchte wissen, **wohin** er gestern gefahren ist.
> Sagen Sie mir, **woran** Sie eigentlich denken.
> Wir wissen nicht, **worüber** er gesprochen hat.

I. VERBS (CONJUGATIONS)

1. WEAK VERBS

a. Indicative Mood

(1) *Active Voice*

INFINITIVE

hören	erwarten	regieren	anschauen	reisen

PRESENT TENSE

ich höre	erwarte	regiere	schaue	...an	reise
du hörst	erwartest	regierst	schaust	...an	reist
er hört	erwartet	regiert	schaut	...an	reist
wir hören	erwarten	regieren	schauen	...an	reisen
ihr hört	erwartet	regiert	schaut	...an	reist
sie hören	erwarten	regieren	schauen	...an	reisen
Sie hören	erwarten	regieren	schauen	...an	reisen

PAST (IMPERFECT) TENSE

ich hörte	erwartete	regierte	schaute . . . an	reiste
du hörtest	erwartetest	regiertest	schautest . . . an	reistest
er hörte	erwartete	regierte	schaute . . . an	reiste
wir hörten	erwarteten	regierten	schauten . . . an	reisten
ihr hörtet	erwartetet	regiertet	schautet . . . an	reistet
sie hörten	erwarteten	regierten	schauten . . . an	reisten
Sie hörten	erwarteten	regierten	schauten . . . an	reisten

PRESENT PERFECT TENSE

ich habe		ich bin	
du hast		du bist	
er hat	gehört	er ist	
wir haben	erwartet	wir sind	gereist
ihr habt	regiert	ihr seid	
sie haben	angeschaut	sie sind	
Sie haben		Sie sind	

PAST PERFECT (PLUPERFECT) TENSE

ich hatte		ich war	
du hattest		du warst	
er hatte	gehört	er war	
wir hatten	erwartet	wir waren	gereist
ihr hattet	regiert	ihr wart	
sie hatten	angeschaut	sie waren	
Sie hatten		Sie waren	

FUTURE TENSE

ich werde	
du wirst	hören
er wird	erwarten
wir werden	regieren
ihr werdet	anschauen
sie werden	reisen
Sie werden	

FUTURE PERFECT TENSE

ich werde			ich werde	
du wirst			du wirst	
er wird	gehört		er wird	
wir werden	erwartet	haben	wir werden	gereist sein
ihr werdet	regiert		ihr werdet	
sie werden	angeschaut		sie werden	
Sie werden			Sie werden	

(2) *Passive Voice*

PRESENT TENSE

ich werde
du wirst
er wird
wir werden } gehört
ihr werdet   erwartet
sie werden   regiert
Sie werden   angeschaut

PAST (IMPERFECT) TENSE

ich wurde
du wurdest
er wurde } gehört
wir wurden   erwartet
ihr wurdet   regiert
sie wurden   angeschaut
Sie wurden

PRESENT PERFECT TENSE

ich bin
du bist
er ist   gehört
wir sind } erwartet } worden
ihr seid   regiert
sie sind   angeschaut
Sie sind

PAST PERFECT (PLUPERFECT) TENSE

ich war
du warst
er war   gehört
wir waren } erwartet } worden
ihr wart   regiert
sie waren angeschaut
Sie waren

FUTURE TENSE

ich werde
du wirst
er wird   gehört
wir werden } erwartet } werden
ihr werdet regiert
sie werden angeschaut
Sie werden

FUTURE PERFECT TENSE

ich werde
du wirst
er wird
wir werden } gehört erwartet regiert angeschaut } worden sein
ihr werdet
sie werden
Sie werden

b. Subjunctive Mood

(1) *Active Voice*

PRESENT TENSE (PRESENT SUBJUNCTIVE I)

ich höre	erwarte	regiere	schaue ... an	reise
du hörest	erwartest	regierest	schauest ... an	reisest
er höre	erwarte	regiere	schaue ... an	reise
wir hören	erwarten	regieren	schauen ... an	reisen
ihr höret	erwartet	regieret	schauet ... an	reiset
sie hören	erwarten	regieren	schauen ... an	reisen
Sie hören	erwarten	regieren	schauen ... an	reisen

PAST TENSE (PRESENT SUBJUNCTIVE II)

ich hörte	erwartete	regierte	schaute ... an	reiste
du hörtest	erwartetest	regiertest	schautest ... an	reistest
er hörte	erwartete	regierte	schaute ... an	reiste
wir hörten	erwarteten	regierten	schauten ... an	reisten
ihr hörtet	erwartetet	regiertet	schautet ... an	reistet
sie hörten	erwarteten	regierten	schauten ... an	reisten
Sie hörten	erwarteten	regierten	schauten ... an	reisten

PRESENT PERFECT TENSE (PAST SUBJUNCTIVE I)

ich habe
du habest
er habe } gehört erwartet regiert angeschaut
wir haben
ihr habet
sie haben
Sie haben

ich sei
du seiest
er sei } gereist
wir seien
ihr seiet
sie seien
Sie seien

PAST PERFECT TENSE (PAST SUBJUNCTIVE II)

ich hätte
du hättest
er hätte } gehört erwartet regiert angeschaut
wir hätten
ihr hättet
sie hätten
Sie hätten

ich wäre
du wärest
er wäre } gereist
wir wären
ihr wäret
sie wären
Sie wären

FUTURE TENSE (FUTURE SUBJUNCTIVE I)

ich werde ⎫
du werdest ⎟ hören
er werde ⎟ erwarten
wir werden ⎬ regieren
ihr werdet ⎟ anschauen
sie werden ⎟ reisen
Sie werden ⎭

FUTURE PERFECT TENSE (FUTURE SUBJUNCTIVE II)

ich werde ⎫   ⎫   ich werde ⎫
du werdest ⎟   ⎟   du werdest ⎟
er werde ⎟ gehört   ⎟   er werde ⎟
wir werden ⎬ erwartet ⎬ haben   wir werden ⎬ gereist sein
ihr werdet ⎟ regiert ⎟   ihr werdet ⎟
sie werden ⎟ angeschaut ⎭   sie werden ⎟
Sie werden ⎭   Sie werden ⎭

(2) *Passive Voice*

PRESENT TENSE (PRESENT SUBJUNCTIVE I)

ich werde ⎫
du werdest ⎟ gehört
er werde ⎟ erwartet
wir werden ⎬ regiert
ihr werdet ⎟ angeschaut
sie werden ⎟
Sie werden ⎭

PAST TENSE (PRESENT SUBJUNCTIVE II)

ich würde ⎫
du würdest ⎟ gehört
er würde ⎟ erwartet
wir würden ⎬ regiert
ihr würdet ⎟ angeschaut
sie würden ⎟
Sie würden ⎭

PRESENT PERFECT TENSE (PAST SUBJUNCTIVE I)

ich sei ⎫   ⎫
du seiest ⎟ gehört   ⎟
er sei ⎟ erwartet   ⎬ worden
wir seien ⎬ regiert ⎟
ihr seiet ⎟ angeschaut ⎭
sie seien ⎟
Sie seien ⎭

PAST PERFECT TENSE (PAST SUBJUNCTIVE II)

ich wäre
du wärest
er wäre
wir wären   gehört
ihr wäret   erwartet   worden
sie wären   regiert
Sie wären   angeschaut

FUTURE TENSE (FUTURE SUBJUNCTIVE I)

ich werde
du werdest
er werde
wir werden   gehört
ihr werdet   erwartet   werden
sie werden   regiert
Sie werden   angeschaut

FUTURE PERFECT TENSE (FUTURE SUBJUNCTIVE II)

ich werde
du werdest
er werde
wir werden   gehört
ihr werdet   erwartet   worden sein
sie werden   regiert
Sie werden   angeschaut

c. Conditional Forms

(1) *Active Voice*

CONDITIONAL (CONDITIONAL I)

ich würde
du würdest   hören
er würde   erwarten
wir würden   regieren
ihr würdet   anschauen
sie würden   reisen
Sie würden

CONDITIONAL PERFECT (CONDITIONAL II)

ich würde   ich würde
du würdest   du würdest
er würde   gehört   er würde
wir würden   erwartet   haben   wir würden   gereist sein
ihr würdet   regiert   ihr würdet
sie würden   angeschaut   sie würden
Sie würden   Sie würden

(2) *Passive Voice*

CONDITIONAL (CONDITIONAL I)

ich würde
du würdest
er würde   gehört
wir würden   erwartet   werden
ihr würdet   regiert
sie würden   angeschaut
Sie würden

CONDITIONAL PERFECT (CONDITIONAL II)

ich würde
du würdest
er würde   gehört
wir würden   erwartet   worden sein
ihr würdet   regiert
sie würden   angeschaut
Sie würden

d. Imperative Mood

SECOND PERSON FAMILIAR

SINGULAR	PLURAL
Höre!	Hört!
Erwarte!	Erwartet!
Regiere!	Regiert!
Schau(e) . . . an!	Schaut . . . an!
Reise!	Reist!

SECOND PERSON FORMAL

SINGULAR AND PLURAL

Hören Sie!
Erwarten Sie!
Regieren Sie!
Schauen Sie . . . an!
Reisen Sie!

2. STRONG VERBS

a. Indicative Mood

(1) *Active Voice*

INFINITIVE

fangen	finden	treffen	verstehen	ansehen	bleiben

PRESENT TENSE

fangen	finden	treffen	verstehen	ansehen	bleiben
ich fange	finde	treffe	verstehe	sehe . . . an	bleibe
du fängst	findest	triffst	verstehst	siehst . . . an	bleibst
er fängt	findet	trifft	versteht	sieht . . . an	bleibt
wir fangen	finden	treffen	verstehen	sehen . . . an	bleiben
ihr fangt	findet	trefft	versteht	seht . . . an	bleibt
sie fangen	finden	treffen	verstehen	sehen . . . an	bleiben
Sie fangen	finden	treffen	verstehen	sehen . . . an	bleiben

PAST (IMPERFECT) TENSE

ich fing	fand	traf	verstand	sah . . . an	blieb
du fingst	fandest	trafst	verstandest	sahst . . . an	bliebst
er fing	fand	traf	verstand	sah . . . an	blieb
wir fingen	fanden	trafen	verstanden	sahen . . . an	blieben
ihr fingt	fandet	traft	verstandet	saht . . . an	bliebt
sie fingen	fanden	trafen	verstanden	sahen . . . an	blieben
Sie fingen	fanden	trafen	verstanden	sahen . . . an	blieben

PRESENT PERFECT TENSE

ich habe
du hast
er hat
wir haben } gefangen gefunden getroffen verstanden angesehen
ihr habt
sie haben
Sie haben

ich bin
du bist
er ist
wir sind } geblieben
ihr seid
sie sind
Sie sind

PAST PERFECT (PLUPERFECT) TENSE

ich hatte
du hattest
er hatte
wir hatten } gefangen gefunden getroffen verstanden angesehen
ihr hattet
sie hatten
Sie hatten

ich war
du warst
er war
wir waren } geblieben
ihr wart
sie waren
Sie waren

FUTURE TENSE

ich werde
du wirst
er wird
wir werden } fangen finden treffen verstehen ansehen bleiben
ihr werdet
sie werden
Sie werden

FUTURE PERFECT TENSE

ich werde
du wirst
er wird
wir werden } gefangen gefunden getroffen verstanden angesehen } haben
ihr werdet
sie werden
Sie werden

ich werde
du wirst
er wird
wir werden } geblieben sein
ihr werdet
sie werden
Sie werden

(2) *Passive Voice*

PRESENT TENSE

ich werde
du wirst
er wird
wir werden } gefangen gefunden getroffen verstanden angesehen
ihr werdet
sie werden
Sie werden

PAST (IMPERFECT) TENSE

ich wurde
du wurdest
er wurde
wir wurden } gefangen gefunden getroffen verstanden angesehen
ihr wurdet
sie wurden
Sie wurden

PRESENT PERFECT TENSE

ich bin
du bist
er ist
wir sind } gefangen gefunden getroffen verstanden angesehen } worden
ihr seid
sie sind
Sie sind

PAST PERFECT (PLUPERFECT) TENSE

ich war
du warst
er war
wir waren } gefangen gefunden getroffen verstanden angesehen } worden
ihr wart
sie waren
Sie waren

FUTURE TENSE

ich werde
du wirst
er wird
wir werden } gefangen gefunden getroffen verstanden angesehen } werden
ihr werdet
sie werden
Sie werden

FUTURE PERFECT TENSE

ich werde			
du wirst	gefangen		
er wird	gefunden		
wir werden	getroffen	worden sein
ihr werdet	verstanden		
sie werden	angesehen		
Sie werden			

b. Subjunctive Mood

(1) *Active Voice*

PRESENT TENSE (PRESENT SUBJUNCTIVE I)

ich fange	finde	treffe	verstehe	sehe ...an	bleibe
du fangest	findest	treffest	verstehest	sehest ...an	bleibest
er fange	finde	treffe	verstehe	sehe ...an	bleibe
wir fangen	finden	treffen	verstehen	sehen ...an	bleiben
ihr fanget	findet	treffet	verstehet	sehet ...an	bleibet
sie fangen	finden	treffen	verstehen	sehen ...an	bleiben
Sie fangen	finden	treffen	verstehen	sehen ...an	bleiben

PAST TENSE (PRESENT SUBJUNCTIVE II)

ich finge	fände	träfe	verstände	sähe ...an	bliebe
du fingest	fändest	träfest	verständest	sähest ...an	bliebest
er finge	fände	träfe	verstände	sähe ...an	bliebe
wir fingen	fänden	träfen	verständen	sähen ...an	blieben
ihr finget	fändet	träfet	verständet	sähet ...an	bliebet
sie fingen	fänden	träfen	verständen	sähen ...an	blieben
Sie fingen	fänden	träfen	verständen	sähen ...an	blieben

PRESENT PERFECT TENSE (PAST SUBJUNCTIVE I)

ich habe		ich sei	
du habest	gefangen	du seiest	
er habe	gefunden	er sei	
wir haben	getroffen	wir seien	geblieben
ihr habet	verstanden	ihr seiet	
sie haben	angesehen	sie seien	
Sie haben		Sie seien	

PAST PERFECT TENSE (PAST SUBJUNCTIVE II)

ich hätte		ich wäre	
du hättest	gefangen	du wärest	
er hätte	gefunden	er wäre	
wir hätten	getroffen	wir wären	geblieben
ihr hättet	verstanden	ihr wäret	
sie hätten	angesehen	sie wären	
Sie hätten		Sie wären	

FUTURE TENSE (FUTURE SUBJUNCTIVE I)

ich werde ⎫
du werdest ⎪ fangen
er werde ⎪ finden
wir werden ⎬ treffen
ihr werdet ⎪ verstehen
sie werden ⎪ ansehen
Sie werden ⎭ bleiben

FUTURE PERFECT TENSE (FUTURE SUBJUNCTIVE II)

ich werde ⎫   ich werde ⎫
du werdest ⎪ gefangen ⎫   du werdest ⎪
er werde ⎪ gefunden ⎪   er werde ⎪
wir werden ⎬ getroffen ⎬ haben   wir werden ⎬ geblieben sein
ihr werdet ⎪ verstanden ⎪   ihr werdet ⎪
sie werden ⎪ angesehen ⎭   sie werden ⎪
Sie werden ⎭   Sie werden ⎭

(2) *Passive Voice*

PRESENT TENSE (PRESENT SUBJUNCTIVE I)

ich werde ⎫
du werdest ⎪ gefangen
er werde ⎪ gefunden
wir werden ⎬ getroffen
ihr werdet ⎪ verstanden
sie werden ⎪ angesehen
Sie werden ⎭

PAST TENSE (PRESENT SUBJUNCTIVE II)

ich würde ⎫
du würdest ⎪ gefangen
er würde ⎪ gefunden
wir würden ⎬ getroffen
ihr würdet ⎪ verstanden
sie würden ⎪ angesehen
Sie würden ⎭

PRESENT PERFECT TENSE (PAST SUBJUNCTIVE I)

ich sei ⎫
du seiest ⎪ gefangen ⎫
er sei ⎪ gefunden ⎪
wir seien ⎬ getroffen ⎬ worden
ihr seiet ⎪ verstanden ⎪
sie seien ⎪ angesehen ⎭
Sie seien ⎭

PAST PERFECT TENSE (PAST SUBJUNCTIVE II)

ich wäre
du wärest
er wäre | gefangen
wir wären   } gefunden
ihr wäret | getroffen } worden
sie wären | verstanden
Sie wären | angesehen

FUTURE TENSE (FUTURE SUBJUNCTIVE I)

ich werde
du werdest
er werde | gefangen
wir werden   } gefunden
ihr werdet | getroffen } werden
sie werden | verstanden
Sie werden | angesehen

FUTURE PERFECT TENSE (FUTURE SUBJUNCTIVE II)

ich werde
du werdest
er werde | gefangen
wir werden   } gefunden
ihr werdet | getroffen } worden sein
sie werden | verstanden
Sie werden | angesehen

c. Conditional Forms

(1) *Active Voice*

CONDITIONAL (CONDITIONAL I)

ich würde
du würdest | fangen
er würde | finden
wir würden   } treffen
ihr würdet | verstehen
sie würden | ansehen
Sie würden | bleiben

CONDITIONAL PERFECT (CONDITIONAL II)

ich würde   ich würde
du würdest | gefangen   du würdest
er würde | gefunden   er würde
wir würden   } getroffen } haben   wir würden } geblieben sein
ihr würdet | verstanden   ihr würdet
sie würden | angesehen   sie würden
Sie würden   Sie würden

(2) *Passive Voice*

CONDITIONAL (CONDITIONAL I)

ich würde
du würdest
er würde   gefangen
wir würden   gefunden
ihr würdet   getroffen   werden
sie würden   verstanden
Sie würden   angesehen

CONDITIONAL PERFECT (CONDITIONAL II)

ich würde
du würdest
er würde   gefangen
wir würden   gefunden
ihr würdet   getroffen   worden sein
sie würden   verstanden
Sie würden   angesehen

d. Imperative Mood

SECOND PERSON FAMILIAR

SINGULAR	PLURAL
Fange!	Fangt!
Finde!	Findet!
Triff!	Trefft!
Versteh(e)!	Versteht!
Sieh . . . an!	Seht . . . an!
Bleib(e)!	Bleibt!

SECOND PERSON FORMAL

SINGULAR AND PLURAL

Fangen Sie!
Finden Sie!
Treffen Sie!
Verstehen Sie!
Sehen Sie . . . an!
Bleiben Sie!

3. AUXILIARY VERBS **HABEN, SEIN** AND **WERDEN**
a. Indicative Mood

PRESENT TENSE

ich habe	bin	werde
du hast	bist	wirst
er hat	ist	wird
wir haben	sind	werden
ihr habt	seid	werdet
sie haben	sind	werden
Sie haben	sind	werden

PAST (IMPERFECT) TENSE

ich hatte	war	wurde
du hattest	warst	wurdest
er hatte	war	wurde
wir hatten	waren	wurden
ihr hattet	wart	wurdet
sie hatten	waren	wurden
Sie hatten	waren	wurden

PRESENT PERFECT TENSE

ich habe		ich bin	
du hast		du bist	
er hat		er ist	
wir haben	gehabt	wir sind	gewesen
ihr habt		ihr seid	geworden
sie haben		sie sind	
Sie haben		Sie sind	

PAST PERFECT (PLUPERFECT) TENSE

ich hatte		ich war	
du hattest		du warst	
er hatte		er war	
wir hatten	gehabt	wir waren	gewesen
ihr hattet		ihr wart	geworden
sie hatten		sie waren	
Sie hatten		Sie waren	

FUTURE TENSE

ich werde	
du wirst	
er wird	haben
wir werden	sein
ihr werdet	werden
sie werden	
Sie werden	

FUTURE PERFECT TENSE

ich werde		ich werde		
du wirst		du wirst		
er wird		er wird		
wir werden	gehabt haben	wir werden	gewesen	sein
ihr werdet		ihr werdet	geworden	
sie werden		sie werden		
Sie werden		Sie werden		

b. Subjunctive Mood

PRESENT TENSE (PRESENT SUBJUNCTIVE I)

ich habe	sei	werde
du habest	seiest	werdest
er habe	sei	werde
wir haben	seien	werden
ihr habet	seiet	werdét
sie haben	seien	werden
Sie haben	seien	werden

PAST TENSE (PRESENT SUBJUNCTIVE II)

ich hätte	wäre	würde
du hättest	wärest	würdest
er hätte	wäre	würde
wir hätten	wären	würden
ihr hättet	wäret	würdet
sie hätten	wären	würden
Sie hätten	wären	würden

PRESENT PERFECT TENSE (PAST SUBJUNCTIVE I)

ich habe ⎫	ich sei ⎫
du habest	du seiest
er habe	er sei
wir haben ⎬ gehabt	wir seien ⎬ gewesen
ihr habet	ihr seiet	geworden
sie haben	sie seien
Sie haben ⎭	Sie seien ⎭

PAST PERFECT TENSE (PAST SUBJUNCTIVE II)

ich hätte ⎫	ich wäre ⎫
du hättest	du wärest
er hätte	er wäre
wir hätten ⎬ gehabt	wir wären ⎬ gewesen
ihr hättet	ihr wäret	geworden
sie hätten	sie wären
Sie hätten ⎭	Sie wären ⎭

FUTURE TENSE (FUTURE SUBJUNCTIVE I)

ich werde ⎫
du werdest
er werde	haben
wir werden ⎬ sein
ihr werdet	werden
sie werden
Sie werden ⎭

FUTURE PERFECT TENSE (FUTURE SUBJUNCTIVE II)

ich werde ⎤
du werdest ⎥
er werde ⎥
wir werden ⎬ gehabt haben
ihr werdet ⎥
sie werden ⎥
Sie werden ⎦

ich werde ⎤
du werdest ⎥
er werde ⎥ gewesen ⎫
wir werden ⎬ geworden ⎬ sein
ihr werdet ⎥
sie werden ⎥
Sie werden ⎦

c. Conditional Forms

CONDITIONAL (CONDITIONAL I)

ich würde ⎤
du würdest ⎥
er würde ⎥ haben
wir würden ⎬ sein
ihr würdet ⎥ werden
sie würden ⎥
Sie würden ⎦

CONDITIONAL PERFECT (CONDITIONAL II)

ich würde ⎤
du würdest ⎥
er würde ⎥
wir würden ⎬ gehabt haben
ihr würdet ⎥
sie würden ⎥
Sie würden ⎦

ich würde ⎤
du würdest ⎥
er würde ⎥ gewesen ⎫
wir würden ⎬ geworden ⎬ sein
ihr würdet ⎥
sie würden ⎥
Sie würden ⎦

d. Imperative Mood

SECOND PERSON FAMILIAR

SINGULAR	PLURAL
Hab(e)!	Habt!
Sei!	Seid!
Werde!	Werdet!

SECOND PERSON FORMAL

SINGULAR AND PLURAL

Haben Sie!
Seien Sie!
Werden Sie!

4. MODAL AUXILIARY VERBS AND WISSEN

a. Indicative Mood

to be allowed, permitted *to be able* *to be possible, like to* *to be obliged, have to* *to be supposed to* *to be willing, intend to* *to know (of)*

INFINITIVE

| dürfen | können | mögen | müssen | sollen | wollen | wissen |

PRESENT TENSE

ich darf	kann	mag	muß	soll	will	weiß
du darfst	kannst	magst	mußt	sollst	willst	weißt
er darf	kann	mag	muß	soll	will	weiß
wir dürfen	können	mögen	müssen	sollen	wollen	wissen
ihr dürft	könnt	mögt	müßt	sollt	wollt	wißt
sie dürfen	können	mögen	müssen	sollen	wollen	wissen
Sie dürfen	können	mögen	müssen	sollen	wollen	wissen

PAST (IMPERFECT) TENSE

ich durfte	konnte	mochte	mußte	sollte	wollte	wußte
du durftest	konntest	mochtest	mußtest	solltest	wolltest	wußtest
er durfte	konnte	mochte	mußte	sollte	wollte	wußte
wir durften	konnten	mochten	mußten	sollten	wollten	wußten
ihr durftet	konntet	mochtet	mußtet	solltet	wolltet	wußtet
sie durften	konnten	mochten	mußten	sollten	wollten	wußten
Sie durften	konnten	mochten	mußten	sollten	wollten	wußten

PRESENT PERFECT TENSE

ich habe	gedurft
du hast	gekonnt
er hat	gemocht
wir haben	gemußt
ihr habt	gesollt
sie haben	gewollt
Sie haben	gewußt

Modal Auxiliaries with Dependent Infinitive

ich habe		dürfen
du hast		können
er hat		mögen
wir haben	bleiben	müssen
ihr habt		sollen
sie haben		wollen
Sie haben		

PAST PERFECT (PLUPERFECT) TENSE

ich hatte	gedurft
du hattest	gekonnt
er hatte	gemocht
wir hatten	gemußt
ihr hattet	gesollt
sie hatten	gewollt
Sie hatten	gewußt

Modal Auxiliaries with Dependent Infinitive

ich hatte			dürfen
du hattest			können
er hatte			mögen
wir hatten	} bleiben	{	müssen
ihr hattet			sollen
sie hatten			wollen
Sie hatten			

FUTURE TENSE

ich werde		dürfen
du wirst		können
er wird		mögen
wir werden	}	müssen
ihr werdet		sollen
sie werden		wollen
Sie werden		wissen

Modal Auxiliaries with Dependent Infinitive

ich werde			dürfen
du wirst			können
er wird			mögen
wir werden	} bleiben	{	müssen
ihr werdet			sollen
sie werden			wollen
Sie werden			

FUTURE PERFECT TENSE

ich werde		gedurft	
du wirst		gekonnt	
er wird		gemocht	
wir werden	}	gemußt	} haben
ihr werdet		gesollt	
sie werden		gewollt	
Sie werden		gewußt	

b. Subjunctive Mood

PRESENT TENSE (PRESENT SUBJUNCTIVE I)

ich dürfe	könne	möge	müsse	solle	wolle	wisse
du dürfest	könnest	mögest	müssest	sollest	wollest	wissest
er dürfe	könne	möge	müsse	solle	wolle	wisse
wir dürfen	können	mögen	müssen	sollen	wollen	wissen
ihr dürfet	könnet	möget	müsset	sollet	wollet	wisset
sie dürfen	können	mögen	müssen	sollen	wollen	wissen
Sie dürfen	können	mögen	müssen	sollen	wollen	wissen

PAST TENSE (PRESENT SUBJUNCTIVE II)

ich dürfte	könnte	möchte	müßte	sollte	wollte	wüßte
du dürftest	könntest	möchtest	müßtest	solltest	wolltest	wüßtest
er dürfte	könnte	möchte	müßte	sollte	wollte	wüßte
wir dürften	könnten	möchten	müßten	sollten	wollten	wüßten
ihr dürftet	könntet	möchtet	müßtet	solltet	wolltet	wüßtet
sie dürften	könnten	möchten	müßten	sollten	wollten	wüßten
Sie dürften	könnten	möchten	müßten	sollten	wollten	wüßten

PRESENT PERFECT TENSE (PAST SUBJUNCTIVE I)

ich habe	gedurft
du habest	gekonnt
er habe	gemocht
wir haben	gemußt
ihr habet	gesollt
sie haben	gewollt
Sie haben	gewußt

Modal Auxiliaries with Dependent Infinitive

ich habe		
du habest		dürfen
er habe		können
wir haben	bleiben	mögen
ihr habet		müssen
sie haben		sollen
Sie haben		wollen

PAST PERFECT TENSE (PAST SUBJUNCTIVE II)

ich hätte	gedurft
du hättest	gekonnt
er hätte	gemocht
wir hätten	gemußt
ihr hättet	gesollt
sie hätten	gewollt
Sie hätten	gewußt

Modal Auxiliaries with Dependent Infinitive

ich hätte		
du hättest		dürfen
er hätte		können
wir hätten	bleiben	mögen
ihr hättet		müssen
sie hätten		sollen
Sie hätten		wollen

FUTURE TENSE (FUTURE SUBJUNCTIVE I)

ich werde	dürfen
du werdest	können
er werde	mögen
wir werden	müssen
ihr werdet	sollen
sie werden	wollen
Sie werden	wissen

Modal Auxiliaries with Dependent Infinitive

ich werde		
du werdest		dürfen
er werde		können
wir werden	bleiben	mögen
ihr werdet		müssen
sie werden		sollen
Sie werden		wollen

FUTURE PERFECT TENSE (FUTURE SUBJUNCTIVE II)

ich werde	gedurft	
du werdest	gekonnt	
er werde	gemocht	
wir werden	gemußt	haben
ihr werdet	gesollt	
sie werden	gewollt	
Sie werden	gewußt	

c. Conditional Forms

CONDITIONAL (CONDITIONAL I)

ich würde	dürfen
du würdest	können
er würde	mögen
wir würden	müssen
ihr würdet	sollen
sie würden	wollen
Sie würden	wissen

Modal Auxiliaries with Dependent Infinitive

ich würde		
du würdest		dürfen
er würde		können
wir würden	bleiben	mögen
ihr würdet		müssen
sie würden		sollen
Sie würden		wollen

CONDITIONAL PERFECT (CONDITIONAL II)

$$
\left.
\begin{array}{l}
\text{ich würde} \\
\text{du würdest} \\
\text{er würde} \\
\text{wir würden} \\
\text{ihr würdet} \\
\text{sie würden} \\
\text{Sie würden}
\end{array}
\right\}
\left.
\begin{array}{l}
\text{gedurft} \\
\text{gekonnt} \\
\text{gemocht} \\
\text{gemußt} \\
\text{gesollt} \\
\text{gewollt} \\
\text{gewußt}
\end{array}
\right\}
\text{haben}
$$

5. SYNOPSIS OF IRREGULAR WEAK VERBS **BRINGEN** AND **KENNEN**

a. Indicative Mood

PRESENT TENSE

er bringt   er kennt

PAST (IMPERFECT) TENSE

er brachte   er kannte

PRESENT PERFECT TENSE

er hat gebracht   er hat gekannt

PAST PERFECT (PLUPERFECT) TENSE

er hatte gebracht   er hatte gekannt

FUTURE TENSE

er wird bringen   er wird kennen

FUTURE PERFECT TENSE

er wird gebracht haben   er wird gekannt haben

b. Subjunctive Mood

PRESENT TENSE (PRESENT SUBJUNCTIVE I)

er bringe   er kenne

PAST TENSE (PRESENT SUBJUNCTIVE II)

er brächte   er kennte

PRESENT PERFECT TENSE (PAST SUBJUNCTIVE I)

er habe gebracht   er habe gekannt

PAST PERFECT TENSE (PAST SUBJUNCTIVE II)

er hätte gebracht   er hätte gekannt

FUTURE TENSE (FUTURE SUBJUNCTIVE I)

er werde bringen   er werde kennen

FUTURE PERFECT TENSE (FUTURE SUBJUNCTIVE II)

er werde gebracht haben   er werde gekannt haben

c. Conditional Forms

CONDITIONAL (CONDITIONAL I)

er würde bringen   er würde kennen

CONDITIONAL PERFECT (CONDITIONAL II)

er würde gebracht haben   er würde gekannt haben

6. PRINCIPAL PARTS OF STRONG VERBS

INFINITIVE	THIRD PERSON SINGULAR PRESENT	FIRST AND THIRD PERSON SINGULAR PAST	PAST PARTICIPLE	PAST SUBJUNCTIVE (PRESENT SUBJUNCTIVE II) FIRST AND THIRD PERSON SINGULAR	
backen	bäckt	buk	gebacken	büke	to bake
befehlen	befiehlt	befahl	befohlen	beföhle (befähle)	to command
beginnen	beginnt	begann	begonnen	begönne (begänne)	to begin
beißen	beißt	biß	gebissen	bisse	to bite
bersten	birst	barst	ist geborsten	bärste	to burst
betrügen	betrügt	betrog	betrogen	betröge	to deceive
biegen	biegt	bog	ist hat}gebogen	böge	to turn; bend
bieten	bietet	bot	geboten	böte	to offer
binden	bindet	band	gebunden	bände	to tie, bind
bitten	bittet	bat	gebeten	bäte	to request
bleiben	bleibt	blieb	ist geblieben	bliebe	to remain
brechen	bricht	brach	gebrochen	bräche	to break
dringen	dringt	drang	ist gedrungen	dränge	to force a way, burst forth, press
empfehlen	empfiehlt	empfahl	empfohlen	empföhle (empfähle)	to recommend
entringen	entringt	entrang	entrungen	entränge	to wrest from
erheben	erhebt	erhob	erhoben	erhöbe	to raise, elevate
erschallen	erschallt	erscholl (erschallte)	ist erschollen (erschallt)	erschölle (erschallte)	to resound, sound
erscheinen	erscheint	erschien	ist erschienen	erschiene	to appear
erschrecken	erschrickt	erschrak	ist erschrocken	erschräke	to be startled, frightened
erwerben	erwirbt	erwarb	erworben	erwürbe	to acquire, gain, earn
essen	ißt	aß	gegessen	äße	to eat
fahren	fährt	fuhr	ist hat}gefahren	führe	to ride, travel, go; drive
fallen	fällt	fiel	ist gefallen	fiele	to fall
fangen	fängt	fing	gefangen	finge	to catch

INFINITIVE	THIRD PERSON SINGULAR PRESENT	FIRST AND THIRD PERSON SINGULAR PAST	PAST PARTICIPLE	PAST SUBJUNCTIVE (PRESENT SUBJUNCTIVE II) FIRST AND THIRD PERSON SINGULAR	
fechten	ficht	focht	gefochten	föchte	to fight, duel
finden	findet	fand	gefunden	fände	to find
fliegen	fliegt	flog	ist⎫ hat⎭ geflogen	flöge	to fly
fliehen	flieht	floh	ist geflohen	flöhe	to flee
fließen	fließt	floß	ist geflossen	flösse	to flow
fressen	frißt	fraß	gefressen	fräße	to eat (refers to animals' eating)
frieren	friert	fror	gefroren	fröre	to freeze, be cold
gebären	gebärt	gebar	geboren	gebäre	to give birth to
geben	gibt	gab	gegeben	gäbe	to give
gedeihen	gedeiht	gedieh	ist gediehen	gediehe	to flourish, thrive
gehen	geht	ging	ist gegangen	ginge	to go
gelingen	gelingt	gelang	ist gelungen	gelänge	to succeed
gelten	gilt	galt	gegolten	gälte (gölte)	to apply, be worth, have value, be valid
genießen	genießt	genoß	genossen	genösse	to enjoy
geschehen	geschieht	geschah	ist geschehen	geschähe	to happen
gewinnen	gewinnt	gewann	gewonnen	gewönne (gewänne)	to obtain, win, acquire
gießen	gießt	goß	gegossen	gösse	to pour
gleichen	gleicht	glich	geglichen	gliche	to be equal to; resemble
gleiten	gleitet	glitt	ist geglitten	glitte	to glide, slip
graben	gräbt	grub	gegraben	grübe	to dig
greifen	greift	griff	gegriffen	griffe	to seize
halten	hält	hielt	gehalten	hielte	to stop, halt; hold
hängen	hängt	hing	gehangen	hinge	to hang
hauen	haut	hieb	gehauen	hiebe	to chop, hit
heben	hebt	hob	gehoben	höbe	to lift
heißen	heißt	hieß	geheißen	hieße	to be called
helfen	hilft	half	geholfen	hülfe (hälfe)	to help
klingen	klingt	klang	geklungen	klänge	to sound
kommen	kommt	kam	ist gekommen	käme	to come
kriechen	kriecht	kroch	ist gekrochen	kröche	to creep
laden	lädt	lud	geladen	lüde	to load

INFINITIVE	THIRD PERSON SINGULAR PRESENT	FIRST AND THIRD PERSON SINGULAR PAST	PAST PARTICIPLE	PAST SUBJUNCTIVE (PRESENT SUBJUNCTIVE II) FIRST AND THIRD PERSON SINGULAR	
lassen	läßt	ließ	gelassen	ließe	to leave, let, allow, cause
laufen	läuft	lief	ist gelaufen	liefe	to run
leiden	leidet	litt	gelitten	litte	to suffer
leihen	leiht	lieh	geliehen	liehe	to lend; borrow
lesen	liest	las	gelesen	läse	to read
liegen	liegt	lag	gelegen	läge	to lie, be situated
lügen	lügt	log	gelogen	löge	to tell a lie
nehmen	nimmt	nahm	genommen	nähme	to take
raten	rät	riet	geraten	riete	to advise
reißen	reißt	riß	ist⎫ hat⎭gerissen	risse	to tear
reiten	reitet	ritt	ist⎫ hat⎭geritten	ritte	to ride
riechen	riecht	roch	gerochen	röche	to smell
rufen	ruft	rief	gerufen	riefe	to call
saufen	säuft	soff	gesoffen	söffe	to drink (refers to animals' drinking)
scheiden	scheidet	schied	ist⎫ hat⎭geschieden	schiede	to depart; separate
scheinen	scheint	schien	geschienen	schiene	to seem, appear; shine
schießen	schießt	schoß	geschossen	schösse	to shoot
schlafen	schläft	schlief	geschlafen	schliefe	to sleep
schlagen	schlägt	schlug	geschlagen	schlüge	to hit, strike, beat
schleichen	schleicht	schlich	ist geschlichen	schliche	to sneak
schließen	schließt	schloß	geschlossen	schlösse	to close
schneiden	schneidet	schnitt	geschnitten	schnitte	to cut
schreiben	schreibt	schrieb	geschrieben	schriebe	to write
schreien	schreit	schrie	geschrie(e)n	schrie	to cry, scream
schreiten	schreitet	schritt	ist geschritten	schritte	to stride, walk
schweigen	schweigt	schwieg	geschwiegen	schwiege	to be silent
schwimmen	schwimmt	schwamm	ist⎫ hat⎭geschwommen	schwömme (schwämme)	to swim
schwingen	schwingt	schwang	geschwungen	schwänge	to swing, vibrate
sehen	sieht	sah	gesehen	sähe	to see
singen	singt	sang	gesungen	sänge	to sing
sinken	sinkt	sank	ist gesunken	sänke	to sink
sitzen	sitzt	saß	gesessen	säße	to sit

INFINITIVE	THIRD PERSON SINGULAR PRESENT	FIRST AND THIRD PERSON SINGULAR PAST	PAST PARTICIPLE	PAST SUBJUNCTIVE (PRESENT SUBJUNCTIVE II) FIRST AND THIRD PERSON SINGULAR	
speien	speit	spie	gespie(e)n	spie	to spit
sprechen	spricht	sprach	gesprochen	spräche	to speak
springen	springt	sprang	ist gesprungen	spränge	to jump
stechen	sticht	stach	gestochen	stäche	to pierce; sting
stehen	steht	stand	gestanden	stände (stünde)	to stand
stehlen	stiehlt	stahl	gestohlen	stähle (stöhle)	to steal
steigen	steigt	stieg	ist gestiegen	stiege	to climb
sterben	stirbt	starb	ist gestorben	stürbe	to die
stinken	stinkt	stank	gestunken	stänke	to stink
stoßen	stößt	stieß	ist⎫ hat⎭ gestoßen	stieße	to push, strike
tragen	trägt	trug	getragen	trüge	to carry; wear
treffen	trifft	traf	getroffen	träfe	to meet; hit
treiben	treibt	trieb	ist⎫ hat⎭ getrieben	triebe	to drift; drive, carry on
treten	tritt	trat	ist⎫ hat⎭ getreten	träte	to step, walk, enter; kick
trinken	trinkt	trank	getrunken	tränke	to drink
tun	tut	tat	getan	täte	to do
überwinden	überwindet	überwand	überwunden	überwände	to overcome, surmount
unterstreichen	unterstreicht	unterstrich	unterstrichen	unterstriche	to underline
verbergen	verbirgt	verbarg	verborgen	verbärge	to hide
verderben	verdirbt	verdarb	verdorben	verdürbe	to ruin, corrupt
vergessen	vergißt	vergaß	vergessen	vergäße	to forget
verleihen	verleiht	verlieh	verliehen	verliehe	to give, bestow
verlieren	verliert	verlor	verloren	verlöre	to lose
verschlingen	verschlingt	verschlang	verschlungen	verschlänge	to swallow, consume
verschwinden	verschwindet	verschwand	ist verschwunden	verschwände	to disappear
wachsen	wächst	wuchs	ist gewachsen	wüchse	to grow
waschen	wäscht	wusch	gewaschen	wüsche	to wash
weisen	weist	wies	gewiesen	wiese	to indicate, point out
werfen	wirft	warf	geworfen	würfe	to throw
wiegen	wiegt	wog	gewogen	wöge	to weigh
ziehen	zieht	zog	ist⎫ hat⎭ gezogen	zöge	to move; pull, draw
zwingen	zwingt	zwang	gezwungen	zwänge	to force

7. PRINCIPAL PARTS OF IRREGULAR WEAK VERBS

INFINITIVE	THIRD PERSON SINGULAR PRESENT	FIRST AND THIRD PERSON SINGULAR PAST	PAST PARTICIPLE	PAST SUBJUNCTIVE (PRESENT SUBJUNCTIVE II) FIRST AND THIRD PERSON SINGULAR	
bringen	bringt	brachte	gebracht	brächte	*to bring*
denken	denkt	dachte	gedacht	dächte	*to think*
brennen	brennt	brannte	gebrannt	brennte	*to burn*
kennen	kennt	kannte	gekannt	kennte	*to know*
nennen	nennt	nannte	genannt	nennte	*to name, call*
rennen	rennt	rannte	ist gerannt	rennte	*to run*
senden	sendet	sandte	gesandt	sendete	*to send*
wenden	wendet	wandte	gewandt	wendete	*to turn*

J. VERBS (FUNCTIONS)

1. TENSES

a. Present Tense

The present tense of a verb denotes present action. In German the present tense with an adverb of future time is frequently used instead of the future tense to denote future action.

PRESENT TENSE—FUTURE ACTION	FUTURE TENSE—FUTURE ACTION
Ich fahre morgen nach Frankfurt.	Ich werde morgen nach Frankfurt fahren.

The present tense is occasionally used instead of the past tense to achieve the effect of vivid narration.

In English the present perfect tense is often used to express an action which began in the past and continues on into the present and future.

*I **have lived** here for thirty years.*

This implies that the action continues into the present. In German such actions are usually expressed in the present tense accompanied by **schon, seit** or **schon seit.**

Ich **wohne schon** dreißig Jahre hier.
Ich **wohne seit** dreißig Jahren hier.
Ich **wohne schon seit** dreißig Jahren hier.

b. Past (Imperfect) Tense

The past tense relates an action which began and ended in the past. In everyday speech no consistent distinction is made between the past tense and the present perfect tense.

Imperfekt

Perfekt compost

PAST TENSE	PRESENT PERFECT TENSE
Ich **machte** das gestern.	Ich **habe** das gestern **gemacht.**
Wir **fuhren** am Samstag nach München.	Wir **sind** am Samstag nach München **gefahren.**

In speaking and writing formally these tenses are not freely interchangeable; the past tense is usually preferred in connected narratives and in relating past events which have no particular connection with the present time.

c. Present Perfect Tense

The present perfect tense is frequently used conversationally instead of the past tense to relate a past action.   It is also used to describe past events which have a connection with the present time or which happened in the immediate past.

Ich kenne die Werke von Shakespeare; wir **haben** sie in der Schule **gelesen.**
Ich **habe** Ihren Brief gerade **gefunden.**

d. Past Perfect (Pluperfect) Tense

The past perfect tense is used to relate events which occur before a specific reference point or action in the past.

Ich **hatte** meine Schularbeit schon **gemacht,** ehe ich ins Kino ging.

e. Future Tense

The future tense is used to express an action which will occur in the future.

Wir **werden** morgen nach Köln **fahren.**

The future tense is also used with the adverbs **wohl, vielleicht, sicher, wahrscheinlich** and **ohne Zweifel** to express probability in the present or future.

Sie **werden** wohl Geld bei sich **haben.**
Er **wird** es wohl morgen **tun.**

f. Future Perfect Tense

The future perfect tense relates events which occur in the future but prior to a specific reference point or action in the future.

Ich **werde** meine Arbeit schon **gemacht haben,** ehe er heute abend nach Hause kommt.

The future perfect tense is also used with the adverbs **wohl, vielleicht, sicher, wahrscheinlich** and **ohne Zweifel** to express probability in the future and in the past.

Er **wird** es wohl **getan haben,** ehe er heute abend zu mir kommt.
Der Zug **wird** wohl Verspätung **gehabt haben,** da Karl noch nicht da ist.

2. VOICE

a. Active Voice

A verb is in the active voice when its subject performs the action.

Ich **schließe** die Tür.
Er **hat** das Fenster **geschlossen.**

b. Passive Voice

(1) Formation of the Passive

A verb is in the passive voice when its subject is the recipient of the action. The passive is formed by using the auxiliary verb **werden** with the past participle of the action verb.   The tense of **werden** determines the tense of the passive.

PRESENT TENSE

Das Fenster **wird** geschlossen.　　　　*The window is being closed.*

PAST TENSE

Das Fenster **wurde geschlossen.**　　　*The window was being closed.*

In the passive the past participle **geworden** is shortened to **worden.**

　　　Er ist zugelassen **worden.**　　　*He has been admitted.*

Only transitive verbs are used in the passive.

(2) Statal Passive

Careful distinction is necessary between the passive which denotes action and the so-called statal passive.   The latter expresses a condition, often the result of action expressed in the passive voice.   The statal passive is formed by using the auxiliary verb **sein** with the past participle.

PASSIVE	Die Tür **wird** geschlossen.	*The door is being closed.*
STATAL PASSIVE	Die Tür **ist** geschlossen.	*The door is closed.*

(3) Agent

The agent, i.e. the doer, of an action expressed in the passive voice is used with **von.**

Die Tür wurde **von mir** geschlossen.	*The door was closed by me.*
Der Drachen wurde **vom Wind** hoch in die Luft getrieben.	*The kite was driven by the wind high into the air.*

(4) Means

The means or instrumentality by which an action in the passive is carried out is expressed with **durch.**

Durch strenge Maßnahmen wurde die Grenze gesperrt.	*The boundary was closed by (the use or application of) stern measures.*
Durch Bismarck wurden die deutschen Länder vereinigt.	*Through Bismarck the German states were united.*

(5) Substitutes for the Passive Voice

Man with an active verb is frequently used as a substitute for the passive.

PASSIVE	MAN AS SUBSTITUTE FOR PASSIVE
Der Zug **wurde gemeldet.**	**Man meldete** den Zug.

Reflexive verbs may replace the passive.

| | REFLEXIVE VERB AS SUBSTITUTE |
| PASSIVE | FOR PASSIVE |

Die Zonen **wurden** bald **vereinigt.**   Die Zonen **vereinigten sich** bald.

An active infinitive construction may be used to express passive action.

INFINITIVE SUBSTITUTE FOR PASSIVE

Diese Übungen sind für morgen *These exercises are to be written*
zu schreiben. *for tomorrow.*

3. MOOD

a. Indicative Mood

The indicative mood indicates an action or condition to be reality or fact.

Das Haus **steht** in der Blumenstraße.

b. Subjunctive Mood

(1) General Functions of the Subjunctive

The subjunctive mood usually indicates that an action or condition is contrary to fact or only possibly true.   It is used in indirect discourse, to express wishes and to render requests more courteous.

Although each tense of the subjunctive mood is related to, and is based on, a corresponding tense of the indicative, the time (present, past, future) of the action does not correspond to the indicative use of tenses. In an effort to indicate more accurately the function of the subjunctive tenses the descriptive terms "Present Subjunctive I," "Present Subjunctive II," etc. are frequently assigned to them.

TRADITIONAL GRAMMATICAL TERM		FUNCTIONAL TERM		TIME OF ACTION
Present Subjunctive	=	Present Subjunctive I	}	Present and Future
Past Subjunctive	=	Present Subjunctive II		
Present Perfect Subjunctive	=	Past Subjunctive I	}	Past
Past Perfect Subjunctive	=	Past Subjunctive II		
Future Subjunctive	=	Future Subjunctive I	}	Future
Future Perfect Subjunctive	=	Future Subjunctive II		

(2) Formation of the Subjunctive

(a) Endings

The subjunctive endings for all verbs in all tenses (except the present subjunctive I of **sein**) are as follows:

ich	-e
du	-est
er	-e
wir	-en
ihr	-et
sie	-en
Sie	-en

(b) Tense Formation

To form the present subjunctive I the endings are affixed to the stem of the infinitive.   **Sein** is an exception; its first and third person singular form is **sei.**

The present subjunctive II of strong verbs is formed by affixing the endings to the stem of the past indicative.   If the stem vowel is **-a-, -o-,** or **-u-,** the vowel takes an **Umlaut.**

The present subjunctive II of weak verbs is identical in form to the past indicative, i.e. the endings are affixed to the past indicative stem.

The present subjunctive II of irregular weak verbs is formed by affixing their past indicative endings to the infinitive stem.   **Bringen** and **denken** are exceptions; they use the past indicative stem with an **Umlaut** on the stem vowel.

Modal auxiliaries and **wissen** follow the pattern of weak verbs in the present subjunctive II by adding the subjunctive endings to the past indicative stem.   All, except **sollen** and **wollen,** add an **Umlaut** to the stem vowel.

The past subjunctive I and II use the subjunctive forms of the auxiliary verbs **haben** and **sein.**

The future subjunctive I and II use the subjunctive forms of the future auxiliary verb **werden.**

(3) Function of Tenses in the Subjunctive

(a) Present Subjunctive I

The present subjunctive I is used in expressing wishes the fulfillment of which may be possible.

Es **lebe** der König!	*Long live the king!*
Gott **helfe** uns!	*May God help us!*

The present subjunctive I may be used to express a requirement or demand of another person, i.e. it has the function of a third person imperative.

Diese Medizin **nehme** man dreimal täglich.	*One should take this medicine three times a day,* or: *This medicine is to be taken three times a day.*
Man **lache** nicht.	*One is not to laugh,* or: *There is to be no laughing.*

In concessive statements the present subjunctive I may be used.

Was er auch immer **wünsche,** von mir bekommt er kein Geld mehr.	*Regardless of whatever he may desire, he won't get any more money from me.*

The present subjunctive I is often used in a clause introduced by the subordinate conjunction **damit**.

Mein Freund hat Geld von zu Hause bekommen, damit er die Reise **mache**.	*My friend has received money from home in order that he may take the trip.*

(b) Present Subjunctive II

The present subjunctive II is used frequently in contrary-to-fact statements referring to actions occurring in the present or future; such statements are usually introduced by the subordinate conjunction **wenn**.

Wenn ich Geld **hätte, würde** ich eine Reise machen.	*If I had money, I would take a trip.*
Wenn wir mehr Zeit **hätten, könnten** wir eine längere Reise machen.	*If we had more time, we could take a rather long trip.*
Wenn er mir alles **erklärte**, würde ich wissen, was ich machen **sollte**.	*If he were to explain everything to me, I would know what I should do.*
Wenn das Wetter schön **wäre**, **ginge** ich spazieren.	*If the weather were nice, I would go for a walk.*

The present subjunctive II occurs in expressions making contrary-to-fact comparisons. Such statements are introduced by the conjunctions **als, als ob** or **als wenn**.

Er tut immer, als **wäre** er sehr reich.	*He always acts as if he were very rich.*
Ihr Freund sieht aus, als ob er krank **wäre**.	*Your friend looks as if he were sick.*
Sie antwortete ruhig, als wenn nichts **geschähe**.	*She answered calmly as if nothing were happening.*

The present subjunctive II is used in expressing unfulfilled or unfulfillable wishes.

Wenn er nur hier **wäre**!	*If he were only here!*
Wenn wir alle doch einmal Berlin besuchen **könnten**!	*If only we could all visit Berlin sometime!*
Wenn er doch nicht immer auf seiner eigenen Meinung **bestände**!	*If only he wouldn't always insist on his own opinion!*
Käme sie doch zu mir mit ihren Problemen!	*If she would only come to me with her problems!*

The present subjunctive II is used to render requests more courteous.

Ich **möchte** eine Tasse Kaffee, bitte.	*I should like a cup of coffee, please.*
Wir **hätten** gerne Vanilleeis und Kaffee.	*We should like to have some vanilla ice cream and coffee.*

In indirect discourse the present subjunctive II occurs frequently.

Er sagte, daß er morgen zu mir käme, wenn ich Zeit **hätte.**	*He said that he would come to (see) me tomorrow if I had time.*
Sie **hätte** kein Geld mehr, hat sie geantwortet.	*She didn't have any more money, she replied.*
Er hat uns geschrieben, er **bliebe** nur einen Tag in München.	*He wrote us that he would remain only a day in Munich.*
Man hat mir gesagt, daß meine Freunde schon hier **wären.**	*I was told that my friends were already here.*

(c) Past Subjunctive I

The past subjunctive I is restricted to expressing past events; it occurs less frequently than the past subjunctive II. It may be used in indirect discourse.

Er behauptete, daß er zu müde **gewesen sei,** um die Arbeit zu tun.	*He claimed that he was too tired to do the work.*

(d) Past Subjunctive II

The past subjunctive II is limited to expressing past events. It occurs frequently in contrary-to-fact conditions.

Wenn er schon hier **gewesen wäre, hätten** Sie es ganz sicher **gewußt.**	*If he had already been here, you would certainly have known it.*
Wenn die Eltern meinen Brief **bekommen hätten, hätte** ich schon Antwort **erhalten.**	*If my parents had received my letter, I would already have received an answer.*
Hätte ich mehr Geld bei mir **gehabt,** so **wäre** ich noch eine Woche in Italien **geblieben.**	*If I had had more money with me, I would have stayed another week in Italy.*
Wenn Deutschland von den Alliierten nicht **geteilt worden wäre,** wäre heute die politische Lage ganz anders.	*If Germany had not been divided by the Allies, the political situation today would be quite different.*

The past subjunctive II is used in expressing unfulfilled or unfulfillable wishes the fulfillment of which should have taken place in the past.

Wenn er doch hier **gewesen wäre!**	*If he had only been here!*
Wenn du nur ein bißchen Verständnis für ihn **gezeigt hättest!**	*If you had only showed a little sympathetic understanding for him!*

In concessive statements referring to the past, the past subjunctive II is used.

Wenn du mir auch das Geld gegeben **hättest, hätte** ich mir den Anzug doch nicht **kaufen können.**	*Even if you had given me the money, I still would not have been able to buy the suit.*

The past subjunctive II is used frequently in indirect discourse.

Er sagte, er **hätte** schwer **gearbeitet.**	*He said he had worked hard.*
Alles **wäre** anders **gewesen,** wenn die Deutschen den Krieg **gewonnen hätten,** hat er oft behauptet.	*Everything would have been different if the Germans had won the war, he often claimed.*

(e) Future Subjunctive I and II

The future subjunctive I and II are limited chiefly to use in indirect discourse.

Sie sagte, sie **werde** morgen nach Köln **fliegen.**	*She said she would fly to Cologne tomorrow.*

c. Conditionals

(1) Formation of the Conditionals

(a) Conditional I

Conditional I is a subjunctive variant of the future tense. It consists of the conjugational forms of **würden** in combination with the infinitive of the main verb.

Ich **würde ... fahren.**

(b) Conditional II

Conditional II is a subjunctive variant of the future perfect tense. It consists of the conjugational forms of **würden** in combination with the perfect infinitive.

Ich **würde ... gesehen haben.**
Ich **würde ... gefahren sein.**

(2) Function of the Conditionals

The conditionals occur chiefly in main clauses used with **wenn**-clauses. The **wenn**-clause expresses an unreal, hypothetical situation; the conditional clause states the result, i.e. what would happen if the hypothetical situation should become reality.

Wenn er hier wäre, **würde** er selber die Arbeit **tun.**	*If he were here, he would do the work himself.*
Wenn ich das gewußt hätte, **würde** ich es ihm nicht **gesagt haben.**	*If I had known that, I would not have told him.*

In sentences containing a **wenn**-clause with a subjunctive, the conditional verb in the conditional clause may be replaced by the subjunctive.

Wenn er hier wäre, **würde** er selber die Arbeit **tun**. } = { Wenn er hier wäre, **täte** er selber die Arbeit.

Wenn ich das gewußt hätte, **würde** ich es ihm nicht **gesagt haben**. } = { Wenn ich das gewußt hätte, **hätte** ich es ihm nicht **gesagt**.

d. Imperative Mood

(1) Function of the Imperative

The imperative mood is used for commands, requests and instructions.

(2) Imperative of Formal Address

The **Sie**-form of the imperative of all verbs except **sein** is identical to the indicative with inverted word order. The pronoun **Sie** always accompanies the imperative.

> **Kommen Sie** mit mir!
> **Steigen Sie** dann am Karlsplatz **um**.

(3) First Person Plural Imperative

The **wir**-form of the imperative of all verbs except **sein** is identical to the indicative with inverted word order. The pronoun **wir** always accompanies the imperative.

> **Gehen wir** ins Kino!

(4) Imperative of Familiar Address

(a) Singular

The **du**-form of the imperative of all weak and most strong verbs is composed of the infinitive stem with the suffix -e. The pronoun **du** is normally not used with the imperative. The final -e is occasionally omitted or replaced by an apostrophe.

> **Frage** deinen Lehrer darüber!
> **Bringe** den Bruder auch mit!
> **Geh'** (geh) ins Haus!
> **Komm'** (komm) doch zu uns!

Strong verbs which change the infinitive stem vowel -e- to -i- or -ie- in the second and third person singular of the present indicative have the same vowel change in the **du**-form of the imperative. Such verbs omit the suffix -e.

INFINITIVE	PRESENT INDICATIVE	SINGULAR FAMILIAR IMPERATIVE
nehmen	du nimmst	Nimm!
	er nimmt	
lesen	du liest	Lies!
	er liest	

(b) Plural

The **ihr**-form of the imperative of all verbs is identical to the present indicative.   The pronoun **ihr** is normally omitted.

> **Macht** eure Schularbeit!
> **Geht** in die Schule!

(5) Imperative of **Sein**

The imperative forms of **sein** are as follows:

Sie	**Seien Sie** bitte nicht böse!
wir	**Seien wir** dankbar!
du	**Sei** nicht so dumm!
ihr	**Seid** doch froh, daß nichts passiert ist!

K. REFLEXIVE VERBS

1. FUNCTION OF REFLEXIVE VERBS

In reflexive verb construction the subject is the antecedent of the reflexive pronoun object.   Only transitive verbs can be reflexive.   Some verbs are always reflexive because the verb and the reflexive pronoun together constitute an idea.   **Sich erkälten,** for example, is always reflexive.   Other verbs such as **verbessern** can be either reflexive or non-reflexive without significant change of meaning.

NON-REFLEXIVE	REFLEXIVE
Er **hat** meinen Fehler **verbessert.** *He corrected (i.e. improved) my mistake.*	Die wirtschaftliche Lage **hat sich verbessert.** *The economic situation has improved.*

Some verbs may be either reflexive or non-reflexive but their meaning changes accordingly.

NON-REFLEXIVE	REFLEXIVE
erinnern *to remind*	sich erinnern *to remember*
vorstellen *to introduce*	sich vorstellen *to introduce oneself* (with accusative reflexive pronoun); *to imagine* (with dative reflexive pronoun)

The case of the reflexive pronoun may be either dative or accusative, depending on the requirement of the verb.

DATIVE

Durch seinen Fleiß hat er **sich** geholfen, eine bessere Stellung zu finden.
Ich mache **mir** keine Sorgen darum.
Haben Sie **sich** einen neuen Wagen gekauft?

ACCUSATIVE

Ich fühle **mich** nicht wohl.
Erinnerst du **dich** an die Geschichte?
Sie hat **sich** darüber gefreut.

2. LIST OF REFLEXIVE VERBS

The following reflexive verbs appear in this text:

sich abfinden *to adjust*
sich ändern *to change, alter*
sich ansehen *to look at*
sich ausbilden lassen *to educate oneself*
sich ausbreiten *to spread out*
sich ausdehnen *to extend*
sich ausnehmen *to appear, seem*
sich austoben *to have one's fling*
sich befassen *to be concerned*
sich befinden *to be, be situated*
sich bemühen *to endeavor*
sich benehmen *to behave*
sich bilden *to form*
sich duellieren *to duel*
sich einlassen *to engage in*
sich entscheiden *to decide*
sich entschließen *to decide*
sich entwickeln *to develop*
sich erhöhen *to raise, be increased*
sich erinnern *to remember*
sich erkälten *to catch a cold*
sich erkundigen *to inquire*
sich erstrecken *to extend*
sich erweitern *to broaden, extend oneself*
sich fortwälzen *to roll onward*
sich fragen *to ask oneself*
sich freuen (auf) *to look forward to*
sich freuen (über) *to be happy about*
sich gliedern *to be divided*
sich immatrikulieren (lassen) *to register, matriculate*

sich interessieren *to be interested*
sich kennenlernen *to become acquainted with oneself or one another*
sich kleiden *to clothe, dress oneself*
sich auf den Weg machen *to start out, set out*
sich bekannt machen *to introduce oneself*
sich Sorgen machen *to worry*
sich melden *to report*
sich neigen *to incline*
sich schätzen *to consider oneself*
sich genötigt sehen *to be forced, obligated*
sich gezwungen sehen *to be forced*
sich setzen *to sit down*
(sich) üben *to exercise, practice*
sich umbringen *to commit suicide*
sich unterhalten *to converse, entertain oneself*
sich unterscheiden *to differ from*
sich verabschieden *to take leave, depart*
sich verbessern *to improve oneself*
sich verbreiten *to spread*
sich vereinigen *to unite*
sich versammeln *to assemble*
sich in die Länge (ver)ziehen *to extend, stretch out*
sich wandeln *to change, transform oneself*
sich zuneigen *to incline*

L. IMPERSONAL VERBS

Verbs having the subject **es** are impersonal verbs when the subject does not refer to a known antecedent.

Es gibt Sauerbraten mit Kartoffelklößen zu Mittag.
Es gibt viele unglückliche Menschen in der Welt.
Es sind drei Kirchen in unserem Dorfe.
Wie geht es dir?
Es wurde viel getanzt und gesungen.
Es klingelt, und die Wirtin geht an die Tür.
Es friert im Winter.
Es ist Dienstag.
Es ist zehn Uhr.
Es freut mich sehr, Sie kennenzulernen.

M. VERBS WITH SEPARABLE PREFIXES

Some German verbs have stressed prefixes which are often separated from the main part of the verb. The following common prefixes are separable:

ab	entgegen	nach
an	entzwei	nieder
auf	fort	vor
aus	her	weg
bei	hin	zu
ein	los	zurück
empor	mit	zusammen

The prefix **hin** denotes motion away from the speaker or the reference point of the action. **Her** denotes motion toward the speaker or toward the reference point of the action. Combinations with **hin** and **her**, such as **hinauf, herbei, herunter** and **hervor,** are separable prefixes.

The separable prefix is placed at the end of the clause in the present and past tenses in normal and inverted word order. However, in transposed word order, the prefix is attached to the verb.

NORMAL WORD ORDER	Ich stehe immer sehr früh **auf.**
INVERTED WORD ORDER	Am Samstag stehe ich um neun Uhr **auf.**
TRANSPOSED WORD ORDER	Ich hoffe, daß er am Morgen sehr früh **auf**steht.

The infinitive of a separable verb is written as one word.

Ich muß morgen früh **aufstehen.**

If the sentence construction requires **zu** with the infinitive, **zu** is placed between the separable prefix and the infinitive.

Sie brauchen morgen nicht früh **aufzustehen.**

The separable prefix is always attached to the past participle.

Er ist eben **aufgestanden.**

N. VERBS WITH INSEPARABLE PREFIXES

Some German verbs have unstressed prefixes which are never separated from any form of the verb. The past participles of such verbs do not take the participial prefix **ge-.** The following are common inseparable prefixes:

be-	begehen, beging, begangen
emp-	empfehlen, empfahl, empfohlen
ent-	entschuldigen, entschuldigte, entschuldigt
er-	ernennen, ernannte, ernannt
ge-	gefallen, gefiel, gefallen
miß-	mißverstehen, mißverstand, mißverstanden
ver-	verstehen, verstand, verstanden
zer-	zerstören, zerstörte, zerstört

If the sentence construction requires **zu** with the infinitive of an inseparable verb, the two are written separately.

Ich hoffe, Ihre Antwort bald **zu erhalten.**
Sie brauchen es mir nicht **zu versprechen.**

O. VERBS ENDING IN -IEREN

Verbs ending in -ieren are of foreign origin and are stressed on -ier-.   They are always weak verbs; the prefix **ge-** is not added to the past participle.

studieren, studierte, studiert

P. TRANSITIVE AND INTRANSITIVE VERBS

1. TRANSITIVE VERBS

Like English, German has transitive verbs such as **bekommen, bringen, haben, nehmen, sehen** and **verstehen** which may be accompanied by a direct object. All transitive verbs require **haben** as the auxiliary verb in the formation of the present perfect, past perfect and future perfect tenses.

Er **hat** kein Geld mehr.
Wir **nehmen** ein Taxi nach Hause.
Ich **habe** deinen Brief **bekommen.**

2. INTRANSITIVE VERBS

Intransitive verbs cannot be accompanied by a direct object.   Such verbs as **bleiben, gehen, schwimmen** and **sein** are intransitive.   Most intransitive verbs are accompanied by the auxiliary verb **sein** in the present perfect, past perfect and future perfect tenses.   Intransitive verbs accompanied by **sein** may be classified as follows:

a) Verbs of motion, i.e. change of position
Der TEE-Zug **ist** schon **abgefahren.**
An der Ecke **sind** wir **eingestiegen.**
Sie **ist** gestern nach Frankfurt **gefahren.**
Das Kind **ist** auf die Straße **gelaufen.**
Meine Freunde **sind** letzte Woche in die Schweiz **gereist.**

b) Verbs denoting being or existence
Wir **sind** gestern bei der Arbeit **gewesen.**
Ich **bin** nur zwei Stunden bei ihm **geblieben.**

c) Verbs denoting change of condition
Goethe **ist** in der ersten Hälfte des neunzehnten Jahrhunderts **gestorben.**
Gestern **ist** es viel wärmer **geworden.**
Das Kind **ist** im letzten Jahre sehr **gewachsen.**

d) Two common verbs denoting occurrence or happening
Was **ist** denn **passiert?**
Das **ist** schon zweimal so **geschehen.**

A few intransitive verbs require **haben** as the auxiliary verb.

Ich **habe** früher in diesem Hause **gewohnt.**
Er **hat** lange dort **gesessen.**
Wir **haben** zehn Jahre auf dem Lande **gelebt,** ehe wir in die Stadt zogen.

Several verbs such as **fahren, fliegen, reiten,** and **ziehen** may function either as transitive or intransitive verbs.

INTRANSITIVE	TRANSITIVE
Er **ist** gestern dorthin **gefahren.**	Er **hat** gestern meinen Wagen **gefahren.**
He went there yesterday.	*He drove my car yesterday.*
Mein Freund **ist** letzte Woche nach Hannover **geflogen.**	Mein Freund **hat** sein eigenes Flugzeug nach Hannover **geflogen.**
My friend flew to Hanover last week.	*My friend flew his own plane to Hanover.*
Er **ist** durch den Park **geritten.**	Er **hat** das Pferd **geritten.**
He rode through the park.	*He rode the horse.*
Ich **bin** im Herbst nach Bonn **gezogen.**	Er **hat** den Brief aus der Tasche **gezogen.**
I moved to Bonn in the fall.	*He pulled the letter out of his pocket.*

Q. VERBS ACCOMPANIED BY OBJECTS IN THE DATIVE CASE

Some verbs are accompanied by objects in the dative case, even though these objects may appear to be analogous to direct objects in English.   The following common verbs are in this group:

angehören *to belong to, be a member of*
antworten *to answer*
befehlen *to command*
begegnen *to meet*
danken *to thank*
dienen *to serve*
drohen *to threaten*
fehlen *to lack; be wanting*
folgen *to follow*
gefallen *to please*
gehören *to belong to*
gelingen *to succeed*
geschehen *to happen*
glauben *to believe*
helfen *to help*
schaden *to injure, damage*
vergeben *to forgive*

Ich helfe **ihm** bei der Arbeit.
Das Buch gehört **mir.**
Wir gehören **einem Musikklub** an.
Er ist **mir** nicht gefolgt.
Wie hat **Ihnen** das Drama gefallen?
Es ist **mir** schließlich gelungen, eine Wohnung in der Stadt zu finden.
Wissen Sie, was **uns** geschehen ist?
Es fehlt **ihr** an Geld und Zeit.
Er wird **dir** für die Hilfe nicht danken.

Begegnen, folgen, gelingen and **geschehen** are accompanied by **sein** as the auxiliary verb in the present perfect, past perfect and future perfect tenses.

Glauben occurs with the dative if the object is a person, but the accusative is used if the object is inanimate.   "To believe in" is expressed by **glauben** with the preposition **an** followed by the accusative.

DATIVE WITH PERSON	Er glaubt **mir** gar nicht.
ACCUSATIVE WITH INANIMATE OBJECT	Wir haben **es** geglaubt.

An WITH ACCUSATIVE   Die meisten Menschen glauben **an die Lehre** der Kirche.

Antworten is accompanied by the dative if the object is a person; otherwise it is used in combination with the preposition **auf** followed by the accusative.

DATIVE WITH PERSON   Er hat **mir** nicht geantwortet.

Auf WITH ACCUSATIVE   Er hat **auf alle Fragen** geantwortet.

R. INFINITIVES AND PARTICIPLES

1. INFINITIVES

The infinitive is formed by adding **-en** to the verb stem.

fahr-   + -en = fahren

If the stem ends in **-el** or **-er**, **-n** is added.

wandel- + -n = wandeln
erinner- + -n = erinnern

The perfect infinitive is formed by the past participle of the main verb in combination with the infinitive of the auxiliary verbs **haben** or **sein**.

gesehen haben
gefahren sein

The perfect infinitive occurs in the future perfect tense, the future subjunctive II and conditional II.

The passive infinitive is formed by the past participle of the main verb combined with the passive auxiliary **werden**.

gesehen werden
errichtet werden

The passive infinitive is used in the future passive and the passive of conditional I.

Infinitives which are dependent on modal auxiliaries, **lassen, hören** or **sehen** are not preceded by **zu**.

INFINITIVE WITH MODAL   Ich will heute hier **bleiben**.
Meine Freunde mußten bei uns **übernachten**.
Wir möchten heute abend ins Kino **gehen**.
Hier darf man keine Aufnahmen **machen**.

INFINITIVE WITH **lassen**   Ich ließ den Arzt **kommen**.

INFINITIVE WITH **hören**   Wir hörten ihn einmal **singen**.
AND **sehen**   Er sah mich von weitem **kommen**.

Infinitives dependent on verbs other than modal auxiliaries, **lassen, hören** and **sehen** are preceded by **zu**.

Er wünschte hier **zu bleiben**.
Sie brauchen das heute nicht **zu tun**.

Objects and modifiers of an infinitive precede **zu** and the infinitive.

Wir wünschten, **in Berlin das Schillertheater** zu besuchen.

The infinitive with **zu** is used in combination with **anstatt, um** and **ohne;** in this usage **anstatt, um** and **ohne** do not have the function of prepositions.

Anstatt in die Oper **zu gehen,** blieben wir zu Hause.
Instead of going to the opera we stayed at home.

Ich ging auf mein Zimmer, **um** die Schularbeit **zu machen.**
I went to my room in order to do the lesson.

Er ist nach Berlin gefahren, **um** dort eine Rede **zu halten.**
He went to Berlin to give a speech.

Um eine gute Stellung **zu finden,** muß man oft lange suchen.
In order to find a good position, one must often look a long time.

Ohne ein Wort **zu sagen,** verließ er das Zimmer.
Without saying a word he left the room.

Wir haben alles gemacht, **ohne** es ihm **zu sagen.**
We did everything without telling him.

The double infinitive is composed of the infinitive of the main verb in combination with the infinitive of modal auxiliaries, **lassen, hören** or **sehen.** Double infinitives may be used in the indicative and subjunctive compound tenses.

WITHOUT DOUBLE INFINITIVE	WITH DOUBLE INFINITIVE
Ich habe es nicht gekonnt.	Ich habe es nicht **tun können.**
I wasn't able (to do) it.	*I wasn't able to do it.*
Wir haben den Wagen auf der Straße gelassen.	Wir haben den Wagen auf der Straße **stehen lassen.**
We left the car in the street.	*We left the car standing in the street.*
Er wird einige Tage hier bleiben.	Er wird einige Tage hier **bleiben müssen.**
He will stay here several days.	*He will have to stay here several days.*
Ich habe ihn oft gehört.	Ich habe ihn oft **singen hören.**
I have often heard him.	*I have often heard him sing.*

2. PARTICIPLES

The past participle of a weak verb is formed by adding the prefix **ge-** and the suffix **-t** to the infinitive stem.

$$\text{ge- + -reis- + -t} = \text{gereist}$$

The past participle of a strong verb is formed by adding the prefix **ge-** and the suffix **-en** to the participial stem.

$$\text{ge- + -stand- + -en} = \text{gestanden}$$

The past participles of modal auxiliaries, **wissen** and the irregular weak verbs are formed by adding the **ge-** prefix and the **-t** suffix to the stem of the past indicative.

	PAST INDICATIVE STEM	PAST PARTICIPLE
MODAL AUXILIARY	**durf**te	gedurft
WISSEN	**wuß**te	gewußt
IRREGULAR WEAK VERB	**kann**te	gekannt

The participial prefix **ge-** is omitted in all verbs having an inseparable prefix.

INFINITIVE	PAST PARTICIPLE
begrüßen	begrüßt
verstehen	verstanden
zerstören	zerstört

The participial prefix **ge-** is retained in all verbs having a separable prefix.

INFINITIVE	PAST PARTICIPLE
abholen	abgeholt
ankommen	angekommen
herstellen	hergestellt

The present participle is formed by adding the suffix **-d** to the infinitive.

fahren**d**
regieren**d**
tanzen**d**

The present participle is used principally as a modifying adjective and takes adjective endings.

der fahrende Schüler	*the traveling scholar*
der Regierende Bürgermeister	*the Governing Mayor*
die tanzenden Gestalten	*the dancing figures*

The present participle is used occasionally as an adverb.

| Die Gestalten gingen **tanzend** durch die Straßen des Dorfes. | *The figures went dancing through the streets of the village.* |

The passive participle is formed by the past participle of the main verb combined with **worden.**

gesehen worden
begrüßt worden

S. WORD ORDER

1. NORMAL WORD ORDER

Normal word order has the following sequence: 1) subject and its modifiers, 2) conjugated verb, 3) all other elements of the predicate.

1	2	3
Ich	sehe	ihn selten.
Wir	haben	den Beamten darüber gefragt.

Normal word order occurs in simple sentences and independent clauses. Certain elements, such as an expletive, an independent clause, an interjection or a coordinating conjunction, may precede the subject.

EXPLETIVE	**Ja,** ich gehe im Herbst auf die Universität.
	Nein, wir haben das Volksfest nicht gesehen.
INDEPENDENT CLAUSE	**Ich weiß,** du hast nichts davon verstanden.
INTERJECTION	**Au!** Der Kaffee ist aber heiß.
COORDINATING CONJUNCTION	Ich bleibe in der Stadt, **aber** die Eltern verbringen die Ferien auf dem Lande.

2. INVERTED WORD ORDER

In inverted word order the conjugated verb precedes the subject. Inversion occurs when a predicate element precedes the subject of a simple sentence or an independent clause. If a subordinate clause precedes, the main clause has inverted word order. The sequence is the following: 1) predicate element or subordinate clause, 2) conjugated verb, 3) subject, 4) all other predicate elements.

1	2	3	4
Heute	gehen	wir	in die Schule.
Ob er das macht,	kann	ich	Ihnen nicht sagen.

PREDICATE ELEMENT PRECEDING **Den Brief** hatte er nicht erwartet.
SUBJECT
Mir haben sie nichts gegeben.
Heute sind die Geschäfte geschlossen.
Am vorigen Tag fuhren wir in die Berge.
In München gibt es viel zu sehen.

SUBORDINATE CLAUSE PRECEDING **Als er gestern in der Stadt war,** kaufte er
MAIN CLAUSE
sich einen neuen Anzug.

Questions and the imperative of **Sie** and **wir** have inverted order.

QUESTION
In welchem Jahre fand die Währungsreform statt?
Haben Sie dieses Buch gelesen?
Wann kommen Sie auf Besuch?
Was wird er damit tun?

IMPERATIVE OF
Sagen Sie das nicht!
Sie AND **wir**
Gehen wir dorthin!

A preceding quotation is followed by inverted word order.

QUOTATION
„Ja", sagte er, „Sie haben recht."
„Wohin gehen wir jetzt?" hat das Kind gefragt.

In inverted word order, a pronoun object usually precedes a noun subject.

PRONOUN OBJECT PRECEDING   Wie gefällt **Ihnen** das Leben in Deutschland?
NOUN SUBJECT

3. TRANSPOSED WORD ORDER

Transposed word order is used only in subordinate clauses. The conjugated verb is placed at the end of the clause. The sequence is the following: 1) subordinating conjunction or relative pronoun, 2) subject, if other than a relative pronoun, 3) predicate elements, 4) conjugated verb.

1	2	3	4
...als	wir	gestern abend nach Hause	kamen
...der		uns oft besucht	hat
...den	ich	sehr gut	kenne

SUBORDINATING CONJUNCTION

Ich weiß, **daß** du wenig Zeit hast.

Wir haben ihm geholfen, **weil** er zu viel Arbeit gehabt hat.

Da er schon gestern nach Köln gefahren ist, wird er wohl morgen oder übermorgen zurückkehren.

RELATIVE PRONOUN

Der Mann, von **dem** wir so oft gesprochen haben, war natürlich nicht da.

Der Wagen, **den** wir gekauft haben, ist ein VW.

In subordinate clauses containing a double infinitive the conjugated verb is placed immediately in front of the double infinitive.

Ich weiß, daß er gestern abend nach Köln **hat** fahren müssen.

Glaubst du, daß ich die ganze Aufgabe **werde** lesen können?

4. ORDER OF OBJECTS IN THE PREDICATE

The order of the direct and indirect objects varies according to the combination of nouns and pronouns used. The direct object precedes if it is a pronoun; it follows if it is a noun.

DIRECT OBJECT/INDIRECT OBJECT

Er hat   **es**   **dem Mann** gegeben.
     (pronoun)   *(noun)*

Er hat   **es**   **ihm**   gegeben.
     (pronoun)   *(pronoun)*

INDIRECT OBJECT/DIRECT OBJECT

Er hat **dem Mann** **das Geld** gegeben.
     (noun)   *(noun)*

Er hat   **ihm**   **das Geld** gegeben.
     (pronoun)   *(noun)*

5. ORDER OF ADVERBIAL ELEMENTS IN THE PREDICATE

Although the word order of adverbial elements in the predicate is somewhat flexible, this sequence often prevails: 1) time, 2) manner, 3) place.

TIME BEFORE MANNER   Ich bin **um sieben Uhr** rechtzeitig angekommen.

TIME BEFORE PLACE   Wir haben ihn **gestern** im Gasthaus gesehen.

MANNER BEFORE PLACE   Er fuhr **schnell** nach Hause.

An adverbial element of the predicate may precede the subject.

Gestern haben wir ihn im Gasthaus gesehen.

Im Büro muß man schwer arbeiten.

Um sieben Uhr gingen wir ins Kino.

6. ORDER OF OBJECTS AND ADVERBIAL ELEMENTS

When objects and adverbs appear in the predicate, the shorter element usually precedes the longer one.

OBJECT PRECEDING LONGER ADVERB	Ich habe **es** gestern gekauft.
ADVERB PRECEDING LONGER OBJECT	Wir trafen **gestern** unseren alten Freund aus Zürich.

7. POSITION OF NEGATIVES

A negative tends to precede the element it negates.

> **Nicht** der Vater war da, sondern der Onkel.
> Ich fahre **nicht** am Montag dorthin, sondern am Dienstag.

When the sentence is negated as a whole, the negative is placed at or near the end of the clause, but just before verb prefixes, infinitives, past participles, some prepositional phrases, predicate adjectives and predicate nominatives.

AT END OF CLAUSE	Ich kenne ihn **nicht.** Wir besuchten sie **niemals.**
BEFORE VERB PREFIX	Ich stand an jenem Morgen gar **nicht** auf.
BEFORE INFINITIVE	Sie werden das **nie** gebrauchen.
BEFORE PAST PARTICIPLE	Er hat das gestern **nicht** gemacht.
BEFORE PREPOSITIONAL PHRASE	Wir gingen gestern abend **nicht** ins Kino.
BEFORE PREDICATE ADJECTIVE	Das Wetter ist in den letzten Tagen gar **nicht** schön.
BEFORE PREDICATE NOMINATIVE	Er ist **nicht** der richtige Mann für diese Stellung.

8. POSITION OF INFINITIVES AND PAST PARTICIPLES

Infinitives and past participles are placed at the end of simple sentences and independent clauses. In dependent clauses, infinitives and past participles are usually followed by the finite verb.

SIMPLE SENTENCE	Werden Sie morgen in die Stadt **gehen?** Ich möchte einmal Berlin **besuchen.** Wir haben den Film schon **gesehen.** Er ist am Karlsplatz **ausgestiegen.**
INDEPENDENT CLAUSE	Sobald das passiert, werde ich es ihm **sagen.** Er hat bei einer Firma in Mainz **gearbeitet,** ehe er nach Frankfurt zog.
DEPENDENT CLAUSE	Er weiß, daß ich nichts **sagen** kann. Ich fuhr nach Köln, weil ich dort mein Geschäft **verkauft** habe. Kennst du die Frau, die an uns **vorbeigegangen** ist?

AUSSPRACHE

A. CONSONANTS

SOUND	NEAREST ENGLISH EQUIVALENT	GERMAN SPELLING	EXAMPLES
b	b in "boy"	b at the beginning of a syllable	Buch, Bleistift haben, Brücke
Back-ch	The back-ch has no English equivalent and can be learned only by imitation.	ch after a, au, o or u	machen, auch, doch, Buch
Front-ch	The front-ch has no English equivalent and can be learned only by imitation.	ch after e, ei, i, ie, l, n or r; ch at the beginning of a syllable; g in final position after i	echt, weich, ich, riechen, welcher, mancher, durch, Chemie, richtig
d	d in "dog"	d at the beginning of a syllable	der, doch, finden, Hände
f	f in "fun"	f, v or ph	Frau, Professor, von, viele, Philosophie
g	g in "go"	g at the beginning of a syllable	gut, Geld, Glas, tragen
h	h in "hot"	h at the beginning of a syllable	Hand, heute, Herr, hierher
Silent h		The letter h is silent in the middle and at the end of a syllable, except in the combination ch.	ihn, gehen, sehen, sieh, Sohn, Halsweh
k	ck in "back"	ck and k; g at the end of a syllable, except in the combinations ig and ng; g before final voiceless consonants	dick, zurück, Amerika, kommen, Kneipe, Knie, Berg, Tag, fragt, sagst
kv	qu in "quill" except that u is pronounced like English v	qu	Quecksilber, Quelle
l	somewhat like English l but produced farther forward in the mouth	l, ll	Fräulein, Land, lernen, lesen, Ballade, Fall
m	m in "mouse"	m, mm	Amerika, im, immer, Mann
n	n in "no"	n, except in the combination ng; nn	Damen, Herren, in, nun, und, innerhalb, rennen

SOUND	NEAREST ENGLISH EQUIVALENT	GERMAN SPELLING	EXAMPLES
ng	ng in "singer"; never ng in "finger" or "ranger"	ng	bringen, England, Finger, lange
p	p in "pit"	p, pp; b at the end of a syllable or before final voiceless consonants	Post, Preis, Puppentheater, Suppe, ab, abfahren, verabschieden, gibt
pf	Pf has no English equivalent and must be learned by imitation.	pf	Apfel, Pfadfinder, Pferd, pflegen
r	The German uvular r and the tongue-trilled (rolled) r have no English equivalent and must be learned by imitation.	r, rr	der, Frau, Professor, rot, Vater, Herr, Sperre
s	s in "so"	s at the end of a syllable or before final voiceless consonants; ss, ß	bis, das, es, ist, Wurst, essen, daß, heißen, muß
z	z in "zebra"	s at the beginning of a syllable, except in the combinations sch, sp and st	lesen, sehen, sehr, Sie, so, wieso, Wiese
sh	sh in "ship"	sch, initial s in the combinations sp and st at the beginning of a syllable	frisch, schlafen, schon, waschen, sprechen, spät, Stelle, Straße
t	t in "too"	t, dt, th and tt; d at the end of a syllable or before final voiceless consonants	mit, trägt, sandte, Schmidt, wandte, Goethe, Mathematik, Theater, Butter, retten, Sitte, tritt, Land, Hand, Rad, und, Deutschlands
ts	ts in "rats"	ds, ts, tz, z; t before -ion and -ient	abends, gibt's, Katze, schwarz, vierzig, zusammen, Produktion, national, Patient
v	v in "very"	w	schwarz, wann, was, wo, wieder, zwei
x	x in "axe"	chs, x	Fuchs, ochsen, wachsen, Max
y	y in "yes"	j	ja, jetzt, jeder, Jugend

B. VOWELS

German vowels are usually short if immediately followed by more than one consonant.

> finden, hatte, Hoffnung, können

German vowels are long if

a) the vowel is doubled

> paar, See

b) followed by silent **h**

> gehen, ihn, sah

c) occurring in the stressed syllable and immediately followed by no more than one consonant

> Bruder, leben, tragen

d) occurring in the conjugational form of a verb whose infinitive stem contains a long vowel

> lest (infinitive: lesen), trägt (infinitive: tragen)

SOUND	NEAREST ENGLISH EQUIVALENT	EXAMPLES
Long a	a in "father"	habe, habt, nahmen, Name, paar, Saal, Vater
Short a	a in "father" but very short in duration	Anne, Hans, Mann, Last
Long e	a in "gate"	gehe, Helene, Kopfweh, See, Wehrmacht, wer
Short e and Short ä	e in "bed"	des, es, Essen, Helene, Professor, Hände, Männer, Neustätter
Unaccented (Slurred) e	a in "sofa" and "about" (Unaccented e occurs mainly in unstressed grammatical affixes.)	beantworten, Brücke, gegeben, Helene, Sache
Long i	ee in "see"	die, hier, ihn, Kino, sieht, Maschine, wieder
Short i	i in "sit"	bin, ich, mit, Schmidt, sind
Long o	o in "so"	so, Robert, rot, wo, wohnen
Short o	o in "for"	antwortet, doch, dort, hoffentlich, kommen, Sonne
Long u	oo in "boot"	Bruder, Buch, gut, Hut, Ruf, Ruhe, tun
Short u	u in "put"	Hamburg, Stunde, um, und, uns
Long ä	a in "gate"; pronounced like German long e	Dänemark, gäbe, Mädchen, trägt
Short ä	See short e.	
Long ö	a in "gate" but with lips rounded and protruded	hören, Klöße, König, Möbel, schön

SOUND	NEAREST ENGLISH EQUIVALENT	EXAMPLES
Short ö	e in "bed" but with lips rounded and protruded	öffnen, öfter, möchte, Töchter, zwölf
Long ü	e in "see" but with lips rounded and protruded	Bücher, Stühle, Tür, über, Übung
Short ü	i in "sit" but with lips rounded and protruded	Brücke, fünf, Müller, müssen, Stück
Diphthong ei and ai	i in "mice"	Bleistift, heißen, mein, nein, Mai, Haifisch
Diphthong au	ow in "cow"	auch, auf, aus, Frau, Paul
Diphthong eu and äu	oy in "boy"	heute, Neumann, neun, Häuser, Fräulein

C. WORD STRESS

Most German words are stressed on the first syllable.

Bre'men, fah'ren, le'sen, Stau'werk

Common exceptions to this are:

a) verbs beginning with the unstressed (inseparable) prefixes **be-, emp-, ent-, er-, ge-, miß-, ver-** and **zer-**

bekom'men, empfeh'len, entfer'nen, erfin'den, gefal'len, mißverste'hen, vertei'digen, zerstö'ren

b) nouns derived from inseparable verbs

Bedeu'tung, Beginn', Beglei'ter, Entschei'dung, Ergeb'nis, Erho'lung, Erin'nerung, Verord'nung, Verspä'tung, Zerstö'rung

c) verbs ending in -ieren
probie'ren, regie'ren, studie'ren

d) nouns of foreign origin with stress on the last syllable
Hotel', Ingenieur', Natur', Restaurant'

e) nouns with stressed endings -ant, -ent, -ei, -ie, -ion and -ist
Pedant', Student', Konditorei', Soziologie', Organisation', Spezialist'

f) nouns ending in -or stressed on the next to last syllable in both singular and plural

SINGULAR	PLURAL
Profes'sor	Professo'ren
Mo'tor	Moto'ren

INTERPUNKTION

A. COMMA

1. SUBORDINATE CLAUSES

a. Clauses Introduced by Subordinating Conjunctions

Clauses introduced by subordinating conjunctions are separated from the rest of the sentence by commas.

> Ich weiß, **daß er morgen zu mir kommt.**
> Wir haben es geglaubt, **weil Sie es uns gesagt haben.**
> **Da er noch nicht hier ist,** können wir nichts anfangen.

b. Relative Clauses

A relative clause is separated from the rest of the sentence by a comma (or commas).

> Kennen Sie die Frau, **die eben eingestiegen ist?**
> Der Mann, **der das Geld verloren hatte,** war der Wirt.

2. CLAUSES INTRODUCED BY **UND** OR **ODER**

A comma separates two coordinate clauses connected by **und** or **oder** if the clauses have different subjects.

> Das Wetter ist so warm, und die Landschaft sieht so schön aus.

3. EXPRESSIONS OF THE SAME ORDER

A comma separates two expressions of the same order if they are not connected by **und** or **oder.**

> Er arbeitete in seinem **großen, schönen** Garten.

4. APPOSITIONS

An apposition is usually separated from the rest of the clause by a comma (or commas).

> Friedrich, **der große preußische König,** starb im Jahre 1786.
> Kennen Sie den Oberbürgermeister, **Herrn Dr. Wangel?**

5. INFINITIVE PHRASES

An infinitive phrase with **zu, um . . . zu, ohne . . . zu** or **anstatt . . . zu** is set off by a comma if it contains modifiers or objects.   An occasional exception occurs if the phrase is very short.

> Er wünschte, **einen Besuch bei den Verwandten auf dem Lande zu machen.**
> Er ist in sein Zimmer gegangen, **um seinen Hut zu holen.**
> **Ohne ein Wort zu sagen,** ging sie an mir vorbei.
> **Anstatt es mir zu sagen,** hat er es im ganzen Dorf verbreitet.

6. EXPLETIVES

Words such as **ach, also, doch, ja, nein, nun** and **oh** are normally set off by a comma.   When given special emphasis, as in an ejaculation, they are followed by an exclamation point.

> **Ach,** das habe ich gar nicht gewußt.
> **Also,** da haben wir es.
> **Doch,** das hat sie mir gesagt.
> **Ja,** ich kenne ihn schon.
> **Nein,** das habe ich nicht gehört.
> **Nun,** was willst du machen?
> **Oh,** das glaube ich nicht.

7. QUOTATIONS

A quotation, direct or indirect, beginning a sentence is followed by a comma.

> **„Ich fahre morgen in die Stadt",** sagte er.
> **Er wäre schon einmal in Köln gewesen,** erwiderte er.

8. ENUMERATIONS

Items of an enumeration are separated by commas with the exception of the last two items listed.

> Ich habe mir **ein Paar Schuhe, einen Hut, einen Anzug** und **eine Jacke ge-kauft.**

9. DATES

In dates a comma separates the name of the day of the week from the rest of the date.

> Sonntag, den 3. Oktober 1966

10. DECIMALS

A comma is usually used as the decimal point.

> 8,8
> 976 543,91

11. SALUTATIONS

In modern usage, a comma may follow the salutation of a letter.

> Lieber Hans,
> Sehr geehrter Herr Dr. Ranke,

12. CLOSING OF LETTERS

There is no comma after the closing of a letter.

BUSINESS LETTER	Hochachtungsvoll
FRIENDLY LETTER	Mit herzlichen Grüßen
	Ihr

B. EXCLAMATION POINT

1. IMPERATIVES

An imperative, if emphatic, is followed by an exclamation point.

> Steigen Sie ein!
> Vorsicht bei der Abfahrt!

2. EXCLAMATIONS

An exclamation point usually follows any exclamation or emphatic expression.

> Wenn wir doch zu Hause wären!
> Au!

3. SALUTATIONS

An exclamation point may follow the salutation of a letter.

> Meine lieben Freunde!
> Lieber Karl!
> Sehr geehrter Herr Dr. Rotpfennig!

C. COLON

1. DIRECT DISCOURSE

A colon precedes a direct quotation.

> Dann sagte er: „Ich weiß jetzt, was wir machen müssen."

2. ENUMERATIONS

A colon precedes an enumeration of items.

> Das Jahr hat zwölf Monate: Januar, Februar, März . . .

3. SENTENCES

A colon frequently precedes a sentence which is closely related to the preceding sentence.

> Ich konnte es schon an seinem Gesicht sehen: er hatte große Angst.

D. QUOTATION MARKS

1. DIRECT DISCOURSE

Quotation marks enclose direct discourse.

> „Hier darf man keine Aufnahmen machen", sagte der Polizist.

2. TITLES

Quotation marks enclose the title of a book, the name of a poem and the title of any prose writing or musical composition.

> Goethes „Faust"
> Wagners „Parsifal"
> „Mario und der Zauberer" von Thomas Mann

3. SPECIAL NAMES

Quotation marks enclose the names of inns, hotels, restaurants, trains and ships.

> das Gasthaus „Zum Schwarzen Roß"
> der „Rheingold-Expreß"
> die „Esso Deutschland"

GROSS-SCHREIBUNG

All nouns are capitalized.

The pronoun **ich** is not capitalized except as the first word of a sentence.

The declensional forms of **Sie,** pronoun of formal address, are capitalized.

The possessive adjective of formal address is capitalized.

In letters all pronouns and possessive adjectives referring to the recipient are capitalized.

In the titles of articles, musical compositions and literary writing, the first word, nouns, the pronouns of formal address and adjectives derived from the names of cities are capitalized.

Adjectives derived from names of cities are capitalized.

> die Berliner Mauer, der Kölner Dom, im Münchener Hauptbahnhof

The names of languages are capitalized.

> Deutsch, Englisch, im Französischen

Adjectives denoting nationality are not capitalized.

> die deutsche Sprache, der amerikanische Geist, die bayrische Hauptstadt

ZAHLEN

A. CARDINAL NUMBERS

The cardinal number **eins** is used in calculations and counting. The indefinite article replaces it when it accompanies a noun. The other cardinal numbers usually appear as limiting adjectives when they precede a noun, but have no adjective endings.

> Die **drei** jungen Leute sind Studenten.
> **Fünfundzwanzig** Bücher lagen auf dem Tisch.

Starting with **eine Million** the cardinal numbers are treated as nouns.

The cardinal numbers are as follows:

1	eins	11	elf
2	zwei	12	zwölf
3	drei	13	dreizehn
4	vier	14	vierzehn
5	fünf	15	fünfzehn
6	sechs	16	sechzehn
7	sieben	17	siebzehn
8	acht	18	achtzehn
9	neun	19	neunzehn
10	zehn	20	zwanzig

21	einundzwanzig	100	hundert
22	zweiundzwanzig	101	hunderteins
30	dreißig	102	hundertzwei
31	einunddreißig	999	neunhundertneunundneunzig
32	zweiunddreißig	1 000	tausend
40	vierzig	8 888	achttausendachthundertachtundachtzig
50	fünfzig	976 543,91	neunhundertsechsundsiebzigtausend-
60	sechzig		fünfhundertdreiundvierzig Komma ein-
70	siebzig		undneunzig (*or* Komma neun eins)
80	achtzig	1 000 000	eine Million
90	neunzig		

B. ORDINAL NUMBERS

Except for **erst-** and **dritt-**, the ordinal numbers below **zwanzigst-** are formed by adding **-t** to the cardinal number. From **zwanzigst-** on, **-st** is added to the cardinal number. The ordinal form of **sieben** can be either **siebt-** or **siebent-**. The ordinal numbers are used as adjectives and require adjective endings.

> Der erste Mann in der Reihe war immer Schulz.
> Am dritten Tag wurde es wieder kalt.
> Montag ist der vierte Januar.
> Sein zwanzigstes Lebensjahr verbrachte er in Amerika.

C. MATHEMATICAL EXPRESSIONS

The fraction ½ is expressed as **ein halb**; it takes adjective endings if it precedes a noun.

> Er hat ein halbes Stück Kuchen gegessen.

Other fractions with denominators from three through nineteen are expressed as neuter nouns with the suffix **-tel** added to the cardinal numbers; fractions with denominators above nineteen add the suffix **-stel** to the cardinal numbers.

¼	ein Viertel
¾	drei Viertel
⅞	sieben Achtel
$\frac{4}{21}$	vier Einundzwanzigstel

In decimal fractions the decimal point is usually written as a comma.

> 8,8   acht Komma acht

Simple arithmetic calculations are expressed as follows:

$2 + 3 = 5$	Zwei und drei ist fünf.
$7 - 4 = 3$	Sieben weniger (*or* minus) vier ist drei.
$6 \times 8 = 48$	Sechs mal acht ist achtundvierzig.
$27 : 3 = 9$	Siebenundzwanzig geteilt durch drei ist neun.
	(*The colon is the symbol for division in German.*)

DAS ALPHABET IN FRAKTUR

Fraktur type was used in most German printing until 1945.   Since then it has rarely been used.

𝕬	a	𝕵	j	𝕾	ſ s
𝕭	b	𝕶	k	—	ſʒ*
𝕮	c	𝕷	l	𝕿	t
𝕯	d	𝕸	m	𝖀	u
𝕰	e	𝕹	n	𝖁	v
𝕱	f	𝕺	o	𝖂	w
𝕲	g	𝕻	p	𝖃	x
𝕳	h	𝕼	q	𝖄	y
𝕵	i	𝕽	r	𝖅	z

* Digraph s (ß) is used both in *Fraktur* and Roman type; it is not capitalized. It is used instead of double s (ss) after a long vowel or diphthong, before a consonant and in final position. Double s occurs only between short vowels.

After long vowel	gießen, stoßen
After diphthong	außer, Preußen
Before consonant	mußte, gewußt
Final position	Fuß, muß, Schloß
Between short vowels	fassen, geschlossen, müssen, wissen

Wortschatz

NOUNS

Masculine and neuter nouns are listed with (1) the definite article, (2) the genitive singular ending, and (3) the formation of the plural:

> der Sohn, –es, ̈e
> der Brief, –(e)s, –e
> das Kind, –(e)s, –er
> das Fenster, –s, –

(e) indicates that *e* may be omitted. ̈e, –e and –er indicate the plural formation: *Söhne, Briefe, Kinder.* – indicates no change in forming the plural: *Fenster.*

Masculine nouns followed by –en, –en or –n, –n take those endings in all cases, singular and plural, except in the nominative singular:

> der Student, –en, –en
> der Bayer, –n, –n

Feminine nouns are listed only with the definite article and the plural formation:

> die Maschine, –en
> die Mutter, ̈

A few feminine nouns derived from adjectives are followed by –n, –n. Such nouns take –n in the genitive and dative singular as well as in all cases of the plural:

> die Illustrierte, –n, –n

Neuter nouns followed by –n take that ending in the genitive and dative singular:

> das Geringste, –n

No plural exists in normal usage for some nouns:

> der Militarismus, –
> der Zorn, –(e)s
> die Musik
> das Geringste, –n

VERBS

The principal parts of strong verbs are listed as follows:

> beginnen, begann, begonnen
> sprechen (spricht), sprach, gesprochen

The infinitive is given first. If the stem vowel changes in the second person familiar and third person singular present, the third person singular is given in parentheses. The first and third person singular of the past tense is given next; this is followed by the past participle.

Only the infinitive of weak verbs is listed.

Ist occurs with the past participle of verbs requiring *sein* as the auxiliary in the perfect tenses:

> fahren (fährt), fuhr, **ist** gefahren
> reisen, **ist** gereist

ADJECTIVES AND ADVERBS

Adjectives and adverbs with irregular comparison are listed with the comparative and superlative forms:

schwarz, schwärzer, schwärzest–
gern, lieber, am liebsten

Adjectives followed by a hyphen do not stand alone and can be used only with an ending:

hoh–, meist–

ABBREVIATIONS

The following abbreviations are used:

acc.	accusative	masc.	masculine
adj.	adjective	math.	mathematical
adv.	adverb	neut.	neuter
arch.	archaic	nom.	nominative
art.	article	num.	number, numerical
aux.	auxiliary	obj.	object
card.	cardinal	pass.	passive
coll.	colloquial	plur.	plural
conj.	conjunction	poet.	poetic
coord.	coordinating	poss.	possessive
dat.	dative	pred.	predicate
def.	definite	pref.	prefix
demonstr.	demonstrative	prep.	preposition
fam.	familiar	pron.	pronoun
fem.	feminine	refl.	reflexive
fut.	future	rel.	relative
gen.	genitive	sep.	separable
indecl.	indeclinable	sing.	singular
indef.	indefinite	superlat.	superlative
inf.	infinitive	subord.	subordinate
interrog.	interrogative	trans.	transitive
intrans.	intransitive		

DEUTSCH–ENGLISCH

A

ab und zu now and then, occasionally

der Abend, –s, –e evening; **zu Abend** in the evening; **eines Abends** one evening; **gestern abend** yesterday evening, last night; **heute abend** this evening; **morgen abend** tomorrow evening

das Abendessen, –s, – evening meal

abendlich (*adj.*) evening

abends in the evening

der Abendstudent, –en, –en student attending night school

die Abenteuerlust desire for adventure

aber (*coord. conj.*) but, however

abfahren (fährt ab), fuhr ab, ist abgefahren to depart

die Abfahrt, –en departure

abfassen to write, compose

sich abfinden, fand sich ab, sich abgefunden (mit) to adjust to; **sie wird sich leicht damit abfinden** she will adjust readily to it

abfliegen, flog ab, ist abgeflogen to take off, leave the ground in flight

abhängen, hing ab, abgehangen (von) to depend (on)

abholen to meet, pick up

das Abitur, –s, –e examination given at the end of the secondary school qualifying for graduation from the *Gymnasium* and for admission to the university; **das Abitur machen** to pass the qualifying examination

das Abkommen, –s, – agreement

ablegen to take (an examination)

ablehnen to refuse, reject

die Ablehnung, –en refusal, rejection

die Abneigung, –en disinclination

der Absatz, –es, ⸗e paragraph

abschicken to send off

der Abschied, –(e)s, –e departure, farewell; **Abschied nehmen** to take leave

das Abschlußexamen, –s, (*plur.*) –examina final examination

die Absicht, –en intention

die Abstammung, –en origin, descent, ancestry; **er ist deutscher Abstammung** he is of German descent

der Abstieg, –(e)s, –e decline

abweisen, wies ab, abgewiesen to reject

die Abwesenheit absence

ach oh, ah, alas; **ach so** oh, oh yes, indeed; **ach was!** nonsense! so what?

acht eight; **acht–** eighth

achten to respect

achttausendachthundertachtundachtzig eight thousand eight hundred eighty-eight

achtundfünfzig fifty-eight

achtundzwanzig twenty-eight

achtzehn eighteen; **achtzehnt–** eighteenth

achtzig eighty

der Adel, –s nobility

der Adelstand, –(e)s nobility, rank of nobility

das Adjektiv, –s, –e adjective

die Adjektivendung, –en adjective ending

der Adler, –s, – eagle

die Adresse, –n address

der Affe, –n, –n monkey

(das) Afrika, –s Africa

(das) Ägypten, –s Egypt

ähnlich (*as pred. adj. with dat.*) similar, resembling, like

die Air France name of French airline

akademisch academic

der Akkusativ, –s, –e accusative case

der Akt, –(e)s, –e act

die Aktiengesellschaft, –en (AG) stock company

aktiv active; **das Aktiv, –s, –en** active voice; **der Aktive, –n, –n** participant

der Aktivsatz, –es, ⸗e sentence containing verb in the active voice

der Akzent, –s, –e accent

alias alias

der Alkohol, –s, –e alcohol

allein (*pred. adj. and adv.*) alone; (*coord. conj.*) only

allerdings　to be sure, of course
allerlei (*indecl. adj. and pron.*)　all sorts of things, a variety
alles, (*plur.*) **alle**　everything, everyone; **vor allem**　above all
allgemein　general, universal; **im allgemeinen**　in general; **die Allgemeine Elektrizitätsgesellschaft (AEG)**　General Electric Company
allhier (*poet.*)　here
der **Alliierte, –n, –n**　ally
allmählich　gradual
alltäglich　everyday
das **Alltagsleben, –s**　everyday life
allzu　too much, far too
die **Alpen**　Alps
das **Alphabet, –(e)s, –e**　alphabet
als (*subord. conj.*)　as, than; when; **als ob** (*subord. conj.*)　as if; **als wenn** (*subord. conj.*)　as if
also　so, thus
alt, älter, ältest–　old; **etwas Altes**　something old; der **Alte, –n, –n**　old man; der **Alte Herr, –(e)n, –en**　alumnus of a fraternity
die **Altane, –n**　terrace or balcony usually covered but open at the sides
das **Alter, –s, –**　age
altklug　precocious
altmodisch　old-fashioned
am = an dem
der **Amazonas, –**　Amazon River
(das) **Amerika, –s**　America
der **Amerikaner, –s, –/** die **Amerikanerin, –nen**　American
amerikanisch (*adj.*)　American
die **Amerikanisierung, –en**　Americanization
das **Amt, –(e)s, –̈er**　office; das **Amt für Fragen der Heimatvertriebenen**　Office for Matters Relating to Expellees
amtlich　official
an (*with dat.*)　at, by, near, on; (*with acc.*)　to; **an sich**　in itself
analytisch　analytic
die **Ananas, –se**　pineapple
anbieten, bot an, angeboten　to offer
das **Andenken, –s, –**　memory, remembrance
ander–　other
ändern　to change, alter
anders (*pred. adj. and adv.*)　different(ly)

die **Anekdote, –n**　anecdote
der **Anfang, –(e)s, –̈e**　beginning
anfangen (**fängt an**)**, fing an, angefangen**　to begin
anführen　to quote, cite
angeben (**gibt an**)**, gab an, angegeben**　to indicate, state
angeboren　inborn
angehen, ging an, angegangen　to concern; **das geht Sie nichts an**　that doesn't concern you
angehören (*with dat. obj.*)　to belong to, be a member of
die **Angelegenheit, –en**　affair, matter
angenehm (*as pred. adj. with dat.*)　pleasant, nice; **sehr angenehm**　very nice (to meet you *or* to make your acquaintance)
der **Angestellte, –n, –n**　employee
der **Angetretene, –n, –n**　entrant
angießen, goß an, angegossen　to pour on; **wie angegossen**　a perfect fit
die **Angst, –̈e**　anxiety, fear
ängstigen　to frighten, intimidate
anhaben, hatte an, angehabt　to wear, have on
der **Anhalter: per Anhalter**　by hitchhiking
das **Anhören, –s**　listening
anklagen　to accuse
ankommen, kam an, ist angekommen　to arrive
die **Ankunft, –̈e**　arrival
die **Anlage, –n**　park
anlegen　to lay out, plant
die **Anmeldung, –en**　notification, announcement
die **Anmerkung, –en**　note
annehmen (**nimmt an**)**, nahm an, angenommen**　to accept, assume
anprobieren　to try on (a garment)
die **Anredeform, –en**　form of address
anreden　to address, speak to
ans = an das
ansaufen (**säuft an**)**, soff an, angesoffen**　to drink to the point of intoxication
die **Anschauung, –en**　philosophy, attitude, view
das **Anschauungsmaterial, –s, –ien**　visual aid(s)
anschlagen (**schlägt an**)**, schlug an, angeschlagen**　to affix, post, nail
anschließend　following, connected

anschnallen to fasten a buckle, strap in

ansehen (sieht an), sah an, angesehen to look at; sich etwas ansehen to look at something

die Ansicht, –en view, sight; opinion; ich bin der Ansicht I am of the opinion

die Ansprache, –n speech, short address

ansprechend pleasant

der Anspruch, –(e)s, ⸚e claim; viel Zeit in Anspruch nehmen to take much time

anstatt (with gen.) instead of; anstatt ... zu (with inf.) instead of

ansteigen, stieg an, ist angestiegen to rise, increase

anstellen to employ (usually refers to employment in clerical, professional and business positions)

anstimmen to begin singing

die Antike classical antiquity

antipolitisch anti-political

antun, tat an, angetan to inflict

die Antwort, –en answer

antworten (with dat. obj.) to answer; auf eine Frage antworten to answer a question

anwenden, wandte an, angewandt to employ, make use of

die Anzahl (large) number

der Anzug, –(e)s, ⸚e suit

der Apfel, –s, ⸚ apple

das Apfelkompott, –(e)s stewed apples

der Apfelkuchen, –s, – apple cake

die Apotheke, –n pharmacy, drug store

der Apotheker, –s, –/die Apothekerin, –nen pharmacist

App. = der Apparat

der Apparat, –(e)s, –e apparatus, device, telephone extension

die Aprikose, –n apricot

der April, –(s) April

die Arbeit, –en work

arbeiten to work

der Arbeiter –s, – worker

die Arbeiterschaft working people, labor force

die Arbeiterzahl number of workers

die Arbeitshygiene job sanitation

der Arbeitskollege, –n, –n fellow worker

die Arbeitskraft, ⸚e labor force

arbeitslos unemployed; der Arbeitslose, –n, –n unemployed person

die Arbeitslosigkeit unemployment

die Arbeitsstelle, –n job, position

der Architekt, –en, –en/die Architektin, –nen architect

die Architektur, –en architecture

ärgern to vex, annoy, anger; sich ärgern to become vexed, be angry

der Arm, –(e)s, –e arm

arm, ärmer, ärmst– poor

die Armut poverty

die Art, –en kind, sort; aller Art of all kinds; eine Art Mauer a kind of wall

der Artikel, –s, – article

der Artist, –en, –en circus or vaudeville performer

der Arzt, –es, ⸚e/die Ärztin, –nen physician

die Asche, –n ash(es)

(das) Asien, –s Asia

das Asylrecht, –(e)s right of asylum

der Ätherraum, –(e)s, ⸚e ethereal space

die Atmosphäre, –n atmosphere

die Atombombe, –n atom bomb

das Attribut, –(e)s, –e adjective, attribute

au! ouch!

auch also, too

auf (with dat.) at, on, upon; (with acc.) to, on; auf deutsch in German; auf einmal suddenly; auf Wiederhören goodbye (on the telephone); auf Wiedersehen goodbye

aufatmen to breathe a sigh of relief, breathe freely

aufbauen to build up, structure, arrange; rebuild

der Aufenthalt, –(e)s, –e stay, sojourn

aufführen to perform, produce (a play)

die Aufführung, –en performance

die Aufgabe, –n lesson, assignment; task

aufgeben (gibt auf), gab auf, aufgegeben to assign; das aufgegebene Thema assigned topic

aufgehen, ging auf, ist aufgegangen

to dawn; **es ging ihm ein Licht auf** it dawned on him

aufhalten (**hält auf**), **hielt auf, aufgehalten** to detain, delay

aufleben to revive

die **Aufnahme, –n** photograph; acceptance; **Aufnahmen machen** to take pictures

die **Aufnahmeprüfung, –en** entrance examination

aufnehmen (**nimmt auf**), **nahm auf, aufgenommen** to assimilate, accept, take up

aufrechterhalten (**erhält aufrecht**), **erhielt aufrecht, aufrechterhalten** to maintain, support

die **Aufrichtigkeit** sincerity

aufs = auf das

der **Aufsatz, –es, –̈e** essay, school theme

aufschieben, schob auf, aufgeschoben to postpone

aufschließen, schloß auf, aufgeschlossen to unlock

das **Aufsehen, –s** attention, sensation

die **Aufsicht** supervision, charge

der **Aufstand, –(e)s, –̈e** revolt, uprising

aufstehen, stand auf, ist aufgestanden to get up

aufsteigen, stieg auf, ist aufgestiegen to rise, climb

aufstellen to formulate, set up

auftauchen to appear

aufwachen to awaken

das **Auge, –s, –n** eye; **im Auge** in view

der **Augenblick, –(e)s, –e** moment

die **Augenbraue, –n** eyebrow

das **Augenzelt, –(e)s** scope of vision, visual range

der **August, –(e)s** *or* **–** August

die **Aula,** (*plur.*) **Aulen** university auditorium

aus (*with dat.*) out, out of, from; **der Unterricht ist aus** the class is over

ausbeuten to exploit

ausbilden to train, educate

die **Ausbildung, –en** training, education

ausbrechen (**bricht aus**), **brach aus, ausgebrochen** to break out

sich **ausbreiten** to spread out

ausbrennen, brannte aus, ausgebrannt to burn out

sich **ausdehnen** to extend

der **Ausdruck, –(e)s, –̈e** expression

ausdrücken to express

ausfertigen to draw up (a document)

ausführlich detailed, extensive

der **Ausgang, –(e)s, –̈e** exit, gate

ausgeben (**gibt aus**), **gab aus, ausgegeben** to spend (money)

ausgehen, ging aus, ist ausgegangen to go out

ausgezeichnet excellent, outstanding

ausgleichen, glich aus, ausgeglichen to compensate, equalize

die **Auskunft, –̈e** information

das **Ausland, –(e)s** foreign country (or countries)

der **Ausländer, –s, –** / die **Ausländerin, –nen** foreigner

der **Ausländerkurs, –es, –e** course for foreigners

ausländisch foreign, from abroad

ausliefern to deliver; cede; extradite

ausmachen to decide, agree

die **Ausnahme, –n** exception

ausnehmen (**nimmt aus**), **nahm aus, ausgenommen** to except, exclude; sich **ausnehmen** to appear, seem

ausnutzen to take advantage of (an opportunity), exploit

ausprobieren to test, try out

ausschließen, schloß aus, ausgeschlossen to exclude

aussehen (**sieht aus**), **sah aus, ausgesehen** to look, appear; das **Aussehen, –s** appearance

das **Außenamt, –(e)s, –̈er** foreign office

das **Außenministerium, –s,** (*plur.*) **–ministerien** foreign ministry, state department

außer (*with dat.*) besides, except; outside of

außerdem besides

außerhalb (*with gen.*) outside of; **von außerhalb** from outside

äußern to express

außerordentlich extraordinary

äußerst extremely

die **Aussicht, –en** view, prospect

die **Aussprache, –n** pronunciation

der **Ausspruch, –(e)s, –̈e** verdict

aussteigen, stieg aus, ist ausge-

stiegen   to get off or out of a vehicle

ausstoßen (stößt aus), stieß aus, ausgestoßen   to express, utter

der **Austauschstudent, –en, –en**   exchange student

sich **austoben**   to have one's fling

ausüben   to exert, exercise

die **Auswahl, –en**   choice, selection

das **Auto, –s, –s**   automobile

die **Autobahn, –en**   *Autobahn*, four-lane highway

die **Autobahnverbindung, –en**   *Autobahn* connection

die **Autofabrik, –en**   automobile factory

die **Autofirma, (***plur.***) –firmen**   automobile firm

das **Autogeschäft, –(e)s, –e**   automobile company

der **Auto-Lackierer, –s, –**   spray painter in a body shop

das **Automodell, –s, –e**   automobile model

B

der **Bach, –(e)s, ⁓e**   brook

backen (bäckt), buk, gebacken   to bake

das **Bad, –(e)s, ⁓er**   bath, swimming pool

die **Badeabteilung, –en**   bathing department (in a spa hotel)

der **Badeanzug, –(e)s, ⁓e**   swimsuit

die **Badehose, –n**   swim trunks

baden   to bathe

(das) **Baden-Württemberg, –s**   a federal state

die **Bahn, –en**   railway; path, course

der **Bahnbeamte, –n, –n**   railway employee

der **Bahnhof, –(e)s, ⁓e**   railway station

der **Bahnsteig, –(e)s, –e**   railway platform

die **Bahnsteigkarte, –n**   ticket entitling holder to enter the concourse of a railway station

bald   soon

die **Ballade, –n**   ballad

die **Bank, ⁓e**   bench, seat

die **Bank, –en**   bank, banking establishment

bankrott   bankrupt

barbarisch   barbarian

die **Bärenhöhle, –n**   bear's den

das *or* der **Barock, –s**   baroque; **barock** (*adj.*)   baroque

die **Barockkirche, –n**   baroque church

der **Barockstil, –(e)s**   baroque style

der **Bau, –(e)s, (***plur.***) Bauten**   building, structure

der **Bauch, –(e)s, ⁓e**   abdomen

bauen   to build; **bauen lassen**   to have built

der **Bauer, –n, –n**   peasant, farmer; die **Bäuerin, –nen**   peasant woman

das **Bauernfest, –(e)s, –e**   rural festival

das **Bauernhaus, –es, ⁓er**   farm house

der **Bauernhof, –(e)s, ⁓e**   farm

die **Baufirma, (***plur.***) –firmen**   construction firm

der **Baum, –(e)s, ⁓e**   tree

der **Baustil, –(e)s, –e**   style of architecture

der **Bayer, –n, –n**   native of Bavaria

(das) **Bayern, –s**   Bavaria, a federal state

bayrisch (*adj.*)   Bavarian; das **Bayrisch(e), –(e)n**   Bavarian, dialect spoken in Bavaria

BEA = *British European Airways*

der **Beamte, –n, –n**   employee, official

beantworten   to answer

bearbeiten   to rework, revise

beauftragen   to commission, authorize, order

beben   to quiver, tremble

bedauerlich   regrettable

bedeuten   to mean, signify; **bedeutend**   significant

die **Bedeutsamkeit**   significance, importance

die **Bedeutung, –en**   meaning, significance

die **Bedienung**   service

die **Bedingung, –en**   condition

bedrohen   to threaten

beeinflussen   to influence

beenden   to finish, end

sich **befassen (mit)**   to be concerned (with)

befehlen (befiehlt), befahl, befohlen (*with dat. obj.*)   to command

die **Befehlsform, -en**   imperative

sich **befinden, befand sich, sich befunden**   to be, be situated

befolgen   to comply with, follow, observe

befreien   to free

befreundet sein (mit) to be a friend (of), be friends

begegnen, ist begegnet (*with dat. obj.*) to meet

die **Begegnung, –en** meeting

begehen, beging, begangen to commit

begehren to desire

begeistern to inspire, enrapture; **von etwas begeistert sein** to be enthusiastic about something

die **Begeisterung, –en** enthusiasm

der **Beginn, –(e)s, –e** beginning

beginnen, begann, begonnen to begin

begleiten to accompany

der **Begleiter, –s, –/** die **Begleiterin, –nen** companion, escort

begnadigen to pardon

die **Begnadigung, –en** pardon

begreifen, begriff, begriffen to comprehend, understand, conceive

der **Begriff, –(e)s, –e** concept, idea

begrenzt limited

die **Begründung, –en** reason

begrüßen to greet

behaglich comfortable, cozy

behalten (behält), behielt, behalten to keep, retain

behandeln to treat

die **Behandlung, -en** treatment

beharren to persist

beharrlich persistent

behaupten to assert, claim

behilflich helpful

die **Behörde, –n** administrative authority, department

bei (*with dat.*) with, at the house of, at the business of, at, near; **sie hat mir bei dem Bericht geholfen** she helped me with the report; **bei Nacht** by night; **er dachte bei sich** he thought to himself

beides (*sing.*) both, the two (things); **beide** (*plur.*) both, the two (people)

beifügen to add to

beiliegend enclosed (in a letter, package, etc.)

beim = bei dem

das **Bein, –(e)s, –e** leg

beinahe almost, nearly

der **Beisitzer, –s, –** juror

das **Beispiel, –(e)s, –e** example; **zum**

Beispiel (z.B.) for example

beispielsweise for example, by way of example

beißen, biß, gebissen to bite

beitragen (trägt bei), trug bei, beigetragen to contribute

beiwohnen (*with dat. obj.*) to attend

bejahend affirmative

bekannt (*as pred. adj. with dat.*) known, well-known; **bekannt machen** to introduce, acquaint; das **Bekannte, –n** the known

bekanntgeben (gibt bekannt), gab bekannt, bekanntgegeben to announce

die **Bekanntschaft, –en** acquaintance

der **Beklagte, –n, –n** defendant, accused

bekommen, bekam, bekommen to receive, obtain

beleben to revive

belegt spread; **belegtes Brot** open-face sandwich

beleidigen to offend

die **Beleidigung, –en** insult, offense

beleuchten to illuminate

das **Belieben, –s** will, choice, discretion; **nach Belieben** at will, as one sees fit

beliebt popular

bellen to bark

bemerken to observe, remark

die **Bemerkung, –en** observation, remark

sich bemühen to exert oneself, endeavor

benachteiligen to discriminate against, place at a disadvantage

sich benehmen (benimmt sich), benahm sich, sich benommen to behave; das **Benehmen, –s** behavior, conduct

benennen, benannte, benannt to name

benutzen to use, make use of

beobachten to observe

die **Beobachtung, –en** observation

bepflanzen to plant

bequem (*as pred. adj. with dat.*) convenient, comfortable

bereiten to provide, prepare

bereits already, up to this time

der **Berg, –(e)s, –e** hill, mountain

der **Bergbau, –(e)s** mining

die **Bergstraße** name of a street

der **Bericht**, –(e)s, –e report
der **Berliner**, –s, – Berliner; **Berliner** (*adj.*) Berlin
bersten (birst) **barst, ist geborsten** to burst
der **Beruf**, –(e)s, –e profession, vocation
beruflich vocational
die **Berufsausbildung** vocational training
das **Berufsinteresse**, –s, –n vocational interest
die **Berufskrankheit**, –en occupational disease
die **Berufsschule**, –n trade school, vocational school
berühmt famous
besäen to sow, dot
besänftigen to soothe, calm
die **Besatzungsmacht**, ⁻e occupation power
die **Besatzungszone**, –n occupation zone; die **Sowjetische Besatzungszone** Soviet Occupation Zone
beschaffen to obtain, procure
beschäftigen to employ; **sich beschäftigen** to be busy, deal (with); **beschäftigt** busy, occupied
bescheiden modest
die **Beschießung**, –en bombardment
beschließen, beschloß, beschlossen to decide
beschränkt limited
beschreiben, beschrieb, beschrieben to describe
besetzen to occupy
besichtigen to see, survey, do sightseeing
besitzen, besaß, besessen to possess, own; der **Besitzende**, –n, –n owner, member of the propertied class
der **Besitzer**, –s, – owner
besonder– special, particular
die **Besonderheiten** (*plur.*) particulars, details
besonders especially
besprechen (bespricht), **besprach, besprochen** to discuss
besser better (see also **gut**)
best– best (see also **gut**); das **Beste**, –n the best
beständig constant
bestehen, bestand, bestanden to

pass (an examination); insist; consist; exist; **auf etwas bestehen** to insist on something
bestellen to order
bestimmen to determine; **bestimmt** definite; destined, intended; **zur bestimmten Zeit** at the appointed time
der **Besuch**, –(e)s, –e visit, visitor(s); **auf Besuch** on a visit; **bei jemandem einen Besuch machen** to pay someone a visit
besuchen to visit; attend (a school)
der **Besucher**, –s, – visitor
sich beteiligen (an) to participate (in)
betonen to emphasize
betragen (beträgt), **betrug, betragen** to amount to
das **Betragen**, –s conduct, behavior
betreffen (betrifft), **betraf, betroffen** to concern
betreten (betritt), **betrat, betreten** to set foot in, enter; **sich betreten lassen** to step on (i.e. permit oneself to step onto)
betreuen to care for
der **Betrieb**, –(e)s, –e operation; **in Betrieb setzen** to put into operation
die **Betriebsbedingung**, –en working conditions, operating conditions
der **Betrogene**, –n, –n/die **Betrogene**, –n one who is deceived
betrügen, betrog, betrogen to deceive
das **Bett**, –(e)s, –en bed; **zu Bett** to bed; **ins Bett gehen** to go to bed (with an illness)
das **Bettelgeld**, –(e)s alms
das **Betteln**, –s begging
der **Bettler**, –s, – beggar
die **Beugung**, –en declension
die **Bevölkerung**, –en population
bevor (*subord. conj.*) before
bevorstehen, stand bevor, bevorgestanden (*with dat. obj.*) to approach, be at hand
bevorzugen to prefer, give preferential treatment
bewaffnen to arm
der **Beweggrund**, –(e)s, ⁻e motive, motivation
bewegt restless, agitated
die **Bewegung**, –en motion, movement

der **Beweis,** –es, –e proof, evidence
beweisen, bewies, bewiesen to prove
der **Bewerber,** –s, – applicant
der **Bewohner,** –s, – resident, inhabitant
bewußt (*as pred. adj. with gen.*) conscious; **er ist sich des Unrechten bewußt** he is conscious of wrong
bezahlen to pay
bezeichnen to mark, designate
die **Bezeichnung,** –en designation
beziehen, bezog, bezogen to receive, draw; **sich beziehen** (**auf**) to concern; **es bezieht sich nicht auf Sie** it doesn't concern you
der **Bezirk,** –(e)s, –e district, borough, county
die **Bibliothek,** –en library
biegen, bog, ist gebogen (*intrans.*) to turn; **hat gebogen** (*trans.*) to bend
das **Bier,** –(e)s, –e beer
die **Bierwirtschaft,** –en tavern
bieten, bot, geboten to offer
das **Bild,** –(e)s, –er picture
bilden to educate; form
der **Bildhauer,** –s, – sculptor
die **Bildung** education; formation
die **Bildungsanstalt,** –en educational institution
das **Bildungsinstitut,** –(e)s, –e educational institute
die **Bildungsmöglichkeit,** –en educational opportunity
das **Bildungsprivileg,** –(e)s, –ien educational privilege
billig cheap, inexpensive
die **Binde,** –n blindfold
binden, band, gebunden to tie, bind
die **Biologie** biology
bis (*prep. with acc. and subord. conj.*) until, up to, as far as
der **Bischof,** –s, –̈e bishop
die **Bischofsstadt,** –̈e seat of a bishopric, episcopal city
bisherig hitherto existing, until now
die **Bismarckstraße** name of a street
die **Bismarckzeit** era of Bismarck
(**ein**) **bißchen** a little
die **Bitte,** –n request; **eine Bitte an jemanden richten** to make a request of someone; **bitte** please; **bitte sehr** you're very welcome
bitten, bat, gebeten to request, ask for; **jemanden um etwas bitten** to ask someone for something
das **Blatt,** –(e)s, –̈er leaf
blau blue; **etwas Blaues** something blue
bleiben, blieb, ist geblieben to remain, stay
der **Bleistift,** –(e)s, –e pencil
blenden to blind, dazzle
der **Blick,** –(e)s, –e view, sight, look, glance
blinken to sparkle, shine
die **Blockade,** –n blockade
blond blond
bloß only, sole
die **Blume,** –n flower
der **Blumengarten,** –s, –̈ flower garden
die **Blumenstraße** name of a street
das **Blut,** –(e)s blood
die **Blüte,** –n bloom, blossoming
der **Blütendampf,** –(e)s vapor or odor of blossoms
das **Blütenmeer,** –(e)s, –e sea of blossoms
der **Bodenschatz,** –es, –̈e natural resource
die **Boltzmannstraße** name of a street
böse (*as pred. adj. with dat.*) evil, bad; angry
die **Botanik** botany
der **Brand,** –(e)s, –̈e fire, conflagration
das **Brandenburger Tor,** –(e)s Brandenburg Gate, Berlin
der **Brandfuchs,** –es, –̈e student in the second semester
die **Bratkartoffel,** –n fried potato
die **Bratwurst,** –̈e fried pork sausage
brauchen to need
braun brown
braunhaarig brunette
die **BRD** = die **Bundesrepublik Deutschland** Federal Republic of Germany
brechen (**bricht**), **brach, gebrochen** to break
breit broad, wide
(das) **Bremen,** –s Bremen, a federal state (city-state)
die **Bremse,** –n brake

brennen, brannte, gebrannt to burn

das **Brennholz, –es** firewood

der **Brief, –(e)s, –e** letter

die **Briefmarke, –n** postage stamp

der **Briefmarkenklub, –s, –s** stamp club

der **Briefträger, –s, –** postman

der **Briefwechsel, –s, –** correspondence, exchange of letters

bringen, brachte, gebracht to bring

britisch (*adj.*) British

das **Brot, –(e)s, –e** bread

die **Brotjägerei** breadwinning

die **Brücke, –n** bridge

der **Bruder, –s, ⸚** brother

der **Brunnen, –s, –** well, fountain

die **Brust, ⸚e** breast, chest

die **Brutalität** brutality

das **Buch, –(e)s, ⸚er** book

die **Buchhandlung, –en** bookstore; **Wiener Buchhandlung** name of a bookstore

das **Büchlein, –s, –** small book

der **Buchstabe, –n, –n** letter of the alphabet

buchstabieren to spell (orally)

die **Bude, –n** booth; student room

büffeln to study hard, cram

die **Bühne, –n** stage

der **Bund, –(e)s, ⸚e** federation, alliance, league

das **Bündel, –s, –** bundle, parcel

die **Bundesbahn,** die **Bundeseisenbahn** Federal Railway

der **Bundesdeutsche, –n, –n** native of West Germany

das **Bundesgesetz, –es, –e** federal law

der **Bundesjugendplan, –(e)s** Federal Youth Plan

der **Bundeskanzler, –s, –** Federal Chancellor

das **Bundesland, –(e)s, ⸚er** state in the Federal Republic of Germany

das **Bundesministerium, –s,** (*plur.*) **–ministerien** federal ministry; das **Bundesministerium für Vertriebene, Flüchtlinge und Kriegsgeschädigte** Federal Ministry for Expellees, Refugees and War Victims

die **Bundespost** Federal Postal System

der **Bundespräsident, –en, –en** Federal President

die **Bundesregierung** Federal Government

die **Bundesrepublik Deutschland (BRD)** Federal Republic of Germany

der **Bundesstaat, –en, –en** federal state, state belonging to a federation

bunt colorful; **etwas Buntes** something colorful

die **Burg, –en** fortress, castle

der **Bürger, –s, –** member of the middle class, bourgeois; citizen

der **Bürgerkrieg, –(e)s, –e** civil war

bürgerlich bourgeois

der **Bürgermeister, –s, –** mayor; der **Regierende Bürgermeister** Governing Mayor (applies only to West Berlin)

das **Bürgerrecht, –(e)s, –e** right(s) of citizenship

das **Bürgertum, –(e)s,** bourgeoisie

das **Burgschloß, –es, ⸚er** fortified castle

das **Büro, –s, –s** office

der **Bursche, –n, –n** fellow; student

das **Burschenleben, –s** student life

das **Burschenlied, –(e)s, –er** student song

der **Bus, –ses, –se** bus

der **Busch, –es, ⸚e** bush

der **Buß– und Bettag, –(e)s** Day of Humiliation (i.e. day of penance and prayer)

die **Butter** butter

das **Butterbrot, –(e)s, –e** slice of bread and butter

der **Butterreis, –es** buttered rice

byzantinisch Byzantine

C

die **CDU** = die **Christlich-Demokratische Union** Christian Democratic Union (West German political party)

das **Cello, –s, –s** (c *pronounced as ch in "chin"*) cello

Celsius centigrade

das **Celsiusthermometer, –s, –** centigrade thermometer

das **Cembalo, –s, –s** (c *pronounced as ch in "chin"*) harpsichord

der **Charakter, –s, –e** character
charakteristisch characteristic
die **Charlottenburger Chaussee** (ch *pronounced as German* sch, au *as German* o *in* rot) Charlottenburg Boulevard (now called *Straße des 17. Juni*), West Berlin
der **Chef, –s, –s** head, manager, boss
die **Chemie** chemistry
die **Chemiefirma,** (*plur.*) **–firmen** chemical firm
die **Chemikalie, –n** chemical
chinesisch (*adj.*) Chinese
die **Cholera** cholera
der **Christ, –en, –en** Christian
das **Christentum, –(e)s** Christianity
christlich (*adj.*) Christian; die **Christlich-Demokratische Union (CDU)** Christian Democratic Union (West German political party); die **Christlich-Soziale Union (CSU)** Christian Socialist Union (West German political party)
Christus: (*nom.* **Jesus Christus,** *gen.* **Jesu Christi,** *dat.* **Jesu Christo,** *acc.* **Jesum Christum**) Jesus Christ; **zur Zeit Christi** at the time of Christ
Collegia = das **Kolleg, –s, –ien** lecture
der **Commers** = der **Kommers, –es, –e** student social gathering, beer party
das **Commershaus, –es, ¨er** house or inn in which student social gatherings were held
die **CSU** = die **Christlich-Soziale Union** Christian Socialist Union (West German political party)

D

da (*adv.*) there; here; then; (*subord. conj.*) since, inasmuch as
dabei with, at or near it, them or that
dableiben, blieb da, ist dageblieben to stay, remain there (or here)
dadurch through it, them or that; thereby
dafür for it, them or that
dagegen against it, them or that
daheim at home

daher thus, hence, therefore
dahin to that time; there, to that place
dahinter behind it, them or that
damalig– (*adj.*) at that time, in those days
damals (*adv.*) at that time, in those days
die **Dame, –n** lady
der **Damenbadeanzug,** **–(e)s,** **¨e** lady's swimsuit
der **Damenhut, –(e)s, ¨e** lady's hat
damit with it, them or that; (*subord. conj.*) in order that
dämmen to stem, restrain; **die Flut dämmen** to stem the tide
dämmern to grow dark (dusk); to dawn; **dämmernd** growing dark; dawning
danach after or according to it, them or that
daneben by or near it, them or that
(das) **Dänemark, –s** Denmark
das **Dänisch (e), –(e)n** Danish language
der **Dank, –(e)s** thanks, gratitude; **vielen Dank** thank you very much
dankbar (*as pred. adj. with dat.*) grateful
die **Dankbarkeit** gratitude
danke thank you; **danke schön** thank you; **danke sehr** thank you
danken (*with dat. obj.*) (**für**) to thank (for)
dann then, thereupon
daran on, to, at or in it, them or that; **ich habe viel Interesse daran** I am very much interested in it
darangehen, ging daran, ist darangegangen to get to work
darauf on it, them or that; thereupon
daraus out of or from it, them or that
die **Darbietung, –en** performance
darf (*see* **dürfen**)
darin in it, them or that; therein
darstellen to represent, portray
darüber over or about it, them or that
darum for or about it, them or that; therefore, for that reason

darunter   below or beneath it, them or that; among them

das *(demonst. pron.)*   that

daß *(subord. conj.)*   that

der **Dativ, –s, –e**   dative case

das **Datum, –s,** *(plur.)* **Daten**   date

die **Dauer**   duration, length; **auf die Dauer bestehen**   to continue to exist

dauern   to last

der **Daumen, –s, –**   thumb

die **Da-Verbindung, –en**   *da*-compound

davon   of, from or about it, them or that

davor   in front of it, them or that

dazu   to or for it, them or that; for that purpose; in addition to, besides

dazwischen   between them

die **DDR = die Deutsche Demokratische Republik**   German Democratic Republic (East Germany)

das **Defizit, –s, –e**   deficit

dein *(poss. adj. sing. fam.)*   your

die **Demokratie, –n**   democracy

demokratisch   democratic

demontieren   to dismantle

denken, dachte, gedacht (an)   to think (of); **denken Sie mal!** just think!; **sie denkt an ihren Freund**   she is thinking of her friend; das **Denken, –s**   thinking

der **Denker, –s, –**   thinker

das **Denkmal, –(e)s, ⁼er**   monument

denn *(adv.)*   anyway (In questions, *denn* adds emphasis and implies active interest and concern on the part of the person asking the question.); **woher kommen Sie denn?**   where do you come from?; *(coord. conj.)* for, because

dennoch   nevertheless, however, still

der, die, das *(def. art.)*   the; *(rel. pron.)*   who, which, that; *(demonst. pron.)*   he, she, it, they, that one, these

dergleichen   the, like, similar (things)

derselbe, dieselbe, dasselbe, *(plur.)* **dieselben**   the same

der **Derwisch, –es, –e**   dervish

deshalb   for that reason, hence

deswegen   for that reason, for that purpose

deutlich   clear

deutsch *(adj.)*   German; das **Deutsch(e), –(e)n**   German language; **auf deutsch**   in German; **im Deutschen**   in German; **ins Deutsche**   into German; der **Deutsche, –n, –n/die Deutsche, –n**   native of Germany; die **Deutsche Demokratische Republik (DDR)**   German Democratic Republic (East Germany); der **Deutsche Entwicklungsdienst, –es**   German Development Service; der **Deutsche Fußball-Bund, –(e)s (DFB)**   German Soccer League; **Deutsche Kraftwagen-Werke (DKW)**   German Automobile Works; die **Deutsche Mark (DM)**   German mark; das **Deutsche Museum, –s**   German Museum (museum of science and industry, Munich); das **Deutsche Reich, –(e)s**   German Empire; die **Deutsche Sportjugend**   German Youth Athletic Association

die **Deutschaufgabe, –n**   German lesson

das **Deutschbuch, –(e)s, ⁼er**   German book, German text

(das) **Deutschland, –s**   Germany

die **Deutschlandreise, –n**   trip to Germany

der **Deutschprofessor, –s, –en**   professor of German

deutschsprachig   German-speaking

das **Deutschstudium, –s,** *(plur.)* **–studien**   study of German

die **Deutschstunde, –n**   German class

der **Deutschunterricht, –(e)s**   German instruction

der **Dezember, –(s)**   December

d.h. = das heißt   that is, i.e.

die **Diagnostik**   diagnostics

der **Dialekt, –(e)s, –e**   dialect

der **Dialog, –(e)s, –e**   dialogue

die **Diätküche, –n**   diet kitchen

dicht   dense, close

dichten   to compose poetry; **alles, was ich dichte und trachte**   all my desires and endeavors

der **Dichter, –s, –/die Dichterin, –nen**   poet

dichterisch   literary, poetic

die **Dichtung, –en**   poetry, literature
  dick   thick, fat
der **Diebstahl, –(e)s, ⁀e**   theft
  dienen (*with dat. obj.*)   to serve
der **Dienstag, –(e)s, –e**   Tuesday
der **Dienstagabend, –s, –e**   Tuesday
  evening
der **Dienstagnachmittag, –(e)s, –e**
  Tuesday afternoon
die **Dienstleistung, –en**   service
das **Dienstmädchen, –s, –**   house
  maid, servant girl
die **Dienststelle, –n**   agency
  dies(–er, –e, –es)   this, these, this
  one, the latter
  diesmal   this time, at this time
  diesseits (*with gen.*)   this side of
der **Diktator, –s, –en**   dictator
die **Diktatur, –en**   dictatorship
die **Dimension, –en**   dimension
das **Ding, –(e)s, –e**   thing, matter;
  aller guten Dinge sind drei   all
  good things come in three's
  direkt   direct
der **Direktor, –s, –en**   superintendent
  (of schools); manager
die **Dirndltracht, –en**   peasant woman's costume
die **Disputation, –en**   debate
  disputieren   to debate
die **Disziplin**   discipline
  **DKW = Deutsche Kraftwagen-
  Werke**   German   Automobile
  Works
  DM, D-Mark = Deutsche Mark
  German mark (1948–)
  doch (*adv. and coord. conj.*)   after
  all, certainly, nevertheless, however, though, yet; **und Sie doch
  auch?**   and you too   (aren't
  you)?; **kommen Sie doch mit!**
  do come too!; **er spricht doch
  jeden Tag etwas besser**   he does
  speak somewhat better every day
der **Doktor, –s, –en**   doctor; **den Doktor machen**   to earn a doctorate
die **Doktorarbeit, –en**   doctoral dissertation
die **Doktorprüfung, –en**   doctoral examination
das **Dokument, –(e)s, –e**   document
der **Dollar, –s, –s**   dollar
der **Dom, –(e)s, –e**   cathedral
der **„Dompfeil", –(e)s**   name   of   a
  train
die **Donau**   Danube River

der **Donnerstag, –(e)s, –e**   Thursday
der **Doppelinfinitiv, –s, –e**   double infinitive
das **Doppelzimmer, –s, –**   double
  room
das **Dorf, –(e)s, ⁀er**   village
der **Dorfbewohner, –s, –**   villager
  dort   there; **dort drüben**   over
  there
  dorthin (*with verbs of motion*)
  there, to that place
der **Dozent, –en, –en**   instructor, lecturer at the university
  Dr. = Doktor   doctor; **Dr. phil.
  = Doktor   der   Philosophie**
  Ph.D.
der **Drache, –n, –n**   dragon
der **Drachen, –s, –**   kite
das **Drama, –s, (*plur.*) Dramen**   drama
  dramatisch   dramatic
der **Drang, –(e)s, ⁀e**   drive
  drauf = darauf
  drei   three
„Die Dreigroschenoper"   *The Three-
  Penny Opera*
  dreimal   three times
  dreißig   thirty; **während der dreißiger Jahre**   during the thirties;
  der Dreißigjährige Krieg, –(e)s
  Thirty Years' War
  dreiundzwanzig   twenty-three;
  dreiundzwanzigst–   twenty-third
  dreizehn   thirteen;   **dreizehnt–**
  thirteenth
  dringen, drang, ist gedrungen   to
  force a way, burst forth, press
  dritt–   third
das **Drittel, –s, –**   third
  drohen (*with   dat.   obj.*)   to
  threaten
die **Drohung, –en**   threat
  drüben   over there, on the other
  side
  drucken   to print
  drunter = darunter
  du (*dat.* dir, *acc.* dich) (*sing. fam.*)
  you
  sich duellieren   to duel
  dumm   stupid
die **Dummheit, –en**   stupidity
das **Dunkel, –s**   darkness
  durch (*with acc.*)   through, by
  means of, by
  durcharbeiten   to review, work
  through

durchaus   definitely; thoroughly, entirely

die **Durchfahrt, –en**   passage

durchfallen (fällt durch), fiel durch, ist durchgefallen   to fail, flunk

durchführen   to carry out, accomplish

durchgreifend   decisive

durchlesen (liest durch), las durch, durchgelesen   to read through, peruse

durchs = durch das

der **Durchschnitt, –(e)s, –e**   average; **im Durchschnitt**   on the average

durchschnittlich   average, on the average

durchsetzen   to enforce, carry out

dürfen (darf), durfte, gedurft   to be allowed to, be permitted to

der **Durst, –es**   thirst

duzen   to use the *du*-form of address

der **D-Zug, –(e)s, ̈e = der Durchgangszug, Schnellzug**   express train

E

eben   now, just now, just, simply; **eben kommt der Kellner**   there comes the waiter now; **sie waren eben schwach**   they were simply weak

die **Ebene, –n**   plain

echt   genuine, real

die **Ecke, –n**   corner

der **Edelmann, –(e)s, (plur.) Edelleute**   nobleman

die **Ehe, –n**   marriage

ehe (subord. conj.)   before

ehemalig   former

eher   rather, preferably

die **Ehre, –n**   honor

ehren   to honor

das **Ehrenabzeichen, –s, –**   badge of honor

das **Ei, –(e)s, –er**   egg

der **Eichenbaum, –(e)s, ̈e**   oak tree

die **Eierspeise, –n**   food prepared with eggs

eifrig   ardent, eager

eigen   own, my own, your own, his own, etc.; **eigene Tennisplätze**   (our) own tennis courts

die **Eigenart, –en**   peculiarity, eccentricity

eigenartig   original, peculiar

das **Eigenlob, –(e)s**   self-praise

eigentlich   real, actual

eignen   to suit, be suitable

die **Eile**   haste, hurry; **in Eile**   in a hurry

der **Eilzug, –(e)s, ̈e**   ordinary passenger train

ein, eine, ein (indef. art.)   a, an; **(num. adj.)**   one

der **Einakter, –s, –**   one-act play

einander   one another, each other

der **Einblick, –(e)s, –e**   insight

der **Eindruck, –(e)s, ̈e**   impression

eindrucksvoll   impressive

einfach   simple

die **Einfalt**   simplicity, naiveté

sich einfinden, fand sich ein, sich eingefunden   to appear at the appointed place

der **Einfluß, –es, ̈e**   influence

die **Einfuhr, –en**   importation

einführen   to introduce; **einführend**   introductory

die **Einführung, –en**   introduction

eingehen, ging ein, ist eingegangen   to shrink

einheitlich   unified

einholen   to overtake

einige (plur. only)   some, several

die **Einigung, –en**   union, unification

einkehren   to make a call, stop at

das **Einkommen, –s, (plur.) Einkünfte**   income

einladen (lädt ein), lud ein, eingeladen   to invite

die **Einladung, –en**   invitation

einlassen (läßt ein), ließ ein, eingelassen   to let in, admit; **sich einlassen (auf)**   to engage in, have dealings with; **ich lasse mich nicht darauf ein**   I refuse to have anything to do with it

einmal   once, one time, sometime, some day; **auf einmal**   suddenly; **nicht einmal**   not even

einpacken   to pack

einreichen   to hand in, submit

einrichten   to arrange, organize; equip

die **Einrichtung, –en**   arrangement, establishment

der **Einrichtungsgegenstand, –(e)s, ̈e**   equipment

eins (*card. num.*)   one
einsam   lonely
die Einsamkeit   loneliness
einschließen, schloß ein, eingeschlossen   to lock up
einschließlich   inclusive
einschränken   to limit, curtail
die Einschränkung, –en   limitation, restriction
einseitig   unilateral
einst   once, one day
einsteigen, stieg ein, ist eingestiegen
to enter a vehicle
einstellen   to employ, hire (usually refers to the hiring of industrial and agricultural workers);
sich einstellen   to appear, make
an appearance
einstimmig   unanimous
einstündig   one-hour, lasting an
hour
eintragen (trägt ein), trug ein, eingetragen   to record, make an
entry
eintreffen (trifft ein), traf ein, ist
eingetroffen   to arrive
eintreten (tritt ein), trat ein, ist
eingetreten   to enter; occur
der Eintritt, –(e)s, –e   entry, entrance
einundzwanzig   twenty-one; ein-
undzwanzigst–   twenty-first
einverstanden   agreed, in agreement
einwilligen   to agree, concur
der Einwohner, –s, –   inhabitant
einzeln   lone, alone, single
einziehen, zog ein, ist eingezogen
to move in
einzig   single, only
das Eis, –es   ice cream; ice
die Eisenbahn, –en   railway
die Eisenbahnlinie, –n   railway line
die Eisenbahnverbindung, –en   railway connection
eisern   iron, of iron; der Eiserne
Vorhang, –(e)s   Iron Curtain
die Elbe   Elbe River
elegant   elegant
elektrisch   electrical
das Elektro-Geschäft, –(e)s, –e   appliance store
der Elektro-Schweißer, –s, –   electric
welder
das Element, –(e)s, –e   element
elend   wretched, miserable
elf   eleven; elft–   eleventh

der Ellbogen, –s, –   elbow
die Ellipse, –n   ellipsis, omission
die Eltern (*plur. only*)   parents
elternlos   without parents, or-
phaned
empfehlen (empfiehlt), empfahl,
empfohlen   to recommend
empor– (*sep. pref.*)   up, upward
das Ende, –s, –n   end; Ende April
at the end of April; zu Ende   at
an end, finished; zu Ende gehen
to end
enden   to end
endgültig   final, conclusive
der Endiviensalat, –(e)s   endive salad
endlich   finally
die Endung, –en   ending
eng   narrow; tight (clothing);
close; eine enge Freundschaft   a
close friendship
engbegrenzt   limited
(das) England, –s   England
der Engländer, –s, –   Englishman; die
Engländerin, –nen   English-
woman
englisch (*adj.*)   English; das Eng-
lisch(e), –(e)n   English language; der Englische Garten, –s
large park in Munich
die Englischstunde, –n   English class
entdecken   to discover
entfernen   to remove; entfernt
distant;   Schwarzhausen liegt
neunzehn Kilometer von Rosenheim entfernt   Schwarzhausen
is nineteen kilometers from Rosenheim
die Entfernung, –en   distance
entfliehen, entfloh, ist entflohen
(*with dat. obj.*)   to escape
entführen   to lead astray
entgegen (*with dat.*) (*always follows obj.*)   toward, against; opposed to
entgegensehen (sieht entgegen),
sah entgegen, entgegengesehen
(*with dat. obj.*)   to look forward to, look toward
entgegenwirken (*with dat. obj.*)
to counteract
enthalten (enthält), enthielt, enthalten   to contain
entlang   along; am Rhein entlang
along the Rhine
entlassen (entläßt), entließ, entlassen   to dismiss, discharge

entringen, entrang, entrungen to wrest from

(sich) entscheiden, entschied (sich), (sich) entschieden to decide; entscheidend decisive

die Entscheidung, –en decision

sich entschließen, entschloß sich, sich entschlossen to decide

der Entschluß, –es, ⸚e decision

entschuldigen to excuse, pardon

entsprechen (entspricht), entsprach, entsprochen (*with dat. obj.*) to correspond to

entstehen, entstand, ist entstanden to arise, originate, come about

die Entstehung, –en origin

entweder . . . oder (*coord. conj.*) either . . . or

entwickeln to develop, devise

die Entwicklung, –en development

der Entwicklungsdienst, –es development service; der Deutsche Entwicklungsdienst German Development Service (German Peace Corps)

entzünden to inflame

entzwei– (*sep. pref.*) in two

er (*dat.* ihm, *acc.* ihn) he, it

erblicken to catch sight of

die Erde, –n earth, land

das Ereignis, –ses, –se event, occurrence

ererben to inherit

erfahren (erfährt), erfuhr, erfahren to find out; experience

die Erfahrung, –en experience

erfinden, erfand, erfunden to invent

der Erfolg, –(e)s, –e success

erfolglos unsuccessful

erfolgreich successful

sich erfrischen to refresh oneself; erfrischend refreshing

die Erfrischungsbude, –n refreshment booth

erfüllen to fulfill

ergänzen to complete

die Ergänzung, –en completion

das Ergebnis, –ses, –se result

ergreifen, ergriff, ergriffen to grasp, seize

erhalten (erhält), erhielt, erhalten to receive, obtain

erhältlich obtainable, available

die Erhaltung maintenance

erheben, erhob, erhoben to raise, elevate; levy, collect a fee

die Erhebung, –en revolt, uprising

erhellen to brighten, illuminate

erhöhen to raise, increase

die Erholung recovery, rest, relaxation; zur Erholung for rest and relaxation

erinnern to remind; sich erinnern (an) to remember

die Erinnerung, –en reminder, remembrance

sich erkälten to catch cold

erkennbar recognizable

erkennen, erkannte, erkannt to recognize

erklären to explain

sich erkundigen (nach) to inquire (about)

erlangen to achieve, attain

erlauben to permit, allow

die Erlaubnis, –se permission

erlaucht exalted

erleben to experience

erleiden, erlitt, erlitten to suffer, endure

erlernen to learn, learn thoroughly; ein Handwerk erlernen to learn a trade

ernennen, ernannte, ernannt to appoint

ernst serious; der Ernst, –es seriousness, earnestness

die Ernte, –n harvest

der Eroberer, –s, – conqueror

eröffnen to open (a business, factory, etc.)

die Eröffnung, –en opening

erquicklich refreshing, comforting

errichten to erect, construct

die Errichtung construction

der Ersatz, –es substitute

die Ersatzform, –en substitute form

erschallen, erscholl *or* erschallte, ist erschallt *or* erschollen to resound, sound

erscheinen, erschien, ist erschienen to appear, make an appearance

erschießen, erschoß, erschossen to shoot fatally

erschrecken (erschrickt), erschrak, ist erschrocken to be startled

ersehen (ersieht), ersah, ersehen to see, perceive

ersetzen to replace, substitute

erst (*adv.*) only, not until, just; first; **erst vor einer Woche** just a week ago; **erst wenn** not until; **erst–** (*adj.*) first

die **Erstaufführung, –en** premiere

erstaunen to be astonished, be surprised

erstaunlich surprising, astonishing

erstehen, erstand, ist erstanden to arise

erstmalig– first, initial

sich erstrecken to extend

erteilen to give, grant

erwachen to awaken

erwarten to expect, await

die **Erwartung, –en** expectation

erwecken to awaken, arouse

erweisen, erwies, erwiesen to indicate, prove

erweitern to broaden, expand

die **Erweiterung, –en** widening, wide place

erwerben (erwirbt), erwarb, erworben to acquire, gain, earn

erwidern to reply

die **Erwiderung, –en** response, reply; **die von Ellipsen gefolgten Erwiderungen** the responses followed by ellipses

erzählen to narrate, tell

die **Erziehung** education, upbringing

es (*dat.* **ihm,** *acc.* **es**) it; **es waren viele Leute da** there were many people there

essen (ißt), aß, gegessen to eat; **das Essen, –s, –** meal; eating

(das) **Essen, –s** Essen, West Germany

die **„Esso Deutschland"** name of a ship

die **Eßwaren** (*plur. only*) food, provisions

das **Eßzimmer, –s, –** dining room

etwa approximately, about; somewhat

etwas (*adv.*) somewhat, rather; (*pron.*) some, something; **etwas Neues** something new; **etwas Schönes** something pretty; **aber so etwas!** how do you like that!

euer (*poss. adj. plur. fam.*) your

(das) **Europa, –s** Europe

europäisch (*adj.*) European; die **Europäische Wirtschaftsgemeinschaft (EWG)** European Economic Community (Common Market)

evangelisch evangelical, Lutheran; die **Evangelische Jugend Deutschlands** Evangelical (i.e. Lutheran) Youth of Germany

ewig eternal

das **Examen, –s, (***plur.***) Examina** examination

das **Exil, –s, –e** exile

exilieren to exile

die **Existenz, –en** existence

existieren to exist

exotisch exotic

das **Experiment, –(e)s, –e** experiment

exportieren to export

F

die **Fabrik, –en** factory

das **Fach, –(e)s, ˝er** subject, specialty, major area of study

der **Facharbeiter, –s, –** skilled worker

die **Fachkräfte** (*plur. only*) skilled labor

der **Fachmann, –(e)s, (***plur.***) Fachleute** skilled worker, specialist

die **Fachschule, –n** technical school

der **Fachumfang, –(e)s** extent of areas of study

die **Fackel, –n** torch, flare

die **Fähigkeit, –en** capability, ability

fahren (fährt), fuhr, ist gefahren (*intrans.*) to ride, travel, go (by vehicle); move suddenly; **hat gefahren** (*trans.*) to drive; **fahrend** traveling, wandering

Fahrenheit Fahrenheit

das **Fahrenheitthermometer, –s, –** Fahrenheit thermometer

die **Fahrkarte, –n** ticket

der **Fahrkartenschalter, –s, –** ticket window

der **Fahrplan, –(e)s, ˝e** timetable

die **Fahrt, –en** trip, drive

faktisch factual, actual

die **Fakultät, –en** school or college within a university

der **Fall, –(e)s, ˝e** case

fallen (fällt), fiel, ist gefallen to fall; die on the battlefield

fällen to fell

falsch wrong, false

der **Falter, –s, –** butterfly

die **Familie, –n** family

das **Familienleben, –s** family life

der **Familienname, –ns, –n** last name, family name

das **Fangeisen, –s, –** iron hook
fangen (fängt), fing, gefangen to catch
die **Farbe, –n** color
die **Färbung, –en** hue
der **Fasching, –s, –e** Shrovetide festival
fast almost, nearly
die **Fastenzeit** time of fasting, Lent
die **Fastnacht** Shrove Tuesday
das **Fastnachtspiel, –(e)s, –e** Shrovetide play or farce
der **Fasttag, –(e)s, –e** day of fasting; **die vierzig Fasttage vor Ostern** Lent
die **Faust, ⁻e** fist
der **Februar, –(s)** February
fechten (ficht), focht, gefochten to fence, duel; **das Fechten, –s** fencing, duelling
das **Federbett, –(e)s, –en** feather bed, down comforter
fehlen (*with dat. obj.*) to lack, be wanting; be absent
der **Fehler, –s, –** mistake, error
feiern to celebrate
der **Feiertag, –(e)s, –e** holiday
der **Feind, –(e)s, –e** enemy
die **Feindschaft, –en** enmity
das **Feld, –(e)s, –er** field; battlefield; **zu Felde liegen** to fight, be at war
das **Feldgeschrei, –s** battle cry
das **Fenster, –s, –** window
die **Ferien** (*plur. only*) vacation; **in die Ferien gehen** to go on a vacation
fern far, distant
die **Ferne, –n** distance; **aus der Ferne** from a distance, from afar
das **Fernsehen, –s** television
das **Fernsehprogramm, –s, –e** television program
der **Fernsprecher, –s, –** telephone
die **Ferse, –n** heel
fertig finished, complete; ready; **fertige Speisen** foods ready to serve
das **Fertigprodukt, –(e)s, –e** finished product
die **Fertigware, –n** finished product
fest firm, solid; fixed
das **Fest, –es, –e** festival, celebration
der **Festsaal, –(e)s, (*plur.*) –säle** ceremonial hall

das **Festspiel, –(e)s, –e** festival play
das **Festspielhaus, –es, ⁻er** festival theater
der **Festtag, –(e)s, –e** holiday
die **Festung, –en** fortification, fortress
die **Festungsstadt, ⁻e** fortified city
der **Festwagen, –s, –** festival wagon
die **Festwiese, –n** meadow or field where festivities are held
der **Festzug, –(e)s, ⁻e** festival parade
feucht damp
das **Feuer, –s, –** fire; **darf ich um Feuer bitten?** may I have a light?
das **Fieber, –s, –** fever
die **Filiale, –n** branch office
der **Film, –(e)s, –e** film, movie
die **Filmindustrie, –n** film industry
der **Filmklub, –s, –s** film club
der **Filmschlager, –s, –** popular song from a movie, hit
die **Filmwelt** movie world
finanziell financial
die **Finanzlage, –n** financial situation
die **Finanzpolitik** business administration
finden, fand, gefunden to find; **sich finden** to be found
der **Finger, –s, –** finger
(das) **Finnland, –s** Finland
die **Firma, (*plur.*) Firmen** firm, business, company
die **Fläche, –n** surface, area
die **Flamme, –n** flame
der **Fleiß, –es** diligence, industry
fleißig diligent, industrious
fliegen, flog, ist geflogen (*intrans.*), **hat geflogen** (*trans.*) to fly
fliehen, floh, ist geflohen to flee
fließen, floß, ist geflossen to flow; **fließend** fluent
die **Flosse, –n** fin
flott chic, smart, stylish; **nichts Flottes** nothing chic
die **Flucht, –en** flight, escape
flüchtig fleeting
der **Flüchtling, –s, –e** refugee
das **Flüchtlingslager, –s, –** refugee camp
das **Flüchtlingsproblem, –s, –e** refugee problem
der **Flüchtlingsstrom, –(e)s, ⁻e** stream of refugees
der **Flug, –(e)s, ⁻e** flight
der **Flügel, –s, –** wing, pinion

die **Fluggesellschaft, –en** airline

der **Flughafen, –s, ⸚** airport; der **Flughafen Tempelhof** Tempelhof Airport, West Berlin

der **Flugkorridor, –s, –e** flight corridor

das **Flugzeug, –(e)s, –e** airplane

die **Flur, –en** meadow, field

der **Fluß, –es, ⸚e** river

die **Flut, –en** tide, flood

der **Föderalist, –en, –en** Federalist

die **Folge, –n** consequence, result

folgen, ist gefolgt (*with dat. obj.*) to follow; **folgend** following; **folgende Fragen** the following questions; **folgendes** the following

fordern to demand, require

die **Forderung, –en** demand, requirement

die **Ford-Stiftung** Ford Foundation

die **Forelle, –n** trout

die **Form, –en** form

die **Formalität, –en** formality

die **Formel, –n** formula

formell formal

förmlich really, absolutely

forschen to do research

der **Forscher, –s, –** researcher

die **Forschung, –en** research

die **Forschungstechnik, –en** research technique

die **Forstwirtschaft** forestry

fortfahren (fährt fort), fuhr fort, ist fortgefahren to continue, proceed

der **Fortschritt, –(e)s, –e** progress

die **Fortsetzung, –en** continuation

sich fortwälzen to roll onward

der **Fotoklub, –s, –s** photography club

die **Frage, –n** question; **jemandem eine Frage stellen** to ask someone a question

fragen to ask; **nach jemandem fragen** to inquire about someone

die **Fraktur** German Gothic type

(das) **Frankfurt/Main = Frankfurt am Main** Frankfurt on the Main

(das) **Frankreich, –s** France

der **Franzose, –n, –n** Frenchman; die **Französin, –nen** Frenchwoman

das **Französisch(e), –(e)n** French language

die **Frau, –en** woman, wife, Mrs.

die **Frauenkirche** Church of Our Lady, Munich

das **Fräulein, –s, –** Miss, young lady

frei free; not reserved, vacant; die **Freie Universität Berlin** Free University of Berlin, West Berlin; **im Freien** in the open

die **Freiheit, –en** freedom

freilassen (läßt frei), ließ frei, freigelassen to set free

freilich indeed

der **Freitag, –(e)s, –e** Friday

der **Freitagabend, –s, –e** Friday evening

der **Freitagnachmittag, –(e)s, –e** Friday afternoon

freiwillig voluntary

die **Freizeit, –en** leisure time

fremd (*as pred. adj. with dat.*) foreign, strange, alien; der **Fremde, –n, –n** stranger; die **Fremde** alien or foreign region; das **Fremde, –n** that which is foreign or alien

der **Fremdarbeiter, –s, –** foreign worker

die **Fremdsprache, –n** foreign language

das **Fremdwort, –(e)s, ⸚er** foreign word

fressen (frißt), fraß, gefressen to eat (Refers to animals' eating. When applied to people this expression has a vulgar connotation.); das **Fressen, –s** eating

die **Freude, –n** joy, gladness, delight, pleasure, enjoyment; **das macht der Großmutter viel Freude** that makes my grandmother very happy

das **Freudenmädchen, –s, –** prostitute

freudig joyous, merry

freuen to gladden, give pleasure to; **es freut mich** it's a pleasure, I'm glad; **sich freuen (auf)** to look forward (to); **sich freuen (über)** to be happy (about)

der **Freund, –(e)s, –e** friend; die **Freundin, –nen** friend, girl friend

freundlich friendly

die **Freundlichkeit** friendliness

die **Freundschaft, –en** friendship; **eine Freundschaft schließen** to make friends der **Friede, –ns, –n,** *also* der **Frieden, –s, –** peace

das **Friedensjahr, –(e)s, –e** year of peace

das **Friedenskorps, –** Peace Corps

friedlich peaceful

die **Friedrich-Wilhelm-Universität =** die **Humboldt-Universität** University of Berlin, East Berlin

frieren, fror, gefroren to freeze, be cold

frisch fresh, new

die **Frist, –en** period of time, interval

froh (*as pred. adj. with gen.*) glad, happy

fröhlich joyous

die **Fröhlichkeit** joy, joyousness

die **Front, –en** (*mil.*) front

die **Fruchtbarkeit** fertility

früh early; **früher** earlier, formerly

das **Frühmittelalter, –s** early Middle Ages

der **Frühling, –s, –e** spring

das **Frühlingsfest, –(e)s, –e** spring festival

der **Frühlingsgruß, –es, ⁀e** greeting of spring

das **Frühstück, –(e)s, –e** breakfast

frühstücken to eat breakfast

der **Fuchs, –es, ⁀e** fox; fraternity pledge

sich fühlen to feel

führen to lead, guide; **ein Streitgespräch führen** to debate; **ein Verzeichnis führen** to keep a record

der **Führer, –s, –** leader, guide

der **Fuhrherr, –(e)n, –en** drayman

die **Führung, –en** leadership, direction

füllen to fill; **gefüllt** filled, with filling

fünf five; **fünft–** fifth

die **Fünferreihe** (counting by) fives

fünfhundert five hundred

die **Fünftagewoche** five-day week

fünftausend five thousand

das **Fünftel, –s, –** fifth

fünfundachtzig eighty-five

fünfunddreißig thirty-five

fünfundneunzig ninety-five

fünfundsechzig sixty-five

fünfundvierzig forty-five

fünfundzwanzig twenty-five; **fünfundzwanzigst–** twenty-fifth

fünfzehn fifteen; **fünfzehnt–** fifteenth

fünfzig fifty

die **Funktion, –en** function

funktionieren to function

für (*with acc.*) for; **für sich** to himself, herself, yourself, themselves

furchtbar terrible, frightful

der **Fuß, –es, ⁀e** foot; **zu Fuß** on foot

der **Fußball, –(e)s** soccer

der **Fußball-Bund, –(e)s** soccer league

der **Fußgänger, –s, –** pedestrian

das **Futur, –s, –e** future (tense)

G

ganz entire, whole, quite, completely; **ganz anders** entirely different; **ganz genau** exactly; **ganz in der Nähe von Rosenheim** quite close to Rosenheim; **im großen und ganzen** in general

gänzlich entirely, completely

gar even; **gar nicht** not at all

die **Garage, –n** garage

der **Garten, –s, ⁀** garden

die **Gartenstraße** name of a street

das **Gäßchen, –s, –** small alley

die **Gasse, –n** narrow street, alley

der **Gast, –es, ⁀e** guest, customer

der **Gastgeber, –s, –** host

das **Gasthaus, –es, ⁀er** inn

der **Gasthof, –(e)s, ⁀e** hotel, inn

die **Gaststätte, –n** eating establishment, inn

der **Gastwirt, –(e)s, –e** innkeeper

der **Gaul, –(e)s, ⁀e** horse, nag

geb. = geboren born

gebären, gebar, geboren to give birth to; **er ist in Amerika geboren** he was born in America

das **Gebäude, –s, –** building

geben (gibt), gab, gegeben to give; **es gibt** there is, there are; **sie gibt ihm die Hand** she shakes hands with him

das **Gebiet, –(e)s, –e** district, territory, area

der **Gebrauch, –(e)s, ⁀e** custom, usage

gebrauchen to use

die **Gebühr, –en** fee
das **Geburtshaus, –es, ¨er** birthplace
das **Gedachte, –n** that which has been thought out
das **Gedächtnis, –ses, –se** memory, memorial
der **Gedanke, –n, –n** thought
der **Gedankenkreis, –es, –e** range of ideas
 gedeihen, gedieh, ist gediehen to flourish, thrive
die **Geduld** patience
der **Geeignete, –n, –n** suitable or appropriate person
die **Gefahr, –en** danger
 gefährlich dangerous; **nichts Gefährliches** nothing dangerous
 gefallen (gefällt), gefiel, gefallen (*with dat. obj.*) to please; **das Buch gefällt mir** I like the book
der **Gefangene, –n, –n** prisoner
das **Gefangenenlager, –s, –** prison camp
die **Gefangenschaft** imprisonment
 gefänglich imprisoned
das **Gefängnis, –ses, –se** prison
die **Gefängnisstrafe, –n** imprisonment
das **Gefecht, –(e)s, –e** fight
das **Gefieder, –s, –** plumage
die **Geflügelleber, –n** chicken liver
das **Gefühl, –(e)s, –e** feeling
 gegen (*with acc.*) against, contrary to; toward
die **Gegend, –en** region
der **Gegenpart, –(e)s, –e** opponent
der **Gegensatz, –es, ¨e** contrast
 gegenseitig mutual, reciprocal
das **Gegenteil, –(e)s, –e** opposite; **im Gegenteil** on the contrary
 gegenüber (*with dat.*) (*often follows its obj.*) opposite, across from, in contrast to; toward
die **Gegenwart** present, presence
der **Gegenwind, –(e)s, –e** head wind
der **Gegner, –s, –** opponent
 geheim secret
das **Geheimnis, –ses, –se** secret
 gehen, ging, ist gegangen to go; **wie geht es Ihnen?** how are you? **es geht mir gut** I am fine; I am getting along fine; **die Uhr geht richtig** the clock is right
 gehören (*with dat. obj.*) to belong to

der **Geist, –es, –er** mind, spirit, intellect
 geisteskrank mentally ill
die **Geistesströmung, –en** intellectual current
 geistig intellectual; der **geistige Diebstahl, –(e)s, ¨e** act of plagiarism
der **Geistliche, –n, –n** clergyman
der **Geistreiche, –n, –n** ingenious person
das **Geklatsche, –s** gossip
 gelb yellow; **nichts Gelbes** nothing yellow
das **Geld, –(e)s, –er** money
das **Geldstück, –(e)s, –e** coin
die **Gelegenheit, –en** opportunity, occasion
die **Gelehrsamkeit** scholarship
der **Gelehrte, –n, –n** scholar
die **Gelehrtenwelt** world of scholars
der **Geliebte, –n, –n/**die **Geliebte, –n** lover, sweetheart
 gelingen, gelang, ist gelungen (*with dat. obj.*) to succeed; **es ist mir nicht gelungen, eine bessere Stelle zu finden** I was not successful in finding a better position
 gelten (gilt), galt, gegolten to apply, be worth, have value, be valid; **das gilt nicht nur für die Jungen sondern auch für die Mädchen** that applies not only to boys but also to girls
 gemein ordinary, common
die **Gemeinde, –n** community, parish
das **Gemeindehaus, –es, ¨er** community house
 gemeinsam common, in common
der **Gemüsegarten, –s, ¨** vegetable garden
die **Gemüsesuppe** vegetable soup
 gemütlich affable
die **Gemütlichkeit** affability
 genau exact, precise; **ganz genau** exactly; **Genaueres** more precise (information)
die **Generation, –en** generation
 genießen, genoß, genossen to enjoy
der **Genitiv, –s, –e** genitive case
 genug enough
 genügend sufficient, adequate, satisfactory

die **Geographie** geography
die **Geologie** geology
die **Geometrie** geometry
das **Gepäck**, –(e)s luggage
gerade just, quite, directly
das **Gerät**, –(e)s, –e appliance, apparatus
geraten (gerät), geriet, ist geraten to get into, fall into; **in Gefahr geraten** to run into danger
das **Geräteturnen**, –s apparatus gymnastics
das **Gericht**, –(e)s, –e court of justice; dish, course
gering slight, small; das **Geringste**, –n the least, slightest (particle)
gerissen cunning, wily
der **Germane**, –n, –n ancient German, Teuton
gern(e), **lieber**, **am liebsten** gladly; **ich spreche gern Deutsch** I like to speak German; **ich möchte gern nach Deutschland** I would like very much to go to Germany; **ich möchte gern das Buch lesen** I would like very much to read the book; **gern haben** to like; **hat er Sie gern?** does he like you?
die **Gesamtheit** totality
der **Gesang**, –(e)s, –̈e song
das **Geschäft**, –(e)s, –e store, business
der **Geschäftsmann**, –(e)s, (*plur.*) Geschäftsleute businessman
die **Geschäftsreise**, –n business trip
geschehen (geschieht), geschah, ist geschehen (*with dat. obj.*) to happen
gescheit clever
die **Geschichte**, –n history; story
das **Geschlecht**, –(e)s, –er sex, gender
das **Geschwätz**, –es gossip
die **Geschwister** (*plur. only*) brothers and sisters, siblings
der **Geschworene**, –n, –n juror
die **Gesellschaft**, –en company, society; **eine kleine Gesellschaft** small party; **Gesellschaft mit beschränkter Haftung** (G.m.b.H.) company with limited liability (Ltd.)
gesellschaftlich social
das **Gesetz**, –es, –e law (specific law)

das **Gesicht**, –(e)s, –er face
der **Gesichtskreis**, –es horizon, range of vision
gespannt in suspense, tense
das **Gespräch**, –(e)s, –e conversation
die **Gestalt**, –en figure, form
gestatten to permit
gestehen, gestand, gestanden to admit
gestern yesterday; **gestern abend** yesterday evening, last night; **gestern morgen** yesterday morning
das **Gesträuch**, –(e)s, –e shrubbery, thicket
das **Gesuch**, –(e)s, –e application, petition
gesund healthy
die **Gesundheit** health
das **Gesundheitsverhältnis**, –ses, –se sanitation conditions
das **Getränk**, –(e)s, –e drink, beverage
getreu faithful, loyal; **am getreusten** most faithfully
die **Gewalt**, –en power, force
das **Gewehr**, –(e)s, –e gun
gewillt inclined, disposed
gewinnen, gewann, gewonnen to obtain, win, acquire
gewiß certain, definite; **ja, gewiß** yes, certainly
das **Gewissen**, –s conscience
gewöhnlich usual, customary, ordinary
gewöhnt accustomed; **an etwas gewöhnt sein** to be accustomed to something
gießen, goß, gegossen to pour
giftig poisonous
gigantisch gigantic
der **Gipfel**, –s, – summit, peak
der **Glanz**, –es splendor, gleam
glänzen to shine, gleam, be radiant; **glänzend** brilliant, splendid
das **Glas**, –es, –̈er glass; **ein Glas Wasser** a glass of water
der **Glaube**, –ns, –n, *also* der **Glauben**, –s, – belief, faith
glauben (*with dat. obj.*) to believe; think; **glauben an** to believe in
gleich (*as pred. adj. with dat.*) same; equal; similar; at once, im-

mediately; right, immediate; das
gleiche the same

gleichberechtigt of equal rights

gleichen, glich, geglichen (*with dat.
obj.*) to equal; resemble

der Gleichgesinnte, –n, –n like-
minded person

gleichgültig indifferent

die Gleichgültigkeit indifference

gleichwie (*subord. conj.*) just as

gleichzeitig simultaneous

das Gleis, –es, –e track

gleiten, glitt, ist geglitten to glide,
slip

sich gliedern to be divided

die Glocke, –n bell

das Glück, –(e)s fortune, happiness,
luck

glücklich fortunate, happy, lucky

glücklicherweise fortunately

das Glücksrad, –(e)s, ¨er wheel of
fortune

die Gluthitze glowing heat, extreme
heat

die Gnade, –n grace

das Gold, –(e)s gold

golden golden

gotisch Gothic

der Gott, –es, ¨er God; god; großer
Gott! good heavens!

das Grab, –(e)s, ¨er grave

graben (gräbt), grub, gegraben to
dig

der Grad, –(e)s, –e degree

grammatisch grammatical

grasgrün green as grass

gräßlich awful, horrible

grau gray

die Grausamkeit brutality

greifen, griff, gegriffen to seize

der Greis, –es, –e old man

die Grenze, –n boundary, frontier

die Grenzkontrolle, –n border check,
boundary inspection

der Grieche, –n, –n native of Greece

(das) Griechenland, –s Greece

griechisch (*adj.*) Greek

grimmig furious, violent

der Grobian, –(e)s, –e rude person

groß, größer, größt– large, big,
tall; important; im großen und
ganzen in general; etwas
Großes something big

großartig grand, imposing

(das) Groß-Berlin, –s Greater Berlin

die Größe, –n size

die Großeltern (*plur. only*) grandparents

die Großmutter, ¨ grandmother

die Großschreibung capitalization

die Großstadt, ¨e metropolis

der Großvater, –s, ¨ grandfather

grotesk grotesque

grün green; etwas Grünes something green

der Grund, –(e)s, ¨e reason, basis;
aus diesem Grund for this
reason; im Grunde basically

gründen to found, establish

der Grundgedanke, –n, –n fundamental idea

das Grundgesetz, –es Basic Law (constitution) of the Federal Republic of Germany

die Gründung, –en founding

die Gründungsgeschichte, –n history
of the founding

grünen to become green; grünend
becoming green

die Gruppe, –n group

der Gruß, –es, ¨e greeting; mit herzlichen Grüßen with affectionate
greetings

die Gulaschsuppe goulash soup

der Gurkensalat, –(e)s cucumber
salad

gut, besser, best– good, well; gute
Nacht good night; guten Morgen good morning; guten Tag
hello; das Gute, –n good;
(etwas) Gutes something good;
nichts Gutes nothing good

gutmachen to make amends for,
compensate

der Gymnasiast, –en, –en pupil in the
Gymnasium

das Gymnasium, –s, (*plur.*) Gymna-
sien secondary school (nine-
year school roughly equivalent to
junior high school, senior high
school and the first two years of
college)

der Gymnasiumunterricht, –(e)s instruction in the *Gymnasium*

H

das Haar, –(e)s, –e hair

haben (hat), hatte, gehabt to
have; recht haben to be right

die Hafenstadt, ¨e port, haven, har-
bor

die **Haft** arrest, custody
die **Haftung, –en** liability
der **Haifisch, –es, –e** shark
  halb half
  halbentkleidet half-dressed
  halblaut in an undertone
der **Halbstarke, –n, –n** brash teenager
  halbverfallen dilapidated, in par-
    tial ruins
  halbzerstört half-destroyed
die **Hälfte, –n** half
die **Halle, –n** gymnasium
(das) **Halle, –s** city in East Germany
  hallo hello (on the telephone)
der **Hals, –es, ⸚e** throat
die **Halsschmerzen** (*plur.*) sore throat
das **Halsweh, –(e)s** sore throat
  halten (hält), hielt, gehalten to
    stop, halt; hold; **einen Vortrag
    halten** to give a talk, lecture;
    halten für to consider, regard;
    er hält es für kompliziert he
    considers it complicated; **halten
    von** to consider, regard; **was
    halten Sie davon?** what do you
    think of it? **halten zu** to adhere
    to, stand by; **gebunden halten**
    to hold in bondage
die **Haltestelle, –n** car stop
die **Haltung, –en** attitude, conduct
(das) **Hamburg, –s** Hamburg, city and
    federal state (city-state)
die **Hand, ⸚e** hand; **sie gibt ihm die
    Hand** she shakes hands with
    him
der **Handel, –s** commerce
  handeln to act, do; **das Handeln,
    –s** action, doing
die **Handelsschule, –n** business
    school
die **Handelsstraße, –n** trade route
das **Handgemenge, –s** hand-to-hand
    fighting, scrimmage
der **Handkoffer, –s, –** suitcase
die **Handlung, –en** plot, action
der **Handschuh, –(e)s, –e** glove
das **Handwerk, –(e)s, –e** trade, craft;
    ein Handwerk erlernen to learn
    a trade
der **Handwerksbursche, –n, –n** ap-
    prentice
der **Handwerksmeister, –s, –** master
    craftsman, artisan
  hängen, hing, gehangen to hang
das **Hansaviertel, –s** Hansa Quarter
    (a residential area, West Berlin)

  harmonisch harmonious
  hartnäckig stubborn
der **Häscher, –s, –** (*arch.*) constable
der **Hauch, –(e)s, –e** breath
  hauen, hieb, gehauen to chop, hit
das **Haupt, –(e)s, ⸚er** head
der **Hauptbahnhof, –(e)s, ⸚e** main
    railway station
die **Hauptfunktion, –en** main func-
    tion
der **Hauptgedanke, –n, –n** principal
    idea
das **Hauptprodukt, –(e)s, –e** main
    product
  hauptsächlich principal, main,
    chief
die **Hauptstadt, ⸚e** capital (city)
die **Hauptstadtfunktion, –en** func-
    tion of a capital (city)
die **Hauptstraße, –n** main street
das **Hauptverb, –s, –en** main verb
das **Haus, –es, ⸚er** house; **aus gutem
    Hause** from a good family
    background; **nach Hause** home;
    zu Hause at home
die **Hausarbeit, –en** housework
das **Häuschen, –s, –** small house, cot-
    tage
die **Hausfrau, –en** housewife
die **Havel** Havel River
  heben, hob, gehoben to lift
das **Heft, –(e)s, –e** notebook
  heftig violent
  Heidelberger (*adj.*) Heidelberg
  heidnisch pagan
  heilig holy; **das Heilige Römische
    Reich, –(e)s** Holy Roman Em-
    pire
die **Heilkunde** medical science
die **Heilquelle, –n** mineral spring
das **Heim, –(e)s, –e** home
die **Heimat** homeland, native region,
    hometown
  heimatlich native
  heimatlos homeless
das **Heimatmuseum, –s,** (*plur.*) **–mu-
    seen** regional museum
der **Heimatvertriebene, –n, –n** expel-
    lee
  heimwärts homeward
der **Heimweg, –(e)s, –e** homeward
    way
das **Heimweh, –s** homesickness
die **Heirat, –en** marriage
  heiraten to marry
  heiß hot

heißen, hieß, geheißen to be called; **ich heiße Schmidt** my name is Schmidt; **das heißt (d.h.)** that is, i.e.; **willkommen heißen** to welcome

heiter pleasant, cheerful

der Heizungszuschlag, –(e)s extra charge for heat

helfen (hilft), half, geholfen (*with dat. obj.*) to help

der „Helvetia" name of a train

her (*denotes direction toward the speaker*) here, to this place, this way; **hin und her** back and forth, to and fro

heraus out; **Burschen heraus!** all students out!

herausfordern to challenge, demand satisfaction

herauslassen (läßt heraus), ließ heraus, herausgelassen to let out

herbeieilend hastily approaching or joining

der Herbst, –es, –e fall, autumn

hereinkommen, kam herein, ist hereingekommen to come in

hereinkönnen, konnte herein, hereingekonnt to be able to enter

die Herkunft origin, descent, extraction

der Herr, –(e)n, –en sir, gentleman, lord, Mr.; **Herr Doktor Lüdeke** Dr. Lüdeke; **der Alte Herr** alumnus of a fraternity

herrlich splendid, fine, magnificent

die Herrlichkeit, –en splendor, magnificence

herrschen to prevail, rule, predominate

herstellen to produce

die Herstellung, –en production

herüberschauen to look towards (i.e. toward the viewpoint of the speaker)

herumlaufen (läuft herum), lief herum, ist herumgelaufen to run around

hervorbringen, brachte hervor, hervorgebracht to produce, bring forth

hervorholen to bring forth, fetch

hervorragend outstanding

das Herz, (*gen.*) Herzens, (*dat.*)

Herzen, (*acc.*) Herz, (*plur.*) –en heart

die Herzkrankheit, –en heart disease

herzlich affectionate, cordial

(das) Hessen, –s Hesse, a federal state

hessisch (*adj.*) Hessian

der Heuchler, –s, – hypocrite

heulen to howl, cry

heute today; **heute abend** this evening, tonight; **heute mittag** at noon today; **heute morgen** this morning; **heute nachmittag** this afternoon

heutig– present, present-day

heutzutage nowadays, these days

hie und da here and there, now and then

hier here; **hier Neumann** this is Mr. Neumann speaking (on the telephone)

hierher (*with verbs of motion*) here, to this place

die Hilfe, –n help, assistance

hilfsbereit helpful

das Hilfsverb, –s, –en auxiliary verb

der Himmel, –s, – heaven, sky; **um Himmels willen!** for heaven's sake!

himmelblau sky-blue

der Himmelsduft, –(e)s, ̈e heavenly fragrance

die Himmelsrichtung, –en direction

hin (*denotes direction away from the speaker*) there, to that place, that way; **hin und her** back and forth, to and fro; **hin und zurück** there and back again; **eine Fahrkarte, hin und zurück** round-trip ticket

hinaufsteigen, stieg hinauf, ist hinaufgestiegen to climb up, go up

das Hindenburgpalais Hindenburg Palace, Berlin

das Hindernis, –ses, –se hindrance, obstacle

hinfahren (fährt hin), fuhr hin, ist hingefahren to travel there or to that place

hingehen, ging hin, ist hingegangen to go there, or to that place

hingleiten, glitt hin, ist hingeglitten to glide along or away; **hingleitend** gliding along

hinschauen to look over there

hinter (*with dat. and acc.*) behind

der **Hintergrund,** –(e)s background
hinziehen, zog hin, ist hingezogen
to move along or away
hinzusetzen to add to
historisch historical
hoch (*pred. adj. and adv.*), **hoh–**
(*preceding noun*), **höher,**
höchst– high; **höchst** (*adv.*)
highly, extremely; das **Höchste,**
–n the ultimate, highest
hochachtungsvoll respectful(ly)
hochdeutsch (*adj.*) High German; das **Hochdeutsch(e),**
–(e)n High German, standard
German
hochgeschätzt esteemed, valued
das **Hochhaus,** –es, –̈er skyscraper
die **Hochschule,** –n university, institution of higher learning (NOT
high school)
die **Hochzeit,** –en wedding; „**Die Hochzeit des Figaro**" *The Marriage of Figaro*
der **Hof,** –(e)s, –̈e yard, courtyard;
manor
das **Hofbräuhaus,** –es well-known
beer-hall, Munich
hoffen to hope
hoffentlich I hope, it is to be
hoped
die **Hoffnung,** –en hope
hoffnungslos hopeless
die **Hoffnungslosigkeit** hopelessness
höflich courteous
die **Höflichkeit,** –en courtesy
hoh– *see* **hoch**
die **Höhe,** –n height, summit
die **Hohensalzburg** medieval fortress,
Salzburg
holen to fetch, get, pick up
das **Holz,** –es, –̈er wood
hören to hear, listen; **das kann ich
an Ihrer Aussprache hören** I
can tell that by your pronunciation
der **Hörer,** –s, – listener; receiver
(telephone)
die **Hose,** –n trousers
das **Hotel,** –s, –s hotel
das **Hotelzimmer,** –s, – hotel room
die **Hüfte,** –n hip
die **Hühnersuppe** chicken soup
der **Humanismus,** – humanism
humanistisch humanistic
der **Humor,** –s humor, wit

der **Hund,** –(e)s, –e dog
der **Hundefreund,** –(e)s, –e dog lover
die **Hunderasse,** –n breed of dog
hundert hundred; **vom Hundert**
(**v.H.**) percent
hunderteins one hundred one
hunderteinundzwanzig one hundred twenty-one
hundertfünfundsechzig one hundred sixty-five
hundertzwei one hundred two
der **Hunger,** –s hunger; **Hunger
leiden** to suffer from hunger
der **Husten,** –s cough
der **Hut,** –(e)s, –̈e hat

I

ich (*dat.* **mir,** *acc.* **mich**) I
ideal ideal
die **Idee,** –n idea
Ihr (*poss. adj. sing. and plur. formal*) your
ihr (*dat.* **euch,** *acc.* **euch**) (*plur. fam.*) you
ihr (*poss. adj.*) her; their
die **Illustrierte,** –n, –n illustrated magazine; die „**Neue Illustrierte**"
name of a popular illustrated
magazine
im = **in dem**
imaginär imaginary
die **Immatrikulation,** –en matriculation
sich immatrikulieren (lassen) to
register, matriculate
immer always; **immer mehr** more
and more; **immer noch, noch immer** still, continuing; **immer
wieder** again and again
der **Imperativ,** –s, –e imperative
das **Imperfekt,** –(e)s, –e imperfect
tense, past tense
importieren to import
imposant imposing
improvisieren to improvise
in (*with dat. and acc.*) in, into
indem (*subord. conj.*) while,
while at the same time; inasmuch as
der **Indianer,** –s, – American Indian
(das) **Indien,** –s India
indirekt indirect
die **Industrie,** –n industry
der **Industriebetrieb,** –(e)s, –e industrial enterprise

das **Industriegebiet,** –(e)s, –e industrial region
industriell industrial
die **Industriestadt,** ⸚e industrial city
die **Inflation,** –en inflation
infolgedessen consequently
die **Information,** –en information
informieren to inform
der **Ingenieur,** –s, –e engineer
der **Inhalt,** –(e)s, –e content(s)
das **Inhaltsverzeichnis,** –ses, –se table of contents
der **Inn,** –s Inn River
inner– internal, inner
innerhalb (*with gen.*) within, inside
ins = in das
die **Insel,** –n island, isle
insgesamt total, collectively
das **Institut,** –(e)s, –e institute
die **Institution,** –en institution
die **Inszenierung,** –en staging, sets
intellektuell intellectual
intelligent intelligent
interessant interesting; **etwas Interessantes** something interesting; **nichts Interessantes** nothing interesting
das **Interesse,** –s, –n interest; **Interesse für etwas haben** to have an interest in something; **Interesse an etwas nehmen** to take an interest in something
interessieren to interest
die **Interpunktion** punctuation
intransitiv intransitive
inzwischen meanwhile
irgendwo anywhere, somewhere
(das) **Irland,** –s Ireland
ironischerweise ironically
irre in error, confused
irreal unreal, contrary-to-fact
isolieren to insulate, isolate
(das) **Italien,** –s Italy
italienisch (*adj.*) Italian; **das Italienisch(e),** –(e)n Italian language

J

ja yes; of course; you know, you see; **es ist ja kalt** it is certainly cold
die **Jacke,** –n jacket, coat
die **Jagd,** –en hunt

der **Jagdpark,** –(e)s, –e *or* –s hunting preserve
der **Jägerhut,** –(e)s, ⸚e hunting hat
das **Jahr,** –(e)s, –e year; **während der dreißiger Jahre** during the thirties
jahraus, jahrein year in, year out
jahrelang for years
die **Jahreszeit,** –en season
das **Jahrhundert,** –s, –e century
jährlich annual
der **Jahrmarkt,** –(e)s, ⸚e annual fair
das **Jahrzehnt,** –(e)s, –e decade
der **Januar,** –(s) January
jawohl yes, indeed; certainly
der **Jazz,** – jazz
der **Jazzklub,** –s, –s jazz club
die **Jazzmusik** jazz music
die **Jazzplatte,** –n jazz record
je ever; **je drei** three . . . each; **je . . . je** the . . . the; **je mehr Gesetz, je weniger Recht** the more law, the less justice; **je nach** according to
jed(–er, –e, –es) each, every; **ein jeder** each one
„**Jedermann**" *Everyman*
jedoch however
jemals ever
jemand (*dat.* **jemandem,** *acc.* **jemanden**) someone
jen(–er, –e, –es) that, that one, those; the former
jenseits (*with gen.*) (on) that side of, beyond
jetzig– present, present-day
jetzt now; **von jetzt an** from now on
der **Journalismus,** – journalism
die **Jugend** youth
die **Jugendbildúng** education of youth
die **Jugendgemeinschaft,** –en youth association
die **Jugendjahre** (*plur.*) years of childhood, youthful years
das **Jugend-Kabarett,** –s, –e cabaret for youth
die **Jugendkriminalität** juvenile crime
das **Jugendleben,** –s life of young people
jugendlich youthful; **der Jugendliche,** –n, –n young person from fourteen to eighteen
die **Jugendorganisation,** –en youth organization

das **Jugendrotkreuz**, –es Junior Red Cross

das **Jugendschutzgesetz**, –es Law for the Protection of Minors

(das) **Jugoslawien**, –s Yugoslavia

der **Juli**, –(s) July

    jun. = **junior** junior

    jung, jünger, jüngst– young; der **Junge**, –n, –n boy; **Junge Europäische Föderalisten** Young European Federalists

der **Juni**, –(s) June

der **Jurist**, –en, –en/die **Juristin**, –nen lawyer

    just just, precisely

K

das **Kabarett**, –s, –e cabaret

der **Kabarettist**, –en, –en cabaret performer

der **Kaffee**, –s coffee

das **Kaffeehaus**, –es, ̈er coffee house

der **Kaffeetisch**, –es, –e coffee table

der **Kai**, –s, –s quay

der **Kaiser**, –s, – Kaiser, emperor

die **Kaiser-Wilhelm-Gedächtniskirche** Kaiser William Memorial Church, West Berlin

der „**Kaiserhof**", –(e)s name of a hotel

das **Kalb**, –(e)s, ̈er calf

das **Kalbfleisch**, –es veal

das **Kalbshirn**, –(e)s calf brain(s)

der **Kalbskopf**, –(e)s calf's head

(das) **Kalifornien**, –s California

    kalt, kälter, kältest– cold; **nichts Kaltes** nothing cold

der **Kampf**, –(e)s, ̈e struggle, combat

    kampfbereit ready for battle

    kämpfen to fight, struggle, combat

der **Kämpfer**, –s, – fighter

    kann (*see* **können**)

der **Kanzler**, –s, – chancellor

die **Kapelle**, –n band, jazz band

das **Kapital**, –s, –ien *or* –e capital, funds

der **Kapitalismus**, – capitalism

    kapitalistisch capitalistic

die **Kardinaltugend**, –en cardinal virtue

der **Karlsplatz**, –es Carl's Square, Munich

der **Karneval**, –s, –e *or* –s Shrovetide festival

das **Karnevalspiel**, –(e)s, –e Shrovetide play

die **Karte**, –n card; map

das **Kartenspielen**, –s cardplaying

die **Kartoffel**, –n potato

der **Kartoffelkloß**, –es, ̈e potato dumpling

der **Kartoffelsalat**, –(e)s potato salad

das **Karussell**, –s, –e *or* –s merry-go-round

der **Karzer**, –s, – university jail

das **Kasperletheater**, –s, – puppet theater

das **Kasseler Rippchen**, –s, – smoked pork chop

die **Katakombe**, –n catacomb

    katholisch Catholic; die **Katholische Jugend** Catholic Youth Organization

das **Kätzchen**, –s, – kitten

die **Katze**, –n cat

    kaufen to buy

die **Kaufkraft** purchasing power

    kaum scarcely; **kaum zu glauben!** hard to believe!

    kein (*adj. taking* **ein**-*word endings*) no, not a

    keineswegs by no means

der **Keller**, –s, – cellar

der **Kellner**, –s, – waiter; die **Kellnerin**, –nen waitress

    kennen, kannte, gekannt to know, be acquainted with

    kennenlernen to become acquainted with, get to know; **so lernt der junge Deutsche die Welt kennen** thus the young German gets to know the world

die **Kenntnis**, –se knowledge

der **Kerl**, –s, –e (*coll.* –s) fellow; **ein „ganzer Kerl"** a "real guy"

    kerngesund thoroughly sound, very healthy

das **Kerzenlicht**, –(e)s, –er candlelight

das **Kilometer**, –s, – kilometer (0.6 mile)

das **Kind**, –(e)s, –er child

der **Kindergarten**, –s, ̈ kindergarten

    kindisch childish

das **Kinn**, –(e)s, –e chin

das **Kino**, –s, – movie theater; **ins Kino gehen** to go to a movie

die **Kirche, –n** church
kirchlich ecclesiastical
der **Kirchturm, –(e)s, ⁼e** church spire
die **Klammer, –n** parenthesis
klar clear
die **Klarheit** clarity
die **Klasse, –n** class, grade
das **Klassenzimmer, –s, –** classroom
klassisch classical
die **Klatschbase, –n** gossip, gossipy
woman
klatschen to gossip
das **Kleid, –(e)s, –er** dress; *also* die
Kleider (*plur.*) clothes
(sich) kleiden to clothe, dress
(oneself)
die **Kleidung, –en** clothing
das **Kleidungsstück, –(e)s, ⁼e** article
of clothing
klein small
kleinlich petty
die **Klimatologie** climatology
klingeln to ring; **es klingelt** the
doorbell is ringing
klingen, klang, geklungen to
sound
die **Klinik, –en** clinic
klinisch clinical
das **Klirren, –s** clinking
klopfen to knock
das **Kloster, –s, ⁼** monastery, cloister
der **Klub, –s, –s** club
klug, klüger, klügst– clever, sensi-
ble, shrewd
km² = das Quadratkilometer, –s, –
square kilometer
der **Knabe, –n, –n** boy, youth
knallrot bright red
der *or* das **Knäuel, –s, –e** throng, mob
die **Kneipe, –n** tavern
das **Knie, –s, –** knee
der **Knochen, –s, –** bone
der **Knopf, –(e)s, ⁼e** button
der **Knüttel, –s, –** club, cudgel
kochen to cook
der **Koffer, –s, –** suitcase, trunk
das **Kolleg, –s, –ien** lecture
der **Kollege, –n, –n** colleague
(das) **Köln, –s** Cologne
Kölner (*adj.*) Cologne; der **Kölner Hauptbahnhof, –(e)s** main
railway station in Cologne
Kolumbus Columbus
komisch funny, comical
das **Komitee, –s, –s** committee
das **Komma, –s, –s** comma

kommen, kam, ist gekommen to
come; **kommend** coming, approaching
der **Kommers, –es, –e** student social
gathering, beer party
der **Kommunismus, –** communism
der **Kommunist, –en, –en** communist
kommunistisch communistic
kompliziert complicated
komponieren to compose
der **Komponist, –en, –en** composer
die **Komposition, –en** musical composition
das **Konditional, –s, –e** conditional
die **Konditorei, –en** confectioner's
shop, type of restaurant special-
izing in fine pastries
der **Konflikt, –(e)s, –e** conflict
der **Kongo, –s** Congo River
der **Kongreß, –es, –e** congress
die **Kongreßhalle** Congress Hall,
West Berlin
der **König, –(e)s, –e** king; die **Königin, –nen** queen
das **Königreich, –(e)s, –e** kingdom
die **Konjunktion, –en** conjunction
der **Konjunktiv, –s, –e** subjunctive
mood
können (kann), konnte, gekonnt
to be able to, can, may; to know
a language; **das kann wohl sein**
that may well be; **er kann
Deutsch** he knows German
der **Kontakt, –(e)s, –e** contact
konventionell conventional
die **Konversation, –en** conversation
das **Konzert, –(e)s, –e** concert
der **Kopf, –(e)s, ⁼e** head
der **Kopfsalat, –(e)s** head lettuce
die **Kopfschmerzen** (*plur.*) headache
das **Kopfweh, –(e)s** headache
der **Korb, –(e)s, ⁼e** basket
der **Körper, –s, –** body
die **Korporation, –en** fraternity
das **Korps, –, –** (**p** *is silent;* **s** *silent in*
nom., dat. and acc. sing.) fra-
ternity
der **Korridor, –s, –e** corridor
kosten to cost
die **Kosten** (*plur.*) cost(s), expenses
das **Kostüm, –s, –e** costume
die **Kraft, ⁼e** force, strength
die **Kraftbrühe** consomme
das **Kräftemessen, –s** match of
strength, competition

der **Kraftwagen**, –s, – automobile
die **Kraftwagen-Werke** (*plur.*) automobile works
    krank, kränker, kränkst– sick, ill
das **Krankenhaus**, –es, ⁻er hospital
die **Krankenschwester**, –n nurse
die **Krankheit**, –en disease
    kredenzen (*poet.*) to taste, drink
die **Kreide**, –n chalk
der **Kreis**, –es, –e circle; county
die **Kreisstadt**, ⁻e county seat
    kreuzen to cross
der **Kreuzzug**, –(e)s, ⁻e crusade
    kriechen, kroch, ist gekrochen to creep
der **Krieg**, –(e)s, –e war
der **Kriegsdienst**, –es military service
das **Kriegsende**, –s end of war, war's end
das **Kriegsereignis**, –ses, –se wartime event
der **Kriegsfilm**, –(e)s, –e war film
der **Kriegsgefangene**, –n, –n prisoner of war
der **Kriegsgeschädigte**, –n, –n war victim
das **Kriegslager**, –s, – army camp
die **Krise**, –n crisis
die **Kritik**, –en criticism
der **Kritiker**, –s, – critic
    kritisieren to criticize
der **Kronprinz**, –en, –en crown prince
der **Krug**, –(e)s, ⁻e mug, pitcher
die **Küche**, –n kitchen
der **Kuchen**, –s, – cake
der **Kudamm**, –(e)s = der **Kurfürstendamm** famous boulevard, West Berlin
der **Kugelschreiber**, –s, – ballpoint pen
die **Kuh**, ⁻e cow
    kühl cool
die **Kultur**, –en culture
    kulturell cultural
der **Kultusminister**, –s, – Minister of Education
das **Kultusministerium**, –s, (*plur.*) –ministerien Ministry of Education
die **Kunst**, ⁻e art
der **Künstler**, –s, – artist
das **Kunstspringen**, –s tumbling
die **Kunststadt**, ⁻e city of art
der **Kurfürst**, –en, –en electoral prince

der **Kurfürstendamm**, –(e)s famous boulevard, West Berlin
der **Kurgast**, –(e)s, ⁻e patient, guest at a spa hotel
das **Kurhotel**, –s, –s spa hotel
der **Kurs**, –es, –e course
die **Kursivschrift** italics; **der in Kursivschrift gedruckte Teil** the part printed in italics
    kurz, kürzer, kürzest– short
    kurzfristig brief
die **Kusine**, –n cousin (*fem.*)
    küssen to kiss

L

das **Laboratorium**, –s, (*plur.*) **Laboratorien** laboratory
    lachen to laugh; **über jemanden lachen** to laugh at someone
    lächerlich ridiculous
    laden (**lädt**), **lud, geladen** to load
die **Lage**, –n situation, position
das **Lager**, –s, – camp; bed
    lakonisch laconic, terse
das **Land**, –(e)s, ⁻er land, country; any of the states in the Federal Republic of Germany; **auf dem Land(e)** in the country; **aufs Land** to the country
    landen to land
die **Landeshauptstadt**, ⁻e state capital
der **Landesherr**, –(e)n, –en ruler of a province or state
das **Landeskultusministerium**, –s, (*plur.*) –ministerien State Department of Education
die **Landgemeinde**, –n rural community
die **Landkarte**, –n map
die **Landschaft**, –en landscape
die **Landsmannschaft**, –en fraternity whose membership comes from the same region or locality
die **Land-Stadt**, ⁻e poetic expression referring to Salzburg and its blend of sophistication and rustic charm and simplicity
der **Landstreicher**, –s, – wanderer, tramp
die **Landwirtschaft** agriculture
    lang, länger, längst– long; **einen Sommer lang** an entire summer; **lange** for a long time; **seit langem** for a long time

die **Länge, –n** length; **sich in die Länge (ver)ziehen** to extend, stretch out

langmütig patient, long-suffering

langsam slow

längst a long time ago, long since

langweilig boring

der **Lärm, –(e)s** noise

lassen (läßt), ließ, gelassen to leave, let, allow, cause; **sich ausbilden lassen** to be educated; **bauen lassen** to have built

die **Last, –en** burden, load

das **Lastenausgleichsgesetz, –es** Law of Equalization

der **Lastkraftwagen, –s, – (LKW)** truck

das **Latein, –s** Latin

lateinisch (*adj.*) Latin

der **Lauf, –(e)s, ⸚e** course

laufen (läuft), lief, ist gelaufen to run; go; walk (*coll.*)

der **Laut, –(e)s, –e** sound, tone

laut loud, noisy

lauten to read as follows

der **Lautsprecher, –s, –** loudspeaker

das **Lazarett, –(e)s, –e** military hospital

leben to live

das **Leben, –s, –** life; **am Leben sein** to be alive

lebendig living, alive

die **Lebensanschauung, –en** philosophy of life

die **Lebensgeschichte, –n** biography

das **Lebensjahr, –(e)s, –e** year of life; **bis zum achtzehnten Lebensjahr besucht er die Schule** he goes to school until he is eighteen

die **Lebenskraft, ⸚e** vitality

der **Lebenslauf, –(e)s, ⸚e** autobiographical sketch

die **Lebensmittel** (*plur.*) food, foodstuffs

das **Lebensproblem, –s, –e** problem of life

der **Lebensstandard, –s, –s** standard of living

die **Lebensweise, –n** way of life

lebhaft lively

der **Lech, –s** Lech River

die **Lederhose, –n** leather pants

ledig unmarried, single

leer empty

legen to put, place, lay

der **Lehrbrief, –(e)s, –e** letter of apprenticeship

das **Lehrbuch, –(e)s, ⸚er** textbook

die **Lehre, –n** apprenticeship; teaching; **eine Lehre geben** to teach a lesson; **in die Lehre treten** to begin apprenticeship, become an apprentice

lehren to teach

der **Lehrer, –s, –/**die **Lehrerin, –nen** teacher

die **Lehrerschaft** faculty

der **Lehrgang, –(e)s, ⸚e** course

der **Lehrgangsleiter, –s, –** course director

das **Lehrgeld, –(e)s, –er** tuition

die **Lehrkräfte** (*plur.*) faculty

das **Lehrmittel, –s, –** instructional aid

der **Lehrsatz, –es, ⸚e** proposition, topic for debate, thesis

die **Lehrstätte, –n** place of instruction, school

der **Lehrter Bahnhof, –(e)s** Lehrter Station, West Berlin

der **Leib, –(e)s, –er** body

leicht (*as pred. adj., with dat.*) easy, light

die **Leichtathletik** track and field sports

leid: es tut mir leid I am sorry

leiden, litt, gelitten to suffer; **Hunger leiden** to suffer from hunger

leider unfortunately

leihen, lieh, geliehen to lend; borrow

leise soft, gentle

leisten to provide, afford; accomplish

der **Leiter, –s, –** head, manager

die **Leitung, –en** direction, auspices, management

die **Lektion, –en** lesson

die **Lektüre, –n** reading material

die **Leopoldstraße** name of a street

die **Lerche, –n** lark

lernen to learn, study; das **Lernen, –s** learning, studying

lesen (liest), las, gelesen to read; give a lecture at the university; das **Lesen, –s** reading

das **Lesestück, –(e)s, –e** reading passage

letzt– last

leuchten to illuminate, be radiant

die **Leute** (*plur. only*) people

das **Licht**, –(e)s, –er light; **es ging ihm ein Licht auf** it dawned on him

das **Liebchen**, –s, – sweetheart (*fem.*)

die **Liebe**, –n love
  lieben to love; **liebend** loving
  lieber (*see also* **gern**) rather, preferably; **gehen wir lieber in den „Weltspiegel"** let's go instead to the World Mirror

der **Liebhaber**, –s, – lover, suitor

das **Lied**, –(e)s, –er song
  liefern to furnish, deliver
  liegen, lag, gelegen to lie, be situated; **zu Felde liegen** to fight, be at war

die **Linde**, –n linden tree; **Unter den Linden** famous boulevard, East Berlin

die **Linie**, –n railway or street railway line
  link– left-hand, left

die **Lippe**, –n lip

die **List**, –en cunning, trickery
  literarisch literary

die **Literatur** literature

die **Literaturgeschichte** history of literature

der **LKW** = der **Lastkraftwagen**, –s, – truck
  locken to do up (hair) in curls
  logisch logical

der **Lohn**, –(e)s, –e pay; reward

das **Lokal**, –(e)s, –e tavern, public house

das **Los**, –es, –e lot, fate
  los: was ist los? what is the matter?
  lösen to solve; buy (a ticket), cash (a check)
  losgehen, ging los, ist losgegangen to start, begin
  losschießen, schoß los, losgeschossen to shoot off
  lossprechen (spricht los), sprach los, losgesprochen to acquit

die **Lösung**, –en solution

die **Ludwigsbrücke** Ludwig Bridge, Munich

die **Ludwigsstraße** Ludwig Street, Munich

die **Luft**, –e air

die **Luftbrücke** airlift

die **Lufthansa** name of German airline

das **Lufthansaflugzeug**, –(e)s, –e Lufthansa airplane

der **Luftkrieg**, –(e)s, –e aerial warfare

die **Luftpost** airmail; **per Luftpost** by airmail
  lügen, log, gelogen to tell a lie

die **Lust**, –e pleasure, desire
  lustig joyous, merry, amusing; **sich über jemanden lustig machen** to make fun of someone

M

machen to do, make; **das Abitur machen** to pass the qualifying examination; **bekannt machen** to introduce, acquaint; **bei jemandem einen Besuch machen** to pay someone a visit; **sich über jemanden lustig machen** to make fun of someone; **eine Reise machen** to take a trip; **sich Sorgen machen** to worry; **sich auf den Weg machen** to start out; **machen Sie sich nichts daraus** think nothing of it

die **Madame** lady, madam

das **Mädchen**, –s, – girl

das **Mädchenköpfchen**, –s, – girl's head

die **Mädchenschule**, –n girls' school

das **Mädel**, –s, – *or* –s (*coll.*) girl
  mag (*see* **mögen**)

das **Mahnmal**, –(e)s, –e memorial, reminder

der **Mai**, –(e)s *or* – May

das **Mailied**, –(e)s, –er May song

der **Main**, (e)s Main River
  majestätisch majestic; **etwas Majestätisches** something majestic

das **Mal**, –(e)s, –e time, point in time; **zum ersten Mal** for the first time
  mal (*adv.*) just, once; times (*math.*); **denken Sie mal!** just think! **schauen Sie mal hin!** just look over there! **zwei mal sechs ist zwölf** two times six is twelve; **zwei- oder dreimal** two or three times
  malerisch picturesque; **etwas malerischeres** something more picturesque
  man (*dat.* **einem**, *acc.* **einen**) one,

they; **man sagt** it is said, they say

manch(**–er, –e, –es**) many a, many a one, some; **mancher Mann** many a man; **manche Leute** some people

manchmal sometimes

die **Manipulation, –en** manipulation

der **Mann, –(e)s, ⸚er** man; **der Mann auf der Straße** man in the street, common man

mannigfach manifold, various

mannigfaltig manifold, diverse

das **Männlein, –s, –** small man

männlich masculine

das **Manuskript, –(e)s, –e** manuscript

das **Märchen, –s, –** fairy tale

der **Märchenprinz, –en, –en** fairy-tale prince

der **Marienplatz, –es** St. Mary's Square, Munich

die **Mark, –** mark, unit of currency

die **Mark, –en** boundary province; die **Mark Brandenburg** Mark of Brandenburg

der **Markt, –(e)s, ⸚e** market

der **Marktplatz, –es, ⸚e** market place

der **Marshallplan, –(e)s** Marshall Plan

das **Marshallplankapital, –s** Marshall Plan capital

der **März, –(e)s** March

die **Maschine, –n** machine; airplane

der **Maschinenbau, –(e)s** mechanical engineering

die **Maske, –n** mask

maskulin masculine

die **Maßnahme, –n** measure

der **Maßstab, –(e)s, ⸚e** measurement, ruler; standard

das **Material, –s, –ien** material

die **Mathematik** mathematics

die **Mathematikstunde, –n** mathematics class

mathematisch mathematical

die **Mauer, –n** wall (of masonry)

das **Maul, –(e)s, ⸚er** mouth (of an animal)

der **Mechaniker, –s, –** mechanic

das **Medikament, –(e)s, –e** drug

die **Medizin, –en** medicine

der **Mediziner, –s, –** medical student

medizinisch medical

der **Meeresspiegel, –s** sea level

das **Mehl, –(e)s, –e** flour, meal

die **Mehlspeise, –n** dessert (South German and Austrian dishes made with flour or starch and often sweet)

mehr (*see also* **viel**) more; **nicht mehr** no longer

mehrere (*plur. only*) several, a number of

der **Mehrkampf, –(e)s, ⸚e** multiple event competition

die **Mehrzahl** majority; plural

die **Meile, –n** mile

mein (*poss. adj.*) my

meinen to mean, be of the opinion

die **Meinung, –en** opinion

die **Meinungsänderung, –en** change of opinion

meißeln to chisel

meist– (*see also* **viel**) most

meistens usually, generally, for the most part

der **Meister, –s, –** master

der **Meistersänger, –s, –** master singer

das **Meisterstück, –(e)s, –e** masterpiece

melancholisch melancholy

(sich) **melden** to report; **der Student hat sich beim Rektorat gemeldet** the student reported to the Office of the Rector; **der Lautsprecher meldete den Zug** the loudspeaker announced (the arrival of) the train

die **Melodie, –n** melody

die **Menge, –n** mass, large number, large quantity

die **Mensa,** (*plur.*) **Mensen** university dining hall

der **Mensch, –en, –en** man, human being

die **Menschenmenge** multitude of people

die **Menschheit** humanity

menschlich human

die **Mensur, –en** fencing duel; **in die Mensur treten** to duel

der **Mercedes, –, –** German automobile

die **Messe, –n** fair

das **Messer, –s, –** knife

das **Meter, –s, –** meter (39.7 inches)

die **Methode, –n** method

„**Meuterei auf der Bounty**" *Mutiny on the Bounty*

(das) **Mexiko, –s** Mexico

die **Miete, –n** rent
mieten to rent
der **Mietpreis, –es, –e** rent
die **Milch** milk
mild mild, gentle
der **Militarismus, –** militarism
die **Militärregierung, –en** military government
die **Million, –en** million
minder less
minderjährig minor, not of age
der **Minister, –s, –** department head, official of cabinet rank
das **Ministerium, –s,** (*plur.*) **Ministerien** ministry, department of government
die **Minute, –n** minute
die **Mirabelle, –n** mirabelle plum
mischen to mix
der **Mississippi, –s** Mississippi River
der **Missouri, –s** Missouri River
mißverstehen, mißverstand, mißverstanden to misunderstand
mit (*with dat.*) with; by; **mit dem Zug** by train
mitbringen, brachte mit, mitgebracht to bring along
mitdichtend poetically, accompanying with poetry
miteinander with one another, with each other
mitfahren (fährt mit), fuhr mit, ist mitgefahren to accompany, travel with someone
mitfliegen, flog mit, ist mitgeflogen to accompany on a flight
mitgehen, ging mit, ist mitgegangen to accompany, go with someone
das **Mitglied, –(e)s, –er** member (of an organization)
die **Mitgliedschaft, –en** membership
mitkommen, kam mit, ist mitgekommen to accompany
das **Mitleid, –(e)s** sympathy, compassion
mitmachen to participate in, attend
mitnehmen (nimmt mit), nahm mit, mitgenommen to take along
mitsingen, sang mit, mitgesungen to accompany in song
der **Mittag, –(e)s, –e** noon; **heute mittag** at noon today; **zu Mittag** at noon

das **Mittagessen, –s, –** noon meal, lunch
mittags at noon
die **Mittagspause, –n** noon recess
die **Mitte, –n** middle, midst; **Mitte Oktober** the middle of October
mitteilen to inform
das **Mittel, –s, –** means
das **Mittelalter, –s** Middle Ages
mittelalterlich medieval
(das) **Mittelamerika, –s** Central America
die **Mittelmäßigkeit** mediocrity
der **Mittelpunkt, –(e)s, –e** center, middle point
die **Mittelschule, –n** type of secondary school
die **Mittelstufe, –n** intermediate class or level
der **Mittelwesten, –s** Middle West
mitten in the midst of; **mitten in den Bergen** surrounded by mountains
die **Mitternacht** midnight
das **Mittun, –s** participation, collaboration
der **Mittwoch, –(e)s, –e** Wednesday
die **Mitverwaltung** joint administration
die **Mitwirkung** cooperation
das **Möbel, –s, –** furniture
die **Möbelfabrik, –en** furniture factory
das **Möbelstück, –(e)s, –e** piece of furniture
möchte, möchten (*see also* **mögen**) would like, should like
das **Modalverb, –s, –en** modal auxiliary verb
die **Mode, –n** fashion, style
modern (*stress on the first syllable*) to rot, decay
modern (*stress on the second syllable*) modern
modernisieren to modernize
modernst very modern
modisch fashionable, stylish; **etwas Modisches** something stylish; **nichts Modisches** nothing stylish
mögen (mag), mochte, gemocht to desire, want, like; **ich möchte eine Tasse Kaffee** I would like a cup of coffee; **ich möchte es sehen** I would like to see it; **er**

mag das tun he desires to do
that
möglich possible
die **Möglichkeit, –en** possibility
der **Monarch, –en, –en** monarch
die **Monarchie, –n** monarchy
der **Monat, –(e)s, –e** month
der **Mönch, –(e)s, –e** monk
der **Mond, –(e)s, –e** moon; month
das **Mondlicht, –(e)s** moonlight
der **Montag, –(e)s, –e** Monday
der **Montagmorgen, –s, –** Monday
morning
die **Moral** moral(s)
der **Mörder, –s, –** murderer
der **Morgen, –s, –** morning; **guten
Morgen** good morning; **morgen**
tomorrow; **heute morgen** this
morning
die **Morgenblume, –n** morning flower
morgens mornings, in the morning
die **Morgenwolke, –n** morning cloud
die **Moritat, –en** ballad depicting
murder and other forms of violence
die **Mosel** Mosel River
der **Motor, –s, –en** motor
der **Motorroller, –s, –** motor scooter
das **Motto, –s, –s** motto
müde (*as pred. adj. with gen.*)
tired
mühsam with effort, laborious
der **Mummenschanz, –es** masquerade
(das) **München, –s** Munich, capital of
Bavaria; **München-Ost** Munich
East Station
der **Münchener, –s, –** native of Munich; **Münchener** (*adj.*) Munich; der **Münchener Hauptbahnhof, –(e)s** main railway
station, Munich
der **Mund, –(e)s, –er** mouth
mündlich oral
das **Münster, –s, –** cathedral, min-
ster; das **Ulmer Münster, –s**
cathedral in Ulm
munter blithe, gay
die **Muse, –n** muse
das **Museum, –s,** (*plur.*) **Museen** museum
die **Musik** music
das **Musikdrama, –s,** (*plur.*) **–dramen**
opera, music drama
der **Musiker, –s, –** musician
der **Musikklub, –s, –s** music club

die **Musikstadt, –e** city of music
müssen (muß), mußte, gemußt
to have to, must
das **Muster, –s, –** pattern
der **Mustersatz, –es, –e** pattern sentence
der **Mut, –(e)s** courage
die **Mutter, –** mother
die **Muttersprache, –n** native language, mother tongue
die **Mutti, –s** (*coll.*) mommy, mom

N

nach (*with dat.*) to, toward; after;
(usually following its object) according to; **ich fahre nach Berlin**
I am going to Berlin; **nach Hause**
home; **nach etwas suchen** to
look for something
nachahmen to imitate
die **Nachahmung, –en** imitation
der **Nachbar, –s, –n,** *or* **–n, –n/die
Nachbarin, –nen** neighbor
die **Nachbarschaft, –en** neighborhood
das **Nachbarskind, –(e)s, –er** neighbor child
nachdem (*subord. conj.*) after
nachdenken, dachte nach, nachgedacht to reflect, contemplate,
think; **er dachte lange über das
Problem nach** he thought
about the problem a long time
nachdenklich reflective, thought-
ful
nachdrücklich emphatic
der **Nachen, –s, –** small boat
nachher afterwards
das **Nachkriegsjahr, –(e)s, –e** postwar year
die **Nachkriegszeit, –en** postwar era
der **Nachlaß, –es, –e** *or* **–e** legacy
nachlassen (läßt nach), ließ nach,
nachgelassen to diminish,
abate
der **Nachmittag, –(e)s, –e** afternoon
nachreiten, ritt nach, ist nachgeritten (*with dat. obj.*) to ride
after
die **Nachricht, –en** information, news
nächst– (*see* **nahe**) next, near-
est, closest
die **Nacht, –e** night; **gute Nacht**
good night; **des Nachts** (note ap-

parent change of gender) at night

nachteilig disadvantageous

nächtelang many nights, night after night

die **Nachtigall, –en** nightingale; **die Nachtigall schlägt** the nightingale is singing

der **Nachtisch, –es, –e** dessert; **zum Nachtisch** for dessert

nächtlich nocturnal

das **Nachtlokal, –s, –e** night club

nachts at night

das **Nachzuahmende, –n** that which is to be imitated

nah(e), näher, nächst– (*as pred. adj. with dat.*) near, close; (*superlat.*) next; **nächsten Montag** next Monday; **das Nähere, –n** details

die **Nähe** nearness, proximity; **in der Nähe von** close to, in the vicinity of

sich nähern (*with dat. obj.*) to approach

das **Nahrungsmittel, –s, –** food, nourishment

der **Name, –ns, –n** name

namens by the name of

namentlich especially, particularly

nämlich namely, that is, of course, you see, you know

der **Narr, –en, –en** fool

die **Nase, –n** nose

der **Nationalismus, –,** (*plur.*) **Nationalismen** nationalism

nationalsozialistisch National Socialist (Nazi)

die **Natur, –en** nature

natürlich naturally, of course; natural

der **Natursymbolismus, –** nature symbolism

die **Naturwissenschaft, –en** natural science

naturwissenschaftlich scientific

der **Nazi, –s, –s** Nazi

das **Nazi-Regime, –(s)** Nazi regime

das **Nazi-System, –s** Nazi system

der **Nebel, –s** fog, mist

neben (*with dat. and acc.*) beside, next to, near, close to

der **Nebenmann, –(e)s, ⁻er** comrade, one next in line

der **Neckar, –s** Neckar River

nehmen (**nimmt**), **nahm, genom-**

men to take; **in Anspruch nehmen** to claim, lay claim to; **die Arbeit nimmt viel Zeit in Anspruch** the work takes a great deal of time; **Platz nehmen** to sit down; **Interesse an etwas nehmen** to be interested in something

(**sich**) **neigen** to incline

nein no

nennen, nannte, genannt to name, call

nett nice, pretty, pleasant, amiable

neu new; **neuere Geschichte** modern history; **etwas Neues** something new; **nichts Neues** nothing new; **die „Neue Illustrierte", –n, –n** name of a popular illustrated magazine

der **Neubau, –(e)s,** (*plur.*) **–bauten** building under construction, new structure

neuerwacht newly awakened

die **Neugier = die Neugierde**

die **Neugierde** curiosity

neugierig inquisitive, curious; **da bin ich noch neugieriger, es mitzumachen** then I'm even more eager to attend (i.e. participate in) it

die **Neuigkeit, –en** news

der **Neujahrstag, –(e)s, –e** New Year's Day

neulich recently

neun nine; **neunt–** ninth

neunhundertneunundneunzig nine hundred ninety-nine

neunhundertsechsundsiebzigtausendfünfhundertdreiundvierzig Komma einundneunzig (*or* **Komma neun eins**) nine hundred seventy-six thousand five hundred forty-three and ninety-one hundredths

neunundneunzig ninety-nine

neunzehn nineteen; **neunzehnt–** nineteenth

neunzehnhundert nineteen hundred

neunzig ninety

nicht not; **nicht einmal** not even; **gar nicht** not at all; **nicht wahr?** isn't that so? don't you think so? isn't it?

nichts nothing

nicken to nod
nie never
niederbrennen, brannte nieder, ist
or hat niedergebrannt to burn
down
die Niederlage, –n defeat
sich niederlassen (läßt sich nieder),
ließ sich nieder, sich niederge-
lassen to take up an abode, set-
tle
(das) Niedersachsen, –s Lower Saxony,
a federal state
sich niedersenken to sink, descend
niemals never
niemand, (dat.) niemandem,
(acc.) niemanden no one
der Nil, – or –s Nile River
das Niveau, –s, –s plane, level
noch still, yet; noch immer, immer noch still, continuing;
Deutsch findet er noch immer
schwer he continues to find
German difficult; noch nicht
not yet
der Nominativ, –s, –e nominative
case
(das) Nordamerika, –s North America
der Norden, –s north, North
(das) Nordrhein-Westfalen, –s North
Rhine-Westphalia, a federal state
normal normal
(das) Norwegen, –s Norway
nötig necessary; das Nötigste, –n
the most necessary (thing); bis
aufs Nötigste (down) to the
most essential things
nötigen to force, require; sich genötigt sehen to be forced
die Notlandung, –en emergency
landing
notwendig necessary
der November, –(s) November
Nr. = die Nummer number
die Nüchternheit calmness, sobriety
die Nudel, –n noodle
null zero
die Nummer, –n number
nun now, at present; well, now
nur only
(das) Nürnberg, –s Nuremberg
die Nußtorte, –n nut torte
nutzen to be useful; use
nützlich (as pred. adj. with dat.)
useful
Nymphenburg eighteenth-century
palace, Munich

O

o oh (O usually occurs in combination with other expressions,
particularly exclamations: o
nein!)
ob (subord. conj.) whether; als
ob (subord. conj.) as if
oben up, above
der Ober(kellner), –s, – headwaiter,
waiter; Herr Ober! waiter!
(das) Oberbayern, –s Upper (southern)
Bavaria
der Oberbefehlshaber, –s, – commander-in-chief
der Oberbürgermeister, –s, – Lord
Mayor
oberdeutsch Upper German,
South German
oberflächlich superficial
oberhalb (with gen.) above
(das) Oberschlesien, –s Upper Silesia
obgleich (subord. conj.) although
das Objekt, –(e)s, –e object
der Obstbaum, –(e)s, –̈e fruit tree
der Obstkuchen, –s, – fruit cake
obwohl (subord. conj.) although
ochsen to study hard, cram
die Ochsenschwanzsuppe oxtail soup
oder (coord. conj.) or; entweder
. . . oder (coord. conj.) either
. . . or
die Oder Oder River
die Oder-Neiße-Linie Oder Neisse
Line
offen open
offensichtlich evident
offenstehen, stand offen, offenge-
standen to be open, stand open
öffentlich public
öffnen to open
oft, öfter, öftest– often
oh oh (Oh is usually separated
from the expression with which
it is associated by a comma: oh,
ich weiß es.)
ohne (with acc.) without; ohne
weiteres without further ado;
ohne . . . zu (with inf.) without
ohnegleichen unequalled
ohnehin anyway, moreover
ohnemaßen beyond measure
das Ohr, –(e)s, –en ear
der Oktober, –(s) October
die Omelette, –n omelet
der Omnibus, –ses, –se bus

der **Onkel, –s, –**   uncle
der **Opel, –s, –**   German automobile
die **Oper, –n**   opera; opera house
die **Operettenmusik**   operetta music
die **Opernmusik**   opera music
das **Opfer, –s, –**   sacrifice, victim; **zum Opfer fallen**   to be sacrificed, fall victim
opfern   to sacrifice
die **Opposition, –en**   opposition
die **Oppositionspartei, –en**   opposition party
die **Organisation, –en**   organization
die **Organisationsfrage, –n**   organizational problem
die **Orgel, –n**   organ
der **Ort, –(e)s, –e** *or* **–̈er**   place, spot
der **Ostbahnhof, –(e)s**   East Station, Munich
(das) **Ostberlin, –s**   East Berlin, Communist Sector of Berlin
der **Ostberliner, –s, –**   East Berliner; **Ostberliner** (*adj.*)   East Berlin
ostdeutsch (*adj.*)   East German
der **Osten, –s**   east, East
das *or* die (*plur.*) **Ostern**   Easter
(das) **Österreich, –s**   Austria
österreichisch (*adj.*)   Austrian
das **Ostgebiet, –(e)s, –e**   Eastern Territory
östlich   east, easterly, eastern
(das) **Ostpreußen, –s**   East Prussia
ostpreußisch (*adj.*)   East Prussian
der **Ostsektor, –s**   East Sector, Berlin
ostzonal   East-zonal
die **Ostzone**   East Zone

P

das **Paar, –(e)s, –e**   pair, couple; **ein Paar Schuhe**   a pair of shoes; **ein paar**   a few, several; **ein paar Bücher**   a few books
die **Pädagogik**   pedagogy, theory of teaching
pädagogisch   pedagogical
der **Palast, –es, –̈e**   palace
das „**Palastkino**"   the Palace (movie theater)
die **Pantomime, –n**   pantomime
der **Panzer, –s, –**   tank; armor
der **Papierkorb, –(e)s, –̈e**   wastepaper basket
das **Paradies, –es**   paradise
der **Pariser, –s, –/**die **Pariserin, –nen**   native of Paris

der **Park, –(e)s, –e** *or* **–s**   park
parken   to park
das **Parlament, –(e)s, –e**   parliament
die **Partei, –en**   (political) party
das **Partizip, –s, –ien**   participle; das **Partizip Perfekt, –(e)s, –e**   past participle
passen   to fit; **passend**   fitting, suitable
passieren, ist passiert   to happen, occur
das **Passiv, –s, –e**   passive voice; **passiv**   passive
der **Passivsatz, –es, –̈e**   sentence containing verb in the passive voice
die **Paßkontrolle, –n**   passport inspection
die **Pathologie**   pathology
das **Pathos, –**   emotionalism
der **Patient, –en, –en**   patient
pauken   to study hard, cram
die **Pause, –n**   pause, recess
der **Pazifik, –s**   Pacific Ocean
der **Pedant, –en, –en**   pedant
pedantisch   pedantic, precise
die **Pension, –en**   rooming and boarding house
per   by, per; **per Anhalter**   by hitchhiking; **per Luftpost**   by airmail
das **Perfekt, –(e)s, –e**   present perfect tense
die **Person, –en**   person
der **Personaldirektor, –s, –en**   personnel director
der **Personenkraftwagen, –s, –** (**PKW**)   automobile
der **Personenzug, –(e)s, –̈e**   local train
persönlich   personal
die **Persönlichkeit, –en**   personality
die **Pest**   plague
der **Pfadfinder, –s, –**   Pathfinder (Boy Scout); die **Pfadfinderin, –nen**   Pathfinder (Girl Scout)
der **Pfannkuchen, –s, –**   pancake
das **Pferd, –(e)s, –e**   horse
der **Pfirsich, –(e)s, –e**   peach
der **Pflaumenkuchen, –s, –**   plum cake
pflegen   to care for, attend to, foster; die **pflegende Waschkraft**   gentle washing power
die **Pforte, –n**   gate, door
der **Pfuscher, –s, –**   bungler
phantastisch   fantastic
der **Philister, –s, –**   Philistine, uncultured person

philisterhaft   Philistine, Philistine-like

der **Philisterhaß, –es**   hatred for Philistines

die **Philosophie, –n**   philosophy

philosophisch   philosophical

die **Phonologie**   phonology, study of sounds in a language

photographieren   to photograph

die **Photokopie, –n**   photostatic copy

die **Phrase, –n**   phrase; talk, empty talk

die **Physik**   physics

die **Physikstunde, –n**   physics class

die **Pilgramstraße**   name of a street

die **Pistole, –n**   pistol

der **PKW = der Personenkraftwagen, –s, –**   automobile

plagen   to harass, torment

der **Plan, –(e)s, ⸚e**   plan

planen   to plan

die **Platte, –n**   record

der **Plattenspieler, –s, –**   record player

der **Platz, –es, ⸚e**   seat, place; room, space; square, market place; **nehmen Sie bitte Platz!**   please sit down! **haben Sie Platz?**   do you have room? der **Platz der Republik**   Republic Square, West Berlin

das **Plätzchen, –s, –**   small square

pleite (*coll.*)   broke

plötzlich   sudden

der **Plural, –s, –e**   plural

die **Pluralform, –en**   plural form

plus   plus

das **Plusquamperfekt, –(e)s, –e**   pluperfect tense, past perfect

pochen   to knock

poetisch   poetic

(das) **Polen, –s**   Poland

die **Politik**   politics

politisch   political

die **Polizei**   police

polizeilich (*adj.*)   police

der **Polizist, –en, –en**   policeman

positiv   positive

die **Possen** (*plur.*)   antics, stunts

das **Possessivattribut, –(e)s, –e**   possessive adjective

die **Post, –en**   post office; postal service; **ich gehe auf die Post**   I am going to the post office

die **Postkarte, –n**   postcard

Potsdamer (*adj.*)   Potsdam; das

Potsdamer Abkommen, –s   Potsdam Agreement

das **Prädikat, –(e)s, –e**   evaluation, grade (mark) in school

das **Präfix, –es, –e**   prefix

(das) **Prag, –s**   Prague

praktisch   practical

die **Präposition, –en**   preposition

das **Präsens, –, (*plur.*) Präsentia**   present tense

die **Praxis, (*plur.*) Praxen**   practice

der **Preis, –es, –e**   price; prize

die **Preiselbeere, –n**   cranberry

die **Preiserhöhung, –en**   raise in prices

die **Presse, –n**   press

der **Preuße, –n, –n**   native of Prussia

(das) **Preußen, –s**   Prussia

preußisch (*adj.*)   Prussian

der **Priester, –s, –**   priest

prima   first rate, first quality; **prima!** great!

der **Prinz, –en, –en**   prince

das **Prinzregententheater, –s**   Prince Regent Theater, Munich

privat   private

der **Privatdozent, –en, –en**   university lecturer

die **Privatklinik, –en**   private clinic

die **Privatperson, –en**   private individual or person

die **Privatwohnung, –en**   private residence

pro   per

probieren   to test, try

das **Problem, –s, –e**   problem

das **Produkt, –(e)s, –e**   product

die **Produktion, –en**   production

der **Professor, –s, –en**   professor

das **Programm, –s, –e**   program

das **Pronomen, –s, – or (*plur.*) Pronomina**   pronoun

das **Prosit, –s, –s**   toast (to someone's health)

der **Prospekt, –(e)s, –e**   prospectus, brochure

der **Protest, –es, –e**   protest

die **Provinz, –en**   province

provisorisch   provisional, temporary

das **Prozent, –(e)s, –e**   percent

der **Prozentsatz, –es, ⸚e**   percentage

prüfen   to test

die **Prüfung, –en**   test, examination; **eine Prüfung ablegen**   to take a test

der **Prüfungsausschuß, –es, ⸚e** examination committee
P.S. = Postskript postscript
die **Psychologie** psychology
das **Publikum, –s** audience
der **Pullover, –s, –** pullover sweater
pünktlich punctual
das **Puppentheater, –s, –** puppet theater

Q

das **Quadratkilometer, –s, –** square kilometer
das **Quecksilber, –s** mercury
die **Quelle, –n** source

R

die **Rache** revenge
das **Rad, –(e)s, ⸚er** wheel
radikal radical
das **Radio, –s, –s** radio; **ich will Radio hören** I want to listen to the radio
Radion name of a detergent
die **Raffinerie, –n** refinery
der **Rand, –(e)s, ⸚er** edge, border, outskirts
der **Rang, –(e)s, ⸚e** rank
das **Rapier, –s, –e** rapier
rasen to rave, rage
der **Rasenmontag, –(e)s** (*see* **Rosenmontag**)
die **Rasse, –n** race, breed
der **Rat, –(e)s,** (*plur.*) **Ratschläge** advice, counsel
raten (rät), riet, geraten (*with dat. obj.*) to advise, give counsel
das **Rathaus, –es, ⸚er** city hall; das **Rathaus Schöneberg** Schöneberg City Hall, West Berlin
der **Rationalismus, –** rationalism
der **Ratschlag, –(e)s, ⸚e** advice, counsel
der **Räuber, –s, –** robber
rauchen to smoke; das **Rauchen, –s** smoking
die **Rauchpilzzucht** breeding of mushroom clouds (i.e. atomic explosions)
rauflustig pugnacious
der **Raum, –(e)s, ⸚e** space, room
räumen to clear away, remove

der **Rausch, –es, ⸚e** intoxication
rauschen to murmur (sound of flowing water)
die **Reaktion, –en** reaction
die **Realschule, –n** type of secondary school
das **Rechnen, –s** arithmetic
das **Recht, –(e)s, –e** right; law, justice
recht very, quiet; correct, suitable; just; real, genuine; **recht haben** to be right; **recht–** (*adj.*) right-hand, right
der **Rechtsfall, –(e)s, ⸚e** legal case, suit
die **Rechtsstellung** legal status
rechtswissenschaftlich law, legal
rechtzeitig punctual, prompt, at the right time
die **Rede, –n** speech, talk
reden to speak, talk
die **Redensart, –en** way of speaking
die **Reformation** Reformation
die **Regel, –n** rule, regulation; **in der Regel** as a rule
regelmäßig regular
regeln to regulate
regieren to govern, rule, regulate; der **Regierende Bürgermeister, –s** Governing Mayor (of West Berlin)
die **Regierung, –en** government, administration
der **Regierungsrat, –(e)s, ⸚e** administrative advisor, government official
der **Regierungssitz, –es, –e** seat of government, capital
der **Rehschlegel, –s, –** leg of venison
das **Reich, –(e)s, –e** empire
reich rich, wealthy; abundant
die **Reichshauptstadt** imperial capital
die **Reichskanzlei** Imperial Chancellory, Berlin
die **Reichsmark, –** (**RM**) reichsmark, imperial mark (unit of currency, 1924–1948)
der **Reichstag, –(e)s, –e** Parliament
das **Reichstagsgebäude, –s** Parliament Building
der **Reichtum, –(e)s, ⸚er** riches, wealth
die **Reifeprüfung, –en** final examination in the *Gymnasium*
die **Reihe, –n** row, series
der **Reis, –es** rice

die **Reise, –n** trip, journey; **eine Reise machen** to take a trip

reisen, ist gereist to travel

reißen, riß, ist gerissen (*intrans.*), **hat gerissen** (*trans.*) to tear

reiten, ritt, ist geritten (*intrans.*), **hat geritten** (*trans.*) to ride (on animals)

reizen to entice, allure, attract; **reizend** attractive, charming

die **Reklame, –n** advertisement

der **Rektor, –s, –en** rector

das **Rektorat, –(e)s, –e** office of the rector

das **Relativpronomen, –s, –** or (*plur.*) **–pronomina** relative pronoun

religiös religious

die **Renaissance** Renaissance

rennen, rannte, ist gerannt to run

der **Rentner, –s, –** pensioner

die **Reparatur, –en** repair(s); **mein Wagen muß in die Reparatur** my car needs repairs

die **Reparaturwerkstatt, ⸚en** repair shop

reparieren to repair

die **Republik, –en** republic

die **Residenz, –en** residence of an ecclesiastical or temporal prince, seat of the court

das **Restaurant, –s, –s** restaurant

retten to save, rescue

die **Reue** remorse, regret

reuen to rue, regret

die **Revolution, –en** revolution

revolutionär revolutionary; der **Revolutionär, –s, –e** revolutionist

das **Rezept, –(e)s, –e** prescription

der **Rhein, –(e)s** Rhine River

der „**Rheinblitz**", **–es** name of a train

der „**Rheingold-Expreß**", **–es** name of a train

(die) **Rheinland-Pfalz, –** Rhineland-Palatinate, a federal state

der **Rheinwein, –(e)s, –e** Rhine wine

der **Rhythmus, –,** (*plur.*) **Rhythmen** rhythm

richten to direct; **eine Bitte an jemanden richten** to make a request of someone

der **Richter, –s, –** judge

richtig right, accurate, correct; real, genuine

die **Richtung, –en** direction; **Rich-**

tung Regensburg to Regensburg

riechen, roch, gerochen to smell

der **Riese, –n, –n** giant

riesengroß gigantic

das **Riesenrad, –(e)s, ⸚er** Ferris wheel

der **Ring, –(e)s, –e** ring, circle; der **Ring Deutscher Pfadfinder** German Boy Scouts; der **Ring Deutscher Pfadfinderinnen** German Girl Scouts

rings around, roundabout

ringsherum around, around it

das **Rippchen, –s, –** small rib; das **Kass(e)ler Rippchen** smoked pork chop

der **Ritter, –s, –** knight

der **Rittersaal, –(e)s,** (*plur.*) **–säle** Knights' Hall

der **Ritus, –,** (*plur.*) **Riten** rite, ritual

RM = die **Reichsmark** reichsmark, imperial mark

die **Rohstoffe** (*plur.*) raw materials

die **Rolle, –n** role; **eine Rolle spielen** to play a role, be a factor

(das) **Rom, –s** Rome

die **Romantik** romanticism, romantic period

romantisch romantic

der **Römer, –s, –** Roman

die **Römerzeit, –en** Roman period

römisch (*adj.*) Roman

die **Rose, –n** rose

der **Rosenfestzug, –(e)s, ⸚e** Tournament of Roses Parade

der **Rosenmontag, –(e)s** festival in Cologne and in other regions along the Rhine on the Monday before Lent; **rosen** is dialect for **rasen**—to rave)

das **Roß, –es, –e** horse, steed; **zu Roß** mounted, on horseback

rot, röter, rötest– red; **etwas Rotes** something red

der **Rotkohl, –(e)s** red cabbage

der **Ruf, –(e)s, –e** call; reputation

rufen, rief, gerufen to call

die **Ruhe** rest, repose, calmness

ruhig calm, quiet, tranquil; safely; **man kann daher ruhig sagen** thus one can safely say

der **Ruhm, –(e)s** fame

ruhmlos infamous, inglorious

die **Ruhr** Ruhr River

das **Rührei, –(e)s, –er** scrambled egg(s)

die **Ruine, –n** ruin
(das) **Rumänien, –s** Rumania
der **Rummelplatz, –es, ⸚e** amusement park
das **Rumpsteak, –s, –s** rumpsteak
rund round; around, approximately, in round numbers
der **Rundfunk, –(e)s** radio
der **Russe, –n, –n** native of Russia
(das) **Rußland, –s** Russia

S

der **Saal, –(e)s, (**plur.**) Säle** hall, assembly room
das **Saarland, –(e)s** Saar, a federal state
die **Saatfrucht, ⸚e** seed, grain
der **Säbel, –s, –** saber
die **Sache, –n** case, matter; thing
sächlich neuter
das **Sachregister, –s, –** index
sächsisch (adj.**)** Saxon
säen to sow
sagen to say, speak; **was Sie nicht sagen!** you don't say!
die **Sagenwelt** world of heroism and legend
die **Sahne** cream
die **Sahnetorte, –n** cream torte
die **Saison, –s** season (i.e. theater season, tourist season, etc.)
der **Salat, –(e)s, –e** salad; lettuce
die **Salatplatte, –n** salad plate
Salzburger (adj.**)** Salzburg
die **Salzkartoffel, –n** boiled potato
das **Sammelwort, –(e)s, ⸚er** collective noun
der **Samstag, –(e)s, –e** Saturday
der **Samstagabend, –s, –e** Saturday evening
der **Samstagmorgen, –s, –** Saturday morning
sanft soft, gentle
sangreich songful
sarkastisch sarcastic
satirisch satirical
sättigen to satisfy, satiate; **sättigend** satisfying
der **Satz, –es, ⸚e** sentence
das **Satzpaar, –(e)s, –e** paired sentences, sentences in pairs
der **Sauerbraten, –s** sauerbraten (beef marinated in wine and spices and then braised)

das **Sauerkraut, –(e)s** sauerkraut
saufen (säuft), soff, gesoffen to drink (refers to animals' drinking; colloquially it refers to excessive drinking of alcoholic beverages)
die **Sauferei, –en** drinking party
der „**Saupreiße**" = der **Saupreuße, –n –n** "Sow Prussian" (derogatory expression referring to Prussians; **Preiße** is dialect pronunciation of **Preuße**)
die **Saxonia** name of a fraternity
die **S-Bahn, –en** = die **Stadtbahn** municipal railway
die **S-Bahnlinie, –n** municipal railway line
die **S-Bahnstation, –en** municipal railway station
der **S-Bahnzug, –(e)s, ⸚e** municipal train
schade unfortunate, bad; **wie schade!** too bad!
schaden (with dat. obj.**)** to injure, damage
die **Schädelstatt, ⸚en** place of skulls
die **Schallplatte, –n** phonograph record
der **Schalter, –s, –** ticket window, counter
sich schämen (vor) to be ashamed (of)
schänden to dishonor, violate
die **Schänke, –n (**dialect for **Schenke)** tavern
scharf, schärfer, schärfst– sharp
scharmant (also **charmant)** charming
der **Schatten, –s, –** shadow, shade
der **Schatz, –es, ⸚e** treasure; resource
schätzen to estimate, evaluate, consider; appreciate; **wir schätzen uns glücklich** we consider ourselves fortunate
das **Schaufenster, –s, –** show window
der **Schaum, –(e)s, ⸚e** foam, suds
schaumgemildert (with) controlled suds
der **Schauspieler, –s, –** actor; die **Schauspielerin, –nen** actress
der **Scheck, –s, –e** or **–s** check
die **Scheibe, –n** windowpane
scheiden, schied, ist geschieden (intrans.**)** to depart; **hat geschieden (**trans.**)** separate

der **Schein**, –(e)s, –e   shine, light; appearance; pretence, illusion; paper money, certificate

scheinen, schien, geschienen   to seem, appear; shine

die **Schenke**, –n   tavern

schenken   to give, bestow, grant; **einem geschenkten Gaul sieht man nicht ins Maul**   you don't look a gift horse in the mouth

scheu   shy

schicken   to send

das **Schicksal**, –(e)s, –e   fate

die **Schießbude**, –n   shooting gallery

schießen, schoß, geschossen   to shoot; **das Schießen**   shooting, archery

das **Schiff**, –(e)s, –e   ship; float

der **Schiffbauerdamm**, –(e)s   name of a street, East Berlin

die **Schildkrötensuppe**   turtle soup

das **Schillertheater**, –s   Schiller Theater, West Berlin

schimmernd   shimmering, gleaming

schimpfen (über)   to scold

der **Schinken**, –s, –   ham

schlafen (schläft), schlief, geschlafen   to sleep; **schlafen Sie wohl!**   sleep well!

die **Schlafmütze**, –n   nightcap

schläfrig   sleepy

der **Schlafwagen**, –s, –   sleeping car, Pullman car

schlagen (schlägt), schlug, geschlagen   to hit, strike, beat; **jemanden in die Flucht schlagen**   to put someone to flight; **die Nachtigall schlägt**   the nightingale is singing

der **Schlager**, –s, –   popular song, hit

schlagfertig   quick-witted

die **Schlagsahne**   whipped cream

die **Schlagzeile**, –n   headline

die **Schlauheit**   slyness, cunning

schlecht   bad; poor, inferior; **(etwas) Schlechtes**   something bad

schleichen, schlich, ist geschlichen   to sneak

(das) **Schlesien**, –s   Silesia

(das) **Schleswig-Holstein**, –s   a federal state

schließen, schloß, geschlossen   to close; make a contract; **eine**

Freundschaft schließen   to make friends

schließlich   finally, at last, in conclusion

schlimm   bad; **nichts Schlimmes**   nothing bad

das **Schloß**, –es, ⸚er   castle

der **Schluß**, –es, ⸚e   conclusion, end; **am Schluß**   at the end; **zum Schluß**   in conclusion

schmackhaft   appetizing, tasty

schmählich   humiliating, disgraceful

schmal   narrow, slender

schmecken   to taste

der **Schmerz**, –es, –en   pain; sorrow

der **Schmetterling**, –s, –e   butterfly

der **Schmiß**, –es, –e   wound caused by a rapier as well as the scar caused by the wound

schmuggeln   to smuggle

schneiden, schnitt, geschnitten   to cut

schnell   fast, quick

der **Schnellzug**, –(e)s, ⸚e   express train

das **Schnitzel**, –s, –   cutlet; das **Wiener Schnitzel**   veal cutlet

der **Schock**, –(e)s, –e or –s   shock

schon   already, even; **schon vor Kriegsende**   even before the end of the war

schön   beautiful, pretty, lovely; fine; die **Schöne**, –n   beautiful girl or woman; **etwas Schönes**   something beautiful; **nichts Schönes**   nothing beautiful

die **Schönheit**, –en   beauty

schöpferisch   creative

der **Schoppen**, –s, –   a drink (one-fourth to one-half liter)

der **Schrebergarten**, –s, ⸚   small family garden

schreiben, schrieb, geschrieben   to write; das **Schreiben**, –s   writing

die **Schreibmaschine**, –n   typewriter

schreien, schrie, geschrie(e)n   to cry, scream

schreiten, schritt, ist geschritten   to stride, walk

die **Schrift**, –en   writing

schriftlich   written, in writing; **Schriftliches**   written material, material to be written

die **Schriftsprache**, –n   written language

der **Schriftsteller, –s, –** writer, author

der **Schritt, –(e)s, –e** step; **von Schritt zu Schritt** step by step

der **Schuhmachermeister, –s, –** master cobbler

die **Schularbeit, –en** school work

der **Schulaufbau, –(e)s** school structure and organization

die **Schulaufgabe, –n** lesson, schoolwork

das **Schulbuch, –(e)s, ̈er** schoolbook

die **Schuld, –en** guilt, fault, blame; **schuld** at fault, to blame; **ich bin schuld daran** I am to blame for it

der **Schuldige, –n, –n** guilty person

der **Schuldirektor, –s, –en** school superintendent

die **Schule, –n** school

der **Schüler, –s, –** pupil

der **Schulfunk, –(e)s** educational radio program

das **Schuljahr, –(e)s, –e** school year

das **Schulleben, –s** school life

das **Schulmädchen, –s, –** schoolgirl

die **Schulpflicht, –en** obligation or requirement to attend school

das **Schulproblem, –s, –e** educational problem

das **Schulrecht, –(e)s, –e** school regulation

die **Schulter, –n** shoulder

der **Schulungskurs, –es, –e** training course

die **Schulverwaltung, –en** school administration

das **Schulwesen, –s** school system

die **Schulwoche, –n** school week

die **Schulzeit, –en** schooling, school days

schützen to protect

schwach, schwächer, schwächst– weak

der **Schwan, –(e)s, ̈e** swan

schwänzen to cut, skip a class or lecture

schwarz, schwärzer, schwärzest– black; „schwarz" **über die Grenze fliehen, gehen** to flee illegally over the border

der **Schwarzhandel, –s** black market

der **Schwarzwald, –(e)s** Black Forest

Schwarzwälder (adj.) of or from the Black Forest

schwatzen to chat, gossip

schweben to hover, be suspended

(das) **Schweden, –s** Sweden

schweifen, ist geschweift to roam, wander

schweigen, schwieg, geschwiegen to be silent

der **Schweinebraten, –s, –** roast pork

die **Schweinswurst, ̈e** pork sausage

die **Schweiz** (always accompanied by def. art.) Switzerland

der **Schweizer, –s, –** native of Switzerland

schweizerisch (adj.) Swiss

die **Schwelle, –n** threshold

schwer difficult, hard; heavy

die **Schwerindustrie, –n** heavy industry

die **Schwester, –n** sister

schwierig difficult

die **Schwierigkeit, –en** difficulty

das **Schwimmbad, –(e)s, ̈er** swimming pool

schwimmen, schwamm, ist or **hat geschwommen** (intrans.) to swim; **schwimmen gehen, ging schwimmen, ist schwimmen gegangen** to go swimming; **das Schwimmen, –s** swimming

schwingen, schwang, geschwungen to swing, vibrate

sechs six; **sechst–** sixth

sechshundertacht six hundred eight

sechshunderteinundfünfzig six hundred fifty-one

sechzehn sixteen; **sechzehnt–** sixteenth

sechzig sixty

der **See, –s, –n** lake

die **Seele, –n** soul

das **Segel, s, –** sail

segnen to bless

sehen (sieht), sah, gesehen to see; **sich genötigt sehen** to be forced; **sich gezwungen sehen** to be forced

sehenswert worth seeing

die **Sehnsucht** longing, yearning

sehr very, very much; quite; **es geht mir sehr gut** I am just fine

seicht shallow

sein (ist), war, ist gewesen to be

sein (poss. adj.) his, its

die **Seine** Seine River

seit (with dat.) since, for (with expressions of time); **ich bin seit zwei Jahren in Deutschland** I have been in Germany for two years

seitdem (*subord. conj. and adv.*) since; since then

die **Seite, –n** page; side

die **Sektorengrenze, –n** sector boundary

die **Sekunde, –n** second

selb– same; **am selben Tisch** at the same table

selber self, myself, yourself, himself, etc.

selbst self, myself, yourself, himself, etc.; **er selbst** he himself

selbstverständlich of course, naturally

die **Selbstverwaltung** self-government

der **Selleriesalat, –(e)s** celery salad

selten seldom, infrequent

seltsam peculiar, unusual

das **Semester, –s, –** semester

das **Seminar, –s, –e** seminar

sen. = **senior** senior, elder

senden, sandte, gesandt to send

der **September, –(s)** September

setzen to set, put, place; **in Betrieb setzen** to put into operation; **sich setzen** to sit down; **die beiden setzen sich auf das Sofa** the two sit down on the sofa

seufzen to sigh

(das) **Sibirien, –s** Siberia

sich (*refl. pron., dat. and acc.*) himself, herself, itself, oneself, yourself, themselves

sicher (*as pred. adj. with gen.*) certain, sure, positive; secure, safe

sichtbar visible

Sie (*dat.* **Ihnen**, *acc.* **Sie**) (*sing. and plur. formal*) you

sie (*dat.* **ihr**, *acc.* **sie**) she

sie (*dat.* **ihnen**, *acc.* **sie**) they

sieben seven; **siebt–** seventh

siebenhundertsiebenundsiebzig seven hundred seventy-seven

siebenundsiebzig seventy-seven

siebzehn seventeen; **siebzehnt–** seventeenth

siebzig seventy

der **Sieger, –s, –** victor, conqueror

die **Siegermacht, ¨e** victorious power

die **Siegesparade, –n** victory parade

das **Siegestor, –(e)s** Victory Gate, Munich

das **Signal, –s, –e** signal

silbern silver, of silver

singen, sang, gesungen to sing; das **Singen, –s** singing; **zum Singen** for singing, to be sung

der **Singular, –s, –e** singular

sinken, sank, ist gesunken to sink

der **Sinn, –(e)s, –e** mind; sense, meaning; **aus den Augen, aus dem Sinn** out of sight, out of mind; **eines Sinnes sein** to be of one mind, agree

die **Sitte, –n** usage, custom, habit

sitzen, saß, gesessen to sit; be in prison

die **Sitzung, –en** meeting, session

skandinavisch Scandinavian

die **Skepsis** scepticism

skilaufen gehen to ski, go skiing

so so, thus, in this way; as; then; **so?** really? is that so? **so etwas** such a thing; **aber so etwas!** how do you like that? **so . . . wie** as . . . as; **er ist so groß wie sein Vater** he is as tall as his father

sobald (*subord. conj.*) as soon as

das **Sofa, –s, –s** sofa

sofort (*adv.*) immediately

sofortig– (*adj.*) immediate

sogar even

sogenannt so-called

sogleich immediately

der **Sohn, –(e)s, ¨e** son

das **Söhnchen, –s, –** small son

solange (*subord. conj.*) as long as; (*adv.*) so long

solch (**–er, –e, –es**) such, such a

der **Soldat, –en, –en** soldier

sollen to be obligated to, be supposed to, shall, should

der **Sommer, –s, –** summer

der **Sommerkurs, –es, –e** summer course

der **Sommermonat, –(e)s, –e** summer month

das **Sommersemester, –s, –** summer (i.e. second) semester

sonderbar peculiar, odd

sondern (*coord. conj.*) (*usually follows a negative*) but, but on the contrary; **ich gehe nicht ins Kino sondern ins Theater** I am not going to the movie but to the theater

der **Sonnabend, –s, –e** Saturday

die **Sonne, –n** sun

das **Sonnenlicht, –(e)s** sunlight

der **Sonnenschein,** –(e)s   sunshine
die **Sonnenstraße**   name of a street
  sonnig   sunny
der **Sonntag,** –(e)s, –e   Sunday
der **Sonntagabend,** –s, –e   Sunday
  evening
der **Sonntagmorgen,** –s, –   Sunday
  morning
der **Sonntagnachmittag,** –(e)s, –e
  Sunday afternoon
  sonst   else, otherwise, besides,
  moreover
  sooft (*subord. conj.*)   as often as
die **Sorge,** –n   care, worry; sorrow;
  machen Sie sich keine Sorgen
  darum!   don't worry about it!
  sorgen   to take care of, provide;
  für etwas sorgen   to take care of
  something
  sorgfältig   careful
  soviel (*subord. conj.*)   as much as,
  as far as; **soviel ich weiß**   as far
  as I know
  sowie (*subord. conj.*)   as well as
die **Sowjetarmee,** –n   Soviet army
  sowjetisch (*adj.*)   Soviet
die **Sowjetunion**   Soviet Union
  sozial   social
die **Sozialdemokratische Partei**
  Deutschlands (SPD)   Social
  Democratic Party of Germany,
  West Germany
die **Sozialordnung,** –en   social order
  sozialwissenschaftlich   sociological
die **Soziologie**   sociology
die **Spalte,** –n   column
  spalten, spaltete, gespaltet *or* **ge-**
  spalten   to split
  Spandauer (*adj.*)   Spandau; der
  „Spandauer Hof", –(e)s   name
  of a pension
(das) **Spanien,** –s   Spain
  spanisch (*adj.*)   Spanish; das
  Spanisch(e), –(e)n   Spanish
  language
die **Spanne,** –n   span
  spannungsreich   tense
das **Sparen,** –s   saving, economizing
  sparsam   economical, frugal, saving
der **Spaß,** –es, –e   fun; joke
  spät   late; **bis später**   see you later;
  spätestens   at the latest, not
  later than
das **Spätmittelalter,** –s   Late Middle
  Ages

die **Spätzle** (*plur.*)   a kind of noodle
  or dumpling
  spazieren, ist spaziert   to take a
  walk
  spazierengehen, ging spazieren, ist
  spazierengegangen   to take a
  walk
der **Spaziergang,** –(e)s, ⁻e   walk, stroll
die **SPD** = die **Sozialdemokratische**
  Partei Deutschlands   Social
  Democratic Party of Germany,
  West Germany
der **Speckpfannkuchen,** –s, –   pancake
  with diced bacon
  speien, spie, gespie(e)n   to spit,
  spit out
die **Speise,** –n   food, nourishment,
  dish
die **Speisekarte,** –n   menu
der **Speisesaal,** –(e)s, (*plur.*) –säle
  dining hall
der **Speisewagen,** –s, –   dining car
die **Speisewirtschaft,** –en   restaurant,
  eating establishment
die **Sperre,** –n   gate, barrier
  sperren   to close, obstruct, bar,
  block
der **Spezialist,** –en, –en   specialist
der **Spiegel,** –s, –   mirror; surface of
  body of water
das **Spiegelei,** –(e)s, –er   fried egg
das **Spiel,** –(e)s, –e   play, game; **mit**
  im Spiel sein   to play a role
  spielen   to play; **der Film spielt in**
  Jugoslawien   the setting of the
  film is in Yugoslavia; **spielend**
  playing, while playing
die **Spitze,** –n   point, head
der **Sporn,** –(e)s, (*plur.*) **Sporen**   spur
der **Sport,** –(e)s, –e   sport(s)
die **Sportjugend: die Deutsche Sport-**
  jugend   German Youth Athletic
  Association
  sportlich   pertaining to sport, athletic
der **Spott,** –(e)s   mockery, derision,
  ridicule
  spotten   to mock, ridicule, make
  fun of
  spracharm   linguistically poor
die **Sprache,** –n   language
das **Sprachinstrument,** –(e)s, –e   instrument of speech
die **Sprachkenntnis,** –se   knowledge of
  a language

der **Sprachkurs,** –es, –e language course

die **Sprachlehre** language study, grammar

der **Sprachlehrgang,** –(e)s, ⸚e language course

sprachlich linguistic, language

die **Sprachprüfung,** –en language test

sprachreich linguistically rich

der **Sprachschatz,** –es language resources

sprechen (**spricht**), **sprach, gesprochen** to speak; **darf ich Ihre Tochter sprechen?** may I speak to your daughter? das **Sprechen,** –s speaking

die **Sprechplatte,** –n phonograph record with spoken material

die **Sprechübung,** –en oral exercise, practice in speaking

das **Sprichwort,** –(e)s, ⸚er proverb

der **Springbrunnen,** –s, – fountain

springen, sprang, ist gesprungen to jump

die **Spur,** –en track, footsteps

spüren to feel, perceive, sense

der **Staat,** –(e)s, –en state

staatlich state, governmental

das **Staatsexamen,** –s, (*plur.*) –examina a civil service examination taken by candidates for the professions

die **Staatsuniversität,** –en state university

staatswissenschaftlich (*adj.*) political science

stabil stable

das **Stadion,** –s, (*plur.*) **Stadien** stadium

die **Stadt,** ⸚e city, town

die **Stadtbahn,** –en municipal railway

die **Stadtbahnstation,** –en municipal railway station

das **Städtchen,** –s, – small town

die **Städteplanung,** –en city planning, urban renewal

die **Stadtgrenze,** –n city limits

städtisch municipal

die **Stadtregierung,** –en municipal government

der **Stadtstaat,** –(e)s, –en city-state

die **Stadtverwaltung,** –en municipal administration

das **Stadtviertel,** –s, – section of the city

stammen to be descended, be derived, originate; **ich stamme aus Ostpreußen** I came originally from East Prussia

der **Stammgast,** –es, ⸚e regular customer of an inn

der **Stammtisch,** –es, –e table reserved for regular customers of an inn

das **Stammtischschild,** –(e)s, –e sign on the table of an inn reserving it for regular customers

der **Stand,** –(e)s, ⸚e status, condition; rank; stand, booth

das **Ständchen,** –s, – serenade

ständig steady, constant

der **Standpunkt,** –(e)s, –e standpoint

die **Stange,** –n rod, pole

stark, stärker, stärkst– strong

der **Starrkopf,** –(e)s, ⸚e stubborn person

der **Start,** –(e)s, –e *or* –s take-off

starten to start

die **Starthilfe** initial help

die **Station,** –en station

statt (*with gen.*) instead of

stattfinden, fand statt, stattgefunden to take place, occur

der **Staubwirbel,** –s, – swirling dust

staunen to be astonished, surprised

das **Stauwerk,** –(e)s, –e dam

stechen (**sticht**), **stach, gestochen** to pierce; sting

stecken to put, insert

stehen, stand, gestanden to stand, be situated

stehenbleiben, blieb stehen, ist stehengeblieben to stop

stehlen (**stiehlt**), **stahl, gestohlen** to steal

steigen, stieg, ist gestiegen to climb

die **Steigerung,** –en comparison (of adjectives and adverbs)

der **Stein,** –(e)s, –e stone

der **Steinblock,** –(e)s, ⸚e block of stone

die **Stelle,** –n position, location, place; agency

stellen to put, place, locate; **jemandem eine Frage stellen** to ask someone a question; **sich stellen** to place oneself, take a position

die **Stellung,** –en position, situation

die **Stenotypistin,** –nen stenographer

sterben (**stirbt**), **starb, ist gestorben** to die

stereotyp   stereotype
sternenhaft   star-like
stetig   constant, steady
stets   constantly, steadily
die **Stewardeß, –en**   stewardess
die **Stiftung, –en**   foundation
der **Stil, –(e)s, –e**   style
still   still, quiet
die **Stille**   stillness, quietness
stillen   to allay, quiet, soothe
das **Stillschweigen, –s**   silence
der **Stillstand, –(e)s**   stop, standstill
die **Stimme, –n**   voice
stinken, stank, gestunken   to stink
die **Stirn, –en**   forehead
stolz   proud; **stolz auf etwas sein**
   to be proud of something
stoßen (stößt), stieß, ist gestoßen
   (*intrans.*), hat gestoßen (*trans.*)
   to push, strike
die **Strafanstalt, –en**   penal institution
die **Strafe, –n**   punishment, penalty;
   zur **Strafe**   as punishment
strahlend   radiant
der **Strand, –(e)s, –̈e**   beach, shore
das **Strandbad, –(e)s, –̈er**   bathing
   beach
die **Straße, –n**   street, thoroughfare;
   Straße des 17. Juni   Street of the
   17th of June, West Berlin
die **Straßenbahn, –en**   street railway
die **Straßenbahnlinie, –n**   street railway line
der **Straßenbettler, –s, –**   street beggar
der **Straßenverkehr, –(e)s**   traffic
das **Streben, –s**   striving, endeavor
das **Streichholz, –es, –̈er**   match
der **Streit, –(e)s, –e**   quarrel
das **Streitgespräch, –(e)s, –e**   debate;
   ein Streitgespräch führen   to
   debate
streng   stern, severe, strict
die **Strenge**   sternness, severity, strictness
der **Strom, –(e)s, –̈e**   stream, current
der **Strumpf, –(e)s, –̈e**   stocking
das **Stück, –(e)s, –e**   piece, part; play,
   drama; **ein Stück Kreide**   a piece
   of chalk
der **Student, –en, –en/die Studentin,
   –nen**   university student
die **Studentenanzahl**   (large) number
   of students
der **Studentenausdruck, –s, –̈e**   student
   expression

das **Studentengelage, –s**   student beer
   party
das **Studentenheim, –(e)s, –e**   dormitory
der **Studentenklub, –s, –s**   student
   club
das **Studentenleben, –s**   student life
das **Studentenlied, –(e)s, –er**   student
   song
die **Studentenschaft, –en**   student
   body
die **Studententracht, –en**   student garb
das **Studentenwerk, –(e)s, –e**   office
   of student affairs
das **Studentenwesen, –s**   student life,
   being a student
studentisch   student, student-like
der **Studienbewerber, –s, –**   applicant
   for admission to the university
das **Studienbuch, –(e)s, –̈er**   course
   book
der **Studienführer, –s, –**   university
   catalogue
die **Studiengebühr, –en**   fee
die **Studienjahre** (*plur.*)   student years
studieren   to study at an institution of higher learning
der **Studierende, –n, –n**   student
das **Studium, –s,** (*plur.*) **Studien**
   course, studies
die **Stufe, –n**   grade, level, class; step
der **Stuhl, –(e)s, –̈e**   chair
die **Stunde, –n**   hour; class period; lesson
stürzen   to dash, plunge
das **Subjekt, –(e)s, –e**   subject
das **Substantiv, –s, –e**   noun
die **Suche**   search
suchen (nach)   to seek, look for
süddeutsch (*adj.*)   South German
(das) **Süddeutschland, –s**   South Germany
der **Süden, –s**   south, South
südöstlich   southeast
der **Sukkurs, –es, –e**   help, reinforcements
die **Suppe, –n**   soup
süß   sweet
das **Symbol, –s, –e**   symbol
die **Symphonie, –n**   symphony
das **Symposium Europäischer Bildhauer**   Symposium of European
   Sculptors, West Berlin
das **System, –s, –e**   system
systematisch   systematic
die **Szene, –n**   scene

T

der **Tabak**, –(e)s tobacco
tadellos faultless
der **Tag**, –(e)s, –e day; **guten Tag**
hello; **jeden Tag** every day
tagelang for days
die **Tagessuppe**, –n soup of the day
täglich daily
das **Tagungs-Hotel**, –s, –s convention
hotel
die **Taille**, –n waist, waistline
taktvoll tactful
das **Tal**, –(e)s, ⸚er valley
das **Talent**, –(e)s, –e talent
die **Tante**, –n aunt
der **Tanz**, –es, ⸚e dance; **zum Tanz**
to the dance; for dancing
der **Tanzabend**, –s, –e dance
tanzen to dance; **tanzend** dancing; **tanzen gehen** to go dancing
der **Tänzer**, –s, – dancer
die **Tanzkapelle**, –n dance band
tapfer brave, courageous
die **Tapferkeit** bravery
die **Tarnbegründung**, –en deceptive
excuse
die **Tasche**, –n pocket
die **Tasse**, –n cup
die **Tat**, –en deed, act; fact; **in der**
Tat in fact
der **Täter**, –s, – doer
tätig active, busy
die **Tatsache**, –n fact
der **Tau**, –(e)s dew
taumelnd reeling, swaying
der **Tauschhandel**, –s barter
tausend thousand
tausendfach thousandfold
tausendköpfig thousand-headed
das **Taxi**, –(s), –(s) taxi
der **Techniker**, –s, – technician
technisch technical
der **Tee**, –s tea
der **TEE-Zug**, –(e)s, ⸚e = der **Trans-**
Europ-Expreß international express train
der **Teil**, –(e)s, –e part, portion
teilen to divide, separate; **geteilt**
durch divided by
die **Teilnahme**, –n participation
teilnehmen (nimmt teil), nahm
teil, teilgenommen (an) to
take part, participate (in); **er**

nahm an der Revolution teil he
took part in the revolution
der **Teilnehmer**, –s, – participant
teilweise partly, partially
das **Telefon**, **Telephon**, –s, –e telephone
telefonieren, **telephonieren** to
telephone
das **Temperament**, –(e)s, –e temperament
die **Temperatur**, –en temperature
die **Tendenz**, –en trend, tendency
der **Tennisplatz**, –es, ⸚e tennis court
der **Termin**, –s, –e time, date
das **Terrassen-Restaurant**, –s, –s terrace restaurant
das **Testament**, –(e)s, –e Testament
der **Teufel**, –s, – devil
das **Theater**, –s, – theater; das „**The-**
ater am Schiffbauerdamm"
theater in which Bertolt Brecht
staged a number of his plays,
East Berlin
das **Thema**, –s, (*plur.*) **Themen**
topic, theme
die **Themse** Thames River
theologisch theological
die **Theorie**, –n theory
die **Therapie**, –n therapy
das **Thermometer**, –s, – thermometer
die **These**, –n thesis, proposition,
topic
tief deep
tiefblau deep blue
das **Tier**, –(e)s, –e animal, creature
der **Tiergarten**, –s large park, West
Berlin
der **Tisch**, –es, –e table
das **Tischlein**, –s, – small table
der **Titel**, –s, – title
die **Tochter**, ⸚ daughter
der **Tod**, –(e)s, –e death
der **Todespakt**, –(e)s death pact
der **Tomatensalat**, –(e)s tomato
salad
das **Tor**, –(e)s, –e gate
die **Torheit**, –en folly, foolishness
die **Torte**, –n torte (rich cake with
fruit, nuts, chocolate, or custard
between layers)
tot dead
total total
töten to kill
der **Tourist**, –en, –en tourist
die **Tracht**, –en costume
trachten to yearn, desire; **alles,**

was ich dichte und trachte   all
my desires and endeavors

die **Tradition, –en**   tradition

traditionell   traditional

tragen (trägt) trug, getragen   to
carry; wear

die **Träne, –n**   tear

transitiv   transitive

das **Trapp-Trapp**   clip-clop

der **Traum, –(e)s, ⸚e**   dream

träumerisch   dreamy

traurig   sad

treffen (trifft), traf, getroffen   to
meet; hit

das **Treffliche, –n**   that which is excellent

treiben, trieb, ist getrieben
(*intrans.*) to drift; **hat getrieben**
(*trans.*)   to drive; carry on, engage in

trennbar   separable

trennen   to separate

treten (tritt), trat, ist getreten
(*intrans.*)   to step, walk; **in die
Lehre treten**   to begin apprenticeship; **hat getreten** (*trans.*)
to kick

trinken, trank, getrunken   to
drink; das **Trinken, –s**   drinking

die **Trommel, –n**   drum

tröstlich   consoling, comforting

die **Trostlosigkeit**   cheerlessness,
dreariness

das **Trottoir, –s, –e**   sidewalk

trotz (*with gen.*)   in spite of

trotzdem   nevertheless, in spite of
that

die **Tschechoslowakei** (*always accompanied by def. art.*)   Czechoslovakia

tun, tat, getan   to do, make; **es
tut mir leid**   I am sorry

die **Tür, –en**   door

die **Türkei** (*always accompanied by
def. art.*)   Turkey

der **Turm, –(e)s, ⸚e**   tower, spire

der **Turner, –s, –/**die **Turnerin, –nen**
gymnast

der **Turnerbund, –(e)s, ⸚e**   gymnastic
league

turnerisch   gymnastic

das **Turnfest, –es, –e**   gymnastic meet

die **Typhusepidemie, –n**   epidemic of
typhoid fever

typisch   typical

die **Tyrannei**   tyranny

U

u.a.m. = und andere mehr   and
many others

die **U-Bahn, –en =** die **Untergrundbahn**   subway (railway)

übel   evil, bad; das **Übel, –s**   evil

(sich) üben   to practice, exercise

über (*with dat. and acc.*)   over,
above; about, concerning; via; **er
spricht über die Theorie**   he is
speaking about the theory; **der
Zug fährt über Augsburg**   the
train goes via Augsburg; **er ist
über die Auswahl erstaunt**   he
is surprised at the selection

überall   everywhere

das **Überbleibsel, –s, –**   remainder,
relic

übereinstimmen   to agree

der **Überfluß, –es, ⸚e**   abundance, sur-
plus

der **Übergang, –(e)s, ⸚e**   transition

übergehen, überging, übergangen
to pass over, reject

überhaupt   at all; on the whole

die **Überlegenheit**   superiority

überm = über dem

übermorgen   day after tomorrow

übermüde   overtired

übernachten   to stay overnight

**übernehmen (übernimmt), über-
nahm, übernommen**   to assume
control of; accept, adopt

überprüfen   to test

überqueren   to cross over

überraschen   to surprise

überreichen   to hand over

übers = über das

übersetzen   to translate

die **Übersicht, –en**   survey, review

übersiedeln   to emigrate

**überstehen, überstand, überstan-
den**   to survive

**übertragen (überträgt), übertrug,
übertragen**   to transmit; transform

überwachsen   overgrown

**überwinden, überwand, überwun-
den**   to overcome, surmount

überzeugen   to convince; **ich bin
fest davon überzeugt**   I am
firmly convinced of it

übrig   left, left over, remaining,
rest

übrigens　by the way; moreover, besides, after all

die Übung, –en　practice, exercise, drill

die Übungsstunde, –n　drill session, lesson period

das Ufer, –s, –　bank, shore

die Uhr, –en　clock, watch; **wieviel Uhr ist es?** what time is it? **es ist zehn Uhr** it is ten o'clock

die Uhrenfabrik, –en　clock or watch factory

Ulmer (*adj.*)　Ulm

um (*with acc.*)　at; around; for; **um zehn Uhr** at ten o'clock; **er bittet mich um Geld** he is asking me for money; **um . . . willen** (*with gen.*) for the sake of; **um . . . zu** (*with inf.*) in order to; **um sich mit dem Besuch zu unterhalten** in order to talk with the visitors; **um mehrere Aufsätze zu schreiben** in order to write a number of essays

umbenennen, benannte um, umbenannt　to rename

umbringen, brachte um, umgebracht　to kill; **sich umbringen** to commit suicide

umfallen (fällt um), fiel um, ist umgefallen　to fall over, collapse

umfassen　to include

umgeben (umgibt), umgab, umgeben　to surround

die Umgebung, –en　surrounding area, environment

umgehen, ging um, ist umgegangen　to circulate; **mit einem Gedanken umgehen** to entertain an idea

umgestalten　to transform

umkommen, kam um, ist umgekommen　to perish

der Umlauf, –(e)s　circulation

der Umlaut, –(e)s, –e　Umlaut, modification of a vowel

umliegend　surrounding

der Umstand, –(e)s, ⁻e　circumstance, condition

umsteigen, stieg um, ist umgestiegen　to transfer (from one vehicle to another)

unabhängig　independent

unantastbar　untouchable, inviolable

unbedeutend　insignificant

unbefriedigt　unsatisfied, unfulfilled

unbekannt　unknown; **das Unbekannte, –n** the unknown

unbequem　inconvenient, uncomfortable

die Unbequemlichkeit, –en　inconvenience, discomfort

unberührt　untouched

unbeschäftigt　idle

unbestimmt　indefinite

unbewohnbar　uninhabitable

und (*coord. conj.*)　and

unerträglich　unbearable, intolerable

der Unfug, –(e)s　nuisance, annoying activity, foolishness

(das) Ungarn, –s　Hungary

ungefähr　approximately

ungehindert　unhindered, unimpeded

ungenügend　unsatisfactory, insufficient

ungepflegt　untended

die Ungerechtigkeit, –en　injustice

ungern　unwillingly, reluctantly; **ich sehe das ungern** I don't like to see that

ungewöhnlich　unusual

unglaublich　unbelievable

das Unglück, –(e)s, –e　misfortune, accident

unglücklich　unhappy, unfortunate

unglücklicherweise　unfortunately

unheilbar　incurable

unhöflich　discourteous

die Union, –en　union

die Universität, –en　university; **auf der Universität** at the university

der Universitätsangehörige, –n, –n　member of the university

die Universitätsverwaltung, –en　university administration

die Unkenntnis, –ses, –se　ignorance

das Unkraut, –(e)s　weed(s)

unmenschlich　inhuman

unmodern　unmodern

unmöglich　impossible

unpersönlich　impersonal

das Unrecht, –(e)s　injustice

das Unrechte, –n　that which is wrong, incorrect

unregelmäßig　irregular

die **Unschuld** innocence
unschuldig innocent; der **Un-schuldige, –n, –n** innocent person
unser (*poss. adj.*) our
unsterblich immortal
die **Unsterblichkeit** immortality
die **Untat, –en** crime, outrage
unter (*with dat. and acc.*) under; between, among
unterbrechen (unterbricht), unterbrach, unterbrochen to interrupt
untergehen, ging unter, ist untergegangen to sink, go down
die **Untergrundbahn, –en** = die **U-Bahn** subway (railway)
unterhalb (*with gen.*) below, beneath, under
sich **unterhalten (unterhält sich), unterhielt sich, sich unterhalten (mit)** to converse; entertain oneself; **ich unterhalte mich mit ihm** I am talking with him; **sie unterhielten sich mit Kartenspielen** they entertained themselves with cardplaying
die **Unterhaltung, –en** conversation; entertainment; **zur Unterhaltung** for entertainment
die **Unterkunft, –̈e** shelter, place to stay
unternehmen (unternimmt), unternahm, unternommen to undertake, attempt; das **Unternehmen, –s, –** undertaking, enterprise
unterordnend subordinating
der **Unterricht, –(e)s** instruction
unterrichten to instruct
das **Unterrichtsgeld, –(e)s, –er** fee
die **Unterrichtsstätte, –n** place of instruction
die **Unterrichtsstunde, –n** class
die **Unterrichtung** instruction
unterscheiden, unterschied, unterschieden to distinguish; **sich unterscheiden** to differ
der **Unterschied, –(e)s, –e** difference
unterstellen to place under the authority of
unterstützen to support
untersuchen to investigate, examine
unterwegs en route, on the way

unterwerfen (unterwirft), unterwarf, unterworfen to subject, subjugate
unüberwindlich insurmountable
unvergleichlich incomparable
unverletzlich inviolable
unvermerkt unnoticed
der **Urheber, –s, –** agent, doer
der **Urlaub, –(e)s, –e** vacation, leave
der **Urlaubstag, –(e)s, –e** day of vacation, day off from work
der **Ursprung, –(e)s** origin
ursprünglich original
das **Urteil, –s, –e** judgment
usw. = **und so weiter** and so forth, etc.

V

das **Vanilleeis, –es** vanilla ice cream
der **Vater, –s, –̈** father
das **Vaterland, –(e)s, –̈er** home land
die **Vaterlandsliebe** love of country, patriotism
der **Vati, –s** (*coll.*) daddy, dad
das **Veilchen, –s, –** violet
verabreden to agree upon
verabschieden to pass (a law); **das Gesetz wurde verabschiedet** the law was passed; **sich verabschieden** to take leave, depart
verändern to change
veranlassen to cause
die **Veranlassung, –en** cause
verantwortlich responsible
das **Verb, –s, –en** verb
verbergen (verbirgt), verbarg, verborgen to hide
verbessern to improve
verbieten, verbot, verboten to forbid
verbinden, verband, verbunden to unite, combine, connect
die **Verbindung, –en** connection; fraternity
der **Verbindungsstudent, –en, –en** fraternity member
verbleiben, verblieb, ist verblieben to remain; **mit herzlichen Grüßen verbleibe ich** with affectionate greetings I remain
der **Verbrecher, –s, –** criminal
verbreiten to spread
verbrennen, verbrannte, verbrannt to burn up, be consumed by fire

verbringen, verbrachte, verbracht to spend (time)

der **Verdacht, –(e)s** suspicion

verdammen to condemn

verdanken to owe

verderben (verdirbt), verdarb, verdorben to ruin, spoil

verdienen to earn, deserve

verehren to admire

der **Verehrer, –s, –** admirer

der **Verein, –(e)s, –e** association, club

sich **vereinigen** to unite

die **Vereinigten Staaten** United States

die **Vereinigung, –en** unification

verfassen to write (a book, an article, etc.)

die **Verfassung, –en** constitution

verflixt (*coll.*) darn, darned

verfolgen to pursue, persecute

der **Verfolgte, –n, –n** persecuted person

verfügen (über) to have at one's disposal

die **Verfügung, –en** disposal, control; **zur Verfügung stellen** to place (at someone's) disposal, make available

vergangen past

die **Vergangenheit** past

vergeben (vergibt), vergab, vergeben to forgive

vergebens in vain

vergehen, verging, ist vergangen to pass, elapse

vergessen (vergißt), vergaß, vergessen to forget

vergießen, vergoß, vergossen to spill; **Blut vergießen** to shed blood

der **Vergleich, –(e)s, –e** comparison; **im Vergleich zu** in comparison to

vergleichbar comparable

vergleichen, verglich, verglichen to compare

das **Vergnügen, –s, –** amusement, entertainment, recreation, fun; **zum Vergnügen** for recreation

vergraben (vergräbt), vergrub, vergraben to bury (NOT inter)

verhaften to arrest

die **Verhaftung, –en** arrest

die **Verhaftungsliste, –n** list of people to be arrested

das **Verhältnis, –ses, –se** condition, circumstance

verhältnismäßig relatively

verheiratet married

verherrlichen to glorify, exalt

verhüllen to envelop, cover

verhungern to starve

verkaufen to sell

der **Verkäufer, –s, –** salesman, clerk; die **Verkäuferin, –nen** saleslady, clerk

die **Verkaufsfrage, –n** sales problem

der **Verkehr, –(e)s** traffic; transportation

verkehren to associate

das **Verkehrswesen, –s** transportation system

die **Verkleidung, –en** disguise

verkürzen to shorten

verlangen to demand, require

verlassen (verläßt), verließ, verlassen to leave, abandon, forsake

verlegen (*adj.*) embarrassed

verlegen to transfer

die **Verlegung, –en** transfer

verleihen, verlieh, verliehen to give, bestow

verletzen to injure, offend

der **Verliebte, –n, –n** sweetheart, lover

verlieren, verlor, verloren to lose; **verloren gehen** to be lost

der **Verlust, –es, –e** loss

vermahlen to mill, grind up

vermissen to miss

der **Vermittler, –s, –** means (*gram.*)

vermummt masked, disguised; der **Vermummte, –n, –n** mummer, person in masquerade costume

vernehmen (vernimmt), vernahm, vernommen to perceive, hear

veröffentlichen to publish

die **Verordnung, –en** regulation

verpflichten to obligate

die **Verpflichtung, –en** obligation, duty

verraten (verrät), verriet, verraten to betray

sich **versammeln** to assemble

versäumen to miss, be absent

verschieden various, different; **Verschiedenes** various things, miscellany

die **Verschiedenheit, –en** variety, diversity

verschlafen   sleepy, not yet fully awake

verschlingen, verschlang, verschlungen   to swallow, consume

verschwenden   to waste

verschwinden, verschwand, ist verschwunden   to disappear

versehen (versieht), versah, versehen   to equip, provide

versetzen   to reply

versinken, versank, ist versunken   to sink

versöhnen   to reconcile

die Verspätung, –en   delay

verspielen   to lose by gambling

versprechen (verspricht), versprach, versprochen   to promise

der Verstand, –(e)s   understanding, common sense

das Verständnis, –ses   sympathetic understanding

die Verständnislosigkeit   lack of understanding, lack of sympathy

verstehen, verstand, verstanden   to understand

verstorben   deceased

verstoßen (verstößt), verstieß, verstoßen   to violate

der Versuch, –(e)s, –e   attempt

versuchen   to try, attempt

verteidigen   to defend

der Vertrag, –(e)s, ⸚e   treaty, pact

vertraulich   familiar

vertraut   familiar, conversant

der Vertriebene, –n, –n   expellee, refugee

vertrinken, vertrank, vertrunken   to squander on drink

verurteilen   to condemn

verwalten   to govern, administer; verwaltend   governing, administering

die Verwaltung, –en   administration

der Verwaltungsakt, –(e)s, –e   administrative regulation

die Verwaltungsfrage, –n   administrative problem

verwandeln   to change, transform

der Verwandte, –n, –n   relative

verwehen   to drift away, vanish

verwenden   to use, apply

verwickeln   to entangle

verwüstet   devastated

das Verzeichnis, –ses, –se   record, index; ein Verzeichnis führen   to keep a record

verzeihen, verzieh, verziehen (with dat. obj., persons only)   to excuse, pardon

die Verzeihung   pardon; Verzeihung, bitte   pardon me, please

verziehen, verzog, verzogen   to distort, pull; sich in die Länge (ver) ziehen   to extend, stretch out

der Vetter, –s, –n   cousin (masc.)

v.H. = vom Hundert   percent

viel, mehr, meist–   much, many

vielfach   manifold

vielleicht   perhaps, maybe

die Vielseitigkeit   versatility

vier   four; viert–   fourth

viertägig   four-day, of four days' duration

das Viertel, –s, –   quarter; section of a city; ein Viertel vor acht   a quarter of eight

die Viertelstunde, –n   quarter of an hour

vierundzwanzig   twenty-four; vierundzwanzigst–   twenty-fourth

vierzehn   fourteen; vierzehnt–   fourteenth

vierzig   forty

die Violine, –n   violin

das Vöglein, –s, –   little bird

das Volk, –(e)s, ⸚er   people, nation; the common people, lower classes

die Völkerwanderung, –en   migration

die Volksbildung   public education

das Volksdrama, –s, (plur.) –dramen   folk play

das Volksfest, –es, –e   carnival, festival

der Volkspolizist, –en, –en = der Vopo   people's policeman, East Germany

die Volksschule, –n   elementary school

der Volkstanz, –es, ⸚e   folk dance

der Volkswagen, –s, – (VW)   German automobile

die Volkswirtschaft, –en   national economy

voll (von)   full, filled (with); complete; es kommt voll zur Wirkung   it achieves complete effectiveness

voller   full of, filled with

völlig   complete, entire

vom = von dem

von (with dat.)   of; from; by; ein Drama von Schiller   a play by

Schiller; **eine Filiale wurde von der Firma eröffnet** a branch office was opened by the firm; **von dort aus** from there, from that vantage point; **von jetzt an** from now on

voneinander from one another

der **Vopo, –s, –s** = der **Volkspolizist** people's policeman, East Germany

vor (*with dat. and acc.*) before, prior to; ago; in front of, ahead of; **vor allem** above all; **fünf Minuten vor neun** five minutes to nine; **vor dem Haus** in front of the house; **vor einigen Jahren** several years ago

vorbei past, by, over

vorbeifahren (fährt vorbei), fuhr vorbei, ist vorbeigefahren to drive past, ride past

vorbeigehen, ging vorbei, ist vorbeigegangen to go past, go by

vorbeikommen, kam vorbei, ist vorbeigekommen to come past, stop in

der **Vorgänger, –s, –/**die **Vorgängerin, –nen** predecessor

vorgestern day before yesterday

vorhanden present, existent

der **Vorhang, –(e)s, ⸚e** curtain; der **Eiserne Vorhang** Iron Curtain

vorher before, previously, in advance

vorig– (*adj. only*) previous, former; **vorige Woche** last week

vorkommen, kam vor, ist vorgekommen to occur, happen

die **Vorkriegszeit, –en** prewar period

der **Vorläufer, –s, –** forerunner, predecessor

vorlesen (liest vor), las vor, vorgelesen to read aloud

die **Vorlesung, –en** lecture

vorlesungsfrei no lectures, lecture-free

die **Vorlesungsstunde, –n** lecture period

der **Vormittag, –(e)s, –e** forenoon

vormittags in the morning, in the forenoon

der **Vorname, –ns, –n** first name, Christian name

der **Vorort, –(e)s, –e** suburb

der **Vorschlag, –(e)s, ⸚e** proposal, suggestion

vorschlagen (schlägt vor), schlug vor, vorgeschlagen to propose, suggest

die **Vorsicht** caution, precaution, foresight

das **Vorspiel, –(e)s, –e** prologue

vorstellen to introduce; **sich vorstellen** (*with dat. refl. pron.*) to imagine; (*with acc. refl. pron.*) to introduce oneself

die **Vorstellung, –en** introduction; concept, notion; presentation, representation; performance (of a play); **bürgerliche Vorstellungen** bourgeois concepts; **sich eine Vorstellung machen** to imagine

der **Vortrag, –(e)s, ⸚e** lecture, talk; **einen Vortrag halten** to give a lecture

vorzeitig premature

vorzüglich excellent

die **VW-Fabrik** Volkswagen factory

W

wachsen (wächst), wuchs, ist gewachsen to grow

wacker industrious, upright

die **Waffe, –n** weapon

der **Wagen, –s, –** car, automobile, wagon, vehicle, railway car

wagen to dare, venture

die **Wahl, –en** choice, election

wählen to choose, elect; dial a telephone

wahr true, real; **nicht wahr?** isn't that so? don't you think so? isn't it?

während (*with gen.*) during; (*subord. conj.*) while

die **Wahrheit, –en** truth

wahrscheinlich probable, likely

die **Währung, –en** currency

die **Währungsreform** Currency Reform (of 1948)

der **Wald, –(e)s, ⸚er** forest, woods

der **Waldhauch, –(e)s** breath (i.e. fragrance) of the woods

der **Walzer, –s, –** waltz

wandeln, ist gewandelt to saunter; **sich wandeln** to change, transform

die **Wandlung, –en** change, transformation

wandern   to hike, travel on foot;
das **Wandern, –s**   hiking

der **Wanderzug, –(e)s, ⁼e**   hike

die **Wandtafel, –n**   blackboard

die **Wange, –n**   cheek

wann (*interrog. adv. and subord. conj.*)   when

der **Wannsee, –s**   name of a lake, West Berlin

die „**Wannseeterrassen**"   Wannsee Terraces (name of a restaurant)

ward (*arch. and poet.*) = **wurde** (*see* **werden**)

die **Ware, –n**   ware, product

warm, wärmer, wärmst–   warm

warnen   to warn

warten   to wait;   **auf jemanden oder etwas warten**   to wait for someone or something

warum (*interrog. adv. and subord. conj.*)   why

was (*interrog. pron.*)   what; (*rel. pron.*)   what, that, which; **was Sie nicht sagen!**   you don't say! **ich weiß nicht, was das ist**   I don't know what that is; **das ist alles, was ich habe**   that is all (that) I have; **was für (ein)** what kind of (a)

die **Wäsche, –n**   washing

waschen (**wäscht**), **wusch, gewaschen**   to wash; **es wäscht sich besser**   it washes better; **beim Waschen**   in washing

die **Waschkraft**   washing power or action

die **Waschmaschine, –n**   washing machine

das **Wasser, –s, ⁼** *or* **–**   water

wauwau!   bow-wow!

der **Weber, –s, –**   weaver

die **Weberei, –en**   textile mill

der **Webstuhl, –(e)s, ⁼e**   loom

wechseln   to change

wecken   to awaken

der **Wecker, –s, –**   alarm clock

weder . . . noch (*coord. conj.*)   neither . . . nor

der **Weg, –(e)s, –e**   way, path; **auf halbem Weg**   halfway; **sich auf den Weg machen**   to start out, set out

wegbleiben, blieb weg, ist weggeblieben   to stay away

wegen (*with gen.*)   because of, on account of, due to

wegfahren (**fährt weg**), **fuhr weg, ist weggefahren**   to depart

weglassen (**läßt weg**), **ließ weg, weggelassen**   to omit, leave out

die **Wehrmacht**   armed forces

das **Weib, –(e)s, –er** (*poet.—not used in speech except as a derogatory expression*)   woman

weiblich   feminine

weich   soft

weihen   to dedicate

die **Weihnacht** *or* **Weihnachten** Christmas

die **Weihnachtspause, –n**   Christmas vacation

weil (*subord. conj.*)   because

die **Weile, –n**   while, short time

die **Weimarer Republik**   Weimar Republik

der **Wein, –(e)s, –e**   wine

das **Weinfest, –es, –e**   wine festival

die **Weinkarte, –n**   wine list

die **Weinsorte, –n**   kind or variety of wine

die **Weise, –n**   way, manner; **auf diese Weise**   in this way

weisen, wies, gewiesen   to indicate, point out; **die Weinkarte weist auf viele Weinsorten**   the wine list indicates many kinds of wine

die **Weisheit, –en**   wisdom

weiß   white; **etwas Weißes**   something white

weiß (*see* **wissen**)

weißhaarig   white-haired

die **Weißwurst, ⁼e**   white sausage

weit, weiter, weitest–   far, distant; **von weitem**   from afar; **ohne weiteres**   without further ado

weiterfahren (**fährt weiter**), **fuhr weiter, ist weitergefahren**   to travel onward

weiterfliegen, flog weiter, ist weitergeflogen   to continue the flight, fly onward

weiterleben   to continue to live

welch(–er, –e, –es)   which, what

die **Welt, –en**   world; **in alle Welt** to all the world; **aus aller Welt** from all the world

die **Weltanschauung, –en**   philosophy of life

weltbekannt   world-renowned

weltberühmt   world-famous

der **Weltkrieg, –(e)s, –e**   World War

weltlich temporal, worldly
die **Weltpolitik** world politics
der „**Weltspiegel**", –s World-Mirror (movie theater)
die **Weltstadt**, ⸚e metropolis
wenden, wandte, gewandt to turn
wenig little, slight; (*plur.*) few, a few; **ein wenig** a little; **weniger** less, minus
wenigstens at least, in any case
wenn (*subord. conj.*) when, whenever; if
wer (*interrog. pron.*) (*gen.* **wessen**, *dat.* **wem**, *acc.* **wen**) who; **wer da, bitte?** who is calling, please? (*rel. pron.*) whoever, he who; **wer zuletzt lacht, lacht am besten** he who laughs last, laughs best
werden (**wird**), **wurde, ist geworden** to become; (*fut. aux. verb*) will, shall; (*pass. aux. verb*) to be
werfen (**wirft**) **warf, geworfen** to throw
das **Werk**, –(e)s, –e work; composition; (*plur. only*) works, factory
der **Wert**, –(e)s, –e worth, value
das **Wesen**, –s, – being, personality
die **Weser** Weser River
(das) **Westberlin**, –s *also* **West-Berlin** West Berlin, a federal state (city-state)
der **Westberliner**, –s, – native of West Berlin; **Westberliner** (*adj.*) West Berlin
westdeutsch West German; der **Westdeutsche**, –n, –n native of the Federal Republic; der **Westdeutsche Rundfunk**, –(e)s (**WDR**) West German Broadcasting Company
(das) **Westdeutschland**, –s West Germany, Federal Republic of Germany
der **Westen**, –s west, West
(das) **Westeuropa**, –s Western Europe
westlich west, westerly, western
die **Westmacht**, ⸚e Western power
der **Westsektor**, –s, –en West Sector, Berlin
die **Westzone**, –n West Zone
das **Wetter**, –s weather
der **Wettkampf**, –(e)s, ⸚e contest, match

die **Wettkampfstätte**, –n place where contests are held
wichtig important
die **Wichtigkeit** importance
das **Wichtigste**, –n that which is most important
wider (*with acc.*) against, in opposition to
der **Widerschein**, –(e)s, –e reflection
wie (*interrog. adv.*) how, why; **wie geht es Ihnen?** how are you? **wie heißen Sie?** what is your name? **wie viele** how many; (*subord. conj.*) as, like
wieder again, once more
der **Wiederaufbau**, –(e)s rebuilding, reconstruction
wiederaufbauen to rebuild
das **Wiederaufleben**, –s revival
wiedereröffnen to reopen
die **Wiedereröffnung**, –en reopening
wiederherstellen to restore
wiederholen to repeat, do again, review
die **Wiederholung**, –en repetition, review
die **Wiederholungsübung**, –en review exercise
Wiederhören: auf Wiederhören goodbye (on the telephone)
wiederkehren, ist wiedergekehrt to return; **wiederkehrend** returning
wiederkommen, kam wieder, ist wiedergekommen to come back, return
Wiedersehen: auf Wiedersehen goodbye
die **Wiedervereinigung**, –en reunification
wiegen, wog, gewogen to weigh
(das) **Wien**, –s Vienna
Wiener (*adj.*) Viennese; das **Wiener Schnitzel**, –s, – veal cutlet; die **Wiener Wurst**, ⸚e Viennese sausage, wiener
die **Wiese**, –n meadow
wieso why, why is that
wieviel how much, how many; **wieviel Uhr ist es?** what time is it?
wild wild
wildschön wildly beautiful
will (*see* **wollen**)

willkommen welcome; **willkommen heißen** to welcome

wimmeln to teem

der **Wind, –(e)s, –e** wind

der **Winter, –s, –** winter

das **Wintersemester, –s, –** winter (i.e. first) semester

wir (*dat.* **uns,** *acc.* **uns**) we

wirken to effect, have an effect

wirklich real, genuine; **wirklich? really?**

die **Wirklichkeit** reality

die **Wirkung, –en** effect, effectiveness; **es kommt voll zur Wirkung** it achieves complete effectiveness

der **Wirt, –(e)s, –e** host, landlord, innkeeper; die **Wirtin, –nen** hostess, landlady, innkeeper

die **Wirtschaft, –en** inn, tavern; economy, economic system

wirtschaftlich economic

die **Wirtschaftsgemeinschaft, –en** economic community; die **Europäische Wirtschaftsgemeinschaft (EWG)** European Economic Community· (Common Market)

das **Wirtschaftsleben, –s** business world

der **Wirtschaftsplan, –(e)s, ⸚e** economic plan

wirtschaftswissenschaftlich (*adj.*) economic, pertaining to economics

das **Wirtschaftswunder, –s, –** economic miracle

das **Wirtshaus, –es, ⸚er** inn

wissen (**weiß**), **wußte, gewußt** to know (a fact, but not in the sense of knowing a person, place or object)

die **Wissenschaft, –en** science, knowledge

der **Wissenschaftler, –s, –** scientist

wissenschaftlich scientific, systematic

Wittenberger (*adj.*) Wittenberg

die **Witwe, –n** widow

wo (*interrog. adv. and subord. conj.*) where

wobei at which, at what; at which time, during which

die **Woche, –n** week

das **Wochenende, –s, –** weekend

wöchentlich weekly

wodurch through what, through which; by which means

wofür for what, for which

wogegen against what, against which

woher from where, from what place, whence

wohin where, where to, to what place, whither

wohl well, indeed, probably; **er wird es wohl morgen tun** he will probably do it tomorrow; **es wird ihnen wohl** they feel comfortable

die **Wohlfahrtsgebühr, ⸜en** student welfare, health and activity fee

der **Wohlstand, –(e)s** prosperity

wohnen to reside, live, stay

das **Wohngebiet, –(e)s, –e** residential area

der **Wohnsitz, –es, –e** residence

die **Wohnung, –en** residence, apartment

das **Wohnungsproblem, –s, –e** housing problem

das **Wohnverhältnis, –ses, –se** rooming situation

das **Wohnviertel, –s, –** residential section

das **Wohnzimmer, –s, –** living room

der **Wolf, –(e)s, ⸚e** wolf

die **Wolga** Volga River

wollen (**will**), **wollte, gewollt** to want; intend

womit with what, with which, by what means

die **Wonne** bliss

woran at what, at which; about what; **woran denken Sie?** about what are you thinking?

worauf on what, on which

woraus out of what, out of which

das **Wort, –(e)s** word; (*plur.*) **Wörter** unrelated words, words in a list; (*plur.*) **Worte** words of a sentence, clause or phrase; **das Wort geben** to promise

das **Wörterbuch, –(e)s, ⸚er** dictionary

der **Wortschatz, –es, ⸚e** vocabulary

die **Wortstellung** word order (of a sentence, clause)

worüber about what, concerning what; over what

worum for what, for which, about what, about which; **worum bittet er?** what is he requesting?

die **Wo-Verbindung, –en** wo-compound

wovon of what, of which; about what; **wovon sprechen Sie?** what are you talking about?

das **Wunder, –s, –** miracle; surprise

wunderbar wondrous, amazing

wunderlich strange, odd, peculiar

wunder(s): sie denken wunder(s), wie glänzend wir zu Hause [sind] they think we are remarkably brilliant at home

der **Wunsch, –es, ̈e** wish, desire

wünschen to wish, desire

die **Würde, –n** dignity

würde, würden (*conditional aux. verb*) (*see also* **werden**) would

die **Wurst, ̈e** sausage

Z

die **Zahl, –en** number

zahlen to pay

zählen to count; **zählen zu** to belong to, be reckoned as

zahllos innumerable

zahlreich numerous

der **Zahn, –(e)s, ̈e** tooth

die **Zahnbürste, –n** tooth brush

zärtlich fondly, tenderly

der **Zauber, –s, –** charm, magic

die „**Zauberflöte**" *The Magic Flute*

der **Zauberkünstler, –s, –** magician

z.B. = zum Beispiel for example

die **Zehe, –n** toe

zehn ten; **zehnt–** tenth

die **Zehnerreihe** tens; **sagen Sie die Zehnerreihe!** count by tens!

zehntausend ten thousand

das **Zeichen, –s, –** sign, symbol

die **Zeichenerklärung, –en** explanation of symbols

der **Zeigefinger, –s, –** index finger

zeigen to show, point out, indicate; **auf etwas zeigen** to point to something

die **Zeit, –en** time; **von Zeit zu Zeit** from time to time; **zur Zeit** at the time

das **Zeitalter, –s, –** period, era

zeitgenössisch contemporary

eine Zeitlang (*used only with indef. art.*) a period of time, some time

die **Zeitschrift, –en** journal, magazine

die **Zeitstufe, –n** tense of a verb

das **Zeitsubstantiv, –s, –e** noun expressing time

die **Zeitzeile, –n** time-line

die **Zelle, –n** cell

die **Zellentheorie, –n** cellular theory

das **Zellgewebe, –s, –** cell tissue

zellular cellular

das **Zelt, –(e)s, –e** tent

die **Zensur, –en** grade (mark) in school

das **Zentralgebäude, –s, –** central building

die **Zentralverwaltung, –en** central administration

das **Zentrum, –s,** (*plur.*) **Zentren** center, downtown area

zerbrechen (**zerbricht**), **zerbrach, zerbrochen** to break in pieces, smash

zerl. = zerlassen melted (butter)

zerquetschen to crush

zerschlagen (**zerschlägt**), **zerschlug, zerschlagen** to shatter, destroy

zerstören to destroy

die **Zerstörung, –en** destruction

der **Zeuge, –n, –n** witness

das **Zeugnis, –ses, –se** certificate, transcript

ziehen, zog, ist gezogen (*intrans.*) to move; **hat gezogen** (*trans.*) to pull, draw

das **Ziel, –(e)s, –e** goal, objective

ziemlich rather, somewhat

die **Zigarette, –n** cigaret

die **Zigarettenpause, –n** cigaret break

das **Zimmer, –s, –** room

zitieren to quote, cite

zittern to tremble; **zitternd** trembling

die **Zollkontrolle, –n** customs inspection

die **Zone, –n** zone

die **Zonenvereinigung, –en** zonal unification

der **Zoo, –(s), –s** zoo

zoologisch zoological

der **Zorn, –(e)s** anger, wrath

zornig angry

zu (*with dat.*) to; at; for; too; **zu**

Abend in the evening; **zu Bett** to bed; **zu Fuß** on foot; **zu Hause** at home; **zu Mittag** at noon; **zu spät** too late; **zu zweit** two, by two's, two of them; **zum Beispiel** (z.B.) for example; **zum Nachtisch** for dessert; „**Zum Schwarzen Roß**" Black Horse Inn

der **Zucker, –s** sugar

zuerst (*adv.*) first, at first

zufällig by chance, chance

zufälligerweise by chance

die **Zuflucht** refuge, shelter

die **Zufluchtsstätte, –n** place of refuge

der **Zug, –(e)s, ̈e** train; procession

zugeben (**gibt zu**), **gab zu, zugegeben** to admit

zugleich at the same time

zugunsten (*with gen.*) in favor of

zuhören (*with dat. obj.*) to listen to

die **Zukunft** future

zulassen (**läßt zu**), **ließ zu, zugelassen** to admit, permit entry

der **Zulassungsbrief, –(e)s, –e** letter of admission

das **Zulassungsgesuch, –(e)s, –e** application for admission

zum = zu dem

sich **zuneigen** (*with dat.*) to incline; sich **dem Ende zuneigen** to draw to a close

die **Zunge, –n** tongue

zur = zu der

zurück (*sep. pref.*) back

zurückbekommen, bekam zurück, zurückbekommen to receive, get back

zurückfahren (**fährt zurück**), **fuhr zurück, ist zurückgefahren** to return by vehicle

zurückhalten (**hält zurück**) **hielt zurück, zurückgehalten** to hold back, deter

zurückkehren, ist zurückgekehrt to return, turn back

zurückkommen, kam zurück, ist zurückgekommen to return, come back

zurücklaufen (**läuft zurück**), **lief zurück, ist zurückgelaufen** to run back

zurückliefern to return, send back

zusammen together

die **Zusammenarbeit** working together, cooperation

der **Zusammenbruch, –(e)s, ̈e** collapse

die **Zusammenfassung, –en** summary

zusammentreffen (**trifft zusammen**), **traf zusammen, ist zusammengetroffen** to meet (each other); das **Zusammentreffen, –s** meeting, gathering

zusätzlich additional

das **Zuschauen, –s** watching, looking on, observing

der **Zuschauer, –s, –** spectator

der **Zuschlag, –(e)s** extra fare, additional charge

die **Zuschlagskarte, –n** extra-fare ticket

zuschließen, schloß zu, zugeschlossen to lock

zuständig authorized, officially responsible

zustimmen to agree, approve

die **Zustimmung** approval

zustrahlen to radiate (toward)

zuviel (*adv.*) too much

zuzüglich additional, with the addition of

zwanzig twenty; **zwanzigst–** twentieth

zwanzigtausend twenty thousand

zwar indeed, certainly, of course, to be sure, in fact, specifically

der **Zweck, –(e)s, –e** purpose; **zu diesem Zweck** for this purpose

zwecks (*with gen.*) for the purpose of

zwei two; die **Zwei** two (numeral); **zweit–** second; der **Zweite Weltkrieg, –(e)s** Second World War; **zu zweit** two, by two's, two of them

der **Zweifel, –s, –** doubt

der **Zweig, –(e)s, –e** branch, twig

zweihunderteins two hundred one

zweijährig two-year(s) old

zweimal twice

zweitausenddreihundert two thousand three hundred

die **Zweitstellung** second place or position

zweiunddreißig thirty-two

zweiundzwanzig   twenty-two;
zweiundzwanzigst–   twenty-
second
die Zwiebel, –n   onion; die „Zwiebel"
name of a cabaret, Munich
der Zwiebelturm, –(e)s, ⸚e   onion
tower
zwingen, zwang, gezwungen   to
force; sich gezwungen sehen   to

be forced; er sah sich gezwungen,
es zu tun   he found himself
forced to do it
zwischen (*with dat. and acc.*)   between, among
zwischendurch   in between
zwo (*coll. form of* zwei)   two
zwölf   twelve; zwölft–   twelfth
zynisch   cynical

ENGLISCH–DEUTSCH

The English-German vocabulary includes only those lexical items used in drills containing English cues and English sentences to be translated into German.

A

a, an ein, eine, ein

able: to be able können (kann), konnte, gekonnt

about über (*with acc.*); von (*with dat.*); etwa, ungefähr (*adv.*); **about it or that** darüber; **did you know about it?** haben Sie davon gewußt?

about what worüber

above über (*with dat. and acc.*); **above sea level** über dem (überm) Meeresspiegel

academic akademisch; **academic freedom** akademische Freiheit

accent der Akzent, –s, –e

to accept annehmen (nimmt an), nahm an, angenommen

accustomed gewöhnt; **to be accustomed to something** an etwas (*with acc.*) gewöhnt sein

active tätig

address die Adresse, –n

administration die Verwaltung, –en

admirer der Verehrer, –s, –

to admit zulassen (läßt zu), ließ zu, zugelassen

to advise raten (rät), riet, geraten (*with dat. obj.*); Ratschläge geben

Africa (das) Afrika, –s

after nach (*with dat.*)

afternoon: this afternoon heute nachmittag

again wieder

against it dagegen

ago vor (*with dat.*); **a week ago** vor einer Woche; **three years ago** vor drei Jahren

airlift die Luftbrücke

airplane das Flugzeug, –(e)s, –e

alcohol der Alkohol, –s

all alles, (*plur.*) alle

almost fast, beinahe

alone allein

Alps die Alpen

always immer

America (das) Amerika, –s

American amerikanisch (*adj.*); **American Civil War** der Amerikanische Bürgerkrieg, –(e)s

and und

annual jährlich

any: I didn't have any more time ich habe keine Zeit mehr gehabt

anything: I didn't find anything chic ich habe nichts Flottes gefunden

applicant der Bewerber, –s, –

to apply (to) gelten (gilt), galt, gegolten (für)

area das Gebiet, –(e)s, –e; **residential area** das Wohngebiet

around um (*with acc.*)

to arrive ankommen, kam an, ist angekommen

article der Artikel, –s, –

as ... as so ... wie

Asia (das) Asien, –s

to ask fragen; (to request) bitten, bat, gebeten; **to ask for something** um etwas bitten

assignment die Aufgabe, –n

at an (*with dat.*), auf (*with dat.*), in (*with dat.*), (*with time expressions*) um (*with acc.*), zu (*with dat.*); **at first** zuerst; **at home** zu Hause; **at noon** zu Mittag; **at the inn** im Gasthaus; **at the university** auf der Universität; **at that time** zu jener Zeit; **at what time** um wieviel Uhr

to attend besuchen

aunt die Tante, –n

Austrian österreichisch (*adj.*)

author der Schriftsteller, –s, –

auto das Auto, –s, –s; der Wagen, –s, –; **automobile company** das Autogeschäft, –(e)s, –e; **automobile firm** die Autofirma, (*plur.*) –firmen

B

back zurück (*sep. pref.*)

ballpoint pen der Kugelschreiber, –s, –

bank   die Bank, –en
baroque church   die Barockkirche, –n
barter   der Tauschhandel, –s
Bavaria   (das) Bayern, –s
Bavarian   der Bayer, –n, –n; bayrisch
    (*adj.*); **Bavarian dialect**   das Bay-
    risch(e), –(e)n; **Bavarian Alps**   die
    Bayrischen Alpen
to be   sein (ist), war, ist gewesen
beautiful   schön
because   denn (*coord. conj.*), weil
    (*subord. conj.*)
to become   werden (wird), wurde, ist
    geworden
bed   das Bett, –(e)s, –en; **to go to
    bed**   zu Bett gehen, ins Bett gehen
    (with an illness)
before   vor (*prep.*) (*with dat. and
    acc.*); bevor, ehe (*subord. conj.*)
to begin   beginnen, begann, begonnen;
    anfangen (fängt an), fing an, ange-
    fangen
beginning   der Anfang, –(e)s, –̈e
behind   hinter (*with dat. and acc.*)
to belong to   gehören (*with dat. obj.*);
    (to be a member of) angehören
    (*with dat. obj.*)
best   best– (*see also* **good**)
between   zwischen (*with dat. and
    acc.*); **between them**   dazwischen
big   groß, größer, größt–
Black Horse Inn   das Gasthaus „Zum
    Schwarzen Roß"
black market   der Schwarzhandel, –s
to block   sperren
blockade   die Blockade, –n
book   das Buch, –(e)s, –̈er
border   die Grenze, –n
born   geboren; **I was born in Munich**
    ich bin in München geboren
borough   der Bezirk, –(e)s, –e
boundary   die Grenze, –n
branch office   die Filiale, –n
breakfast   das Frühstück, –(e)s, –e
bridge   die Brücke, –n
to bring   bringen, brachte, gebracht
brother   der Bruder, –s, –̈
to build   bauen
building   das Gebäude, –s, –
business school   die Handelsschule,
    –n
business trip   die Geschäftsreise, –n
but   aber (*coord. conj.*)
to buy   kaufen; lösen; **to buy a ticket**
    eine Fahrkarte lösen
by   von (*with dat.*), mit (*with dat.*),

bei (*with dat.*); **by Bertolt Brecht**
von Bertolt Brecht; **by candlelight**
bei Kerzenlicht; **by streetcar**   mit
der Straßenbahn; **by train**   mit dem
Zug

C

called: **to be called**   heißen, hieß,
    geheißen
can   (to be able) können (kann),
    konnte, gekonnt; (to be permitted)
    dürfen (darf), durfte, gedurft
candlelight   das Kerzenlicht, –(e)s,
    –er; **by candlelight**   bei Kerzenlicht
car   das Auto, –s, –s; der Wagen, –s, –
car line   die Straßenbahnlinie, –n
car stop   die Haltestelle, –n
to care for   sorgen (für), betreuen
case   der Fall, –(e)s, –̈e
castle   das Schloß, –es, –̈er
to catch cold   sich erkälten
cathedral   der Dom, –(e)s, –e
celebration   das Fest, –es, –e; das
    Volksfest, –es, –e
centigrade   Celsius
century   das Jahrhundert, –s, –e
certain(ly)   gewiß; **certainly not**
    gewiß nicht
to change   ändern
cheap   billig
chemical   die Chemikalie, –n; **chem-
    ical firm**   die Chemiefirma, (*plur.*)
    –firmen
chic   flott
child   das Kind, –(e)s, –er
to choose   wählen
church   die Kirche, –n; **Church of
    Our Lady**   die Frauenkirche
cigaret   die Zigarette, –n
city   die Stadt, –̈e; **city hall**   das Rat-
    haus, –es, –̈er
city-planning   die Städteplanung, –en
civil war   der Bürgerkrieg, –(e)s, –e
class   der Unterricht, –(e)s; die
    Stunde, –n
classroom   das Klassenzimmer, –s, –
clinic   die Klinik, –en
clock   die Uhr, –en
to close   schließen, schloß, geschlossen
club   der Klub, –s, –s
coed   die Studentin, –nen
coffee   der Kaffee, –s
cold   kalt; **to catch cold**   sich erkälten
collapse   der Zusammenbruch, –(e)s,
    –̈e

Cologne (das) Köln, –s

to **come** kommen, kam, ist gekommen; **to come from** kommen aus, stammen aus; **to come along** mitkommen, kam mit, ist mitgekommen; **to come back** zurückfahren (fährt zurück), fuhr zurück, ist zurückgefahren; zurückkehren, ist zurückgekehrt; zurückkommen, kam zurück, ist zurückgekommen; **to come by** vorbeikommen, kam vorbei, ist vorbeigekommen

comfortable bequem

committee das Komitee, –s, –s

Common Market die Europäische Wirtschaftsgemeinschaft

company der Besuch, –(e)s; die Firma, (*plur.*) Firmen

complicated kompliziert

composer der Komponist, –en, –en

concept die Vorstellung, –en

concert das Konzert, –(e)s, –e

to **condemn** verurteilen; **to condemn to prison** zu Gefängnisstrafen verurteilen

to **consider** halten (hält), hielt, gehalten (für); **he considers the government responsible for it** er hält die Regierung verantwortlich dafür

construction firm die Baufirma, (*plur.*) –firmen

corner die Ecke, –n

costume die Tracht, –en

cough der Husten, –s

country das Land, –(e)s, ⁻er; **to be in the country** auf dem Land(e) sein; **to go to the country** aufs Land fahren, gehen

county seat die Kreisstadt, ⁻e

course: of course gewiß, natürlich

courteous höflich

cousin der Vetter, –s, –n (*masc.*); die Kusine, –n (*fem.*)

to **cram** pauken, ochsen, büffeln

cup die Tasse, –n; **a cup of coffee** eine Tasse Kaffee

D

dam das Stauwerk, –(e)s, –e

to **dance** tanzen

dance der Tanzabend, –s, –e; der Tanz, –es, ⁻e; **dance band** die Kapelle, –n; die Tanzkapelle

dangerous gefährlich; **nothing dangerous** nichts Gefährliches

daughter die Tochter, ⁻

day der Tag, –(e)s, –e; **every day** jeden Tag

deal: a great deal viel, vieles

to **depart** abfahren (fährt ab), fuhr ab, ist abgefahren

descent die Abstammung, –en; **are you of German descent?** sind Sie deutscher Abstammung?

to **describe** beschreiben, beschrieb, beschrieben

to **destroy** zerstören

to **detain** aufhalten (hält auf), hielt auf, aufgehalten

to **die** sterben (stirbt), starb, ist gestorben

difficulty die Schwierigkeit, –en; **do you have difficulty with German?** finden Sie Deutsch schwer?

dinner das Abendessen, –s, –; **for dinner** zum Abendessen

directly direkt

director der Direktor, –s, –en

to **disappear** verschwinden, verschwand, ist verschwunden

to **discuss** besprechen (bespricht), besprach, besprochen

to **divide** teilen; **divided by** geteilt durch

to **do** machen; tun, tat, getan; **do you have . . . ?** haben Sie . . . ? **did you forget . . . ?** haben Sie . . . vergessen?

doctor der Arzt, –es, ⁻e

don't you? nicht wahr?

door die Tür, –en

doorbell: the doorbell is ringing es klingelt

drama das Drama, –s, (*plur.*) Dramen

to **drink** trinken, trank, getrunken

to **drive** fahren (fährt), fuhr, ist gefahren (*intrans.*); hat gefahren (*trans.*)

drug das Medikament, –(e)s, –e

drugstore die Apotheke, –n

Drums in the Night „Trommeln in der Nacht"

during während (*with gen.*); in (*with dat.*); **during the summer** während des Sommers, im Sommer

dwelling die Wohnung, –en

E

each jed(–er, –e, –es)

early früh

east, East der Osten, –s; **East Ber-**

liner der Ostberliner, –s, –; **East German** der Ostdeutsche, –n, –n; ostdeutsch (*adj.*); **East Prussia** (das) Ostpreußen, –s; **East Zone** die Ostzone

Easter das *or* die (*plur.*) Ostern

easy leicht

to **eat** essen (ißt), aß, gegessen

economy die Wirtschaft, –en

Egypt (das) Ägypten, –s

eight acht

eleven elf

emergency landing die Notlandung, –en

to **employ** anstellen (usually for clerical, professional and business positions); einstellen (usually for industrial and agricultural workers)

engineer der Ingenieur, –s, –e

Englishman der Engländer, –s, –

to **entertain** sich unterhalten (unterhält sich), unterhielt sich, sich unterhalten

entertainment die Unterhaltung, –en

enthusiastic begeistert; **I am enthusiastic about the play** ich bin von dem Drama begeistert

entire(ly) ganz

equals (*math.*) ist

to **erect** errichten

essay der Aufsatz, –es, –e

evening der Abend, –s, –e; **good evening** guten Abend; **tomorrow evening** morgen abend

ever jemals

every jed(–er, –e, –es); **every day** jeden Tag

Everyman „Jedermann"

everything alles

example das Beispiel, –(e)s, –e

excellent hervorragend

exercise die Übung, –en

to **expect** erwarten

to **explain** erklären

express der D-Zug, –(e)s, –e

extra-fare ticket die Zuschlagskarte, –n

extremely höchst

F

factory die Fabrik, –en

fall der Herbst, –es, –e

family die Familie, –n; **the Neumann family** die Familie Neumann

famous berühmt

far: not far from nicht weit von . . . (entfernt)

fast schnell

fate das Schicksal, –s, –e

father der Vater, –s, –̈

Federal Chancellor der Bundeskanzler, –s, –

Federal Railway die Bundesbahn

Federal Republic die Bundesrepublik

festival das Fest, –es, –e; das Volksfest, –es, –e

fever das Fieber, –s, –

fifteen fünfzehn; **for fifteen years** seit fünfzehn Jahren

fifty fünfzig

film der Film, –(e)s, –e; **film industry** die Filmindustrie, –n

to **find** finden, fand, gefunden

fine schön, herrlich; gut; **I'm fine** es geht mir gut

firm die Firma, (*plur.*) Firmen

first zuerst (*adv.*)

fit: as one sees fit nach Belieben

fluent(ly) fließend; **he speaks German fluently** er spricht fließend Deutsch

to **flunk** durchfallen (fällt durch), fiel durch, ist durchgefallen

to **fly** fliegen, flog, ist geflogen

food die Lebensmittel (*plur.*)

foot der Fuß, –es, –̈e; **on foot** zu Fuß

for für (*prep.*) (*with acc.*); zu (*prep.*) (*with dat.*); denn (*coord. conj.*); **for dinner** zum Abendessen; **for eight years** acht Jahre; **for it** dafür; **for that reason** deswegen; **for the weekend** übers Wochenende

foreign fremd; **foreign word** das Fremdwort, –(e)s, –̈er

foreigner der Ausländer, –s, –

to **forget** vergessen (vergißt), vergaß, vergessen

formula die Formel, –n

fortress die Burg, –en

forty vierzig

France (das) Frankreich, –s

Frederick the Great Friedrich der Große

Free University of Berlin die Freie Universität Berlin

freedom die Freiheit, –en

French(man) der Franzose, –n, –n

frequent(ly) oft, öfter, öftest–
Friday der Freitag, –(e)s, –e; **on Friday** am Freitag
friend der Freund, –(e)s, –e (*masc.*); die Freundin, –nen (*fem.*)
friendly freundlich
from aus, von (*with dat.*); **from home** von zu Hause; **from** (the vantage point of) **the fortress** von der Burg aus; **from it** davon; **where do you come from?** woher kommen Sie? **I come from America** ich komme aus Amerika
front: in front of vor (*with dat. and acc.*)
frontier die Grenze, –n
to **function** funktionieren
furniture factory die Möbelfabrik, –en

G

gate die Sperre, –n
German deutsch (*adj.*); **German language** das Deutsch(e), –(e)n; **German book** das Deutschbuch, –(e)s, ⁀er; **German class** der Deutschunterricht, –(e)s; **German Museum** das Deutsche Museum, –s; **German school system** das deutsche Schulwesen, –s
Germany (das) Deutschland, –s
to **get** bekommen, bekam, bekommen; **to get back** zurückbekommen, bekam zurück, zurückbekommen; **to get up** aufstehen, stand auf, ist aufgestanden; **how did you get to Berlin?** wie sind Sie nach Berlin gefahren? **I got to the station too late** ich kam zu spät auf den Bahnhof
gigantic riesengroß
girl das Mädchen, –s, –; **Girl Scouts** der Ring Deutscher Pfadfinderinnen; **girl student** die Studentin, –nen
to **give** geben (gibt), gab, gegeben
to **go** (on foot) gehen, ging, ist gegangen; (by vehicle) fahren (fährt), fuhr, ist gefahren; **to go to a movie** ins Kino gehen; **to go back** zurückkehren, ist zurückgekehrt; **to go past** vorbeigehen, ging vorbei, ist vorbeigegangen; **are you going past the restaurant?** gehen Sie am Restaurant vorbei? **to go swimming**

schwimmen gehen; **to go walking** spazierengehen
good gut, besser, best–; **good German** gut Deutsch; **good evening** guten Abend; **good morning** guten Morgen; **goodbye** auf Wiedersehen
to **gossip** klatschen
government die Regierung, –en
grade (mark in school) die Zensur, –en
grandparents die Großeltern (*plur. only*)
great groß, größer, größt–; **great!** prima!; **a great deal** viel, vieles

H

hamburger steak das deutsche Beefsteak, –s, –s
Hansa Quarter das Hansaviertel, –s
to **happen** geschehen (geschieht), geschah, ist geschehen; passieren, ist passiert
happy: to be happy sich freuen; **I'm happy [to meet you, to make your acquaintance]** es freut mich sehr, sehr angenehm
hard schwer; **to study hard** schwer arbeiten, pauken, ochsen, büffeln
hat der Hut, –(e)s, ⁀e
to **have** haben (hat), hatte, gehabt; **do you have . . . ?** haben Sie . . . ?; **to have to** müssen (muß), mußte, gemußt
he er (*dat.* ihm, *acc.* ihn)
headache das Kopfweh, –(e)s; die Kopfschmerzen (*plur.*)
to **hear** hören
heavy industry die Schwerindustrie, –n
to **help** helfen (hilft), half, geholfen (*with dat. obj.*)
her ihr (*poss. adj.*)
here hier
Hesse (das) Hessen, –s
high hoch (*pred. adj. and adv.*), hoh– (*preceding noun*), höher, höchst–
highway die Autobahn, –en; **highway connection** die Autobahnverbindung, –en
his sein
history die Geschichte, –n
hit der Schlager, –s, –; **the latest hit** der neuste Schlager

to **hitchhike**   per Anhalter fahren
home   nach Hause; das Heim, –(e)s,
   –e; **at home**   zu Hause; **from home**
   von zu Hause
to **hope**   hoffen; **I hope, it is to be hoped**
   hoffentlich
hospital   das Krankenhaus, –es, ̈er
hotel   das Hotel, –s, –s
hour   die Stunde, –n
house   das Haus, –es, ̈er
how   wie; **how are you?**   wie geht es
   Ihnen? **how long**   wie lange; **how
   many**   wieviel, wie viele; **how much**
   wieviel

I

I   ich (*dat.* mir, *acc.* mich)
idea   die Idee, –n
if   wenn (*subord. conj.*)
ill   krank
illustrated magazine   die Illustrierte,
   –n, –n
important   wichtig
in   in (*with dat. and acc.*); **in front
   of**   vor (*with dat. and acc.*); **in it**
   daran, darin; **in school**   in der
   Schule
indeed: yes, indeed   ja, gewiß
independent (of)   unabhängig (von)
India   (das) Indien, –s
industry: heavy industry   die Schwerindustrie, –n
inflamed   entzündet
influence   der Einfluß, –es, ̈e
inn   das Gasthaus, –es, ̈er; das Wirtshaus, –es, ̈er
innkeeper   der Wirt, –(e)s, –e
to **inquire (about)**   fragen (nach)
insight   der Einblick, –(e)s, –e; **to
   obtain an insight**   Einblick gewinnen
instead of   anstatt (*with gen.*)
instruction   der Unterricht, –(e)s
instructor   der Lehrer, –s, –; der Professor, –s, –en
**interested: to be interested in some-
   thing**   Interesse für etwas haben;
   Interesse an etwas nehmen
interesting   interessant; **something interesting**   etwas Interessantes
into   in (*with acc.*)
to **introduce**   vorstellen
to **invent**   erfinden, erfand, erfunden

invitation   die Einladung, –en
to **invite**   einladen (lädt ein), lud ein,
   eingeladen
isn't it?   nicht wahr?
it   er (*dat.* ihm, *acc.* ihn); sie (*dat.*
   ihr, *acc.* sie); es (*dat.* ihm, *acc.* es)
Italy   (das) Italien, –s

J

jazz record   die Jazzplatte, –n
journal   die Zeitschrift, –en
Junior Red Cross   das Jugendrotkreuz,
   –es
just   eben, gerade; mal; **just look over
   there!**   schauen Sie mal hin! **just
   right**   gerade richtig

K

Kaiser William Memorial Church
   die Kaiser-Wilhelm-Gedächtniskirche
kind: what kind (of)   was für (ein)
king   der König, –(e)s, –e
kitchen   die Küche, –n
Knights' Hall   der Rittersaal, –(e)s,
   (*plur.*) –säle
to **know** (a person or place)   kennen,
   kannte, gekannt; (a fact)   wissen
   (weiß), wußte, gewußt; **I don't
   know yet**   ich weiß noch nicht

L

lady   die Dame, –n
to **land**   landen, ist gelandet
landlady   die Wirtin, –nen
landscape   die Landschaft, –en
language   die Sprache, –n
large   groß, größer, größt–
last   letzt–; **last fall**   letzten Herbst;
   last night   gestern abend; **last week**
   letzte Woche
late   spät, später, spätest–; **latest hit**
   der neuste Schlager, –s, –
Law of Equalization   das Ausgleich-
   gesetz, –es
lawyer   der Jurist, –en, –en
to **learn**   lernen
to **leave** (a person or place)   verlassen
   (verläßt), verließ, verlassen; (to

depart) abfahren (fährt ab), fuhr ab, ist abgefahren

lecture   die Vorlesung, –en; **to lecture** lesen (liest), las, gelesen; einen Vortrag halten

Lent   die Fastenzeit

less   geringer

lesson   die Aufgabe, –n; die Lektion, –en

let: let's go gehen wir; **let's say at seven** sagen wir um sieben

letter   der Brief, –(e)s, –e

life   das Leben, –s, –

light: may I have a light? darf ich um Feuer bitten?

like wie; **the Bavarians are not like the Prussians** die Bayern sind nicht wie die Preußen; **would like** möchte, möchten (gern)

to **like**   gern haben; **I like (to listen to) Mozart** ich höre gern Mozart

line   die Linie, –n

to **listen**   hören

literature   die Literatur

little klein; **a little** ein bißchen, ein wenig

to **live** wohnen; **1 live with the Neumann family** ich wohne bei der Familie Neumann

local train der Personenzug, –(e)s, ⁻e

locate: to be located liegen, lag, gelegen

lonely   einsam

long lang(e), länger, längst–; **a long time** lange

to **look** sehen (sieht), sah, gesehen; schauen, hinschauen; **just look over there!** schauen Sie mal hin!

Lord Mayor der Oberbürgermeister, –s, –

to **lose**   verlieren, verlor, verloren

lot: a lot viel, vieles

lovely schön

lunch das Mittagessen, –s, –

M

magazine: illustrated magazine die Illustrierte, –n, –n

main street die Hauptstraße, –n

man der Mann, –(e)s, ⁻er

many viele; **many other(s)** viele andere

market: black market der Schwarzhandel, –s; **market place** der Marktplatz, –s, ⁻e

married verheiratet

Marshall Plan der Marshallplan, –(e)s

match das Streichholz, –es, ⁻er

may dürfen (darf), durfte, gedurft

mayor der Bürgermeister, –s, –

to **mean** bedeuten

medical medizinisch

medicine die Medizin, –en

to **meet** treffen (trifft), traf, getroffen; abholen; **very nice [to meet you, to make your acquaintance]** sehr angenehm, es freut mich sehr

meeting die Sitzung, –en; **to hold a meeting** eine Sitzung halten

member das Mitglied, –(e)s, –er

mercury das Quecksilber, –s

meter das Meter, –s, –

Middle West der Mittelwesten, –s

midnight die Mitternacht

million die Million, –en

minus weniger

minute die Minute, –n

misfortune das Unglück, –(e)s, –e

Miss (das) Fräulein, –s, –

modern modern

money das Geld, –(e)s, –er

month der Monat, –(e)s, –e

more mehr (*see also* **much**)

morning der Morgen, –s, –; **good morning** guten Morgen; **this morning** heute morgen; **tomorrow morning** morgen früh

most meist– (*see also* **much**); **most people, most of the people** die meisten Leute

mother die Mutter, ⁻

motor der Motor, –s, –en

mountain der Berg, –(e)s, –e

to **move** ziehen, zog, ist gezogen

movie der Film, –(e)s, –e; das Kino, –s, –s; **movie theater** das Kino, –s, –s; **to go to the movie** ins Kino gehen

Mr. (der) Herr, –(e)n, ⁻en

much viel, mehr, meist–

Munich (das) München, –s

music die Musik

musician der Musiker, –s, –

must müssen (muß), mußte, gemußt

my mein

N

name: what is your name? wie heißen Sie?

native region die Heimat

near nah(e), näher, nächst– (as pred. adj. with dat.)

neighbor der Nachbar, –n, –n (masc.); die Nachbarin, –nen (fem.); neighbor lady die Nachbarin, –nen

new neu; something new etwas Neues

next nächst– (see also near)

nice nett; something nice etwas Nettes, etwas Schönes; very nice [to meet you, to make your acquaintance] sehr angenehm, es freut mich sehr

night: last night gestern abend; night club das Kabarett, –s, –e

nine neun

no nein; kein (adj.); I have no time ich habe keine Zeit

nobleman der Edelmann, –(e)s, (plur.) Edelleute

noon der Mittag, –(e)s, –e; at noon zu Mittag

not nicht; not yet noch nicht

nothing nichts; nothing dangerous nichts Gefährliches

now jetzt; now and then ab und zu

nowadays heutzutage

Nuremberg (das) Nürnberg, –s

O

to obtain gewinnen, gewann, gewonnen; to obtain an insight Einblick gewinnen

o'clock Uhr; at eleven o'clock um elf Uhr

of von (with dat.)

office das Büro, –s, –s

official der Beamte, –n, –n

often oft, öfter, öftest–

old alt, älter, ältest–

on an, auf (with dat. and acc.); on foot zu Fuß; on Sunday am Sonntag; on time pünktlich, rechtzeitig; on the train im Zug

once einmal

one man (dat. einem, acc. einen)

onion-shaped tower der Zwiebelturm, –(e)s, –e

only nur

to open (a business, firm, etc.) eröffnen

opera die Oper, –n; to go to the opera in die Oper gehen

operation der Betrieb, –(e)s, –e; to put into operation in Betrieb setzen; the factories were put into operation die Fabriken wurden in Betrieb gesetzt

opportunity die Gelegenheit, –en

or oder (coord. conj.)

original(ly) ursprünglich

other ander–; many other(s) viele andere

our unser

out, out of aus (with dat.)

over aus; über (with dat. and acc.); class is over der Unterricht ist aus; he went over the border er ging über die Grenze; over twelve Million people über zwölf Millionen Menschen

to overcome überwinden, überwand, überwunden

overgrown überwachsen

P

page die Seite, –n

palace der Palast, –es, –e; das Schloß, –es, –er

paragraph der Absatz, –es, –e

pardon me Verzeihung, bitte

parents die Eltern (plur. only)

part der Teil, –(e)s, –e

to pass (a test) bestehen, bestand, bestanden (eine Prüfung)

patient der Patient, –en, –en

pencil der Bleistift, –(e)s, –e

pension die Pension, –en

people die Leute (plur. only); man (indef. pron.); die Menschen (plur.)

percent der Prozent, –(e)s, –e

percentage der Prozentsatz, –es, –e

to perform (a play) aufführen

performance die Aufführung, –en

perhaps vielleicht

permitted: to be permitted dürfen (darf), durfte, gedurft

Ph.D. examination die Doktorprüfung, –en

physician der Arzt, –es, –e

place die Stelle, –n; to be in your place an Ihrer Stelle sein

plan der Plan, –(e)s, –e

plane das Flugzeug, –(e)s, –e

platform der Bahnsteig, –(e)s, –e;

platform ticket die Bahnsteigkarte, –n

play das Drama, (*plur.*) Dramen

to **play** spielen; to **play a role** eine Rolle spielen

please bitte

plus plus

poet der Dichter, –s, –

politics die Politik

population die Bevölkerung, –en

position die Stellung, –en

possible möglich

possibility die Möglichkeit, –en; **every possibility** jede Möglichkeit, alle Möglichkeiten

post office die Post; **to go to the post office** auf die Post gehen

postcard die Postkarte, –n

postman der Briefträger, –s, –

power: purchasing power die Kaufkraft

prescription das Rezept, –(e)s, –e

pretty schön; **something pretty** etwas Schönes

principal product das Hauptprodukt, –(e)s, –e

prison: to condemn to prison zu Gefängnisstrafen verurteilen

probably wahrscheinlich, wohl

problem das Problem, –s, –e

product das Produkt, –(e)s, –e

professor der Professor, –s, –en

proper(ly) richtig; **something did not function properly** etwas hat nicht richtig funktioniert

proposal der Vorschlag, –(e)s, –e

to **prove** beweisen, bewies, bewiesen

Prussian der Preuße, –n, –n; preußisch (*adj.*)

pupil der Schüler, –s, – (*masc.*); die Schülerin, –nen (*fem.*)

purchasing power die Kaufkraft

to **put** legen, stellen; to **put into operation** in Betrieb setzen

Q

quite sehr

R

railway die Eisenbahn, –en; **rail(way) connection** die Eisenbahnverbindung, –en; **railway station** der Bahnhof, –(e)s, –e; **Federal Railways** die Bundesbahn

to **read** lesen (liest), las, gelesen; to **read aloud** vorlesen (liest vor), las vor, vorgelesen

reading passage das Lesestück, –(e)s, –e

real(ly) wirklich

reason: for that reason deswegen

to **rebuild** wiederaufbauen

to **receive** bekommen, bekam, bekommen

record die Platte, –n

refinery die Raffinerie, –n

refugee der Flüchtling, –s, –e

region die Gegend, –en

relative der Verwandte, –n, –n

to **remain** bleiben, blieb, ist geblieben

to **reply** antworten, erwidern, versetzen

research die Forschung, –en

to **reside** wohnen

residential area das Wohngebiet, –(e)s, –e

responsible verantwortlich

restaurant das Restaurant, –s, –s

to **return** zurückfahren (fährt zurück), fuhr zurück, ist zurückgefahren; zurückkehren, ist zurückgekehrt

to **review** durcharbeiten

to **ride** (in a vehicle) fahren (fährt), fuhr, ist gefahren

right richtig; gleich; **right around the corner** gleich um die Ecke

to **ring** klingeln; **the doorbell is ringing** es klingelt

The Robbers „Die Räuber"

role die Rolle, –n; to **play a role** eine Rolle spielen

room das Zimmer, –s, –

S

same: the same derselbe, dieselbe, dasselbe, (*plur.*) dieselben

Saturday der Samstag, –(e)s, –e

to **say** sagen

Schiller Theater das Schillertheater, –s

school die Schule, –n; **school system** das Schulwesen, –s

scientist der Wissenschaftler, –s, –

to **scold (about)** schimpfen (über)

sea level der Meeresspiegel, –s; **above sea level** über dem (überm) Meeresspiegel

seat der Platz, –es, –e

sector der Sektor, –s, –en; **sector boundary** die Sektorengrenze, –n to **see** sehen (sieht), sah, gesehen; **as one sees fit** nach Belieben

seldom selten

to **sell** verkaufen

to **send** schicken

seven sieben

several einige; ein paar

she sie (*dat.* ihr, *acc.* sie)

shop window das Schaufenster, –s, –

short kurz, kürzer, kürzest–; **short speech** die Ansprache, –n

should sollte, sollten (*past tense of* sollen)

since da (*subord. conj.*)

sister die Schwester, –n

to **sit down** Platz nehmen, sich setzen

skyscraper das Hochhaus, –es, ¨er

slow(ly) langsam

small klein; **small town** das Städtchen, –s, –

so so

some (*often omitted in German*) **here are some matches** hier sind Streichhölzer

something etwas; **something interesting** etwas Interessantes; **something new** etwas Neues; **something nice** etwas Nettes, Schönes; **something pretty** etwas Schönes; **something stylish** etwas Modisches

soon bald

sorry: I'm sorry es tut mir leid

South Germany (das) Süddeutschland, –s

Spain (das) Spanien, –s

to **speak** sprechen (spricht), sprach, gesprochen

speech die Rede, –n; **short speech** die Ansprache, –n

St. Mary's Square der Marienplatz, –es

to **stand** stehen, stand, gestanden

to **start** anfangen (fängt an), fing an, angefangen; beginnen, begann, begonnen

station der Bahnhof, –(e)s, ¨e

to **stay** bleiben, blieb, ist geblieben

stenographer die Stenotypistin, –nen

to **stop** halten (hält), hielt, gehalten; **to stop by** vorbeikommen, kam vorbei, ist vorbeigekommen

store das Geschäft, –(e)s, –e

story die Geschichte, –n

street die Straße, –n

streetcar die Straßenbahn, –en;

streetcar line die Straßenbahnlinie, –n

structure of schools der Schulaufbau, –(e)s

student der Student, –en, –en (*masc.*); die Studentin, –nen (*fem.*)

to **study** (a lesson) lernen; (at a university) studieren; **to study hard** schwer arbeiten, pauken, ochsen, büffeln

stupidity die Dummheit, –en

stylish modisch; **something stylish** etwas Modisches

such solch(–er, –e, –es)

summer der Sommer, –s, –; **this summer** diesen Sommer

Sunday der Sonntag, –(e)s, –e; **on Sunday** am Sonntag; **on Sunday night** am Sonntagabend

to **support** unterstützen

supposed: I'm supposed to ich soll

swimming: to go swimming schwimmen gehen, ging schwimmen, ist schwimmen gegangen

Switzerland die Schweiz (*always accompanied by the def. art.*)

system: school system das Schulwesen, –s

T

table der Tisch, –es, –e

to **take** nehmen (nimmt), nahm, genommen; **to take a trip** eine Reise machen; **to take place** stattfinden, fand statt, stattgefunden

to **talk** sprechen (spricht), sprach, gesprochen; **to talk about something** über etwas sprechen

tall hoch (*pred. adj. and adv.*), hoh– (*preceding noun*), höher, höchst–

task die Aufgabe, –n

taxi das Taxi, –s, –s

teacher der Lehrer, –s, – (*masc.*); die Lehrerin, –nen (*fem.*)

television das Fernsehen, –s

to **tell** sagen (to inform, say); erzählen (to narrate)

ten zehn

tent das Zelt, –(e)s, –e

terribly furchtbar

test die Prüfung, –en; **to pass a test** eine Prüfung bestehen

thank you danke, danke schön, vielen Dank

that das (*demonstr. pron.*); daß (*subord. conj.*); der, die, das (*rel. pron.*); jen(–er, –e, –es) (*demonstr. adj. and demonstr. pron.*); **about that** darüber

the der, die, das, (*plur.*) die

theater das Theater, –s, –

their ihr

then dann

theory die Theorie, –n

there da, dort; dorthin (*with verbs of motion*); **there is, there are** es gibt; **there are** es sind

thermometer das Thermometer, –s, –

they sie (*dat.* ihnen, *acc.* sie)

thing das Ding, –(e)s, –e; **many things** viele Dinge

to think denken, dachte, gedacht; (to be of the opinion) glauben, meinen; **what do you think of it?** was halten Sie davon?

this dies(–er, –e, –es); **this afternoon** heute nachmittag; **this morning** heute morgen; **this summer** diesen Sommer; **this evening** heute abend

thousand tausend

three drei; *The Three Penny Opera* „Die Dreigroschenoper"

throat der Hals, –es, ̈e

through durch (*with acc.*); über (*with acc.*); **does the train go through Mannheim?** fährt der Zug über Mannheim?

Thursday der Donnerstag, –(e)s, –e; **on Thursday** am Donnerstag

ticket die Fahrkarte, –n

time die Zeit, –en; **a long time** lange; **at that time** zu jener Zeit; **at what time** um wieviel Uhr; **on time** pünktlich, rechtzeitig; **what time is it?** wieviel Uhr ist es?

times (*math.*) mal

tired müde

to an, auf, in (*with acc.*), nach, zu (*with dat.*); **I'll go to the door** ich gehe an die Tür; **I'll go to the kitchen** ich gehe in die Küche; **to Hamburg** nach Hamburg

tobacco der Tabak, –s

today heute

together zusammen

tomorrow morgen; **tomorrow evening** morgen abend; **tomorrow morning** morgen früh

tonight heute abend

too auch; zu

tourist der Tourist, –en, –en

tower der Turm, –(e)s, ̈e

town die Stadt, ̈e; das Städtchen, –s, –

train der Zug, –(e)s, ̈e; **by train** mit dem Zug

to travel fahren (fährt), fuhr, ist gefahren; reisen, ist gereist

trip die Reise, –n

twelve zwölf

twenty zwanzig

two zwei; **two weeks ago** vor zwei Wochen

U

uncle der Onkel, –s, –

to understand verstehen, verstand, verstanden

unemployment die Arbeitslosigkeit

unfortunately leider

uninhabitable unbewohnbar

United States die Vereinigten Staaten (*plur.*)

university die Universität, –en; **at the university** auf der Universität

unmarried ledig

untended ungepflegt

unusual(ly) ungewöhnlich

to use benutzen

usual(ly) gewöhnlich

V

verb das Verb, –s, –en

very, very much sehr

vicinity die Nähe

view die Aussicht, –en

village das Dorf, –(e)s, ̈er

to visit besuchen

W

to wait (for) warten (auf)

walk: **to take a walk, go walking** spazierengehen, ging spazieren, ist spazierengegangen

wall die Mauer, –n

to want wollen (will), wollte, gewollt

war der Krieg, –(e)s, –e

waste basket der Papierkorb, –(e)s, ̈e

watch die Uhr, –en

we wir (*dat.* uns, *acc.* uns)

to **wear**   tragen (trägt), trug, getragen
weaver   der Weber, –s, –
Wednesday   der Mittwoch, –(e)s, –e;
   on Wednesday   am Mittwoch
weed(s)   das Unkraut, –(e)s
week   die Woche, –n; **a week ago**   vor
   einer Woche
weekend   das Wochenende, –s, –; **for**
   the weekend   übers Wochenende
well   gut, besser, best–
well-known   bekannt
West Berlin   (das) Westberlin, –s
West Germany   (das) Westdeutschland, –s
what   was; **what kind of (a)**   was für
   (ein); **what time is it?**   wieviel Uhr
   ist es?
when   wann (*interrog. adv. and sub-*
   ord. conj.)
where   wo (*with verbs of rest*); woher,
   wohin (*with verbs of motion*); **where**
   do you come from?   woher kommen Sie?; **where did you go?**   wohin
   gingen Sie?
which   der, die, das (*rel. pron.*);
   welch (–er, –e, –es); was (*indef. rel.*
   pron.)
while   während (*subord. conj.*)
who   wer (*gen.* wessen, *dat.* wem,
   acc. wen)
whole   ganz; **in the whole year**   im
   ganzen Jahr
why   warum (*interrog. adv. and sub-*
   ord. conj.)
"Wild Man" (Inn)   das Gasthaus
   „Zum Wilden Mann"

window   das Fenster, –s, –
winter semester   das Wintersemester,
   –s, –
to **wish**   wünschen
with   mit (*with dat.*); bei (*with dat.*);
   with it   damit
woman   die Frau, –en
won't we?   nicht wahr?
word: foreign word   das Fremdwort,
   –(e)s, –̈er
to **work**   arbeiten
work   die Arbeit, –en; (composition)
   das Werk, –(e)s, –e
world   die Welt, –en
would like   möchte, möchten; **would**
   you like a cup of coffee?   möchten
   Sie eine Tasse Kaffee?; **would you**
   like to go to the concert?   möchten
   Sie ins Konzert gehen?
to **write**   schreiben, schrieb, geschrieben

Y

year   das Jahr, –(e)s, –e
yes   ja
yesterday   gestern; **yesterday evening**
   gestern abend
yet   noch; **not yet**   noch nicht
you   Sie (*dat.* Ihnen, *acc.* Sie) (*sing.*
   and plur. formal); du (*dat.* dir, *acc.*
   dich) (*sing. fam.*); ihr (*dat.* euch,
   acc. euch) (*plur. fam.*)
young   jung, jünger, jüngst–; **young**
   people   die Jugendlichen (*plur.*)
your   Ihr (*formal*); dein (*fam. sing.*);
   euer (*fam. plur.*)

Sachregister